U0900243

常熟市地方志編纂委員會贈

中国年鉴资源全文数据库核心年鉴/中国知识资源总库

常熟年鉴

CHANGSHU 2015 YEARBOOK

常熟市人民政府 主办

常熟市地方志编纂委员会办公室 编

方志出版社
Publishing House of Local Records

图书在版编目(CIP)数据

常熟年鉴. 2015/常熟市地方志编纂委员会办公室编. —北京:方志出版社,2015. 10

ISBN 978-7-5144-1732-6

Ⅰ. ① 常… Ⅱ. ① 常… Ⅲ. ① 常熟市—2015—年鉴 Ⅳ. ① Z525. 33

中国版本图书馆 CIP 数据核字(2015)第 245673 号

常熟年鉴(2015)

编　　者:常熟市地方志编纂委员会办公室
责任编辑:丛　珺

出 版 人:冀祥德
出 版 者:方志出版社
　　　　地址　北京市朝阳区潘家园东里 9 号(国家方志馆 4 层)
　　　　邮编　100021
　　　　网址　http://www.fzph.org
发　　行:方志出版社发行中心
　　　　电话(010)67110500
经　　销:各地新华书店
印　　刷:常熟市梅李印刷有限公司

开　　本:787×1092　1/16
印　　张:31.75
字　　数:920 千字
版　　次:2015 年 10 月第 1 版　2015 年 10 月第 1 次印刷
印　　数:0001～1550 册

ISBN 978-7-5144-1732-6　定价:150.00 元

·版权所有　翻印必究·

数字常熟2014

总面积：1276.32 平方千米
常住人口：150.97 万人
户籍人口：106.88 万人
地区生产总值：2009.36 亿元
第一产业增加值：38.4 亿元
第二产业增加值：1061.55 亿元
第三产业增加值：909.41 亿元
三次产业比例：1.91 ：52.83 ：45.26
人均地区生产总值：133150 元
农业总产值：72.28 亿元
工业总产值：4581.24 亿元

规模以上工业产值：3668.7 亿元
公共财政预算收入：147.4 亿元
公共财政预算支出：138.02 亿元
固定资产投资额：650.44 亿元
社会消费品零售总额：618.58 亿元
商品市场成交额：1705.54 亿元
进出口总额：201.8 亿美元
新办境外企业：10 家
旅客运输量：4596 万人次
货物运输总量：1600 万吨
常熟港货物吞吐量：8050 万吨

私家车保有量：26.95 万辆
邮电业务总收入：33.74 亿元
各类景点接待境内外游客：1843.37 万人次
旅游收入：260.60 亿元
本外币各项存款余额：2384.92 亿元
本外币各项贷款余额：1937.75 亿元
居民人均可支配收入：38315 元
居民人均消费支出：23709 元
国家火炬高新技术企业：40 家
全社会用电量：155.20 亿千瓦时
全市供水量：2.05 亿立方米

各类专业技术人员数：18.96 万人
各类学校总数：108 所
在校生数：150449 人
专任教师数：10078 人
各类医疗卫生机构：455 个
医疗卫生机构床位：7052 张
卫生技术人员：8278 人
全民健身工程（点）：435 个
建成各类保障性住房：2376 套
养老机构床位数：11082 张
新增就业岗位：7.49 万个

市体育中心全貌

市区夜景

2014 年 9 月 12 日，中央第三巡回督导组组长陆浩（前左一）到常熟考察

2014 年 6 月 29 日，中央统战部副部长、全国工商联党组书记、常务副主席全哲洙（前左）到常熟考察

2014 年 10 月 28 日，中央机构编制委员会办公室副主任何建中（左）到常熟调研行政审批制度改革工作

2014 年 11 月 15 日，国家新闻出版广电总局副局长田进（左三）一行到常熟调研基层广电事业发展情况

2014 年 3 月 18 日，省委副书记、省长李学勇（右二）到常熟海虞镇调研

2014 年 7 月 16 日，省委副书记、苏州市委书记石泰峰（左二）到常熟调研

2014 年 10 月 21 日，副省长张雷（中）出席奇瑞捷豹路虎汽车有限公司工厂开业典礼

2014 年 7 月 7 日，苏州市委副书记、市长周乃翔（前中）到七浦塘常熟段工程建设工地，对工程拆迁和建设情况进行实地督查

2014 年 1 月 22 日，市委书记惠建林（前中）到服装城小商品市场检查指导

2014 年 1 月 26 日，市委副书记、市长王飏（前左一）检查节日安全生产和市场供应情况

2014 年 11 月 28 日，市人大常委会主任秦卫星（前右二）视察人大“一号议案”实施情况

2014 年 10 月 11 日，市政协主席徐永达（前左四）视察市居家养老服务中心

2014 年 2 月 12 日，2014 年苏州市重大项目春季开工仪式（常熟分会场）在虞山高新园举行

2014 年 3 月 19 日，阿科玛亚太地区首家涂料树脂乳液工厂启用

2014 年 7 月 4 日，吴羽（常熟）氟材料有限公司 PVDF 项目竣工投产

2014 年 7 月 11 日，2014 中国苏州（常熟）国际精英创新创业合作洽谈会在市会议中心举行

2014 年 7 月 30 日，丰田汽车（常熟）零部件有限公司开业

2014 年 9 月 26 日，常熟万达广场开工奠基

2014 年 10 月 23 日，2014 年生物医药领导人年会在常熟举办

2014 年 11 月 18 日，常熟经济技术开发区举行重点项目集中开工暨签约仪式

2014 年 11 月 18 日，永旺梦乐城签约落户常熟高新区

2014 年 5 月 9 日，2014 中国蔬菜产业大会在常熟举行

2014 年 9 月 16 日，长江游轮苏州（常熟）港首航仪式在常熟港长江港务码头举行

2014 年 5 月 20 日，第十五届中国江苏（常熟）服装服饰博览会开幕

2014 年 9 月 21 日，2014 中国（常熟）江南文化节暨沙家浜旅游节开幕

2014年9月22日，第五届两岸汉字艺术节在常熟开幕

2014 年 6 月 12 日，第三届白茆山歌艺术节在古里镇举行

2014年10月10日，2014年中国图书馆年会在北京举行。常熟图书馆获评2014全国最美基层图书馆

2014年10月12日，中国好人榜九月入选名单发布仪式暨全国道德模范与身边好人（江苏苏州）现场交流活动在常熟大剧院举行

2014年12月12日，2014年常熟市“荣誉市民”和“名誉市民”授牌仪式在常熟大剧院举行

2014年4月12日，第23届中国（常熟）尚湖牡丹花会开幕式在常熟尚湖风景区举行

2014年12月28日，南湖湿地公园开园

南湖湿地公园景观

2014 年 5 月 30 日，2014 国奥之队“中利杯”洲际男篮巅峰挑战赛在市体育中心举行

2014 年 10 月 19 日，2014 第四届常熟尚湖国际半程马拉松邀请赛在尚湖风景区举行

2014 年 11 月 2 日，2014 第五届环太湖国际公路自行车赛完成常熟昆承湖赛段比赛

2014 年 10 月 16 日，“中国现代科学家”第六组纪念邮票在常熟首发

市民在社区领取社保卡

2014 年 11 月 28 日，常熟市居家养老服务中心开业

2014年2月17日，梅李高级中学投用

2014年3月29日，UWC世界联合学院中国常熟分校奠基

2014 年 9 月 1 日，实验中学崇文校区投用

2014年8月，市保障性住房虞枫家园竣工交付

2014年10月，虞山镇城乡一体化示范小区五新花园一期完成交房

东南环高架路

青门坛上历史文化街区一景

红豆山庄

环城河樱花景观带

远眺常熟田

常熟市地方志编纂委员会

主　　任	王　飏
常务副主任	孙　健
副 主 任	潘志嘉　钱向宏　殷丽萍
成　　员	周荣葆　支立新　王建国　施　晨　周　燕 邹燕兰　时映光　吴建兴　李丽芳　邓国华 陈邵东　潘　伟　戴炳元　浦梅萍　廖瑞娟 陆继军　蒋向阳　唐志军　陈永进　高宝兴 吴　伟　朱兴元　顾玉芬　陆益斌　顾志强 张　怡　范建峰

《常熟年鉴》编辑部

主　　编	周　燕
副 主 编	陈建东　戴仁璋　祝慧江　浦君芝　汤　涵
编　　辑	薛　卫　刘品玉　邹　萍　虞　柳　张　军
编　　务	蔡玉芬　杨沁怡
索　　引	曹培根
英文翻译	吴　磊
图片提供	常熟日报社等
地图提供	常熟市规划局

《常熟年鉴》审稿人员

（按姓氏笔画为序）

丁　琪　丁　雷　卜鸿昌　马志强　马建平　马建新　马曾扣
毛雨东　王卫东　王小民　王利民　王　颖　王永明　王建国
邓　玒　邓国华　归若飞　边习虞　冯晓丽　刘　洪　刘玉方
孙　瑜　孙兵勇　朱卫良　朱凤伟　朱兴元　朱志强　朱惠明
祁　伟　汤　洪　齐　竝　许晓东　许建明　何　刚　吴　伟
吴　军　吴友华　吴志明　吴国华　吴建兴　吴培明　宋建明
张　怡　张　健　张龙卫　张卫忠　张正祥　张建忠　张建强
张俊华　张康德　时映光　李　忠　李芳红　李丽芳　李兴祥
李学东　李俊峰　李根发　李晓敏　杨小瑾　杨坚红　沈育军
沈秋农　沈靖波　苏加宏　苏建东　邱正祥　邱菊平　邵　军
邵伟江　陆凤妹　陆　林　陆建中　陆建达　陆益斌　陆继军
陆乾元　陈　平　陈　军　陈　勇　陈　涛　陈　鹏　陈永进
陈红娟　陈建平　陈炯明　周　祥　周　燕　周建宏　周荣葆
季建农　季俊华　范建峰　范家林　金　华　姚卫东　姜轩栋
施　晨　费卫东　赵　红　赵东方　闻永昌　须亚军　唐　晓
唐志军　唐建雪　夏红君　徐　力　徐　明　徐　秾　徐利军
徐惠东　徐翔年　浦梅萍　耿　亮　钱振荣　钱新锋　钱瑞龙
钱耀良　陶俊明　顾玉芬　顾丽华　顾君明　顾志强　高宝兴
高雪峰　曹国芬　曹建华　章　迈　章桂生　黄晓东　黄　慎
掌孝恩　温献民　董国新　蒋向阳　韩　新　蔡美月　潘　伟
薛志恒　戴亚芳　戴炳元

编 辑 说 明

一、《常熟年鉴》是在中共常熟市委领导下，由常熟市人民政府主办，常熟市地方志编纂委员会办公室编辑的常熟地方综合年鉴，每年一卷。

二、《常熟年鉴(2015)》是1996年创刊后的第20卷。该部年鉴全面、系统、翔实地记载了2014年度常熟市政治、经济、文化和社会生活等方面的基本情况，为各级领导决策和社会各界了解常熟、研究常熟提供较翔实的信息资料，为推进常熟经济社会更好、更快发展提供借鉴。

三、本部年鉴采用分类编辑法。全书设35个类目、254个分目、1121个条目，配有彩色照片51帧，黑白照片162帧，图表93幅，地图2幅。类目标题以独立插页表示；分目标题以黑体字加底纹表示；条目标题以黑体字加"【】"和楷体字表示。以"综述""概况"和专题等形式介绍行业或事业发展情况。

四、本部年鉴中的条目由全市各镇(场)、部门、有关单位(包括驻常单位)指定专人撰写，并经主管领导审核签发，确保资料、数据的真实性、准确性和权威性。由于涉及部门、单位较多，加上数据来源和统计时间、方法不同，文中涉及的各类数据如有差异，一律以常熟市统计局编辑的《常熟统计年鉴》为准。

五、为便于读者检索，年鉴卷首有中文细目和英文简目；卷末附有索引。全书所有信息资料均可从目录、索引、书眉、大事记等内容中获得，并配有年鉴电子光盘。

六、《常熟年鉴(2015)》的编辑出版得到全市各级领导的大力支持，撰稿人员付出了许多辛勤劳动，在此一并表示深深的谢意！

总　目

目 录

特 载

专 记

大 事 记

市 情 综 述

中国共产党常熟市委员会

常熟市人民代表大会

常熟市人民政府

中国人民政治协商会议常熟市委员会

纪检·监察

民主党派·工商联 群众团体

法治·军事

综合管理

财 政·税 务

工业和信息化

开放型经济

开发区建设

口岸管理

城乡建设

环境保护

交 通 · 邮 政

农 业

水利水务

商贸服务业

旅　游

金　融

教　育

科学技术

卫生医药

体　育

文　化·新　闻

社会生活

镇（区）概况

人 物·荣 誉

附　录

索　引

Main Contents

Contents

Special Reports

Monograph

Memorabilia

Overview of Changshu City

Changshu Municipal Committee of the CPC

Changshu Municipal People's Congress

Changshu Municipal People's Government

Changshu Municipal Committee of the CPPCC

Discipline Inspection&Supervision

Democratic Parties, Association of Industry and commerce & Mass Organizations

Legal & Military Affairs

Comprehensive Administration

Finance & Taxation

Industry and Informatization

Open-oriented Economy

Economic Development Zone

Port Administration

Urban & Rural Construction

Environment Protection

Transportation& Post

Agriculture

Water Services

Commercial Service Industry

Parks and Tourism

Finance

Education

Science and Technology

Public Health& Medicine

Sports

Culture & Mass Media

Community Life

An Overview of Each Town

Figures & Honors

Appendix

Index

常熟年鉴

CHANGSHU YEARBOOK 2015

特　载

凝心聚力谋发展　务实创新求突破　努力构筑常熟五位一体综合发展新优势

——在市委十二届十二次全体(扩大)会议上的报告

惠建林

(2014 年 12 月 25 日)

市委书记　惠建林

同志们:

这次全会的主要任务是,深入贯彻党的十八大、十八届三中、四中全会和习近平总书记系列重要讲话精神,认真落实中央经济工作会议、省委十二届九次全会、苏州市委十一届八次全会精神,回顾总结今年工作,研究部署明年任务,动员全市各级党组织、广大党员干部群众,适应经济发展新常态,凝心聚力谋发展,务实创新求突破,努力推动经济社会平稳健康可持续发展,为构筑常熟"五位一体、综合发展"新优势而努力奋斗。

下面,我代表市委常委会,向全委会报告工作。

一、2014 年工作回顾总结

今年以来,市委团结带领全市党员干部群众,认真落实中央、省委和苏州市委的决策部署,牢牢把握稳中求进、提质增效总基调,以开展党的群众路线教育实践活动为强大动力,积极作为、扎实工作,全力以赴稳增长、促转型、抓改革、惠民生,推动经济社会发展不断取得新的进步。

1. **坚持以上率下,教育实践活动扎实开展。**按照中央、省委和苏州市委统一部署,全市 6000 多个基层党组织、72000 多名党员参加了为期 8 个多月的第二批党的群众路线教育实践活动。坚持领导带头层层示范、聚焦"四风"正风肃纪、问题导向真抓实改、敞开大门群众参与、上下互动统筹推进、分类指导从严督导,高标准严要求地加以推进。市委常委全程参加联系点活动,建立班子成员活动联系点 988 个,收集各类意见建议 17200 余条。市委常委班子以严肃认真的态度开好专题民主生活会,取得了红脸出汗排毒治病的效果。深入落实中央"7+4"专项整治任务、省委"八大专项治理行动"、苏州市委"十二项专项治理行动"和市委"十二项专项治理行动",市委 40 项整改措施完成进度 95.50%,出台制度文件 30 多项,教育实践活动达到了预期目标,"四风"积弊得到有力整治,一大批关系群众切身利益的问题得到较好解决。切实抓好中央巡视组反馈意见整改工作,19 项整改任务、75 项具体措施正按序时进度扎实推进。严格落实省委巡视组提出的 6 个方面整改意见,29 项整改任务逐一得到落实,67 件省委巡视组转办信访件处结率达到 97.10%,一些常态化工作持续推进,相关长效机制逐步建立,巡视反馈意见整改落实取得了阶段性成果。

2. **坚持质效并举,经济运行稳中有进。**加强经济形势研判和运行调节,采取一系列稳增长措施,经济增速稳定在合理区间。预计全年实现地区生产总值 2020 亿元,增长 7.50%;完成公共财政预算收入

147.30亿元，增长6.30%；完成工业总产值4583亿元，其中规模以上工业产值3626亿元，分别增长0.50%和0.80%；工业开票销售收入3300亿元，增长9.10%；完成固定资产投资650.80亿元，其中新兴产业投资211亿元，占规模以上工业投资比重61.20%。预计完成社会消费品零售总额618亿元，增长9.50%；实现商品市场成交额1640亿元，增长7%；个私经济累计注册资本超过1100亿元；实际利用外资10亿美元，实现外贸进出口总额200亿美元，其中出口124亿美元，分别增长7.40%和6.40%；一般贸易出口占比提高到58%；常熟港完成货物吞吐量8050万吨，增长11.80%。预计至年末，金融机构本外币贷款净增220亿元，新增银行机构3家。预计城乡居民人均可支配收入分别达到46300元、23700元，分别增长8%和10%。

3. 坚持创新驱动，转型升级态势良好。实施“小巨人”企业培育计划和双创科技企业“313”培育工程，预计实现新兴产业产值1520亿元、高新技术产业产值1402亿元，分别增长8%和8.30%，占规模以上工业比重分别达到41.90%和38.70%。观致汽车批量入市，奇瑞捷豹路虎整车下线，丰田研发中心投入使用，汽车制造业产值增速达24%。新增省级总部企业1家、市级总部企业2家，电子商务发展指数名列全国百佳县市第八；现代物流、文化旅游等产业快速发展，完成服务业增加值909亿元，占GDP比重45%，获评中国休闲城市综合标准示范市。创新驱动战略深入实施，全社会研发投入占GDP比重2.40%，新增发明专利授权588件，大中型工业企业研发机构建有率93%。新增上市企业1家、新三板挂牌企业4家，国家标准化工作组织1个、中国驰名商标2件、江苏名牌产品6个。新引进培育国家千人计划人才2人、省

12月11日，捷豹路虎常熟首家4S店在常熟汽车市场开业

双创计划人才10人、姑苏计划人才15人，新增市级领军型人才项目58个；新认定高新技术企业[illegible]家，形成开票销售超3000万元科技企业30家。东南高新技术创业服务中心、梅李科技创业中心分别成功创建国家级和省级科技企业孵化器。现代农业加快发展，国家农业科技园区实体化运作，新增高效设施农业面积7000亩、高效设施渔业建设面积3000亩，土地规模经营比重超过87%。启动村级财力建设新三年行动计划，实施各类村级财力建设项目110个，村级集体稳定性收入达到13亿元，增长12%。深化用地节约集约，盘活和优化存量建设用地8392亩，被评为全省国土资源节约集约模范市。

4. 坚持城乡一体，统筹发展稳步推进。完成火车站等5个片区控制性详细规划，实现主城区控制性详规全覆盖。重大基础设施加快推进，三环路快速化改造东南段通车、东北段加快建设，沪通铁路征地拆迁工作全面启动，加快申张线航道改道、通港路快速化改造等前期工作，公交优先战略、场站设施建设等交通民生实事快速推进。铁黄沙整治工程加快推进，七浦塘整治工程全面开工，走马塘拓浚延伸常熟段工程竣工投用；1000千伏输变电工程过境线路搬迁安置和塔基建设进展顺利。滨江新城、南部国际性生活社区、北部城市生活社区等城市片区综合开发扎实推进，南门坛上保护与整治工作有序推进。持续推进琴湖片区、文化片区、龙腾片区、昆承工业园等地块的征收搬迁收储工作。新开工建设安置房小区56.50万平方米，实施老住宅小区改造34万平方米。创新生态文明建设绩效考核办法，组织实施十大类51项工程项目；推进生态文明建设示范创建，国家级生态市复核通过省级初核，常熟经济技术开发区创建国家级生态工业示范园区通过现场验收。狠抓节能减排，实施节能减排重点工程项目40个，关停淘汰落后产能企业110家，单位GDP能耗下降和四项主要污染物排放削减量基本完成上级下达任务。大气污染防治攻坚克难，实施最严格的停产停工措施，推进燃煤锅炉整治，强化机动车污染防治，启动第二阶段黄标车限行，PM2.5年平均浓度下降2%，空气质量优良天数比例达到78.90%。强化水环境综合治理，深入推进望虞河、阳澄湖流域综合整治，实施城乡河道综合治理37条，全面推行“河长制”管护制度；实施39个行政村农村环境连片整治，新增造林绿化面积1.[illegible]万亩，启动实施畜禽养殖综合整治三年行动计划，[illegible]

湖湿地建设一期工程基本完成，生态环境持续改善。

5. **坚持深化改革，治理能力不断提升。**深化行政审批制度改革，审批项目减少27.30%；在全省县级市中率先公布行政审批事项目录，全面优化审批流程，首推建设项目模拟审批，涉民服务项目即办件比例提高21个百分点。加快行政管理体制改革，对梅李镇下放第二批行政处罚权，启动虞山镇行政管理体制改革，获批在全省率先开展镇域综合执法试点。加大政府购买公共服务力度，公布首批83个政府购买公共服务项目。“营改增”试点深入推进，全面实行注册资本认缴制，放宽注册资本登记条件，促进了小微企业稳步增长；实质性启动国资国企改革，国企考核监管不断加强。实施长三角一体化通关，试点施行“一次申报、一次查验、一次放行”通关模式。创新外商投资管理体制，实行外商投资项目“核改备”。开展农村土地承包经营权确权登记颁证试点，初步完成农村集体“三资”清理。实施新市民积分制管理，受理新市民入医、入学、入市民卡申请6.40万人次。创新社会治理模式，推进社会综合服务平台建设，深化“政社互动”工作，大力实施“社区减负”，全面推开城区管理区行政事务受理中心。加强金融生态环境建设，积极防范化解金融风险，通过省金融生态县(市)复审验收。扎实开展安全生产检查整改专项行动，深入推进“六打六治”打非治违行动，72个三级政府挂牌隐患全部整改到位，安全生产形势总体稳定可控。完善维稳和社会矛盾纠纷排查化解机制，稳步推进社会稳定风险评估，实施技防和警务大数据工程，推行综治网格化管理，构筑社会治安防控防线，刑事案件发案率连续七年下降，被评为全省平安创建先进县(市)。

6. **坚持民生为本，社会事业均衡发展。**创新促进就业创业措施，新增就业岗位7.10万个，高校毕业生初次就业率达96.30%，特困家庭劳动力就业率达100%。城镇职工社会保险覆盖率、城乡居民养老保险和医疗保险覆盖率均保持在99%以上，首批82万张社保卡顺利发放。城乡居民最低生活保障标准提高到每人每月700元，发放困难救助资金1.76亿元。完善征地补偿和被征地农民保障制度，实现新老政策平稳衔接。发放物价补贴380万元，惠及困难群众6.90万人次。新开工各类保障性住房4042套，建成2376套。加大民生投入力度，5大类20项重点民生实事全面完成。统筹调整教育资源布局，实验中学崇文校区、游文小学建成投用，报慈小学一期工程竣工，

5月20日，中国常熟男装指数正式发布

昆承中学扩建工程加快推进，新开工校安工程10万平方米；推进集团办学改革，深化教育均衡发展，成功创建省学前教育改革发展示范区。承办2014年全国职业院校技能大赛，市职教中心校获批省联合职技院常熟分院。深化公立医院综合改革，推进3个紧密型医疗服务联合体建设，区域卫生信息化平台通过验收。深入推进“养老工程三年行动计划”，市敬老院建设项目竣工，养老床位达到9702张。成功举办2014江南文化节暨沙家浜旅游节、第十五届服博会、第五届两岸汉字艺术节，文化名城效应进一步放大，《凤凰的山谷》等一批优秀作品获全国“五个一工程”奖、全国曲艺牡丹奖；3人入选“中国好人榜”、5人入选“江苏好人”，成功承办中央文明办“全国道德模范和身边好人交流活动”，获得全国文明城市提名城市资格。成功举办中国智能车未来挑战赛等重大赛事。支持军民融合式发展，实现省“双拥”模范城“七连冠”。

7. **坚持固本强基，党的建设全面加强。**思想理论武装不断加强，举办专题学习报告会6次，开展旁听督学16次，组织全市1200多名科级干部集中开展两期轮训；组建市镇两级宣讲团队，党员干部参训基本实现全覆盖。市委党校新校区建成投运。不断完善舆论引导机制，社会主义核心价值观教育深入人心。坚持围绕事业发展需要选干部用干部，认真落实“好干部”标准，优先使用乡镇等基层一线岗位和任务重、困难多、矛盾集中岗位的干部，树立鲜明用人导向，基层一线岗位提拔重用干部占70%。贯彻落实《干部任用条例》，规范完善选人用人机制，切实加强干部选拔任用工作监督，坚持从严管理干部，出台领导干部年度考核、调整不适宜担任现职领导干部等办法，加大治庸治懒力度；严格落实领导干部个人有关事项报告、“三责联审”、“三责告知承诺”、离任交接等

制度，认真做好领导干部企业兼职(任职)、离退休干部社团兼职和超职数配备干部清理规范等工作。党委管党责任机制不断完善，基层服务型党组织建设扎实推进，建立17个市级党代表工作室，441名市级以上党代表定期驻室接待；建成26个区域化党建工作站，启动党组织联系服务企业“绿色通道”行动，规模企业党组织覆盖率动态保持100%，11个软弱涣散基层党组织全部实现转化。强化党风廉政建设和反腐败工作，出台党风廉政建设党委主体责任、纪委监督责任实施意见、责任追究办法，健全约谈制度，行政问责力度不断加大，查处各类违纪违法案件155件，查处违反中央八项规定精神的问题20起，保持了惩治腐败、正风肃纪的高压态势。持续开展“清风行动”专项督查，深入推进违反工作纪律、“会所中的歪风”等专项整治，开展“四位一体”媒体问政活动，深化市级权力公开透明运行试点，打造党员干部勤廉监管平台“升级版”，强化作风效能监督考核，机关作风效能积分制管理机制不断完善，制度廉洁性评估试点扎实推进，营造了风清气正的良好环境。大力推进民主政治建设，支持人大、政府、政协围绕发展大局充分行使职能、发挥重要作用，爱国统一战线不断巩固，老干部、工青妇等作用进一步发挥。

在复杂严峻的形势下，取得这样的成绩来之不易，这是全市上下凝心聚力、攻坚克难的结果。同时，我们也清醒地认识到，当前我市正处于增长速度换挡期、结构调整阵痛期，经济下行压力加大，部分企业生产经营困难增多，经济持续增长的动力不足；少数干部法治思维、依法办事的意识还不够强，实现社会治理体系和治理能力现代化任重道远；少数同志开拓进取精神有所减弱，工作执行力有待进一步提高，责任担当意识还要进一步增强，党风廉政建设和反腐败形势依然比较严峻。对此，我们要在今后的工作中，以改革的精神和法治的思维，积极采取措施，认真加以解决。

二、2015年工作总体要求

党的十八大以来，新一届中央领导集体基于对世情、国情、党情的深刻把握，对经济建设、国家治理、党的建设，作出了具有方向性、战略性、根本性的新论断新部署。习近平总书记最近在江苏调研时强调，要“协调推进全面建成小康社会、全面深化改革、全面推进依法治国、全面从严治党”。“四个全面”意蕴深邃、内涵丰富，内在逻辑更加严密，为我们推进各项事业发展指明了方向、提供了根本遵循。全市上下要把学习贯彻习总书记系列重要讲话精神持续引向深入，切实做到融会贯通、内化于心、外化于行，进一步增强责任感、使命感，为建设“经济强、百姓富、环境美、社会文明程度高”的新江苏做出新的贡献。

(一)准确把握发展阶段性特征，主动适应新常态。当前，我国经济正在向形态更高级、分工更复杂、结构更合理的阶段演化，经济发展进入新常态，增长速度正从高速增长转向中高速增长，经济发展方式正从规模速度型粗放增长转向质量效率型集约增长，经济结构正从增量扩能为主转向调整存量、做优增量并存的深度调整，经济发展动力正从传统增长点转向新的增长点。新常态的影响既有共性又有个性，有三方面常熟更具代表性和先导性。表现为：资源环境约束日益加剧，建设用地占比已经接近上限；投资边际效益正逐步下降，投资驱动方式难以为继；新兴产业、现代服务业作用更加凸显，生产小型化、智能化、专业化将成为产业组织新特征，经济增长将更多依靠科技进步和全面创新。全市上下要认清形势，形成共识，切实做到观念上适应、认识上到位、方法上对路、工作上得力，以积极有为的姿态全力推动常熟转型发展。政府层面要切实转变发展理念和工作方法，正确处理好速度与质量、规模与结构等关系，把稳增长作为最基本的任务，把创新驱动作为最有力的抓手，促进经济增长从要素驱动、投资驱动为主向创新驱动为主转变，推动产业结构加快由中低端向中高端迈进，努力保持经济运行在合理区间。企业层面必须从追求“速度”发展转到追求“质量”发展，把注意力更多集中在优化内部治理结构、加强技术和产品创新、完善营销网络等方面，通过建立现代企业制度、创新商业模式、推进兼并重组等途径，全面提升企业核心竞争力。社会层面要力戒浮躁之风、克服短期行为，始终保持淡定从容、理性平和的社会心态，用新思维认识新常态，用新作为适应新常态，切实形成重实干、创实绩、求实效的社会氛围。

(二)牢牢把握发展总基调，全力构筑新优势。今年全市工作总的基调是“五位一体、综合发展”。确立这一总基调，符合十八大“五位一体”总体布局要求，契合十八届三中、四中全会精神，是落实省委“五个迈上新台阶”和苏州市委对常熟工作要求的具体行动，也是我市立足现有基础、实现新常态下科学发展的必然选择。各地各部门要全力做好“全面协调可持续发展这篇文章”，把握好多重目标的平衡点和结合点，增强工作的科学性、系统性、持续性、整体性，同步推进新型工业化、信息化、城镇化、农业现代化，努力建设效率常熟、幸福常熟、美丽常熟、法治常熟。在经济发展上，更加注重提质增效升级，优化提升存量，培育发展增量，推进增长动力机制转换，推动传统产业向中高端迈进，打造新产业、新业态、新商业模式，积极培育新的经济增长点，努力做到调速不减势、量增质更优，着力在追求“中高端”发展中保持“中高速”增长；在生态建设上，强化生态优先理念，坚持严控污染增量和削减污染存量并举，发挥生态红线的刚性约束和引领作用，坚持源头严防、过程严管、后果严惩，努力实现经济增长、污染总量下降，促进环境质量持续提升，彰显常熟“人文、生态、精致、宜居”的环境特色；在文化建设上，实施“文化强市”工程，推进法治文化、诚信文化建设，创新文化发展繁荣的体制机制，放大文化名城效应，形成强大的价值引导力、文化凝聚力、精神推动力，努力以文化软实力的提升带动城市品质内涵的提升；在社会建设上，坚持系统治理、依法治理、综合治理、源头治理，建立和完善社会组织内部治理机制，依法推进基层组织自治，深入推进社会治安综合治理，加快法治政府、法治社会建设，筑牢法治保障屏障，加快治理体系和治理能力现代化进程；在党的建设上，深化市级权力公开透明运行试点，坚持从严管理干部，做到管理全面、标准严格、环节衔接、措施配套、责任分明，积极营造廉洁从政、风清气正的政治生态。

新常态下构建常熟“五位一体、综合发展”新优势，尤其需要直面问题、勇于担当的韧劲，需要锐意创新、拼搏进取的精神。全市上下要进一步提振干事创业的精气神，认清所处的历史方位，认清肩负的使命责任，树立发展信心，坚定改革决心，为构筑新优势、实现新突破打下扎实基础。必须以创新驱动为抓手。注重科技创新和体制机制创新“双轮驱动”，着眼于构建区域创新体系，坚持企业研发目标定位于行业领域民技术引领，创新创业人才引进目标定位于拥有自主知识产权，产业发展目标定位于国内一流、世界先进，强化科技同经济对接、创新成果同产业对接、创新项目同现实生产力对接、研发人员创新劳动同其利益收入对接，形成有利于出创新成果、有利于创新成果产业化的新机制。必须以深化改革为取向。围绕解决发展面临的突出问题推进改革，推出既具有年度特点、又有利于长远制度安排的改革举措，尊重群众首创精神，从实践中寻找最佳方案，使改革举措有效转化成发展动力。坚持深化改革与法治建设“两手齐抓”，发挥法治对改革的“压舱石”作用，用法治思维和法治方式破解改革难题、化解改革风险，确保改革有秩序、不走样、行稳致远。坚持把城乡发展一体化作为改革的重要内容，突破城乡发展体制机制障碍，把城乡发展一体化与“三农”问题相协调、与生态文明建设相结合、与社会治理法治化相融合，不断丰富和提升城乡一体化建设内涵，加快形成体制机制创新优势。必须以改善民生为根本。按照“守住底线、突出重点、完善制度、引导舆论”的工作思路，注重引导社会预期，注重保障基本民生，加快建立健全权利公平、机会公平、规则公平的制度体系，进一步推动公共资源均衡配置，营造有利于市场主体创新、社会公平竞争的政策环境和制度环境。坚持尽力而为、量力而行，持续推进民生实事工程，把握民生工作的稳定性、连续性、累积性，逐步提高民生事业发展水平，使群众真正受益、得到实惠。

三、2015年重点任务安排

2015年是全面完成“十二五”规划的收官之年，是全面深化改革的关键之年，也是全面推进法治常熟建设的开局之年，做好明年工作意义重大。明年工作指导思想是：认真贯彻党的十八大、十八届三中、四中全会精神，以习近平总书记系列重要讲话精神为根本遵循，牢牢把握“五位一体、综合发展”总基调，主动适应经济发展新常态，更加注重质量效益、更加注重创新驱动、更加注重统筹发展、更加注重法治保障、更加注重党的建设，促进经济持续健康发展和社会和谐稳定。

2015年全市经济社会发展的主要预期目标是：地区生产总值增长7%左右；公共财政预算收入增长7%左右；工业总产值增长7%左右，其中规上工业总产值增长8%左右；全社会固定资产投资额与上年持平；服务业增加值占GDP比重45.20%；社会消费品零售总额增长10%；外贸进出口保持增长，实际利用外资8亿美元。

1. 以推进产业转型和创新发展为重点，进一步提升经济增长质量和效益。更大力度推进产业结构优化升级，促进创新要素集约集聚，加快实现由散转聚、由低转高的重要转型，进一步提升经济发展质态。

加强与中央和省战略布局对接。主动对接长江经济带国家战略、全面融入黄金水道建设，加快铁黄沙吹填成岛工程，统筹区域的生态建设、产业布局、基础设施、资源开发和利用，加快发展临港经济。承接、复制上海自贸区制度创新成果，促进与上海自贸区在区域合作、政策配套、监管模式、人才引进等方面的接轨。抓住苏南自主创新示范区获国务院批复的契机，加强开发区理念创新、功能创新、机制创新，深化产城融合、内外融合和虚实融合，推动开发区向“质量效益示范区”转换，全面提升发展质量水平，全力争取高新区升格国家级，出口加工区转型综合保税区。统筹做好特色产业园区布局规划，用足用好两个100万平方米产业载体，规范管理，培育特色，积极探索专业化、市场化运行机制。创新区镇联动机制，促进区镇载体的共享共用、错位发展。全力推进重点项目建设。以“两区两园”为龙头，完善汽车全产业链培育，加快推进路虎发动机、丰田变速箱、科力美汽车电池等重点项目，加快建设沿江汽车整车生产基地、高新区汽车生产性服务产业园，推动项目单体优势向产业整体优势转化。加快推进106只工业新增长点项目、35只重点外资项目和58只重点内资项目建设，全力做好经济开发区清洁能源基地报批和前期工作。加快装备制造三大产业基地建设，重点培育和发展智能装备、海洋工程、新型电子装备等产业，有效确立常熟装备制造产业的优势和影响力。着眼于制造产业链延伸拓展、服务业集聚创新，持续提高招商选资实效，强化产业协作带动和资源合理配置，构建战略性新兴产业集群。提升现有企业发展水平。以企业制度创新、技术创新、商业模式创新为重点，大力推动民营企业转型提升，建立产权清晰、权责明确、运行规范、管理科学的现代企业制度；引导企业充分利用国际国内两种资源和两个市场，加快国际化步伐，做强主导产品，加快技术改造、新品开发、品牌创建，推动“专利、标准、品牌”三位一体发展，促进企业核心技术和专利技术向标准转化，不断提高产品竞争力和附加值；鼓励企业创新商业模式，充分运用网络、信息等技术，加强对各类资源要素的充分整合和高效利用，掌握市场竞争的主动权。通过民营企业提档升级，培育更多市场竞争力强、技术领先、品牌知名的百年“小巨人”企业。加快现代服务业提质升级。大力发展总部经济，加快昆承湖总部集聚区建设，支持本土企业建立企业总部，培育发展研发、销售、物流、财务和投资中心，实现研发制造销售一体化发展，继续引进内资、外资总部企业落户常熟。加快发展旅游业，打响“江南福地、常来常熟”、“走进沙家浜、感受山水城”等旅游品牌，提升长江游轮、山水休闲、美丽乡村等特色旅游建设水平，虞山尚湖旅游度假区创建省级旅游度假区，全面提升旅游竞争力。大力发展互联网经济，促进流通业商业模式创新，搭建公共服务平台，培育骨干企业，优化物流体系，开展国家电子商务综合示范县（市）建设。扎实推进服装城专业流通市场综合配套改革，争创内外贸结合试点和市场采购贸易政策，运用市场化手段办好服装服饰博览会，真正把服装城打造成“集聚全国、面向全球”的服装服饰中心。强化科技创新驱动。深入实施高新技术企业“三年培育计划”、“双创科技企业“313”培育工程，进一步推动创新要素向企业集聚，支持企业与高校、科研院所联合组建技术研发平台，开展联合研发和关键技术攻关，争取获得更多拥有自主知识产权的核心技术。提高科技创新载体承载和集聚水平，构建一批面向中小企业的共性技术研发平台、科技公共服务平台，积极发展技术咨询、科技信息、成果交易等科技中介服务机构，优化财政科技投入方式，切实加强知识产权保护，形成更加完善的科技创新支撑和服务体系。进一步优化人才培养、引进、使用机制，有效对接高层次人才需求，更有针对性地开展招才引智工作，加大实用型人才培养力度，形成产业链和人才链互动发展格局。大力培育产业集群。立足现有特色产业基础，明确产业定位，推动产业集群发展，支持骨干企业通过上市、联合、重组、兼并等形式做大做强，鼓励大企业延伸产业链，形成大中小企业配套、上下游产业联动的产业集群。推动新兴产业成长为新的经济增长点，进一步提升新能源、新材料、生物医药等产业集聚度。继续调整优化布局，推进莫城纺织服装创意产业园建设，加快规划建设纺织生态科技园，推动纺织印染行业转型升级。科学配置资源要素，加快对闲置土地的整理处置，创新和完善重点产业项目用地评价机制，着力提高投入产出率、劳动生产率和资源集约利用率。

2. 以创新城乡一体发展体制机制为重点，不断开创城乡建设管理新局面。按照“方向坚定不移、政策一以贯之、工作持续不断、方法统筹兼顾”总要求，扎实推进城乡发展一体化，着力解决人口集聚、生产力布局、城镇体系建设等问题，进一步加快新型城镇化进程。切实提高城镇规划建设水平。加强城市片区组团式发展,推进南部新城核心区基础设施建设,完善北部生活社区配套功能,推动滨江新城发展。加快镇域总体规划、产业规划、土地利用规划、生态建设规划等"多规融合"进程,形成统一衔接、功能互补、相互协调的城乡一体化发展规划体系。坚持建设、安置和管理并重的工作思路,积极稳妥推进示范小区规划建设,科学确定示范小区选址,加强示范小区建设的质量和安全管理,同时有序推进农户安置入住,完善公共服务配套,帮助农民更好地适应向市民的转变。依据村庄布局规划和综合整治规划,加强对农宅的分类管理,完善日常建设管理制度,坚决制止未经批准的任何建设行为,坚决拆除新形成的违章建筑,维护农宅建设管理的正常秩序。强化"产城融合",推进小城市中心镇区与工业集中区基础设施、公共服务体系共建共享,提高集约集聚发展水平。统筹城乡基础设施建设,配合做好沪通铁路项目,启动通港路、常沙线快速化改造工程,进一步完善城市交通体系。加快城中村改造、零星危旧小区改造等工程,不断改善市容环境和人居质量。积极稳妥推进农村各项改革。深化农村土地制度改革,全面组织实施农村土地承包经营权确权登记颁证,推进所有权、承包权和经营权"三权"分离;实施农村资源资产的所有权确权登记工作,建立并完善归属清晰、权能完整、流转顺畅、保护严格的农村集体产权制度;稳步推进社区股份合作社改革,科学界定集体组织成员,条件成熟的实施"股权固化"、"撤村建居"和"社经分离"。完善合作社内部治理结构,健全利益联结、盈余分配、监督约束机制,赋予农民更多财产权利,保障土地承包经营权收益。积极探索城乡一体的建设用地市场和农村宅基地退出机制,建立农村产权交易市场。积极实施村级财力建设"新三年行动计划",重视薄弱村财力建设,实现全市村级集体经济的均衡、健康、可持续发展。加快发展现代高效农业。结合万顷良田建设工程,大力推进生态、美丽、高效农业建设,推进省级"菜篮子"工程基地建设。创新现代农业经营机制,实现规模化种植、基地化管理、标准化生产、市场化运作,走产出高效、产品安全、资源节约、环境友好的现代农业发展道路。启动农业综合信息管理平台建设,完善农业科技人才和职业农民的多层次培养机制,造就一支适应现代农业发展的高素质职业农民队伍,进一步构建农业服务体系。加强生态文明建设。严格执行发展中不新增污染总量的政策,深入推进淘汰落后产能专项行动,积极发展循环经济,推行清洁生产,确保全面完成节能减排任务。认真落实生态文明建设规划和生态红线区域保护规划,以核心生态圈建设为重点,把推进生态修复、发展生态旅游、发展生态农业、拓展城市功能等更好地结合起来。以大气污染防治、水环境质量改善为重点,扎实推进一批专项治理工程,加强系统治理、长效管理,努力保持碧水蓝天的生态美景。突出农村基础设施建设和生活污染治理重点,分步实施美丽乡村建设,加快推进农村连片整治,完善农村生活垃圾收运体系,重点解决好农村生活污水处理、河道保洁、垃圾回收转运、秸秆综合利用等问题。强化农业面源污染防治,推进畜禽粪污的无害化治理和利用,认真落实生态补偿机制,建立环境整治和生态建设的长效机制。

3. 以深化权力公开透明运行试点为重点,着力推进治理体系和治理能力现代化。以十八届四中全会精神为引领,全面推进法治常熟建设,使法治精神根植于内心深处、法治思维贯穿于工作始终、法治力量彰显于发展全过程。大力推进依法行政。把深化权力公开透明运行试点与推进行政审批改革紧密结合,让权力在阳光下运行,既要做到"法定职责必须为",又要做到"法无授权不可为"。持续推进政府简政放权,坚持从"破"和"立"两端发力、从"放"和"管"两头入手、在"强"和"活"两方面下功夫,全面建立权力清单、责任清单和负面清单等清单制度,将行政行为纳入法治轨道,打造职能科学、权责法定、执法严明、公开公正、廉洁高效、守法诚信的法治政府。按照"精简、统一、效能"原则,稳步推进大部门制改革,扎实抓好卫计委、市场监督管理局组建工作,推进事业单位分类改革。深化强镇扩权试点工作,推进虞山镇行政管理体制改革,加大经济社会管理权限和执法事项下放力度,全面开展镇域范围相对集中行政处罚权试点工作。坚持严格依法按程序行使事权,着力解决执法不规范、不透明、不文明等问题,以法治维护公平正义,切实增强司法公信力。推进社会治理法治化。强化全民法治意识,让法治真正成为城市综合竞争力的重要标志,成为市民生活方式的重要内容,促进形成"办事依法、遇事找法、解决问题用法、化解矛盾靠法"的良好法治环境。强化城市精细化管理,进一步理顺城市管理体制,推动城市管理"网格化"与"大联动"深度融合,继续推进流动人口集中住宿、集中管理、集中服务的"三集中"模式,构建城乡环境综合整治长效机制。持续推进“政社互动”，创新农村新型社区管理机制，强化社区自治和服务功能，深化基层组织和部门、行业依法治理，努力把矛盾消化在基层、解决在始发阶段，实现“政府依法治理、社会自我调节、居民民主自治”的良性互动。健全社会稳定风险评估制度，做到重大行政决策项目稳定风险评估应评尽评。畅通群众利益协调、权益保障法律渠道，建设社会服务管理中心，建立更加有效的纠纷解决机制。坚持诉访分离、落实终结制度，把涉法涉诉信访纳入法治轨道。完善司法救助体系，构建覆盖城乡的法律援助服务体系。全力维护社会稳定。创新矛盾纠纷排查化解机制，积极探索社会治安防范新举措，继续加强技防城建设，推进重点人群帮教治理、重点地区排查整治，净化社会治安环境。加强公共安全监管，完善各类应急预案，整合应急资源，全面提升突发事件处置能力。加强金融风险防范处置，健全企业“健康体检”机制，进一步优化金融生态环境。强化安全生产主体、属地和监管责任，深化“六打六治”打非治违专项行动，抓好三级政府重大事故隐患挂牌整改工作，坚决遏制重特大事故发生。建立覆盖全过程的食品药品监管制度，推进公共安全管理实事项目，加大公共消防基础设施和能力建设力度，确保社会大局和谐稳定。

4. 以构建公平正义制度体系为重点，努力增强市民群众幸福感和满意度。把构建以权利公平、机会公平、规则公平为主要内容的制度体系作为保障改善民生的重中之重，努力营造公平的社会环境，不断增进人民群众福祉。多渠道促进城乡居民增收。持续推进城乡居民收入倍增计划，推动农业、就业、创业、物业“四业富民”，形成以工资性收入为主体、经营性收入为亮点、财产性收入为补充、转移性收入为保障的多元收入架构，构建居民收入持续增长机制。实施更加积极的就业政策，积极促进以高校毕业生为重点的各类群体就业，确保“零就业”困难家庭动态“清零”。着眼于推动农业转移人口城镇化，构建促进农民市民化机制，帮助进城农民增强归属感、融入新生活。完善社会保障体系。加快建立统筹衔接更加顺畅、保障层次更加多元、覆盖人群更加广泛、体制机制更加科学、管理服务更加高效、长期发展更加持续、与经济社会发展更加协调的社会保障制度，城乡社会保障综合参保率保持99%以上。推进社会保险、社会救助、社会福利制度的整体设计和衔接，进一步健全工资支付预警与处置机制，规范企业工资支付行为，重点打击恶意欠薪逃匿行为，积极构建和谐稳定的劳动关系。进一步完善社会救助体系，形成制度化、长期性的扶贫帮困机制。坚持政府主导、社会参与、市场运作，加快养老机构建设步伐，引导支持社会力量进入养老服务领域、社会资本建设养老机构。不断完善新市民积分管理办法，推进人口服务管理制度改革，构建有利于大学生、高层次人才进驻的体制机制，拓展新市民积分管理的综合效应。推进教育事业均衡发展。扎实推进各项教育民生实事工程，完善集团办学模式，加大教育统筹能力，义务教育更加强调均衡发展，高中段教育更加突出特色发展，现代职业教育更加注重对接产业发展和社会需求。优化公共卫生资源配置。推动医疗卫生工作重心下移、医疗卫生资源下沉，加大镇级医疗机构服务能力建设力度，全面推进市级医院与镇级医疗机构建立医疗服务联合体，完善城乡社区卫生服务网络，推动形成基层首诊、分级诊疗、双向转诊的就医新秩序。完善医疗卫生服务体系，全面深化公立医院改革，完善公立医院价格联动、医保政策、财政补偿等综合措施，引导和鼓励民资、外资兴办医疗机构，扩大医疗服务供给。完善居民基本医疗保险制度，平衡基金的合理使用，进一步提高大病患者保障水平。

5. 以突出核心价值导向为重点，进一步彰显现代江南名城的文化品质。做好各项工作，必须有强大的价值引导力、文化凝聚力、精神推动力作支撑。要紧紧抓住培育和践行社会主义核心价值观这个根本，广泛宣传教育，广泛探索实践，在落细、落小、落实上狠下功夫。提高社会文明程度。围绕“三个倡导”基本内容，以党员干部、青少年、公众人物为重点，组织开展主题教育实践活动，把核心价值观融入国民教育和经济社会发展实践中，成为引导人们前进的强大精神动力。建立健全社会征信系统和诚信奖惩机制，严格履行政府向社会作出的承诺，办好向老百姓承诺的事情，切实抓好企业主体诚信教育，营造守信光荣、失信可耻的社会环境。坚持法治与德治相结合，促进文化强市与法治常熟建设相结合，增强全社会尊法守法的自觉，完善文明城市建设的社会参与机制，进一步增强全社会对主流价值的归属感、认同感。提升公共文化服务水平。巩固国家公共文化服务示范区创建长效机制，扎实推进城乡文化设施共建共享，深化“四馆一站”免费开放，提升公共文化资源配置的综合效益，不断提高市民享受文化资源的可及性、便利性、参与性。深化文化体制改革,鼓励社会力量参与公共文化服务,积极培育和发展文化非营利组织,进一步激发文化发展的活力,实现政府职能从"办文化"向"管文化"的转变。坚持以人民为中心的创作导向,努力扶持、推动更多契合时代的优秀作品的创作,将文化人才队伍建设纳入全市人才发展规划通盘考虑,在文学、舞蹈、评弹、书画、古琴等优势门类中推出一批重点剧目、示范工程。丰富群众文艺形式,推进群众文化活动长效化、品牌化、特色化,不断满足人民群众的精神文化需求。弘扬优秀传统文化。加强历史文化名城保护,加快推进南门坛上历史文化街区保护整治,启动地方文献保护传承工程,加强常熟传统文化的系统研究和挖掘利用,加强非物质文化遗产保护传承和开发利用,实现城市更新与文化传承有机衔接、古代文化与现代文明交相辉映。加强文化交流合作,拓展对外传播渠道,提升文化节庆品牌内涵,进一步放大"江南文化"的国际影响力和城市美誉度。

四、落实全面从严治党新要求

治国必先治党,治党务必从严,作风建设永远在路上。各级党组织要深化拓展教育实践活动成果,把全面从严治党新要求落实到各项建设全过程,坚持思想建党和制度治党相结合,推动形成一心一意谋发展、聚精会神抓党建的新局面,为构筑常熟"五位一体、综合发展"新优势提供坚强保证。

1. 落实全面从严治党责任。全市各级党组织要牢固树立"抓党建就是抓发展、抓发展必须抓党建"理念,切实增强管党治党意识、落实管党治党责任,把抓好党建作为最大的政绩,真正做到"两手抓、两手硬"。深刻理解党的建设和法治建设相辅相成、共生共存的密切关系,依据党内法规管党治党,积极打造法治型党组织。完善党内监督制度,严格执行民主集中制,拓宽党内民主渠道,完善重大决策机制和程序,落实党委议事决策规则和"三重一大"事项决策办法,强化对重点领域的监督制约,把权力关进制度的笼子。严肃党内政治生活,让高质量的民主生活会和组织生活会成为常态,提高党内生活政治性、原则性、战斗性,自觉按照党章、党内政治生活准则办事。严守政治纪律和政治规矩,加强对政治纪律执行情况的监督检查,坚决查处上有政策、下有对策,有令不行、有禁不止行为,确保政令畅通。增强政治敏锐性和政治鉴别力,坚持正确的政治方向,在大是大非面前旗帜鲜明,讲政治、讲大局、讲纪律,真正做到与中央认识上一致、思想上统一、政治上同心、行动上同步,决不允许逾越政治纪律的红线。制定市委常委抓党建工作"任务清单",建立党建工作综合评价机制,完善党建动态跟踪考核细则,严格执行三级"联述联评联考"和党建问责制度,建立群众满意度测评长效机制,构建党委统一领导、部门齐抓共管、一级抓一级、层层抓落实的党建工作格局。

2. 夯实全面从严治党基石。强化思想理论武装。坚持学习常态化,把党委(党组)中心组学习情况纳入市重点督查项目,推行年终述学制度,建立党政领导干部学习型党组织工作联系点,继续开展基层党校创先争优活动,推出一批学习型党组织建设品牌。突出抓好习近平总书记系列重要讲话精神、社会主义核心价值观等主题学习宣传,推动"四学四讲"活动深入开展。着力提升舆论导向新精度,突出重大主题策划宣传活动,注重媒体融合发展,引进电信网络舆情监测平台,加强舆论引导,掌握舆情动态,做到守土有责、守土负责、守土尽责。坚持选好用好干部。完善规范领导干部民主推荐和干部考察工作办法,实施"动议比选任用"选人用人新机制,进一步发挥党组织在选人用人各个环节的领导和把关作用。认真执行干部选拔任用全程纪实制度、干部选拔任用报告制度,规范干部选拔任用行为。强化干部监督管理,深入开展领导干部个人有关事项报告抽查核实工作,逐步推行新提任领导干部有关事项公开,着力抓好对干部"德"的考核。加强对领导班子和干部队伍的综合分析研判,认真做好2016年乡镇党委换届的有关前期准备工作。从紧抓好年轻干部的培养选拔工作,注重加强党性和作风教育,把基层一线和艰苦岗位作为摔打磨炼、考察检验年轻干部的主阵地,深入推进年轻干部"梯队培优育才"计划,加大对优秀年轻干部培养选拔力度。夯实基层组织基础。认真梳理基层组织建设中存在的问题和不足,以基层服务型党组织建设为重点,进一步拓展和丰富"四大行动"内涵,深化机关党组织服务企业"绿色通道"行动,健全党员干部直接联系群众机制;夯实新兴领域党的组织基础,开展农民合作社、家庭农场基层党组织建设试点工作,创新探索"一建三带"党建模式;建立软弱涣散党组织倒排机制,集中力量进行整顿帮扶;推进各领域基层党组织规范化建设,深化"四规范两落实"工作,巩固完善“三会一课”、谈心交心等党内生活制度，加大区域党建工作站、党群工作站等服务平台建设，有效整合党建优势资源，不断扩大党组织服务党员群众有效半径。加强党员经常性教育管理，发挥市委党校党性教育主渠道作用，抓好党员党性教育，建立党员党性定期分析制度，严把党员“入口”关、畅通“出口”机制。

3. **坚持依规管党治党。**从严落实“两个责任”。制定“两个责任”评价办法，建立“责任清单”，构建横向到边、纵向到底、不留空隙的责任体系。出台“两个责任”报告制度，开展党风廉政建设巡察工作，严格执行纪委约谈制度，建立完善“一岗双责”“一案双查”机制。强化权力运行监督。围绕构建不想腐、不能腐、不敢腐长效机制，重点加强各级领导干部法纪教育，继续开展新提任领导干部“5·10”训廉日活动，着力提高领导干部运用法治思维和法治方式行事的能力。织密制度笼子，突出重点领域、关键环节，建立健全廉政风险防控机制，形成风险预警、纠错整改、内部制约、外部监督、考核评价和责任追究机制。制定防止利益冲突行为准则，规范领导干部从政行为、离任从业限制以及领导干部亲属从业行为，严格落实领导干部任职回避制度。监督用权行为，按照职权法定原则，规范各级党政主要领导干部职责权限，科学配置党政部门及其内设机构的权力和职能，公开权力运行流程，建立完善同级监督、下级监督和群众监督机制，推动权力公开透明运行。全面实施领导干部廉洁诚信预警监测管理，通过信息征集和积分考核，综合评定领导干部个人的廉洁诚信指数。加强行政监察，强化对职能部门履职情况的“再监督”，创新监督方式方法，加大监督制约力度。深入推进作风建设。持续加大正风肃纪力度，坚决防止反弹，使作风建设落地生根、成为新常态。按照“一月一督查”要求，抓住特殊时段、重要节点、关键岗位、敏感场所，运用上下互动、部门联动、明查暗访、交叉检查、远程核查等方式，精准执纪、驰而不息，以具体问题的突破，带动作风效能的整体提升。进一步畅通社会监督渠道，发挥“12345”便民服务平台、苏州“寒山闻钟”等载体的社会监督功能，强化作风舆情监管；深化“媒体问政”活动，依靠公众和媒体参与开展常态监督。加大惩戒问责力度，对顶风违纪行为，快查快办，决不姑息手软，坚决纠正庸懒散奢、“为官不为”等行为，构建改进作风的长效机制。坚决惩治腐败行为。以“零容忍”态度，继续保持惩治腐败高压态势，加大案件查处力度，有责必究、有案必查，决不让腐败行为和腐败分子有容身之地。运用“系统查、查系统”的办案思路，认真分析排查城市建设、土地出让、招投标等重点领域存在的突出问题，发现一起，查处一起。积极推进查办腐败案件体制机制改革，建立健全依纪依法、有效协同的查办腐败案件工作机制。构建便捷高效的信访举报受理平台，加强查办案件工作信息化建设，建立健全问题线索汇集梳理、集中排查和定期评估制度。坚持抓早抓小、治病救人，对党员干部存在的问题早发现、早提醒、早纠正、早查处。全体党员干部要自觉践行“三严三实”要求，加强廉洁自律，敬畏权力、敬畏人民、敬畏人生，勤政廉政、干净干事，坚守正道、弘扬正气。市委将一如既往积极支持市人大、市政府、市政协履行职责，注重发挥各人民团体、社会组织的作用，充分调动一切积极因素，努力形成合心谋事、合拍做事、合力成事的良好局面。

同志们，困难和挑战激发斗志，责任和使命催人奋进。让我们紧密团结在以习近平同志为总书记的党中央周围，以更加振奋的精神、更加充沛的干劲、更加坚强的意志、更加扎实的作风，适应新常态，抢抓新机遇，开拓新局面，为全面构筑常熟“五位一体、综合发展”新优势而努力奋斗！

政府工作报告

——在市十四届人大四次会议上

市长　王　飚

(2015年1月6日)

市长　王　飚

各位代表：

现在，我代表常熟市人民政府，向大会报告工作，请予审议，并请市政协委员和其他列席人员提出意见。

2014年工作回顾

一年来，面对复杂多变的国内外经济形势，市政府在市委坚强领导下，在市人大和市政协监督支持下，扎实开展党的群众路线教育实践活动，全面贯彻落实党的十八届三中、四中全会精神，牢牢把握“稳中求进、提质增效”工作总基调，全力以赴稳增长、促转型、惠民生，千方百计扩总量、促增量、提质量，团结依靠全市人民，齐心协力、攻坚克难，各项工作取得了扎实成效，经济社会保持平稳健康发展。

一、坚持提质增效，转型升级步伐加快

经济运行稳中有进。主动适应经济发展新常态，加强对经济工作的组织领导，经济增速稳定在合理区间，预计实现地区生产总值2020亿元，增长7.50%；完成公共财政预算收入147.40亿元，增长6.37%，税收占比83.40%。注重发挥投资的关键作用，投资结构不断优化，净增本外币贷款200亿元，完成固定资产投资650.80亿元，其中，民间投资占全部投资比重53.50%，新兴产业投资占规上工业投资比重61.20%。城乡消费增长较快，完成社会消费品零售总额618亿元、增长9.50%，实现商品市场成交额1640亿元、增长7%。综合施策，支持企业开拓市场，完成外贸进出口200亿美元，增长7.40%。

质量效益逐步提高。完成工业总产值4583亿元，其中规上工业产值3626亿元，分别增长0.50%和0.80%。实施“小巨人”企业培育计划，16家“小巨人”企业开票销售收入和入库税收分别增长18.50%和24%。3家企业入选民企500强，6家企业入选民企制造业500强。新增上市企业1家、新三板挂牌企业4家。新增国家标准化工作组织1个、中国驰名商标2件、江苏名牌产品6个。土地节约集约利用持续加强，两年盘活存量建设用地超过10000亩，建设工业和科技创新载体75.70万平方米和101.40万平方米，单位GDP建设用地占用率下降6.60%，被评为全省土地节约集约模范市。

产业结构持续优化。实现新兴产业产值1520亿元、高新产业产值1402亿元，分别增长8%和8.30%，占规上工业比重分别达到41.90%和38.70%。观致汽车批量入市，奇瑞捷豹路虎整车下线，丰田变速器项目竣工投产，汽车制造业产值增速达到24%。完成服务业增加值909亿元，占地区生产总值比重45%。出台电子商务专项扶持政策，苏宁云商电子商务运营中心、斐讯数据中心等重大项目有序推进，电子商务发展指数名列全国百佳县市第八。推进游轮母港建设，长江游轮成功首航，获评中国休闲城市综合标准示范市。现代农业加快发展，国家农业科技园区实体化运作，万顷良田建设有序推进，新建高标准农田3.50万亩，土地适度规模经营比重超过90%，新增省级审定水稻新品种2个，成功承办2014年中国蔬菜产业大会。

二、突出重点领域，改革创新纵深推进

改革探索不断深化。深化行政审批制度改革，取消、暂停和下放行政审批项目67项、削减27.30%，在全省县级市中率先公布行政审批事项目录；全面优化审批流程，在苏州市首推建设项目模拟审批，涉民服务项目即办件比例提高23.50个百分点。加快行政管理体制改革，对梅李镇下放第二批行政处罚权，启动虞山镇行政管理体制改革，获批在全省率先开展镇域综合执法试点。加大政府购买公共服务力度，公布首批83个政府购买公共服务项目。工商登记管理改革效果明显，新增私营企业3729家，民营经济注册资本突破千亿元。“营改增”试点深入推进，纳入企业超过5470户，累计减轻纳税人负担1.38亿元。深化国资国企改革，国企考核监管不断加强。推进社会综合服务平台建设，有效整合便民服务热线、数字化城管平台、“110”非警务事项等社会管理服务资源。实施新市民积分制管理，新市民入医、入学、入市民卡6.10万人次，积分制管理综合效益逐步显现。

对外开放水平提高。完善外商投资管理体制，实行外商投资项目“核改备”；提升利用外资质量，实际利用外资10亿美元，芬欧汇川获批跨国公司外汇资金运营便利化试点。提高贸易便利化水平，复制推广上海自贸区海关监管创新制度，实施长三角一体化通关，试点施行“一次申报、一次查验、一次放行”通关模式。着力优化外贸结构，一般贸易出口比重达58%，18个品牌成功入选省级重点培育和发展的国际知名品牌，居苏州第一。服务外包加快向高端拓展，离岸外包接包执行额增长15%。常熟港完成货物吞吐量8050万吨，其中外贸1350万吨，分别增长11.80%、13.50%。

创新驱动深入实施。全社会研发投入占地区生产总值比重达2.40%，新增发明专利授权588件，6家企业列入工信部知识产权创新试点；大中型工业企业研发机构建有率达93%，新批准设立省级博士后创新实践基地(分站)8家；入选江苏省首批重点企业研发机构21家，数量居全省县级市首位。着力推动科技、人才与经济发展紧密结合，新增国家千人计划人才2人、省双创计划人才10人、姑苏计划人才15人、市级领军型人才项目58个，大力实施高新技术企业“三年培育计划”和“313”工程，新认定国家火炬重点高新技术企业8家，高新技术企业累计235家，形成开票销售超3000万元“双创”科技企业30家。充分发挥科技镇长团作用，达成产学研合作项目2[illegible]项，列入省重大科技成果转化项目3项。东南高新技术创业服务中心、梅李科技创业中心分别成功创建国家级和省级科技企业孵化器。

三、强化统筹协调，城市建设再展新貌

空间布局优化。城市规划体系进一步完善，开展城市更新、水系景观等规划研究，完成琴湖片区等5个区域控制性详规，实现主城区控制性详规全覆盖。城乡一体化建设持续推进，示范小区新开工74.[illegible]0万平方米，封顶109.80万平方米，安置入住295[illegible]户。实施农村住宅分类管理，有序平稳推进解危解急。推进城市片区综合开发，市级征收搬迁项目签约578户、拆除面积8.80万平方米，完成企业搬迁65家、收储土地1371.60亩。理顺安置房建设机制，新开工安置小区56.50万平方米。

功能品质提升。滨江新城、南部国际型生态社区、北部城市生活社区建设呈现新亮点。南门坛上历史文化街区保护与整治工作有序推进。重大基础设施加快建设，沪通铁路征搬迁工作全面启动，三环路快速化改造工程东南环全线通车、东北环按序时推进，通港路、常沙线快速化改造前期工作进展顺利；铁黄沙整治工程加快推进，七浦塘整治工程全面开工，走马塘拓浚延伸常熟段工程竣工投用；1000千伏输变电工程过境线路搬迁安置及塔基建设进展顺利。推进公交优先战略，完成虞山北路等路段公交快速化改造，建成服装城公交枢纽站，更新候车亭250个、公交车210辆。着力缓解行车难停车难，实施元和路、湘江路改造和长江路东延工程，完成闸口桥等8个交通瓶颈改造，建成绿波示范路17条，新增停车泊位1200个。实施三环路沿线建筑风貌及环境卫生整治，开展“三小车辆”非法营运和交通违法专项整治，实施虞山镇区域无证无照经营专项整治。完成老住宅小区综合改造34万平方米，城区住宅小区物业管理覆盖率达91%。加快“智慧常熟”建设，市民卡发放突破110万张。

人居环境改善。突出抓好大气污染防治，强化工业废气、燃煤锅炉、建筑工地扬尘等污染源治理，实施电力、钢铁行业43台锅炉烟气治理，整治燃煤锅炉308台，淘汰老旧机动车7099辆，启动第二阶段黄标车限行,PM2.5 年平均浓度下降 5%,空气质量优良天数比例 76.90%。强化水环境综合治理,深入推进望虞河、阳澄湖流域综合整治,实施城乡河道综合治理 37 条,完成村庄分散式污水治理工程 114 个,全面推行河长制管护制度,两个集中式饮用水源地达标建设通过省级验收。加大力度推进节能减排,关停淘汰落后产能企业 110 家,单位 GDP 能耗下降和四项主要污染物排放削减量基本达到序时进度。"美丽乡村"示范村建设进展顺利,新增"三星级康居乡村"19 个。实施农村环境综合整治,启动畜禽养殖综合整治三年行动计划,关停治理养殖户 1958 户。新增造林绿化面积 1.10 万亩。南湖湿地获批省级湿地公园,核心区建成开园。

四、注重民生福祉,社会事业均衡发展

着力增加居民收入。推进收入倍增计划,多措并举增加居民工资性收入、经营性收入、财产性收入和转移性收入,城乡居民人均可支配收入分别达到 46300 元和 23700 元,分别增长 8%和 10%。启动村级财力建设新三年行动计划,实施各类村级财力建设项目 35 个,完成村集体"三资"清理,村级集体稳定性收入增长 12%。开展农村土地承包经营权确权登记颁证试点,完善土地承包经营权流转价格形成机制,规范社区股份合作社经营管理,新增各类专业合作组织 31 家,劳务合作社实现全覆盖。创新就业创业措施,新增就业岗位 7.10 万个,本市籍大中专毕业生就业率 96.30%,城镇登记失业率 2.04%。城乡居民月低保标准提高到 700 元,城镇职工养老人均待遇提高到每月 1774 元,养老保险和居民基本医疗保险参保率均保持 99.60%。完善征地补偿和被征地农民保障制度。发放社会保障卡 90 万张。发放各类救助资金 1.76 亿元,获评"七星级慈善城市"。新开工各类保障性住房 4042 套,建成 2376 套,虞枫家园交付使用。新增住房公积金缴存职工 3.90 万人,为中低收入家庭改善住房投入保障资金 17.40 亿元。

完善公共服务体系。扎实办好各项民生实事,5 大类 20 项重点民生实事基本完成。统筹调整教育资源布局,实验中学崇文校区、游文小学建成投用,报慈小学一期工程竣工,昆承中学扩建工程启动,新开工校安工程 10 万平方米;推进集团办学改革,深化教育均衡发展。扶持普惠性民办幼儿园发展,实施公办幼儿园独立法人试点,成功创建江苏省学前教育改革发展示范区。成功承办 2014 年全国职业院校技能大赛,市职教中心校获批省联合职技院常熟分院。加快医疗卫生事业发展,深化公立医院综合改革,推进 3 个紧密型医疗服务联合体建设,一级以上公立医院实现网上预约挂号。"单独两孩"计生新政顺利实施。推行政府购买居家养老服务试点,市敬老院建设项目竣工,新增日间照料中心 8 家,养老床位达到 9702 张。成功举办 2014 江南文化节暨沙家浜旅游节、第十五届服博会、第五届两岸汉字艺术节。文化名城效应进一步放大,《凤凰的山谷》等一批优秀作品获全国"五个一工程"奖、全国曲艺牡丹奖,《虞山文化流派》获省社科优秀成果三等奖。市档案馆通过"国家一级馆"复查。实行城镇职工医保健身"一卡通",学校体育设施向公众开放率达到 53%。常熟选手在韩国仁川残疾人亚运会获得五金佳绩,成功举办中国智能车未来挑战赛等重大赛事。

创新社会治理模式。扎实开展文明创建,获得全国文明城市提名城市资格。创新法制宣传教育方式,扩大覆盖面,被评为全国"六五"普法中期先进集体。深入推进"政社互动"工作,大力实施社区减负,城区管理区全部设立行政事务受理中心。加快经济纠纷协调处置速度,调整工业用地抵押融资评估政策,通过省金融生态优秀县市复评。坚持领导干部接访、机关干部下访和矛盾纠纷定期排查三项长效机制,落实领导包案责任,排查化解突出问题。扎实开展安全生产检查整改专项行动,深入推进"六打六治"打非治违行动,72 个三级政府重大事故隐患挂牌项目全部整改到位,安全生产形势稳定可控。进一步健全应急管理机制,市级电梯应急处置服务平台投入试运行。加强食品安全综合协调工作,药品安全监管水平不断提高。实施技防和警务大数据工程,构筑社会治安防控防线,刑事案件发案率连续七年下降,被评为全省平安创建先进县(市)。实现省双拥模范城"七连冠"。

与此同时,民族宗教、侨台事务、统计、人民防空、气象、外事、地方志、工会、共青团、妇女儿童等工作都取得新的进步。

五、狠抓作风效能,政府建设得到加强

扎实开展教育实践活动。市政府党组广泛听取各方面意见建议,深入查找"四风"方面突出问题,组织召开专题民主生活会,开展批评与自我批评,制定了 7 个方面 30 条措施,以"钉钉子"精神抓问题整改,做到应改尽改。坚决执行改进作风、密切联系群众各项规定,全市清理评比达标表彰项目 107 个,清理领导小组和议事机构132个，清理办公用房7800平方米，停建楼堂馆所6000平方米，“三公”经费下降40%。

严格依法行政。主动向市人大常委会报告、向市政协通报重大事项，认真接受人大、政协和社会各方面监督，办复人大代表建议141件、政协提案247件，满意率分别达到97.90%和98.50%。完善政府法律顾问制度，健全重大行政决策程序，对重大建设项目实行目录化管理。加大政府信息公开力度，首批9个部门公开预算信息。被评为省级行政复议工作规范化建设合格单位。

提升行政效能。建立全媒体问政获取民意新机制，开展电视问政和政风行风热线“基层行”直播活动，全面推行机关作风效能积分制管理。优化支出结构，严格财政预决算管理，大力压缩一般性支出，注重财政资金使用绩效，政府投资项目财政管理信息系统建成投用。加强融资管理，出台政府性债务管理办法，建立偿债准备金制度，防范政府性债务风险。

加强廉政建设。加强审计监督和行政监察，推进制度廉洁性评估试点，廉政风险防控机制进一步完善。实施“清风行动”专项督查，开展工作纪律专项整治行动和行政执法责任追究专项行动，加大重点领域问责追究力度，严肃查纠违反中央八项规定行为，各类违法违纪行为得到严肃查处。

各位代表，过去一年的成绩来之不易，凝聚着全市人民的辛劳和智慧，得益于方方面面的支持和奉献。在此，我谨代表市政府，向辛勤工作在各个领域的同志们，向人大代表、政协委员，向离退休老同志，向驻常部队、武警官兵，向各民主党派、工商联和无党派人士，向各人民团体，向所有参与、支持和关心常熟现代化建设的海内外朋友，表示衷心的感谢和崇高的敬意！

回顾过去一年，我们也看到，我市经济社会发展中仍然存在不少问题和不足，主要是：保持经济平稳持续增长的支撑力不足，资源利用效率不高，科技创新动力不强，增长方式需要加快转变；部分企业经营困难，金融风险防控形势较为严峻；城乡基础设施、基本公共服务还不够完善，城乡居民持续增收的压力较大，保障和改善民生任务繁重；影响群众生产生活的环境问题依然较多，节能减排形势不容乐观，生态文明建设任重道远；行政服务效能与群众期待存在一定差距，法治政府建设还需进一步加强。对此，我们将高度重视，采取扎实有效措施，逐步予以解决，努力把各项工作做得更好。

2015年工作安排

2015年是全面深化改革的关键之年，是全面推进依法治国的开局之年，也是全面完成“十二五”规划的收官之年。当前，经济发展进入新常态，增长速度正从高速增长转向中高速增长，经济发展方式正从规模速度型粗放增长转向质量效率型集约增长，经济结构正从增量扩能为主转向调整存量、做优增量并存的深度调整，经济发展动力正从传统增长点转向新的增长点。新常态在我市的表现具有先导性，影响经济增长的不确定因素增多，资源环境约束压力更加突出，经济结构调整优化升级难度较大，民生保障与和谐社会建设任务繁重。无论经济建设还是社会发展，都面临着新的情况、新的问题，科学认识新常态、主动把握新常态、积极适应新常态，已经成为做好新一年政府工作的大背景、主基调。我们要紧密结合学习贯彻党的十八大、十八届三中四中全会和中央经济工作会议精神，深刻认识我国发展仍处于可以大有作为的重要战略机遇期，经济发展总体向好的基本面没有改变，深刻领会习近平总书记对江苏工作的最新要求，按照中央精神和省委、市委决策部署，认清形势、坚定信心，奋力拼搏、积极进取，实现新常态下的新作为，推动各项工作迈上新台阶。

（一）主动把握经济新常态。牢牢抓住发展第一要务不动摇，牢固树立忧患意识、担当意识、进取意识，加强和改善对经济工作的组织领导，在全市上下营造抓产业优结构、抓企业优服务的浓厚氛围。从增长速度、发展方式、结构调整、增长动力等多个维度全面把握经济新常态的内在规律，探寻新常态下迈上新台阶的现实路径。着手“十三五”规划编制工作，深化重大课题研究，谋划好既利当前又利长远的思路举措。按照“增长要稳、结构要优、活力要足”的工作思路，突出经济提质增效升级这一中心，紧扣转方式调结构这一关键，向改革要动力，向创新要活力，优化提升存量，培育发展增量，打造新产业、新业态、新商业模式，积极培育新的经济增长点，促进经济增长从要素驱动为主向创新驱动为主转变，推动产业结构加快由中低端向中高端迈进。

（二）全力打造精致城市。坚持“人文、生态、精致、宜居”理念，走节约集约和内涵式城市发展道路，强化规划龙头作用，控制国土开发强度，统筹推进基础设施建设。坚持建管并重，强化精细化管理，探索建立开放式城市治理新模式，广泛调动社会力量参与共建共享，充分发挥既有城市资源的使用效率。坚持以人为本，更加注重民生保障和改善，更加注重生态保护和优化，着力增强城市设施的配套性、生活的便利性和环境的舒适性，让城市与市民更亲近、与自然更和谐。坚持文化引领，立足山水城一体的城市格局，加强古城、古镇、古村保护利用，实现城市更新与文化传承同步推进，延续文脉与留住乡愁有机衔接，以文化软实力的提升带动城市品质的提升。

（三）不断强化法治理念。把政府工作全面纳入法治轨道，强化法治思维，运用法治方式，全面深化改革，全力推动发展。深刻把握全面深化改革与全面推进依法治国的内在逻辑关系，坚持深化改革与法治建设齐头并进。一方面，发挥法治对改革的引领和推动作用，以法治手段破解改革难题，用法治方式化解改革风险，确保改革行稳致远。另一方面，通过深化改革加快政府职能转变，加快建立权责统一、权威高效的依法行政体制，建设职能科学、权责法定、执法严明、公开公正、廉洁高效、守法诚信的法治政府。

今年政府工作的总体要求是：全面贯彻党的十八大和十八届三中、四中全会精神，以邓小平理论、“三个代表”重要思想、科学发展观为指导，以习近平总书记系列重要讲话精神为根本遵循，牢牢把握“五位一体、综合发展”总基调，主动适应经济发展新常态，更加注重质量效益、更加注重创新驱动、更加注重均衡发展、更加注重法治保障，促进经济平稳健康发展和社会和谐稳定。

今年经济社会发展的主要预期目标是：地区生产总值增长7%左右；一般公共预算收入增长7%左右；工业总产值增长7%左右，其中规上工业总产值增长8%左右；全社会固定资产投资额650亿元；服务业增加值占GDP比重45.20%；社会消费品零售总额增长10%左右；外贸进出口保持增长，实际利用外资8亿美元。

围绕上述目标，在新的一年里，着重抓好六个方面工作：

一、更大力度推动经济提质增效迈上新台阶

加快主导产业提速增效。以“两车一中心”为核心，完善汽车全产业链培育，加快建设沿江汽车整车生产基地、高新区汽车生产性服务产业园和海虞汽车绿色制造基地，集聚一批产业链核心零部件配套企业，大力发展汽车后市场，提升产业配套率和行业贡献率。加快装备制造产业三大基地建设，重点培育和发展智能装备、海洋工程、新型电子等项目，加快形成以整机为核心、大型基础件和关键配套产品共同推进的产业发展格局。大力推动纺织服装产业优化布局、深化重组、提升质量，加大技术创新、产品创新和商业模式创新力度，推进莫城纺织服装创意产业园发展，服装城争创内外贸结合试点市场。着力推动新兴产业成长为新的经济增长点，促进新能源、新材料、生物医药等产业进一步提升竞争力和集聚度。

加快传统产业提优改造。坚持信息化与工业化深度融合，着力推动制造业信息技术的集成应用，推动传统产业创新发展。大力推进企业信息化建设，加快打造一批“智慧企业”，确保全年技改投资占工业投资比重60%、设备投资占技改投资比重70%。加快“小巨人”企业培育，引导企业完善治理结构，增强技术创新，强化品牌建设。支持中小企业深耕行业细分市场，走差异化竞争道路，加快建设一批“小而特、小而强”的优势企业。强化能耗、环保、安全等标准的硬约束，关停淘汰落后产能企业100家。

加快现代服务业提质增量。大力发展总部经济，加快昆承湾总部集聚区建设，总部企业营业收入和税收分别增长20%和25%。加快培育新兴生产性服务业态，深化二三产分离，大力发展现代生产性物流业，加强物流公共信息平台建设。发展临港经济，优化岸线资源，完善公共配套功能，提高岸线利用率和码头产出率，常熟港全力争取海港待遇。大力发展互联网经济，建设以服装城、高新区、虞山镇为主的昆承湖电子商务集聚区，优化电商发展环境。加快现代商贸业提档升级，大力发展体验式、休闲式消费模式，积极培育移动互联网、文体休闲、健康养老等消费热点，满足居民生活消费需求。丰富“江南福地、常来常熟”“走进沙家浜、感受山水城”等旅游品牌内涵，提升山水休闲、历史文化、美丽乡村、长江游轮等特色旅游建设水平，积极申报世界旅游组织可持续发展观测点，虞山尚湖旅游度假区争创省级旅游度假区，提升旅游竞争力。

加快创新驱动提档升级。突出企业技术创新主体地位，深入实施高新技术企业“三年培育计划”和“313”工程，完善科技金融政策体系，力争培育形成年开票销售超3000万元“双创”科技企业30家，实现高新技术产业产值1450亿元。充分发挥科技镇长团、驻常高校和大学研究院作用，加快创新成果的引进和转化，推动"专利、标准、品牌"三位一体发展。调整优化人才政策，新增市级双创领军人才项目50个，入选苏州市级以上项目20个。大力推进开放创新，主动对接长江经济带国家战略，全面融入黄金水道建设，全方位接轨上海、对接自贸区。加快铁黄沙工程建设，发展环保生态产业，建设绿色低碳港口，打造通江入海"桥头堡"。紧紧依托苏南自主创新示范区建设，加强开发区理念创新、功能创新、机制创新，全力争取高新区升格国家级，出口加工区转型综合保税区，经济开发区创建国家生态工业示范园区。创新区镇联动机制，统筹特色产业园区布局规划，积极探索专业化、市场化运行机制。

二、更高站位推动城镇建设管理迈上新台阶

强化规划引领作用。加强城市空间布局战略研究，推动城镇总体规划、产业规划、土地利用规划、生态建设规划的多规融合。全面推进集镇控制性详规、综合整治村庄规划、"三优三保"专项规划的编制，加快形成统一衔接、功能互补、相互协调的城乡一体化发展规划体系。严肃规划执行，维护规划的权威性和一贯性，确保"一张蓝图干到底"。突出城市开发建设重点，加大征收搬迁工作力度，推进片区组团式发展，促进主城区空间优化、资源集聚、功能配套。坚决遏制违法用地和违法建设。

提升城镇发展品质。推进南部新城核心区基础设施建设，完善北部生活社区配套功能，推动滨江新城"港产城"融合发展。加快城市更新整治，推进南门坛上历史文化街区保护整治，试点实施危险公寓房解危解急工作，完成老住宅小区综合改造31万平方米，提升物业管理水平。加快安置房建设，新开工安置房32.70万平方米、竣工交付13万平方米。加强重大基础设施建设，积极对接通苏嘉城际、锡太高速、申张线航道改道前期工作，做好常沙线快速化改造、新世纪大道北延开工准备，三环路东北环高架桥面通车，沪通铁路征搬迁工作全面完成，通港路快速化改造工程启动建设。推进书院街、开元大道等一批城乡道路建设和综合改造项目，进一步优化路网结构。深化"智慧常熟"建设，以数据交换中心和五大数据库为支撑，加快推进以民生和政务领域为重点的智慧应用，完成市民和企业公共信息服务平台建设。

提高城市管理水平。进一步理顺城市管理体制，推动城市管理"网格化"与"大联动"深度融合，强化城市精细化管理。运用价格杠杆有效调控、引导停车需求，提高停车资源利用效率。继续推进道路交通瓶颈改善和交通微循环改造。深入实施公交优先战略，完成元和路公交优先综合改造，同步推进公交线路优化调整，打造"品质公交"。大力开展城市环境综合整治，持续开展"三小"车辆非法营运和交通违法、无证无照经营专项整治，争创省优秀管理城市，通过国家卫生城市复审。

三、更加均衡推动保障改善民生迈上新台阶

健全社会保障体系。加强城乡就业困难人员就业帮扶，新增就业岗位5万个，加大高校毕业生就业政策支持力度，本市籍大中专毕业生就业率95%以上。推动社会保障更加公平可持续，实施全民参保登记计划，城乡社会保障综合参保率保持99%以上，居民基本医疗保险筹资水平提高到人均800元。持续推进住房公积金扩面，新增缴存职工2.90万人，扩大政策受益面。加快养老服务设施建设步伐，推动乡镇敬老院转型建设综合性社会养老服务中心，加强政府购买居家养老服务工作，推进日间照料中心和就餐点建设。改革保障性住房政策，新开工保障性住房2020套(户)。

着力优化公共服务。推进城乡教育资源布局优化调整，新建改建元和中学、实验中学等一批教育设施，完善集团办学模式，推进公办幼儿园独立法人扩面，鼓励社会力量兴办普惠性民办幼儿园。完善基本药物制度，全面推进市级医院与镇级医疗机构建立医疗服务联合体，推动形成基层首诊、分级诊疗和双向转诊的就医新秩序。贯彻全民健身战略，加快构建基本公共体育服务体系，完善健身步道规划建设。办好江南文化节暨沙家浜旅游节和服装服饰博览会。完成文庙大成殿主体工程，实施严讷宅和太平巷明厅保护性修缮。培育和践行社会主义核心价值观，持续推进文明城市创建，加强"书香城市"建设，深化"道德讲堂"系列活动，全面提高市民素质和城市文明程度。

加强和创新社会治理。持续推进"六五"普法，推动全社会树立法治意识，争创普法全国先进"六连冠"。深入推进"政社互动"，继续开展社区减负，推广虞山镇行政事务受理中心模式，推动社会治理模式创新。积极支持军队和国防建设，争创全国双拥模范城"四连冠"。加强金融生态环境建设，积极防范化解企业金融风险。有效整合应急资源，全面提升应对各类突发事件的能力。深入开展领导干部接访下访，严格落实访诉分离，引导群众依法有序表达诉求，及时地解决群众合理诉求，提高信访办理效率。全面落实安全生产“一岗双责”和网格化监管，强化企业安全生产主体责任和政府监管责任，以购买服务的方式引入第三方安全评估，深化“六打六治”打非治违专项行动，全面完成70个三级政府重大事故隐患挂牌项目，坚决遏制重特大事故。

四、更严标准推动生态文明建设迈上新台阶

狠抓大气污染防治。紧扣PM2.5年均浓度下降比例目标，远近结合、标本兼治实施“蓝天工程”。全面完成电力钢铁行业烟气治理任务。结合控煤节能、热电联供以及清洁能源替代，加快推进燃煤锅炉整治和10蒸吨以下小锅炉淘汰任务。加强机动车污染防治，严格黄标车限行区管理，完成老旧机动车淘汰任务。加大扬尘治理力度，开征扬尘排污费，开展建设工地扬尘集中整治，规范渣土运输车辆管理。切实抓好秸秆禁烧。

改善流域水环境质量。坚持流域治理、长效管理，出台全域水循环规划，科学安排引清活流、截污控污、生态修复等涉水项目，增强水环境综合整治的系统性。严格落实河长制和断面长制，全面实施望虞河、阳澄湖以及白茆塘、盐铁塘流域水环境综合整治工程，狠抓第三批38条城乡河道治理，加强工业污染、生活污染和农业面源污染防治，深化畜禽养殖污染综合治理。优化调整城镇生活污水处理设施布局及配套管网建设，新建主次干管58公里，完成村庄分散式治理工程70个，新增农村受益农户4200户，城区重点路段沿线实现生活污水全量收集，城镇建成区、集镇区域和农村区域生活污水处理率分别达到98%、90%和66%。

大力推进生态环境建设。落实生态文明建设规划和生态红线、河湖蓝线区域控制规划，推进生态文明建设三年行动计划。全面实施环保司法执法联动，探索实行排污权交易，确保完成节能减排任务。以核心生态圈建设为重点，加强对江南水乡特色生态系统和重要生态功能区的保护，加快建成虞山尚湖生态旅游区、昆承湖生态修复区、尚湖南湖生态涵养区和长江江滩生态屏障区，充分彰显山水相依、滨江环湖的生态空间格局。持续推进城乡绿化工作，结合沿河岸线整治实施秀水见绿工程，结合公共空间开放优化绿色小游园建设，重点抓好三环路生态绿带、七浦塘绿色水廊建设。

五、更实举措推动农业农村发展迈上新台阶

始终坚持城乡发展一体化。按照“方向坚定不移、政策一以贯之、工作持续不断、方法统筹推进”总要求，扎实推进城乡发展一体化。稳妥推进城乡一体化示范小区建设，优化规划选址，狠抓建设质量，确保示范小区建设满足刚性拆搬迁安置需求。全面加强农村新型社区组织建设和示范小区业主自治管理。依据村庄布局规划，对规划拆搬迁村庄、综合整治村庄、控制村庄实施分类管理，完善农村住宅日常建设管理制度，坚决制止违规建设行为，坚决拆除新增违章建筑，维护农宅建设管理秩序。

更加注重农村发展。全面实施农村土地承包经营权确权登记颁证，推进所有权、承包权和经营权“三权”分离。积极探索城乡一体的建设用地市场和农村宅基地退出机制。加强镇村集体“三资”管理，组织实施农村各类产权确权登记，建立农村产权交易市场。稳步推进社区股份合作社改革，科学界定集体经济组织成员，条件成熟的实施“股权固化”、“撤村建居”和“社经分离”。完善合作社内部治理结构，健全利益联结、盈余分配、监督制约机制，实现社区股份合作社分红全覆盖。赋予农民更多财产权利，保障土地承包经营权流转收益。按照“八整治，八提升”要求，突出完善基础设施、基本公共服务两大重点，分步实施美丽乡村建设。确立均衡发展理念，重视薄弱村财力建设，村级集体经济稳定性收入增长10%以上。

发展现代高效农业。创新农业生产方式、经营体系和组织形式，发展多种形式的适度规模经营，积极培育各类专业合作组织，培养新型职业农民，推动农业向规模化、农场化、集约化经营模式转变，新组建村级合作农场30家。加快推进各类农业产业园区建设，构建“智慧农业”综合管理系统和农产品质量追溯体系，推进省级“菜篮子工程”基地建设，全面完成农业部“信息进村入户”试点工作。加快提高农业物质装备水平，大力推进农业基础设施改造提升，深入实施农业综合开发，健全“四个百万亩”长效管理机制。增强农业科技创新和推广转化能力，推进农业生产条件和生产技术现代化。

六、更强决心推动深化改革创新迈上新台阶

深化行政体制改革。加快政府职能转变，扎实推进以“5张清单、1个平台、7项相关改革”为主要内容的简政放权，提升政府治理能力。深化政府机构改革，组建卫计委，整合工商、质监、食品药品监管职责组建市场监督管理机构。强化机构编制管理，深化事业单位分类改革。继续推进行政审批服务提速提效，优化、简化审批流程，实现保留的一般性审批项目办结时限总体缩短 1/2 以上，为民即办件比例达到 60%以上。探索加强行政审批事中事后监管的措施和机制。进一步推进政企分开，实现行业主管部门与中介机构彻底脱钩，开放服务市场。规范中介服务行为，完善备案管理、考核评定、清退淘汰机制，建立中介机构信用等级评定制度。深化“强镇扩权”试点工作，推进虞山镇行政管理体制改革，加大下放经济社会管理权限和执法事项的力度，全面开展镇域综合执法试点工作。

深化经济体制改革。深化财税体制改革，完善现代财政制度，实施规范透明的预算制度，完善政府全口径预算管理体系，推进政府预决算、部门预决算和“三公”经费公开。加强政府性债务管理，在项目生成和立项审批环节实施源头控制，切实控制总量，优化债务结构，强化风险防范。把推进政府购买公共服务与深化预算管理体制改革相衔接，定期调整并公布政府购买服务指导目录，加强绩效管理。健全国资分级监管、分类考核机制，持续推进国资国企的整合重组，突出“去行政化”改革，进一步提高国有企业活力和国有经济整体竞争力。支持市属改制企业深化改革，不断完善现代企业制度。加快工商登记制度改革步伐，建立统一的市场主体信用信息公示平台，完善信用约束机制，切实推进市场准入便利化。

深化社会体制改革。稳步推进新市民积分管理，优化调整积分事项和记分标准，规范推行积分入学、入医、入市民卡。整合公共资源交易管理服务机构，建立健全统一规范、上下衔接的公共资源交易平台，完善公共资源市场配置、公共产权交易、公共产品生产领域的市场运行机制，积极探索政务服务中心与公共资源交易中心一体化管理模式。深化公立医院改革，完善公立医院法人治理结构和绩效考核管理，同步提升医疗服务能力。鼓励各类社会资本投资医疗保健领域，大力发展健康服务业，推行商业保险机构受托承办大病补充医疗保险。

进一步开创法治政府建设新局面

各位代表，我们将认真贯彻落实党的十八届四中全会精神，把政府工作全面纳入法治轨道，自觉提高政府运用法治思维和法治方式深化改革、推动发展、化解矛盾、维护稳定的能力，着力构建法治政府、法治市场、法治社会“三位一体”的法治建设先导区，努力开创法治建设与经济社会协调发展的新局面。

坚持依法决策。坚持市政府常务会议学法制度，建立行政人员法律实务培训机制。完善政府重大行政决策程序规则，建立健全重大决策合法性审查、终身责任追究及责任倒查机制，完善重大事项专家咨询、社会稳定风险评估、公示听证制度，保证决策的科学性和正确性。严格执行政府投资项目生成机制，提高重大投资决策的透明度和有效性。严格执行规范性文件制定和备案审查制度，全面推行重要规范性文件施行后评估制度。全面清理市政府规范性文件，向社会公布清理结果。

规范行政行为。把依法行政贯穿于政府工作的各个层面、各个环节，制定法治政府建设指标体系，综合执法镇和政府主要执法部门实现法制科室、专职法制干部配备“全覆盖”。加大政府信息公开力度，加强政府新闻发布平台建设，建立重要信息及热点问题定期有序发布机制。开展重点领域执法督查，严格规范公正文明执法，不断提高依法管理经济和社会事务的能力和水平。深化行政调解和行政指导方式，全面提高监管执法水平。加强政府绩效管理，强化板块部门担当意识，继续开展政风行风热线“基层行”和电视问政活动，引入社会满意度评价体系，提高政府工作的透明度和公众参与度。

强化监督体系。巩固深化党的群众路线教育实践活动成果，持之以恒地推进作风建设，着力解决“四风”突出问题，以作风改进的扎实成效取信于民。自觉接受人大及其常委会的法律监督和工作监督，主动接受政协民主监督，及时办理人大代表议案、建议和政协提案。认真听取各民主党派、工商联、无党派人士和人民团体的意见，高度重视司法、舆论和公众监督，加强财政、审计、监察等政府内部监督。加强政府廉政建设，完善责任分解、检查监督、倒查追究的责任链，开展制度廉洁性评估，预防制度腐败源头，坚决纠正损害群众利益的不正之风，树立为民、务实、清廉的政府形象。

各位代表，新的一年开启新的希望，让我们在中共常熟市委的坚强领导下，团结和依靠全市人民，群策群力谋发展，同心同德干事业，为建设经济强、百姓富、环境美、社会文明程度高的新常熟而努力奋斗！

责任编辑 邹 [illegible]

常熟年鉴

CHANGSHU YEARBOOK 2015

专　记

常熟市党的群众路线教育实践活动

【概况】 2014年2月20日，市委召开全市党的群众路线教育实践活动动员大会，全面启动全市党的群众路线教育实践活动。市级领导班子、9个镇、2个街道、2个开发区以及服装城和度假区、70家市属机关企事业单位、215个村、92个社区、6059个基层党组织、72269名党员，其中县处级以上干部89名、乡镇级干部1238名参加，历时8个月。活动共分学习教育、听取意见，查摆问题、开展批评，整改落实、建章立制三个环节。围绕“照镜子、正衣冠、洗洗澡、治治病”的总要求，紧扣“四查四治”这条主线，实现四个进一步目标，即思想进一步提高，作风进一步改变，党群干群关系进一步密切，为民务实清廉形象进一步树立。活动开展以来，常熟市在中央巡回督导组、省委和苏州市委教育实践办和督导组的指导下，认真学习贯彻习近平总书记系列重要讲话精神，紧紧抓住问题导向这个“牛鼻子”，突出整改落实、建章立制这一关键环节，坚持立学立行立改，以善始善终、善作善成的实际成效取信于民，使活动真正成为群众“点赞”的工程，全体党员、干部普遍受到了一次马克思主义群众观点和党的群众路线教育，工作作风进一步转变，联系服务群众的渠道进一步拓宽，一批关系群众切身利益的突出问题得到有效解决，活动取得了成效。

主要做法 2014年，常熟市开展党的群众路线教育实践活动的主要做法如下：

1. 突出以上率下，精心组织谋划，确保活动取得实效。市委针对党员干部队伍作风现状，着力解决形式主义、官僚主义、享乐主义和奢靡之风等“四风”方面存在的突出问题。市委常委会切实发挥好组织领导和示范引领作用，统揽全局、牵头抓总，先后召开5次常委会、3次领导小组会、2次“一把手”推进会。召开党政联席会，第一时间学习贯彻习近平总书记重要讲话精神和中央、省委部署要求，提高思想认识、强化活动组织、确保扎实有序。市委常委会集体向社会作出“九带头”公开承诺，其他各级各部门领导班子和领导干部也同步跟进、做好表率，推动教育实践活动善始善终、善做善成。建立领导联系、督查指导、考评问责“三项机制”，强化“一把手”工作督促。市委主要负责同志与各单位“一把手”签订工作责任书，明确十项责任和五种问责情形，同时把教育实践活动纳入乡镇、部门年度绩效考核和党建工作目标责任制考核，并作为各级党组织书记“联述联评联考”的重点内容，全面传导“一把手”抓好活动的压力，确保活动不虚不空不偏。针对活动涉及层面多、人员广、情况差异大等实际情况，坚持分类指导，市委常委、党员副市长深入联系点开展动员、听取意见、调研指导，全程参与联系点教育实践活动；组织开展第一环节“回头看”，提出整改建议180多项，责成有关单位“返工”“补课”。大力实施为民服务“四大行动”计划，实行在职党员进社区服务积分管理，构建机关党组织服务企业“绿色通道”，对11个软弱涣散基层党组织，由市领导直接联系指

2月20日，全市党的群众路线教育实践活动动员大会举行

导，帮助整顿转化。全面启动党代表驻室接待工作，全市建立党代表工作室152个，及时解答和受理群众遇到的难题和矛盾，着力打通联系服务群众“最后一公里”。

2. 突出教育为先，坚定理想信念，确保“总开关”拧紧拧牢。坚持正风先立学、治弊先醒脑，把学习教育与查找问题、整改落实紧密结合，切实做到活动向前推进、思想武装同步跟进，引导党员干部树立正确的是非观、义利观、权力观、事业观。围绕“为了谁、依靠谁、我是谁”进行专题学习交流，通过“书记带头讲”“视频集中看”“专家深入谈”“专题辅导学”等方式，丰富学习内涵，市委先后举办5场专题学习会和2次专题集中讨论，组织开展“重温鱼水深情、践行群众路线”、祭扫革命烈士陵园等主题活动，集体观看《信仰》等6部影片，召开领导干部警示教育大会，推动开展向常德盛、钱月宝等一批重大典型和全市百名身边的优秀共产党员学习活动，使广大党员干部学有榜样、评有标尺、行有方向。编发《群众路线应知应晓40问》《作风新规口袋书》，下发19种专题学习资料，组织全市1200多名科级干部集中开展两期轮训，举办践行群众路线“微电影·微纪录”大赛，开展政风行风面对面“电视问政”活动，架起党委政府与人民群众的“连心桥”。各单位积极创新中心组学习机制，组织“一把手”上党课228场次、举行辅导讲座220多场次，开辟社区学堂、大学生村官“微党课”等多种学习载体，以“身边人、身边事”教育引导党员干部，确保学习教育入心入脑、富有实效。

3. 突出动真较真，贯彻整风精神，确保民主生活会有辣味。各级党组织把开好专题民主生活会作为活动的重头戏，敞开大门听取群众意见，持续深化“三解三促”，广泛开展“五听五问”和“一把手在一线”活动，察民情、听民声。在市群众路线教育实践活动网站、“12345”平台、政风行风热线和其他媒体开辟征求意见专栏区；市委向80多个部门下发书面征求意见函，市纪委、市委组织部等单位全面梳理近3年市管领导班子和党员领导干部以及村、社区正职的“四风”问题，真正做到意见征集不走过场、不留死角；常熟服装城开展入户入店铺直接走访，从商户的“吐槽”中查找不足，找准改进作风的切入点和突破口。全市累计听取意见2万多人次，收集意见建议19800余条。深入开展谈心谈话，按照“四必谈”要求，实行“三轮谈心”，把班子问题、个人问题、产生问题的原因及改进措施谈通谈透，做到把话讲在当面、把问题摆上桌面、把矛盾化解在前面。市委常委班子成员召开座谈会27个，累计谈心谈话319人次。深刻进行对照检查，从理想信念、宗旨意识、党性修养、纪律观念等方面剖析“四风”根源，认真撰写对照检查材料，全市各市管班子和1200多名市管干部对照检查材料全部进行“五审把关”，有的同志检查材料前后修改10多次，力求“准、深、实、全”。认真召开专题民主生活会，市委常委班子率先垂范，查摆出“四风”等方面问题77条，相互提出批评意见121条，取得了红脸、出汗、排毒、治病的效果。虞山镇、古里镇、沙家浜镇等党委班子在对照检查中，对自身问题不遮遮掩掩、不讳疾忌医，专题民主生活开出了精气神。同时，各地扎实抓好基层组织生活会和民主评议党员工作，市委常委班子成员均以普通党员身份参加所在党小组的组织生活会。

4. 突出问题导向，立学立行立改，确保整改落实取信于民。坚持问题导向，抓实立知立行、即知即改，把整改落实贯穿活动始终。活动开始后，市委就以贯彻落实中央八项规定、省委十项规定和苏州市委十二项规定为切入口，制定出台20多项配套文件，全面开展“三项清理、三项规范、一项清退”工作；

政风行风面对面特别节目——党的群众路线教育实践活动电视访谈专场

活动全程中，又出台市委常委会谈心谈话、加强党风政风监督检查、加强农村“三资”管理、加强政府性债务管理、开展制度廉洁性评估工作等15项文件规定。针对活动中征集到的市级层面10大类208条意见，市委明确37个牵头部门和67个责任部门，推出364条即知即改举措，组织实施整治“文山会海”现象等十项即知即改重点项目。突出重点难点抓好专项整治，认真抓好中央和省委部署的专项治理行动，相继开展“会所中的歪风”、奢华浪费建设、培训疗养机构浪费及腐败、党员干部参与赌博、从事封建迷信活动等系列专项治理行动。昆山“8·2”事故发生后，市委迅速、果断采取措施，在全市范围内排查整治安全生产隐患，以铁的决心、铁的手腕、铁的措施坚决遏制重大安全生产事故发生。进入第三环节后，市委常委班子逐项研究制定整改方案，制定40条、54项整改措施和12个专项治理行动、10个重大调研课题、18项建章立制重点。相关工作扎实推进，各位常委按照分工抓紧落实整改举措，12个专项治理行动方案已经确定并开始实施，重大调研课题和18项制度正按时间计划抓紧实施中。市委组织部牵头建立机关直接联系服务企业“绿色通道”，实行“菜单式”服务、“订单式”预约，开出服务企业菜单264项；经济开发区建立常态化会商机制，针对企业个性化需求，提供上门“体检式”服务；高新区推出12项重点即知即改项目全部完成。市交通运输局、教育局、卫生局、住建局、文广新局等单位分别推出“行系百姓”服务行动、“爱心志愿”服务行动、“健康卫士社区行”公益行动、“党员先锋岗”活动、“微文化”主题活动，使整改工作取得明显成效。

5. 突出责任担当，坚持齐抓共管，确保活动不走形变样。强化责任意识，市和局镇两级共建立班子成员活动联系点988个，派出督导组8个、指导员1006名，通过层层建立领导干部联系点、召开“一把手”推进会、签订责任书落实“一岗双责”，开展约谈提醒等举措，促使各级一把手履行好组织者、推动者和实施者的重要责任。市委教育实践活动领导小组及办公室准确吃透上情，加强活动的整体谋划，加强检查指导，及时研究新情况新问题，每个环节结束后都组织“回头看”、开展专项督导，保证了活动健康有序开展。市人大、市政府、市政协党组主要负责同志对教育实践活动亲力亲为、以身作则，严把活动各个关口，一着不让、一抓到底，确保整个活动取得实实在在成效。市委督导组坚持真督实导，敢于动真碰硬、唱黑脸、当包公，自始至终做到“五个不放过”，做到“一把尺子量到底”。第一督导组突出“一把手”督导重点，共审阅材料156份，退回修改405份次，严把材料审核关；第二督导组严肃督导纪律，讲原则不讲关系、讲规矩不讲面子，树立市委督导组的良好形象；第三督导组落实分组负责督导，确保每个环节、每个阶段督导到位；其他各督导组有效传导压力，把好政策指导、活动进程、学习教育、意见征集、查摆问题、开展批评和整改落实关，切实发挥参谋助手和指导把关作用。市纪委完善领导干部勤廉预警管理平台，全市8000多名党员干部纳入动态监管范畴，提示预警信息3500多条，实现党风廉政建设监督管理常态化。市委宣传部加强对活动的舆论引导和监督，市广电总台、《常熟日报》开设活动专题专栏，宣传中央和省、市委的决策部署和指示精神，报道各地各单位活动进展情况，介绍活动中涌现的先进典型和

市委书记惠建林接待基层群众

市委副书记、市长王飏接待社区干部

特色做法，发挥言论评论作用，有力推动了活动健康深入开展。市委政法委狠抓执法监管部门“三法三心”主题活动，引导广大干警筑牢执法为民的宗旨理念、严格司法职业操守、公正司法价值追求，有效促进警民关系更加和谐。

主要成效 2014年，常熟市党的群众路线教育实践活动取得良好成效。

1. 广大党员干部受到深刻的思想洗礼，有效增强了践行群众路线的思想自觉和行动自觉。通过活动，广大党员干部受到了马克思主义群众观点的深刻教育，贯彻党的群众路线的自觉性和坚定性明显增强，精神上补了“钙”、充了“电”、提了“神”，进一步增进了同群众的感情，拉近了同群众的距离，增强了同群众一块儿过、一块儿苦、一块儿干的自觉性。更加牢固地树立正确政绩观，把“为党尽责、为民造福”作为工作的出发点和落脚点，以功成不必在我的胸襟，围绕发展主题主线，做了很多打基础、利长远的工作，办了很多谋民利、惠民生的实事；进一步掌握了贯彻群众路线的工作方法，看到了在联系服务群众中的差距，许多党员干部受到猛击一掌的警醒，增强了做好群众工作的本领，践行群众路线的思想更加自觉、行动更加坚定、风气更加浓厚。

2. “四风”积弊得到有效整治，有效促进了党风政风明显好转。这次活动对作风问题进行大排查、大检修、大扫除，人民群众反映强烈的突出问题得到有效遏制，侵害群众利益的违纪违规行为得到有力整治，规范党员干部权力运行的制度规定得到广泛运用，党员干部的精神面貌为之一振。全市清理评比达标表彰项目107个，清理领导小组和议事机构132个，清理办公用房7800平方米，停建楼堂馆所6000平方米，“三公”经费下降37.80%，减少因公临时出国（境）2批70人次，取消和下放市级行政审批事项74项，清理清退领导干部企业兼职75人。狠刹了公款送月饼、贺卡、节礼、年货等行为，坚决整治了走读、吃空饷、收红包等现象，广泛查处了吃拿卡要、挥霍浪费、庸懒散拖等问题，党风政风和社会风气为之一新。这次活动坚持破立并举，注重建章立制，在规范权力运行、改进工作作风等方面制定出台了一批务实管用的工作制度和管理制度。抓好制度执行、强化正风肃纪，执法监管部门和窗口服务单位“门难进、脸难看、事难办”的突出问题得到有效整治，从严查处违规违纪问题33起，其中立案查处12起，给予党纪政纪处分12人，通报批评29人，保持了持续有力的震慑效果。党员干部反映，反“四风”把自己从不胜其烦的应酬中、繁文缛节的形式中解脱出来，身体负担减轻了，谋划工作、狠抓落实的时间变多了。广大群众也反映，现在干部按规矩办事意识显著增强，看面子、托关系、找路子的现象明显减少。

老住宅小区改造

3. 批评和自我批评的优良传统得到弘扬，有效提升了领导班子发现和解决自身问题的能力。通过活动，探索了新形势下严肃党内政治生活的有效途径，广大党员干部深入查摆问题，深挖问题根源，自我剖析触及痛处，上下级之间不顾及身份，不隐瞒观点，提意见开诚布公；领导班子成员脱去隐身衣，捅破窗户纸，相互批评不留情面。专题民主生活会和组织生活会，打消自我批评怕丢面子、批评上级怕穿小鞋、批评同级怕伤和气、批评下级怕丢选票的顾虑，敢于揭短亮丑、真刀真枪、见筋见骨，点准了穴位、开出了辣味，起到脸红心跳、出汗排毒、治病救人、加油鼓劲的作用。广大党员干部普遍反映，自己受到了一次严格的党性锻炼，经历了一次深刻的思想政治洗礼，增强了领导班子的创造力凝聚力战斗力。市委常委班子专题民主生活会情况，民主评议“好”和

新市民积分入学准入卡发放

“较好”累计得票率超过98%。许多党员干部反映,这样的专题民主生活会多年来还是第一次经历,平时不敢说、不想说、不能说的问题一吐为快,心中更加敞亮、同志关系也更加和谐。

1　一批关系群众切身利益的问题得到突破,有效提振干部群众干事创业的精气神。这次活动积极回应群众关切,推动各级领导干部下基层、听民声、察民情,从解决教育卫生、文化设施、河道治理、食品安全、交通出行、物业管理、社会治安等现实问题抓起,从优化公共资源配置、打出赌博和网络犯罪、推进危房改造、减轻社区负担等具体问题改起,着力打通联系服务群众“最后一公里”。市级层面208条整改意见每一条都得到响应,已经整改完成68条,126条正在推进整改中。加快推进20项民生工程,三环路快速化改造东南环建成通车。完成镇村公路提档升级50.80千米,新建公交候车亭250个;望川河、枫泾河等河道综合治理基本完成;实施城中村改造1700户、老住宅小区改造34万平方米,下达农村住宅“解危解急”流量指标2500多户。启动实施新市民积分制管理,全面推进市级医院与镇级医疗机构建立医疗服务联合体,完善大病保险和医疗救助政策;完成80万张社会保障卡发放,提高失地农民养老标准,全市13.20万名企业退休人员人均月增发养老金214元;摧毁赌博犯罪团伙21个,启动信访积案专项治理行动,建立信访信息综合服务平台;开展党员关爱帮扶生活困难群众行动,向4303户低保、低保边缘户发放党员关爱基金590万元;减少审批项目27%,涉民事项即办件比例由去年的26%提高到47%;这些具体实在的行动赢得了群众实实在在的认可。各单位坚持两手抓、两促进,把教育实践活动转化为推动事业发展的强大动力,推动全市经济社会保持了稳中有进的良好态势。1—9月,全市实现地区生产总值1522亿元,增长7.80%;完成公共财政预算收入105.60亿元,增长7.90%,城乡居民人均可支配收入分别增长8%和10%,经济发展呈现出总量保持稳定、结构不断优化、质量效益不断提升的良好态势。

【全市党的群众路线教育实践活动动员大会】　2月20日,市委召开全市党的群众路线教育实践活动动员大会,对全市教育实践活动进行部署。省委第一督导组副组长、省政府国资委副主任、党委委员王正宇,苏州市委常委、政法委书记曹福龙,苏州市人大常委会原副主任、苏州市委第一督导组组长程惠明和惠建林、王飚、秦卫星、徐永达等本市四套班子全体领导出席会议。按照中央部署和省委安排,常熟作为第二批次开展教育实践活动。时间从2014年2月开始,10月基本完成。具体到每个单位,集中教育时间一般不少于3个月。参加单位主要是市级领导机关、市属机关企事业单位,镇(街道)、村、社区和非公经济组织、社会组织及其他基层组织。市委书记、市委督导组组长惠建林在会上就开展好教育实践活动提出意见。

【全市党的群众路线教育实践活动专题党课】　2月26日,市委举行全市党的群众路线教育实践活动专题党课。市委书记惠建林作“坚持和践行党的群众路线,争做为民务实清廉的好党员好干部”讲座。市委副书记、市长王飚主持党课,市人大常委会主任秦卫星等市四套班子领导参加党课。惠建林从对党的群众路线教育实践活动的认识与理解说起,回顾党的群众路线的形成和发展、实质和内涵及开展教育实践活动的背景和要求,总结党的群众路线在常熟的生动实践和深刻启示。

【开展“重温鱼水深情践行群众路线”主题学习活动】　3月11日,市委常委会组织开展“重温鱼水深情践行群众路线”主题学习活

3 月 11 日，市委常委会组织开展“重温鱼水深情 践行群众路线”主题学习活动

动，参观沙家浜革命历史纪念馆，召开基层代表座谈会。座谈会由市委副书记、市长王飏主持，常德盛、陆仁华、张志忠、朱冬良、姚振华等 5 位基层代表参加座谈，市委书记惠建林作讲话。市四套班子全体领导参加。

【全市党的群众路线教育实践活动“一把手”推进会】 3 月 29 日，全市党的群众路线教育实践活动“一把手”推进会举行，对教育实践活动开展进行再部署再促进，推动各地各部门“一把手”切实履行职责，发挥示范带头作用，确保教育实践活动不走过场、取得实实在在的成效。市委书记惠建林，市委副书记、市长王飏，市人大常委会主任秦卫星，市政协主席徐永达等市四套班子全体领导，苏州市委第一督导组副组长冯健出席会议。惠建林在会上简要回顾总结前一阶段常熟教育实践活动工作，并就下一步教育实践活动中充分发挥好“一把手”作用提出要求。

【基层典型代表座谈会暨市党代表工作室揭牌仪式】 4 月 10 日，基层典型代表座谈会暨市党代表工作室揭牌仪式在虞山镇举行。市委书记惠建林、基层代表钱月宝为党代表工作室揭牌。惠建林在会上要求充分发挥身边先进典型的示范引领作用，激励更多的基层党员干部以先进典型为镜、以民心民声为镜，践行“三严三实”要求，使广大党员干部联系群众渠道更宽、为民服务意识更强、工作效能效率更高。市四套班子全体领导出席。座谈会上，梦兰村党委书记钱月宝、海虞法庭党支部书记章保龙、虞园社区党总支书记缪虹 3 名基层代表分别围绕自身工作岗位，讲述了做群众工作的经验体会。会后，惠建林等市领导开展驻室接待，了解社情民意。

【省委督导组到常熟调研】 4 月 22 日至 23 日，省委督导组组长、省政协原副主席张九汉一行到常熟调研，苏州市委常委、组织部部长郭腊军，苏州市委组织部副部长张娟，市委书记惠建林、市长王飏、市委副书记王建国、市委常委、纪委书记程波等陪同调研，市委常委、组织部部长黄锡明向省委督导组专题汇报常熟市党的群众路线教育实践活动阶段性情况。省委督导组分头召开乡镇、机关、村（社区）等基层党组织负责人座谈会，实地走访考察梅李城乡一体化集中居住区、董浜镇现代农业产业园、常熟经济技术开发区观致汽车公司、虞山国家森林公园、南湖生态湿地、尚湖、沙家浜景区、支塘镇蒋巷村。

4 月 10 日，基层典型代表座谈会暨市党代表工作室揭牌仪式在虞山镇举行

【召开查摆问题、开展批评环节工作部署会】 5月27日,市委召开党的群众路线教育实践活动查摆问题、开展批评环节工作部署会。会议由市长王飚主持,市委书记惠建林作讲话,苏州市委第一督导组组长程惠明、副组长冯健、郑如源出席会议,市四套班子全体领导、各镇(街道)、开发区、服装城、度假区党政主要领导、教育实践活动办公室负责同志,市属机关企事业单位、条线垂直部门主要负责同志参加会议。

【省政府第三督查组到常熟督察】 6月17日,省政府第三督查组到常熟,对全市稳增长促改革调结构惠民生政策措施落实情况进行督察,并召开专题座谈会,市委副书记、市长王飚陪同督查。督查组成员在听取专题汇报后表示,常熟深入贯彻落实中央和省级经济工作会议精神,经济社会各项事业都保持了稳中求进、提质增效的良好势头,特别是在经济结构调整中突出培育汽车及零部件产业等新的经济增长点,取得了显著成效。督查组查看了江苏省常熟现代农业产业园区,观致汽车、奇瑞捷豹路虎汽车等项目,及虞枫家园保障性安居住房工程。

【首届党建微电影、微纪录大赛】 6月23日,“践行群众路线”常熟市首届党建微电影、微纪录大赛举行颁奖仪式。大赛由市委党的群众路线办公室、市委组织部、市委宣传部、市广电总台联合举办。大赛历时3个月,共征集参赛作品44件,其中微电影3件,微纪录12件、公益广告29件。经专家评审打分和集中审议,江苏天堂卡通文化传播有限公司选送的5分钟动画短片《支教日记》获得最佳作品奖。

【党的群众路线教育实践电视访谈活动】 6月24日,常熟市举办政风行风面对面特别节目——“党的群众路线”教育实践活动电视访谈专场。环保、人社、住建、交运、卫生和教育6个部门的负责人,与市民代表面对面,就市民们普遍关心的民生问题进行交流沟通。市委副书记王建国,市委常委、纪委书记程波,市委常委、组织部部长黄锡明,市委常委、宣传部部长潘志嘉等出席。

【市委常委会召开专题民主生活会】 7月17日,市委常委会召开专题民主生活会。会上,市委书记惠建林代表市委常委班子进行了对照检查,并作自我剖析,王飚、王建国、桑五官、杨崇华、程波、黄锡明、潘志嘉、黄慎、沈晓东等常委逐一作对照检查,并接受班子其他成员的批评。省委督导组组长、省政协原副主席张九汉,苏州市委常委、政法委书记曹福龙,苏州市委督导组组长程惠明到会指导并讲话。市人大常委会主任秦卫星、市政协主席徐永达列席会议。

【市委常委会和市政府党组专题民主生活会情况通报会】 7月25日,市委常委会和市政府党组专题民主生活会情况通报会举行。省委督导组成员魏永军,苏州市委督导组组长程惠明,副组长冯健、郑如源出席通报会。市委书记惠建林,市委副书记、市长王飚分别通报市委常委会和市政府党组专题民主生活会情况。与会人员还对市委常委会和市政府党组专题民主生活会情况进行了民主评议。

【中央第三巡回督导组到常熟考察】 9月12日,中央第三巡回督导组组长陆浩、副组长刘上洋一行到常熟考察。省委常委、组织部部长王炯,省委组织部常务副部长、省委教育实践活动办公室主任王奇,苏州市委常委、组织部部长郭腊军,常熟市领导惠建林、王飚、黄锡明陪同考察。督导组一行实地考察观致汽车有限公司、奇瑞捷豹路虎汽车项目、江苏省现代农业产业园、支塘镇蒋巷村、沙家浜革命传统教育基地、虞山镇渠中村。

【全市党的群众路线教育实践活动总结大会举行】 10月17日,

10月17日,全市党的群众路线教育实践活动总结大会举行

全市党的群众路线教育实践活动总结大会举行，苏州市委第一督导组组长程惠明、副组长冯健、郑如源，市四套班子全体领导、法院院长、检察院检察长、纪委副书记，教育实践活动领导小组、市委各督导组全体成员、教育实践活动办公室正副主任及各组组长，各镇（街道）党工委书记、分管领导，开发区、服装城、度假区主要领导、分管领导、组织委员，各部门、企事业单位主要负责同志、市级民主党派、工商联主要负责同志和无党派代表人士等参加会议。市委书记惠建林作总结讲话，苏州市委第一督导组组长程惠明作重要讲话。会议由市委副书记、市长王飚主持。

（组织部）

责任编辑 汤 涵

常熟年鉴

CHANGSHU YEARBOOK 2015

大事记

1月

2 日　北京联合大学旅游发展研究院常熟研究中心揭牌成立。

6 日　全国政协原副主席、民盟中央原第一副主席张梅颖到常熟参观考察。

8 日　市委书记惠建林，市委副书记、市长王飚，市委常委、常熟经济技术开发区党工委副书记、管委会副主任桑五官会见奇瑞汽车股份有限公司董事长、总经理尹同跃，奇瑞汽车常务副总经理、观致汽车董事长兼总经理、奇瑞捷豹路虎董事长郭谦一行。

16 日　省委常委、宣传部部长、省文明委主任王燕文到常熟，走访慰问全国道德模范常德盛、钱月宝。

23 日　省政协副主席朱晓进、市委书记惠建林及市政协全体领导出席“中国政协文史馆言恭达艺术研究院常熟分院”暨“常熟市政协书画室”揭牌仪式。

2月

12 日　苏州市重大项目集中开工仪式（常熟分会场）举行，总投资 93.70 亿元的全市 27 个重大项目集中开工，苏州市副市长徐惠民以及常熟市领导惠建林、王飚等出席开工奠基仪式。

是日　常熟职业教育中心校 3 名学生参加央视一套大型电视竞赛节目《中国谜语大会》比赛。

17 日　新建梅李高级中学正式投入使用。

19 日　古里镇入选第六批中国历史文化名镇（村）名单，成为常熟第二个国家级历史文化名镇。

20 日　市委召开全市党的群众路线教育实践活动动员大会，对全市教育实践活动进行部署。苏州市委常委、政法委书记曹福龙、苏州市委第一督导组组长程惠明出席会议并讲话。市委书记惠建林作动员部署。省委第一督导组副组长王正宇及常熟市四套班子全体领导出席大会。

26 日　全市党的群众路线教育实践活动专题党课在常熟会议中心举行。市委书记惠建林作“坚持和践行党的群众路线，争做为民务实清廉的好党员好干部”讲座。市委副书记、市长王飚主持党课，市四套班子领导参加党课。

是日　常熟高新园中等专业学校在第十届中国中小学校园影视奖评选活动中，以微电影《追梦》获得全国金奖。《追梦》成为常熟首个获得全国金奖的校园影视作品。

3月

12 日　227 省道莫城至相城段改线工程举行竣工通车仪式。

14 日　市委副书记、市长王飚带领相关部门负责人赴西安高校对接交流，进一步深化政产学研合作，积极探索校地长期合作、深度合作模式。

18 日　省委副书记、省长李学勇到常熟调研。

26 日至 27 日　中国科协副主席、党组副书记、书记处书记张勤到常熟联系点就企业科协、高校科协服务创新驱动发展工作进行专题调研，并出席常熟市科协第八次代表大会。

27 日　市委、市政府召开全市生态文明建设推进会。市委书记惠建林要求全市上下统一思想，加大工作力度，以壮士断腕的决心推进生态文明建设工作。

是日　常熟和英国什鲁斯伯里市签署《关于发展友好交流关系的谅解备忘录》，常熟经济技术开发区和什鲁斯伯里市签署《英国工业园项目谅解备忘录》。

29 日　中国内地第一所世界联合学院在常熟举行奠基仪式。苏州市政协副主席张昕，常熟市委书记惠建林，市委副书记、市长王飚出席仪式。

4月

3 日　全市行政审批制度改革工作会议召开，部署行政审批制度改革各项工作。

12 日　第 23 届中国（常熟）尚湖牡丹花会开幕。

是日　长江水利委员会副主任杨淳、江苏省水利厅副厅长陶长生一行到常熟检查长江防汛。

15 日　奇瑞捷豹路虎中英现代学徒制试点项目合作签约仪式在常熟职业教育中心校举行，该项目是省内首个现代学徒制试点项目。

25 日　常熟市劳动模范暨首届技能状元大赛表彰大会举行，100 名 2011—2013 年度常熟市劳动模范、8 名常熟市首届技能状元大赛获奖选手、10 名常熟市“五一劳动奖章”获得者代表获得表彰。

5月

1日至3日 常熟第五届汽车文化周在常熟汽车市场商贸区举办。

9日 2014中国蔬菜产业大会暨中国蔬菜产业博览会在常熟开幕。农业部、江苏省、常熟市领导出席开幕式。

是日 2014中国留学人员创业园百家企业（常熟）交流洽谈会举行。活动由中国技术创业协会留学人员创业园联盟、常熟经济技术开发区联合主办。

18日 第三届常熟状元文化节在翁同龢纪念馆松禅书院启动。

20日 第十五届中国江苏（常熟）服装服饰博览会暨2014江南国际时装周开幕。中国纺织工业联合会、国家工商行政管理总局、商务部领导出席开幕式。

25日 常熟市甲骨文学会在常熟图书馆揭牌成立。

是日 全市党的群众路线教育实践活动第二环节工作部署会议在常熟会议中心举行。

30日 2014国奥之队“中利杯”洲际男篮巅峰挑战赛在市体育中心举行。

6月

1日 市委书记惠建林，市委常委、组织部部长黄锡明等赴辽宁省访问中国科学院金属研究所、东北大学及大连理工大学，就进一步加强院（校）地科技、人才合作进行交流，推动共赢。

11日 市委副书记、市长王飏带领有关部门和企业到湖北、安徽等地高校和科研院所开展政产学研合作交流。

17日 省政府第三督查组到常熟，对全市稳增长促改革调结构惠民生政策措施落实情况进行督察，并召开专题座谈会，市委副书记、市长王飏陪同督查。

19日 全国人大常委会副委员长吉炳轩到常熟，视察常熟现代农业及新农村建设情况。

20日 中国纺织工业联合会副会长杨纪朝到海虞镇调研企业非公党建工作。

22日 2014年全国职业院校技能大赛中职组“北京现代”杯汽车营销大赛在常熟举行。

27日 2014海外华侨华人高层次人才江苏行常熟座谈交流会举行。来自中、美、德、英等9个国家的20位嘉宾携项目、技术到常熟，考察创新创业及投资环境。

28日 常熟市纪念中国共产党成立93周年大会召开。会上，由市委党史工作办公室编著、中共党史出版社出版发行的《中国共产党常熟历史》第二卷（1949—1978）首发。

29日 中央统战部副部长、全国工商联党组书记、常务副主席全哲洙到常熟考察。

7月

1日 江苏首部两岸题材原创微电影《赭》在常熟举行开机仪式。

3日 省委常委、副省长徐鸣到常熟调研村级集体经济发展情况。

7日 苏州市委副书记、市长周乃翔，市委副书记陈振一、副市长陆留生一行来到七浦塘常熟段工程建设工地，对工程拆迁和建设情况进行实地督查。

10日 市委书记惠建林调研南门坛上历史文化街区保护整治工作。

是日 常熟市首家企业诗社——常熟市国盛针织机械厂锦盛诗社成立。

11日 “2014中国苏州（常熟）国际精英创新创业合作洽谈会”在市会议中心举行，市委书记惠建林，市委副书记、市长王飏出席洽谈会。

是日 常熟市首批新市民积分入学准入卡在市新市民事务中心及全市各分中心正式发放。

15日 常熟市党史工作会议召开，启动《中国共产党常熟历史》第三卷编撰工作。

16日 省委副书记、苏州市委书记石泰峰到常熟调研。

26日 省政协副主席、省政府党组成员徐南平到常熟调研。

27日 由南京大学常熟生态研究院立项建设的江苏省湿地修复工程实验室建设方案论证会在常熟举行。

28日 三环路东南环段高架道路全线通车。

30日 丰田汽车（常熟）零部件有限公司开业。日本驻上海总领事小原雅博，苏州市副市长徐明，常熟市委书记惠建林，市委副书记、市长王飏等出席活动。

31日 省人大常委会副主任张卫国视察常熟高新区。

8月

5日 市委书记惠建林对铁黄沙整治工程建设进行全面督查。

5日 中国科协办公厅发文正式批准设立中国科协"海智计划"江苏(常熟)工作基地，成为全国第4个、近两年唯一获此殊荣的县级市(其他38个基地均为地市级以上城市)。

15日 市委、市政府召开第六批、第七批"科技镇长团"迎送会。市委副书记、市长王飚，市人大常委会主任秦卫星、市政协主席徐永达出席会议。

16日 2014中国钓鱼运动协会夏钓选拔赛在常熟举行。

30日 联合国世界旅游组织全体大会及执委会总干事、亚太地区部主任徐京到常熟考察并确定在常熟设立观察点事宜。市委副书记、市长王飚，市政协主席徐永达陪同考察。

是日 2014常熟婚庆博览会在常熟国际展览中心开幕。

9月

12日 中央第三巡回督导组组长陆浩、副组长刘上洋一行到常熟考察。省委常委、组织部部长王炬，省委组织部常务副部长、省委教育实践活动办公室主任王奇，苏州市委常委、组织部部长郭腊军，常熟市领导惠建林、王飚、黄锡明陪同考察。

16日 长江游轮苏州(常熟)港首航仪式在常熟港兴华码头举行。市委副书记、市长王飚，市政协主席徐永达出席仪式。

21日 2014中国(常熟)江南文化节暨沙家浜旅游节开幕。

22日 常熟首届百姓休闲汇启动，方塔街"中国著名商业街"揭牌、八佰伴升级更名典礼仪式同时举行。

是日 中国长江经济带城市首届长江游轮经济与城市发展合作论坛在常熟举行。市委副书记、市长王飚出席论坛。

是日 第五届两岸汉字艺术节在常熟开幕，第十一届全国人大常委会副委员长华建敏、台湾"中华文化总会"会长刘兆铉及江苏省副省长曹卫星、常熟市领导出席开幕式。

是日 由市委宣传部举办的大型人文历史纪录片《书香》开机拍摄。

24日 "首届奇瑞捷豹路虎中英现代学徒班开班仪式"在常熟职业教育中心校举行，首批招募该校学徒30名。江苏省教育厅副厅长杨湘宁，江苏联合职业技术学院院长晏仲超，英国领事馆项目官员代表出席活动。

10月

2日 中共中央原政治局委员、国务院原副总理曾培炎到常熟视察。

12日 由中央文明委主办，中共常熟市委、常熟市人民政府协办的中国好人榜9月入选名单发布仪式暨全国道德模范与身边好人(江苏苏州)现场交流活动在常熟举行。

16日 《中国现代科学家》第六组纪念邮票首发式在常熟市石梅广场举行，常熟籍科学家王淦昌成为邮票主题人物之一。

17日 常熟市党的群众路线教育实践活动总结大会召开，苏州市委第一督导组组长程惠明和常熟市四套班子领导出席大会。

19日 2014第四届常熟尚湖国际半程马拉松邀请赛在尚湖风景区举行。

21日 副省长张雷出席奇瑞捷豹路虎汽车有限公司常熟工厂开业典礼。

是日 2014中国超市生鲜食品经营模式研讨会在常熟举行。中国连锁经营协会会长郭戈平，常熟市委副书记、市长王飚出席研讨会。

28日 中央机构编制委员会办公室副主任何建中到常熟调研行政审批制度改革工作。

11月

2日 2014第五届环太湖国际公路自行车赛完成常熟昆承湖赛段比赛。

15日 "中国智能车未来挑战赛"在常熟举行，中国工程院院士郑南宁、李德毅及常熟市委副书记、市长王飚出席活动。

是日 国家新闻出版广电总局副局长田进到常熟调研基层广电事业发展情况。

是日 从上午7时至下午1时，常熟虞山脚下兴福和三峰区域举行"规模最大的虞山蕈油面品尝"活动。

18日 常熟经济技术开发区举行重点项目集中开工暨签约仪式。

19日 总投资1亿美元的永乐梦旺城常熟高新区项目签约仪式在常熟会议中心举行。市委书记惠建林，市委副书记、市长王飚出席签约仪式。

19日 江苏省水利厅厅长李亚平到常熟，参观学习蒋巷村新农村建设并视察指导铁黄沙综合整治工程。

23日 全国大学生“青春中国”写作营华东分部在古里镇成立。

27日 《新华日报》《江苏法制报》《现代快报》《扬子晚报》和中国江苏网5家省级新闻媒体对常熟法院司法权力运行机制改革与监控进行集中采访。

29日 2015年度“长三角四地旅游友城卡”首发，标志着常熟、张家港、江阴、太仓旅游跨区域合作发展取得突破。

12月

4日 首个宪法日万人签名活动在市机关大院举行，市委、市人大、市政府、市政协领导及市级机关工作人员参加签名活动，各镇（区）、开发区、招商城、度假区等也组织签名活动。市法制宣传办公室在老县场文化广场举行宣传活动。

16日 苏州市委副书记、市长周乃翔一行乘船从西塘河至张家港检查望虞河沿线管理运行情况，常熟市委书记惠建林，市委副书记、市长王飚参加调研。

是日 全市首个镇级侨务工作站在辛庄镇揭牌成立。

18日 2014年苏州市暨常熟市文化科技卫生“三下乡”活动启动仪式在支塘镇举行。

27日 沪通铁路海虞镇首批95户搬迁户选房，入住位于汇洲新城的安置房。该镇共有1200户农民住宅需搬迁。

28日 南湖湿地公园开园。

31日 三环路、富春江路口南北向隔离栏撤除，地面平交口红绿灯正式启用，三环路东南环段地面道路全线通车。

责任编辑 刘晶玉

常熟年鉴

CHANGSHU YEARBOOK 2015

市情综述

地情概要

【地理位置】 常熟市位于江苏省东南部，东邻太仓，距上海100千米；南接昆山、苏州；西连无锡、江阴；北濒长江黄金水道，与南通隔江相望；西北境与张家港接壤。境域南北距37千米，处北纬31°31′～31°50′，东西宽49千米，处东经120°33′～121°03′，总面积1276.32平方千米。常熟地理位置优越。沿江高速横贯东西、常台高速连接南北，干线公路有204国道、227省道和342省道，到2014年底，境内公路总里程达3413千米，公路密度为每平方千米2.68千米。境内水网密布，航道总里程达527.29千米，位于市境北部长江南岸的常熟港为国家一类口岸。穿境而过的沪通铁路已开工建设，常熟即将进入铁路运输时代。市区距离苏南硕放国际机场32千米、上海虹桥国际机场76千米、上海浦东国际机场120千米。

【地貌】 常熟境内地势低平，海拔大都在3—7米间。境域南部低洼，属太湖水网平原；西北部与东北部略高，属长江冲积平原。境内山丘主要有虞山、顾山、福山等。其中以虞山为最，海拔261米，长6400米，东端蜿蜒入古城，素有"十里青山半入城"之说。境内水网交织，各河流湖荡均属太湖水系，其分布呈以城区为轴心向四乡辐射状，东南较密，西北较疏，河道较小，水流平稳。主要河流有望虞河、白茆塘、常浒河、元和塘、张家港、盐铁塘、耿泾塘等，湖泊有昆承湖、尚湖等。

阜成门

【气候】 常熟地处中纬度地区，属亚热带季风气候，四季分明，气候温和，雨量充沛。一年中，冬季盛行大陆来的偏北风，以寒冷少雨天气为主；夏季盛行海洋来的东南风，以炎热多雨天气为主；春秋两季为冬夏季风交替时期，常出现冷暖、干湿多变的天气。年均总日照数2130.20小时，占可照时数48%；年平均气温15.40摄氏度；年均降水量1054毫米。2014年，全市年平均气温16.80度，比历年(1981—2010年)平均偏高0.60摄氏度(历年平均值为16.20摄氏度)。全年降水量1352毫米，比历年平均偏多216.40毫米(历年平均值为1135.60毫米)；全年日照时数为1770.00小时，比历年平均偏少43.90小时(历年平均值为1813.90小时)，年日照率40%。

【人口】 2014年末，全市户籍户数32.65万户，户籍人口106.88万人，比上年增加1587人。全年出生9344人，人口出生率8.75‰；死亡8413人，人口死亡率7.88‰；人口自然增长率为0.87‰。出生人口性别比为101.70(男性∶女性，女性＝100)。年末常住人口150.97万人，比上年增加0.12万人。其中城镇人口为99.69万人，占常住人口的66%，比重较上年提高0.90个百分点。

【自然资源】 常熟地势平缓，气候温和，风调雨顺，自然资源丰富，素有"江南鱼米之乡"的美誉。全市总面积1276.32平方千米，其中水域面积388.54平方千米。全市耕地总面积41977公顷；主要种植水稻、小麦等，兼有部分油料作物及蔬菜、瓜果等，低洼唐田出产莲藕、茭白等，特产有鸭血糯、宝岩杨梅、虞山绿茶、王庄西瓜、梅李南瓜、虞山水蜜桃、桂花栗子等。野生植物资源有乔木、灌木、药材、草、蕈菌等5大类200多种。野生动物主要有哺乳类、鸟类800余种。

境内地下水均以第四系孔隙水为主。分布面广，水量丰富，水质上乘，曾被广泛采用。境内的各类水域，除长江过境部分外，从流域性河道、区域性河道，至局部生产河道，共约5000余条，较大的湖荡10余处，还有小面积的潭荡、上浜河以及鱼塘等为数众多，内河、湖荡容积总计为35400万立方米。主要水产品有出自长江的鲴鱼、鲥鱼、刀鱼、海白虾等，出自内河的有鲫鱼、草鱼、鲢鱼、鳊鱼、青鱼、青虾和大闸蟹等。特产有绿毛龟、阳澄湖大闸蟹等。境内矿产尚有高岭土、黄沙、煤、泥炭、石英砂、天然气等，但储量不多。

历史人文

【建置沿革】 常熟殷商时称荆蛮之地，商末为句吴国属地。西周时属吴诸侯国，后又先后隶于越、楚。秦属会稽郡。西汉时设虞乡，隶会稽郡吴县。东汉时又置南沙乡，隶吴郡吴县。西晋以虞乡设海虞县，隶吴郡。东晋以南沙乡置南沙县，隶晋陵郡。梁大同六年(540 年)，以南沙地置常熟县，隶信义郡。隋唐时，常熟县隶属于苏州(吴郡)。宋代隶苏州(平江府)。元元贞元年(1295 年)，常熟县升常熟州。明洪武二年(1369 年)，复为县。清雍正四年(1726 年)，划东境分设昭文县。辛亥革命后，两县合并为常熟县。1949 年 5 月，以城区及附郭设常熟市，市、县并存。1958 年撤常熟市，并入常熟县。1983 年，撤常熟县设县级市。1985 年，全市设 2 个建制镇，32 个乡，3 个农(林)场。后区划经多次调整，至 2014 年，全市划为 9 个建制镇、1 个国营虞山林场、1 个国家级开发区和 1 个省级开发区。

【历史文化】 常熟是国家历史文化名城，境内有距今 5000 余年的崧泽文化遗址和距今 4000 余年的良渚文化遗址；商末，周族首领古公亶父的次子仲雍(虞仲)让国南来建句吴国，仲雍殁后葬于海隅山，山因之改名虞山。自西晋太康四年(283 年)建城以来至唐代，常熟已成为商业发达、街市繁荣的江南名城。

常熟素以人文荟萃、学道名邦著称，名人众多。商初贤相、中国第一位天文学家巫咸，商末仲雍及春秋孔子唯一的南方弟子言偃，均为吴文化的先驱。自唐至清，有进士 486 名，其中状元 8 名，榜眼 4 名，探花 5 名。仕至三品以上的宰执 10 名，封疆大臣 20 多人。封建时代，清官廉吏忠臣诤臣，代不乏人。文学艺术领域，流派纷呈，在书画、音律、文学、金石、出版、藏书、学术等领域，人才辈出。元代画家黄公望被列为“元四家”之首。明代琴家严澂，创“虞山琴派”。天启年间，王毅擅微雕，所刻核舟令人叹服。明末清初，“东南文宗”钱谦益为“虞山诗派”首领；毛晋的“汲古阁”印刷版本走遍天下。清初，画家王翚及其弟子创“虞山画派”，王翚与另一名画家吴历俱名列清初画坛“清六家”；林皋等篆刻名家在印坛异军突起，立“虞山印派”。清末的翁同龢、杨沂孙为国内著名书家。清末民初，赵石的篆刻，名满江左；沈石友的藏砚，蜚声东瀛。常熟藏书，自宋代至清末民初，代有大家，其中著名的有赵用贤与赵琦美父子的脉望馆、钱谦益的绛云楼、毛晋的汲古阁，瞿绍基及其后人的铁琴铜剑楼，其中铁琴铜剑楼藏书传承五代，为晚清海内四大民间藏书楼之一。20 世纪初，常熟文艺领域有著名小说家、翻译家曾朴，所著《孽海花》被鲁迅列为清末四大“谴责小说”之首；徐念慈创作中国最早的科幻小说，被认为是中国科幻小说的先驱；黄人的《中国文学史稿》是中国最早的文学史专著，因编《百科新大辞典》被称为“现代百科全书之父”；徐枕亚、吴双热被称为文坛“鸳鸯蝴蝶派”的开山鼻祖和代表人物；美学家宗白华为中国现代美学研究的奠基者之一；庞薰琹在西洋画、工艺美术方面卓有贡献。新中国建立后，群众文化成为文化活动的主体，老一辈作家、学者如宗白华、钱仲联、戴逸等多有新作问世。20 世纪 80 年代以后，各种文艺团体相继成立，群众文化空前活跃，文坛新生力量如雨后春笋涌现，专业、业余作者创作热情高涨，个人著作层出不穷，部门单位编书蔚然成风。据资料统计，自商朝至 2008 年，常熟人中有著述者 2400 多人，著作 5900 多种。至 2008 年，常熟籍的中国科学院院士、工程院院士有王淦昌、张青莲、张光斗等 21 人，数量排位全国县级市前列。

【名胜古迹】 常熟是吴文化重要发源地之一，境内人文古迹与自然景观交相辉映。截至 2014 年，全市有全国重点文物保护单位 3 个，省级文保单位有 19 个，市(县级)文保单位有 159 个。较早有新石器时代晚期钱底巷遗址和罗墩文遗址，虞山西岭西周至春秋吴文化遗址；名人墓葬众多，较知名的有仲雍墓、言子墓、黄公望墓、瞿式耜墓、钱谦益墓、翁心存翁同龢墓。位于虞山北麓的兴福寺始建于南齐年间，为国务院确定的汉族地区佛教全国重点寺院；城区东部的方塔始建于南宋，为常熟地标性建筑；位于古城区域翁氏故居綵衣堂，是一所保存比较完善、具有典型江南建筑风格的住宅，1996 年被国务院公布为第四批全国重点文物保护单位。

常熟山川秀丽，名胜风景众多。至 2014 年末，全市城乡开辟各类风景名胜和历史文化浏览点

70多处,已建成AAAAA级景区1个2处、AAAA级景区3个,AAA级景区1个。沙家浜风景区位于阳澄湖畔,是全国爱国主义教育示范基地、全国百家红色旅游经典景区、国家湿地公园。尚湖风景区位于常熟古城西,虞山之南,是国家级太湖风景旅游区的一个组成部分,以其优良的生态环境入选首批国家城市湿地公园,2010年入选“中国十大休闲湖泊”。虞山是全国闻名的常熟胜景,是我国首批国家森林公园,全山自然景观多崖、洞、泉、林。常熟旧有虚廓园、水吾园两处私家园林,俗称曾园、赵园。后经修缮,两园合二为一,称曾赵园。现为江苏省文物保护单位。

经济建设

【综合经济】 2014年,全市全年实现地区生产总值2009.36亿元,比上年增长7.50%。其中,第一产业增加值38.40亿元,增长3.10%;第二产业增加值1061.55亿元,增长8.20%;第三产业增加值909.41亿元,增长6.80%。三次产业比例调整为1.91∶52.83∶45.26。按常住人口计算,人均地区生产总值133150元,按当年汇率折算达21676美元。财政平稳增长。全年实现财政总收入330.89亿元,比上年下降2.60%,其中税收收入244.28亿元,增长12.50%。全年实现公共财政预算收入147.40亿元,比上年增长6.40%,其中税收收入122.90亿元,增长6.20%,入库税收占公共财政预算收入的83.40%。全年公共财政预算支出138.02亿元,比上年增长7.80%;城乡公共服务支出占财政支出的比重达76.20%。

【农业】 全市全年实现农业总产值72.28亿元,比上年增长6.30%。其中,种植业产值39.97亿元,增长8%;牧业产值6.61亿元,增长0.90%;渔业产值14.26亿元,增长0.20%。全年粮食种植面积4.23万公顷,与上年持平;粮食总产量31.09万吨,下降1.60%。在主要粮食品种中:稻谷种植面积2.09万公顷,下降5.20%;产量19.73万吨,下降5.20%。小麦种植面积2.03万公顷,增长6.10%;产量10.61万吨,增长6.20%。全年肉类总产量18264吨,比上年下降5.10%。其中,猪肉产量15833吨,增长3.90%;禽肉产量2067吨,下降42.80%。年内生猪出栏22.62万头,比上年增长4%;禽蛋产量5010吨,增长3.50%;牛奶产量21187吨,增长22.40%。水产品产量37683吨,比上年增长0.50%。

现代农业提档升级。国家农业科技园区实体化运作,万顷良田建设有序推进,成功承办2014年中国蔬菜产业大会。全年新建高标准农田0.23万公顷,高标准农田累计2.99万公顷;新增高效设施农业面积466.67公顷,高效设施农业面积比重达17.20%;新增高效设施渔业建设面积200公顷,高效设施渔业面积比重达30.10%。土地适度规模经营比重超过90%,农业机械化水平达90%。新增市级以上农业龙头企业3家、各类新型农村合作经济组织79家;新增省级审定水稻新品种2个;新增无公害农产品、绿色食品、有机农产品23个。

【工业和建筑业】 全年实现全部工业总产值4581.24亿元,比上年增长0.5%。其中,规模以上工业产值3668.70亿元,增长2.4%,占工业总产值的比重为80.1%。全市规模以上工业33个大类行业中有18个行业产值比上年实现增长,占行业总数的54.5%。全市1441家规上工业企业中,有692企业产值实现增长,占企业总数的48.0%。前十大行业合计实现产值3056.70亿元,占规上产值的83.3%,比上年增长2.8%。其中,汽车制造业实现产值145.20亿元,增长36.1%。按规模分,大型企业产值1866.48亿元,比上年增长4.8%;中型企业产值718.14亿元,下降0.8%;小微企业产值1084.08亿元,增长0.7%。按注册类型分,内资企业产值2067.05亿元,比上年增长0.3%;外资企业产值1601.64亿元,增长5.3%。

新兴产业引领增长。全年实现新兴产业产值1556.11亿元,比上年增长9.1%。工业重化趋势加强。全年规模以上工业中,实现重工业产值2131.68亿元,比上年增长5.0%;轻工业产值1537.01亿元,下降0.9%;重工业产值占比由上年的56.7%提升为58.1%。高耗能行业比重下降。全年六大高耗能行业实现产值988.01亿元,占规上工业产值的26.9%,比重较上年下降0.4个百分点。其中,黑色金属冶炼和压延加工业产值比上年下降18.3%。

全年规模以上工业企业实现产品销售收入3642.64亿元,比上年增长2.4%;利税总额247.11亿元,下降2.0%,其中利润172.77

亿元，下降 3.5%。

全年资质以上建筑业企业（含劳务分包）实现建筑业总产值 183.53 亿元，比上年增长 5.3%；房屋施工面积 1516.22 万平方米，下降 2.2%；新开工面积 550.25 万平方米，下降 28.6%；竣工面积 509.54 万平方米，下降 12.2%；工程结算收入 170.56 亿元，增长 10.9%，利润总额 7.41 亿元，增长 21.5%。

【服务业】 2014 年，全市完成服务业增加值 909 亿元，占地区生产总值比重 45%。全年实现社会消费品零售总额 618.68 亿元，比上年增长 9.6%；实现商品市场成交额 1705.54 亿元，比上年增长 5.7%，其中常熟服装城成交额 1250.15 亿元，增长 8.6%。全年旅客运输量达 4956 万人次，比上年增长 6.9%；货物运输量 1600 万吨，增长 6.0%；全年常熟港货物吞吐量 8050 万吨，比上年增长 11.80%。全年实现邮电业务总收入 33.74 亿元，比上年下降 2.1%。全年各类景点接待境内外游客 1843.37 万人次，比上年增长 6.3%。其中，国内游客 1835.83 万人次，增长 6.4%；境外过夜游客 5.64 万人次，下降 25.5%。全年实现旅游收入 260.60 亿元，比上年增长 8.4%。年末全部金融机构本外币各项存款余额 2384.92 亿元，比年初增加 53.27 亿元；新增银行机构 3 家。年末证券交易股票开户总数 33.36 万户，比上年增长 3.6%；全年各证券营业点股票交易额 2206.97 亿元，增长 59.0%。年末证券机构托管股票市值 162.65 亿元，比上年增长 31.5%。全年保险机构保费收入 33.29 亿元，比上年增长 8.7%。其中，寿险业务保费收入 14.86 亿元，增长 3.0%；健康险和意外伤害险业务保费收入 2.36 亿元，增长 25.6%；财产险业务保费收入 16.07 亿元，增长 12.3%。全年保险业务支出 12.59 亿元，比上年增长 17.8%。出台电子商务专项扶持政策，苏宁云商电子商务运营中心、斐讯数据中心等重大项目有序推进，电子商务发展指数名列全国百佳县市第八。推进游轮母港建设，长江游轮首航，年内被评为休闲城市综合标准示范市。

【开放型经济】 2014 年，常熟市新批外商及港澳台商投资项目注册外资及港澳台资 8.66 亿美元，比上年下降 37.00%；到账外资及港澳台资 10.51 亿美元，增长 2.70%。全年实现进出口总额 201.80 亿美元，比上年增长 8.30%。其中，进口 76.27 亿美元，出口 125.53 亿美元，分别增长 9.20%和 7.80%，一般贸易出口比重达 58%。芬欧汇川获批跨国公司外汇资金运营便利化试点。复制推广上海自贸区海关监管创新制度，实施长三角一体化通关，试点施行"一次申报、一次查验、一次放行"通关模式。全年新办境外企业 10 家，累计 17 家，当年投资 1.30 亿美元，比上年增长 9.60%；新签境外劳务及承包工程合同额 1.85 亿美元，增长 29.70%；服务外包接包合同额 3.12 亿美元，比上年增长 11.90%；离岸执行额 1.57 亿美元，增长 15.60%。

【民营经济】 2014 年年末，常熟民营经济注册资金 1097.44 亿元，107242 户。其中，常熟市私营企业登记注册数 26317 户，登记注册资金 1039.24 亿元，分别比上年增长 11.40%和 12.50%；新增私营企业登记注册 3729 户；个体工商户 80925 户，为全省首个个体工商户突破八万户的县市。波司登股份有限公司、常熟市龙腾特种钢有限公司和中利科技集团股份有限公司 3 家企业入选"2014 中国民营企业 500 强"，6 家企业入选"2014 中国民营企业制造业 500 强"。

【人才与科技创新】 科技创新深入实施。充分发挥科技镇长团作用，全年达成产学研合作项目 259 项，列入省重大科技成果转化项目 3 项。年末拥有国家级、省级、苏州市级科技公共服务平台分别为 1 个、3 个和 9 个，拥有国家级、省级科技孵化器分别为 3 个、4 个。新增省级以上工程中心 2 家，年末拥有 6 家；新增省级以上企业技术中心 8 家，年末拥有 37 家；新增省级以上博士后工作站（创新实践基地及分站）8 家，年末拥有 38 家；新增省级工程技术研究中心 8 家，年末拥有 74 家；年末拥有省级企业院士工作站 6 家；新增省级外资研发机构 5 家，年末拥有 19 家；新增省级企业研究生工作站 21 家，年末拥有 85 家。大中型工业企业研发机构建有率 93%。入选江苏省首批重点企业研发机构 21 家，数量居全省县级市首位。

年内新增国家火炬重点高新技术企业 8 家，累计拥有 40 家；新认定省高新技术企业 82 家，累计拥有 235 家；新认定省民营科技企业 176 家，累计拥有 886 家；形式开票销售超 3000 万元"双创"科技企业 33 家。全年申请专利 122[illegible]5 件，其中发明专利 4175 件；授权专利 3990 件，其中发明专利 663 件。年末拥有有效发明专利 2555 件。按常住人口计算万人发明专利拥有量达 16.90 件。新增中国驰名商标2件、江苏名牌产品6个。新增上市企业1家、新三板挂牌企业4家,国家标准化工作组织1个。

人才战略持续推进。年末全市拥有各类人才25万人,其中高层次人才1.74万人;拥有各类专业技术人员18.90万人,其中高级职称1.97万人,中级职称3.53万人。年内引进和培育国家千人计划人才2人,年末拥有15人;新增省双创计划人才10人,年末拥有40人;新增姑苏计划人才15人,年末拥有54人;新增市级领军型人才项目58个,年末拥有235个。

社会发展

【城乡建设】 2014年,常熟市城市规划体系进一步完善,开展城市更新、水系景观等规划研究,完成琴湖片区、火车站等5个区域控制性详规,实现主城区控制性详规全覆盖。年内,示范小区新开工74.80万平方米,封顶109.80万平方米,安置入住2950户。实施农村住宅分类管理,推进城市片区综合开发,市级征收搬迁项目签约573户、拆除面积8.80万平方米,完成企业搬迁65家、收储土地91.44公顷。新开工安置小区56.50万平方米。完成老住宅小区综合改造34万平方米,城区住宅小区物业管理覆盖率达91%。三环路快速化改造东南段通车、东北段加快建设,沪通铁路征地拆迁工作全面启动,申张线航道改道、通港路、常沙线快速化改造等前期工作加快;推进公交优先战略,完成虞山北路等路段公交快速化改造,建成服装城公交枢纽站,更新候车亭250个、公交车210辆;实施元和路、湘江路改造和长江路东延工程,完成闸口桥等8个交通瓶颈改造,建成绿波示范路17条,新增停车泊位4200个。实施三环路沿线建筑风貌及环境卫生整治,开展"三小车辆"非法营运和交通违法专项整治,实施虞山镇区域无证无照经营专项整治。滨江新城、南部国际性生态社区、北部城市生活社区等城市片区综合开发扎实推进,南门坛上保护与整治工作有序推进。铁黄沙整治工程加快推进,七浦塘整治工程全面开工,走马塘拓浚延伸常熟段工程竣工投用;1000千伏输变电工程过境线路搬迁安置及塔基建设进展顺利。"智慧常熟"建设加快,市民卡发放突破110万张。

【社会事业】 2014年,全市拥有各类全日制公办学校115所(含幼儿园),在校生数150449人,专任教师10078人。全市学龄儿童入学率100%,小学毕业升学率、初中毕业升学率和高考录取率分别为99.30%、98.30%和98%。年内,实验中学崇文校区、游文小学建成投用,报慈小学一期工程竣工,昆承中学扩建工程启动,新开工校安工程10万平方米。扶持普惠性民办幼儿园发展,实施公办幼儿园独立法人试点,成功创建江苏省学前教育改革发展示范区。承办2014年全国职业院校技能大赛,市职教中心获批省联合职业技术学院常熟分院。

年末拥有各类医疗卫生机构455个,拥有床位7052张;拥有卫生技术人员8278人,其中职业医生(助理)3495人、注册护士3029人;乡村医生360人。深化公立医院综合改革,推进3个紧密型医疗服务联合体建设,一级以上公立医院实现网上预约挂号。2014年全年新增全面健身工程(点)149个,累计435个。举办群众性体育活动370次,参加人数65万人次。学校体育设施向公众开放率达到53%。获省级以上竞赛金牌53枚、银牌38枚、铜牌24枚。常熟选手在韩国仁川残疾人亚运会获得5金。成功举办中国智能车未来挑战赛等重大赛事。

年末,常熟市文化系统拥有文物和科学研究机构3个、艺术表演团体2个、文化馆1个、文化站10个、社区文化活动室91个、村文化活动室236个、艺术表演场馆2家。拥有公共图书馆1个、图书分馆21个,总藏量235.55万册,其中图书藏量206.38万册;数字电视用户36.31万户,广播节目和电视节目综合人口覆盖率均为100%。年内成功举办2014中国(常熟)江南文化节和第五届两岸汉字艺术节,举办各类文化惠民活动演出150场,观众约10万人次;新建农村电影固定放映点7个,累计建成20个。《凤凰的山谷》等一批优秀作品获全国"五个一工程"奖、全国曲艺牡丹奖,《虞山文化流派》获省社科优秀成果三等奖。市档案馆通过"国家一级馆"复查。市图书馆以榜首获评"2014全国最美基层图书馆"。

2014年,常熟市用于民生支出78.30亿元,比上年增长10.00%,占公共财政预算支出的56.70%,比重较上年提高1.10%。规范社区股份合作社经营管理,新增各类专业合作组织81家,劳务合作社实现全覆盖。新增就业岗位7.10万个,本市籍大中专毕业生就业率96.30%,城镇登记失业率2.04%。

发放各类救助资金 1.76 亿元。城乡居民低保标准提高到人均每月700元,城镇职工养老人均待遇提高至每月 1774 元,企业最低工资标准调整到每月 1680 元。养老保险和居民基本医疗保险参保率均保持 99.60%。完善征地补偿和被征地农民保障制度。发放社会保障卡 90 万张。年度发放各类救助资金 1.76 亿元,获评"七星级慈善城市"。推行政府购买居家养老服务试点,市敬老院建设项目竣工,新增日间照料中心 8 家、养老机构床位数 2241 张,养老床位累计达11082 张。新开工各类保障性住房4042 套,建成 2376 套,虞枫家园交付使用。新增住房公积金缴存职工 3.90 万人,为中低收入家庭改善住房投入保障资金 17.40 亿元。

【生态建设】 2014 年,常熟市创新生态文明建设绩效考核办法,组织实施十大类 51 项工程项目;国家级生态市复核通过省级初核,常熟经济技术开发区创建国家级生态工业示范园区通过现场验收。突出抓好大气污染防治,整治燃煤锅炉 308 台,淘汰老旧机动车 7099辆,启动第二阶段黄标车限行,PM2.5 年平均浓度下降 5%,空气质量优良天数比例 75.30%。强化水环境综合治理,深入推进望虞河、阳澄湖流域综合整治,实施城乡河道综合治理 37 条,完成村庄分散式污水治理工程 114 个,全面推行河长制管护制度,两个集中式饮用水源地达标建设通过省级验收。推进节能减排,关停淘汰落后产能企业 110 家,单位 GDP 能耗下降和四项主要污染物排放削减量基本达到序时进度。"美丽乡村"示范村建设进展顺利,新增"三星级康居乡村"19 个,入选第二批国家美丽宜居村庄 1 个。实施农村环境综合整治,启动畜禽养殖综合整治三年行动计划,关停治理养殖户 1958 户。新增造林绿化面积0.07 万公顷。南湖湿地获批省级湿地公园,核心区建成开园。

【综合改革】 2014 年,市政府取消、暂停和下放行政审批项目 67项、削减 27.30%,在全省县级市中率先公布行政审批事项目录;全面优化审批流程,在苏州市首推建设项目模拟审批,涉民服务项目即办件比例提高 23.50 个百分点。对梅李镇下放第二批行政处罚权,启动虞山镇行政管理体制改革,获批在全省率先开展镇域综合执法试点。公布首批 83 个政府购买公共服务项目。工商登记管理改革后新增私营企业 3729 家,民营经济注册资金突破千亿元。"营改增"试点纳入企业超过 5470 户,累计减轻纳税人负担 1.38 亿元。

【社会管理】 2014 年,常熟市推进社会综合服务平台建设,整合便民服务热线、数字化城管平台、"110"非警务事项等社会管理服务资源。实施新市民积分制管理,新市民入医、入学、入市民卡 6.10 万人次。5 大类 20 项重点民生实事基本完成。"单独两孩"计生新政顺利实施。获得全国文明城市提名城市资格,被评为全国"六五"普法中期先进集体。实施社区减负,城区管理区全部设立行政事务受理中心。启动村级财力建设新三年行动计划,实施各类村级财力建设项目 35 个,完成村集体"三资"清理,村级集体稳定性收入增长12%。开展农村土地承包经营权确权登记颁证试点,完善土地承包经营权流转价格形成机制,调整工业用地抵押融资评估政策,通过省金融生态优秀县市复评。开展安全生产检查整改专项行动,推进"六打六治"打非治违行动,7[illegible]个三级政府重大事故隐患挂牌项目全部整改到位。刑事案件发案率连续七年下降,被评为全省平安创建先进县(市)。实现省双拥模范城"七连冠"。 (张　军)

组织机构及领导人名录*

(截至 2014 年 12 月 31 日)

常熟市四套班子领导机构及市纪委机构

中共常熟市第十二届委员会

书　记　惠建林
副书记　王　飚　王建国
常　委　桑五官　杨崇华
　　　　程　波　黄锡明
　　　　潘志嘉　黄　慎
　　　　沈晓东

常熟市第十四届人民代表大会常务委员会

主　　任　秦卫星
副 主 任　杨　伟　钱向宏
　　　　　闻永昌　潘建华
党组书记　秦卫星
副 书 记　杨　伟
副调研员　吴兴华　潘云来

常熟市人民政府

市　　长　王　飚
副 市 长　沈晓东　陈惠良
　　　　　范建国　陶　理

朱亚辉　孙　健
沈一平
张继银（挂职）
卓　辉（挂职）
党组书记　王　飚
副书记　沈晓东

中国人民政治协商会议常熟市第十三届委员会

主　　席　徐永达
副主席　吴国华　殷丽萍
王永明　江振球
党组书记　徐永达
副书记　王永明
副调研员　李国祥

中共常熟市纪律检查委员会

书　　记　程　波
副书记　许建明　沈剑峰
常　　委　薛建伟　鞠庆丰
袁建军　李　艳

常熟市人民武装、审判、检察机构

市人民武装部

部长、党委副书记　张万银
政治委员、党委书记　黄　慎
副部长　陈艳明

市人民法院

院长、党组书记　张峥嵘
副院长　庾　晨　金健峰
张志强　李根发
党组副书记　庾　晨
政治处主任　章　琳
纪检组长　时培安

市人民检察院

检察长、党组书记　陆建中
副检察长　陈向忠　张月明
吴伯初　胡　烨
党组副书记　陈向忠
政治处主任　陆　斌
纪检组长　李　艳

中共常熟市委工作机构及部门管理机构

市委办公室

（挂市委研究室、市委保密委员会办公室（市国家保密工作局）、市委机要局牌子）

主　任　周荣葆
副主任　钱耀良　章桂生
王金良

市委研究室

主　任　章桂生
副主任　朱　钰

市委保密委员会办公室

（市国家保密工作局）

副主任、副局长　马志强

市委机要局

副局长　朱凤伟

市委组织部

部　长　黄锡明
副部长　叶建华　廖瑞娟
黄晓东　邹燕兰

市委非公有制经济工委

（与市委组织部合署办公）

书　记　叶建华
副书记　贾宇烨　周春阳

市人才工作办公室

（市委组织部挂牌机构）

主　任　黄晓东
副主任　黄若葵

市委老干部局

（由市委组织部管理）

局　长　陆凤姝
副局长　谢　坚　胡惠良
王　燕

市委宣传部

（挂市委对外宣传办公室、市精神文明建设指导委员会办公室牌子，市哲学社会科学界联合会挂靠）

部　长　潘志嘉
副部长　时映光　范建峰
奚　坚　吴文进

市精神文明建设指导委员会办公室

副主任　吴文进

市委对外宣传办公室

主　任　奚　坚
副主任　归岳嵚

市委统一战线工作部

（挂市政府侨务办公室牌子）

部　长　王永明
副部长　范葆华　马建平
苏建东　邓　玒
陆兢业

市政府侨务办公室

主　任　邓　玒
副主任　戴亚芳

市委台湾工作办公室

（挂市政府台湾事务办公室牌子）

主　任　陆　清

副主任　王建石

市委政法委员会

（挂市社会治安综合治理委员会办公室、市依法治市领导小组办公室牌子）

书　记　杨崇华

副书记　范建国（兼）　邵　军
　　　　钱仲华　王　燕

市社会治安综合治理委员会办公室

主　任　钱仲华

副主任　曹建平　周忠良

市国家安全领导小组办公室

（与市委政法委员会合署办公）

副主任　毛振南

市委农村工作办公室

（挂市政府农村集体资产管理办公室牌子）

主　任　吴建兴

副主任　华雪明　钱振新
　　　　张建华

市政府农村集体资产管理办公室

副主任　钱振新

市委市级机关工作委员会

书　记　叶建华

副书记　朱卫良　薛　刚
　　　　沈　洁

市机构编制委员会办公室

主　任　费卫东

副主任　葛　刚　陆　珩

常熟市人大常委会工作机构

市人大常委会办公室

（挂市人大常委会研究室牌子）

主　任　章　迈

副主任　支立新　陈士民
　　　　浦明霞

市人大常委会研究室

主　任　支立新

市人大常委会人事代表联络工作委员会

主　任　李　红

副主任　陈云珍

市人大常委会内务司法工作委员会

主　任　戴玉华

副主任　黄立新

市人大常委会财政经济工作委员会

主　任　陈　飞

副主任　罗建新　吴育农

市人大常委会城建环保工作委员会

主　任　夏建国

副主任　陆卫江

市人大常委会教科文卫工作委员会

主　任　范浩康

副主任　武　琦

市人大常委会外事民宗侨台工作委员会

主　任　黄忠良

副主任　浦明霞

常熟市人民政府工作部门及派出机构

市政府办公室

（挂市政府法制办公室、市政府外事办公室、市人民政府新闻办公室、市政府金融工作办公室、市政府研究室牌子）

主任、党组书记　王建国

副 主 任　唐　坚　朱国清
　　　　　高向军　唐剑锋
　　　　　季恒义　范立军
　　　　　朱晓峰　谈晓华
　　　　　杨坚红

市政府法制办公室

副主任　唐剑锋

市政府外事办公室

主　任　唐　坚

副主任　王耀翔

市政府金融工作办公室

主　任　沈育军

副主任　陆小强

市政府研究室

主　任　朱国清

市发展和改革委员会

（挂市物价局、市服务业发展办公室、市企业上市工作办公室牌子）

主任、党委书记　李丽芳

副 主 任　赵　军　刘永祥
　　　　　严　新　殷　伟

党委副书记、纪检组长　朱素信

市 物 价 局

局　长　赵　军

副局长　季中英

市服务业发展办公室

主　任　刘永祥
副主任　黄惠明

市企业上市工作办公室

主　任　沈育军
副主任　惠　彦

市经济和信息化委员会
（挂市中小企业局牌子）

主任、党委书记　邓国华
副　主　任　陆云鹤　石智铭
　　　　　　俞建刚　潘雪飞
党委副书记　王　茵
纪检组长　周　伟

市中小企业局

局　长　陆云鹤

市教育局

局长、党委书记　殷东明
副　局　长　林　峰　王金涛
　　　　　　陆培新　凌解良
　　　　　　唐建雪
党委副书记　林　峰　王金涛
纪检组长　王黎明

市科学技术局
（挂市知识产权局牌子）

局长、党组书记　潘　伟
副局长　陈新祥　朱立新
　　　　李银华　陈　岚

市知识产权局

局　长　陈新祥
副局长　沈卫东

市公安局

局长、党委书记　吴　军
政治委员　冯　晋
副　局　长　钱振荣　吴永健
　　　　　　王建良　夏建刚
　　　　　　吴　宏
副政委、经委书记　陈正东
党委副书记　冯　晋　陈正东
政治处主任　宁爱民

市外来人口管理办公室
（挂市新市民事务中心牌子）

主　任　庞学海
副主任　邹耀芳　盛春华
　　　　钱建春

市公安消防大队

大队长、党委副书记　陈　光
教导员、党委书记　吴友华
副大队长　刘　锐　温广东

市监察局
（与纪律检查委员会合署办公）

局　长　许建明
副局长　唐佩军　薛建伟

市民政局

局长、党委书记　戴炳元
副　局　长　沈志明　王正国
　　　　　　周　青
党委副书记　董　萍

市司法局

局长、党组书记　徐　秾
副局长　朱元正　周卫良
　　　　顾明月　薛建国
纪检组长　孙建明

市财政局

局长、党组书记　浦梅萍
副　局　长　朱正刚　章一凡
　　　　　　黄熙枚　殷新勇
党组副书记　季俊华
纪检组长　杨建亚

市政府国有资产监督管办公室
（与市财政局合署办公）

主　任　季俊华
副主任　邓美英

市人力资源和社会保障局

局长、党委书记　廖瑞娟
副　局　长　马文挺　唐　奕
　　　　　　沈建新　张卫忠
　　　　　　钱雪平
党委副书记　李迎辉

市国土资源局

局长、党组书记　张俊华
副局长　陈菊花　陈建刚
　　　　葛迅能　张林元
　　　　吴志平
纪检组长　姚宏龙

市土地储备中心
（市政府委托市国土资源局管理）

主　任　陈菊花（兼）
副主任　姚晓阳　姚晓锋

市住房和城乡建设局
（挂市地震局牌子）

局长、党委书记　陆继军
副　局　长　钱新锋　薛志恒
　　　　　　章伟东　王建国
　　　　　　王　曦　杨　燕
　　　　　　陆志明
党委副书记　钱新锋　褚卫东

市地震局

局　长　邱正祥

（市房屋征收管理办公室）

主　任　邱正祥

（市绿化委员会办公室）

主　任　钱新锋

市规划局

局长、党组书记　蒋向阳
副局长　钱永清　俞　翔
　　　　马　新

市城市管理局

（挂市城市管理行政执法局牌子）

局长、党委书记　钱振荣
副　局　长　许晓东　殷志江
　　　　　　尹　柯　徐建东
党委副书记　许晓东　朱永涛
纪委书记　皇甫越芳

市环境卫生指导中心

主　任　许晓东
副主任　余建荣　周　政

市交通运输局

局长、党委书记　唐志军
副　局　长　钱建平　戚晓飞
　　　　　　须建国　周宜军
党委副书记　钱建平　戚晓飞
　　　　　　吴建东
纪检组长　须建国

市水利局

（挂市水务局牌子）

局长、党委书记　陈永进
副　局　长　周建英　闻振东
　　　　　　徐雪峰
党委副书记　蔡水明
总工程师　周　锷

市农业委员会

（挂市林业局牌子）

主任、党委书记　高宝兴
副　主　任　徐澍中　王建军
　　　　　　霍惠明　陆　益
党委副书记　张颂跃

市商务局

局长、党委书记　赵东方
副　局　长　陆建华　张　毅
　　　　　　戚晓维　蔡宇恒
党委副书记　张一鸣

市文化广电新闻出版局

（挂市文物局、版权局牌子）

局长、党委书记　吴　伟
副　局　长　朱利华　王洪良
　　　　　　何君良
党委副书记　柴　畅
纪检组长　殷德刚

市版权局

局　长　吴　伟

市文物局

局　长　吴　伟

市卫生局

（与市食品药品监督管理局合署办公）

局长、党委书记　朱兴元
副　局　长　唐　键　魏　奇
　　　　　　金志强　顾雪坤
　　　　　　钱向前
党委副书记　唐　键　魏　奇
纪检组长　张森洲

市食品药品监督管理局

（与市卫生局合署办公）

局　长　朱兴元
副局长　杨小瑾　殷仁亭

市体育局

局　长　吴国华
副局长　顾烨华　孙玉华
　　　　余　阳　谈晓枫
党组书记　顾烨华

市环境保护局

副局长　唐建军　屈春山
　　　　王晓东　沈　宇
总工程师　刘家鹏
纪检组长　范胜娟

市旅游局

局长、党委书记　陈建平
副　局　长　沈　琴　瞿建良
　　　　　　章　理　支建新
党委副书记　沈　琴
纪委书记　刘明海

市民族宗教事务局

局长、党组书记　苏建东
副局长　孙振兴　顾叙明

市人口和计划生育委员会

主任、党组书记　顾玉芬
副主任　吴培明　徐晓萍

市审计局

局长、党组书记　徐　力
副　局　长　朱　仪　徐晓华
　　　　　　王海燕　潘建国
党组副书记　朱　仪

市安全生产监督管理局

局长、党组书记　董国新
副局长　王建平　高建国
　　　　姜　松　陈　瑜
纪检组长　唐文俊

市统计局

局长、党组书记　陆益斌
副　局　长　程凤鸣　王志刚

市粮食局

局长、党委书记　陆乾元
副　局　长　张振环　陆月琴
　　　　　　钱勇鹤

市信访局

局长、党组书记　沈靖波
副　局　长　杨岳忠　王　燕
　　　　　　徐家农

市民防局
（挂市人民防空办公室牌子）

局长、党组书记　丁　雷
副　局　长　平永良　季建宏

市供销合作总社

主任、党委书记　姚卫东
副　主　任　王忠达　胡雪东
党委副书记　王忠达

市行政服务中心

主任、党工委书记　杨坚红
副　主　任　吴云龙　苗卫东
　　　　　　薛建伟(兼)
纪检组长　夏国新

常熟市委、市政府直属事业单位

市委党校
（挂市行政学校牌子）

校　长　王建国(兼)
副校长、校务委员会委员
　唐　晓　周　军　王志中
　王美华　陈云水

市行政学校

校　长　唐　晓(兼)
副校长　周　军(兼)
　　　　钱雪平(兼)

市委党史工作办公室
市地方志编纂委员会办公室

主任、党组书记　周　燕
副主任　戴仁璋　陈建东

市档案局(馆)

局(馆)长、党组书记　顾志强
副局(馆)长　殷　红　桑建刚

市市级机关事务管理中心

主任、党组书记　钱耀良
副　主　任　戴建东　陈龙章
　　　　　　徐洪远

（市便民服务中心）

主　任　戴建东

市接待办

主　任　钱耀良
副主任　卜蕾蕾　姚志强

市广播电视总台

台长、党委书记　张　怡
副　台　长　王鹤鸣　戚晓峰
党委副书记　孙国平

常熟日报社

总编辑、党组书记　范建峰
副总编辑　虞克俭　俞益民
　　　　　衡成军　巴泽民

市政府驻南京办事处

副主任　钱敏磊

市政府驻上海联络处

主　任　徐国强

垂直条线管理机构

江苏省电力公司常熟市供电公司

总　经　理　刘玉方
副总经理　蒋建国　陆　斌
　　　　　姜德宏　颜建国
　　　　　苏　宁
党委书记　蒋建国
党委副书记　刘玉方

华润电力(常熟)有限公司

总经理、党委书记　王　颖
副总经理　张建春　刘　文

市邮政局

局长、党委书记　祁　伟
副局长　陈　进　蔡永华
纪委书记　陈　进

中国电信股份有限公司常熟分公司
市电信局

总经理、局长、党委书记　冯晓丽
副总经理、副局长　朱建宏
　　　　　　　　顾金华　曹唯一
纪委书记　朱建宏

中国移动通信集团
江苏有限公司常熟分公司

经　　理　王利民
副经理　夏国良

中国联合网络通信
有限公司常熟市分公司

总经理　高　波
副总经理　金　震　周　锋

苏州市常熟工商行政管理局

局长、副调研员、党组书记
　　　　姜轩栋
副　局　长　顾漪玲　钱　强

秦雪元　张文华
党组副书记　顾漪玲
纪检组长　钱　强

苏州市常熟质量技术监督局

局长、党组书记　季建农
副局长　蒋　平　张　雷
　　　　唐拥军
纪检组长　蒋　平

苏州市住房公积金管理中心常熟分中心

主　任　张正祥
副主任　冯　超　沈利亚

市国家税务局

局长、党组书记　李兴祥
副局长　汤振华　邵力洲
　　　　何晓宇
纪检组长　张小曙

常熟地方税务局

局长、党组书记　李　炜
副局长　周建堂　汤　洪
　　　　韩音梅
纪检组长　韩音梅

中国人民银行常熟市支行 国家外汇管理局常熟支局

行(局)长、党组书记　陈　平
副行长　朱金虎　金耀良

中国银行业监督管理委员 苏州监管分局常熟监管办事处

副主任　夏红君

常熟邮政管理局

局　长　郝　磊

中国工商银行股份有限公司常熟市支行

行长、党委书记　金　华
副行长　顾　韬
纪委书记　须韶锬

中国农业银行股份有限公司常熟分行

行长、党委书记　陈　鹏
副行长　徐新刚　何　岳
　　　　张曾博　季玉珍
纪委书记　徐新刚

中国农业发展银行常熟市支行

行　长　陆　林
副行长　叶辰栋　杨振华

中国银行股份有限公司常熟支行

行长、党委书记　陈　勇
副行长　许　蓝　朱义忠
　　　　姚文雷　王文亚
纪委书记　许　蓝

中国建设银行股份有限公司常熟支行

副行长　高雪峰　钱玉纯
　　　　芦育文　牛　凯
党委副书记　高雪峰

交通银行股份有限公司常熟分行

行　长　齐　竝
副行长　章叶军　张　宏

常熟农村商业银行

董事长、党委书记　宋建明
行长、党委副书记　秦卫明
监事长　张义良
副行长　黄勇斌　施　健
　　　　薛　文　王　玮

中国邮政储蓄银行股份有限公司常熟市支行

行　长　周　祥
副行长　王文姣　徐国兴

中国人民财产保险股份有限公司常熟中心支公司

经　理　归若飞
副经理　吴怀民　钱力飞
　　　　陈莉娟

中国人寿保险股份有限公司常熟支公司

总经理　张龙卫
副总经理　张　晨

中国太平洋财产保险股份有限公司常熟中心支公司

总经理、党委书记　李晓敏
副总经理　秦卫刚　俞志刚
　　　　　时东鹰　张正元

中国太平洋人寿保险股份有限公司常熟中心支公司

总经理　何　刚
副经理　陈建明　何跃进

中国平安财产保险股份有限公司常熟支公司

负责人　马曾扣
副总经理　吴晓明

苏州市保险行业协会常熟分会

会　长　归若飞
副会长　李晓敏　张龙卫
　　　　何　刚　马增扣
秘书长　徐翔年

东吴证券股份有限公司常熟分公司

总经理　徐　明

南京证券有限责任公司常熟吉祥商城证券营业部

总经理　李学东

海通证券股份有限公司 常熟海虞北路证券营业部

总经理　苏加宏

常熟市烟草专卖局

（苏州市烟草公司常熟分公司）

局长、经理　陈　涛

副 局 长　李宏昌

副 经 理　王　渊

市盐务管理局 江苏省苏盐连锁有限公司常熟分公司

局长、经理　吴志明

副局长、副经理　杭　杰

市 气 象 局

局　长　曹建华

副局长　陆士良

江苏省常熟地震台

副台长　鲁宗良

常熟市政协工作机构

市政协秘书处

秘 书 长　施　晨

副秘书长　余保根　蒋伟国

何晓东　钱晓东

项　颖

市政协办公室

（挂市政协研究室牌子）

主　任　施　晨

副主任　余保根　蒋伟国

何晓东　钱晓东

项　颖

市政协研究室

主　任　蒋伟国

市政协提案委员会

主　任　马国熙

副主任　钱晓东

市政协经济科技委员会

主　任　高金华

副主任　边习虞

市政协城乡建设委员会

主　任　朱旭光

副主任　李上珍

市政协社会事业委员会

主　任　余保根

市政协港澳台侨 (民族宗教)委员会

主　任　曹金元

副主任　卫　欣

市政协文史委员会

主　任　王金龙

副主任　赵曰珺

常熟市民主党派、工商联及社会团体

中国民主同盟常熟市委员会

主　委　吴国华

副主委　朱利华　陈红娟

中国民主建国会常熟市委员会

主　委　钱向宏

副主委　韩　新　徐澍中

中国民主促进会常熟市委员会

主　委　殷丽萍

副主委　朱　晞　陈炯明

中国农工民主党常熟市委员会

主　委　陶　理

副主委　金仲达　范家林

中国国民党革命委员会 苏州市委员会常熟市总支

主　委　边习虞

副主委　查银华　杨怡芳

九三学社苏州市委员会常熟支部

主　委　童举希

副主委　魏亚平

市工商业联合会(市总商会)

主　　席　朱克明(兼)

副 主 席　马建平　王剑江

李明普　徐　俭

党组书记　马建平

市 总 工 会

主　席　闻永昌

副主席　李盛骏　程庆红

戴建华　毛书齐

党组副书记　李盛骏

共青团常熟市委员会

书记、党组书记　张康德

副书记　周　晓

市妇女联合会

主席、党组书记　李芳红

副主席　韩丽亚　钱敏霞

市科学技术协会

主席、党组书记　卜鸿昌

副主席　沈耀文　翟俊霞

市文学艺术界联合会

主席、党组书记　李　忠

副主席　肖志刚　苏映红

市哲学社会科学界联合会
（挂靠市委宣传部）

主　席　时映光
副主席　何　平

市归国华侨联合会

主　席　王小民
副主席　张　萍

市残疾人联合会

理事长、党组书记　邱菊平
副理事长　钱　征　郑秋英

市 红 十 字 会

会　长　陶　理
副会长　顾丽华

开发区、口岸管理机构

常熟经济技术开发区党工委

书　记　惠建林
副书记　王　飚　桑五官
　　　　张建忠
委　员　樊　钢　范建青
　　　　王　钢

常熟经济技术开发区管理委员会

主　任　王　飚
副主任　桑五官　张建忠
　　　　张建强　樊　钢
　　　　范建青
主任助理　孙雪良　许晓波
副调研员　沈　鸣

常熟经济技术开发区纪工委

副书记　黄雯华

经济技术开发区党政办公室

主　任　周一凡

经济技术开发区招商局

局　长　徐　岗
副局长　王井刚　赵红芳

经济技术开发区经济发展局

局　长　王向东
副局长　徐正玉　许　柳
　　　　沈建康

经济技术开发区规划建设局

局　长　王　奕
副局长　范金良　盛振琪
　　　　周　杨

经济技术开发区财政局

局　长　黄　卫
副局长　冯　静　郑　健

经济技术开发区劳动人事局

局　长　戴富保
副局长　周军丽　吴燕婷

服务业发展局

局　长　贺勇胜
副局长　张志强

常熟出口加工区管理局

局　长　李　军
副局长　王晓楠

江苏省常熟高新技术产业开发区党工委

书　记　王建国
副书记　沈一平　陆晓棣
党工委委员　姚建祥　姚丽英
　　　　陈国栋

江苏省常熟高新技术产业开发区管委会

副主任　沈一平　陆晓棣
　　　　姚建祥　姚丽英
　　　　陈国栋
主任助理　张　燕　阚国良

江苏省常熟高新技术产业开发区纪工委

书　记　姚建祥
副书记　沈小弟

高新技术产业开发区党政办公室

主　任　殷坚东
副主任　王　维　毛雨东

高新技术产业开发区组织人事劳动局

局　长　陆筱元
副局长　俞　敬

高新技术产业开发区建设局

局　长　章伟东
副局长　顾军明　金义龙
　　　　王　远

高新技术产业开发区招商局

局　长　顾志强
副局长　王险峰　梁红梅
　　　　陶传龙　姚　成

高新技术产业开发区服务业发展局

局　长　顾　麟
副局长　吕　刚

高新技术产业开发区经济发展局

局　长　沈　阳
副局长　钱晓东

高新技术产业开发区科技与知识产权局

副局长　张　健　雷华明（挂职）

高新技术产业开发区财政局

局　长　张军波

副局长 苏 燕

常熟出口加工区B区管理局

局 长 王国平

常熟国家大学科技园管委会

副 主 任 卓 辉(挂职)
张 燕 王奇峰

大学科技园科技招商部

副部长 王 翼

大学科技园综合事务部

副部长 王永前

大学科技园企业服务部

副部长 葛 龙 张 政(挂职)

东南街道党工委

书 记 阚国良
党工委委员 戴庆仁 顾雪峰
张扣其

东南街道办事处

副主任 戴庆仁 顾雪峰

常熟昆承湖管委会

副主任 顾军明

市昆承湖开发建设有限公司

副总经理 顾军明 王 远

江苏常熟服装城党工委

书 记 夏建国
副书记 陆建达 俞国荣
郭庆丰(挂职)
党工委委员 沈瑞良 邓运华
汪 群 张建明
毛 华
蒋 丰(兼)
陈美华

江苏常熟服装城管理委员会

主 任 陆建达
副主任 俞国荣 沈瑞良
邓运华 汪 群

常熟虞山尚湖旅游度假区党工委

书 记 刘 洪
副书记 徐学东 朱卫东

常熟虞山尚湖旅游度假区管委会

主 任 徐学东
副主任 朱卫东 蒋国华
徐振祥 高桂兴

常熟虞山尚湖旅游度假区经济发展总公司

董 事 长 刘 洪
副总经理 蒋国华 范仲华
王建华

(山湖办事处)

主 任 徐学东
副主任 范仲华 王建华
顾维明

常熟国家农业科技园区党工委

书 记 王建国(兼)
副书记 范建国(兼) 高宝兴

常熟国家农业科技园区管委会

主 任 范建国(兼)
副主任 高宝兴 张颂跃

市发展投资有限公司

董事长、党委书记 朱兴生
副董事长、党委副书记 徐学峰
总经理 徐学峰
副总经理 陶少锋

市城市经营投资有限公司

董事长、党委书记 戈 健
副董事长、总经理 钱瑞龙
副 总 经 理 顾洪良 袁卫东
薛 青
党委副书记 钱瑞龙 邵 洁
监事会主席 邵 洁

市保障房开发建设有限公司

董事长、总经理 钱瑞龙
副总经理 韩世林

江苏江南商贸集团有限责任公司

董事长、党委书记 陆建达
副董事长、总经理、党委副书记
石伟江
副总经理 陈剑江
监事会副主席 王建平

江苏省常熟经济开发区高新技术产业园党工委

书 记 朱亚辉
副书记 万晓军 徐惠东
何 明

江苏省常熟经济开发区高新技术产业园管委会

主 任 徐惠东
副主任 何 明 许 俊
何根元 徐建良

江苏高科技氟化学工业园(江苏常熟新材料产业园)党工委

书 记 马维刚
副书记 须亚军 范国华

江苏高科技氟化学工业园(江苏常熟新材料产业园)管委会

主 任 须亚军
副主任 范国华 陈立新
王纪渊 蔡伟民

市政府口岸办公室
（挂市港口管理局牌子）

主任（局长）、党组书记　陶俊明
副主任　赵国良　邵云涛

市港口管理处

主　任　陶俊明
副主任　邵佩标　金　红

中华人民共和国常熟边防检查站

站长、党委副书记　陈祥云
政治委员、党委书记　孙兵勇
副站长　蔡永新　舒　兵
副政委、纪委书记　吴奇华

中华人民共和国常熟海关

关长、党组书记　掌孝恩
副关长　王建明　于　青
　　蔡东良

中华人民共和国 常熟出入境检验检疫局

局长、党组书记　朱志强
副局长　侯建军　颜　军
　　李信军
纪检组长　顾巧元

中华人民共和国 江苏常熟海事局

局长、党组书记　李宏兵
政委、党组副书记、纪检组长
　　王建成
副局长　孟雨青　周　勇

驻常熟部属企业

江苏常熟发电有限公司

党委书记　吴国庆
副总经理　姚智斌　俞卫新
　　奚林根
总工程师　杭桂男
纪委书记　徐光煜

高等学校、中专、省重点中学及市直属医院

常熟理工学院

党委书记　张庆奎
院　长　朱士中
副院长　陈建华　沈宗根
　　戴国洪　周　宏
　　钱素平　姜建明
党委副书记　朱士中　丁晓原
纪委书记　丁晓原

江苏省常熟职业教育中心校

校　长　苏建青
党委书记　马　骏

江苏省常熟中学

校　长　唐建雪

常熟市中学

校长、党委书记　周永良

市第一人民医院

院　长　陈　波
党委书记　黄　伟

市第二人民医院

院　长　吴　钢
党委书记　吕卫华

市中医院（新区医院）

院　长　周剑峰
党委书记　马汉青

各镇（场）领导机构

虞山镇

党委书记　朱亚辉
副书记　万晓军　徐惠[illegible]
　　陈　伟（挂职）
　　范惠才
镇党委常委　蔡美月　范江涛
　　庞凤琴　徐　健
　　褚宏伟　王　峰
　　顾　锋　梁　[illegible]
党委委员　密永良　何　[illegible]
　　李惠华　查玉[illegible]
　　俞　铁　邹　[illegible]
　　邵　燕　徐　[illegible]
　　陆　坚
纪委书记　蔡美月
副书记　邵　燕
人大主席　蔡美月
副主席　王惠明
镇　长　万晓军
副镇长　庞凤琴　俞丽[illegible]
　　陆正忠　王剑江
　　朱　炬　郁海[illegible]
政协工委主任　范惠才
副主任　季　浚

（虞山镇琴湖管理区）

书　记　顾　锋
主　任　蔡晓军

（虞山镇方塔管理区）

书　记　范江涛
主　任　毛天伟

（虞山镇兴福管理区）

书　记　徐　健
主　任　邵雪明

（虞山镇虹桥管理区）

书　记　王　峰

主　　任　邵祖生

（虞山镇谢桥管理区）

书　　记　徐　峰
主　　任　宋志成

（虞山镇莫城管理区）

书　　记　俞　铁
主　　任　陈继发

（虞山镇大义管理区）

书　　记　梁　盾
主　　任　仲旅疆

梅　李　镇

党委书记　徐海东
副 书 记　张宁江　顾君明
　　　　　陈　勇
　　　　　闫钧华（挂职）
党委委员　苏文学　沈宗明
　　　　　浦方勇　冯利明
　　　　　周琴花
纪委书记　顾君明
副 书 记　沈宗明
人大主席　徐海东
副 主 席　汤丽芬
镇　　长　张宁江
副 镇 长　朱雪忠　陈伟娟
　　　　　杨俊达
政协工委主任　顾君明
副 主 任　李建中

海　虞　镇

党委书记　马维刚
副 书 记　朱惠明　须亚军
　　　　　童建清
　　　　　王金立（挂职）
党委委员　唐栋良　温国芬
　　　　　窦卫东　张振良
　　　　　唐　亿　钱志国
　　　　　吴　江
纪委书记　童建清
副 书 记　窦卫东
人大主席　陈永华
镇　　长　朱惠明
副 镇 长　周志坚　金雪良
　　　　　邢晓春　凌建东
　　　　　陈　义
政协工委主任　童建清

（海虞镇福山办事处）

主　　任　窦卫东

碧溪新区（碧溪街道）

党工委书记　孙雪良
副 书 记　赵　红　徐文胜
　　　　　陆志强
　　　　　魏国平（挂职）
委　　员　王伟东　张培新
　　　　　窦明春　戴忠明
　　　　　周丽芳　毛国昌
纪工委书记　徐文胜
副 书 记　毛国昌
主　　任　赵　红
副 主 任　陆敏学　季黎明
　　　　　盛建明　夏　健
　　　　　黄晓红
人大工委主任　杨建明
政协工委主任　徐文胜

（碧溪办事处）

书　　记　王伟东
主　　任　张顺兴

（浒浦办事处）

书　　记　窦明春
主　　任　陶培雄

（吴市办事处）

书　　记　张培新
主　　任　王学东

（东张办事处）

书　　记　徐文胜
主　　任　范惠清

古　里　镇

党委书记　曹国芬
副 书 记　游立志　陈建青
　　　　　王　艳（挂职）
党委委员　顾小燕　张旦红
　　　　　王建刚　陈　宏
　　　　　毛建峰
纪委书记　高爱芳
副 书 记　毛建峰
人大主席　居钰泉
人大副主席　陆建华
镇　　长　游立志
副 镇 长　张旦红　郭晓峰
　　　　　吕廷均　秦卫东
　　　　　刘　呈　高　平
政协工委主任　高爱芳

（古里镇白茆办事处）

主　　任　万拥东

（古里镇淼泉办事处）

主　　任　陶建冬

沙　家　浜　镇

党委书记　张建强
副 书 记　程　锋　周建宏
　　　　　陆卫东
　　　　　朱大胜（挂职）
党委委员　夏　冬　顾建中
　　　　　李伟国　金国峰
　　　　　赵庆锋　田菊芳
纪委书记　周建宏
副 书 记　李伟国
人大主席　胡剑栋
镇　　长　程　锋
副 镇 长　夏　冬　邹拥军
　　　　　顾建福　支月明
　　　　　姚彩莲　吴　坤
政协工委主任　艾桂芬

沙家浜旅游度假区

党工委书记　张建强
副 书 记　周建宏　顾永忠
主　　任　周建宏
副 主 任　顾永忠

支 塘 镇

党委书记　温献民
副 书 记　芮伟国　沈振新
　　　　　仲春剑
　　　　　姚克明(挂职)
党委委员　周大利　陆黎平
　　　　　汤　炜　张丽芳
　　　　　屠文英　支晓东
纪委书记　陆黎平
人大主席　徐永明
副 主 席　姚建平
镇　　长　芮伟国
副 镇 长　周大利　王　陶
　　　　　朱文勇
政协工委主任　徐永明
副 主 任　李晓明　孙龙元

(支塘镇任阳办事处)

主　　任　付春秀

(支塘镇何市办事处)

主　　任　吴文英

董 浜 镇

党委书记　陈邵东
副 书 记　许晓挺　顾利东
　　　　　赵　湛(挂职)
党委委员　顾建东　李美新
　　　　　俞拥军　章伟平
　　　　　马建新　王静良
纪委书记　顾利东
人大主席　顾利东
副 主 席　冯丙岐
镇　　长　许晓挺
副 镇 长　顾建东　朱云涛
　　　　　龚春霞　苏利刚
　　　　　倪嘉臻
政协工委主任　顾利东

(董浜镇徐市办事处)

主　　任　王志丰

尚 湖 镇

党委书记　王晓东
副 书 记　顾伟明　管建良
　　　　　潘　健
　　　　　龚俊杰(挂职)
党委委员　王卫刚　浦利明
　　　　　王志军　陈　瑜
　　　　　王　宏　顾丽娟
　　　　　沈　锋
纪委书记　王卫刚
人大主席　陶瑞忠
副 主 席　周建华　汪新华
镇　　长　顾伟明
副 镇 长　王卫刚　王卫东
　　　　　周冬青　黄林才
　　　　　金国清　钱芝英
政协工委主任　管建良

(尚湖镇王庄办事处)

主　　任　浦利明

辛 庄 镇

党委书记　丁　琪
副 书 记　乔小力　潘志英
　　　　　赵　斌
　　　　　胡海燕(挂职)
党委委员　范建新　金永青
　　　　　陈建良　袁　瑜
　　　　　秦雅红　吴利锋
纪委书记　潘志英
人大主席　殷振龙
副 主 席　李梅金
镇　　长　乔小力
副 镇 长　姚文龙　龚　强
　　　　　姚富民　钱　韧
政协工委主任　潘志英
副 主 任　高荣林

(辛庄镇张桥办事处)

主　　任　范建新

虞 山 林 场

党委书记　刘　洪
副 书 记　徐学东　朱卫东
党委委员　范仲华　王建华
　　　　　顾维明
场　　长　徐学东
副 场 长　范仲华　王建华
　　　　　顾维明

说明：名录由市委组织部、各单位等提供并审核，如有误，一律以正式文件为准。

责任编辑　邹　[illegible]

常熟年鉴

CHANGSHU YEARBOOK 2015

中国共产党
常熟市委员会

综 述

【概况】 2014 年，中共常熟市委团结带领全市党员干部群众，认真落实中央、省委和苏州市委的决策部署，牢牢把握稳中求进、提质增效总基调，以开展党的群众路线教育实践活动为动力，积极作为、扎实工作，全力以赴稳增长、促转型、抓改革、惠民生，推动经济社会发展不断取得新的进步。坚持以上率下，全市第二批党的群众路线教育实践活动扎实开展。坚持质效并举，经济运行稳中有进；坚持创新驱动，转型升级态势良好；坚持城乡一体，统筹发展稳步推进；坚持深化改革，治理能力不断提升；坚持民生为本，社会事业均衡发展；坚持固本强基，党的建设全面加强。2014 年，常熟市实现地区生产总值 2009.36 亿元，比上年增长 7.50%；公共财政预算收入 147.40 亿元，比上年增长 6.40%；全市城镇居民人均可支配收入 46571 元，比上年增长 8.60%；农村居民人均可支配收入 23767 元，比上年增长 10.10%。

重要会议

【全市党建工作会议】 1 月 21 日，市委召开全市党建工作会议。会议主要任务是深入贯彻十八届三中全会、中纪委三次全会和全国组织工作、宣传思想工作会议精神，回顾总结 2013 年党建工作，研究部署 2014 年任务，为常熟改革发展和现代化建设提供坚强保证。会议分别就纪检、组织、宣传、统战工作进行专题部署。各镇、碧溪新区、各部门负责人向市委、市政府提交党风廉政建设责任书。市委书记惠建林出席会议并讲话，市委副书记王建国主持会议。市委常委、市纪委书记程波，市委常委、组织部长黄锡明，市委常委、宣传部长潘志嘉，市政协副主席王永明出席会议。

【全市党委书记抓基层党建工作暨履行党管人才职责述职会议】 1 月 21 日，市委召开全市党委书记抓基层党建工作暨履行党管人才职责述职会议。市委书记惠建林在会上要求全市各级党组织要落实党委管党责任，履行党管人才职责要求。

【全市作风效能建设大会】 2 月 7 日，全市作风效能建设大会在常熟会议中心召开。市委书记惠建林在会上要求各级干部和机关部门紧密结合第二批教育实践活动的开展，以改进作风"正风行动"、优化服务"提质行动"、接受监督"纳谏行动"为重点，把着力点放在解决突出问题上，把落脚点放在为基层群众服务上，把着眼点放在健全长效机制上，努力营造作风优、效率高、服务佳的发展环境，为经济社会持续健康发展提供坚强的作风和纪律保障。市委副书记、市长王飚主持会议，市人大常委会主任秦卫星、市政协主席徐永达等市四套班子全体领导出席会议。

12 月 25 日，市委十二届十二次全体（扩大）会议在常熟会议中心举行

【全市政法工作会议】 2月26日，全市政法工作会议召开，会议的主要任务是按照中央、全省政法工作会议要求，总结工作、分析形势、部署任务，进一步提升政法工作科学化水平，为推进新一轮改革发展、谱写中国梦的常熟篇章创造良好环境。市委书记惠建林出席会议并作讲话。市委常委、政法委书记杨崇华对2014年政法工作作具体部署。市人大常委会副主任闻永昌、副市长范建国出席会议。

【全市生态文明建设工作推进会】 3月27日，市委、市政府召开全市生态文明建设工作推进会。市委书记惠建林出席会议并讲话。会上播放了2013年度全市环境质量状况报告专题片，通报了全市环保工作情况。各板块、相关部门向市政府递交生态文明建设工作目标责任书。市环保局、住建局、农委、水利局负责人作交流发言。

【全市农村工作会议】 3月28日，市委、市政府召开全市农村工作会议，总结2013年全市“三农”工作，统筹安排城乡发展和深化农村改革任务。市长王飏代表市委、市政府对2013年工作作全面总结，对2014年任务作具体部署。市委书记惠建林出席会议并讲话。

【纪念中国共产党成立93周年大会】 6月28日，全市举行纪念中国共产党成立93周年大会。会议回顾党的光辉历史，弘扬党的优良传统，表彰先进，激励全市各级党组织和广大共产党员继往开来、开拓进取，在践行群众路线中增创常熟改革发展新优势。市委书记惠建林出席会议并讲话。会议表彰了一批先进基层党组织、优秀共产党员、优秀党务工作者和“双支持、双争创”先进单位。《中国共产党常熟历史》第二卷在会上首发。

【市委十二届十一次全体(扩大)会议】 7月21日，市委十二届十一次全体(扩大)会议在常熟会议中心举行。会议的主要任务是：认真学习贯彻习近平总书记系列重要讲话精神，全面落实省委十二届七次全会部署要求，回顾总结上半年工作，科学分析当前形势，研究部署下阶段改革发展任务，动员全市各级党组织、广大党员和干部群众，坚定不移加快转型升级，积极有为推进改革攻坚，确保完成全年经济社会发展目标任务。市委常委会主持会议。市委书记惠建林受市委常委会委托，向大会作题为《全面深化改革，加快转型升级，为完成全年目标任务而努力奋斗》的工作报告。会议审议通过《中国共产党常熟市第十二届委员会第十一次全体(扩大)会议决议》。市委副书记、市长王飏作会议总结，就贯彻落实会议精神作部署。市委委员、候补委员出席会议。市纪委委员，不是市委委员的市四套班子领导，各镇(管理区)、碧溪新区、各办事处、各村有关负责同志，市各部委办局党政主要负责同志，各开发区(东南街道)、工业园区、旅游度假区、服装城副局职以上领导，30强工业企业、20强服务业企业负责同志，各直属单位、民主党派、人民团体、工商联、条线垂直部门负责同志，地市级离休干部、原市四套班子领导、部分党员代表等列席会议。

【全市领导干部警示教育大会】 9月3日，全市领导干部警示教育大会召开。市委书记惠建林出席会议并讲话。市委副书记、市长王飏主持会议。市委常委、市纪委书记程波通报了2013年以后全市党员干部违纪违法案件查办情况，与会人员观看了市反腐败协调小组制作的典型案例警示教育片——《人生镜鉴录》。

【全市创建全国文明城市工作推进会】 10月24日，全市召开创建全国文明城市工作推进会，动员全市上下扎实做好省级文明城市复评考核迎检工作，确保顺利入围全国文明城市提名资格市。市委书记惠建林就创建全国文明城市工作提出要求。市委副书记王建国，市委常委、宣传部部长潘志嘉，市人大常委会副主任钱向宏，副市长陶理，市政协副主席殷丽芳出席会议。

【市委务虚会议】 12月9日，市委召开务虚会议，交流调研成果，谋划和推动下一步全市各项工作。市委书记惠建林在讲话中要求全市上下要牢牢把握“五位一体、综合发展”总基调。市委副书记、市长王飏通报2014年全市经济社会总体运行情况，并分析了发展面临的问题。市四套班子相关领导就各自分管工作发言。

【2014年度落实党风廉政建设责任制暨领导干部述职述廉报告会】 12月16日，常熟市2014年度落实党风廉政建设责任制暨领导干部述职述廉报告会在常熟会议中心举行。苏州市委常委、政法委书记曹福龙以及常熟市委书记惠建林，市委副书记、市长王飏，市人大常委会主任秦卫星，市政协主席徐永达等市四套班子全体领导出席会议。曹福龙对常熟市落实党风廉政建设责任制党委主体责任、纪委监督责任提出要求。市

委书记惠建林代表常熟市党政领导班子汇报了2014年度党风廉政建设责任制落实情况。惠建林、王飏分别作述职述廉报告,其他市党政领导班子和领导干部作书面述职述廉报告。会议期间,苏州市考核组还就常熟市落实党风廉政建设责任制情况进行民主测评。

【市委十二届十二次全体(扩大)会议】 12月25日,市委十二届十二次全体(扩大)会议在常熟会议中心举行。会议的主要任务是:深入贯彻党的十八大、十八届三中、四中全会和习近平总书记系列重要讲话精神,认真落实中央经济工作会议、省委十二届九次全会、苏州市委十一届八次全会精神,回顾总结2014年工作,研究部署2015年任务,动员全市各级党组织、广大党员干部群众,适应经济发展新常态,凝心聚力谋发展,务实创新求突破,努力推动经济社会平稳健康可持续发展,为构筑常熟"五位一体、综合发展"新优势而努力奋斗。市委常委会主持会议。市委书记惠建林受市委常委会委托,向大会作题为《凝心聚力谋发展 务实创新求突破 努力构筑常熟五位一体综合发展新优势》的工作报告。会议审议通过《中国共产党常熟市第十二届委员会第十二次全体(扩大)会议决议》。市委副书记、市长王飏作会议总结。市委委员、候补委员出席会议。列席会议的有:不是市委委员的市四套班子领导,市纪委委员,各镇(管理区)、碧溪新区、各办事处、各村有关负责同志,市各部委办局党政主要负责人,各开发区(东南街道)、工业园区、旅游度假区、服装城副局职以上领导,30强工业企业、20强服务业企业负责同志,各直属单位、民主党派、人民团体、工商联、条线垂直部门负责人,地市级离休干部、原市四套班子领导、部分党员代表等。

重要活动

【全市党的群众路线教育实践活动】 参见第23页"专记"。

【党政领导调研考察】 3月12日,市委书记惠建林赴虞山镇调研,走访清河坊社区、小义村、常熟翔和精工有限公司、常熟翔轮精工有限公司、常熟长城轴承有限公司,分别召开社区、村及部分重点企业座谈会。3月14日,市委副书记、市长王飏带领相关部门负责人赴西安高校对接交流,进一步深化政产学研合作,积极探索校地长期合作、深度合作模式。3月28日,市委书记惠建林赴海虞镇,调研经济建设、民生事业发展情况。4月6日至13日,市委副书记、市长王飏率常熟高新技术产业开发区、海虞镇、市商务局等板块、部门,组团赴瑞士、德国招商考察。6月1日,市委书记惠建林,市委常委、组织部长黄锡明等赴辽宁省访问中国科学院金属研究所、东北大学及大连理工大学,就进一步加强院(校)地科技、人才合作进行交流。6月11日,市委副书记、市长王飏带领有关部门和企业到湖北、安徽等地高校和科研院所开展政产学研合作交流。7月10日,市委书记惠建林调研南门坛上历史文化街区保护整治工作。11月4日,市委副书记、市长王飏视察全市秋收秋种工作。

【苏州市重大项目集中开工仪式(常熟分会场)】 2月12日,苏州市重大项目集中开工仪式(常熟分会场)举行,总投资93.70亿元的全市27个重大项目集中开工。苏州市副市长徐惠民,常熟市委书记惠建林,市委副书记、市长王飏等出席开工仪式。2014年常熟市列入江苏省重点项目计划5个,计划总投资397.30亿元,项目数量和投资规模与往年基本持平。集中开工的27个重大项目,总投资93.70亿元,2014年计划投资49.70亿元,涵盖城市基础设施、现代服务业、先进制造业等关键领域。参加开工仪式的人员共同为飞煌工业设施发展(苏州)有限公司工业仓储、物流项目奠基培土。

(俞进锋)

调查研究

【概况】 2014年,市委研究室精心组织文稿,深入调查研究,充分发挥参谋助手作用。全年起草各类重要会议材料、领导讲话、综合汇报材料和署名文章等近300篇,编发《内部参阅》4期、《常办通报》25篇,《常熟通讯》出刊12期,与100多个县(市、区)建立市委刊物双向交流和学习制度。开展专题调研活动,形成调研材料,为市委科学决策提供参考。

【调查研究】 市委研究室围绕市委重大决策部署和全市中心工作、重点工作,选择社会关注、群众关心,具有倾向性、全局性、战略性的调研课题,深入基层开展专题调研活动,形成调研材料,为市委科学决策提供参考。年内,对民营经济核心竞争力、城乡一体化项目建设等工作进行专题调研，积极建言献策，在指导基层实践、提供决策参考等方面发挥作用。调研报告《从“大棚市场”到“服装之都”——常熟服装城30年转型发展的实践与启示》在苏州市委研究室《调研与参考》上发表。(施国芳)

组织工作

【概况】 2014年，全市新成立党组织128个，其中党总支13个、党支部115个。至年末，共有基层党组织6187个，其中党委221个、党总支328个、党支部5638个。全年新发展党员874人，转入202人。全市共有党员人数73345人，有副主任科员(副镇级)以上干部1375人，其中女干部197人，占14.33%；非中共党员人数38人，占2.77%；大专以上学历1342人，占97.60%。年内，市委组织部加强干部宏观综合管理、党员教育管理，完善干部选任机制，推进基层服务型党组织建设，全年组织考察干部72人次，提交市委常委会研究干部8批、237人次，其中提拔56人次。举办“菜单式”选学讲座11期。开展在职党员进社区活动，全市机关事业单位在职党员参与社区服务。全年编印《青年资政》4期，拍摄《七月阳光》12期。

【完善干部选任机制】 年内，《常熟市国有企业领导人员管理暂行办法》出台。通过“双休日双向约谈”、座谈调研等活动，加强对领导班子和干部队伍的日常考察、跟踪了解，有针对性地做好干部调整配备工作。做好政府机构改革、国有企业改革相关人事工作。全年共组织考察干部72人次，提交市委常委会研究干部8批、237人次，其中提拔56人次。认真做好市人代会、市政协会议有关工作，做好团市委、市妇联、市科协换届指导和服务工作，会同相关单位起草关于加强基层商会换届实施意见，统筹推进各级领导班子建设。

【干部选拔】 年内，市委组织部门补充调整、更新完善后备干部信息库，新增局镇级后备干部104名，接收省委选调生3名，面向全国高校公开选聘15名优秀毕业生进入机关事业单位，面向大学生村官定向招录12名公务员和5名事业单位人员。组织24名年轻干部开展机关和乡镇双向挂职，选派9名机关干部到信访维稳一线、项目建设一线挂职，选派1名干部赴泗洪对口帮扶，3名经济条线干部到义乌对口挂职。组织举办全市第19期中青年干部培训班，加强中青年干部思想道德素养和党性观念。加强年轻干部工作调研，会同相关部门召开年轻干部工作座谈会，对各机关部门、乡镇板块年轻干部培养选拔情况进行专项分析统计，有针对性地提出改进措施。全年编印《青年资政》4期。

【加强干部宏观综合管理】 做好领导干部企业兼职、退(离)休领导干部社团兼职、超职数配备干部等清理规范工作，建立军转干部、援派干部等十类市管领导干部实时数据库，全年消化超配正科职干部14名、副科职干部16名，非领导职务干部52名，清理退理8名。严格执行干部工资管理的有关规定，及时为干部办理工资关系迁转。会同人社部门做好全市公务员、事业单位工作人员的公开招录工作。切实做好10名外地到常挂职干部的对接和服务工作。进一步规范因公临时出国(境)政审工作，加强领导干部因私出国(境)审批和证照管理工作，全年审批因公出国(境)团组58批次，187人次。

【人才引进】 加强与海外人才社团、著名高校海外校友会之间的合作，拓展社会化引才机制。赴厦门大学、扬州大学等高等院校开展校园招聘20次，达成意向1977人次。全年新引进、培育国家“千人计划”各1人，入选省“双创计

12月25日，全市党委书记抓基层党建工作专项述职会议举行

划"10人、苏州市"杰出人才奖"及提名奖各1人、姑苏领军人才15人，命名常熟市2014年科技创新创业领军人才58人。

【人才队伍建设】 编制全市高层次紧缺人才目录，加大重点产业紧缺人才引进扶持力度，择优对18名重点产业紧缺人才进行资助。召开高技能人才推进会，开展职业技能大赛、名师带高徒、大师工作室评选等多项活动。做好国务院特殊津贴专家、省有突出贡献中青年专家、省"333高层次人才培养工程"、省"博士计划"和"六大人才高峰"等人才工程选拔跟踪服务工作，入选省"博士计划"8人。围绕提升三大千亿级产业群，重点举办小巨人企业经营管理人才素质提升、百名领军型企业家创新能力专题研修班，进一步提升企业经营管理人才素质。落实《常熟市农业农村人才队伍建设实施意见》，全年共录取首批基层农业农村人才定向培养生30人。

【人才服务】 出台《常熟市科技贷款贴息专项资金实施细则》《常熟市科技保险费补贴专项资金实施细则》，做大"科贷通"金融平台，进一步优化促进科技型中小企业发展的金融环境。举办全市领军人才创业"训练营"，着力提升领军人才创新创业能力。深化全市"双创"企业"1+3"共进活动，举办领军人才企业政府采购业务交流会，帮助人才企业拓展本地市场，推动领军人才企业产品与本土企业对接合作。实施全市"双创"科技企业"313"培育工程，入库企业136家，新增开票销售超3000万元"双创"科技企业33家。

【基层服务型党组织建设】 年内，开展"在职党员进社区""在职党员统一服务日""结对共建"等活动，全市机关事业单位在职党员统一刷卡报到，参与社区服务。全年表彰优秀在职党员275名。开展机关部门党组织联系服务企业"绿色通道"行动，为全市部分重点企业、"小巨人"发展计划企业、"双创"科技企业"313"工程入库培育企业提供服务，共提供服务项目264项，已有240多家企业获服务。在全市组建第一家民办社会事务所党组织——海虞香溢社会事务所党支部、第一家义工团党组织——常熟零距离义工社党支部、第一家民办养老机构党组织——常熟阳光家园党支部、第一家社会调解机构党组织——常熟市和阿姨幸福家庭服务中心党支部。按每个新建社会组织2000元、每名党员200元的标准下拨新建社会组织启动资金。至年末，全市共有社会组织党组织70个，其中独立党组织61家，联合党支部9家，建成区域化党建工作站33个。

【党员教育管理】 开展纪念建党93周年系列活动，召开"七一"纪念大会，表彰市级先进基层党组织60个、优秀共产党员100名、优秀党务工作者40名和"双支持、双争创"先进单位10个。开展基层党员轮训工作，组织全市400多名党务干部开展《发展党员工作细则》专题培训，举办2013年新选聘大学生村官专题培训班。全年新发展党员883名。召开市党员关爱基金会理事会一届三次会议，做好党员关爱基金募集工作，向全市4303户低保户和低保边缘户发放党员关爱资金约590万元。深化落实党员"承诺践诺评诺"活动，组织开展"党员专家志愿者服务零距离"活动12期，直接服务党员群众1万多人次。拓展党员电化教育方式和宣传渠道，拍摄《七月阳光》12期，编辑《非公党建论坛》12期。制定出台《市党代表联系党员群众暂行办法》，强化党代表日常管理。成立市级党代表工作室17个，441名市级以上党代表定期驻室接待，拓宽征求意见渠道。组织市级以上党代表列席全市重要会议109人次，参与对重大决策的分组讨论，并进行民主测评。

（李 昊）

非公党建

【概况】 2014年，全市深入开展非公党建"党组织形象展示年"活动，推出8项具体措施，全力推进非公党建。至年末，全市共有非公企业15251家，建立非公企业党组织3598个，其中独立党组织2610个，联合党支部978个（覆盖企业12575家），非公企业党员21794名。全年市级共下拨非公企业党组织活动经费150万元；对非公企业党员交纳党费实行全额返还，全年共返还非公企业党费169万元。

【开展"绿色通道"行动】 开展市级机关部门党组织服务企业"绿色通道"行动，组织61个与企业发展密切相关的机关部门党组织提供服务菜单，编印成《"绿色通道"——常熟市机关部门服务企业手册》发至各企业，同时将全市百强企业、"小巨人"发展计划企业、市"双创"科技企业"313"工程入库培育企业共240多家企业纳入"绿色通道"重点服务范围。"绿色通道"行动设置了菜单式服务与现场

式预约服务两种服务方式，供企业按需选择服务。“绿色通道”行动成为2014年全市作风效能建设创新项目。（王　臻）

机关党建

【概况】 2014年，市级机关党建工作责任进一步落实，党员干部思想理论武装、机关作风效能建设和党风廉政建设进一步加强，服务型党组织建设持续推进。全年新发展党员28人，其中女性9人；批准预备党员转正46人。至年末，市级机关工委下辖党委7个、党总支18个、党支部31个，党员3619个。下辖团组织23个，工会组织54个。评选出市级机关优秀党员169人。

【党员干部思想理论武装】 组织专题培训班、理论学习沙龙、学研小组、学习论坛、编发形势任务教育问答等活动。开展全市机关干部阅读节系列活动。以“阅读在我、精彩在握”主题剪报评比、“经典在我身边”荐书评书、“祖国在我心中”读书征文3个阶段推进。机关党工委被评为苏州2014年全民阅读先进单位。进一步发挥机关党校培训的主渠道作用，分层次抓好市级机关党员理论学习轮训工作，组织入党积极分子、党务干部2期培训班，参训220人。举办青年干部PPT技术培训、党务干部实务操作培训、单独二胎政策实务培训，在专家讲座的同时，进行实际操作练兵，对常用的党建工作资料进行分析讲评，提升党务干部业务能力。

【机关作风效能建设和党风廉政建设】 组织观看《信仰》《杨善洲》《焦裕禄》《苏联亡党亡国二十周年祭》《常熟市廉政教育短片》等电影视频。围绕“我是谁，为了谁，依靠谁”主题和学习焦裕禄精神、践行“三严三实要求”主题开展专题讨论会。邀请“中国好人榜”获得者章保龙、张正明两位同志开展交流讲座。组织80名新提拔正股职干部到市看守所接受警示教育。加强对执行纪律情况的监督检查，及时发现和查处违反纪律的行为和问题。对各单位廉政风险防控工作加强指导，对部分单位开展廉政风险防控进行跟踪了解，及时发现防控工作中存在的漏洞，提出加强廉政风险防控的意见建议。查处各类违纪案件，立案3件，3人受到党纪处分。先后处置2起违反中央八项规定精神的案件，3名党员干部受到查处。

4月，市级机关党工委开展“党旗在虞山飘扬”志愿者服务活动

【党建工作责任制考核】 在年初党建工作会议上与下属党组织签订责任书，明确党组织书记责任。出台党建工作考核办法，细化考核内容，量化为党支部8个、党委和党总支10个子项目；印发《机关党建工作考核办法》，对考核方法、考核内容、评价评分、考核结果运用等方面做出具体规定。制订党建工作要点，按月分解任务。组织专项述职评议，全面开展党组织书记抓基层党建工作专项述职评议考核，直属的56名党组织书记分3组进行现场口头述职，并当场组织点评和评议。严格考核评比。全年2次组成3个考核组，进行督查。进行干部群众对基层党建工作的公认度和满意度测评。对党建考核排在末位的，由党工委主要领导结对联系。通过落实党建工作责任制考核，加强机关党组织自身建设。

【党员志愿者服务】 6月，对“公共文明引导志愿服务先锋行动”执勤区域进行调整，值勤路口由原来的77个精简为30个，值勤道路精简为22条，路段由原来的153段缩减为51段，新增广场、公园、车站、电影院、体育场所等20个公共场所，参加活动的单位由原来的106个减少到86个，每月到岗的志愿者人数从原先的600名减少到 270 名。全年活动累计出动志愿者人数约 4000 人次。开展“党旗在虞山飘扬”护林防火志愿服务活动。在清明节期间组织机关志愿者 300 人次，在虞山周边重点祭扫地点开展防火护林志愿者活动，缓解清明节期间的防火压力。　（钱韵娅）

宣传工作

【概况】 2014 年，全市宣传思想文化战线学习贯彻党的十八大、十八届三中、四中全会和习近平总书记系列重要讲话精神，遵循意识形态工作的战略定位和宣传文化工作的前进方向，强化理论学习，优化舆论引导，深化文明创建，增进文化民生，为全市改革发展提供有力的思想保证、舆论支持、精神动力和文化条件。

【理论学习教育】 抓好党委中心组学习，制定《关于切实改进学风的意见》，组织县处级领导干部开展专题读书调研，市委中心组举办“四中全会精神解读”“迎接经济新常态”等专题集中学习 6 次，组织党委理论中心组旁听督学 16 次。组织全市基层党校“争先创优”和精品党课“大比武”，开展以“干部讲政策、专家讲理论、典型讲事迹、群众讲感受”为主要形式的“四学四讲”活动，全年组织宣讲 300 多场，蝉联全省基层党员冬训工作示范市(先进市)，首次入围全省哲学社科优秀成果奖。

【新闻舆论宣传】 《常熟日报》、常熟电视台、常熟人民广播电台组织庆祝新中国成立 65 周年系列报道，推出“教育实践进行时”“民生实事看落实”等专题 40 多个，中央主流媒体刊播有关常熟稿件 100 多条，央视主要新闻栏目对常熟报道实现全覆盖。加强重大主题宣传策划和指导，编发《双月宣传报道要点》，及时形成宣传声势和舆论氛围。召开庆祝第十五个记者节座谈会，完成省广电网络体制调整和频道频率制改革，《中国名片常熟》获全省城市形象片展播一等奖，两岸文化交流微电影《赭》获第二届亚洲微电影艺术节优秀作品奖，传播能力建设得到加强。举办全市新闻发言人和网评员业务培训，城市 APP 正式上线，网络舆论生态明显改观。组织“新市民积分管理办法”等新闻发布会 6 场，妥善处置“五星二区危房坍塌”等 30 多起热点敏感舆情，“常熟发布”获评年度“江苏政务微博影响力飞跃奖”。

【精神文明建设】 出台《常熟市培育和践行社会主义核心价值观实施意见》，推动核心价值观公益广告广泛刊播，制作下发“图说我们的价值观”宣传画 10000 多幅。在苏州率先建立“最美人物”发布制度，在全市镇村、社区、企业、学校、窗口单位普遍设立“善行义举榜”和社会主义核心价值观宣传栏。组织开展“我们的价值观”爱国主义教育基地庆祝国庆 65 周年系列展示活动，获得“家在苏州”主体品牌一类优秀项目。开展首届“医德之星”“师德模范”“孝亲敬老之星”评选，3 人入选“中国好人榜”，5 人入选“江苏好人榜”，成功承办全国道德模范与身边好人现场交流活动。推进志愿服务制度化，出台新市民参与志愿服务管理办法，“海虞妈妈”助学关爱行动入选全省优秀志愿服务项目。与央视联合录制《诗会中国——2014 端午诗会》，市广电总台拍摄《中华长歌行》系列节目，《中秋》篇被中央文明网录用并在首页刊播。组织《梦想的力量》未成年人道德礼仪教育小品全市巡演，获评全国未成年人工作先进单位。召开全市农村精神文明建设现场会，在全市农村重点开展“民风建设”十项示范行动，顺利跨入“全国文明城市提名资格市”。

【文化建设】 成功举办 2014 江南文化节暨沙家浜旅游节，承办第五届两岸汉字艺术节。组织市

9 月，2014 年常熟市群众文艺百团大展演举行

民免费艺术培训、保利艺术讲堂，开展“文化惠民村村演”“春来戏曲大舞台”“情暖常熟”群文巡演等系列文化惠民活动。加快推进书香城市建设，完善图书馆总分馆体系，组织举办第七届常熟市阅读节，城乡各类读书活动达120多项，常熟图书馆入选“全国十佳最美基层图书馆”。“中国梦”主题文艺创作精品迭出，《凤凰的山谷》等一批优秀作品分别入选第十三届全国“五个一工程”奖、年度优秀国产纪录片、第八届中国曲艺牡丹奖、第九届中国音乐“金钟奖”。举办首期两岸文创训练营，开展首届“常熟田”双年奖评选，“中国作协沙家浜创作基地”“中国书法篆刻创作交流基地”挂牌成立，省级“虞山文化生态保护实验区”完成申报。3个项目入选苏州市文化产业重点建设项目，总投资6.30亿元。

【举办第七届常熟市阅读节】 4月22日，第七届常熟市阅读节活动启动仪式在古里镇铁琴铜剑楼广场举行。阅读节以“阅读，让常熟更美丽”为主题，共组织举办125项阅读活动，包括“阅读身边典型，感悟精彩人生”、寻找“书香”评选活动等12项主体活动以及113项城乡配套活动。

【举办2014中国常熟江南文化节暨沙家浜旅游节】 9月21日，2014中国·常熟江南文化节暨沙家浜旅游节开幕式在尚湖风景区举行。文化节以“弘扬江南文化，打造休闲名城”为主题，在传承江南优秀文化传统的基础上，挖掘文化旅游元素，推进文旅融合创新，吸引市场创新主体和广大市民群众参与，进一步提升常熟的文化影响力、旅游吸引力和城市美誉度。文化旅游节期间，组织举办了两岸汉字艺术节、美术精品展等7项主体活动和20项配套活动，涵盖文化、旅游、艺术、商贸等多个领域。

【全国道德模范与身边好人现场交流活动在常举行】 10月12日，由中央文明办主办，中国文明网、江苏省文明办、中共苏州市委、苏州市人民政府承办，中共常熟市委、常熟市人民政府协办的中国好人榜九月入选名单发布仪式暨全国道德模范与身边好人（江苏苏州）现场交流活动在常熟大剧院举行。活动以“爱国、敬业、诚信、友善”为主题，首次把“中国好人榜”的发布与交流活动融合在一起。常德盛、钱月宝、吴栋材等13位全国道德模范、身边好人参与了现场交流活动。

表1　**2014年省级以上主流媒体对常熟市的重要报道一览**

媒　　体	版面/栏目	标　　　　题	日　期
人民日报	A11版	江苏常熟排查农网保春节安全用电	1月19日
人民日报	A12版	从喧嚣到沉静（冷眼观潮）——2013年美术印象	1月19日
人民日报	A17版	社区矫正：大墙外的蜕变	1月22日
人民日报	A6版	江苏常熟　生态变美　经济更强	1月23日
人民日报	A01版	我国蔬菜面积产量人均占有量均居世界第一	5月11日
人民日报	A01版	我国蔬菜面积产量人均占有量均居世界第一	5月10日
人民日报	A18版	银行的钱去哪儿了	6月16日
人民日报	A07版	善谋全局者　必先谋一域	8月8日
人民日报	A02版	渔光互补	8月16日
人民日报	A04版	农村精神文明建设着力提高幸福指数扮靓文明家园（美丽乡村建设）	9月7日
人民日报	A20版	延续书写文脉　两岸汉字艺术节开幕	9月23日
人民日报	A10版	江苏常熟“一对一”供电服务保秋收	10月12日
人民日报	A02版	中央文明办发布9月份“中国好人榜”，并开展现场交流小故事汇聚强大正能量	10月13日
人民日报	A20版	全国象棋个人锦标赛落幕　郑惟桐成为第十八位棋王	11月5日
人民日报	A12版	大学生有了文学社团联盟	11月25日
人民日报（海外版·美洲版）	A13版	第九届苏州·沙家浜国际风筝节开幕	4月11日

续表 1-1

媒　　体	版面/栏目	标　　　　题	日　期
人民日报（海外版·美洲版）	A01 版	国人蔬菜人均 500 公斤	5 月 10 日
人民日报（海外版）	3 版	两岸汉字艺术节江苏开幕	9 月 23 日
新华每日电讯	A02 版	江苏梅李镇："孝爱文化之乡"以孝爱促大爱	6 月 15 日
新华每日电讯	A04 版	常熟民营经济"井喷""无名氏"变身国际范	9 月 24 日
光明日报	A01 版	江苏常熟　水乡描绘生态画卷	1 月 3 日
光明日报	A10 版	虞山尚湖　琴川常熟	1 月 5 日
经济日报	A15 版	江苏常熟田娘农场：探索中提档升级	2 月 28 日
人民政协报	A11 专版	文化名城　福地常熟	3 月 6 日
农民日报	A01 版	农村环境整治不能"来回折腾"	3 月 8 日
新民晚报	A25 版	常熟新市民积分本月起实施	4 月 8 日
光明日报	A06 版	文化流派研究的意义	4 月 5 日
光明日报	A06 版	《虞山文化流派》：县市文化研究的首部专著	4 月 5 日
光明日报	A01 版	"科技镇长团"：为江苏县域经济开良方	4 月 22 日
农民日报	A01 版	江苏省设施蔬菜发展水平全国领先	5 月 7 日
农民日报	03 版	吃得更放心品出文化味——点击"中国蔬菜产业大会·2014"	5 月 22 日
新民晚报	A15 版	常熟古里镇举办白茆山歌节	6 月 17 日
中国文化报	A02 版	常熟白茆山歌节展原生态之美	6 月 18 日
消费日报		"文化遗产日"常熟白茆山歌唱主角	6 月 18 日
中国环境报	10 版	江苏常熟渔光互补有新意	7 月 15 日
中国工业报	A04 版	常开记忆　常熟开关制造有限公司建厂四十周年纪念报告	7 月 28 日
中国工业报	A04 版	常开记忆　常熟开关制造有限公司建厂四十周年纪念报告	7 月 29 日—8 月 12 日
人民政协报	A10 版	丰水地区的"节水经"	9 月 11 日
消费日报	D2 版	2014 常熟江南文化节惠民成亮点	9 月 23 日
光明日报	A01 版	常熟：一座有温度的城市	10 月 3 日
光明日报	A05 版	可以不成为书法家，但要懂得欣赏汉字	10 月 14 日
中国报道		践行群众路线　力求"严深真实紧"——常熟市扎实开展群众路线教育实践活动巡礼	6 月
中新社		中国智能车比赛常熟开赛　无人驾驶车辆上路受考验	11 月 15 日
消费日报	B1 版	常熟经济技术开发区谱写发展新篇章	11 月 25 日
中央电视台	朝闻天下	[视频]布鲁塞尔：中国汽车获评最安全小型家用轿车	
中央电视台	聚焦三农	三农梦　我的梦：丁小二的土地"生金"梦	3 月 6 日
中央电视台	新闻直播间	奖章里的故事	5 月 2 日
中央电视台	晚间新闻	蔬菜生产有了标准　确保"放心菜"上餐桌	5 月 11 日
中央电视台	中国新闻	2014 江南国际时装周　劲刮休闲风	5 月 31 日
中央电视台	中国新闻	江苏常熟：白茆山歌"千人对唱"盛况再现	6 月 17 日
中央电视台	体坛快讯	国奥四大洲男篮国际争霸赛常熟站夺冠	6 月 2 日

续表 1-2

媒　　体	版面/栏目	标　　　　题	日　期
中央电视台	新闻直播间	江苏常熟:古里“千人对山歌”再现盛况	6月1[illegible]日
中央电视台	晚间新闻	江苏常熟　白茆山歌“千人对唱”再现盛况	6月1[illegible]日
中央电视台	新闻直播间	顺藤摸瓜　警方破获地下贩毒网	6月2[illegible]日
中央电视台	新闻直播间	利用快递贩毒　警方人赃并获	6月2[illegible]日
中央电视台	经济信息联播	中国经济新亮点之“田娘农场”	9月2[illegible]日
中央电视台	中国新闻	2014 中国(常熟)江南文化节开幕	9月2[illegible]日
中央电视台	晚间新闻	两岸汉字艺术节　延续书写文脉	9月2[illegible]日
中央电视台	中文国际	第五届两岸汉字艺术节在江苏常熟举行	9月23日
中央电视台	新闻联播	中央文明办发布9月“中国好人榜”	10月1[illegible]日
中央电视台	新闻直播间	江苏:2014年中国智能车未来挑战赛举行	11月1[illegible]日
中央电视台	新闻联播	2014 中国智能车未来挑战赛开赛	11月1[illegible]日
中央电视台	晚间新闻	惊心动魄! 警方破获持枪贩毒案	11月3[illegible]日
中央电视台	共同关注	新闻现场·江苏常熟:警方破获持枪贩毒案　行动惊险万分	11月3[illegible]日
中央电视台	24小时	江苏常熟:警方破获持枪贩毒案　行动惊险万分	11月30日
中央电视台	第一时间	江苏常熟破获持枪贩毒案　现场惊险堪比电影	12月1日
中央人民广播电台	新闻和报纸摘要	新春佳节回归本源　在节俭中追寻纯真年味	2月23日

（段[illegible]娟）

统战工作

【概况】 2014年，全市统战部门重点抓好多党合作、党外代表人士队伍建设、非公经济、民族宗教、海外统战等方面工作，开展“强组织、凝共识、聚合力”主题教育，推进群众路线教育实践活动，助推全市经济社会科学发展。年内，市统战部门组织指导各民主党派、无党派知识分子联谊会开展学习实践活动，夯实多党合作的思想政治基础。协助市委召开双月座谈会，建立“双月座谈会意见建议双向反馈机制”。民盟、民建、民进、农工党4个民主党派市委增设兼职副主委。引导非公经济人士参与社会公益慈善事业。在商会系统开展关爱活动，支援贫困地区教育事业发展。在深圳指导成立深圳常熟联谊会，拓宽联络联谊渠道和工作平台。出台《常熟市关于进一步完善少数民族群众服务体系的意见》，明确落实各级政府部门服务少数民族的职责。

【参政议政与民主监督】 协助市委召开双月座谈会6次，建立“双月座谈会意见建议双向反馈机制”。围绕全市汽车产业发展、农业科技园区创新发展等课题，组织统一战线成员开展“围绕中心建言献策、立足岗位建功立业”联合调研活动，形成调研报告2篇。组织支持各民主党派关注民情、反映民意，全年共收集反馈社情民意60多条。3月，专题召开对口联系座谈会，推进民主党派与有关政府部门开展课题调研、对口联系。探索创新党外人士民主监督工作新途径，支持帮助党外人士参加所在单位的群众路线教育实践活动。

【党外代表人士队伍建设】 专题研究建立健全党外后备干部培养选拔和管理机制，提出民盟、民建、民进、农工党4个民主党派市委增设兼职副主委的建议方案，得到了市委常委会同意，为换届提前做好组织准备。组织召开市无党派知识分子联谊会第二次会员大会，选举产生新一届领导机构。举办民主党派新成员培训班，帮助新进党派成员提高政治把握能力、参政议政能力、组织协调能力、合作共事能力。

【引导非公经济健康发展】 发挥工商联职能作用，搭建法律服务平台，成立“常熟市总商会法律服务团”，编录企业防范常见法律风险提示内容60条，开展“律师进民企服务月”活动，为企业提供面对面法律服务。拓展税企共赢平台，依托“纳税人之家”，开展市餐饮业、五金汽配业、房地产业、税务政策宣讲会。拓宽合作交流平台，参加“转型升级·香港博览”活动。打造教育培训平台，选派企业家参加“浙江大学高级工商管理研修班”和北京大学“转型升级与创新发展”第三期高级研修班。开展民间商务外交，启动澳大利亚维多利亚州企业家到常熟驻点交流工作。指导市汽车流通商会、市湖北商会、虞镇商会、辛庄镇商会成立人民调解委员会。

【光彩慈善事业】 在商会系统开展“梦圆2014，让爱传递温情暨活动儿童六一关爱行动”，向贫困地区学生捐购爱心包裹，支援贫困地区教育事业发展，关爱贫困学子。组织开关制造有限公司、长城轴承有限公司等骨干企业家赴四川绵竹，向土门镇灾区贫困学生资助20万元光彩基金。各基层、行业、异地商会利用商会周年庆典、换届等契机，开展各类爱心捐款活动，帮助困难群体。

【港澳台与海外统战工作】 成立深圳常熟联谊会，拓宽联络联谊渠道和工作平台。依托常熟海外联谊会，加强与常熟籍香港知名人士、爱国社团负责人和新生代人士代表的联络，完善联谊会组织网络。推进为侨服务载体建设，指导虞山镇创建“全国社区侨务工作示范单位”。搭建依法护侨新平台，成立侨联法顾委、侨界群众法律援助工作站。深化推进“暖侨工程”，启动“侨界空巢老人关爱行动”，开展“百名海外高层次人才家访”活动，深入100多户侨眷家庭进行走访，全面了解旅外常熟籍高层次人才及其家属情况。编印旅游宣传册、在《台商周报》投放宣传册页、发行《缘来常熟》两岸主题邮册等积极打造“缘来常熟”两岸交流合作品牌。组织拍摄江苏省内首部两岸题材微电影《赭》，同时依托江南文化节举办“美丽湖山·灯耀中华”2014两岸情缘常熟(尚湖)灯会、第五届两岸汉字艺术节、追忆黄公望逝世660周年系列活动等突显常台两地文化交流的主题活动，增强两岸对中华民族传统文化精粹的认同，彰显“中华两岸一家情”的美好愿望。指导市台谊会顺利换届。组织承办美南中国专家协会联合会常熟行、欧美海智人才常熟行、北美学人千人大会常熟专场、海外华侨华人高层次人才江苏行、海外华侨华人专业人士回国创业研习班暨相聚长三角等活动，促成美南中国专家协会联合会(简称美南专协联)与辛庄镇共建海外人才加速器项目签约。协调常熟籍香港知名人士张耀章先生的子女张大朋等向孝友中学“张耀章奖学(教)金”捐赠100万港元。全年共接待海外重点人士200人次，成行赴台经贸交流团组6批42人次。

【维护民族宗教领域和谐稳定】 深入推进少数民族服务体系建设，做好全市少数民族情况的调查摸底。出台《常熟市关于进一步完善少数民族群众服务体系的意见》，明确落实各级政府部门服务少数民族的职责。创新开展企业少数民族服务管理工作，指导古里镇神灵医用器材公司建立完善企业民族工作制度，探索实践“三创三聚”企业民族工作新模式，公司被国家民委评为“第二批全国民族团结进步创建活动示范企业”。优化少数民族扶助扶持工作，全市各级民宗部门全年走访慰问少数民族困难家庭20户，发放慰问金和慰问品1万元，结对资助少数民族贫困生15名，按政策办理更改民族成分4人次，办理少数民族学生中考加分证明30人次。组织开展以“实现中国梦，发挥正能量”为主题的“宗教政策法规学习月”活动，引导宗教界人士和信教群众学法守法用法，确保各类宗教活动在宪法和法律范围内有序开展，营造宗教领域法治化氛围。深化“和谐寺观教堂”创建活动，做好宗教活动场所星级评定工作。加大教职人员培养力度，举办第三期中青年僧才培训班。引导宗教界做好公益慈善工作，成立“兴福慈善功德会”，开展“宗教慈善周”活动，设立“慈善周”专项功德箱。举办首期“兴福慈善爱心助学”活动，培育打造佛教界的公益慈善品牌。

【开展“强组织、凝共识、聚合力”主题活动】 年内，组织指导各民主党派、无党派知识分子联谊会开展以“强组织、凝共识、聚合力”为目标的主题学习实践活动，夯实多党合作的思想政治基础。组织统战部门干部和民主党派、无党派知识分子联谊会骨干举办十八届四中全会精神学习辅导报告会，帮助统战干部和党外人士深刻领会党中央的决策部署。联合各民主党派、知联会举办纪念“五一口号”发布66周年“同心共筑中国梦，服务社会惠民生”社会服务咨询活动。组织民主党派骨干赴西柏坡参观学习，重温中国共产党领导中国革命的历史和发出“五一口号”的重大意义。在全市民主党派及无党派人士中开展坚持和发展中国特色社会主义学习实践活动。开展“转型升级——民企再出发”主题宣传活动，宣传具有代表性民营企业在劳动关系、转型升级、文化建设、党建工作、奉献社会等方面典型事迹。

表 2 **2014 年常熟市各民主党派组织基本情况**

党派	人数					支部数	年龄结构									文化程度								技术职称					
	总数	其中					30—40 岁		41—50 岁		51—60 岁		60 岁以上		平均年龄（周岁）	大专以下		大专		大学		大学以上		初级		中级		高级	
		男	女	新发展	减员		人	%	人	%	人	%	人	%		人	%	人	%	人	%	人	%	人	%	人	%	人	%
民革	59	40	19	6	1	3	20	33.90	20	33.80	5	8.50	14	23.70	49	5	8.50	11	18.60	31	52.50	12	20.30	4	6.70	40	67.80	[illegible]	25.40
民盟	243	150	93	13	2	14	28	11.50	93	38.20	39	16.00	83	34.10	51.70	12	4.90	42	17.30	174	71.60	15	6.20	18	7.40	91	37.40	[illegible]	55.10
民建	327	247	80	15	1	16	72	22.00	109	33.30	60	18.40	86	26.30	52.30	51	15.60	75	22.90	168	51.40	33	10.10	61	18.70	147	45.00	[illegible]	11.00
民进	291	176	115	9	0	12	43	14.80	88	30.20	44	15.10	116	39.90	55.60	51	17.50	78	26.80	153	52.60	9	3.10	16	5.50	174	59.80	[illegible]	34.70
农工党	341	198	143	13	0	15	50	14.40	118	35.70	38	10.20	135	39.70	55	10	3.10	125	36.70	190	56.30	16	3.20	13	3.90	162	47.60	[illegible]	48.50
九三	23	16	7	2	0	1	6	26.10	6	26.10	3	13.00	8	34.70	56.30	1	4.30	3	13.00	9	39.10	10	43.50	0	0	8	34.70	[illegible]	65.20
合计	1284	827	457	58	4	61	219	17.10	434	33.80	189	14.70	442	34.40	53.30	130	10.10	334	26.00	725	56.50	95	7.40	112	8.70	622	48.40	46[illegible]	36.30

（朱[illegible]明）

农村工作

【概况】 2014 年，全市累计土地流转面积 3 万多公顷，占农村承包土地总面积的 87.94%，土地适度规模经营比重超过 90%。全市农民人均纯收入 23700 元，比上年增长 10.20%。全市村均总收入 817 万元，同比增长 11.60%，村均稳定性收入达 571 万元，比上年增长 11.80%。完善生态补偿机制和政策体系。全年生态补偿资金 1.60 亿元。年内，《关于进一步深化农村改革提升城乡一体化发展水平的实施意见》《关于调整完善生态补偿机制和政策体系的意见》《关于进一步加强村级财力建设发展村级集体经济的意见》《关于进一步规范农村承包土地流转管理的补充意见》《关于进一步加强城乡一体化建设管理工作的意见》《关于加强集体经济薄弱村发展的意见》等农村工作领域政策意见出台。其中，《进一步加强村级财力建设发展村级集体经济的意见》获 2014 年度全省农业农村政策创新成果奖。

【推进农村新型合作组织转型升级】 2014 年全市新增各类专业合作社 72 家，累计达到 510 家。其中新增农民专业合作社 14 家，累计 242 家；农地股份合作社 12 家，累计 157 家；劳务合作社（联社）46 家，累计 111 家。推动各级示范项目创建，常熟市董浜东盾蔬菜专业合作社等 3 家合作社被评为国家级农民合作社示范社，古里镇田娘家庭农场等 2 个家庭农场被评定为省级示范家庭农场。家庭农场工商登记总数达 59 家，其中公司制家庭农场 3 家。

【推进城乡一体化发展】 2014 年，全市示范小区新开工建筑面积 74.87 万平方米、交付使用 110.40 万平方米、结构封顶 109.84 万平方米，新安置入住 2950 户。下达综合整治村庄解危解急指标 800 户。确立“小城市”和“片区开发”理念，加强同央企等大型集团的合作，推进海虞镇政府和中新苏州工业园区开发集团股份有限公司合作开发中新海虞花园城区域 1.66 平方千米新型城镇化项目，梅李镇政府和中船集团合作开发梅李东部 4.60 平方千米新型城镇化项目。推进美丽村庄建设，全市建成一个苏州市级美丽村庄示范点和 19 个三星级“康居乡村”示范点，共实施各类建设项目 275 个，投入 8500 万元，受益农户 1696 户。完成支塘镇蒋巷村、虞山镇梦兰村省美丽乡村“面上示范”

项目。全市完成村级一事一议项目31个，资金投入3593万元。完成支塘镇蒋巷村新农村示范项目。全市83个示范村完成村级集体稳定性收入6.70亿元，占全市村级总数的50.60%，同比提高2个百分点。（盛禹正）

机 构 编 制

【概况】 2014年，常熟市调整纪检监察部门内设机构设置、组建常熟市政管理局。完善和加强燃气安全、河道等市政公用事业监管机构建设，采取“撤一建一方式”，内部调剂编制53名。撤销事业单位3家，优化民政、广电等内设机构，调剂142名编制解决新建实验中学崇文校区、游文小学、城区社区卫生服务站和敬老院的人员配备。配合教育局推进教育布局调整和相关改革，继续推进第二批11家幼儿园与小学分设工作，明确幼儿园的独立法人地位。制定常熟美术馆、市文化行政综合执法大队、市国土资源局高新技术产业开发区分局等9家事业单位的“三定”规定。下达2015年度全市公务员、事业单位编制使用计划378名，受理批准机关、事业单位人员调动计划申请868名，机构编制调整事项55件；配合市委组织部做好20名招聘高校优秀毕业生的编制使用计划，吸引和储备高素质人才；受理批准异地调动计划18名；受理批准增加公益性岗位人员95名，用于支持推进全市“公（交）调对接”工作以及评弹团和书画院等文艺人才的储备。2014年度，市机构编制委员会办公室主任费卫东作为《常熟市镇域推行相对集中行政处罚权》的主创人员，获“江苏省政府法制创新奖”。

【经济发达镇行政体制改革】 贯彻落实省委办公厅、省政府办公厅《关于赋予行政管理体制改革试点镇部分县级经济社会管理权限的意见》精神，进一步下放管理权限。赋予梅李镇第二批行政处罚权491项，行政许可（审批）权限86项。按照“机构随职能走、编制人员随机构走”的原则，理顺机构编制人员的管理关系，确保梅李镇综合执法局承接的执法事项与执法人员力量相匹配，避免交叉执法、重复执法和相互推诿。建立权力监督和上下联动机制，市级相关部门加强对梅李镇行政许可服务人员和执法人员的业务指导和培训，提供技术支持，强化履行职责的监督检查，规范服务和执法行为，不断提升工作水平。按照“服务城市、服务社会、服务基层、服务市民”的总体要求，研究深化虞山镇行政管理体制改革，形成初步方案。

【行政审批制度改革】 根据江苏省政府《关于推进简政放权深化行政审批制度改革的实施意见》要求，对市政府各部门现有行政审批及内部管理与服务事项进行全面摸底核实，逐项研究提出拟取消、转移、下放、保留审批事项的具体建议。经过清理，原322项本市权限内行政审批事项，保留234项，下放到各镇（街道）1项，审批项目减少27.30%，形成了本市权限内行政审批事项目录清单，6月30日在全省县级市中率先向社会公布。建立严格的行政审批项目准入和目录管理制度。加强对行政审批权力运行的监督管理，按照“谁审批、谁负责”的原则，严格落实问责制度和责任追究制度，确保目录之外无审批。

【机构编制监督检查】 对全市87个机关、569个事业单位开展机构编制核查工作，核查人员26627人。做好机构编制责任审核，对法院、农委、虞山尚湖度假区、尚湖镇的主要负责人实施“三责联审”。全年调整事业单位人员信息4402条，其中新录用人员信息730条，人员调动信息532条，人员辞职、辞退信息101条，人员退休信息639条，人员死亡信息287条。

【强化事业单位登记和公益中文域名管理工作】 完成2013年度事业单位年检工作，共471个事业单位通过年检，并在《常熟日报》进行公告。根据机构设置及事业单位法人变更要求，完成4个事业单位的新设立登记，118个单位的有关法人变更事项，1个事业单位的证书补领，1个单位的注销登记。根据上级部署，完成了全市机关事业单位域名注册工作。（李　刚）

保 密 工 作

【概况】 2014年，全市保密工作深入开展调查研究，加强对全市各部门、单位的保密工作业务指导。健全保密服务保障设施，与苏州市保密技术服务中心做好对接，加快推进常熟分中心建设，做好经费、人员等保障工作。严格执行涉密载体销毁管理规定，重点抓好对国家秘密载体的分类回收销毁保密管理，杜绝涉密文件资料、电子办公设备违规外流造成泄密。全年回收各类文件资料9.20吨，其中涉密文件资料1806件，回收计算机、打印机等办公自动化设备1670余台。

【落实"六五"保密法制宣传教育规划】 开展《中华人民共和国保守国家秘密法实施条例》学习宣传活动。推进以《中华人民共和国保守国家秘密法》及其条例为重点的"六五"保密普法"六进"活动。开展社会信息化保密普法宣教活动，营造支持、重视保密工作的舆论氛围。发挥党政机关、涉密单位的主体作用和各类社会教育资源的辅助作用，形成各司其职、密切配合的保密教育培训格局。协调市委组织部、党校，将保密教育纳入党校主体班教育计划，在每年春秋季市委党校主体班开学后集中安排一次保密知识讲座，举办为期1周以上的各类干部培训班，保密教育培训时间不少于1个学时。积极协助苏州市保密局开展保密分管领导、保密主官、涉密人员的各类保密专项培训。逐步建立涉密信息系统"三员"培训及持证上岗管理制度。12月，市委保密委对全市115家党政机关和涉密单位保密工作分管领导、办公室主任、保密主官及部分重要涉密人员上保密专题党课，增强保密工作相关人员的保密意识，提升保密防范技能。

【提升保密技术综合防范监管水平】 根据《苏州市电子政务内网保密管理暂行办法》，做好常熟政务内网建设的保密指导、监督和服务工作，全面规范政务内网涉密确认、网络建设、系统测评、接入审批和日常管理等各环节的保密管理。全面加强网络保密管理。6月初组织全市党政机关和涉密单位开展全市网络核查分类，严格界定网络属性。强化对涉密网络分级保护工作的督促指导，提升涉密网络的保密监管水平。加强对电子政务外网和互联网的保密监管，严格机关、单位互联网门户网站、政务微博、微信等信息公开保密审查。协同公安局、发改委、经信委等部门，进一步推进全市互联网信息安全等级保护工作。推进涉密网络测评审批工作。协同国家保密科技测评中心苏州市分中心做好对检察院等单位已建涉密网络（含参照秘密级建设的集中处理工作秘密网络）的测评审批工作，开展涉密网络日常风险评估工作。

（蒋小春）

机要工作

【概况】 2014年，市委机要局开通广发银行常熟支行、常熟国家农业科技园、新市民服务中心3个单位机要工作站。全市161家接入单位通过机要专网发送公务电子邮件16525份，流转办理221986份次。

【党委系统信息化及信息化密码保障】 市委机要局参与常熟市电子政务内网建设领导小组的组建工作，进一步理顺内网建设的体制机制，启动政务内网建设工程。参与常熟市党政机关电子公文系统安全可靠应用建设的申报、培训等前期工作，组织协调相关技术专家，开发完成全市信息资源中心企业库应用平台建设中数字证书应用的对接工作。全面完成全市内、外网数字证书认证基础设施建设，年内在外网上布置应用证书认证系统，申订下发数字证书95套，完成对内网数字加密模块的升级。开发电子版电话通讯录系统，集成数字证书单点登录功能。机要内部网站新增"每日经济""每日金融""城市问题研究""地方政策追踪与观察""科技与产业"等栏目内容。

【技术保障】 市委机要局自主开发网上服务平台，为全市机要网接入单位提供网上技术支持和自助操作说明。帮助有关镇场和部门做好政务内网规划、信息系统开发工作协助市保密局做好维修单位的U管系统安装维护，对违规外联服务器硬盘进行更换安装。与市保密局共同组织面向镇场和部门两期保密知识和业务技能培训班。排除机房中因线路老化、装备陈旧引发的硬件故障10多起，保证了信息化渠道的畅通。全年共为基层和部门通过计算管理软件远程控制安装维护电脑等各类办公自动化设备300多台次，到场维护200多台次。

（邵卫云）

党史工作

【概况】 2014年，市委党史工作办公室党史编撰进展顺利，党史资政研究不断加强。《中国共产党常熟历史》第二卷出版发行，三卷本编撰全面展开。召开全市党史工作会议，明确新形势下党史工作要求。举办纪念新江抗成立75周年座谈会。结合首个"中国人民抗日战争胜利纪念日"，在全市中小学生中开展纪念抗战胜利69周年百题知识问答活动。完成《江苏改革开放实录》选题、《江苏抗战人物传略》人选、《罗运来资料征编》等相关课题资料上报。完成《小康社

11月6日，纪念“沙家浜部队”（新江抗）成立75周年暨中国革命纪念馆专业委员会第21次学术年会在沙家浜革命历史纪念馆举行

会思想的常熟实践》撰写。按照中央党史研究室要求，完成抗战时期惨案示意图、照片等资料提供。完成“中国共产党在苏州”改革开放时期相关文物征集。联合党校开展党史文化工程建设，举办中共常熟党史展览。2014年，市委党史工作办公室被评为江苏省党史宣传工作先进集体、苏州市党史系统先进集体。

【《中国共产党常熟历史》第二卷出版发行】 《中国共产党常熟历史》第二卷（1949—1978）设4编19章53节，共25万字。记述从1949年常熟解放到1978年12月党的十一届三中全会召开的29年中，中国共产党领导常熟人民进行社会主义革命和建设的历程。该书于5月通过苏州市委党史工办审核，6月通过中共党史出版社审稿及市委评审。6月28日，在全市纪念中国共产党成立93周年大会上，《中国共产党常熟历史》第二卷（1949—1978）正式首发。

【《中共常熟地方党史》第三卷启动编撰】 7月，市委办公室下发《中共常熟市委办公室关于认真做好〈〈中国共产党常熟历史〉第三卷（1978—2012）专题资料征编工作的通知》，明确征编工作要求和实施步骤，分解落实资料征集任务。党史工作办公室以下发资料征编工作指导材料、实地指导等形式，持续对各单位的资料编辑进行跟踪指导。

【《常熟市（县）历届人民代表大会政府工作报告汇编》出版】 12月，由市委党史工作办公室与市人大常委会办公室、市政府办公室联合编辑的《常熟市（县）历届人民代表大会政府工作报告汇编》出版。该书收录了1981年常熟市恢复人民代表大会制度至2014年历届人民代表大会的政府工作报告。为保存党史资料，为研究和编写改革开放时期常熟地方史提供了资料。

（刘品玉）

党校工作

【概况】 2014年，常熟市委党校（以下简称党校）全年举办各类培训班次76期，培训人数14587人。其中，主体班次27期，培训7570人次。围绕党的十八届三中、四中全会精神、群众路线教育、社会主义核心价值观、中国特色社会主义理论和常熟现代化建设等内容设置专题，对外宣讲250多场次，授课对象28000多人次。围绕“学习贯彻习近平总书记对党校工作指示精神，发挥党校在党性教育中的主阵地作用”主题，成功举办第十一届长三角地区党校校长论坛。与常熟理工学院马克思主义学院结对开展教学科研交流活动。通过服务基层培训、指导基层上好党课、服务非公党建等工作，党校服务培训品牌效应显现。在常熟市2013—2014年度社科应用研究课题评选中，《关于常熟市商圈的调查与思考》获二等奖，《现代化进程中的常熟城乡一体化研究》等4个课题获三等奖。

【举办全市第19期中青年干部培训班】 9月22日，全市第19期中青年干部培训班开班，共有43名学员参加为期1个月的培训。培训分为集中党校封闭式学习、赴中国浦东干部学院异地教学、拓展训练、实践调研等4个阶段，采取理论授课、专题辅导、案例教学、互动研讨、实地调研等多样化的教学方式，围绕学习党的政治理论、基层领导干部素养、党性修养、群众工作等方面进行系统培训。同时深入基层学习实践，引导这些中青年干部进一步加强理想信念和理论水平，提高自身党性修养、作风建设、组织纪律和解决实际问题的能力，提高履行岗位职责的本领。

【举办第十一届长三角地区党校校长论坛】 11月14日至15日，由中共常熟市委党校主办的第

11月14日，第十一届长三角地区党校校长论坛在常熟举办

十一届长三角地区党校校长论坛在常熟召开，来自于长三角沪苏浙皖4省、市和县市（区）82家党校的162位代表参加本届校长论坛。论坛还特邀中国浦东干部学院专家、复旦大学网院培训中心、重庆沙坪坝区委党校代表参加。论坛共收到专题论文57篇，精品课程教案60个，汇总各地现场教学基地73个。（彭萌萌）

老干部工作

【概况】 2014年，市委老干部局落实全市362名离休干部的生活政治待遇。全年为老干部赠送报刊和学习资料、传阅文件，邀请老干部参加重要会议和重大活动，让老干部紧跟时事、思想常新。围绕党的群众路线教育实践活动要求，在全市老干部中组织开展“新风正气扑面来”主题征文活动。举办全市离退休干部党支部书记培训班，分别组织离休干部及市四套班子退休干部、易地安置到常熟的离休干部参观考察全市经济社会发展成果。推进老干部“幸福家园”工程、社区“四就近”服务工作，组织离休干部及市四套班子退休干部分赴南京钟山疗养院、浙江丽水保健疗养。深化“上个门、逐个问”普访活动，创新开展“笑做不倒翁”健康干预行动，结合重大节日、春节高温期间走访慰问老干部，每月对住院老干部、长病卧床、有特殊困难的老干部进行探望，全年共计走访慰问800多人次。继续开展好“情暖九〇后，关爱送到家”祝寿活动，全年为25位年满90周岁的老干部上门过生日。组织全市离休干部及市四套班子退休干部参加体检，并进行义诊，卫生所门诊6085人次，指导料理30位离休干部去世善后工作；召开老干部医疗协调小组会议，解决老干部在就医、用药、住院等方面热点难点问题，协调老干部住房拆迁、医疗、生活待遇、家庭邻里纠纷等生活待遇信访100件（次）。迁建后的常熟市老干部活动中心正式启用，全年组织老干部文艺会演、棋牌、书画、桌球等活动18场次，老干部参与2100多人次。探索老干部工作转型发展，市管副科职（含）以上退休干部正式纳入市老干部活动中心活动管理。全年刊印《常熟市老干部工作》简报4期，制作《为霞满天夕阳红、同心共筑中国梦——2014年常熟市委老干部局工作纪实》电视片，编印《常熟市老干部服务指南》《2014年常熟市老干部活动掠影》，采集常熟市离休干部名录信息。组建常熟市“彩虹桥”老干部宣讲团，积极发挥老干部优势

11月26日，“晚霞生辉——老干部乡村行”走进蒋巷村

作用。

【老干部参观常熟现代化建设成果】 3月6日，以“我和春天有个约会”为主题组织近40名女离休干部参观辛庄镇星海无线电博物馆、隆力奇生物科技股份有限公司，并听取辛庄镇经济社会发展情况汇报。10月23日，开展“看常熟新貌，享改革成果”全市离休干部参观活动，组织131名离休干部参观南环高架、虞山尚湖旅游度假区。11月8日，组织30多名地厅级离休干部及市四套班子老领导考察沙家浜镇阳澄湖大闸蟹交易市场、现代渔业产业园、苏州中来光伏新材股份有限公司、中利腾晖光伏科技有限公司，听取沙家浜镇一二三产业发展情况汇报。

【“彩虹桥”老干部宣讲团成立】 8月28日，由唐东亮、黄询峰等5名离退休干部组成的“彩虹桥”老干部宣讲团成立。宣讲团成员面向社会提供巡回演讲服务，宣讲内容涵盖党的十八大、十八届三中全会、习近平总书记系列讲话精神、党的优良作风和革命传统以及常熟历史文化知识等。9月28日，常熟市“彩虹桥”老干部宣讲团在新落成的常熟市老干部活动中心举办首次专题讲座，市“五好”离退休干部党支部书记、老干部各团组世会离退休同志100余人参加。

【开展“笑做不倒翁”健康干预行动】 6月，市委老干部局启动开展“笑做不倒翁”健康干预行动，向老干部、社区赠送防跌倒锻炼带、健康手册、防跌倒宣传光盘，并制定实施“无障碍工程”，帮助社区老干部、老年人提升防跌倒意识。11月，联合虞山镇党委开展主题活动，并举办专题讲座，为全市老龄事业科学发展提供可资借鉴的经验。

【市管退休干部纳入老干部活动中心活动管理】 8月30日，市委第59次常委会专题研究并通过将市管退休干部纳入市老干部活动中心活动管理的实施方案。9月2日，市委办、市政府办联合下发《市管退休干部纳入活动管理的实施意见》，明确将市委批准退休的副科职（含）以上领导干部纳入老干部活动中心活动管理。至年底，共有1105名副科职级以上退休干部纳入老干部活动中心活动管理。

（王晓波）

接待工作

【概况】 2014年，市接待办共接待宾客256批12268人次。其中，党和国家领导人及老领导6批；省部级领导42批；司厅级领导55批；地市级领导31批；县市级领导36批，同时参与全市其他重大会务、活动共86批。

【到常熟的国家级领导】 2014年，莅临常熟的党和国家领导人共有5人6批次。其中，现任领导有全国人大常委会副委员长吉炳轩；老领导有全国政协原副主席张梅颖、全国人大常委会原副委员长华建敏、国务院原副总理曾培炎、全国人大常委会原副委员长周铁农。

【到常熟的省部级领导】 2014年，到常熟视察调研指导工作的省部级在职领导有全国政协常委、农业部总经济师钱克明，中央统战部副部长，全国工商联党组书记、常务副主席全哲洙，中央第三巡回督导组组长陆浩、中编办副主任何建中，中国科协副主席、党组副书记张勤，环保部副部长潘岳、国家新闻出版广电总局副局长田进，全国政协委员、中国作家协会副主席、书记处书记、中国报告文学学会会长、中华文学基金会理事长何建明，民革中央副主席刘凡，中国纺织工业联合会会长王天凯，省委副书记、省长李学勇，省委副书记、苏州市委书记石泰峰，省委常委、苏州市委书记蒋宏坤，省委常委、常务副省长李云峰，省委常委、副省长徐鸣，省委常委、省纪委书记弘强，省人大常委会副主任、党组副书记张卫国，省人大常委会副主任许仲梓、副省长曹卫星、副省长张雷，省督导组组长、省政协原副主席张九汉，省政协副主席、省政府党组成员徐南平，南京军区原副参谋长许纪文、解放军后勤指挥学院训练部部长瞿兴元、省军区副司令员朱淮清、中国工程院院士翁宇庆，青海省委书记、青海省人大常委会主任骆惠宁，上海市政协主席吴志明，广西壮族自治区党委常委、副主席唐仁健等省部级领导。老领导有中央统战部原副部长胡德平、中央电视台原台长赵化勇、农业部原部长陈耀邦、解放军原副总参谋长吴铨叙，台湾“中华文化总会”会长、前“行政院长”刘兆玄。

【到常熟考察县（市）级以上党政代表团】 2014年接待了扬州市党政考察团、泗洪县党政考察团、宜兴市考察团、靖江市考察团、徐州丰县考察团、如皋市考察团、泰兴市考察团、山东省东营市河口区考察团、山东省邹平县考察团、山东省沂水县考察团、山东省邹城市考察团、浙江省海盐县党政考察团、浙江省台州市路桥区考察团、河北省宽城县党政考察团、河北省正定县考察团、湖北省咸宁市考察团、湖北省赤壁市党政考察团、广东省东莞市考察团、湖南省津市考察团、福建省晋江市考察团、贵州省思南县考察团、山西省忻州市考察团、陕西省旬邑县考察团、新疆特克斯县党政考察团、内蒙古巴彦淖尔市乌拉特后旗考察团等30多批考察团到常熟考察。

【全市大型会议、活动组织保障工作】 2014年，市接待办积极配合做好中国蔬菜产业大会、第十五届中国江苏(常熟)服装服饰博览会暨江南国际时装周开幕式、2014中国(常熟)江南文化节暨沙家浜旅游节、第23届中国(常熟)尚湖牡丹花会开幕式、2014中国汽车人才研究会理事会年会、苏州市重大项目集中开工仪式(常熟分会场)、苏州市加快淘汰落后产能和改善生态环境现场推进会(常熟会场)、世界联合学院中国常熟分校奠基、2014欧美海智人才常熟行、2014常熟籍院士家乡行暨常熟市第三届学术年会、2014苏州(常熟)国际精英创新创业合作洽谈会、第三届“沙家浜杯”将军与农民乒乓球友谊赛、社会各界春节团拜会、市重大项目推进会、台湾同胞投资企业协会迎春联谊会及烈士纪念日公祭等各类会议活动的组织保障工作。

【服务全市重大商务活动】 2014年，市接待办积极服务全市经济工作，参与接待奇瑞高层、梦兰集团接待IBM高层、江苏常熟发电有限公司燃机暨配套管线项目签约仪式、丰田汽车(常熟)零部件有限公司开业仪式、奇瑞捷豹路虎汽车新厂开业暨新车下线仪式、常熟经济技术开发区项目集中开工暨签约仪式、常熟市政府与机械科学研究总院战略合作协议签字及协同创新平台揭牌仪式等接待活动。

(陈晓宇)

责任编辑　刘吕玉

常熟年鉴

CHANGSHU YEARBOOK 2015

常熟市人民代表大会

综　述

2014年，常熟市人民代表大会及其常委会围绕中心，服务大局，助推全市经济可持续发展。持续推进经济转型升级，重视加快产业集聚、创新驱动和“两化”（工业化、信息化）融合，积极推动汽车及零部件、装备制造、纺织服装三大产业的提升发展。持续强化对计划、财政的监督，密切关注全市经济和财政运行态势，不断加强对财政预算管理的全程监督。持续推进村级财力建设，重点督办关于出台村级财力发展新扶持政策的代表建议，推动实施统筹城乡发展一体化“新三年行动计划”，加快推进全市农业现代化。持续推动生态文明建设，关注《常熟市生态文明建设规划》修编工作情况，重视生态湿地保护和南湖荡生态修复工程情况，促进全市生态环境的持续改善。常委会依法监督，保障法治，推进全市依法治市进程。切实推进依法行政，关注行政复议法、旅游法、食品安全法、台湾同胞投资保护法等多部法律法规实施情况，进一步规范行政执法行为。切实推进公正司法，关注市法检两院在贯彻实施“民事诉讼法”情况，组织代表旁听法院庭审，推动两院不断规范审判和检察行为。切实推进法治建设，关注“六五”普法工作情况，配合上级人大常委会开展《苏州生态补偿条例（草案）》等立法调研，做好规范性文件备案审查工作。依法履行人事任免职权，修订完善《常熟市人大常委会人事任免办法》。常委会关注民生，维护民利，推进全市民生改善。着力推进公共服务体系建设，关注全市学校安全工程建设、历史文化遗产保护与传承、民生科技服务、中医院扩建工程、卫生系统绩效工资改革等工作情况。着力推进民生重点项目建设，重视全市老年公寓建设、三环路快速化改造、保障房建设、新建学校、医院等民生重点项目。着力维护社会和谐稳定，关注全市法律服务工作情况，重视信访接待工作，发挥在促进经济发展和构建和谐社会中的重要作用。常委会加强联系，优化服务，保障全市代表依法履职。提高部门工作评议质量，首次听取被评议部门整改落实情况的汇报，促使各项整改措施落到实处。提高代表履职水平，制定《关于常委会组成人员联系人大代表的意见》，首次开展代表统一接待日活动，编发闭会期间代表建议专报。提高代表议案、建议的督办实效，持续加大对市十四届人大三次会议关于“加快推进城乡河道综合治理”代表议案的督办力度，做好代表建议交办工作。加强对镇（街道）人大的联系指导，制定《关于加强镇人大工作的意见》。常委会强化教育，落实责任，加强自身建设。始终践行党的群众路线，认真开展教育实践活动，改进工作作风，加强调查研究，树立人大机关为民、务实、清廉的良好形象。全年召开常委会会议8次、主任会议13次，听取和审议“一府两院”专项工作报告48项，组织开展执法检查3次、专题视察9次，依法任免国家机关工作人员70人次。

重要会议

【市第十四届人民代表大会第三次会议】 1月7日至9日，常熟市第十四届人民代表大会第三次

1月7日，常熟市第十四届人民代表大会第三次会议开幕

会议在常熟会议中心举行。会议听取和审议《常熟市人民政府工作报告》，审议《常熟市 2013 年国民经济和社会发展计划执行情况与 2014 年国民经济和社会发展计划（草案）的报告》和《常熟市 2013 年财政预算执行情况和 2014 年财政预算（草案）的报告》；听取审议《常熟市人大常委会工作报告》《常熟市人民法院工作报告》《常熟市人民检察院工作报告》，并通过相关决议。会议决定继续推进第十四届人民代表大会第二次会议通过的关于“加快推进城乡河道综合治理”议案的实施。会议收到代表 10 人以上联名提出的涉及农产品质量安全监管方面问题的议案 1 件，已作为代表书面建议处理。会议同时收到其他建议、批评和意见 142 件。

【市人大常委会会议】 1 月 17 日，市十四届人大常委会举行第十六次会议。会议听取审议关于《常熟市生态文明建设规划》修编工作的情况汇报，通过市人大常委会 2014 年工作要点和工作安排，以及相关人事任免事项。

3 月 28 日，市十四届人大常委会举行第十七次会议。会议审议通过《市人大常委会关于讨论、决定重大事项的暂行办法》《市人大常委会人事任免办法》和《市人大常委会组成人员联系人大代表的意见》，并通过相关人事任免事项。

5 月 8 日，市十四届人大常委会举行第十八次会议。会议听取审议关于法律服务工作情况的汇报、关于保障性住房建设管理情况的汇报，并通过相关人事任免事项。

7 月 30 日，市十四届人大常委会举行第十九次会议，首次邀请全体政府工作部门主要负责同志和 100 名市人大代表列席会议。会议听取审议关于上半年全市经济社会发展情况和下半年重点工作安排的报告、常熟市 2013 年财政决算（草案）的报告和 2013 年本级财政预算执行及其他财政收支情况的审计工作报告、常熟市 2014 年上半年国民经济和社会发展计划执行情况的报告和 2014 年 1 月至 6 月财政预算执行情况的报告，对市发改委、科技局、人社局、民防局、常熟国税局 5 个部门的工作进行评议，并作出有关决议。

9 月 10 日，市十四届人大常委会举行第二十次会议。会议听取审议关于“行政复议法”实施情况汇报、关于“确立公交优先发展战略，推进公交城乡一体化发展”议案实施情况的汇报，审议通过关于“旅游法”实施情况的执法检查报告，并通过相关人事任免事项。

11 月 11 日，市十四届人大常委会举行第二十一次会议。会议听取审议关于市十四届人大三次会议代表书面建议办理情况的汇报、关于历史文化遗产保护和传承情况的汇报，补选苏州市第十五届人大代表，并通过相关人事任免事项。

12 月 10 日，市十四届人大常委会举行第二十二次会议。会议听取审议关于“加快推进城乡河道综合治理”代表议案实施情况的汇报，审议通过《关于加强镇人大工作的意见》，并通过关于补选市第十四届人民代表大会代表的决定。

12 月 29 日，市十四届人大常委会举行第二十三次会议。会议听取审议关于常熟市 2014 年财政收支预算调整方案的报告、关于调整常熟市 2014 年国民经济和社会发展计划部分指标的报告以及关于常熟市与韩国务安郡缔结友好城市情况的汇报，听取关于代表变动情况和补选代表资格的审查报告、关于提请市十四届人大四次会议审议通过的各项文件草案和建议名单的说明，依法对常熟市 2014 年财政预算执行情况和 2015 年财政预算草案的报告进行初审。通过有关决议、各项文件草案和建议名单，并通过相关人事任免事项

【市人大常委会主任会议】 1 月 16 日，市十四届人大常委会举行第二十一次主任会议。会议讨论市人大常委会 2014 年工作要点和工作安排（草案），通报有关人事任免事项。

2 月 28 日，市十四届人大常委会举行第二十二次主任会议。会议听取审议关于城乡河道综合治理 2014 年工作计划的汇报、关于人民防空工作情况的汇报以及关于侨务工作情况的汇报。

3 月 24 日，市十四届人大常委会举行第二十三次主任会议。会议听取市人民法院、市人民检察院关于人事任免情况的汇报，讨论《市人大常委会关于讨论、决定重大事项的暂行办法（草案）》《市人大常委会人事任免办法（草案）》和《市人大常委会组成人员联系人大代表的意见（草案）》。

3 月 28 日，市十四届人大常委会举行第二十四次主任会议。会议听取关于常熟市广播电视总台不动产融资租赁情况的汇报，并作出相关决议。

4 月 29 日，市十四届人大常委会举行第二十五次主任会议。会议听取审议关于卫生系统绩效工资改革情况的汇报以及关于 2014 年市级政府投资项目建设资金需

求及融资计划的汇报，讨论关于开展部门工作评议的实施方案以及关于开展加快推进纺织服装产业提升发展情况的视察活动方案。

6月26日，市十四届人大常委会举行第二十六次主任会议。会议听取审议关于科技惠民工作情况的汇报、关于新修订的“民事诉讼法”实施情况的汇报以及关于财政预决算信息公开工作实施方案的汇报，并观看关于“广电云智慧”家庭服务项目的演示。

8月19日，市十四届人大常委会举行第二十七次主任会议。会议听取审议关于加强村级财力建设、实施强村富民工程情况的汇报以及关于港口工作发展情况的汇报，并讨论关于开展学校安全工程建设推进情况的视察活动方案以及关于开展“旅游法”实施情况的执法检查方案。

9月3日，市十四届人大常委会举行第二十八次主任会议。会议讨论关于《旅游法》实施情况的执法检查报告（草案）。

10月11日，市十四届人大常委会举行第二十九次主任会议。会议听取关于市人大代表评议部门工作整改情况的汇报，听取审议关于民行检察工作情况的汇报；听取关于南湖湿地中心区生态修复工程项目融资计划的汇报，并作出相关决议；讨论通过关于开展生态文明和政府实事工程建设情况视察活动的方案。

11月20日，市十四届人大常委会举行第三十次主任会议。会议传达省市有关巡视工作文件的精神，讨论《关于加强镇人大工作的指导意见（草案）》、《关于加强常熟市人大机关作风建设的意见》《关于加强常熟市人大机关效能建设的意见》、关于开展“加快推进城乡河道综合治理”议案实施情况视察和“水污染防治法”执法检查的方案以及常委会集体调研方案，并商议补选代表的相关事宜。

12月5日，市十四届人大常委会举行第三十一次主任会议。会议听取关于常熟市2013—2017年棚户区（危旧房）改造一期项目实施情况与二期项目融资方案的汇报，并作出相关的决议。

12月19日，市十四届人大常委会举行第三十二次主任会议。会议听取关于本届人大决议融资项目与当年投融资计划实施情况的汇报，讨论市人大常委会工作报告（草案）以及人代会议案，并听取各乡镇人大工作汇报。

12月29日，市十四届人大常委会举行第三十三次主任会议。会议听取政府职能转变和行政体制改革工作相关情况的汇报，听取审议关于代表变动情况和补选代表资格的审查报告，讨论提请市十四届人大四次会议审议通过的各项文件草案和建议名单以及市十四届人大四次会议列席人员名单草案。

重要活动

【督办代表建议】 1月28日，全市政府系统人大代表书面建议、政协提案交办工作会议召开。市委副书记、市长王飚，市人大常委会主任秦卫星，市政协主席徐永达等出席会议。2014年市政府系统共收到苏州市人大代表建议2件、政协提案2件，市人大代表建议142件、政协提案248件。王飚在会上要求各承办单位高度重视，精心组织，认真办理，确保见面沟通率和按时办结率两个100%，切实抓好建议提案解决率和代表委员满意率，努力把建议提案办理工作提高到一个新的水平。

【全省人大教科文卫工作座谈会在常熟召开】 2月19日至20日，2014年度全省人大教科文卫工作座谈会在常熟召开。省人大常委会副主任许仲梓、常熟市人大常委会主任秦卫星出席会议。会议总结交流了2013年全省人大教科文卫工作和2014年工作安排。13个市人大教科文卫委员会负责人分别在会上作交流发言，南京、徐州、苏州、泰州等市人大常委会分管副主任围绕如何做好新一年人大教科文卫工作提出了好的意见与建议。许仲梓对全省人大教科文卫工作就认清形势、服务大局、改革创新、改进作风等四个方面的问题提出要求。

【钱月宝、高德康参加全国人代会】 3月5日至13日，常熟市全国人大代表钱月宝、高德康赴北京参加第十二届全国人民代表大会第二次会议。会议期间，两位代表认真审议《政府工作报告》等各项重要报告，分别就农村生态环境整治的科学引导、加快推进农村土地承包经营权确权登记、进一步加强电子商务知识产权保护、加大对实体经济扶持力度、取消进口棉花配额等方面提出多项意见和建议。

【全国人代会精神传达报告会召开】 3月18日，十二届全国人大二次会议精神传达报告会召开。市委书记惠建林，市委副书记、市长王飚，市人大常委会主任秦卫星，市政协主席徐永达等市四套班子成员出席会议。全国人大代表钱月宝和高德康分别作十二届全国人大二次会议精神传达报告。秦卫星在会上强调，全市上下要坚定不移转变经济发展方式，处理好速度与质量、发展与资源制约、发展与环境、发展与增进民生福祉的关系，促进经济健康持续发展；要以全面深化改革为动力，在新一轮改革上开好局起好步；要凝心聚力改进作风，形成改革发展的强大合力，奋力推动各项工作再上新台阶。

【评议政府部门工作】 4月至10月，市人大常委会组织代表对市发改委、科技局、人社局、民防局、常熟市国税局5个政府部门进行工作评议。常委会组成评议调研组，通过广泛动员、个别谈话、召开各类座谈会、开展问卷调查等形式，就被评议部门在依法行政、制度规范、履职尽责、维护民生、工作创新和队伍建设等方面情况，听取代表、基层群众和服务对象的意见，在此基础上形成客观公正的评议意见，并由市十四届人大常委会第十九次会议通过，送交市政府及被评议部门予以整改。各被评议部门按照评议意见认真制定整改方案。10月下旬，市十四届人大常委会第二十九次主任会议首次听取各被评议部门整改落实情况的汇报，有效促使各项整改措施落到实处，见到实效。

【开展《中华人民共和国旅游法》执法检查】 8月27日，市人大常委会对全市贯彻实施《中华人民共和国旅游法》情况开展执法检查。市人大常委会主任秦卫星等参加检查。检查组围绕《旅游法》普法教育、依法兴旅、依法治旅情况，到裕坤国贸酒店、东方红木旅游点、常熟国旅、旅游服务中心、虞山尚湖以及沙家浜旅游度假区，并听取相关情况汇报。

【组织全体市人大代表学习十八届四中全会精神】 11月12日，市人大常委会举行专题辅导报告会，邀请上海市委党校教授徐根兴为全市人大代表解读十八届四中全会精神。市人大常委会主任秦卫星以及全市200多位人大代表、部分苏州市人大代表在市委党校报告厅听取报告。报告全面解读《中共中央关于全面推进依法治国若干重大问题的决定》的意义和内涵，就完善中国特色法律体系、深入推进依法行政、加快建设法治政府等7个方面进行阐述，并联系人大工作实际讲解如何学法、尊法、守法和用法。

调研视察

【吉炳轩到常熟视察现代农业和新农村建设】 6月19日，全国人大常委会副委员长吉炳轩到常熟视察现代农业及新农村建设情况。市委副书记、市长王飚，市人大常委会主任秦卫星等陪同视察。视察组分别到位于董浜镇的江苏省常熟现代农业产业园区和支塘镇蒋巷村，视察节水灌溉中心、智慧农业服务中心、种苗培育基地，详细了解蒋巷村的发展历史。吉炳轩充分肯定园区的现代农业发展成果和蒋巷村建设成果，要求把农民的利益放在第一位，加快科技成果转化，将先进的农业技术服务于农民，为农民带来实实在在的收益。

【华建敏到常熟考察文化事业】 9月22日，全国人大常委会原副委员长华建敏到常熟考察文化事业发展情况。苏州市人大常委会副主任周玉龙，常熟市委书记惠建林，市人大常委会主任秦卫星等陪同考察。考察组先后前往常熟美术馆和博物馆，分别参观了文化部2014年全国美术馆馆藏精品展出季：写山水图——离开黄公望的660年”展览以及鉴赏清雍正珐琅彩过枝月季花纹盘等馆藏文物精品十余件。华建敏对常熟文化事业发展情况予以充分肯定，并希望常熟能更好地传承和发展江南文化，为打造底蕴深厚的江南名城不懈努力。

5月15日，市人大常委会开展纺织服装业视察

【开展加快推进纺织服装产业提升发展情况视察】 5月15日，开展关于加快推进纺织服装产业提升发展情况的专题视察活动。市人大常委会主任秦卫星等参加视察。视察组先后前往常熟涤纶、波司登公司、启弘纺织、梦兰集团、中国（常熟）男装设计交易中心等8家企业及机构，了解行业技改、产品开发、销售形势和市场开拓情况等。

【开展全面推进湿地保护情况视察】 7月14日，对全市全面推进湿地保护情况进行专题视察，市人大常委会主任秦卫星等参加视察。视察组前往昆承湖湖泊湿地、东青村芡实生产基地、三星村莲藕生产基地、南湖湿地公园、尚湖湿地公园"南京大学常熟生态研究院"、新材料产业园生态湿地处理中心，实地察看了湿地保护情况，并就推进相关工作提出了建议。

【开展学校安全工程建设推进情况视察】 8月25日，市人大常委会对全市学校安全工程建设推进情况进行视察。市人大常委会主任秦卫星等参加视察。视察组视察了练塘中学、练塘小学鸳鸯桥分校、报慈小学、游文小学、崇文中学校安工程建设情况，并听取市教育局关于全市校安工程推进情况汇报，充分肯定全市校安工程高标准推进。

【开展生态文明和政府实事工程建设情况视察】 10月17日，市人大常委会对全市生态文明和政府实事工程建设情况开展视察。市人大常委会主任秦卫星等参加视察。视察人员分两组查看了城区污水收集工程、中医院扩建工程、北三环快速化改造工程等民生实事重点项目，以及市长江应急水源地、市危废集中焚烧设施建设、市第二垃圾焚烧发电厂等生态文明工程，并听取了市政府关于全市生态文明和政府实事工程建设情况汇报。

【开展《中华人民共和国水污染防治法》执法检查】 11月30日，市人大常委会开展"水污染防治法"执法检查和对"加快推进城乡河道综合治理"代表议案实施情况进行视察。市人大常委会主任秦卫星等参加活动。检查组分四组察看了部分城乡河道综合治理现场和3个执法检查点，并对全市河道综合治理与水污染防治成果给予充分肯定。

【开展常委会专题调研】 根据市人大常委会年度工作安排，5月至9月，市人大常委会围绕"优化城市空间布局，提高公共服务能力""加强我市文化专业人才队伍建设""进一步规范我市民办非学历教育培训机构""我市消防安全工作情况""加快推进我市智慧城市建设""常熟市防范和化解企业融资风险""进一步缓解城区停车难，治理交通拥堵"7个课题开展调研。调研组经过半年的调研，多次召开座谈会听取相关部门、镇、村（社区）负责人以及其他代表的意见、建议，同时，赴外地考察学习成功做法和经验，结合全市实际，形成调研报告，提出切实可行的意见建议供市委、市政府决策时参考，对助推科学决策、促进政府工作发挥了积极的作用。

【开展常委会党组集体调研】 12月2日至12日，市人大常委会党组全体成员分别赴常熟经济技术开发区、高新技术产业开发区、服装城、市经信委、发改委、住建局、法院、检察院、农委和公安局开展调研。调研组通过实地视察、座谈会等形式，分别听取相关部门主要负责人围绕新常态下全市经济健康运行、转型升级情况，下一年公共资源合理配置工作设想，"十三五"规划编制工作初步思路，司法工作情况，农村工作情况以及社会治安形势分析等7个方面工作情况的汇报，进一步拓宽了思路，明确了下一年工作重点。

10月17日，市人大常委会开展生态文明和政府实事工程建设情况视察

【江苏省十二届人大代表省直苏州、宿迁组到常视察】 12月18日，省十二届人大代表省直苏州、宿迁组在省人大代表、副省长许津荣的带领下，到常熟视察科技创新工作和知识产权保护工作情况。苏州市人大常委会副主任周玉龙、常熟市人大常委会主任秦卫星等陪同视察。省人大代表们先后视察常熟市开关制造公司、通润驱动、常熟国家大学科技园和中来光伏新材料股份有限公司等地，详细了解常熟企业推进科技创新工作和知识产权保护工作情况，并给予肯定，同时提出建议：要聚焦于科技创新体制机制的建立完善、产业升级和成果转化、企业创新主体作用的发挥以及“双创”人才的引进培育，坚持以知识产权保障经济安全，促进科技创新工作。（王 铭）

责任编辑 刘品玉

常熟年鉴

CHANGSHU YEARBOOK 2015

常熟市人民政府

综 述

2014年,常熟市人民政府把握“稳中求进、提质增效”工作总基调,全力以赴稳增长、促转型、惠民生,千方百计扩总量、促增量、提质量,团结依靠全市人民,齐心协力、攻坚克难,各项工作取得扎实成效,经济社会保持平稳健康发展。全年实现地区生产总值2009.36亿元,比上年增长7.50%;公共财政预算收入147.40亿元,比上年增长6.40%;工业总产值4581.24亿元,其中规模以上工业产值3668.70亿元,比上年分别增长0.50%和2.40%;完成全社会固定资产投资650.44亿元,其中工业投资344.30亿元;完成外贸进出口总额201.80亿美元,其中出口125.53亿美元,比上年分别增长8.30%和7.80%;完成注册外资8.66亿美元,实际利用外资10.51亿美元;净增内资注册资本187.94亿元,个私经济累计注册资本1097.44亿元;完成社会消费品零售总额618.68亿元,比上年增长9.50%,商品市场成交额1705.54亿元;全融机构本外币存、贷款余额分别为2384.92亿元和1937.75亿元,分别比年初增加60.25亿元和18[illegible].43亿元。全市城镇居民人均可支配收入46571元,比上年增长8.50%;农村居民人均可支配收入2[illegible]767元,比上年增长10.10%。

重要会议

【市政府常务会议】 1月27日,市政府召开第36次常务会议,听取常熟市2014年安全生产工作意见、2014年消防工作意见、安全生产工作“一岗双责”暂行规定、人感染H7N9禽流感疫情防控、2013年度依法行政工作等情况汇报,研究调整义务兵优待金标准、土地综合成本核算管理办法、“双创”科技企业“313”培育工程实施意见、科技人才工作考核奖励办法等事宜。

3月2日,市政府召开第37次常务会议,听取调整完善生态补偿机制和政策体系、高污染燃料锅炉大气污染整治、大气重污染应急预案、机动车排气污染防治工作和老旧机动车提前淘汰补助等情况汇报,研究了推进政府购买公共服务改革、政务信息资源共享管理、加快人力资源服务业发展、给予市检察院等5家单位记集体三等功等事宜。

3月17日,市政府召开第38次常务会议,听取2013年度全市经济责任审计工作、推行全市河道“河长制”工作、加强村级财力建设和加快村级集体经济发展等情况汇报,研究了新市民人身意外伤害保险、申报个人二等功奖励条件等事宜。

3月28日,市政府召开第39次常务会议,听取深化国资国企管理体制改革、大气污染防治、镇(区)政府性投资项目管理、政府性债务管理等情况汇报,研究了新型农民培育、定向培养基层农业农村人才、高架道路交通管理、评选市级劳模等事宜。

4月16日,市政府召开第40次常务会议,听取“单独两孩”政策实施意见、2014年推进工业经济转型发展若干政策意见和进一步促进企业兼并重组政策意见及进一步加快“小巨人”企业发展实施意见的情况汇报,研究了居民用天然气价格改革方案、社会组织健康发展、科技贷款贴息和科技保险费补贴、2014年企业退休人员养老金调整等事宜。

4月30日,市政府召开第41次常务会议,听取城区工业(仓储)企业搬迁收储补偿、梅李镇行政管理体制改革试点、居家养老服务体系建设、拓展低保边缘重病困难对象救助等情况汇报,研究了加强商业房地产项目管理、建设工程扬尘污染防治、城乡老年居民纳入社会化管理服务、给予邢桦和王浩两名城管协管员记功嘉奖、调整户籍准入登记部分条款等事宜。

5月19日,市政府召开第42次常务会议,听取并研究2014年秋季高中、初中、小学、幼儿园招生计划及办法,企业兼并重组政策意见,城乡养老保险制度衔接等相关事宜。

6月16日,市政府召开第43次常务会议,听取扶持普惠性民办幼儿园发展实施意见、政府法律顾问工作规则和考核办法、第五批非遗项目和第四批代表性传承人申报评审等情况汇报,研究了行政执法主体向监察机关移送涉嫌违反行政法律案件暂行办法、2014年第一批科技创新创业领军人才引进计划项目评审、给予市政协文史委员会记集体三等功、市政府班子对照检查材料起草修改等情况事宜。

6月28日,市政府召开第44次常务会议,听取市政府常务会议和市长办公会议议事规则、2014年社保年度社会保险缴费基数调整、消火栓管理办法(试行）等情况汇报，研究了有空余学位的学校采用摇号方式公开入学、市行政许可（审批）事项清理工作等事宜。

7月29日，市政府召开第45次常务会议，听取并研究了促进电子商务、服务外包产业发展，推进市级财政预决算信息公开，加快住建局系统下属国企改革等事宜。

8月29日，市政府召开第46次常务会议，听取全市安全生产工作、集中开展“六打六治”打非治违专项行动、生物质锅炉建设和使用管理、2015年居民基本（农村合作）医疗保险调增筹资、长江水域自愿退出渔业捕捞补偿等情况汇报，研究了优化简化权限内行政审批各类评估（价）、2014年科技创新创业领军人才引进计划（海外人才创业专项）项目评审、虞山镇无证无照经营专项整治、市政府班子教育实践活动整改方案等事宜。

9月18日，市政府召开第47次常务会议，听取研究市经济适用住房上市交易、经济适用住房“虞枫家园”2014年销售定价、财政支出管理和市本级财政支出预算追加管理、镇域综合执法试点等事宜。

10月18日，市政府召开第48次常务会议，听取研究土地专项审计通报、市政府党组和市政府办公室群众路线教育实践活动工作总结等事宜。

10月20日，市政府召开第49次常务会议，听取全市经济运行分析、“三小车辆”整治、2014年大气污染防治、非居民用天然气价格调整等情况汇报，研究小型水利工程管理体制改革、沪通铁路常熟段工程及工作推进、“十三五”口岸发展规划等事宜。

11月14日，市政府召开第50次常务会议，听取常熟市与韩国务安郡缔结友好城市关系、有关违纪案件处分事宜、调整全市最低工资标准等情况汇报，研究了规范重点优抚对象节日慰问、蒸汽价格实行煤热价格联动及民用天然气价格改革听证会、进一步加强新市民积分制管理等事宜。

11月28日，市政府召开第51次常务会议，听取市政府职能转变和机构改革、授予常熟市荣誉市民及名誉市民、2014年度主要经济指标完成情况预测及2015年度主要经济指标预期、2014年政府性投资项目完成情况及2015年政府投资拟新开工项目等情况汇报，研究了农田水利（修编）规划、2014年第二批科技创新创业领军人才引进计划项目评审、职工大病补充医疗保险引入商业保险机构运作等事宜。

12月12日，市政府召开第52次常务会议，听取调整2014年财政收支预算报告及2015年市本级部门预算编制、调整市镇财政管理体制、常熟市征地补偿和被征地农民社会保障办法、镇域综合执法体制改革试点工作等情况汇报，研究了《常熟市劳动模范评选和管理办法》及调整劳模有关待遇标准、常熟市危险公寓（房）解危指导意见、建设工地扬尘和运输车辆集中整治专项行动方案、常熟市水生态文明城市建设方案等事宜。

12月20日，市政府召开第53次常务会议，听取《政府工作报告（讨论稿）》、关于2014年全市国民经济和社会发展计划执行情况与2015年国民经济和社会发展计划草案的情况汇报，关于2015年苏州市、常熟市两级政府安全生产重大事故隐患拟挂牌项目的汇报，关于市级公共资源交易中心平台建设的情况汇报，关于2015年我市各类养老待遇调整的情况汇报，处分事宜报告等事宜。

【市政府全体扩大会议】 2月8日，市政府举行全体（扩大）会议，要求各地、各部门切实增强责任感和使命感，提振精气神，强化措施，真抓实干，确保完成全年目标任务。市政府全体领导出席会议。

7月24日，市政府举行全体（扩大）会议，要求各地各部门贯彻落实市委十二届十一次全体（扩大）会议精神，全力推进年初确定的各项工作，确保完成全年目标任

市民代表参观东南环高架路

务。市政府全体领导出席会议。

（邹建安　常晓晨）

体制改革

【概况】 2014年，常熟市深化行政审批制度改革，原322项本市权限内行政审批事项，保留234项，下放到各镇（街道）1项，审批项目减少27.30%，形成本市权限内行政审批事项目录清单，6月30日在全省县级市中率先向社会公布。加快行政管理体制改革，进一步对梅李镇加大下放管理权限的力度，启动虞山镇行政管理体制改革，获批在全省率先开展镇域综合执法试点。对全市565家事业单位按照承担行政职能、从事生产经营活动、公益一类、公益二类事业单位进行初步模拟。推进高新区江苏省首批服务业综合改革试点，推进国家电子商务综合示范圈建设，推进全市物流公共信息平台建设，加快服装城专业流通市场综合配套改革，争取列入商务部内外贸结合商品市场试点。深入推进民资外资融合发展，实施长三角一体化通关，试点施行"一次申报、一次查验、一次放行"通关模式。创新外商投资管理体制，实行外商投资项目"核改备"，促进内外资企业投资管理模式并轨。全市新批及增资项目中总投资超千万美元项目62个，注册外资合计10.17亿美元，占全市94.34%。民营经济发展良好，2014年全市新办私营企业3729家，新批个体工商户11769户。深化农村改革，《关于进一步深化农村改革提升城乡一体化发展水平的实施意见》《关于进一步加强村级财力建设发展村级集体经济的意见》《关于进一步规范农村承包土地流转管理的补充意见》《关于进一步加强城乡一体化建设管理工作的意见》《常熟市征地补偿和被征地农民社会保障办法》《关于加强集体经济薄弱村发展的意见》等政策意见制定出台，农村改革政策支撑体系基本完成。规范农村承包土地流转与管理，建立土地承包经营权流转至集体经济组织的底价刚性保护和市场决定流转价格的制度，切实保护农户承包经营权收益，全市新增土地流转面积0.08万公顷，累计占农村承包耕地面积的87.92%，农业适度规模经营比重90%。进一步规范社区股份合作社经营管理，实现分红全覆盖。试点改革依次展开，社区股份合作社股权固化改革，由虞山镇兴福管理区、虞山尚湖旅游度假区启动试点；基本完成梅李镇农村集体资产交易服务中心试点工作；开展农村土地承包经营权确权登记颁证试点工作，沙家浜镇芦荡村、华阳村全面完成试点。财政改革快速推进，出台《常熟市市级财政专项资金管理办法》，建成政府部门专项资金管理清单目录。加快推进部门预决算公开，第一批9个部门公开2014年度部门预算和"三公"经费预算。在全省财政系统率先建成以统一的项目数据库为基础、以资金管理为核心的政府投资项目财政管理信息系统，减少单位自由裁量权，提升政府投资项目财政管理水平。国资国企改革全面深化，出台《关于进一步深化我市国资国企改革的若干意见》和多项配套管理制度，住建系统所属国企改革先行试点。加强生态文明建设，完善生态文明建设制度设计，调整成立了以市委书记为第一组长、市长为组长的市生态文明建设领导小组。修编完成《常熟市生态文明建设规划(2012—2020年)》并发布实施。推进节能减排，推进热电企业优化整合，推广清洁能源，完成全市520台机动车驾驶培训车辆及90台邮政物流车辆"油改气"。完善社会综合治理服务体制，推进社会治理综合服务平台建设。对涉及的17个部门包括社区（村）貌、环境卫生、物业管理、施工管理、开设经营场所、日常生活等与群众生活密切相关的13类69项社区城管职责明确分工和牵头部门，强化协作联动，提高城市管理水平。实施新市民积分制管理，受理新市民入医、入学、入市民卡申请6.40万人次。完善维稳和社会矛盾纠纷信息收集研判机制，强化基层调解组织，在镇级基层商会实现人民调解组织全覆盖，在全市范围内推行重大疑难矛盾纠纷民意评议机制，健全社会稳定风险评估机制。

【推进政府购买公共服务改革】 4月，《关于推进政府购买公共服务改革的实施意见》出台，并公布包含83项内容的《常熟市购买公共服务指导目录(第一批)》，采取政府采购和定额补助方式向社会购买服务。2014年，市财政共投入2.80亿元用于政府购买公共服务，涉及社会化养老、生活垃圾运输、民生保险、学校设施维修等70多个项目。

（司马贤智）

对口支援与帮扶

【概况】 2014年，常熟市按照

江苏省、苏州市关于对口支援、经济协作的工作要求，加大对口支援、南北挂钩的工作力度，积极开展各项扶贫和经济协作活动。全年财政拨付资金500万元，以支持常泗工业园区载体建设，增强招商引资能力。常泗工业园连续第二年名列全省38个南北共建园区第六名，获得500万元奖励资金。5年中，共投入基础设施建设资金近5亿元，建成标准厂房约30万平方米、人才公寓3万平方米，虞山路、尚湖路等道路约25千米，形成四纵两横的路网框架；东南大道、常洪大道等道路和琴川河两岸绿化面积51万平方米，铺设沿路管网等约120千米，完成新建及改造路灯约756盏，配套给排水、供热、供电等市政基础设施，园区实际建设“八通一平”范围已达5平方千米。累计引进工业项目30个，注册资本8.60亿元，其中亿元以上项目17个，初步形成了机械电子、五金配件、食品加工、品牌服装等四大主导产业。推进泗洪“脱贫攻坚工程”，2014年常熟市拨付帮扶资金310万元，比2013年增长19.23%。除上述市级层面财政资金对口帮扶泗洪外，有关部门、单位和企业各尽其力，加强了在乡镇脱贫致富、干部和人才培养交流、农副产品销售、湿地旅游、劳动力转移等方面的合作和帮助。此外，通过组织相关企业参加苏北投资发展推介会等形式，搭建协作平台，引导和鼓励企业向苏北、泗洪及常泗工业园、苏盐沿海合作开发区转移产业项目。9月10日，常熟泗洪工业园投资环境说明会在常熟市举办。至年底，常熟企业到泗洪落户项目有20多个(其中转移到常泗工业园11个，总投资32亿)，涉及纺织、化工、机械制造、建材、房地产开发和金融等行业。继续做好与陕西横山、重庆云阳、西藏林周、新疆、青海等地区的对口支援工作，落实财政帮扶资金6643万元。推进产业向西部地区转移，落实中利腾晖、波司登、苏陕扶贫3个项目参加西洽会暨首届丝博会。全年常熟市拨付贵州思南县“一对一”结对帮扶资金100万元，主要用于思南县果蔬新品种新技术示范基地建设配套。年内，常熟市发改委被评为全国社会扶贫先进集体。

（曹　昊）

法治政府建设

【概况】 2014年，常熟市政府法制办公室审查备案各镇(场)、各部门规范性文件36件，向苏州市政府报备政府规范性文件8件，审核全市规范性文件18件，承办《苏州市旅游公共咨询服务体系管理办法》《江苏省大气污染防治条例》等省、苏州市法规、规章征求意见34件，协助开展《苏州市排水管理条例》《苏州市活禽交易管理办法》等立法调研4次，选取涉及民生实施满周年的《常熟市住宅区物业管理实施办法》《常熟市国有土地上房屋征收与补偿暂行办法》《常熟市餐厨垃圾管理实施细则》三件市政府规范性文件进行实施后评估。市政府常务会议书面学习《中华人民共和国城乡规划法》《苏州市重大行政决策程序规定》《江苏省物业管理条例》，十八届四中全会召开后，邀请省委党校、苏州大学教授专题解读《中共中央关于全面推进依法治国若干重大问题的决定》重要精神和新修订的《中华人民共和国预算法》。全年共受理行政复议案件128件，审结123件，其中维持原具体行政行为105件，终止行政复议8件，驳回9件，确认违法1件，复议委员会审理疑难复杂案件2件，提出复议意见书二份。全年全市共受理行政调解案件40782件，办结39526件，调解成功率96%。在全市各镇(虞山镇、梅李镇除外)、2个街道办事处试点相对集中行政处罚权为主要内容的综合执法体制改革。2014年，常熟市被评为苏州市2013年度依法行政工作先进集体，立法征求意见反馈工作优秀单位，被省政府法制办评为行政复议工作规范化建设合格单位，常熟市镇域推行相对集中行政处罚权工作获江苏省政府法制创新奖。

【开展镇域相对集中行政处罚权试点工作】 从2月17日起，市政府法制办在基层调研的基础上，制定在常熟市各镇域(虞山镇、梅李镇除外)、碧溪街道办事处、东南街道办事处开展相对集中行政处罚权为主要内容的《常熟市综合执法试点工作实施方案》。11月、12月，省政府法制办、苏州市政府先后批复同意常熟市实行镇域相对集中处罚权试点工作。试点镇执行食品药品、安全生产、环境保护、劳动保障、镇容镇貌、城镇建设和规划管理等六个方面的行政处罚权。

【依法行政示范点创建】 3月17日，苏州市建设法治政府工作领导小组发文确认2014年至2015年苏州市级依法行政示范点，常熟市人社局、常熟市国税局、常熟市沙家浜镇成为综合示范点；常熟市工商局探索建立行政处罚案件法定审核制度；常熟市辛庄镇建立

5 月 13 日，省政府法制办主任于爱荣一行到常熟调研基层行政执法体制改革

实施村级重大事项决策程序制度；常熟市烟草专卖局规范行政许可提高服务质量成为单项示范项目

【行政执法人员网上培训】 3 月 23 日，常熟市依托行政权力运行系统，增设行政执法人员网上培训考试模块，建立网上在线培训学习系统，完善网上学习考核管理机制，作为执法证件年检依据，2014 年度完成行政执法证件年检注册共计 1462 人，组织参加苏州市执法人员资格考试 126 人，通过 116 人，通过率 92%。

【配合第七轮审批许可事项清理】 根据清理标准和原则全力开展法制审核工作，在各部门对现有行政审批事项进行全面自查清理的基础上，对照法律依据和上级清理审核公布结果逐项进行审核，做到每项许可特别是审批项目的法律依据明确充分，防止出现清理不彻底或者因单纯追求精简项目而导致的权力缺失的问题。经市政府常务会议审议通过，决定保留行政许可、非行政许可审批项目 234 项，其中行政许可项目 174 项，非行政许可审批项目 60 项。行政许可和审批两项累计减少 303 项，减幅达 56.40%。

【行政权力库维护更新】 2014 年，全市共有 42 个部门实行处罚案件网上运行，权力库已累计录入权力 5533 项，在用权力 5355 项，其中行政处罚 4410 项。共编制权力内外部流程图 11066 个。行政处罚案件网上运行 7737 件。全年共有 537 件重大行政处罚案件进行了网上备案。

【"十三五"规划前期依法行政重大课题研讨会召开】 9 月 18 日，市政府法制办召开"十三五"规划前期依法行政重大课题研讨会。研讨会主要围绕在经济社会发展的转型时期，如何统筹社会力量、平衡社会利益、调节社会关系，规范社会行为，建设公平合理的法治环境，探索法治引领下政府如何实现法治政府建设。各与会代表结合自身工作实践和理论研究，提出政府职能转变以后行政机关工作人员如何转变理念和提升领导干部依法行政意识、通过何种方式约束和规范行政机关的公权力、建立合法科学的责任追究机制等意见和建议。研讨会为常熟法治政府建设的路径研究积累第一手资料，也为以后全市依法行政工作提供新的思路和方法。 （金　英）

人事管理

【概况】 2014 年，全市人才总量 25 万人，高层次人才 1.73 万人。全市公开招录公务员（含参公管理单位工作人员）94 名，其中市级机关 36 名、参照公务员法管理单位 12 名、乡镇机关 46 名。招聘录用事业单位工作人员 656 人，其中卫生系统招聘 288 人，教育系统招聘 190 人，市镇两级事业单位招聘 163 人，面向重点高校选聘优秀毕业生 15 人。全年外地调入事业人员 12 名，市内调动 69 名，办理村党组织书记挂靠人才服务站 22 名。接收安置军转干部 24 名。

【事业单位招聘】 1 月，市卫生系统发布 2014 年公开招聘高层次人才简章，高层次医卫人员的招聘共有第一人民医院、第二人民医院等单位推出的招聘岗位 53 个，报名人数 43 人，通过面试、体检，进入政审考核的共 27 人。2 月，卫生系统发布大专及以上学历卫技人员公开招聘简章，共推出招聘岗位 319 个，共有 672 人符合报考条件。经过 3 月 16 日的笔试，共有 408 名考生入围下一轮的面试。7 月 12 日，2014 年全市市镇两级事业单位公开招聘工作人员笔试举行，全市共有 39 家主管部门的 113 家事业单位计划招收事业编制 173 名，劳动合同制 3 名。共有 2772 名考生到场考试，参考率 94%。

【公务员考录】 3月23日，2014年全省考试录用公务员笔试举行，共有2935人在常熟参加招考笔试。常熟职教中心考点上午公共基础知识应考人数为2935人，实到人数为2382人，参考率81.16%，行政职业能力测验应考人数为2935人，实到人数为2376人，参考率80.95%；下午申论应考人数为979人，实到人数为708人，参考率72.32%。5月10日，全市公务员招录的面试在常熟市第一中学进行，共有287人参加面试。8月，2013年全市35家单位录用的113名新公务员全部转正定级。

【公务员培训】 3月28日，市人力资源和社会保障局启动“2014年外地籍公务员常熟方言培训班”。全市市镇两级33个部门分别来自全国22个省市的90名学员，在常熟理工学院进行方言学习。6月20日，2014年度常熟市公务员核心能力培训在国际饭店举办，上海市委党校、上海行政学院党史党建教研部、中共上海市委宣讲团成员肖昌进教授作了题为“抓好党的群众路线教育实践，加强和改进党的作风建设”的专题讲座，全市80多家单位近千名公务员参加学习。8月，在厦门大学举办常熟市人力资源与社会保障厦大研修班，全市32家单位43名人力资源与社会保障系统骨干成员参加培训。

【博士后工作站建设】 3月，常熟开关制造有限公司、江苏梦兰集团有限公司获2013年度江苏省博士后工作站考核优秀单位称号；江苏亿通高科技股份有限公司获2013年度江苏省博士后创新实践基地考核优秀单位称号。2014年，

人才交流会现场

江苏白雪电器股份有限公司、江苏常熟国家农业科技园区管理委员会、常熟市农业科学研究所、江苏田娘农业科技有限公司、南大（常熟）研究院有限公司、常熟浸大科技有限公司、苏州微纳激光光子技术有限公司、江苏龙诺法光电技术有限公司等8家单位被批准设立江苏省博士后创新实践基地（分站），使常熟的国家博士后工作站和江苏省博士后创新实践基地（分站）总数增至38家。

【技能人才培养】 《常熟市高技能人才奖励实施细则》出台，首次具体明确高技能人才奖励。首次开展常熟市名师带高徒、大师工作室、企业首席技师评选等多项活动。全年评选结对师徒12对、大师工作室8个；10人入选市级企业首席技师、2人入选省企业首席技师；4人入选姑苏高技能突出人才、22人入选重点人才；199人获市级技师、高级技师奖励，奖励金额70.10万元。全面开展技能大赛，选送3名选手参加省第二届状元大赛，均获三等奖；开展市级11个工种的技能比赛。全年组织职业技能鉴定487场次，获证人数19371人，新增高技能人才2261人，其中技师198人，高级技师7人。

【高层次紧缺人才需求目录发布】 4月，《2014年常熟市引进高层次紧缺人才需求目录》发布。该目录涉及14个行业领域，120多个专业类别。技师以上高技能人才作为全市支持培养的重点人才，首次列入高层次紧缺人才需求目录，与其他类别的高层次人才享受同等待遇。

【高层次人才奖励优惠政策调整】 《常熟市促进支持重点人才培养实施办法》的4个配套文件《常熟市科技创新创业领军人才计划实施细则》《常熟市高层次人才安家补贴实施细则》《常熟市重点产业紧缺人才薪酬补贴实施细则》《常熟市高技能人才奖励实施细则》相继出台。《常熟市高技能人才奖励实施细则》是全市首次具体明确高技能人才奖励政策，奖励对象分为高技能人才个人、企业、技职院校和职业培训机构两类，奖励标准高技能人才个人按照不同种类给予2000元至50000元不等奖励，企业、技职院校和职业培训机构按照培养取得高技能人才数给予奖励。《高层次人才安家补贴实施细则》，资助对象由原来的八小

类升级为四大类，分别是科技创业领军人才、科技创新领军人才、高层次紧缺人才、高技能领军人才。资助额度也重新进行了调整，原来统一资助 20 万元，新标准根据国家、省、苏州、常熟不同级别，相应提升到 100 万元、50 万元、30 万元。高技能领军人才首次列入高层次人才安家补贴资助对象，根据三个类别，可分获 50 万、30 万、20 万元的安家补贴。《常熟市重点产业紧缺人才薪酬补贴实施细则》，针对全市重点产业和新兴产业引进的高层次人才，凡符合当年度高层次紧缺人才需求目录的，经评审，博士研究生或正高级职称或高级技师，可获得 10 万元薪酬补贴，硕士研究生或副高级职称或技师，可获得 5 万元薪酬补贴。《常熟市科技创新创业领军人才计划实施细则》将原来以创业为主的领军型人才划分为科技创业领军人才和科技创新领军人才两类，每年评审两批，上半年受理创业类项目，下半年同时受理创业和创新类项目。（陈晓英）

民族宗教

【概况】 2014 年，全市常住少数民族人口 1932 人，宗教活动场所 49 处，其中佛教 32 处、道教 1 处、天主教 9 处、基督教 7 处。年内更改民族成分人员 5 人，少数民族考试加分服务 33 人，其中高考 6 人，中考 27 人。9 月，民宗局开展全市星级宗教活动场所认定，并对全市基督教堂点和佛教活动场所进行安全检查。10 月，市佛教协会赴台与台湾台北华严莲社签署合作备忘录，助推常熟市佛教事业发展。

【推行慈善公益活动】 市民宗局向全市佛教场所发出厉行节约、勤俭办教的倡议，要求各寺庙发扬佛教场所慈悲济世、服务公益的优良传统。年初"兴福慈善功德会"正式开始登记，招收会员，并开展助学、扶贫等多项慈善捐助活动，所有捐助和资金运作情况都在兴福寺网站和微信平台公布，接受信众的监督。成立兴福寺义工队伍，培育和打造公益慈善品牌。9 月，在全市宗教界开展多种形式的"宗教慈善周"活动，设立"慈善周"专项功德箱，募集资金专款专用，开展扶贫帮困活动，捐助贫困家庭、贫困学生金额共计 11.70 万元。

【指导民族工作进企业】 指导常熟市神灵医用器材有限公司开展民族工作进企业活动。4 月 28 日，在省民族工作会议召开期间，全体与会人员参观了神灵公司并在该公司举行了座谈会，会上由国家民委监督检查司司长陈乐齐向该公司负责人颁发"江苏省民族工作示范企业"铜牌。9 月，该公司获"第二批全国民族团结进步创建活动示范企业"称号。（顾文婷）

对台工作

【概况】 2014 年，全市新批台资项目 9 个，合同利用台资 2.92 亿美元，注册资本 1.06 亿美元，增资 11 家，增资投资总额 2.70 亿美元，注册资本 1.16 亿美元。全市因公赴台交流 5 批 34 人次，非公职人员赴台商务活动 51 批 126 人次，赴台旅游 6500 人次。市台办做好到常熟访问考察的相关团体的接待工作，宣传常熟的新发展、新面貌、新动向，进一步提升常熟的知名度和美誉度。

【参与对台招商引资】 2014 年，市台办继续做好市领导、各经济板块赴台招商引资的各项组织协调工作，成功实现长兴化学材料（苏州）有限公司落户常熟经济技术开发区。做好台湾烨辉企业股份有限公司董事长吴林茂、台湾威京集团副董事长、主席特助沈辉庭、台湾华丰橡胶工业股份有限公司董事长苏明芬等到常熟开展商贸考察的相关团体的接待工作。11 月，在常熟经济技术开发区、常熟高新技术产业开发区、常熟高新技术产业园召开台商代表座谈会，了解企业在生产经营、市场销售、投资规划、安全生产、转型升级等方面的情况以及台企在融资、用工、用电、用地等方面存在的困难和问题，同时宣传市政府、市有关部门出台的针对常熟市台资企业的各种优惠政策，多措并举，为企业排忧解难。

【开展"缘来常熟"海峡两岸交流基地建设】 市台办开展"缘来常熟"海峡两岸交流基地建设。实施"六个一"工程，即编印一本宣传手册、发行一套主题邮册、出品一部微电影、开通一份手机报、刊登一份宣传专版、定制一条旅游线路。策划"缘来常熟"台湾同胞常熟之旅活动，打造以黄公望纪念馆、燕园、曾园、拂水山庄、兴福禅寺等为主要参访点的精品线路。联合市台湾同胞投资企业协会开通《缘来常熟》手机报。在《台商周报》上连续 4 期刊登"缘来常熟"专版，对常熟的经济、文化、旅游等诸方面发展现状进行宣传推介，并在台北和上海两地航空班机上进行宣传，进一步提升常熟的知名度和美誉度。

【举办《常熟乡讯》联谊会】 10月18日，《常熟乡讯》100期满刊联谊会举行，70多位撰稿人出席联谊会。《常熟乡讯》已创刊25年，由台北市江苏常熟同乡会创办，并获得台湾“行政院新闻局”授权出版。《常熟乡讯》让远在台湾的同胞了解家乡的发展与变化，筑起了共叙乡情、亲情、友情的平台。

【第六次台胞台属代表大会召开】 12月23日，常熟市第六次台胞台属代表大会召开，选举产生第六届台胞台属联谊会理事会。常熟籍在台人员共有4600多人，在常熟台商台胞3000多人，现有台属约6500人。新一届台胞台属联谊会将继续加强两岸经济、文化交流，密切与在台亲友的联络，做好对台胞台属的服务工作，加强自身建设，提高工作水平，为常熟社会发展、两岸关系的和平发展出力。

【涉台信息报送】 年内，共向省台办报送简讯40条，被“江苏与台湾”网站录用30多条，10条被“中国台湾网”录用，《台湾工作动态》录用5条，向省台办主办的《海峡广角》杂志投稿3篇，录用1篇。

（曹　妍）

侨务工作

【概况】 2014年，市侨办接待海外华侨华人高层次人才145人次，其中包括华美协进社人文学会共同主席何勇，德国慕尼黑工业大学常务副校长孟丽秋，美国NEKTAR制药公司研发主管顾叙元，美国圣路易斯大学附属医院消化科主任范晓峰等。成功举办“2014海外华侨华人高层次人才江苏行”常熟考察活动、第17期海外华侨华人专业人士回国创业研习班暨“2014相聚长三角”活动。开展侨企“走出去”需求调研、省人大《江苏省华侨投资权益保护条例》立法调研、侨企知识产权纠纷特点调研、在常熟华侨子女入学需求调研以及引进人才在常创业情况等调研工作，为企业出谋划策。全年受理“三侨生”高考加分2件、中考生加分2件。做好常熟旅港知名实业家张耀章先生向孝友中学捐资100万港元的捐赠服务工作。市侨办积极牵线推动常熟与海外的文化交流。成功邀请德国斯图加特市图书馆馆员张冬到常熟图书馆作专题讲座，举办赴西班牙“书香——常熟图书馆藏中国书法艺术展”活动，在《欧洲时报》江苏专版进行常熟文化专版宣传，反映常熟政情市情的电子报《琴川乡音》每月一期向海外华侨华人发送。

【第17期华侨华人回国创业研习班结业】 9月21日，由国务院侨务办公室主办，江苏省人民政府侨务办公室承办的“第17期华侨华人专业人士回国创业研习班”在常熟市会议中心举行结业式。第17期研习班在国务院侨办的指导下，融合苏沪浙两省一市合办举办多年的“相聚长三角”活动。通过邀请江苏省统计局总统计师刘兴远、省人才办处长过利平、省科技厅副厅长蒋跃建介绍和解读江苏经济科技发展情况和创新创业政策环境，邀请在江苏创业有成的津通集团董事长贡毅、扬州伯[illegible]生物董事长王飞和苏州波斯特[illegible]董事长侯春洪，交流创业体会和心得，组织学员到相关园区、企业进行考察、对接、洽谈，帮助参加研习的学员了解江苏经济社会发展情况和相关政策环境，增强回国创业发展的信心和决心。

【开展“百名旅外常熟籍高层次人才家访活动”】 2014年市侨办以“访侨情、听侨声、解侨忧”为主题，开展“百名旅外常熟籍高层次人才家访”活动。全市各镇挑选旅外高层次人才100名，由市侨办和镇、村侨务干部组成家访小组，分期分批进行上门走访，了解旅外常熟籍高层次人才及其家属情况，

市侨办开展“百名旅外高层次人才家访活动”

特别是常熟籍旅外高层次人才的学历学位、研究领域、职业职位等情况。通过面对面的交流和沟通,进一步掌握一批常熟籍旅外高层次人才的详细信息。（徐 红）

外事工作

【概况】 2014年,常熟市外事办共接待来自友城团队12批62人次,出访友城团组共6批29人次;接待或协助接待其他外宾5批68人次;处置涉外事(案)件5起;申办因公出国(境)团组护照、签证32批106人次,其中自组团21批95人次,上级部门组团11批11人次;申报APEC卡66人次,累计发卡151张;办理70多家企事业单位、125人次的代发邀请函电的申请。8月,由澳大利亚汤斯维尔市赠送常熟的艺术花园正式开园;12月,川村浩一、张文贤等13人被授予常熟市"荣誉市民"和"名誉市民"称号。

【友城交往】 5月12日,以市长山崎善也为团长的日本绫部市政府代表团和以松本哲郎为团长的绫部市市民代表团到常熟参加两市结好25周年纪念活动,并签署两市友好城市关系备忘录。5月19日至23日,常熟市卫生局副局长顾雪坤、第二人民医院院长吴钢等组成的常熟市医疗卫生代表团对日本绫部市立病院进行友好访问。4月,派遣常熟经济技术开发区徐怡作为国际交流员赴日本萨摩川内市进行为期一年的交流。8月2日,以日本萨摩川内市教育委员会学校教育课课长原之园健儿为团长的日本萨摩川内市青少年交流团到常熟访问。10月19日,日本萨摩川内市派出米良瑛介参加2014年常熟第四届尚湖国际半程马拉松邀请赛。10月25日至29日,以市政协副主席吴国华为团长的常熟市友好代表团访问日本萨摩川内市。10月19日,韩国务安郡派出姜承龙、朴钟远、梁宝岚参加2014年常熟第四届尚湖国际半程马拉松邀请赛。10月22日至25日,以市政协副主席吴国华为团长的常熟市友好代表团一行6人出访韩国务安郡,就两市正式结好事宜交换意见。7月16日至18日,以韩国全罗南道务安郡务安北中学教师赵寅守为团长的务安郡中学生民宿团到常熟访问。5月29日至31日,由市政协主席徐永达率领的常熟市代表团访问摩洛哥王国索维拉市。8月,常熟市派遣谢金奕、王文红参加澳大利亚汤斯维尔市举行的马拉松比赛。8月13日,汤斯维尔市政府代表团访问常熟,并参加由汤斯维尔市捐赠的象征两市友谊的常熟艺术花园开园仪式。11月23日,以市人大常委会副主任闻永昌为团长的常熟市政府代表团访问汤斯维尔市。

表3 **2014年常熟市荣誉市民和名誉市民一览**

类 别	姓 名	单 位 及 职 务
常熟市荣誉市民	川村浩一	夏普办公设备(常熟)有限公司总经理
	裴 迪	芬欧汇川(中国)有限公司总经理
	奥平总一郎	丰田汽车研发中心(中国)有限公司总经理
	森兼宏幸	三菱电机汽车部件(中国)有限公司董事长
	矢势弘一	丰田汽车(常熟)零部件有限公司总经理
	郎博智	凯毅德汽车系统(常熟)有限公司总经理
	曾根和彦	常熟恩斯克轴承有限公司总经理
	赛格尔	洁福地板(中国)有限公司总经理
	塚本惠章	东洋饮料(常熟)有限公司总经理
	贝 汉	阿科玛(常熟)氟化工有限公司阿科玛基地总经理
	马迪笠	苏威特种聚合物(常熟)有限公司亚太区总裁
常熟市名誉市民	张文贤	明泰电子科技(常熟)有限公司董事长
	林士杰	常熟华新特殊钢有限公司总经理

（朱国群）

地方志工作

【概况】 2014年,《常熟市志》通过苏州地方志办公室验收,并通过方志出版社审稿;《常熟老街巷》启动编纂,完成纲目编写;《常熟年鉴(2014)》出版。年内,《常熟人口与计划生育志》《常熟地方税务志》先后出版,《支塘镇志》《辛庄镇志》《董浜镇志》《市委党校志》通过评审。出版《常熟史志》四期;完成《苏州寺院志》常熟寺院内容的编写;完成《画说苏州》常熟部分照片和文字内容的编辑以及《江苏年鉴》《苏州年鉴》《苏州纪事》常熟部分的编撰工作。

【《常熟市志》通过验收】 在形成360多万字验收稿的基础上,1月22日《常熟市志》通过苏州市地方志办公室的验收。志稿相关部分内容送全市对应的150多个部门,各镇、开发区,市领导、老领导、文史专家、学者等,广泛征求意见和建议,依据反馈意见完成进一步修改。对全书进行插图的征集和选配,完成书稿排版。10月,书稿送方志出版社,完成出版前的审稿。

【《常熟老街巷》编纂工作启动】 年内,启动《常熟老街巷》编写工作,该书注重挖掘常熟古城区和部分乡镇的老街巷的历史和文化,为"常熟地方历史文化丛书"之一。10月24日,召集历史、文化和建设领域部分专家召开纲目研讨会,在形成纲目基础上,征集和收集相关资料,开始编写。

【常熟史志资料分中心建成启用】 为进一步宣传编史修志成果,方便市民、史志爱好者查找利用,推进史志成果服务大众,发挥史志工作服务功能。3月,市方志办联合市图书馆,在市图书馆二楼建成启用史志资料分中心,占地面积200平方米,首批上架史志鉴书籍达1000册。

【《常熟年鉴(2014)》出版】 11月,《常熟年鉴》(2014卷)由方志出版社出版。《常熟年鉴(2014)》是常熟市政府年度综合性资料工具书,全书共100多万字,系统翔实地记录了2013年度常熟市政治、经济、文化、社会等方面的基本情况,以及取得的新辉煌、新经验,可为各级领导决策和社会各界了解常熟、熟悉常熟、研究常熟提供翔实的信息资料,为推进常熟经济社会持续、快速发展提供科学的借鉴。

【创新史志文化宣传】 年内,依托多类型载体,全面宣传史志成果和地方文化。依托常熟电子政务网、中国常熟门户网站,开设"常熟历史上的今天"专栏,加强党史地情知识宣传;开设"常熟史志"政务微博,每天发布史志知识,同网友互动答疑,开展史志宣传、咨询。10月起,在《常熟日报》民生新闻版推出"寻访常熟老街巷"专栏,图文介绍常熟老街巷,每周二刊出,年内推出11期。 (张 军)

【《常熟市人口与计划生育志(续编)》首发】 5月27日,《常熟市人口与计划生育志(续编)》在市第二届家庭人口文化节开幕式上首发。全书除概述、大事记、附录外,分十一章三十三节,真实记录2001年以来社会转型发展时期人口计生工作的历史,与2004年出版时间下限为2000年《常熟市人口与计划生育志》,形成一个全面、系统、整体的人口计生史料体系。

(闵仁彰)

【《常熟市工会志(续编)》编纂工作启动】 11月,《常熟市工会志(续编)》编纂工作正式启动。《常熟市工会志(续编)》将全面反映1990年至2014年25年间常熟工人阶级队伍的发展历程和光辉业绩,真实记载其间常熟市职工队伍和工会组织的发展壮大过程和全市各级工会紧紧围绕党在各个时期的中心工作,发挥维护、建设、参与、教育的职能作用,为常熟各项事业发展做出贡献的史实。该书设序言、凡例、概述、大事记、正文、附录、编后记。文字总量四五十万字,计划用两年左右时间完成编纂出版。 (张 军)

常熟史志资料分中心

档案工作

【概况】 2014年，常熟市档案局(馆)接收档案831卷、4695件、资料694册，接收政府信息公开文件531件。征集各类档案6561件(张)。至年末，馆藏档案412206卷(册)66384件。年内，市档案馆通过国家一级档案馆复查，并获批第二批全国中小学档案教育社会实践基地。

【档案征集】 全年接收档案831卷、4695件、资料694册，接收政府信息公开文件531件。征集各类档案6561件(张)。至年底，馆藏档案412206卷(册)66384件。赴兰州、南京、上海、杭州等地征集郑国锠、陆埮、范滇元等院士及朱颖人等名人档案，赴无锡和上海征集"蛟龙"号档案。参加郑国锠院士诞辰一百周年纪念活动及铜像落成揭幕仪式，并征集其有关档案。加强与新院士田禾的联系和征集。征集到刘定安等4位全国劳模档案247件。举办颜林生捐赠仪式，其捐赠当年所在部队击落U2高空侦察机后，受到毛泽东主席及其他党和国家领导人接见的合影照片。整理各类档案770卷7312件。新增5位名人档案全宗和沙家浜档案全宗。

【档案利用】 文档阅览中心继续开展机关服务品牌创建活动，深化品牌内涵，增强服务意识，优化服务环境，提高服务效能。开展创"双十佳"窗口竞赛活动，拓展市民卡查档功能，共享档案资源。全年查档利用13941人次、14360卷(册)次/12件，城建、国土、房产专业档案馆提供利用28126人次、73607卷次，各镇档案馆(室)提供利用2108人次、3410卷次，全市机关单位提供利用21771人次、29296卷次。

【基层档案工作】 156家单位档案工作通过省星级规范测评及复查，1家单位达到常熟市级合格规范。国检局五星级复查，支塘镇、高新区、开关制造有限公司3家单位晋升为省五星级。开关制造有限公司成为全省第一家非国资企业五星级单位。对127家单位的2013年归档文件目录审阅修改，并进行网上年检和实地检查。贯彻国家档案局9号令，修订档案馆收集档案范围实施细则和接收档案基本名录。贯彻国家档案局10号令，审批发投公司、保障房开发建设公司和江南集团3家国有企业的《归档范围和保管期限表》。完成了99项常熟市重点工程的登记备案，上报17项苏州市重点工程、3项省级重点工程，对康诺医疗、恒鼎船舶、龙芯技改项目进行指导验收。民营企业档案工作得到加强，江苏田娘农业科技有限公司、风范电力设备股份有限公司通过省星级复查。全市9个系统的多家下属单位档案工作均通过省星级标准的升级和复查。298家村(社区)档案工作延续巩固良好，虞山镇联盟村等10个村晋升为省三星级，明晖社区达到市级规范。全市共57个村、1个社区达到省三星级标准。配合全市开展"三资"清查档案，对试点村古里吴庄村进行摸底，并与农工办联合印发《关于做好农村集体"三资"清理工作文件材料收集归档工作的意见》，对虞山尚湖度假区清理工作进行督查调研。

【档案信息化建设】 《常熟市档案信息安全及运行保障系统》通过专家评审，正常运行。加强全市档案信息资源的共享利用，为计生委开通独生子女档案查询，共享18.80万余条独生子女档案目录，全文20多万页，新建二轮承包档案专题数据库，向国土局共享29.50万余条二轮承包档案目录，全文约200万页。完成扫描馆藏档案641万页，至年末，馆藏档案扫描总量超2400万页，约占馆藏档案总数的70%。完成70家基层单位110多万页档案扫描，输入目录近4万条。推进各镇档案利用

11月12日，全省档案工作会议代表到常熟参观

的便捷化，对身份证查询识别系统进行升级，实现全市和各镇均可以利用市民卡或身份证识别查询档案。积极推进电子政务，规范电子文件和档案管理，并列入全市“机关作风效能建设绩效评价”考核，11家单位开展电子文件的在线归档。完成常熟新闻视频采集、编目2000条，2800分钟。古里镇档案馆通过省5A级数字档案测评，成为全省首家乡镇5A级数字档案馆（室）。

【全省档案事业综合发展推进会代表到常熟参观】 11月12日至13日，全省档案事业综合发展推进会在苏州召开。全省各市、县（市）区档案局长、省各专业档案馆馆长160多人参加会议。会议期间，与会人员参观了常熟市档案馆、古里镇档案馆。具有常熟特色的县域档案安全体系工作得到省档案局的肯定，要求在全省推广。常熟档案局《凸现依法行政职能，构筑档案安全体系—地方档案安全体系建设五年成就介绍》成为会议经验材料。 （毛巧珍）

信访工作

【概况】 2014年，市信访局受理群众信访事项2229件（批）9039人次，件（批）次和人次比上年分别增长31.04%和20.34%。其中，受理群众来信7310件，比上年增长92.88%；受理群众来访1498批8308人次，批次、人次比上年分别增长13.31%和16.49%（其中，集访269批6568人次，批次和人次同比分别增长13.03%和22.49%）。全年，共发生越级进京上访9批24人次，批次比上年下降43.75%，人次比上年增长33.33%；越级赴省上访29批143人次，批次和人次比2013年分别增长81.25%和98.61%；越级到苏州集访16批349人次，批次和上年持平，人次比上年增长12.58%。全年，共受理信访事项复查15件，全部经过调查核实并出具市政府信访复查意见；办理上级交办案件和市领导批办信件45件。全年信访总量继续高位运行，但未发生大规模进京赴省集体上访和非正常上访事件、未发生影响社会稳定的重大群体性事件、未发生有影响的个人极端事件，信访形势保持平稳可控。是年，常熟市信访局被苏州市信访工作领导小组评为“双百”专项行动信访工作先进单位。

【推进党政领导干部接访下访活动】 2014年，常熟市各级党委、政府坚持把领导干部接访下访作为密切联系群众的一项重要制度，把解决群众反映强烈的突出问题纳入接访下访的主要内容。年内，市党政主要领导共接待群众来访17批42人次，定期下访20多次；党政领导班子累计接待群众87批319人次；各镇场、新区领导班子成员累计接待信访群众816批2317人次。全市党政领导干部接待来访群众和带案下访工作的开展，直接推动了五星二区13幢房屋沉降坍塌问题等一批涉及面广、关注度高的信访突出问题得到有效化解或缓解。江苏省委党的群众路线教育实践活动领导小组办公室、江苏省信访局和苏州市委党的群众路线教育实践活动领导小组办公室、苏州市信访局向常熟交办的3件信访积案，全部得到化解或程序终结。

【积极引导群众依法逐级有序信访】 2014年，全市信访部门继续在全市组织开展《信访条例》法制宣传月活动，并坚持在接访过程中向来访群众发放《信访人权利义务告知书》《信访知识问答》等宣传小册子，全年累计发放各类宣传资料5000多份，积极引导信访群众增强法律意识，依法理性反映信访诉求。在常规宣传基础上，根据年内中共中央办公厅、国务院办公厅出台的《关于依法处理涉法涉诉信访问题的意见》和国家信访局出台的《关于进一步规范信访事项受理办理程序引导来访人依法逐级走访的办法》，利用各种宣传方式，及时将相关政策、实施细则、工作流程等向社会公布，使依法逐级走访的理念在各级党委政府、各部门（单位）、基层组织和信访群众中形成共识，营造有利于开展工作的良好环境，有效规范全市信访秩序。 （严政亚）

行政事务

【概况】 2014年，常熟市市级机关事务管理中心加强市级机关行政事业经费管理，做好部门预算编制和执行，加强市级机关国有资产管理，规范办公用房管理，推进办公用房登记及清理腾退工作。加强公共机构节能工作，抓好节能考核、节能创建、节能宣传，组织开展节能宣传活动，强化节能意识，营造节能氛围。加强公务用车管理，做好党政机关公务用车问题专项治理及公车改革基础工作。抓好机关安保服务工作，开展“平安机关”“防恐反恐”“119消防日”演练，对群体性上访事件妥善处理。承办二级以上重要会议、重要接待和重大活动的后勤保障工作共计120余次，约3万人次，提供车辆保障1000余辆次。政府采购规模持续增长，政府采购中心全年组织实施各项采购任务计111批次，完成采购预算54152.24万元，实际采购额47632.58万元，节约资金6519.66万元，节约率12.04%。其中以公开招标方式组织的采购85批次，采购额42552.34万元，占全年采购总额的89.33%。机关医务室继续实施药品零差价销售，接诊患者2156人次。

【机关办公用房清理】 开展全市各级党政机关、事业单位等办公用房清查登记工作，基本完成全市办公用房第一轮清理整改工作，第二轮全面摸排(涉及社团组织)正在建立原始数据库。拟定有关部门办公用房腾退调整整合方案，妥善落实相关办公用房清理和管理工作，结合群众路线教育实践活动开展专项整治，共腾退办公用房535间，约7800平方米，全市党政机关、事业单位等工作人员、领导干部办公房面积基本达到清理整改要求。做好腾退办公用房后续利用，市委保密局、市外事办、市级机关物业管理中心、新市民积分管理中心已完成整合搬迁。

【公务用车管理】 做好公务用车日常管理运作，严格规范完成9辆公务用车上交拍卖等工作。深入开展公务用车专项治理，全面对全市公务用车进行登记、审核检查，持续抓好公务用车治理工作。成立常熟市公车改革领导小组办公室，按照苏州公车改革领导小组的要求，抓好全市110个单位的公车改革信息统计工作，为进一步深入开展公车改革奠定基础。

【公共机构节能管理】 至年末，全市共创建省"节能示范单位"5家，苏州市"节能示范单位"6家及"节水型单位"16家，提前超额完成江苏省三年节能创建的任务指标。市级机关事务管理中心被苏州市水利局授予"苏州市2013—2014年度节约用水先进单位"。

【政府采购服务类项目持续增加】 2014年，政府购买公共服务的需求持续增加，政府采购中心新增大批公共服务类项目。包括：2014年度常熟市水稻良种补贴、梅李高中物业管理服务、新市民积分管理系统开发服务、市级河道保洁服务、方塔东街及广场保洁服务、常熟市地理国情普查、档案局档案数字化加工、三环高架路东南段环卫保洁作业服务、物业维修资金管理系统开发服务、医保智能审核系统开发服务、移动入户访查系统开发服务、口岸通关物流服务平台开发服务等49个单项，较2013年增长250%，采购总额9099.42万元，较2013年增长28.72%。(邵金婷)

上市工作

【概况】 2014年，全市新增1家上市公司(苏州中来光伏新材股份有限公司)；新增2家报会公司(常熟瑞特电气股份有限公司和常熟汽车饰件股份有限公司)；新增1家辅导企业(江苏忠明祥和精工股份有限公司)；新增2家上市公司股权再融资：中利科技集团股份有限公司和江苏常铝铝业股份有限公司非公开发行A股在深交所上市，分别募集资金12.18亿元人民币和2.70亿元人民币。新增4家"新三板"挂牌公司：江苏强盛功能化学股份有限公司(股票简称：强盛股份，股票代码：831184)、江苏惠丰润滑材料股份有限公司(股票简称：惠丰润滑，股票代码：831268)、江苏亚特尔地源科技股份有限公司(股票简称：地源科技，股票代码：831355)和江苏阳光四季新能源科技股份有限公司(股票简称：阳光四季，股票代码：831558)分别于10月8日、11月5日、11月13日和12月18日在全国股转系统成功挂牌。新增4家"新三板"挂牌申报企业：江苏金龙科技股份有限公司、普克科技(苏州)股份有限公司、苏州金泉新材料股份有限公司和常熟市金华机械股份有限公司将"新三板"挂牌申请材料提交给全国中小企业股份转让系统。至年末，全市共有上市企业10家，募集资金总额126.21亿元；"新三板"挂牌企业4家。

【上市服务】 5月，市政府下发《关于鼓励扶持企业上市的补充意见》，对全市企业赴"新三板"挂牌的政策细则作了明确。调整了镇机关年度工作目标中上市工作考核科目：当年实现企业上市每家加3分，当年实现企业在"新三板"挂牌每家加2分。协助富士莱医药做好历史沿革确认材料，并报苏州市政府进行确认。组织国土、税务、商务局等部门和中介机构就华益科技上市涉及的相关问题进行协调，并由市政府下发会议纪要备忘录。协助忠明祥和做好公司扩产项目建设用地3公顷申请事宜。会同古里镇、房管处、地税局就亿通科技关联企业资产转让事宜召开协调会。根据企业上市扶持政策，分别兑现天银机电、中欧汽车、中来股份上市补贴资金267.56、149.50、243.53万元。根据个人限售股减持奖励政策，兑现奖励资金13.95万元。根据个人所得税缓征政策，富士莱医药缓征1184.48万元。系统梳理完善上市工作统计报表。对拟上市企业进行动态管理，重新调整确认拟上市企业名单。编印“新三板”相关政策资料，以及后备企业、中介机构，市上市工作领导小组成员单位和各板块上市工作分管领导通讯录等材料，理顺上市工作各参与主体的沟通机制。

【中来股份在深交所上市】 9月12日，苏州中来光伏新材股份有限公司在深交所创业板上市，股票代码“300393”，股票简称“中来股份”。中来股份总股本为1.19亿股，发行价16.42元/股。该公司位于沙家浜镇，主营太阳能电池背膜的研发、生产与销售，主要产品为中等表面能四氟型太阳能电池背膜，2013年度公司实现营业收入3.45亿元，净利润9770.43万元。（张　瑜）

责任编辑　刘品玉

常熟年鉴

CHANGSHU YEARBOOK 2015

中国人民政治协商会议常熟市委员会

综 述

【概况】 2014年,市政协常委会全力服务全市经济社会发展新常态,积极履职尽责,召开常委会议3次、主席会议4次,组织专题协商讨论10次,开展各项视察、督查等活动20余次,上报各类建议案、调研报告、社情民意信息专报16件。市委、市政府主要领导作出批示18次。市委、市政府领导22次参加市政协协商活动,并对协商建议给予充分肯定。268件提案,解决、基本解决和列入计划拟解决的占91.79%。全年召开党组学习会6次,举行委员学习培训2次,组织部分乡镇工委主任、政协机关干部赴全国政协培训中心学习,围绕各层次协商开展调研38次。

名城效应实现新放大 把放大历史文化名城效应放在突出位置,组织常委会议进行专题议政,"名城保护要整体推进""丰富历史文化街区规划并刚性执行""积极申报仲雍墓、言子墓、黄公望墓为国保单位"等协商建议,得到重视或采纳。《虞山文化流派》《常熟状元》两部文史专著出版后,引起史学界、文化界的热烈反响,发行5000多套。《虞山文化流派》获江苏省第十三届哲学社会科学优秀成果三等奖,苏州市第十二届哲学社会科学优秀成果二等奖,第十七届华东地区古籍优秀图书通俗读物奖。发挥政协文化特长和对外交流平台优势,分别与浙江德清、绍兴越城、陕西铜川等地政协举办书画联展4次,并制订激励措施,推动政协委员更高层次"走出去"进行文化交流,扩大常熟文化影响力。

队伍建设呈现新亮点 中共常熟市委高度重视政协工作和政协队伍建设,年初转发市政协党组《关于进一步发挥政协委员主体作用的意见》,为委员履职尽责创造良好环境。邀请委员列席重要协商会议成为制度,定期组织政情通报会,创建更多的知情明政双向交流机制。完善"走访委员、推动履职"活动,保持与一线委员经常性联络。深入开展"双岗尽责"主题活动,委员"参会率""参提率"同比分别提高5个和3个百分点,委员对政协组织的归属感和履职尽责的责任感显著增强。建立刚性、便利、可操作的委员年度述职报告制度,加强委员履职考核,明确考核结果使用,对失去代表性的委员及时进行调整和处理。增聘11位文化界人士为市政协特邀委员,扩大履职空间,进一步增强政协组织的包容性。

【苏州市政协十三届二十六次主席会议在常熟举行】 11月26日,苏州市政协十三届二十六次主席会议在常熟举行,会议就"深化农村改革,促进农民持续增收"开展专题协商。苏州市政协主席高雪坤,常熟市委书记惠建林,市政协主席徐永达出席会议。其间,与会人员参观了沙家浜镇春来劳务合作联社、梅李镇天宇村社区股份合作社,听取惠建林关于常熟促进农民持续增收情况介绍,听取苏州市委农办、市政协经科委的相关情况汇报,并听取委员发言。

1月6日,政协常熟市第十三届委员会第三次会议开幕

重要会议

【政协常熟市第十三届委员会第三次会议】 1月6日至8日，政协常熟市第十三届委员会第三次会议召开。会议应出席委员369人，实到347人。委员们听取市委书记惠建林的讲话；审议并通过市政协主席徐永达所作的《政协常委会工作报告》和副主席王永明所作的《政协常委会提案工作情况报告》；列席了市人代会，听取和讨论市长王飚所作的《政府工作报告》及其他报告。会议审议并通过《政协常熟市第十三届委员会第三次会议决议》。

【政协常委会议】 4月8日，市政协十三届八次常委会议召开，通报协商“放大历史文化名城效应，提升常熟文化竞争软实力”等问题。会议听取市政府关于“放大历史文化名城效应，提升常熟文化竞争软实力”的情况通报。

8月26日，市政协十三届九次常委会议召开，通报协商“打造品牌农业，提升产业优势”问题。会议听取市政府关于“打造品牌农业，提升产业优势”的专题通报。会议协商决定，项颖任市政协副秘书长、办公室副主任；卫欣任市政协港澳台侨（民族宗教）委员会副主任。因涉嫌违法违纪，会议通过决定，撤销徐建国、张永昌政协常熟市第十三届委员会委员资格。

12月26日，市政协十三届十次常委会议召开。会议听取市政府办公室关于《政府工作报告（讨论稿）》起草说明，并进行协商讨论；协商通过《政协常委会工作报告（讨论稿）》和《提案工作情况报告（讨论稿）》及两个报告的报告人；听取政协十三届四次会议筹备情况汇报；协商决定召开政协十三届四次会议事宜；审议政协专委会工作报告（书面）。会议协商决定有关委员调整事项，增补卫欣、王茵、尹柯、华雪明、张曾博、周虞军、项颖、顾君明、徐嘉、徐文胜、童建清为市十三届政协委员。

【政协主席（扩大）会议】 5月26日，市政协十三届九次主席（扩大）会议召开，通报协商“振兴红木特色产业”议题。与会人员视察东方红木家具展示区、海虞当代苏作红木家具展示馆，听取全市红木产业提升发展情况汇报。

8月1日，市政协十三届十次主席（扩大）会议召开，通报协商“美丽乡村建设”情况。

9月30日，市政协十三届十一次主席（扩大）会议召开，通报协商“区校合作、校企对接，加快发展现代职业教育”问题。

12月12日，市政协十三届十二次主席（扩大）会议召开，讨论、研究、部署市政协十三届四次会议工作。会议协商讨论《常委会工作报告（讨论稿）》、《提案工作情况报告（讨论稿）》，审议通过《市政协2015年学习计划》，听取市十三届政协部分委员调整情况汇报和十三届四次会议筹备情况汇报等。

政治协商

【党组集体学习调研】 4月23日，市政协党组成员和机关干部赴沙家浜开展集体学习调研，进一步推动履职为民。调研组一行参观了沙家浜爱国主义教育基地的廉政文化教育馆、革命历史纪念馆，接受党风廉政教育；参观玻璃模具龙头企业建华模具科技股份有限公司，听取企业负责人、政协委员马建华的报告。

5月23日，市政协党组开展集体学习调研，视察沿江地区重点防汛工程建设情况。调研组一行先后查看福山水道南岸边滩综合整治工程、长江澄通河段铁黄沙整治工程和长江应急水源地工程，听取防汛工作情况汇报。

7月1日，市政协党组全体成员及部分企业家委员，赴常熟农村商业银行集体学习调研全市金融工作情况。调研组一行实地察看了该银行小额贷款中心，听取银行发展情况专题汇报。

【主席专题视察】 4月25日，市政协开展“全市农村新型社区的建设和管理工作”主席专题视察。视察组先后到海虞镇海福新城和古里镇铁琴花园等小区，查看小区环境、配套设施和各类公共服务项目。

7月3日，市政协开展“城乡公共体育设施建设”主席专题视察。视察组一行实地察看元和市民文体活动中心、市东南体育中心、沙家浜文化体育公园等。

10月11日，市政协开展“提升养老服务能力建设”主席专题视察。视察组一行先后视察常熟市居家养老服务中心、北门大街社区居家养老服务中心、虞山颐养山庄和常熟市敬老院建设工程，听取关于全市养老服务体系建设情况的专题汇报。

10月30日，市政协开展“扎实推进公交优先”主席专题视察。视察组一行先后视察公交公司调度指挥中心、人民桥车站、虞山南路首末站和公交优先虞山北路改造工程,并听取情况通报。

【全员视察】 11月28日和12月5日,市政协组织委员开展全员视察,分两批围绕全市产业经济、生态环境修复、社会事业发展等方面,进行巡视察看。委员们分别视察新合作常客隆物流中心、碧溪现代设施农业科技示范园区、奇瑞捷豹路虎汽车有限公司、市第二生活垃圾焚烧发电厂和万达广场、市第一人民医院北部分院、游文小学、苏州曼隆电梯有限公司、常熟开关制造有限公司、南湖湿地公园。

1月23日,中国政协文史馆言恭达艺术研究院常熟分院暨常熟市政协书画室揭牌成立

【提案工作】 市政协十三届三次会议召开后,收到以提案形式反映的意见建议329件,其中全体会议期间319件,闭会期间10件。参与提案的委员230人,参提率达62.67%。经审查,立案268件,其中委员提案170件,市各民主党派、工商联、无党派知识分子联谊会提案83件,市政协各专门委员会、界别、镇(街道)工委提案15件。市委办、市政府办出台《关于进一步加强政协提案工作的意见》,对新形势下提高提案工作科学化水平提出了新要求。政府领导领办、政协主席督办重点提案机制进一步完善,7位副市长分别领办7件重点提案,政协主席、主席会议督办6件重点提案,重点提案"件件有落实,事事有结果",委员满意率100%。市政协常委会议定期研究部署提案工作,主席专题视察及时将提案关注的热点、难点纳入协商课题,与调研、视察活动有机结合,推动提办双方面对面交流,促进建议深化、对策完善。为切实提高提案质量,市政协树立精品意识,将提案的征集、审查、立案工作,作为提高提案质量的基础工程;搞好质量引导,编印《常熟政协》、印发学习资料、举办业务培训,提高委员运用提案履职的水平;抓好知情服务,印发提案征集参考目录、举行政情通报会、开展专题调研,引导委员选准课题、认真思考;严格执行审查立案标准,切实把好内容关、政策关和质量关。为切实提升工作水平,市政协创新服务方式,交办会以后及时召开重点提案承办单位座谈会;办理过程中适时举行办理工作推进会,有针对性地牵头提办双方座谈交流;加强经验总结和宣传报道,编印《提案办理专报》13期,《人民政协报》《江苏政协》等媒体刊登市政协提案办理类文章6篇;将提案答复办理情况汇编成册,为委员撰写提案提供借鉴,为部门决策提供参考;完善优秀提案评选机制,发挥优秀提案的示范激励作用。为切实增强办理实效,市政协深化提案督办,倡导提案者参与专题调研、视察座谈、意见征询,实现提案者深度介入提案办理全过程;会同市委办、市政府办,选择19件提案开展"回头看",对承办部门的提案办理、落实情况进行抽查和督查;完善"机关作风效能建设"中提案办理绩效评价细则,并做好对承办单位的履职评价。各承办单位把办理政协提案与密切联系群众、推进科学民主决策紧密结合,认真采纳提案建议,推动了实际问题的解决。268件提案,经59个承办单位认真办理,解决、基本解决和采纳委员意见的159件,占59.33%;列入计划的87件,占32.46%;留作参考的21件,占7.84%;不能解决的1件,占0.37%。从反馈的情况看,委员们对提案办理工作的满意率达98.51%。

【社情民意信息工作】 2014年,共收集反映社情民意信息72条,编发《社情民意专报》4期,市委、市政府主要领导批示5次。针对常熟每年3000多名顶岗实习生的意外伤害权益无法得到有效保障的情况,委员们建议要切实完善职校生顶岗实习意外伤害保险机制,保障顶岗实习生权益。相关工作得到推进。为加强粮油安全和保障供应,委员们提出要加快推进粮油交易市场建设。有关部门着手选址布局工作。此外，还将《放大名人黄公望效应》《加强对高危粉尘车间实时监控》《完善公交信息化站台建设》《规范活禽交易市场监管》等社情民意信息转送有关部门办理，有效推动了相关问题解决。

民主监督

【组织民主监督】 市政协组织小规模、课题性的主席专题视察活动，分别围绕“农村新型社区建设”“美丽乡村建设”“城乡公共体育设施建设”等议题开展视察，形成视察调研报告 14 篇，报送建议案 4 件，有效推动相关问题的解决。鼓励 60 多位应邀担任司法机关和政府部门特约监督员的政协委员，发挥民主监督、参谋咨询、桥梁纽带作用，推动政风行风改进和机关效能提升。围绕社会热点，政协党组就“防范金融风险”“新市民积分管理”“北部城市生活社区建设”等方面，及时进行调查研究，并通过调研报告、提案、社情民意、大会发言等不同形式提出批评和建议，实施民主监督。

【专委会基础更加扎实】 市政协各专委会在积极配合做好政协各类协商调研活动的同时，不断强化内功，扎实开展基础性工作。提案委员会围绕提案工作，全年共组织召开提案工作会议 5 次，回访听取委员意见建议 50 多次，着力推动提案建议落实。经济科技委员会走进企业帮助解决企业家委员生产经营中遇到的困难。城乡建设委员会积极关注城市建设和法治建设热点，围绕南部新城、城乡一体化建设和法治县市创建深入开展调研、积极建言献策，合力助推政府部门重点难点工作。社会事业委员会关注全市教育卫生资源整合与布局调整，认真组织调研活动，围绕发展全市幼教事业、加大民办学校扶持力度等议题协商建言。港澳台侨(民族宗教)委员会开展民族工作进企业、新侨创业发展情况调研活动，联合有关民主党派组织送医下乡。文史委员会编辑出版《常熟文史》综合辑(47辑)、《书香飘溢》文史特辑。《让国南来——仲雍》《南方夫子——言偃》两部文史专著的编撰工作顺利推进。

【发挥各民主党派、无党派人士的作用】 市政协坚持尊重和保障各民主党派、无党派人士在人民政协中的民主权利，积极为他们参政议政、发表见解创造条件、搭建平台。重要视察调研活动邀请民主党派人士参加，重要会议安排民主党派和无党派人士代表发言，民主党派提出的重要建议和提案纳入重点督办范围。民盟市委、民建市委提出的“营造和谐执业环境，建立良好医患关系”“健全政府法律顾问制度的思考和建议”等集体提案，民进市委、农工党市委撰写的“保护历史特色村落，留住江南水乡风貌”“将青墩塘北侧土形地建设成城市生态公园”的调研报告，民革总支、九三支社、无党派知识分子联谊会反映的“切实减轻社区负担”“加强流动儿童信息化管理”“加大普惠性幼儿园扶持力度”建议意见，得到市委、市政府的高度重视，并在制订政策、编制规划和具体工作中得到充分体现。

参政议政

【关注民情民生】 针对全市人口老龄化日趋严重的态势，以“提升养老服务能力建设”为切入点，进行协商议政，提出“加大托老服务机构建设”“加快助餐点布局完善”“着力搭建数据平台”等具体建议。围绕城区交通拥堵问题，以“扎实推进公交优先”为落脚点，开展资政建言，提出要以“全面推进学生专线公交工程”“全力保障公共交通路权优先”为突破口，大力推进公交优先战略。建议引起

出席市政协十三届三次会议的委员举行联谊活动

市委、市政府重视。根据委员建议，就"百年名校石梅小学发展问题"赴相关单位听取意见并实地调研，提出"解决学校停车难和推进校安工程、实施幼小分设"的建议。

【密切联系群众】 市政协党组积极倡导联系基层新形式，开展走进乡村、走进社区活动，宣传党和政府的方针政策，了解百姓关注的热点、难点，掌握基层的真实情况。全年走访村、社区20多个，收集基层建议意见近百条，转化成提案、社情民意信息25条，使政协各项履职活动更接地气。通过进一步深化常委结对捐资助学活动，推动委员察民情、知民意，更好地履职为民。活动开展两年，政协常委和相关委员累计个人捐款40多万元，切实解决贫困学生的实际困难。鼓励政协委员密切与所代表界别的联系，通过政协桥梁纽带作用，合理反映民意诉求。持续开展委员走进行业、走进部门，全年组织活动20次，参与委员近400人次，切身体验、零距离感受全市各行业、各部门的工作，更多地了解信息、更加理解、支持部门工作，进一步拓宽协商议政视野。

【推动建言落实】 根据市委、市政府"加强闭会期间市政协建议案办理""加强政协提案工作"的文件精神，在上两年工作的基础上，继续坚持政府领导领办政协重点提案制度，着力加强重点提案办理程序的规范化。市委、市政府领导高度重视政协提案工作，由7位市政府领导领办的7件重点提案，"采纳率"和"满意率"均为百分之百。政协提案委会同市委办、市政府办，对19件提案开展"回头看"，推动提案办理由"办结率"向"落实率"转变。同时，就市委、市政府主要领导对政协建议意见批示的落实情况，加强了跟踪问效和情况反馈，进一步推动协商成果的落实。《多措并举，扎实推进我市公共体育设施建设》中开通医保健身一卡通的建议，被采纳并落实，全市已开通医保卡定点消费健身场所7家。

【提升履职能力】 市政协党组按照市委统一部署，扎实开展教育实践活动，聚焦"四风"问题，对照为民务实清廉和"四治四兴"要求，紧密结合政协工作实际，精心安排学习活动，集中交流学习体会，深入开展谈心谈话，坦诚开展批评与自我批评，认真主动查摆问题，广泛听取意见建议，切实做到边查边改，较好地完成教育实践活动各项任务。认真贯彻中央八项规定和市委十二项规定，规范调研视察工作，避免选题重叠和时间、地点过于集中；规范各类会议活动，精简文件简报；严格执行公务接待标准，压减一般性支出等，在转变作风上取得明显成效。大力加强制度建设，健全完善了"改进调查研究""规范和改进各类会议""加强对离退休老同志服务"等制度。顺利完成市政协联谊会和研究会换届，按照上级要求和市委部署，规范了离退休干部社团兼职。

【政情通报会】 4月11日，市政协举行政情通报会，解读全市农村工作会议精神，促进委员知情明政、建言献策。会上，政协委员听取了全市农村工作会议精神解读，并就农业生态补偿的公平性和合理性、解决村级财力上升空间和渠道狭窄的矛盾、农业一线人才队伍培育等问题与相关部门进行了交流。

7月22日，市政协举行政情通报会，听取市政府关于上半年全市经济社会发展和金融风险防范、新兴产业发展等的情况通报。委员们提出，要主动适应和把握新常态下的发展环境，对库存项目，特别是一些投资额较大的基础性项目以及新入库项目，要严格遵循当前需要和长远发展相结合的要求，把控好申报、论证、审核等环节。

12月3日，市政协举行政情通报会，邀请市相关部门解读全市重点民生工程实施建设情况。与会各民主党派代表、政协委员围绕55个重点民生工程理性、坦诚、积极建言，达成"量力而行、适当超前、控制规模、重保民生"共识，并提出主动适应新常态下的发展环境、加大对保留村庄的改造力度、加快推进教育资源的合理布局、不断擦亮城市的文化名片等四方面的建议。

【政协委员专题学习讲座】 4月16日，市政协举行政协委员学习报告会，省委宣讲团成员、省委党校经济学部教授孙月平作"十八届三中全会解读"的专题讲座。全体政协委员参加培训。

10月31日，市政协举行专题学习讲座，中国人民政协理论研究会原秘书长原冬平应邀作"努力推进政协履职能力现代化"专题报告，回顾总结党创立和发展人民政协事业的光辉历程，解读习总书记在全国政协成立65周年大会上的重要讲话精神，对人民政协作为协商民主的重要渠道作解读，对全面推进协商民主建设进行系统分析。全体政协委员参加培训。

【仲雍、言偃文史专辑编纂启动】 2月18日，市政协《让国南来——仲雍》《南方夫子——言偃》

两套文史专辑编纂工作正式启动。两套文史专辑是政协按照文史工作五年规划的要求和放大历史文化名城效应的年度目标作出的工作部署，是在《虞山文化流派》《常熟状元》两部专辑出版的基础上，做深做实文化研究的重大举措。专辑的编纂，将弘扬两位先贤的爱国、创新、实践精神，扩大常熟文化的知名度和影响力。（[illegible] 容）

责任编辑 [illegible]品玉

常熟年鉴

CHANGSHU YEARBOOK 2015

纪检监察

综 述

2014年，全市各级纪检监察组织立足中央纪委“转职能、转方式、转作风”（简称“三转”）要求，聚焦中心任务、明确职责定位、改进方式方法、强化制度保障、严格执纪监督，持续推进党风廉政建设和反腐败工作。加快“三转”，清理调整议事协调机构，调整优化内设机构，直接从事执纪办案主业的内设机构占三分之二，执纪办案人员占60%以上。协助市委制定《关于落实党风廉政建设党委主体责任、纪委监督责任的实施意见（试行）》，出台《落实党风廉政建设党委主体责任监督检查和责任追究办法（试行）》，推动“两个责任”具体化、规范化。严惩腐败，全年共受理信访举报170件，查处各类违纪违法案件184件，为国家和集体挽回直接经济损失2500多万元。严抓作风，开展“清风行动”专项督查活动28批次，开展工作纪律专项整治行动，督查相关单位211个。推动建立“媒体问政”平台，在5个乡镇举办“基层行”活动，推出2场大型电视问政节目，430多条群众意见得到有效解决。查处违反中央八项规定精神的问题20起，处理党员干部21人，其中给予党纪政纪处分14人，对6起典型案例进行公开通报。全面推行机关作风效能积分制管理工作，研发领导干部廉洁诚信积分管理平台，推进制度廉洁性评估试点工作，选择住建、农委、城管3个部门先行试点。注重预防，开展第六个“5·10”训廉日主题活动。加强警示教育，制作警示教育片《人生镜鉴录》，召开全市领导干部警示教育大会，组织旁听职务犯罪庭审活动。强化自身，深入开展党的群众路线教育实践活动，组织委局机关干部开展“责任感、荣誉感”大讨论，分别举办纪检监察干部清华大学能力素质提升班和业务培训班，启动“青蓝结对”工程，提升履职能力。建立民情工作室，开展“阳光纪检”活动，建立新闻发布制度，完善内部管理制度7项，研发纪检监察干部监督管理信息系统。

12月16日，常熟市2014年度落实党风廉政建设责任制暨领导干部述职述廉报告会举行

执纪查案

【概况】 2014年，全市各级纪检监察组织查处各类违纪违法案件184件。其中，经济类案件41件，失职渎职案件8件，其他处罚类等案件135件，涉及副科级以上干部案件11件，18人被移送司法机关追究刑事责任，为国家和集体挽回直接经济损失2500多万元。重点查处：常熟市农副产品交易城有限公司原董事长兼总经理王勇刚受贿、非国家工作人员受贿、贪污、职务侵占案，涉案金额达400多万元；海虞镇原党委副书记、镇长顾浩受贿95.35万元案；古里卫生院原院长陆卫东受贿55.13万元案；海虞镇建管所原副所长章俊明受贿24.80万元案；常熟市农副产品交易城有限公司原副总经理季雪峰受贿18万元案。

【手机短信举报功能开通】 3月，市纪检监察部门在“碧水琴川”常熟党风廉政网首页开设手机短信举报栏目，公布专用接访手机号码，制定《常熟市纪检监察手机短信举报须知》《常熟市纪检监察手机短信举报受理范围》等制度，规范操作流程，严明保密纪律，方便群众安全、快捷地进行信访举报活动。

【网上在线接访平台开通】 12月，市纪检监察部门依托“碧水琴川”常熟党风廉政网，开通信访举报在线接访平台，用户进行身份注册后，按照系统提示填写信访信息，完成网上登记后即可与信访人员在线实时交流。平台具有上传文本文件、图片、视频、音频等功能。非工作时间则自动链接到市纪委网上举报邮箱、书记局长信箱，实现应用全天候。

党风政风监督

【概况】 2014年，全市党风政风监督工作主动适应全面从严治党新常态，加强党的纪律建设，驰而不息改进作风，科学有效预防腐败，督促落实党委主体责任、纪委监督责任(简称“两个责任”)，为全市构建风清气正的政治生态保驾护航。从严从实抓好“两个责任”落实，制定落实“两个责任”实施办法和相关配套制度，组织开展党风廉政建设责任制检查考核，抓好中央巡视组、省委巡视组反馈意见的整改落实，对落实“两个责任”不力的单位和个人严肃问责。认真贯彻落实中央八项规定精神，聚焦“四风”，深入开展作风建设专项督查和专项治理，完善作风建设相关制度规定。严查违纪违规行为，进一步巩固深化群众路线教育实践活动成果。强化廉洁自律各项措施，制定领导干部办理婚丧喜庆事宜规定，加强对领导干部请示报告情况的监督检查，发挥党员干部勤廉预警系统的日常监管作用，升级研发廉洁诚信积分管理平台，在抓小、抓细、抓实中督促领导干部落实廉洁自律要求。

【推动“两个责任”落实】 制定《关于落实党风廉政建设党委主体责任、纪委监督责任的实施意见(试行)》，厘清和明确党委、纪委落实党风廉政建设责任界限，制定出台《落实党风廉政建设党委主体责任监督检查和责任追究办法(试行)》《关于加强党风政风监督检查工作的意见》《常熟市纪委监察局约谈制度(试行)》等相关配套制度，形成“两个责任”完整制度链。对监督执纪中发现的落实“两个责任”不力等问题，约谈领导干部15人，其中党委、纪委主要负责人10人。协助市委开展党风廉政建设责任制检查考核，市委常委、党员副市长带队，与各被检单位主要负责人开展廉政谈话20次，提出整改建议162条。

【加大正风肃纪力度】 坚持作风建设每月一督查，建立完善党委、政府和纪委联动督查机制，紧紧抓住元旦和春节、“五一”和端午、中秋和国庆等重要时间节点，组织“清风行动”28批次，严肃整治公车私用、公款吃喝、公款旅游等问题。扎实推进反浪费反奢侈专项行动，全市公务接待、公车购置、因公出国(境)、会议等费用同比分别下降42.14%、45.32%、10.04%和55.60%。严肃查纠违规行为，对“四风”问题，坚决做到发现一起，查处一起。全年共对14件信访举报进行调查核实，对发现的问题始终保持“零容忍”态度进行查处。全年查处违反中央八项规定精神的问题20起，约谈单位14家，处理党员干部21人，其中给予党纪政纪处分14人，对6起典型案例进行通报曝光。

【强化领导干部廉洁自律】 进一步完善党员干部勤廉预警监管系统，加强日常管理，全市8095名党员干部纳入系统范畴，提示预警信息3862条。坚持从小枝小节抓起，全面推行作风效能积分制管理工作，及时预防和解决党员干部在作风、效能、纪律等方面苗头性、倾向性问题。升级研发廉洁诚信积分管理平台，通过全方位、多渠道的信息采集和科学严谨的评价考评综合评定领导干部廉洁诚信等级，作为干部选拔任用的重要依据。出台《规范领导干部办理婚丧喜庆事宜的暂行规定》，明确领导干部办理婚丧喜庆事宜“六个严禁”，坚决制止大操大办和借机敛财等行为。深入开展党员领导干部违规收受红包购物卡等专项整治活动，2014年全市党员干部主动上缴礼金、礼券、购物卡10.10万元，“5·10”廉政账户收到上缴金额74.45万元。

【建立“媒体问政”平台】 围绕作风建设新规定贯彻执行情况和社会民生热点问题，坚持以解决问题为根本导向，开展电视、广播、网络、报纸四位一体的“媒体问政”活动，着力解决联系服务群众“最后一公里”问题。在沙家浜、梅李、古里、辛庄、海虞等5个乡镇举办5场基层行活动，通过“广播＋网络＋数字电视”形式全程直播，邀请乡镇负责人、条线部门负责人与基层群众代表、企业代表面对面交流，采言纳谏、接受评议监督。在常熟新闻电视栏目开设“政风行风面对面”专栏，每期确定1—2个民生热点问题，进行深度追踪。以电视为载体，分别以“党的群众路线教育实践活动”和“作风建设在路上”为主题，推出2期大型电视问政节目，督促各类问题真正落实到位、解决到位。整个“媒体问政”活动开展以后，共收到群众提出的各类问题和意见建议430多条，全部得到有效答复和承诺。

执法和效能监督

【概况】 2014年，执法和效能

监督工作以“三转”为要求，突出执纪监督问责，大力开展工作纪律专项整治行动，推动全市服务型效能型机关建设。组织对环境、卫生执法和农业科技专项资金开展专项监督检查。出台《行政执法主体向监察机关移送涉嫌违反行政纪律案件暂行办法》，及时掌握案件线索和问责事项。完善绩效考评办法，继续在全市开展作风效能建设“十佳服务窗口”“十佳基层站所”和作风效能建设创新项目等竞赛评选活动。

【开展作风纪律常态化监督检查】 加强工作纪律监督检查，定期不定期通过明察暗访形式，对全市机关、事业单位、窗口服务人员上下班迟到、早退和工作时间脱岗以及在电脑上购物、炒股、打游戏等“不务正业”问题进行重点督查，开展全市面上督查5次，督查相关单位211个，下发整改建议书63份，对98人次作出批评教育、诫勉谈话或责令书面检查等处理。

【推进执法效能长效机制建设】 出台《常熟市行政执法主体向监察机关移送涉嫌违反行政纪律案件暂行办法》，及时掌握案件线索和问责事项，将涉嫌违反行政纪律案件移送工作规范化、制度化。督查和查处一批违规审批宅基地、违法建设、工程质量问题案件。妥善调处一批重点信访件，严肃追究相关单位和个人责任。切实加强“12345”便民服务平台、苏州“寒山闻钟”、省政风热线等投诉平台督处机制建设，严格督办，提高效率，确保事事有回音，件件有落实。

【深化作风效能绩效考评机制】 在“公仆杯”考评机制基础上，进一步建立机关绩效管理导向，调整完善机关作风效能建设绩效评价体系，科学设置评价指标体系，强化过程监测和督查，全面完成年度市级机关绩效评价工作。继续在全市开展机关作风效能建设“十佳服务窗口”“十佳基层站所”竞赛和作风效能建设创新项目等竞赛评选活动，营造你追我赶、服务经济服务发展的优良局面。

反腐倡廉宣传教育

【概况】 2014年，全市反腐倡廉宣传教育工作坚持围绕中心、突出主业，服务“三转”，着力为全市党风廉政建设和反腐败工作营造良好的宣传思想舆论环境。以“戒四风、葆本色”为主题，面向全市副科级以上领导干部开展微型廉政党课创作评比展示活动。抓住元旦和春节、“五一”和端午、中秋和国庆等时间节点加强作风教育。开展“常思贪欲害、绷紧廉洁弦”警示教育系列活动，通过参观警示教育基地、拍摄制作警示教育片、召开全市领导干部警示教育大会、旁听职务犯罪庭审等活动，筑牢拒腐防变的思想道德防线。在《常熟日报》、常熟电视台、“碧水琴川”常熟党风廉政网等媒体平台开设专栏、专题节目，约请27位乡镇、部门党委(党组)书记和纪委书记(纪检组长)接受访谈，进一步落实党风廉政建设党委主体责任、纪委监督责任。发挥“碧水琴川”廉政文化品牌的引领作用，通过举办勤政廉政辩论赛、廉政文化夜市、寻找身边的勤廉榜样等一系列活动，着力营造“廉荣贪耻”良好氛围。常熟广播电台《廉政时空》专栏节目播出52期，《常熟日报》党风廉政建设专版刊出12期，“常熟纪检”官方微博发布信息134条。全年被苏州市级以上报刊、专业网站录用稿件283篇。

【开展第六个“5·10”训廉日主题活动】 5月，会同市委组织部对2013年5月以后新提任的73名副科职以上领导干部及家属进行集中廉政教育。活动包括参观市反腐倡廉警示教育基地、签署并提交廉政承诺卡、赠送廉政读物、进行集体廉政谈话、召开新提任领导干部代表座谈会、开展旁听庭审、交流警示案例观后感和开展廉政知识测试等8项内容。各板块、各部门也结合自身实际，制定具体的方案和措施，采取开设专题讲座、开展专题培训、参观廉政展览、观看警示教育专题片、交流心得体会等多种形式，持续深化“5·10”训廉日活动，增强党员干部尤其是领导干部的拒腐防变、廉洁从政意识。

【开展“两个责任”宣传报道】 以全媒体、立体式宣教的方式集中开展“两个责任”宣传报道。在常熟电视台、《常熟日报》开辟“书记谈两个责任”专题专栏，从7月中旬开始，集中1个月的时间，密集宣传报道。在常熟电视台新闻频道黄金时段共播出“两个责任”个人专访11期，常熟日报刊发个人署名文章和个人采访稿件12篇，并刊发对常熟落实“两个责任”的文件解读。此外，在广播电台“廉政时空”栏目、“碧水琴川”常熟党风廉政网也开辟专栏，宣传各地各部门落实“两个责任”，推进党风廉政建设的经验、做法和成效。

【开展主题警示教育系列活动】 以“常思贪欲害，紧绷廉洁弦”为主题开展警示教育活动，依托市反腐倡廉警示教育基地，分期分批组织党员干部前往参观。2014年，全市共计有107批（次）5600多名党员干部参观警示教育基地。坚持以身边案警示教育身边人，以2013年以后常熟发生的典型案例为主要内容，拍摄制作警示教育专题片《人生镜鉴录》，召开全市领导干部警示教育大会，以案说纪。组织两场领导干部旁听法庭庭审活动，变庭审现场为警示教育课堂，教育手段更加丰富、效果更加明显。

【举办“碧水琴川”勤政廉政辩论赛】 以“为民、务实、清廉”为主题，在全市机关事业单位党员干部中开展勤政廉政辩论赛，经过广泛发动，报名组队等环节，全市有8支队伍参赛。6月25日至7月14日，先后进行了三轮七场的捉对交锋，参赛的代表队围绕“廉政监督八小时之内更重要，还是八小时之外更重要”“高薪养廉利与弊”等话题展开了唇枪舌剑，不仅激发了智慧较量的火花，传播了廉洁从政的理念，而且锤炼了相互协作的团队精神，展示了当代机关工作人员的良好风采。最终团市委代表获得辩论赛冠军。同时，挑选8名选手组队参加苏州“廉石之光·碧水琴川”勤政廉政辩论赛，并获得亚军的好成绩。

【举办第二届“碧水琴川”廉政文化夜市】 8月29日晚，在石梅广场举办第二届“碧水琴川”廉政文化夜市。活动主要设置警示教育展览，廉政灯谜有奖竞猜，廉政微电影（微动漫）、廉政公益广告展播，廉政文艺节目展示等环节，向社会传播廉政文化。其中灯谜竞猜推出以“群众路线”“作风建设”为主题的灯谜300多条，廉政文艺节目以崇尚廉洁、弘扬正气为主题，展示了歌舞《碧水琴川》、少儿经典诵读《说官》、评话《真正的纪委书记》、小品《审红包》、锡剧小戏《钟声》等一批群众和文艺团体自编自演的廉政节目。整个活动历时2个小时，在寓教于乐中向市民群众送去风清气正的精神食粮，营造廉荣贪耻的社会氛围。

【开展“戒四风，葆本色”微型廉政党课创作征集展示活动】 活动面向全市副科级以上领导干部，分三个阶段开展。第一阶段：廉政党课教案创作，各单位围绕12个建议主题，组织教案创作并择优推荐。共收集到23个单位33篇教案，邀请专家评委评选出了11篇优秀教案。第二阶段：廉政党课现场展示，组织11位优秀课件作者现场授课，邀请专业评委和群众评委，赋予不同的权重，根据综合评分评出一等奖1名，二等奖[illegible]名，三等奖3名，优秀奖5名。第三阶段：廉政党课网络展示。进一步运用活动成果，扩大教育范围，将优秀微型勤廉党课课件进行汇编，优秀教案及讲课视频挂在“碧水琴川”常熟党风廉政网，供各单位自主学习。

【举办“寻找身边的勤廉榜样”示范教育活动】 以征集勤廉故事的形式，充分挖掘和宣传常熟党员干部勤政廉政的先进事迹，树立起身边的勤廉人物形象。活动分动员推荐、集中采写、把关上报、组织评选、媒体宣传等5个步骤实施。活动自8月份启动开始，共收到各镇（区）、各板块和市级机关各部门、各单位推荐的勤廉典型[illegible]7个，并择优拟定20个候选人进行典型事迹的采写。经几轮筛选后，选定对端木银熙、张正明、李勇、闻丽娜、陈莉华等五位勤廉典型的事迹进行完善加工，并在《常熟日报》、“碧水琴川”常熟党风廉政网上刊登勤廉故事，鼓励各单位对身边的勤廉榜样开展学习宣传。

（黄[illegible]范）

责任编辑　文[illegible]品玉

常熟年鉴

CHANGSHU YEARBOOK 2015

民主党派
工 商 联
群众团体

中国国民党革命委员会苏州市委员会常熟市总支部

【概况】 2014 年，中国国民党革命委员会苏州市委员会常熟市总支部（简称民革常熟总支）下属支部 3 个，全年发展党员 6 人，苏州调入 1 人。年末共有党员 59 人，其中在职党员 45 人。党员中具有高级职称的 15 人，中级职称的 40 人，分别占 25.40%、67.80%。全年民革常熟总支共召开 3 次全体（扩大）会议，分别就 2014 年工作计划、年中检查落实、年末总结安排进行研究通报。建立参政议政、组织建设、社会服务、学习宣传 4 个专门工作委员会，对各专门工委的分工与职责也作相应明确。各支部分别围绕传统教育和廉政建设、新农村建设、农业节水灌溉、企业创新发展、通信事业发展、促进全民阅读、古镇历史文化保护、创新科技人才培养等专题开展活动，分赴沙家浜革命传统教育基地、李袁村、董浜镇、宝丰特纤公司、联通公司、市图书馆、唐市古镇、常熟理工学院进行学习调研。有关党员分别参加江苏省社会主义学院举办的基层组织负责人培训和市委统战部举办的党派干部及新党员培训、民革苏州市委举办的新党员培训班。参加由常熟市民主党派、知识分子联谊会开展的“传承光荣传统，服务百姓民生”广场咨询服务活动。全年编辑发行《团结通讯》7 期。

【参政议政】 在政协常熟市十三届三次会议上，民革常熟总支常熟市政协委员 9 人共提交个人和联合提案 13 件，集体提交《切实减轻社区负担的几点建议》等提案 7 件。其中，《关于进一步提升昭文路常浒河滨河绿带建设的建议》和市政协文史委联合提案《关于振兴常熟红木特色产业的建议》为市政府领导领办提案。会上，副主委杨怡芳代表民革常熟总支作《让常熟红木金字招牌重新闪亮起来》大会发言。民革常熟总支承担的《合理开发铁黄沙》课题，在市政协研究室带领下，主委边习虞等赴沿江地区参加座谈会。在中共常熟市委双月座谈会上，主委边习虞、副主委查银华分别就加强党风廉政建设、促进大气污染治理、推进传统制造企业转型、书架交通道路设施建设、发展生态循环农业和南门坛上保护和改造等建言献策。在由市委统战部开展“强组织、凝共识、聚合力”主题活动中，边习虞和查银华分别参加“常熟国家级农业科技园区创新发展”“常熟汽车产业链延伸及汽车服务业发展”民主党派联合调研组，并分赴山东、安徽进行调研并撰写调研报告。

【举办“绿色生活，从点滴开始”主题活动】 6 月 17 日，由民革常熟总支发起成立的“绿色公益团”走进梅李镇天字村，开展“绿色生活，从点滴开始”2014 年绿色公益团主题活动。绿色公益团在活动现场向天字村村民代表赠送环保书籍，向村民们宣读“创绿色生活，建美丽乡村”倡议书。绿色公益团还举行“食物养生——开启绿色生活”主题讲座，讲述低碳生活理念及食物养生知识，受到村民欢迎。

【开展古镇历史文化街区保护调研讨论活动】 11 月 12 日，民革常熟总支第二支部组织全体党员到沙家浜镇调研唐市古镇历史文化街区保护。调研组现场踏看古石板街、飘香园、杨彝纪念馆等历史文化景点，听取沙家浜镇领导对古镇保护措施和当前面临困惑的汇报，对唐市古镇石板街保护提出建议。

（仲　瑜）

民革党员夏中在社区开展志愿服务

中国民主同盟常熟市委员会

【概况】 2014年，中国民主同盟常熟市委员会（简称民盟常熟市委）有14个支部，盟员243人，其中新发展盟员13人。盟员平均年龄51.70岁，离退休人员占39.50%，中高级职称人数占95%，分布在教育、科技、文化、医卫等9个界别。民盟常熟市委坚持以思想建设为核心，通过深入开展学习、举办培训班、组织支部活动、发放学习资料等形式，坚定坚持走中国特色社会主义政治发展道路的信心。以民盟江苏省委十一届十次常委会议在常熟召开为契机，认真学习《民盟江苏省委关于加强机关建设的意见》，努力建设学习型、服务型、创新型党派。对部分支部班子进行增补和调整，民盟常熟理工学院支部增选一名副主委；民盟实验中学支部调整一位支部宣传委员。探索服务群众新方式，在泰山社区、报本社区和翁同龢纪念馆设立社会服务工作站，为社区居民和周边群众提供各类服务。组织广大盟员积极参与社情民意信息工作，开展"我为率先基本实现现代化献一策"活动，向市政协、苏州民盟报送的社情民意信息有20多条。年内，民盟常熟市委在民盟江苏省委开展"活力基层组织建设年"活动中，获组织奖先进集体；唐佩军获得组织奖先进个人；民盟综合支部获得先进基层组织；朱利华、陈红娟、赵金元等获得先进个人称号。

【参政议政】 民盟常熟市委参加市委、市政府召开的双月座谈会、党外人士座谈会、征求意见会10多次，就常熟经济发展、环境保护、现代农业、廉政建设等充分发表意见和建议，受到重视和采纳。在政协十三届三次会议、十四届人大三次会议上，民盟市委共向大会提交集体提案15件，盟内政协委员提交个人提案24件，盟内人大代表提交建议案4件。朱利华代表民盟市委作《营造和谐执业环境，建立良好医患关系》大会发言，《在推进城乡一体化过程中不断加强农村新型社区建设》等13篇调研报告作为民盟的书面发言。民盟市委提交的《规范中小学生课外培训机构，营造健康和谐教育环境》集体提案被列为市长领办提案，钱律新与他人合作的《关于加强街道门牌号管理的建议》提案被列为市政协主席督办提案。民盟市委集体提案《坚持政府主导，抓好学前教育》、谷裕民个人提案《严把食品进货渠道，确保学生在校用餐安全》、钱律新与他人合作的提案《迫切需要清理教育培训市场，防患于未然》被评为政协十三届二次会议以来的优秀提案，民盟界别被评为市政协先进界别活动组，孙洪、钱律新、黄斌被评为"双岗尽责"主题活动先进委员。民盟市委《规范中小学课外培训机构，营造健康和谐教育环境》《关于加快我市公共实训中心建设，构建现代职业教育体系的建议》《在推进城乡一体化过程中不断加强农村新型社区建设》3件提案被列入政协"提案回头看"重点。

【社会服务】 年内，民盟常熟市委继续打造"四送"（送文化、送医疗、送教育、送志愿）社会服务品牌。开展系列文化讲座和培训；进行支教助学活动，服务社区儿童；组织医卫专家和律师开展义诊及法律咨询；开办"社区讲堂"进行知识讲座等，受到好评。年初，组织书画界盟员分别到衡山社区、西泾岸社区、泰山社区，开展"迎新春、送春联"系列活动，同时，还向政协联谊会、侨联系统困难侨眷、盟员企业送去春联和祝福。暑假期间，组织书画界盟员为泰山社区中小学生开展书法培训。民盟文化支部在江苏省常熟中学"常熟籍当代艺术家书画作品捐赠仪式"上捐赠书画作品；与虞山镇学前社区书画爱好者开展以"丹沙舞动，齐绘宏图"为主题的书画交流活动。与上海民盟文广新委员会在评弹艺术馆联合开展"圆梦常熟行"下基层演出专场；赴海虞镇东泾村红杉树书场，为村里的老年朋友们送上评弹演出。4月20日，盟员参加常熟市各民主党派、无党派知识分子联谊会在市文化广场开展大型一场义务咨询服务活动，分别为市民进行医疗义诊、法律咨询和写对联等服务。4月27日，民盟常熟市委组织医疗和法律方面盟员专家，到尚湖镇练南村进行"爱心在民盟 服务新农村"大型综合咨询活动。民盟一院支部还组织盟员赴退休教师活动中心、老年公寓、看守所、新农村等单位开展义诊活动。6月，民盟常熟市委和市体育局结成爱心团队，开展"体育彩票公益金捐资助学"活动，资助江苏省常熟中学、常熟市中学及外国语学校在读高中的6位学生每人每月500元。"六一"期间，民盟市委开展"六一爱心助学"活动，捐助4位学生每人1000元。联合市体彩管理中心向东吴学校"常熟民盟图书室"捐赠图书2500多册和一批体育器材。通过企业界盟员资助甘肃

5月，市民盟一院支部联合虞山镇政协工委，组织医务工作志愿者到虞山镇敬老院开展义诊服务活动

南市20多位学生，并为礼县竹林小学捐赠教学电脑，提供资金改造学校部分设施。

【民盟中央原第一副主席张梅颖到常熟考察】 1月6日，全国政协原副主席、民盟中央原第一副主席张梅颖到常熟参观考察。在常期间，张梅颖一行先后参观考察了沙家浜革命教育基地、翁同龢纪念馆、江南文化展示馆、尚湖城市湿地保护等。她认为，常熟历史悠久，文化底蕴深厚，文化特色明显，生态保护较好，环境优美，希望常熟在文化方面不断创新发展，在环境方面越来越美丽。

【举行"我的民盟、我的梦"演讲比赛】 9月10日，民盟常熟市委举行"我的民盟、我的梦"演讲比赛。各支部12位参赛选手参加比赛。参赛选手围绕主题，追忆个人的成长经历抒发对国家走向富强文明的渴望，结合自己平凡工作的点点滴滴抒发对中国梦的理解，展望对祖国未来光明前景的期盼，表达成就"中国梦"是民盟与中国共产党同心同德的共同目标。演讲者充分表达自觉接受中国共产党领导、坚定不移走中国特色社会主义政治发展道路的信念与决心。比赛推选出6位选手代表常熟参加民盟苏州市委的演讲比赛。

（张 闽）

中国民主建国会常熟市委员会

【概况】 2014年，中国民主建国会常熟市委员会（简称民建常熟市委）共有16个支部、会员327人，设有参政议政、社会服务、三胞联络、老年和妇女5个工作委员会。市委机关设有组织处、宣传处、秘书处3个处室。成员以经济界为主延伸至机关综合部门、文教卫生、大专院校和各类中介组织等。会员平均年龄52.30岁，在职会员占73.70%，大专以上学历占80.70%，女会员占24.50%，有各级人大代表、政协委员43人。民建常熟市委重视理论学习，学习活动着眼于自我净化、自我完善、自我革新、自我提高，注重对全市经济社会发展、市情市貌的研究学习，组织专题学习中共常熟市委全体（扩大）会议等精神，研读全市的工作成果和工作重点，改进会的工作作风。重视各项制度建设，工作上严格遵守各项规章制度，坚持民主集中制原则，集体协商集体决定会的各项工作，定期召开主任委员会议、市委会议、基层组织负责人例会等。积极为骨干会员创造锻炼的机会，组织骨干会员参加民建江苏省委省、中共苏州市委统战部等组织开展的各类培训班。五个工作委积极有序开展活动：参政议政工作委组织考察调研活动完成全年专题调研任务、妇女工作委组织委员参观考察、老年工作委组织每月15日（固定）"社情民意"茶叙活动、社会服务工作委做好全年社会服务工作、三胞联络工作委做好联系联络联谊工作。各支部全年活动在6次以上，民建东南综合支部的先进事迹被中共省委统战部《挚友》等杂志刊登，并作为支部代表在民建苏州市委成立60周年大会上作交流发言。编印《常熟民建》会刊6期，全年在各级刊物网站上被采用信息240多篇（次）。东南综合支部获评民建江苏省委"先进基层组织"。

【参政议政】 1月6日至8日，在政协常熟市十三届三次会议上，民建常熟市委34名政协委员共提交14篇大会发言、13篇集体提案和45篇个人提案。集体提案《加大老城区、老新村供水改造力度，提升市民对实现基本现代化的满意度》、俞晓华等委员《关于加快我市现代物流业发展的意见和建议》、杨惠玉等委员《要结合环境保护，重视城区水系的改造与疏通》3篇提案，获市政协十三届二次会议以来优秀提案；大会发言《健全政府法律顾问制度的思考和建议》分别被市政府、市政协确定为市长督办提案、大会1号提案并得到具体落实。《加快实施中水回用保护水资源环境》等13篇大会书面发言占大会书面发言总数的26%；《关于进一步强化全民食品安全意识的建议》等13篇集体提案，《关于加强青少年生命教育的建议》等45篇个人提案，提案数量占本次政协提案总数的17.80%。5件提案列入政协提案办理回头看，占回头看总数的26.30%。民建常熟市委积极参政议政，通过参政议政工作委和政协民建界别组"两轮驱动"，坚持参政议政工作委"双月"例会制度，并根据不同课题成立相关专门调研小组，形成多篇大会发言和集体提案。调研报告《关于打击恶意逃废债重塑诚信常熟的建议》，获市委书记惠建林专门批示，并在《内部参阅》全文刊登。加强信息员队伍建设，拓宽信息渠道，完善报送机制，打造社情民意精品，发挥社情民意"直通车"作用，报送的《关于完善职校生顶岗实习意外伤害保险机制的建议》被常熟市政协作2014年第1期《社情民意专报》呈送市政府，得到市长王飚批示。

【社会服务】 年内，民建常熟市委继续打造"思源工程——生育关怀"和"民建志愿者分会"品牌，开展爱心助学、爱水护河、森林防火、文明城市督导、帮扶贫困家庭、赴云南地震灾区救灾、慈善捐赠等活动。推动校企合作服务地方。1月24日、2月14日，民建常熟市委分别在支塘镇、尚湖镇举行"东华评估·东南民建第一轮结对捐资助学仪式"，分别向30名家境贫困的学生送上每人1000元助学金和3套书籍，并承诺资助他们至大学毕业。4月5日清明节，民建常熟市委组织志愿者在宝岩公墓区，开展"爱我虞山"专项志愿服务行动。6月，会员企业仕德伟集团与常熟理工学院携手合作共建"仕德伟商学院"，这是全省首所由校企合作创办的电子商务专业院校。6月、9月，民建常熟市委和下属支部走访慰问结对失独困难家庭6户。9月，赴古里镇敬老院慰问，为70名老人送上慰问品。11月，组织开展"送医疗进企业"活动，组织市新区医院10多名医生前往市通江机械有限公司开展内科、外科、骨科、妇科、放射科等的咨询以及B超、心电图、骨密度测定等现场检测服务。12月，发起捐冬衣活动向黔西南贫困山区老百姓"送温暖"。

【民建江苏省委到常熟调研汽车产业】 6月10日至11日，民建江苏省委"江苏汽车产业发展"专题调研组一行，在驻会副主委兼秘书长郝星辰带领下到常熟调研考察。调研组一行分别考察"观致汽车"总装生产线、"路虎汽车"整车测试线，并听取两车生产、测试进展情况。调研组一行还在常熟经济技术开发区召开座谈会，听取常熟汽车产业发展规划的介绍，并就汽车生产、汽车生活、汽车文化等话题展开讨论。 （王 晔）

中国民主促进会常熟市委员会

【概况】 2014年，中国民主促进会常熟市委员会（简称民进常熟市委）共有12个支部，全年发展新会员9人，现有会员291人，主要来自教育文化出版界别。民进常熟市委加强自身建设，召开六届十一次全体扩大会议，从自身建设、参政议政、社会服务等方面对全年工作进行部署。在市委党校举办"坚持和发展中国特色社会主义学习实践活动"主题培训，市委委员、支部正副主任、近3年发展的新会员等近60名会员参加培训。结合"坚持和发展中国特色社会主义学习实践活动"，在全会开展相关主题征文活动，以主题活动增强组织归属感和凝聚力。在市政协十三届三次会议上，共提交大会发言1篇，书面发言7篇，集体提案16件，个人提案28件，委员参提率为

1月24日，民建常熟市委开展爱心助学活动

100%。举办“书画服务”“彩虹行动”“民师之家”“扶贫帮困”等系列活动。2014 年，民进常熟市委被民进中央授予“全国组织建设先进地方组织”荣誉称号，被民进江苏省委授予“江苏省组织管理系统先进单位”和参与民进中央“同心彩虹行动”贡献突出单位等荣誉称号。

【参政议政】 在市政协十三届三次会议上，共提交大会发言 1 篇，书面发言 7 篇，集体提案 16 件，个人提案 28 件，委员参提率为 100%。其中，《放大历史文化名城效应三几点建议》被评为政协主席会议督办提案。集体提案《关于在全市范围内开展对失独家庭调查，对失独家庭给予政策援助的建议》及陈卫明提交的《编制常熟人文地图，推进常熟人文旅游的建议》个人提案，被评为市政协十三届二次会议优秀提案。是年，民进常熟市委针对粮油产销矛盾突出、粮油安全管理尚未全覆盖等问题，多次赴市粮食局、卫生局等部门，就粮油供应、粮油质量安全、粮油市场建设等方面进行专题调研，并向市政协提交《我市粮油交易市场建设刻不容缓》的社情民意，得到市政府主要领导批示。3 月，民进界别活动组与医卫界别组开展联合活动，就民营医院的生存状况以及医疗卫生资源的均衡化配置开展调研。6 月，和中国人民大学研究院文化产业研究院常熟分院开展活动，就常熟书画产业的现状与发展进行座谈。7 月，民进市委调研组赴市城投公司开展调研，就保障房建设了解相关情况。还参与党派联合调研，与民盟、民革就国家级现代农业产业园区建设开展深度调研，为常熟市现代化农业发展献计献策。

【社会服务】 年内，民进常熟市委举办“书画服务”“彩虹行动”“民师之家”“扶贫帮困”等系列活动。1 月，民进书画家走进西泾岸社区，开展“新春纳福、名家挥毫、福进千家”送春联活动。4 月，沙土镇常熟希望学校教师到常熟参观学习，江苏民进“彩虹行动”第 21 期（常熟）培训班顺利结业。5 月，民进市委机关带领联二支部前往市儿童福利院看望孤残儿童，支部主任陆雁代表联二支部送上价值数千元的日用品。6 月，赴市委党校开展送书画活动，助推党校文化建设。在“八一”建军节到来之际，组织 8 位书画家到市人武部开展书画拥军活动。9 月 21 日至 26 日，常熟民进送教团一行 6 人参加江苏民进“彩虹行动”，前往贵州省毕节市金沙县沙土镇，开展对全镇教师的培训、交流以及捐资助学活动。10 月，启动新一轮“民师之家”送教活动。

【民进中央到常熟调研】 10 月 14 日，民进中央社会服务部副部长刘文胜一行到常熟调研。刘文胜一行参观了民进常熟市委“民师之家”活动室，并参加座谈。民进常熟市委介绍了常熟民进的概况及社会服务工作三大品牌——彩虹行动、书画服务、民师之家，并详细汇报了“民师之家”工作开展情况，分享了民进常熟市委在摸索与创新社会服务工作取得的成功经验，以及今后工作的设想。对常熟送教团赴贵州，开展彩虹行动帮教工作的情况也做了介绍。

（俞丹洁）

12 月 23 日，在民进江苏省第九届委员会第四次会议上，省政协副主席、民进省委主委朱晓进授予民进常熟市委“民进全国组织建设先进地方组织”牌匾

中国农工民主党常熟市委员会

【概况】 2014 年，中国农工民主党常熟市委员会（简称农工党常熟市委）下设秘书处、组织处、宣传处 3 个工作部门和参政议政、青年工作、社会服务、老龄妇女 4 个工作委员会、1 个总支、14 个支部和 1 个直属小组。2014 年分别在医药

卫生、环保、国土资源、经济、文化部门等发展党员13名，从泰州转入1名党员，现有党员341人，具有中高级职称的328人，占96.19%(其中正高级技术职称30人，博士3人，硕士13人)。党员中现有苏州市人大代表2人(其中常委会委员1人)，苏州市政协委员1人；常熟市人大代表1人(常委会委员1人)，常熟市政协委员28人(其中常委4人)。年内，开展坚持和发展中国特色社会主义学习实践活动，下发《中国农工民主党开展坚持和发展中国特色社会主义学习实践活动(2013—2017年)工作规划》。举办学习贯彻中共十八届三中全会精神辅导报告会。组织党员参与农工党中央“中国梦·我的梦”主题征文和“中国梦·农工情”演讲比赛，共收到征文13篇，其中市中支部党员马红燕的征文《塑造有爱、有梦想的人类灵魂的工程师》被农工党中央刊物《前进论坛》录用。

【参政议政】 在市政协十三届委员会第三次会议上，农工党常熟市委提交14件集体提案，《整合资源，科学发展健康体检工作》作为大会发言，《打造城市河道景观，张扬江南名城个性》等6篇调研报告作为大会书面发言，《关于将青墩塘北侧楔形地建设成城市生态公园的建议》被列为市长督办提案；28名委员提交30篇个人或个人联名提案，参提率达100%。集体提案《关于加强维修基金管理使用的建议》及个人联名提案《关于创建常熟市“无线城市”的建议》被评为优秀提案；赵康被评为“双岗尽责”主题活动先进个人；市政协农工党界别再次被评为先进界别活动组。同时，农工党常熟市委首次参与农工党省委调研课题的招标，并中标“构建社会化养老服务体系”课题，于9月份结题并提交报告。10月，承办农工党苏州市委市、县联动专题研讨会，组织参观城北污水处理厂，围绕“关注城镇化建设中的生态问题”进行发言讨论，毛敏文、苗丽萍分别在会上作《常熟城市化过程中环境问题研究及对策》和《完善我市城镇污水处理工作的建议》发言。

【社会服务】 4月，“世界卫生日”期间，农工党常熟市委举行“中医同行”走进常熟世界卫生日大型义诊活动暨农工党苏州市委“前进科普学校——医疗帮扶基地”揭牌仪式。活动组织10名苏州及常熟的医疗专家为周边百姓开展义务医疗咨询，并对东明医院全体医护人员的进行医学新知识培训。年内，在继续对原有结对贫困学生进行帮扶的基础上，农工党常熟市委进一步拓展帮扶范围。由梅李镇政府推荐家庭困难、成绩优秀的学生5人得到“一对一”帮扶。农工常熟市委共对贫困学生12人实行定点定向的长期帮扶，其中市委帮扶学生5人，基层组织帮扶学生2人，党员个人帮扶学生5人。11月初，农工常熟市委继续对常熟理工学院物电学院大学生10人发放爱心助学金。医药支部党员李涛热心公益事业，2014年继续以公司名义在常熟理工学院设置“金申奖学金”，其名下“常熟市小天使关爱基金”继续捐款20万元。是年，组织开展10多次送医服务。3月，农工常熟市委组织内科、呼吸科等专业的医务人员开展学雷锋进服装城琴南社区活动，为一些行动不便的老人们提供“一对一”诊疗服务；4月下旬，组织医务人员参加常熟市各民主党派、无党派知识分子联谊会纪念“五一口号”发布66周年广场咨询服务活动。5月中旬，组织开展“环境与健康宣传周”活动，制作以城市(镇)环境与健康为主题的宣传展板，在全市各乡镇展示宣传一周，并组织党内多名医疗专家在石梅广场为广大市民开展义诊服务。市第一人民医院支部自2010年在古里紫霞村设立固定医疗服务点以来，坚持定期派医疗专家到村里为农民开展服务，至年末义务诊疗2500人次，对近[illegible]例病人开展上门送医送药服务；第二人民医院总支坚持每二周派三名专家到老年公寓坐诊，9月下旬向市老年公寓捐赠B超机1台，同时还组织医疗专家在老年公寓进行义诊活动。

【举办应急救护技能比赛】 12月28日，农工党常熟市委应急救护技能比赛在市医疗急救中心举行。共有11个代表队、3[illegible]人分专业组和非专业组进行心肺复苏和包扎伤口比赛，参赛选手都已经获得“中国红十字会救护培训师资证书”，并具有应急救护培训经历。第二人民医院总支二支部、城建支部委员会分别获得专业组和非专业组的一等奖，第三人民医院支部、常熟市中学支部分别获得专业组和非专业组二等奖。（陈[illegible]新）

九三学社常熟市支社

【概况】 2014年，九三学社常熟支社有成员23人，其中高级职称者14人，主要分布在高校、医疗等系统。年内新发展社员2人，其中1人为常熟理工学院博士副教授,1人为常熟市元和牙科诊所医师,预备发展对象5人。九三学社常熟支社与对口联系单位常熟市科技局、常熟市技术质量监督局联合开展乡镇农业科技、城乡一体化、企业科技、质量监督等社会调研,并与常熟市技术质量监督局讨论联合申报课题。积极参与参加民主党派集体调研和市政协、市政府有关部门的座谈会,组织有关社员先后到上海市、四川成都市、山东寿光市以及省内昆山、张家港等地开展自贸区、现代农业、休闲旅游、农业科技园发展、古城保护等课题调研,撰写并提交调研报告,与有关部门加强沟通,对政协提案、社情民意落实情况给予跟踪,不断提高参政议政水平。

【参政议政】 九三学社常熟支社社员参加民主党派集体调研活动,以及市政协、市政府有关部门座谈会,积极建言献策。在市委组织的"双月座谈会"上,就反腐倡廉、现代农业、国家能源科技园发展等问题作专题发言。组织社员参加九三江苏省委组织的课题招标并中标3个(苏州市共4个),创全省支社中标率最高,获九三江苏省委、九三苏州市委参政议政、宣传工作先进单位、先进个人奖励。参加市民主党派联合调研,向常熟市政协提交提案6个,向九三学社苏州市委报送信息9条,主委童举希担任常熟市科技局、常熟市人力资源与社会保障局行风监督员,以"行风监督员"身份参加市纪检、纠风办组织的行风评议工作。

【社会服务】 社员朱文新带领牙科医生到市科技局开展义诊,在职社员立足本职工作,服务地方经济社会发展,积极参与社会服务工作。童举希评为"江苏省第11届优秀科技工作者",施杨坚持为科技局编制软课题成果汇编,还长期在人社局培训班担任培训讲师,为地方培养实用人才。魏亚平、段莉萍、张青松、钱伟新热心为病人服务;童举希做到教书育人和党派工作两不误,努力做好教学和管理工作。陈安丽把日语教育和日资企业挂钩,使学生既得到锻炼又为日后就业奠定基础,受到学校表彰。

(童举希)

常熟市工商业联合会(总商会)

【概况】 2014年,常熟市工商业联合会(总商会)共有基层商会13个,行业商会16个,异地商会11个。年内,餐饮业商会安徽分会、古里镇琴东村商会、沙家浜镇横泾村商会、辛庄镇青年企业家商会、市江西商会分别成立。市缝制机械商会、无纺业商会、古里镇针织商会、江南集团商会、市义乌商会、市温州商会分别换届。制定下发《常熟市异地商会换届选举工作意见》《关于做好基层商会换届工作的意见》,出台《关于加强基层商会建设工作的意见》《关于加强异地商会建设的若干意见》。开展"转型升级——民企再出发"主题宣传活动,积极参与市劳动关系三方协调,参与劳动三方企业欠薪专项治理行动,推进工资预警与处置工作。特邀市仕德伟实业集团董事长夏伟量作"大数据时代下企业家新思维"专题讲座;选派3名新生代企业家参加苏州市非公经济人士"浙江大学高级工商管理研修班"。搭建法律服务平台,先后成立市汽车流通商会、市湖北商会、海虞镇商会、辛庄镇商会人民调解委员会;举行"服务商城·法律惠民"大型义务法律咨询活动,开展"律师进民企服务月"活动,走访近20家企业,向企业赠送《常熟市总商会法律服务团律师手册》《企业防范常见法律风险》宣传折页。先后接待张家港、常州武进区、大连甘井子区等工商联考察团;启动澳大利亚维多利亚州企业家到常熟驻点交流工作,协调澳洲O.M.A货架货柜陈列系统有限公司董事长达里尔·莫斯一行赴货架行业重点企业考察。组织企业参加"中亿丰"杯苏州市首届民企运动会。参与公益事业,在商会系统开展"梦圆2014,让爱传递温情暨流动儿童六一关爱行动",捐赠款项近10万元。组织开关制造有限公司、长城轴承有限公司等骨干企业家赴四川,向绵竹土门镇灾区贫困学生资助20万元光彩基金。积极参政议政,在市政协十三届三次会议上,作《政企同行、创新引领、加快提升服装产业》大会专题发言,提交《关于引领非公经济人士健康成长的建议》等8件团体提案,提交《打造常熟绿色生态纺织服装新材料、新产品、新技术产业交易中心》等5件个人提案。

【开展"转型升级,民企再出发"主题宣传活动】 4至6月,市工商联在2013年主题宣传活动的基础上,联合市委宣传部开展"转型升级,民企再出发"主题宣传活动。此次宣传活动以宣传民营企业集体为主,以宣传民企个人典型为辅。宣传常熟民企"弘扬'崇尚实业、产业报国'"的苏商精神,宣传民企在常熟率先基本实现现代化的积极成果，以及民企在经济发展中的成功案例等等，集中围绕企业科技创新、转型升级、诚信守法、劳动关系和谐、非公党建和企业文化、奉献社会等6个方面展开。在各商会上报宣传名单的基础上，选取15家具有代表性的企业进行集中宣传。宣传活动在社会上引起较大反响，展现民营企业和企业家的良好社会形象，让社会公众度对企业家有更多的理解和支持。

【沙家浜镇首个村级商会成立】 7月10日，沙家浜镇首个村级商会——横泾村商会正式成立，并依法选举产生首届商会理事会成员。马建华当选为沙家浜镇横泾村商会会长，毛天一、王瑞龙、马保元当选为沙家浜镇横泾村商会副会长，金建新当选为沙家浜镇横泾村商会秘书长。同时经理事会推举，聘请沙家浜镇横泾村党委书记张坤云、横泾村村委会主任吴卫良担任沙家浜镇横泾村商会名誉会长。横泾村商会成立后，积极发挥“桥梁”和“纽带”作用，在政企沟通、行业自律、力量整合、商业协调、对外交流、推动发展等各方面有所作为。

【常熟市江西商会成立】 9月28日，常熟市江西商会召开第一次会员大会暨成立大会，选举产生首届理事会，理事会由30个理事单位组成，陈振富当选为会长。商会共有会员单位117个，涉及各行各业，主要有纺织服装辅料设计、研发、生产，有家居装潢装饰、建筑工程，有机械、商业设备制造，有餐饮、食品流通服务业，有文化教育、技术信息和金融及其他经营行业，从业人员约10万人。商会下设5个行业协会，为纺织服装服饰辅料协会、家居装饰建筑工程协会、餐饮食品流通服务协会、机械设备制造汽车业协会、文化教育科技信息化协会。

9月28日，常熟市江西商会揭牌成立

【组织企业家赴土门镇慰问】 11月18日，工商联组织民营企业家专程赴四川省绵竹市土门镇，进行慰问活动。慰问团一行先后参观考察常熟援建的土门镇中学、小学、卫生院等单位和“5·12”绵竹地震纪念馆，实地察看土门现代农业规划基地、服务业发展规划基地等，并和部分当地民营企业进行座谈对接。在镇政府举行了常熟市光彩事业促进会光彩捐赠仪式，送上总商会民营企业家20万元光彩捐赠款，对60名失去亲人、家庭困难的中小学生和20户特困家庭分别送上光彩慰问金。

【建立商会人民调解委员会】 2014年，汽车流通商会、纺织服装商会、海虞镇商会、辛庄镇商会、湖北商会相继成立调解委员会。调解委员会由商会会长、秘书长担任正副主任，常务副秘书长及法律顾问，任调解委员会调解员，各调解员还身兼民间纠纷矛盾信息员。调解委员会的成立，有助于维护纠纷各方合法权益，进一步激发商会活力，营造良好的商务环境，促进会员诚信守法经营，和谐友好相处。各调委会全年共调解各类经济纠纷6起，标的额1.16亿元；调解汽车质量纠纷30多起，标的额100多万元；调解劳资纠纷、合同纠纷、担保纠纷等其他纠纷20多起，标的额达500多万元。（辛惠珠）

常熟市无党派知识分子联谊会

【概况】 2014年，常熟市无党派知识分子联谊会（简称知联会）有会员45人，平均年龄44岁。有省人大代表1人，苏州市人大代表2人，常熟市人大代表4人（其中2人为常委），苏州市政协常委1名，常熟市政协委员25人（其中6人为常委）。知联会在全体会员中开展坚持和发展中国特色社会主义学习实践活动。开展“爱党爱国爱岗爱会”的“四爱”教育实践活动，通过参加培训班、报告会、参观考察、观看《生命线》、“同心共筑中国梦”系列活动、纪念“五一口号”以及自主学习等多种形式，自觉树立正确的人生观、价值观。

【参政议政】 知联会围绕市委、市政府中心工作和人民群众关注的民主问题，影响稳定和发展的焦点难点问题，组成调研组赴四川、浙江等地，围绕“切实加强我市历史建筑保护与管理”“构筑农业科技支撑体系，加快我市现代农业发展”两大课题进行实地考察调研。先后到市农委、市农科所、市文物局、住建局、规划局等部门与有关乡镇作一系列专题调研，形成市政协十三届三次会议的大会发言。9月，知联会在市政协社情民意专报上反映的“我市沙家浜路天然气加气站周边存在重大安全隐患亟待关注”受到市委、市政府重视，主要领导分别作出批示，督促有关职能部门立即整改，彻底消除安全隐患。

【社会服务】 知联会打造出无党派知识分子服务社会的“同心”品牌。为帮助解决当前大学生就业难题，组织会员单位江苏亿通等企业招聘应届毕业大学生就业，亿通公司每年接纳大学毕业生20多人。在常熟理工学院主办旅法青年演奏家张龙、李艳楠——单簧管、钢琴音乐会；长期帮助苏州市级退休劳模1名和资助古里小学贫困学生1名。8月，通过市红十字会向云南鲁甸地震灾区捐款1万元。（陆家琪）

常熟市总工会

【概况】 2014年，全市各镇（区）、系统工会开展营销推介、旅游讲解、叉车操作、红木雕刻等各具特色的技能比赛120多场次，参赛职工超万名。市总工会评选表彰常熟市技术创新能手50名、优秀技术创新项目50项、优秀节能减排合理化建议成果30个、优秀合理化建议金点子30个、工人先锋号60个；评选表彰2011－2013年度常熟市劳动模范100名；联合市文明办评选表彰常熟市文明岗50个、文明职工100名。新建成全国职工书屋示范点1家、苏州级示范点9家、市级示范点21家。全市建会企业“两个合同”签订率达100%，签订行业性工资集体合同14份。选树职代会典型企业和“双向承诺”典型企业各20家。全市建会企业工会劳动法律监督机构建制率达95%。工会劳动关系预警网共收到各类预警信息93条，市总劳动仲裁庭调处纠纷72起。新建职工服务站14个、企业职工服务点17个。全市各级职工帮扶服务组织共受理各类法规、政策咨询1万多起、劳动争议2100多件，救助生活困难职工1200多人次。组织353名困难、特困职工进行免费体检。组织第五期职工互助会鉴定会3次，补助参会职工74名，发放补助金60.20万元。全市共新增建会企业536家，其中单独建会企业240家，新增行业工会5家，新增会员2.80万名。创建苏州市模范职工之家10个、模范职工小家5个。通过2011—2013年3年普遍建会工作，全市规模以上企业建会率95.60%，全总数据库企业建会率95.65%。是年，常熟市总工会获江苏省组建工会和发展会员优秀奖，成为苏州各市、区中唯一获此荣誉的单位。

【开展元旦、春节送温暖活动】 2014年元旦春节期间，市总工会分6组，对城区、各镇共21户困难职工进行走访慰问。全市各镇、系统、基层工会也开展各种形式的送温暖活动。双节期间，全市各级工会共慰问困难职工近700户，发放慰问金97万多元。

【开展“送清凉、送安全、送法律”活动】 7月31日，市总工会慰问人员到城区环卫所、邮政投递组、建设工地等生产一线开展“三送”慰问活动，为2500多名职工送

4月28日，常熟市庆“五一”劳模事迹巡回宣讲启动仪式暨先进表彰大会在常熟大剧院举行

上价值近13万元的防暑降温用品及《常熟市工会法律工作实务手册》《职业危害防治知识职工普及读本》等宣传读本。

【2014年工资集体协商“要约行动”启动】 3月份起，市总工会在全市范围内全面启动工资集体协商“要约行动”，其中3月、4月为“集中要约月”，5月、6月为“集中整改月”，7月、8月为“集中督查月”。2014年“要约行动”的目标是：至年底，保证集体合同、工资专项集体合同率均达建会企业数的100%；百人以上企业职代会建制率、厂务公开实施率达95%；形成从市、区（镇）到区域（行业）工会工资集体协商指导服务网络。

【乡镇职工服务中心派驻律师】 常熟市总工会推出法律援助律师进驻乡镇职工服务中心，为职工群众提供法制宣传、法律咨询、法律援助和参与调解等服务的利民服务新举措。从6月1日起，市总工会向已通过苏州市总工会验收的职工服务中心，派驻律师。每月10日、25日在常熟市职工服务中心，每月5日在虞山镇职工服务中心、梅李镇职工服务中心、碧溪新区职工服务中心，每月15日在支塘镇职工服务中心、沙家浜镇职工服务中心、辛庄镇职工服务中心，指派专职律师向职工提供法律援助服务。

【市劳动模范暨首届技能状元大赛表彰大会举行】 4月25日，常熟市劳动模范暨首届技能状元大赛表彰大会在市电视中心演播厅举行。市领导惠建林、王飏、徐永达等出席大会并为获奖者颁奖。大会表彰了2011—2013年度常熟市劳动模范、常熟市首届技能状元大赛各项目状元以及常熟市职业技能大赛“五一劳动奖章”获得者。

【2014年“金秋助学”活动】 8月，历时一个月的2014年常熟市总工会“金秋助学”活动结束。本次助学对象为由市总工会认定并已纳入全国工会帮扶工作管理系统的2014年度特困职工和2013年度困难职工家庭的在校就读子女，助学资金主要从市总工会困难职工帮扶专项资金中筹措。在此次“金秋助学”活动中，共有179名符合条件的助学对象接受了救助，累计助学金额14万元。 （张欢）

共青团常熟市委员会

【概况】 2014年末，全市有14—35周岁的青年常住人口28万人，其中团员59732人；直属团组织39个，基层团委数151个，基层团工委数6个，基层团总支数127个，基层团支部数2332个。年内全市各级团组织开展技能比赛36场，7个职业（工种）、1000余名青年职工参加。举办“青年文明号”争创集体负责人培训班，推进“青年文明号信用建设示范行动”、实施青年文明号“五个一”计划、开展青年文明号广场志愿服务，强化对文明青年号集体的考核和管理，把品牌形象向“两新”组织延伸。全市新增省级青年文明号2家，苏州市级青年文明号7家。共有国家级青年文明号7家，省级青年文明号28家，苏州市级青年文明号141家，常熟市级青年文明号358家。是年，团市委获2014年度全省团属报刊宣传工作“先进单位”、江苏希望工程“圆梦行动”优秀组织奖、2014第九届苏州阅读节优秀活动奖。

【青年理想信念核心教育】 2014年，团市委开展团内“三会一课”、团干培训班、专题讲座、分享座谈、读书报告会；成立常熟市“红领巾工作室”，开展少先队工作研究，进一步推进全市少先队辅导员队伍专业化发展；组织团员青年深入学习党的十八大、十八届三中全会和团的十七大精神等重要科学理论，不断增强思想政治工作的针对性和实效性，不断提高团员青年

9月17日，团省委到常熟走访调研基层团建工作

的思想政治素质，进一步坚定广大团员青年的理想信念。以青年节、建队日等重大节庆日为契机，广泛开展“投身十二五 · 献礼 90 周年”“党是阳光我是花”“青春与梦想”“悦动青春”青年风采秀等以观摩学习、宣讲征文、诗歌朗诵、专场会演为形式的主题活动，把培育和践行社会主义核心价值观作为主线，贯穿到活动的全过程。

【基层团组织建设】 团市委深入开展基层党建带团“三结对一创先”活动，进一步推动党建带团建创先争优落到实处、取得实效。召开全市基层团组织建设推进会，针对大量青年向“两新”组织集聚的特点，探索推行行业建团、产业链建团、联合建团、源头建团等各种团建模式，进一步加大非公团建工作力度。全市新建非公团组织 1104 家，实现规模以上符合建团条件企业全覆盖。在全面理顺各乡镇直属团组织关系的基础上，探索实施“社会义工＋社区学校＋社会组织”大团建项目，通过在非公企业团组织中成立义工（青年志愿者）队伍、依托青年中心和团员服务中心加强联系服务、引导凝聚青年社会组织的方式，进一步推进基层团建活动项目化，更好地促进基层共青团工作的整体活跃。

【青年创业就业服务】 全市建立“青年就业创业见习基地”111 家，提供见习岗位 2758 个，吸纳见习青年 1581 人，推送就业青年 500 余人；建设残疾青年职业培训基地，开展“赢在常熟——全国大学生创业大赛”、青年创业计划大赛等创业比赛活动，营造浓厚创业氛围；组织青企会员赴浙江大学培训，为会员企业发展挖掘创业资源。拓展与金融机构合作方式，通过贷款优惠、风险支持、简化贷款手续等方式，为常熟创业青年提供政策扶持；加强与人力资源和社会保障、财政等部门协作，落实见习基地扶持政策；建立青年职业农民协会，评选常熟市农村青年创业致富带头人。

【青年志愿服务】 2014 年，常熟市以“悦动青春”服务品牌为载体，在加强社会服务管理改革进程中，积极创新工作理念，支持青年自组织建设，重点关注各大志愿服务公益社团。联合市委组织部下发《关于面向全市青年群体招募青年志愿者协会会员的通知》，吸收优秀青年加入志愿公益队伍。开展“文明交通志愿服务周周行”、青少年环保公益小额资助项目征集、村庄环境整治“彩虹行动”“共植青春林”、节能减排广场宣传活动，以及空巢老人情感陪护、剪纸艺术公益培训、关爱民工子女心理健康辅导培训等项目。5 月，“常志愿常幸福”常熟市青年志愿者工作站揭牌成立，首批外国青年友人正式加入常熟青年志愿者行列。8 月，团市委带领市青年企业家协爱心团队赴青海省天峻县实地开展扶贫帮困等公益志愿活动，并与当地贫困失学儿童达成助学帮扶意愿，启动“常熟 · 天峻对接之路”。在全国跳水锦标赛、智能车挑战赛、环昆承湖国际公路自行车赛、江南文化节等大型赛事和活动上，青年志愿者以热心、友爱、奉献的精神展示了虞城活力和爱心。

【青年服务】 团市委开办青年社区学校，免费为青年朋友提供文化艺术综合素质培训的学习阵地，全市共开办青年社区学校 6 期，服务青年 2000 余人；成立“菁英有约 · 爱在零距离”青年单身俱乐部，为单身男女搭建交友服务平台；组织全市青年摄影爱好者到古里旅游基地、碧溪农业基地进行“美韵青春”摄影采风活动；立足青年民生，整合社会多方资源，全面推广“青享惠”青年服务品牌，为全市青年朋友提供专门的消费优惠服务，共开发青年专属优惠商家品牌 50 余家。

【第十八次团代会召开】 11 月 26 日，共青团常熟市第十八次代表大会在常熟国际饭店举行。大会认真总结了市第十七次团代会以来全市团的工作，明确今后三年全市团工作的指导思想和奋斗目标，选举产生了共青团员常熟市第十八届委员会。大会要求，全市各级共青团组织要适应新形势，把握新机遇，奋勇承担光荣使命，推动全市共青团事业不断实现新发展；要把加强团的自身建设放在更加突出的地位，为全市共青团和青少年工作的全面活跃奠定坚实基础。

【苏州笑果青少年社区服务常熟店揭牌运行】 5 月 15 日，苏州笑果青少年社区服务常熟 1 号店在碧溪新区滨江社区揭牌运行。该店是碧溪新区通过共青团组织集结爱心企业、青年社工组织及特色文化团队，在滨江社区启动的常熟首个青少年综合服务平台。主要围绕青少年结识益友、社交能力、情绪控制、认知能力、心灵素质等核心要素开设成长服务、文康体艺、同城融入、亲子关系 4 大类特色课程。自“小画笔 · 大梦想”趣味涂鸦公益讲座开课以来，“滨江笑果”已举办 30 余次公益课程，服务青少年近 800 人次。 （丁　科）

常熟市妇女联合会

【概况】 2014年末，全市有镇（碧溪新区）妇联10个，板块妇工委4个，系统妇工委（妇委会）21个，村（妇联）妇代会211个，社区妇联84个。2月，市妇联在全市开展“巾帼建新功·践行中国梦”主题活动，活动包括实施巾帼成才圆梦行动、实施家庭幸福圆梦行动、实施创业成功圆梦行动、实施公益关爱圆梦行动。4月，市妇女第十四次代表大会举行。会议听取、审议市妇联第十三届执委会工作报告，选举产生市妇联第十四届执委会，表彰了一批常熟市“三八”红旗手和集体。5月，联合教育、公安部门举办“小手牵大手·平安进万家”儿童交通安全教育活动，将交通安全知识送进校园。是月，在全国妇联举办的“最美家庭”揭晓暨五好文明家庭表彰会上，董浜镇钱敏丹家庭入选全国百户“最美家庭”，成为江苏省4户获奖家庭之一。10月，在全市家庭中开展好家风好家训征集活动，弘扬文明家风，争当最美家庭。12月，常熟市“最美家庭”寻访活动结果揭晓，王惠英等10户家庭成为常熟市“最美家庭”。是年，全市新增全国巾帼文明岗1个，江苏省巾帼文明岗6个。全市共有全国巾帼文明岗6个，江苏省巾帼文明岗41个，苏州市巾帼文明岗101个。市妇联获评江苏省妇女儿童工作先进集体。虞山镇、古里镇、支塘镇被命名为江苏省实施“十二五”妇女儿童发展规划示范镇。

【基层妇女组织建设】 市妇联加强妇女组织建设，促进工作创新发展。指导各镇、碧溪新区妇联进行换届，基层妇女干部结构优化、活力增强。举办2014年基层妇女工作实务培训班，全市350名基层妇女干部参加培训。联办女干部、女性人才“情感、健康、财富”专题讲座，组织参加江苏省、苏州市妇联的各类培训和社会工作师的学习和考试，市镇村43名妇女干部获得社工师资格证书。命名第五届常熟市十佳示范妇儿之家。常熟市女性社会组织服务指导中心、常熟市婚姻家庭咨询师成长联盟协会等5家女性社会组织相继成立。2个项目（静水深流·沙龙书吧——新市民家庭成长社区加油站和关爱星星的你——自闭症儿童及其家庭社会支持服务计划）入选苏州市妇女儿童微创投项目，常熟市单亲妈妈心理关爱项目入选常熟市民政局公益创投项目。

【妇女创业就业服务】 市妇联坚持城市农村统筹，创业就业并举，培训服务齐抓，形成集政策拉动、项目推动、培训助动、典型带动为一体的服务体系。举办2014年经济形势报告会，参观上海自贸区、电商基地，助推企业转型升级。成立由常熟农村商业银行等10家银行组成的“常熟市银行信贷支持服务女企业家联盟”，搭建银企合作平台，扶持小微企业。开展SYB创业培训，发放妇女小额担保财政贴息贷款731万元，74名创业妇女受益受惠。联办女性人力资源公益招聘专场，提供岗位1730个，帮助362名女性达成就业意向。召开巾帼建功现场推进会暨先进事迹报告，评选表彰一批巾帼建功先进。深化各级巾帼文明岗的创建，开展“巾帼文明岗”回头看活动，组织岗位技能竞赛，促进岗位建功、岗位成才。“好苏嫂”家政服务中心发挥服务家庭和社会的作用。围绕当地优势产业和特色项目，通过架金桥、强服务、抓培训，帮助农村妇女开发具有区域优势的“妇”字号巾帼现代农业科技示范基地、家庭农场。全年新建常熟市级家庭农场5个、巾帼现代农业科技示范基地9个、巾帼创业就业实践基地8个，培育创业致富女标兵10名。以科技创新带动基地建设，以基地建设示范引领，带动千名妇女就业。充分发挥市“双学双比”女能手协会的作用，组织种植技能

5月，董浜镇钱敏丹家庭被全国妇联授予全国“最美家庭”

手、女经纪人赴浙江培训、参观学习，开阔了眼界，更新了观念。常熟市金唐市水产品有限公司被评为江苏省巾帼专业合作组织。

【妇女维权】 市妇联主动融入社会维稳大局，有效参与社会管理创新，广泛开展妇女维权工作，实现了“社会化运作、项目化实施、品牌化打造”的妇女维权格局。聘请24名妇女干部担任未成年人民事案件爱心观护员，并开展业务培训。市、镇两级8名妇联干部被任命为常熟市人民陪审员，全市女性陪审员达到139名，占54.70%，切实维护妇女在婚姻家庭中的合法权益。吸纳新晋女律师加入到巾帼律师志愿服务团，现有团员49名。组织市妇联维权干部、巾帼志愿者到镇、村（社区）开展政策宣传、法律咨询和心理疏导等服务，共发放宣传资料2000余份，提供服务约200人次。举办和谐家庭乡村（社区）行活动5场。市巾帼律师志愿服务团“一对一”服务妇女群众48名，市和悦家庭心理咨询中心接受咨询16人次。全年接待信访166件，216人次，妇女的合理诉求得以关注和解决。继续推广“和阿姨”工作品牌，实施幸福快车公益项目，全市妇儿之家设有“和阿姨”工作站。指导成立辛庄“和阿姨”婚姻家庭服务中心和梅李镇“孝和”志愿者工作室，开展婚姻家庭和谐关系服务。联合公安部门继续贯彻落实家庭暴力告诫制度，全年共开具家庭暴力告诫书16份。召开“11·25”反对家庭暴力推进平安家庭建设座谈会，深入开展“平安家庭”创建活动，评比表彰100户“平安家庭”。联合市委农工办下发《关于在农村土地承包经营权确权登记颁证工作中保护好农村妇女土地权益的意见》的通知，确保在农村土地承包经营权确权登记工作中切实维护好妇女的合法权益。召开政策文件性别平等咨询评估委员会座谈会，聘请常熟理工学院法学专家高新华等4名顾问，对涉及妇女利益的公共政策提出对策和建议，参与和影响政策文件的制定，全年参与12个政策文件的制定，提出意见6条。

【市妇女第十四次代表大会】 4月22日，市妇女第十四次代表大会在常熟会议中心举行。320名妇女代表出席大会。市委书记惠建林，市委副书记、市长王飏，市人大常委会主任秦卫星，市政协主席徐永达等市四套班子主要领导和有关领导出席会议。各群众团体负责人，市四套班子原女领导、历任市妇联主席，各镇（区）、各系统分管妇女工作的领导，全市副科职以上女干部等180余人应邀出席大会。会议听取、审议市妇联第十三届执委会工作报告；选举产生市妇联第十四届执委会，李芳红当选为主席。大会表彰了一批常熟市“三八”红旗手和集体。（俞文清）

常熟市文学艺术界联合会

【概况】 常熟市文学艺术界联合会（简称市文联）围绕市委“努力把常熟建设成为经济发达、生态优美、社会和谐、人民幸福的现代江南名城”总体目标，构建文艺高地，培养文艺精英，推动文艺繁荣。年内，市文联举办“启·承”元四家故里美术精品展，浙江、江苏2省6县、市（区）60位美术家参与精品展创作，《常熟书画名家·黄公望》一书在开幕式上首发；联合市委宣传部等部门举办“诗情画意中国梦”常熟诗歌创作大赛，在大陆和台湾同时征集以“中国梦”为主题的原创诗歌，评选出20篇优秀作品予以表彰；全力打造“和爱常熟”文艺惠民品牌工程。成立所属协会党员活动小组和党员文艺家志愿者服务队，市文联与各协会、各基层文联组织，以“五进五送”为抓手，组织开展20多场文艺志愿服务和100余场文艺惠民活动，惠及群众达70多万人次。联合司法局等单

市文联和市书画艺术研究院开展“新春祝福进万家”活动

位举办"和爱常熟，风清气正"常熟市法治楹联书法巡回展，展出60位书法家创作法治楹联作品，并以"送法下乡"形式到各镇进行巡展；5月，"辽阳前杜杯"中国蔬菜摄影大赛颁奖仪式和获奖作品展在常熟举行。承办首届"国际中学生灯谜邀请赛"，承办中国美协30多位人物肖像画画家到常熟康博村、蒋巷村写生活动和省美协30多位画家到常熟采风等活动。举办首届《常熟田》"双年奖"评选活动。共评选出18篇本土优秀文学作品进行表彰与奖励。办好2014文艺家读书班。做好青少年书画考级工作，与市教育局联合召开2014年度书画考级工作会议，举办青少年书画考级优秀作品展及网上巡展。是年，市文联获苏州市文联系统先进单位称号、苏州市文联系统信息工作先进单位称号和苏州市书画考级先进集体称号。

【文学艺术创作】 年内，市文联各文艺家协会组织参赛、参展、参演的作品获118个省级以上荣誉，出版文学著作33部，在省级以上刊物发表作品67篇。由金曾豪创作的长篇动物小说《凤凰的山谷》获全国第十三届精神文明建设"五个一工程"奖、江苏省第九届精神文明建设"五个一工程"荣誉奖、江苏省第五届紫金山文学奖荣誉奖；由金曾豪、陆建华联合创作的短篇弹词《招牌菜》获第八届中国曲艺牡丹奖创作奖；江南云水合唱团获第九届中国音乐金钟奖合唱比赛铜奖。

【"一镇一品"格局优化】 2014年，各镇文联充分发挥优势，不断创新工作思路，倾力打造地方特色文艺，"一镇一品"格局进一步优化。虞山镇文联成功举办纪念黄公望逝世660周年"一望六百年"系列文化活动。古里镇文联多措并举将"书香古里"、白茆山歌等文化品牌进一步打响，被住建部、国家文物局公布为第六批中国历史文化名镇，被中国俗文学学会授予全国首家"江南民俗之乡"称号。梅李镇文联继续以孝爱文化为抓手，大力开展各类文艺活动，举办首届"孝爱梅李"江浙沪评弹名票大奖赛。尚湖镇文联进一步提升"兰花艺术团""百姓戏曲大舞台"等载体建设，铸造本土特色文化品牌。辛庄镇文联推出"德善辛庄"文化品牌，通过广场文艺、文艺会演、道德讲堂、七彩夏日等文化活动平台，宣传道德模范的先进事迹，创作大量深受群众喜爱的优秀文艺作品。海虞镇文联有效拓展文化阵地，依托新峰美术馆，举办第十一届中国名家作品展、中国山水画名家邀请展等大型画展。碧溪新区文联积极弘扬中华诗词传统文化，成功成为苏南地区首个"中华诗词之乡"。董浜镇以灯谜特色文化弘扬社会主义核心价值观，农民管弦乐队建设常抓不懈。沙家浜以重大节日为契机，以历史文化为依托，开展形式多样的文化活动，突显旅游文化品牌。支塘镇的文化惠民活动开展得红红火火，精彩纷呈。此外，波司登公司文联举办"小城大美、最爱家乡"书画摄影征文比赛，组织会员外出交流采风，丰富企业员工生活；政法文联以提高干警文化素质、增强队伍凝聚力为主要抓手，举办文学讲座培训，开展各类文艺活动。

【中国蔬菜摄影大赛颁奖仪式暨获奖作品展在常熟举行】 5月9日，"辽阳前杜杯"中国蔬菜摄影大赛颁奖仪式暨获奖作品展在常熟国际展览中心举行。大赛由中国蔬菜协会发起举办，共有200幅作品获奖，其中一等奖4个、二等奖12个、三等奖24个、佳作奖160个。中国蔬菜协会会长薛亮，中国摄影家协会顾问、中国摄影家协会原副会长、中国摄影终身成就奖获得者袁毅平以及出席中国蔬菜产业大会的代表和蔬菜摄影大赛获奖代表出席颁奖仪式并参观展览。

（黄秀梅）

常熟市科学技术协会

【概况】 2014年，全市共有14个镇（区、板块）科协，32个市级学会，152家企业科协，1个高等院校科协，312个村（社区）科普协会，科协会员6.80万人，有社区科普惠民服务站93个、科普惠农服务站21个，科学教育特色学校24所，苏州市级以上科普示范镇（街道）、村（社区）40个，科普场馆、科普教育基地36家。年内，市科协第八次代表大会召开；承办"2014欧美海智人才常熟行"系列活动；获批设立中国科协"海智计划"江苏（常熟）工作基地；开展"2014年常熟籍院士家乡行暨第三届学术年会"活动；评选表彰首届"常熟市十佳魅力科技人物"；成立"江苏常熟职业教育中心校科协"；新建企业科协50家、"科技人员之家"3家，新增国外先进专利技术信息平台应用企业30家，培养典型案例2个；向市委市政府提交专家咨询课题报告和建言献策43篇；30家企业安装应用国外先进专利技术信息平台；420多家企业申报创新项目147个，有效转化创新成果36项；10个团队和10名科技人员获"十佳科技创新团队"和"十佳科技创新标兵"称号；新建成30家市级社区科普惠民服务站、11家科普惠农服务站。全年共获苏州市级以上表彰的各类科普人才项目44个，其中国家级5个，省级24个。创美工艺（常熟）有限公司获得全国"讲、比"活动先进集体，市科协主席卜鸿昌获优秀组织者表彰；端木银熙成为苏州市唯一入选中国科协"乡村情·科技梦"——农村优秀科技工作者百名新闻人物；常熟开关制造有限公司、常熟雷允上制药有限公司陈力建团队3个单位获得江苏省"讲理想、比贡献，奋力实现中国梦"活动先进集体、创新团队表彰；童举希、毛虎根、张福新等分别获得第十一届江苏省优秀科技工作者、江苏省"科普惠农兴村计划"农村科普带头人、苏州市十佳科技魅力人物荣誉称号。市科协被评为苏州市自然科学优秀学术论文优秀组织单位及苏州市第二十六届科普宣传周、科普行动日优秀组织单位。

【市科协第八次代表大会】 3月27日，市科协第八次代表大会在常熟会议中心召开。中国科协副主席、党组副书记、书记处书记张勤，省科协副主席阮仁良，苏州市科协主席纪顺俊常熟市领导惠建林、王飚、秦卫星、王建国、钱向宏、季惠良、江振球出席会议。全市230名正式代表、列席代表、嘉宾共出席会议。大会听取并审议通过市科协七届委员会工作报告；审议通过常熟市科学技术协会实施《中国科学技术协会章程》细则；选举产生市科协第八届委员会，卜鸿昌当选第八届委员会主席，叶建华等10人当选为副主席，王翼等12人当选为常委，范刚当选为秘书长。

【承办2014欧美海智人才常熟行活动】 5月27日，2014欧美海智人才常熟行启动仪式在梅李镇举行，省科协副主席阮仁良，苏州市科协主席纪顺俊到会讲话。出席活动的欧美海智人才听取了常熟人才工作有关政策、情况介绍，并与有关企业进行项目对接。市科协与中国旅美科协华盛顿分会、德国生态工程协会签订合作框架协议。中国旅美科协华盛顿分会会长宋云明博士受聘为常熟海智专家。

【常熟获批"海智计划"江苏（常熟）工作基地】 8月6日，中国科协办公厅发文正式批准设立中国科协"海智计划"江苏（常熟）工作基地，成为全国第4个、近两年来唯一获此殊荣的县级市（其他38个基地均为地市级以上城市）。自实施中国科协海智计划以来，市科协加强与中国旅美科协华盛顿分会、香港大学、爱尔兰全国学联、德国生态工程协会等海外科技团体的合作与交流，通过各种招才引智活动，常熟已有3个科技人才项目落户，与3个海外科技团体签订合作协议，推荐科创园、大科园入选"中欧科技示范园区"，推荐22家企业为省级"重点海智企业"，12个项目入选中国科协海智重点项目，帮助企业解决项目技术需求16项，有25个项目继续在跟踪对接。

【常熟籍院士家乡行活动】 9月10日至11日，2014年常熟籍院士家乡行活动举行，翁宇庆、黄崇祺、薛永祺等3位院士出席活动。启动仪式上，黄崇祺、薛永祺两位院士受聘为常熟市政府顾问，薛永祺进行发言，翁宇庆作专题报告。活动期间，翁宇庆考察常熟观致汽车有限公司、丰田汽车研发中心、江苏苏南重工机械科技有限公司等企业科技创新工作。黄崇祺举行科技创新与企业发展座谈会。薛永祺为常熟理工学院师生作学术报告。全年院士指导企业产学研用项目7个，建成院士省级重点实验室1个，帮助企业解决技术难题18个。

5月27日，"2014欧美海智人才常熟行"活动中，市科协与德国生态工程协会签署战略合作框架协议

【常熟市第三届学术年会】 9月11日，常熟市第三届学术年会活动启动，主题“改革创新与转型升级”，分1个主会场和20个分会场，在市级学会（协会、研究）、企业科协中举办学术报告、开展学术研讨。年会还开展2012—2013年度自然科学优秀学术论文评选工作，共征集参评论文340篇，涵盖理、工、农、医等各个专业。评选出一等奖12篇，二等奖36篇，三等奖72篇，其中22篇论文受到苏州表彰。常熟瑞特电气股份有限公司等3家单位被命名为省级科技服务站。 （顾绍辉）

4月27—28日，“2014美南中国专家协会联合会常熟行”活动举行

常熟市归国华侨联合会

【概况】 2014年，常熟市归国华侨联合会突出“凝聚侨心发挥侨力，关心侨胞服务侨界”主题，推进“暖侨工程”，实施“老侨关爱行动”，开展节日走访慰问活动，为侨界老人排忧解难。开展“老归侨口述历史”采访工作，宣传和弘扬老归侨爱国爱乡的情怀；在苏州县级市中率先成立“侨联法律顾问委员会”和“侨界群众法律援助工作站”。加强侨联全媒体宣传，通过网站、侨刊、微信群等载体做好常熟资讯、侨联信息的宣传推送。与有关部门联合承办“2014美南中国专家协会联合会常熟行”“2014欧美海智人才常熟行”考察洽谈活动，促成“北美学人千人大会常熟专场”成功举办。加强和推进新侨工作，走访调研在常新侨创新创业情况，为新侨人才发展提供支持和服务，团结和凝聚新侨力量服务常熟发展。在第十三届政协第三次会议上，12位侨界委员向大会提交提案17件，内容涉及完善资本市场、推进生态环保、改善交通秩序、放大名人效应、促进养老就业等方面。市政协侨界界别组还被评为2013年度全市先进界别组。年内，常熟高新技术产业开发区被省侨联命名为“江苏省侨界人才创新创业基地”。

【服务新侨创新创业】 市侨联开展“新侨创业发展情况”调研，深入了解新侨创业发展情况，通过提案反映、协调沟通、个性服务等方式为新侨企业提供支持和帮助。先后为德长医疗、皇朝信息、东控自动化等企业联系销售渠道、协调审批手续、帮助解决问题，受到新侨好评。协助美南专协联在辛庄镇设立实体化创业孵化中心——“分分创业促进中心有限公司”，支持美南专协联常熟工作站开展日常工作。积极推动校企合作，牵线新侨企业东控自动化与常熟理工学院进行技术合作，双方签署实验室捐赠协议和共建实习基地协议，联合成立“东控机器人智能控制实验室”。

【侨联法律顾问委员会成立】 4月3日，市侨联法律顾问委员会、市侨界群众法律援助工作站成立。苏州市侨联主席沈晋华、市政协副主席、市委统战部部长王永明到会讲话。会议审议通过《常熟市侨联法律顾问委员会章程》。8名本市法律界专业人士和1名海外律师受聘为市侨联法律顾问委员会委员、海外委员，市人大内务司法工作委员会主任戴玉华应邀担任法律顾问委员会主任委员。法律顾问委员会和工作站的成立，将为广大侨界群众提供长期、专业、权威的法律服务。 （季玉萍）

常熟市残疾人联合会

【概况】 2014年，全市有各类持证残疾人20283人，其中肢体残疾9335人，视力残疾2191人，听力言语残疾608人，精神残疾3584人，智力残疾3353人，多重残疾1149人。全市残疾人事业纳入经济社会发展总体规划，各项扶残助残政策进一步落实，残疾人服务体系得到完善，残疾人基本生活得到保障，残疾人平等参与社会生活环境得到优化，残疾人教育培训、康复训练、文体活动广泛开展。年内，市残联开展“下乡评残”服务，组织12名评残专家、开设20场次评残专场，共为2200多名“残疾人证”申请者提供评残服务。为全市376名入住托养机构的残疾人员和机构工作人员统一办理团体人身意外伤害商业保险，残疾人托养服务中心全部参加托养机构综合保险。339名托养对象与托养机构签订协议，发放护理补贴100.68万元。按比例安置3700多名残疾人就业，对全市2613个单位征收保障金3115万元，全年保障金征收总额为3700多万元。做好残疾车主的日常的接访、来信和督办信访。全年共接访残疾人来信来访19件，其中来访10批次93人，受理便民服务中心30件，政府网站11件。全年受理法律咨询12起，援助维权5起，接访20人次，为残疾人提供法律咨询、解答，帮助残疾人书写法律文书，维护残疾人合法权益。在全市开展第四届感动苏州“十佳残疾人自强模范”和“十佳助残先进”评选活动。张震科、曹留保、卢桂芳、越苗吉进入苏州市“双十佳”评选候选名单。

【残疾人生活保障】 2014年，市残联加强残疾人生活保障，改善残疾人生活。全市有1763名残疾人享受最低生活保障标准120%的基本生活救助；139名残疾人纳入低保边缘；517名低保中无固定收入的重度残疾人员给予每人每月120元的特别救助，共发放62.70万元；为4207名无业重度残疾人按最低生活保障标准发放生活救助金2517万元；为405名一户多残、依老养残人员发放200万元；为518名就业年龄段无业的精神（智力）三、四级残疾人，按最低生活标准60%发放生活救助金226万元；另外，共有56万元通过临时救济及慰问形式发放给2054名残疾人；6791名残疾人参加了团体意外伤害商业保险；371名听力障碍和语言障碍残疾人得到手机短信补贴。残疾人免费乘坐市内公交和镇村公交，全年共有90万人次得到免费乘车；对227名残疾人发放残疾人机动轮椅燃油补贴5.90万元，26名残疾人获创业补贴。开展困难残疾人家庭进行了摸底调查，为困难残疾人家庭实施免费发放家电活动，共发放洗衣机1635台，资金92万元。对困难残疾人家庭户有线电视收视费减免三分之二；为高中及高中以上的61名残疾学生发放教育补贴10.70万元。

【残疾人就业】 市残联继续加强残疾人就业技能培训。全年培训各类残疾人1200多人次，培训项目有电子装配、计算机组装、淘宝网店运营、西点制作、中式烹饪、美甲、网页制作、动画绘制、计算机操作、摄影、插花、水彩绘画等。其中参加苏州市职业技能培训96人，省培训的有3人，在岗培训390人。全市80多名残疾人参与各种技能比赛。举办“关心帮助残疾人，实现美好中国梦”的就业援助招聘专场会。参与企业58家，13家企业提供残疾人就业岗位28个，吸引残疾人员进场求职61人，达成意向15人。各镇还举办14场招聘会，提供岗位200多个，达成协议80多个。全年共有170人新增就业。全市共为4246个企业办理年检手续，安置3700多名残疾人就业，对2613个企业征收保障金3200万元。

【残疾人康复】 市残联开展残疾人辅助器具免费租借服务试点。在虞山镇方塔街道烟雨社区和兴福街道华山社区开展“贴近基层、服务百姓——残疾人辅助器具社区免费租借服务活动”试点，方便广大残疾人和社区老年人，两个社区分别配发了轮椅等11类36件康复辅助器具。有重点地为10个村、社区残疾人康复室、3个市级指导中心、2个镇中心定点采购康

5月16日，全市残疾人文艺汇演举行

复器具，巩固提高了村、社区康复室的建成率和市、镇二级康复中心的指导服务功能。全年共为18名困难家庭的肢体残疾人安装假肢或矫形器具；配发助听器143套；为3名儿童进行人工耳蜗安装费用补贴；继续按政策做好664名贫困重症精神病人、102名其他精神病人免费发药工作。全市0—14周岁残疾儿童的早期康复干预工作不断提升，全年共有81名残疾儿童接受定点机构康复训练服务，政府给予康复训练补助163万元。

【残疾人文体活动】 市残联开展“让梦飞翔·我梦最美”为主题的残疾人文化活动，引导广大残疾人积极参与，平等共享，勇敢追求幸福美好的“中国梦”。围绕“关心帮助残疾人，实现美好中国梦”的主题和“5＋X”规定内容。在市电视演播大厅举行“同行你和我共圆中国梦”全市残疾人文艺汇演。举行第二届残疾人门球比赛，承办张家港、太仓、昆山、吴江和常熟5市区残疾人门球友谊赛。举办“常熟市第三届聋人篮球比赛”，充分展示残疾人的顽强拼搏精神。在“国际盲人节”到来之前，举办“盲人器乐、歌咏比赛”。组织优秀选手参加全国残疾人乒乓球锦标赛，运动员曹宁宁在TT5级男子单打比赛中夺得金牌，并获得TT5级男子团体项目冠军；周影夺得TT4级女子单打金牌，同时获TT4—5级女子团体冠军；谷晓丹夺得TT4—5级女子团体金牌。在江苏省第九届残疾人运动会射箭比赛中，常熟运动员共获13枚金牌、3枚银牌和2枚铜牌，列苏州各市、区第一。

（王凤玉）

常熟市红十字会

【概况】 2014年，常熟市红十字会完善组织体系建设。召开市红十字会六届二次理事（扩大）会议，听取审议通过了红十字会工作报告以及更换理事、常务理事人选议案。定期召开镇场红十字会秘书长会议，总结工作，交流经验。召开全市学校红十字会工作会议，完善工作要求，提升全市学校红十字工作的制度化、规范化水平。15所学校成立红十字会，强化红十字会在基层的力量。福山中学红十字会被省红十字会授予2009至2013年度全省红十字会系统先进集体称号。入选省红十字会2014年“博爱青春”暑期志愿服务活动省级支持的常熟理工学院红十字会“一路‘心’走，爱撒虞城”暑期社会实践项目完成。积极扩充会员和志愿者队伍，巩固和规范志愿者队伍建设。加强红十字志愿活动的指导。举办第六届“与爱同行志愿者夏令营”。红十字志愿者丁益民被江苏省红十字会评为2009至2013年度优秀志愿者。推进“三献”工程，积极宣传，规范操作，开展第17届、18届“关爱生命、捐献造血干细胞”血液采样入库活动。至年末，全市2000名志愿者加入中华骨髓库，有7名志愿者成功捐献。全年遗体捐献报名登记人数21人，办理公证4人，实现遗体成捐2人。做好器官（角膜）捐献1例，这是全市第2例人体器官捐献。全年无偿献血人数19532人次，无偿献血量461.86万毫升，机采血小板数量1166U治疗量。市红十字会全年接受社会捐赠资金59.50万元，捐赠物品价值26.35万元，主要用于红十字博爱互助金项目及全市范围内困难群众救助，受益人数达4000多人。做好云南鲁甸地震募捐工作，接受社会捐款共计53376.70元。做好博爱送温暖工作。参与苏州市“三下乡”活动，慰问敬老院孤寡老人，和老弱病残及困难群众。牵手爱心单位慰问市特殊学校的特殊孩子。爱心助学搭桥梁。全年市民与四川省内江市、绵竹市及常熟市结对助学共有102名中小学生。与德康博爱基金联合助学全市高中、大学贫困优秀生50人。参加常熟市第九届“志愿服务月”暨“邻里守望”万名志愿者进社区集中行动启动仪式，组织红十字志愿者进行现场开展应急救护志愿服务演练；参加科普宣传周广场咨询活动，组织红十字志愿者现场开展应急救护演练、造血干细胞宣传劝捐、发放宣传资料、爱心义卖等活动；与市民防局和市教育局联合主办“生存、拓展”2014常熟市青少年夏令营活动；与市民防局在市特殊教育学校联合举行“用知识守护生命应急疏散演练”活动；围绕“急救与日常及灾难中的危险”主题，开展应急救护知识宣传咨询活动。组织参加苏州市红十字会主办的“全民急救掌上知识竞赛”，获最佳组织奖。组织实施2014年省政府“实施公益性百万应急救护培训项目”，共培训初级救护员1874名，普及性培训群众16384名。走进市电台“政风行风热线”直播室，向市民朋友介绍红十字工作情况，重点介绍红十字会的基本概况、工作职责、组织架构、运行机制和近年来开展“三救”“三献”核心业务方面的工作情况。与市教育局在全市中小学红十字学校联合开展"我心中的红十字"主题征文比赛，共收到征文163篇，50篇征文分别获得小学组一等奖、二等奖、三等奖以及优秀奖，20篇征文分别获得中学组一等奖、二等奖、三等奖以及优秀奖。联合市文明办等单位利用手机微信平台举办主题为"为公益点赞，让慈善增彩"的微摄影赛活动，共收到参赛作品1198幅，其中198号蒋燕的作品获一等奖。是年，市红十字会会获2014年度中国红十字会总会报刊宣传先进集体二等奖、2014年度江苏红十字宣传报道工作县(市、区)级二等奖荣誉。

【遗体器官捐献】 至年末，全市实现身后捐献遗体的市民达16人，器官(角膜)捐献1例。1月13日，甘春荣老人逝世，遗体捐献用于苏州大学医学教学及科研。甘春荣的妻子沈秀英于2012年11月去世，先行实现自己捐献遗体的愿望。4月27日，常熟籍26岁女孩王思思因脑血管畸形破裂大出血致脑死亡，其捐献一个肝脏、两个肾脏、两个眼角膜。这是继上年6月来常务工人员高晶晶之后，常熟第2例器官捐献，也是常熟籍公民器官捐献第1例。

【关爱"小天使"募捐活动】 年内，市红十字会组织开展针对白血病患儿的专题募捐。1月，在虞山公园镇海台开展为期一周的"拯救天霞、情动常熟"的温暖募捐行动结束，共为"α地中海"贫血症患者小天霞募集医疗款125530.17元。5月，在虞城老县场福地广场，常熟市红十字会与七彩虹义工团携手有关爱心企业联合举行了"助力小歆怡七彩人生"的爱心公益义演义卖活动，共募得爱心款31991.50元，用于资助梅李镇白血病女孩小歆怡的康复治疗；与欧尚超市珠江路店、流水琴川义工团联合举行"守望相助、倾情'天益'——拯救市一中白血病男孩小天益慈善义卖义拍募捐活动"，共募集爱心款33841元，用于小天益的康复治疗。

【志愿者大别山抢救溺水驴友】 8月24日上午11时左右，市红十字、民防志愿者王飞在安徽大别山霍山3号线溯溪游泳时，忽然发现水里浮着一人，脸朝下，当时周围还有扬州的一个团队，他迅速把溺水女子拖上岸，发现已经没有脉搏和呼吸，王飞利用在红十字会组织的应急救护培训及人防专业队共同科目训练中学到的急救知识，给溺水者实施心肺复苏术，经过两轮操作，该女子恢复呼吸，脉搏逐渐恢复。 （吴 冕）

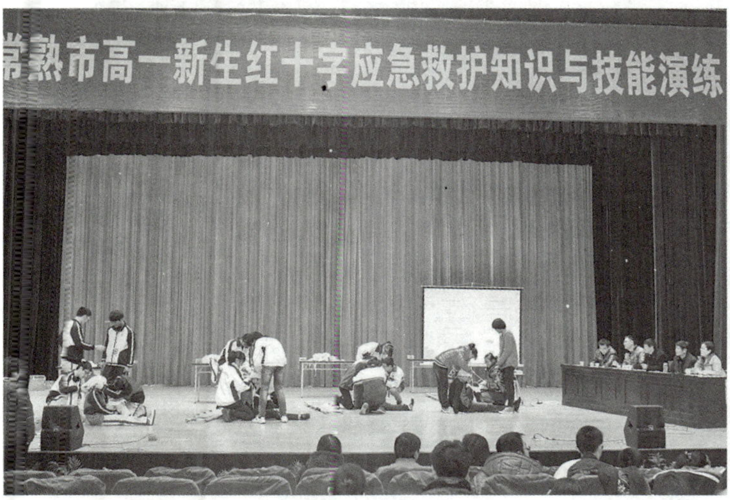

高一新生应急救护知识和技能演练

常熟市哲学社会科学界联合会

【概况】 2014年，市哲学社会科学界联合会抓好理论宣讲和理论研讨，到基层巡回宣讲800余场；结合江苏省、苏州市重点应用课题研究工程和常熟市委市政府工作目标，组织开展2014年度社会科学立项课题招标工作，确定"碧溪之路"新征程研究等14个年度立项课题。"常熟汽车产业发展若干思考"等13个项目顺利结项。配合江苏省社科院就"江苏加强基层'学习型服务型创新型'党组织建设"课题进行调研，北门大街社区"文化引领式街道社区党建模式"经验在省社科院专题调研报告中得到推广；围绕"碧溪之路"创新发展进行专题调研，结集出版《碧溪之路新征程理论研究》；组织常熟市第九届社会科学普及宣传周活动；编辑出版《琴川论丛》，对常熟社科网进行改版；加强对学会社团的管理与工作指导，组织社科类优秀社团评选活动，指导学会社团规范运作、提升业务活动质量和水平。建立常熟市社科界学术交流中心，开设"同和讲堂"学术沙龙。命名常熟开关制造有限公司、市第一中学、市民防教育馆3家单位为第三批"常熟市社会科学普及基地"。

【市第九届社会科学普及宣传周】 **9** 月 **26** 日，市第九届社会科学普及宣传周在石梅广场开幕。本届宣传周由市委宣传部、市社科联主办，以“弘扬优秀传统文化，践行社会主义核心价值观”为主题。其间先后组织开展大型广场宣传咨询、服务活动，“弘扬优秀传统文化、践行社会主义核心价值观”专题讲座、“中华礼仪之邦、现代文明社会——文明礼仪图片巡展”、第28届集邮展览等社科宣教活动。

（徐　雯）

责任编辑　陈建东　龚仁璋

常熟年鉴

CHANGSHU YEARBOOK 2015

法　治
军　事

社会管理和平安建设

【概况】 2014年,全市政法综治法治部门紧紧围绕争创和谐稳定示范区的目标,以维护社会大局稳定、促进社会公平正义、保障人民安居乐业为主要任务,深入推进平安常熟、法治常熟,为常熟现代化建设创造了和谐稳定的社会环境、公平正义的法治环境、优质高效的服务环境。完善维稳和社会矛盾纠纷信息收集研判机制,在镇级基层商会实现人民调解组织全覆盖,推行重大疑难矛盾纠纷民意评议机制,健全社会稳定风险评估机制,完成稳评项目318件;强化技防建设,加强严打和治安突出问题、重点地区整治,刑事发案同比下降6.20%;完善综治网格管理,在300人以上的企业按区域、行业实际设立综治专职管理员;推进公正司法、依法行政,修订出版青少年法治读本,继续开展"关爱民生法治行"活动,推进法治文化建设;深入开展群众路线教育实践活动,加强执法监督,组织"开门纳谏"、案件评查等活动。常熟市被省委省政府表彰为2011—2014年全省社会治安综合治理先进集体、2012—2013年度全省法治县市创建先进单位,被省综治委命名为省平安县市;6个镇(板块)、部门被苏州市综治办、苏州市人社局表彰为2011—2013年度平安苏州建设先进集体,3名先进个人记二等功,5名先进个人记三等功;2个项目被评为苏州市创新社会治理优秀项目;5个镇(新区)、3个板块被市委、市政府命名为"安定杯"得杯单位,政法综治人民满意"三十佳"、政法工作15个先进集体、20名先进个人分别受到市委、市政府表彰。

【召开全市政法工作会议】 2月26日,市委市政府召开全市政法工作会议,部署新一年政法工作目标任务。会议要求各地、各部门紧紧围绕构建和谐稳定示范区的目标,以维护社会大局稳定、促进社会公平正义、保障人民安居乐业为主要任务,深入推进平安常熟、法治常熟、过硬队伍建设,努力提升政法工作整体水平,为谱写中国梦常熟篇章创造和谐稳定的社会环境、公平正义的法治环境、优质高效的服务环境。

【开通省综治信息平台】 9月,常熟市开通江苏省综治信息平台,该系统覆盖江苏各级综治部门及相关职能部门,实现省、市、区(县)、乡(镇、街道)、村(社区)五级综治部门及相关职能部门传输网络的纵向互联互通,实现区域、系统内矛盾排查、来信来访、综治维稳、社会治安、应急安全生产、劳动保障、风险评估、涉法涉诉等数据信息的汇聚、采集、分析、交办、监督等功能一体化运行。

【试点建设区域性治安防范体系】 市综治办在古里新桥、琴东、淼泉和沙家浜三塘等地试点建设区域性治安防范体系,在区域内重点路口(段)安装18套高清抓拍系统,在重点路段安装25只高清监控、408套村级监控,在重要道口和治安复杂地区(段)设置12个治安岗亭(卡口),在区域内单位(企业)、沿街店铺、市民家庭推广安装1656套分别同单位视频监控室、市民个人手机联网的"智慧型"小视频监控系统,组建治安志愿者队伍,广泛开展"红袖标"活动,区域刑事案件、治安案件发生数大幅下降,其中新桥区域刑事发案同比下降58%,治安案件同比下降80%。

【编印青少年法治读本】 政法委、司法局、教育局、法院、检察院、公安局、关工委、市妇联、团市委、总工会等部门联合成立青少年法治读本编写协调小组,并与江苏省司法警官高等职业学校合作,投入70万元,新编了小学版、初中版、高中版法治读本教材,分别定名为《启航》《护航》《导航》,教材根据不同年龄段中小学生的心理特点和知识特点,运用案例导入的方式宣讲法律,内容涵盖了中小学生应知应会的法律知识和可能碰到的法律问题,形式活泼,通俗易懂,易学易记。

【农机具专项整治全覆盖】 从2013年开始在尚湖镇、梅李镇试点开展农机具防范专项整治,收到较好效果。2014年市综治办在全市推广开展农机具防范工作,要求各镇在农村泵站、农机具仓库等处安装同公安联网的报警系统,并根据各自实际开展农业设施、农机具防范专项行动,消除防范的死角死面。全市共安装农机具报警系统624套,全年未发生盗窃农机具刑事案件。

【实施现代化渔业产业园技防全覆盖工程】 在沙家浜省级现代渔业园区安装监控探头107个、补光灯160盏、断线报警器27套,设立现代农业产业园警务室,在重点区域增设治安岗亭8个。在大闸蟹上市期间,镇村两级每天晚上组织一支由警辅、保安、村干部以及蟹农组成的小组进行巡逻,确保蟹农财产安全。

【国家安全领导小组办公室被评为一级国安办】 常熟市国家安

全领导小组办公室强化国家安全人民防线建设，深化镇板块国安办实体化建设，完善国家安全情报信息搜集上报工作，加强国家安全宣传教育，被国家安全部、江苏省国家安全厅评为一级国安办。

【开展司法公开评议活动】 市委政法委组织15名政法委特聘法律专家、政法系统行风监督员等对政法各部门的司法公开情况进行专项评议，评议组参观市法院户外庭审直播屏和网上庭审直播，听取市法院、检察院、公安局、司法局等部门分管领导作的专题汇报，对政法各部门司法公开工作进行测评和评议，提出意见建议。

【在政法系统开展主题教育活动】 在政法系统组织开展以“严格司法，让党委放心；公正司法，让群众相信；廉洁司法，让家人安心”为主题的教育活动。召开政法系统践行群众路线先进事迹报告会暨主题教育活动动员会，召开司法为民PPT制作、演讲比赛暨主题教育活动总结表彰大会，活动历时8个月。活动期间，开展首届十大“平安为民、法治惠民”创新项目、党的群众路线教育实践活动主题征文比赛、首届政法系统“十佳廉内助”评选、举办政法系统微联盟公益活动等10项系列活动。

【开展打击有组织赌博犯罪及防范利用电信网络诈骗专项行动】 针对群众反响强烈的有组织赌博犯罪和利用电信网络诈骗犯罪，开展专项行动予以打击。召开全市专项行动动员大会，市委常委、政法委书记杨崇华作动员报告。各部门密切配合，充分发挥职能作用，依法打击团伙诱赌、开设赌场、摆放赌博机引诱青少年参赌等有组织赌博犯罪的组织者、经营者及其背后的涉黑涉恶势力，查处“放水”等滋长赌风、放大赌博危害的违法犯罪行为，查处利用电信网络诈骗团伙，有效打击了犯罪分子嚣张气焰。

【开展社会治安综合整治和矛盾纠纷排查化解专项行动】 6月中旬至9月中旬，围绕青奥会安保维稳工作，在全省范围集中开展以防范打击暴恐犯罪为重点的社会治安综合整治专项行动和以解决信访突出问题为重点的矛盾纠纷排查化解专项行动。6月20日，召开全市两个专项行动部署会议，分解落实任务。各地、各部门坚持问题导向、底线思维，坚持最高标准、最严要求，以提前发现、预警，防范打击暴力恐怖犯罪，消除各类隐患，以及排查化解征地拆迁、劳动社保、环境保护、涉法涉诉等信访突出问题为重点，严密落实社会治安综合治理各项措施，最大限度地压降了刑事发案，净化了治安环境，稳控了社会环境，青奥会期间没有发生危害国家安全和社会稳定的重大政治事件，没有发生暴力恐怖事件，没有发生恶性刑事案件，没有发生有影响的重大社会治安事件，没有发生大规模群体性事件、大规模进京上访活动和重大个人极端事件。

【与延安干部培训学校联办政法综治法治骨干培训班】 10月10日至15日，市委政法委组织政法系统“三十佳”和政法综治法治干部共50人到延安干部培训学院进行为期5天的培训，围绕“延安精神”和“社会主义核心传值观”两大主题，学员们认真参加了以专题教学、现场教学和体验教学为特色的课程体系，从理论到实践，对延安13年斗争史和延安精神进行深度了解。10月15日在延安宝塔山组织参训学员集中承诺，重温入党誓词，强化理想信念。 （王 瑛）

法 院

【概况】 2014年，常熟市法院共受理各类案件21322件，审执结20810件，结存3258件，比上年分别增长3.65%、12.3[illegible]%和18.65%。一线法官人均结案226件，比上年增长14.72%。

刑事审判 受理刑事案件1921件，审结1923件。判处犯罪分子2356名，其中判处5年以上有期徒刑86名、缓刑或免予刑事处罚726名。严惩暴力犯罪、黑社会性质组织犯罪、侵财犯罪和黄赌毒犯罪，审结案件1123件。审结破坏市场经济秩序犯罪案件99件，贪污贿赂和渎职侵权犯罪案件23件，为国家、集体挽回经济损失1666万元。依法审结3起“菜霸”强迫交易案，10名拒不支付劳动报酬的被告人被依法追究刑事责任。开展职务犯罪庭审观摩、廉政教育5次，乡镇巡回审判2次。对[illegible]2名符合条件的未成年犯封存犯罪记录。

民商事审判 受理民事案件7976件，审结7740件。探索交通事故案件要素式审判，结案[illegible]878件，推行小额诉讼，结案252件。依法妥善化解职工保障和民生保障问题，审结劳资纠纷941件。受理商事案件3639件，审结362[illegible]件，涉案标的额50.48亿元。开展“打造商事诚信”年度主题活动，分别与市金融、保险行业签署共建协议。

行政审判　重点整治行政案件“不立不裁”，受理行政诉讼案件49件，审结17件，比上年分别增长28.95%和56.57%。审查非诉行政执行案件46件，裁定准予执行31件。落实重大行政诉讼争议综合调处机制，协调撤诉13件。继续做好行政机关负责人出庭应诉工作，行政首长出庭率97.44%。《2011—2013年度常熟市行政机关行政案件败诉原因分析报告》得到市委、市政府主要领导批示肯定。

执行工作　受理执行案件7267件，执结7034件，到位标的额14.59亿元，执结率84.29%，实际执行率58.77%，到位率67.72%。将679名失信被执行人纳入“黑名单”向社会公布，司法拘留78人次。开展集中打击拒不执行判决、裁定等犯罪行为专项行动，主动向公安机关移送犯罪线索。打造司法网拍工作品牌，涉拍资产全部实现网上拍卖。网上司法拍卖标的额超过19.58亿元，上传拍品385件，成交163件、流拍94件，成交率63.42%，总成交金额超5.99亿元，为当事人节省佣金1481万元，总溢价超过3443万元，一拍的总溢价金额超过356万元。“高成交率、高溢价率、高流转率”的工作经验在全省法院执行工作会议上得到与会领导一致肯定。与中国银行常熟支行签订协议启动“拍卖贷”个人贷款业务，提高房屋拍卖的成交率。

审判辅助　立案庭全年受理管辖异议案件187件，审结190件。新收各类鉴定案件767件，办结804件，完成法医咨询405件。司法警察大队安全提押人犯1820人次。召开知识产权典型案例媒体通气会，组织司法权力运行机制改革媒体集中采访，发表宣传文章1171篇次、调研文章21篇次，在电视媒体推出法制类节目60期。精简和压缩各类公文、信息简报和会议，全年编发信息简报83期，比上年减少30%。

【服务经济发展】　继续依托驻经信委和驻服装城法律服务平台，从法律层面对经济工作加以指导。民二(四)庭参与市委、市政府和各镇召开的企业危机化解协调会40余次。开发区法庭通过参加辖区综治协调会、上门走访等多种形式主动服务开发区发展大局。加强知识产权司法保护，审结知识产权案件169件，发布知识产权年报。落实强制征迁裁执分离，审结申请强制执行房屋征收决定案件4件。加强环保合议庭“三审合一”工作，审结风景区非法狩猎等环境资源类案件17件。审结金融借款案件1053件，涉钢贸案件89件，破产清算、重整案件5件，受理全省首例房地产类企业破产重整案件。开展金融案件专项执行活动，执结金融债权案件684件，结案标的额16.19亿元，实际到位标的额2.99亿元。各人民法庭快速反应、健全预案，积极配合党委政府妥善处理辖区内相关危机企业的处置工作，虞山法庭被苏州中院评为“2012—2014年度全市优秀人民法庭”。

市人民法院院长张峥嵘接待群众来访

【加强调查研究】　开展“人民法庭参与社会治理的角色与限度”“司法权助推地方软实力提升”等专题调研，《协助人民法院执行问题研究》一文作为江苏唯一基层法院中标“最高法院2014年度审判理论研究课题”。积极开展宏观经济形势下涉诉矛盾突出问题前瞻性调研，形成《关于当前常熟中小企业联保互保现象分析和应对策略》《担保公司经营管理漏洞分析》等调研报告，《企业危机预警应对的专题报告》推动常熟企业综合预警制度的建立。对审判实践中发现的抵押登记、供电设施、企业财务管理等方面存在的问题发出11份司法建议。

【体现人文关怀】　设立司法公开窗口，开通网上诉讼服务中心，落实人民法庭立案、巡回审判等便民措施，尚湖法庭全年接受邮寄立案16件。加大司法救助力度，全年缓减免诉讼费 47.19 万元，发放救助款 201.09 万元。落实未成年人案件审前调查、公益监护人等举措，续聘爱心观护员，并在涉少民事案件中引入心理干预机制。

【开展专项活动】 开展涉民生案件专项集中执行活动，全年共执结涉民生案件 3206 件，执行到位标的额 5215.91 万元。活动入选市“2014 年关爱民生法治行”实事项目，执行局被最高法院评为“全国法院涉民生案件专项集中执行工作先进集体”。结合新《中华人民共和国消费者权益保护法》的实施，组织开展“你消费，我保护”消费法治专项活动，依法审结苏州首例非法使用工业用盐的生产、销售有毒、有害食品案并开出首份刑事禁止令。常态化开展积案清理活动，全力压降积案，长期未结案清理工作在苏州法院中名列前茅。

【畅通沟通渠道】 深化以和谐共建为重点的矛盾纠纷排查、协调、化解工作，各人民法庭对辖区人民调解员和综治人员开展专题培训 12 次。推进司法民意听审制度的落实，全年听审案件 21 件。制定《院领导接诉接访工作规定》，开通与最高法院互联互通的远程视频接访（提讯）系统。成功化解中央政法委转办的一件信访案，17 件进京访案件全部有效化解。落实司法民主，及时报请市人大常委会任命 185 位人民陪审员，全年陪审率 93.46%。

【探索司法改革】 全年院长、副院长结案 48 件，庭长结案 789 件。将 12 名综合部门法官纳入办案序列，这一机制运行 4 个月中，综合部门法官承办及合议案件 284 件。制定《规范司法权运行特别提醒》，主动接受社会监督，人民法院报、新华日报等主流媒体对这一全国法院首份法官权力运行“负面清单”予以报道。出台管理规定，以层级管理确保全院结收案的良性运行，全年结收案比为 97.60%，比上年增长 7.52%。制订工作方案，积极探索审判委员会、合议庭和人民法庭改革。从集中开展民事案件送达和程序性终结执行案件专项评查入手，重点分析问题，提出对策建议。知识产权庭、民四庭、梅李法庭实现零改发，涉少刑事案件实现零上诉。

【推进司法公开】 推进和完善审判流程、裁判文书、执行信息三大司法公开平台建设，全年庭审直播 40 次，互联网发布裁判文书 7581 份，通过 12368 平台主动向当事人推送流程信息 7323 条，在苏州首家实现庭审互联网和户外大屏幕“双直播”模式。制定《新闻发布例会制度》，加强和改进“常熟零距离 090”法官志愿团、官方网站和政务微博、微信工作，主动发布工作信息。加强先进典型和青年干警宣传，扎根基层法庭 29 年的章保龙同志被评为“中国好人”。常熟市法院被最高法院评为 2014 年度在司法新闻宣传工作和司法理论宣传工作中“做出突出成绩的人民法院”。

【加强司法作风建设】 在党的群众路线教育实践活动中，共邀请 300 余名干部群众召开各类座谈会 25 场次，征集到意见建议 256 条。结合“门难进、脸难看、事难办、立案难、诉讼难、执行难”问题和“人情案、关系案、金钱案”问题集中整治，推出即知即改措施 10 项、专项活动 3 项，明确 26 项班子整改方案，修订完善和新制定制度 13 项。支塘法庭等多个审判业务部门在活动中主动邀请市人大代表参加座谈会，征求意见。

【加强司法能力建设】 完善科学的审判管理机制，修订完善相关考核办法，全面保障执法办案的时间和精力。坚持依法纠错与维护既判力相结合，做好案件再审工作和评查工作，努力使确有错误的裁判得到依法纠正，全年审结再审案件 9 件。以司法能力提升为纲，重点加强庭审驾驭、裁判文书制作和实践指导，为青年干警铺设成长道路。将评查中发现的在事实认定、证据分析取舍、法律适用、实体处理、文书制作等方面存在的问题，对青年干警进行集中点评、分析，提高青年干警的业务能力。对 71 名编外合同制书记员分三批组织亚伟速录培训，提高审判效率。

【加强反腐倡廉建设】 在修订完善积分制考核的基础上推出勤政廉政司法形象风险评估机制，建立廉政督导员、廉政信息员、廉政监察员三支队伍，制作《常熟法院干警“十要十不要”口袋书》，提醒干警时常对照。加强审务督察、司法巡查，随案发放监督卡，以“零容忍”的态度突出廉洁司法刚性。主动向代表委员和社会公众通报法院工作，全年邀请代表委员走进法庭、旁听庭审 304 人次。邀请群众举行“法庭开放日”活动 30 次，兴隆法庭在“法庭开放日”活动中邀请苏州、常熟两级人大代表及社会各界人士参观法庭、观摩庭审，常熟市法院就新修订的《民事诉讼法》实施情况向市人大常委会作专题汇报。 （陈 李）

检察

【概况】 2014年,常熟市人民检察院依法严厉打击危害人民群众生命、健康和财产安全的犯罪,切实维护公共安全。保持惩治腐败高压态势,坚持有案必办、有腐必惩,积极参与对重点领域腐败问题的专项治理。突出源头治理,推进专业预防和社会预防,完善预防职务犯罪格局。加强和改进对诉讼活动的法律监督,努力维护社会主义法制统一、尊严和权威,不断提高群众对检察机关执法办案的认同感和信任度。是年,市检察院获全国文明接待示范窗口、全国检察宣传先进单位、江苏省节水型单位、2011—2013年度平安苏州建设先进单位等荣誉。

刑事检察 认真履行审查批捕、审查起诉等法律监督职能,促进社会和谐稳定。受理提请审查逮捕刑事案件1000件1285人,批准或决定逮捕743件889人,提起公诉1999件2480人,无复议、复核、捕后撤案的情况,有罪判决率100%。适时介入引导侦查严重危害社会治安、影响社会稳定的重特大刑事案件27次。批准逮捕故意杀人、故意伤害、抢劫、绑架等严重暴力犯罪72件92人,提起公诉79件99人。突出打击危害民生犯罪,依法审查起诉非法行医、污染环境、制售假冒伪劣商品等犯罪79件83人。依法妥善办理非法集资、传销等涉众型经济犯罪10件,涉案金额10亿多元。成功办理利用邪教组织破坏法律实施犯罪、苏州首例利用工业盐生产销售有毒有害食品犯罪等敏感重大案件,有力推进平安常熟、法治常熟建设,切实维护社会稳定和人民群众生命财产安全。

查处和预防职务犯罪 贯彻中央关于反腐败斗争的决策部署,促进惩治和预防腐败体系建设,维护风清气正发展环境。立案侦查贪污贿赂、渎职侵权职务犯罪案件19件20人,通过办案为国家和集体追回赃款及挽回经济损失1418万元。重点查办有影响、有震动的大案、要案,立案查处涉案金额50万元以上案件4件。突出查办发生在群众身边、损害群众利益职务犯罪,立案查处民生工程建设、农副产品交易等领域职务犯罪案件11件。加大对行贿犯罪打击力度,依法对5名行贿人立案侦查追究刑事责任。介入安全生产事故调查43起,严厉打击事故背后的渎职犯罪,立案查处渎职犯罪案件3件。构建来信、来访、电话、网络"四位一体"举报体系,拓展群众举报腐败犯罪的渠道,加强举报线索集中统一管理与举报信息保护,群众署名举报达举报总量60%,居苏州市首位,经验做法被《检察日报》头版头条报道。建立电子取证数据分析室等,打造"智慧反贪"。加强办案规范化建设,查办的每一起职务犯罪案件在侦查终结前均邀请人民监督员监督评议,听取律师意见。实行案件"三级内审"制度,确保案件质量,1件案件被评为全省检察机关"十大精品案件",1件案件作为全省指导性案例予以公告。

诉讼监督 依法对侦查活动中的违法情况提出纠正意见9件次,发出侦查取证意见54份139条。依法对刑事审判中的违法情况提出纠正意见3件次,发出再审检察建议2件。健全检察环节错案发现、纠正、防范和责任追究机制,依法对因事实不清、证据不足或不构成犯罪案件不批准逮捕126件196人,不起诉3件3人。推行提请逮捕案件质量通报制度,推出刑事案件类案侦查指引手册,强化证据意识,统一执法标准,提高案件质量。强化刑罚执行和监管活动监督。依法对刑罚执行和监管活动中的违法情形提出纠正意见49件次,发出检察建议8份,查办发生在监管场所职务犯罪案件1件。根据最高人民检察院统一部署,对职务犯罪、金融犯罪、涉黑犯罪开展减刑、假释、暂予监外执行专项检察活动,进行同步法律监督27次,依法监督收监执行3人。注重保障被羁押人员合法权益,依法纠正刑期计算错误判决书4份,办理财产申诉案件25件。全面强化社区矫正检察监督,实行驻矫检察、巡回检察、专项检察相结合,依法收监执行4人,保障刑罚正确执行。强化民事诉讼监督。共受理民事申诉91件,依法向同级法院发出民事再审检察建议6件,法院裁定再审6件,改判8件。监督民事执行案件47件,督促有关部门提起民事诉讼9件,督促有关行政机关履行职责16件。认真落实修订后民事诉讼法,制订民事检察调查操作规范,探索运用鉴定、审计等方式调查取证,初步实现从静态监督向能动监督转变。联合公安、法院、信访等部门开展打击民事虚假诉讼专项行动,建立民事虚假诉讼线索双向移送机制,联合查处虚假诉讼7件,涉案金额1000多万元。

【开展"护蕾行动"】 为有效维护未成年被害人合法权益,组织

市人民检察院举办法治夏令营，带领学生参观青少年维权展馆

开展“护蕾行动”，通过完善办案保护机制、搭建跟踪帮教体系、构建预防网络格局，促进未成年被害人无痕融入社会，着力构筑性侵未成年被害人保护屏障。实现未成年被害人重新适应社会率100%，性侵未成年人案件连续2年下降。

【建立刑检办案指挥中心】 适应以庭审为中心的诉讼制度改革要求，建立刑检办案指挥中心，主要依托市检察院指挥系统开展各项工作，采用6块高清拼接显示屏作为视频输出(配备高清标准的音视频信息采集、显示设备，后台指挥系统)，具备远程庭审指挥功能。通过局域网络，与法院刑事审判庭监控系统对接，达到异地的音视频信息即时交互传输的效果。具备远程视频汇报功能。与上级院构建便捷、高效、实用的案件汇报平台。具备提讯和接待的监督功能。通过系统对接，实现提讯和接待的实时监控。

【推出“检察官告诫”制度】 “检察官告诫”工作开展范围为不捕、不诉、捕后改变强制措施类案件，由刑检部门主持、负责开展告诫工作，控申、技术、法警、行装部门分别配合释法说理和提供技术支持、警务支撑、后勤保障。必要时纪检监察部门派员监督，全院多部门通力协作、配合联动。这项制度试行以来，已开展检察官告诫60余人次，告诫参与人员均认可市检察院不捕、不诉、变更强制措施决定。征求到各方工作意见、建议26条，化解社会矛盾11次。

【开展服务专家型人才“护智”行动】 开展“九个一”活动，即制定出台《实施意见》、成立服务专家型人才领导小组及办公室、召开服务专家型人才座谈会、走访专家型人才代表、向专家人才寄送《琴川清风》预防杂志、提供预防咨询服务、邀请专家型人才参加职务犯罪典型案例剖析会、邀请专家型人才参加警示教育大会、成立“琴川清风”预防职务犯罪研究中心。

【延伸行贿档案查询】 实现功能延伸，从招投标、政府采购等向金融信贷、干部提任、诚信企业资格评定等领域延伸，确保新提拔任用干部、授牌“重合同、守信誉”企业无行贿记录，银行信贷人员无受贿污点、信贷企业诚信良好。实现范围延伸，从纳入市行政服务中心范围事项向各乡镇延伸。9月12日，《检察日报》头版以‘是拔前先查一查是否有行贿行为’为题介绍这一做法。

【规范强制医疗执行监督】 制定《依法不负刑事责任的精神病人强制医疗执行监督细则(试行)》，共九章二十八条，从精神病司法鉴定监督、临时保护性约束监督、强制医疗决定和交付执行监督、医疗保障监督、安全保障监督、合法权益保障监督、解除强制医疗监督等七个方面对强制医疗执行监督进行较为详细的规范，为进一步加强强制医疗执行监督提供了明确的依据和指引。江苏省检察院《监所检察情况反映》介绍这一做法。

【探索涉案人员社会保障机制】 市检察院为维护涉案人员合法的社保权利，消除社会稳定隐患，就被采取取保候审强制措施的犯罪嫌疑人被暂停医保、接受社会矫正的已决犯社保无法缴费等问题，与人社局积极沟通，通报全年被暂停医保的犯罪嫌疑人的基本情况，听取该局对上述人员停保的理由分析。对强制措施阶段犯罪嫌疑人是否应当暂停医保、何时回复社保、社区矫正人员如何恢复社保等问题统一认识，明确暂停、恢复社保的流程。

【开展环保联动执法检查】 市检察院组织干警与公安、环保部门工作人员组成检查组，分赴全市多地进行环保联动执法检查，开展常熟市环保联动执法月活动。同时对近年来办理的环保领域案件进行全面梳理，联合苏州范围内的3家沿江基层检察院，开展长江水环境保护专项调研、申报研究课题、开展沿江水环境保护，共同建立"沿江区域环境保护联动协作机制"。制定出台《常熟市人民检察院关于加强检察职能与环境保护执法机制实施方案》，充分发挥检察监督职能，落实行政、刑事、民事相衔接的工作机制，为环保部门的行政执法行为提供有力的司法保障。

【开展实训教学提高队伍素质】 加强青年干部素能培养，实施"训、研、讲、引、评"五位一体培养法，深化"青蓝工程"建设，开设新进公务员岗前培训"十堂课"，帮助他们明确宗旨、融入角色、掌握方法。依托"琴川法学堂"，采用"情景模拟""案例研讨""检察实务大讲堂"等多种形式，开展实训教学活动，经常性组织开展文书竞赛、案件质量回头看、笔录制作等岗位练兵活动，营造优良的学习氛围。《检察日报》"2014亮点"头条介绍"琴川法学堂"实训教学工作，《江苏检察》也作了专门介绍。

【落实和完善查处虚假诉讼犯罪案件协作、配合机制】 加强与市公安局刑警、经侦大队等部门在信息共享、线索移送、调查取证等方面的合作，充分发挥检察一体化办案优势，协调各职能部门职责形成合力。在突破虚假诉讼案件过程中，加快办案进程，促进案件顺利办结。全年查处虚假诉讼案件7件，涉案金额1000多万元，7人被追究刑事责任。

【加强网络举报宣传和管理】 重点加强对常熟政府网、零距离论坛等本地群众高度关注网站的管理，指定专人进行管理并及时予以答复，对群众在常熟政府网上的"在线咨询"，100%当天答复。根据网络微博信息传播快、传播广、影响大和网民喜爱的特点，在新浪网开通"常熟市人民检察院官方微博"，发布工作动态、案件信息、法律知识等，收集网民意见和建议并接受群众举报。 （张 莉）

公 安

【概况】 2014年，市公安局全力做好维稳工作，确保社会政治稳定。群体性事件预警率100%，协助党委政府依法妥善处置因征地拆迁、企业转制、劳资纠纷、事故灾害引发的聚集事件150起；完成全国两会、除夕香汛、南京青奥会、上海亚信峰会等重大活动、重要节点安保活动28次，出动警力2000余人次，先后完成7次重要警卫任务。全市刑事发案比上年下降6.90%，其中"两抢"发案创近10年新低，抢劫发案创近20年新低。全市刑事破案率在苏州五县市（区）中排名第一，其中命案破案率100%，"两抢一盗"民生案件破案率比上年分别上升10.50%、8.40%，为群众挽回直接经济损失813.50万元，比上年上升249.60%。破获公安部毒品目标专案1起、省公安厅挂牌毒品案件2起，缴获毒品10.60千克；破获公安部督办涉枪案件1起，缴获制式枪支1支、仿制式子弹600余发；摧毁有组织赌博犯罪团伙7个，查处赌博案件348起，端掉赌博窝点9个，抓获涉赌人员599人，全市赌博违法警情比上年下降28.60%。依托公安民调中心，建立覆盖所有公安业务窗口的外部评价考核机制，提升服务质量，公安队伍满意度达到98%。对常熟市农村商业银行、中国农业银行、中国银行等24家银行工作人员进行专题培训，组织民警、警辅挨家挨户开展宣传工作，发放宣传资料15万余份，组织民警、警辅、义警值守ATM，全市阻止电信、网络诈骗案件440起。开展重大火灾隐患集中整治、消防安全"打非治违"等系列专项行动，排查"三合一"火灾隐患场所1.30万余家、"九小"场所4.90万余家，火灾事故比上年下降6.60%，死亡人数比上年下降69.20%。

打击各类犯罪 全年立各类刑事案件11411起，破2957起，破案率25.90%。抓获各类刑事犯罪嫌疑人4409名，其中网上逃犯622名；刑事拘留、取保候审各类嫌疑人1728名，检察提起公诉1496名。侦破全部命案16起，实现现行命案破案率100%。先后侦破"4·25故意杀人致3人死亡案""9·19故意杀人致两人死亡案"等重大恶性案件。快侦快破八类案件，立八类案件299起，破280起，破案率93.60%，发案同比下降36.40%。其中杀人案件立8起破8起、抢劫案件立34起破30起、强奸案件立37起破35起、故意伤害案件立215起破202起、绑架案件立3起破3起、放火案件立2起破2起。现行绑架案均在6小时内侦破，人质被安全解救。打击各类涉恶团伙89个，抓获团伙成员386名，破案123起，其中3人1起团伙81个347人破案81起，3人3起团伙8个39人破案42起。摧毁以郑家军、邢素国、李文凯为首的3个"楼霸"恶势力团伙，6名涉案人员全部被"零口供"批准逮捕。

基层基础建设 购置防爆机械臂、便携式防暴盾牌、抓捕器、卫星电话等防暴器材，购置610根四件套多功能腰带，增购100台现场执法仪；购置单车装备45套；制定《常熟市公安局应急保障工作预案》，应急装备仓库面积达180平方米，配备配齐应急装备仓库物资。虞山镇区域新建低照度摄像机1260台，其他乡镇520台，升级更换1840台。完成350兆碧溪基站、高新园直放站新建，原董浜基站搬迁至支塘、原任阳直放站搬迁至尚湖。全市无线通信覆盖基本无盲区。7月，交巡警大队高架中队挂牌运行。

社会治安管理 查处治安类刑事案件85起，刑事拘留133人，治安处罚1281人。成功处置、化解梅李旋力集团经营不善、福山徐桥台板厂转制、莫城殷强服装厂彝族工人劳资纠纷、方塔街淘宝城业主集访、崇文中学学区划分等原因引发的150余起群体性事件，确保社会稳定。检查旅馆560余家次，处罚未按规定登记前台服务员21人，取缔无证旅馆8家，通过旅馆业信息系统报警抓获网上“三逃”人员18名。检查场所250家次，发现并整改各类隐患100余处，12家单位被停业整顿，2家受到罚款处罚，25家游戏、游艺场所张贴专用封签186张。检查危险品从业单位250家次，发现并督促整改各类隐患55处，全市未发生1起涉及危险品安全事故。会同市环保局、安监局对放射源使用单位进行专项安全检查，实地检查涉源单位42家；根据举报会同环保、安监部门连续侦办2起拉链厂涉嫌非法购买、使用剧毒化学品并造成环境污染案件，2名嫌疑人受到刑事处罚。捣毁25个涉娼窝点，刑事拘留42人，治安处罚219人。查处26起聚众赌博案件，刑事拘留61人，治安处罚1062人，收缴赌博机1337台。会同环保、食药监、卫生、质监等部门，先后侦办生产销售假药案1起、生产销售有毒有害食品案4起、环境类案件4起、非法行医案件12起、拒不支付劳动报酬案14起，刑拘30人。全面收缴管制器具，查处各类涉危案件115起，处理59人，收缴各类管制刀具180把、弩9把、仿真枪19支、非法烟花爆竹500余箱。全年办理犬证72张，延续2张，捕捉无主、有主散养犬2595只。

打击经济犯罪 接各类经济犯罪警情324件，受理案件229起，比上年下降13.16%；立案168起，比上年下降13.40%；破案119起，比上年下降11.85%；涉案总价值5.90亿元，经济损失2.32亿元，挽回经济损失2.18亿元；抓获犯罪嫌疑人144名，其中逃犯66名。全年立非法集资、传销和合同诈骗等大要案件31起破30起，组织300余名警力，成立5个专案组，侦破玉福祥非法吸收公众存款案、环立板带轧辊公司浦建明非法吸收公众存款案、今朝汇元珠宝公司非法吸收公众存款案、王彩琴集资诈骗案以及谢丽娟等组织领导传销案等重大案件，抓获犯罪嫌疑人26名，追回经济损失2.18亿元。破获各类骗取贷款案、信用卡诈骗案件25起，抓获犯罪嫌疑人26名，挽回经济损失360余万元，先后侦破吉振万信用卡诈骗案、常熟高凯贸易有限公司骗取贷款案以及吴洪彬票据诈骗案等典型案件。立案查处制假侵权案件13起，破11起，抓获涉案人员14名，捣毁制贩假冒伪劣窝点11个，打掉犯罪团伙1个，缴获假冒伪劣侵权商品1.50万余件，涉案金额2000余万元。10月起，市公安局发起并收网涉及江苏、湖南、浙江、河北、河南、山西、湖北、山东、辽宁等9地公安机关联合参战的常熟“波司登”商标被假冒注册的“打假”集群战役。市公安局分成6个工作组，出动警力20余人次兵分各地，摧毁南通陈某等人制作假冒波司登品牌的蚕丝被窝点6个，在湖南、浙江等地抓获销售蚕丝被的犯罪嫌疑人张某、姚某等10人，各地现场查扣各类假冒波司登品牌的蚕丝被5000余条、羽绒被300余条、羽绒服2000余件，“波司登”各类商标标识5万余个，“波司登”商标各类包装盒3500余只，印有“波司登”水印字样面料55卷合6000多米，涉案总价值6500余万元。开展打击假币专项行动，全市立假币案件5起，破5起，抓获犯罪嫌疑人5名，查获假人民币10.45万元，假美元4000元，向中国人民银行解缴假人民币约14万元。通过设卡盘查抓获犯罪嫌疑人何某某，侦破涉案价值9.60万元持有使用假币案。会同烟草部门联合执法，发现非法经营卷烟窝点5个，立案5起破案4起，抓获犯罪嫌疑人5名，收缴各类卷烟6000余条。

网络监控管理 核验网站340家，落实备案266家，整改55家，处罚5家。检查网吧1309家次，实地检查网吧258家次。配合文化、电信、工商等部门开展联合执法，业主主动关闭“黑网吧”4家次，取缔“黑网吧”3家次。破获涉网案件42起，抓获主侦对象61名。赴武汉、长沙等地以及驻点广西南宁，成功破获陈立群财物被骗案、赵学利网络信用卡诈骗案、木马盗窃银行卡案等电信网络诈骗案。

交通管理 全年累计发生道路交通死亡事故220起、死亡220人,比上年分别下降11.20%和10.90%。查纠交通违法行为92.30万起,查处违章停车17.30万起,行政拘留交通违法行为人398名。非现场执法采集70.60万起,占纠违总量76.50%。危险驾驶刑事案件立案489起,办理交通肇事案115起,刑拘72人,直接取保540人,提起公诉477人。截至12月31日,全市共有机动车37.50万辆,驾驶员46万人、电动自行车101万辆。执行三级以上警卫任务5次,完成大型活动交通安全保卫14次。开展"打四非查四违"专项行动,对全市21家客运、33家危险品运输企业进行巡查,对车辆、驾驶员及危险品种类、运输线路等情况逐一查登记,检查企业安全制度落实情况,排查管理漏洞,杜绝安全隐患,查扣违法危化品运输车辆和客运车辆8辆,查处客运、危险品运输违法行为186起。开展非法营运"三小车"整治,查扣"三小车"2690辆。建立酒(毒)驾重点违法常态整治机制,开展"酒驾整治周""零点行动"等,强化午后、夜间、凌晨等重点时段的查控。全年查获饮酒驾驶1327起,醉酒驾驶455起,比上年分别上升3.10%和35.80%。开展变形拖拉机违法行为专项整治,会同交通、农机部门开展联合执法,严查变拖证照不全、逾期未检、无交强险、超载超限等违法行为,清理违法未处理变形拖拉机220辆,清理违法记录486起。开展城市道路交通综合整治,以规范市区交通秩序、优化市区文明交通环境为重点,集中力量开展市区摩托车违法行为整治、货车闯禁区整治以及行人、非机动车不文明行为整治。开展交通安全大检查"回头看"活动,以客车、货车、危险品运输车、校车、农村面包车"五类车"为重点,排查车辆3.40万辆,整改隐患车95辆。对2013年发生重大交通事故路段的隐患排查进行"回头看",再次排查重点路段13处,整改2处。推进交通堵点改造工程,进一步完善元和路、西门大街、新区医院、昭文路九里等拥堵常发区域的路网结构,综合单向通行设置、措施设置等方式,优化交通组织"微循环"。完善交通设施,结合堵点改造工程,对流量较大的路段、路口进行了拓宽,更新市区主要道路的标志标线,在斑马线、停车线前漆画了"车让人""文明礼让"等标识。开设海虞南北路公交专用道,完善专用道标志标线、专用信号灯等配套设施;协调交通部门优化调整部分公交站点位,对具备条件的道路启动公交站"港湾式"改造。对商贸区、居民小区等具有刚性停车需求区域,进一步挖掘停车资源,市区停车泊位达到8.50万个。优化交通信号设置,在市区建成16条"绿波"示范路段,根据流量变化设置不同时段配时方案,平均车速提高约8千米/小时。新增30套高清视频抓拍系统,对违法占道停车进行查处,重点严管路口50米区域。深化交通诱导机制,交通指挥中心汇总一线民警采集的交通预警信息,结合流量监测数据形成交通诱导方案,通过电台、网络、微博等交通诱导"十大阵地"发布信息,在电视台开设《每日路况播报》栏目,为群众出行提供参考。在全市设置28块交通诱导情报板,实时发布周边路段的交通流量"三色预警",日均发布交通诱导信息50余条,每天受益10余万人。推进危运企业技防监督,对全市464辆危化品运输车辆进行实时电子监管,利用全市车辆轨迹高清抓拍系统对全市所有危化品运输车辆进行滚动式检查。针对违反凌晨2时至5时禁行规定的车辆,利用卡口、移动执法车进行路面布控,并向运输单位发出整改通知。通过电子监管系统,发现两家单位7辆危化品运输车辆违反禁行规定。丰富交巡警网站、微博、博客等网上栏目的宣传内容,举办"百姓话交通""随手拍不文明交通行为"等线上活动,提高群众对文明交通的关注度和参与度。自编、自导、自演交通安全宣传微电影《来自贞观的你》。定期组织"少年警校"训练营,加强青少年交通法制教育。组织112场"村村演"交通安全小品。

禁毒工作 破获涉毒刑事案件76起,抓获犯罪嫌疑人83名,查处涉毒违法人员541人,其中强制隔离戒毒61人,社区戒毒169人,行政拘留539人,罚款2人,缴获毒品折合海洛因10602.84克。2014年全市有易制毒化学品单位980家,近两年办证894家,其中生产单位16家、经营单位80家、使用单位798家。全年未发生制毒案件,未发生易制毒化学品流入非法渠道,未发生被上级部门及外县市公安机关查获违反易制毒化学品管理案件。成立易制毒行业协会常熟分会,设立会长单位1家、常务理事单位5家、理事单位14家,设工作站7个、站长7名;5月27日,苏州市公安局在相城区召开苏州市禁毒义警成立大会,常熟15名义警参加会议,成为禁毒义警,全年吸纳18名安全员参加义警组织。创办会刊《常熟易化》,印发

800余份，向协会单位宣传法律法规、协会建设、会员活动花絮、企业经验。全年组织安全员检查16次，检查单位300家，对300家企业进行等级评定，评为甲级单位68家、乙级单位160家、丙级单位72家。开展专项检查，8月份南京青奥会期间，组织人员开展大规模安全检查专项行动，检查单位58家，发出整改通知书28份，对4家企业进行警告，处罚违规企业1家。

城市巡逻防控　抽调警力至两个高速出入口，实行双向设卡盘查。路面巡逻与空中巡逻有机结合，消除巡防盲点，有效缓解路面巡防警力不足矛盾，对重特大警情实行双向快速联动处置，实现信息互通共享，全面提升空地打防效率。对原有依维柯警车进行改造，抽调精干警力组成机动巡逻冲锋队，有针对性地投入到案件高发区域，缓解城区巡逻中队巡防压力。针对环城区域及集中区域流窜作案高发的状况，适时组织重点派出所开展区域联防，实地勘察设卡地点，制定区域联防方案，并及时进行督导，落实属地派出所巡防管理职责，有效遏制区域性流窜作案。市公安局通过巡逻盘查、设卡检查抓获各类违法嫌疑人1171名，其中刑事拘留以上处理嫌疑人585名，网上逃犯71名，治安拘留494名，强戒7名，社区戒毒14名。全市刑事发案同比下降6.90%，其中盗窃电动车发案同比下降35.30%，"两抢"发案同比下降13.60%。

出入境管理　2014年，临时来常熟境外人员35383人次，比上年下降10.05%。其中外国人25135人次，中国台湾居民9086人次，中国港澳居民1061人次，华侨101人次。常熟市常住境外人员3025人，比上年上升7.48%，其中外国人1521人，台湾居民1504人。市公安局办理境外人员各类签证（注）3400件次，比上年下降7.43%。其中外国人办理各类签证2480件次，中国台湾居民办理各类签注、证件915件次，出入境通行证5件次。常熟港境外船员入港6664人次、出港6596人次，入境6608人次、出境6903人次，外轮入港627艘、出港487艘，入境503艘、出境659艘，市公安局签发船员过境签证361件次。查处涉外案（事）件107起，比上年下降66.03%。其中境外人员"三非"案件23起（外国人12起，中国台湾居民11起），比上年下降26.75%；违反临住登记管理案件78起（外国人9起、中国台湾居民69起），比上年下降75.63%；外国人被诈骗案件（刑事）1起；死亡事件3起（外国人2起、中国台湾居民1起）；交通事故（危险驾驶罪）2起（中国台湾居民和外国人各1起）。全年受理出国境申请52550人次，比上年增加33.56%，其中出国23124人次、往来中国港澳地区20284人次、往来中国台湾5558人次、出入境通行证5人；受理网上申请5372件次，比上年上升8.43%；新增报备国家工作人员1509人，更改报备信息374人，撤销222人；上报多次商务签注备案企业23家，备案人员36人次。引进3台自助填表机，申请人将二代身份证放在自助填表机阅读器读卡区域，系统会自动读取个人信息，生成申请表并打印出来，整个申请流程缩短至1分钟，缓解窗口受理压力；开通证照办理业务语音咨询电话，提供中英文双语24小时语音咨询自助服务，方便群众及时了解办理证件所需材料信息。对全市300余名涉外宾馆从业人员开展涉外人员临时住宿登记培训12场次。

单位内部保卫管理　全年登记管理内部单位68368家（省级1家、市级50家、县（区）级367家、社区关注单位1904家、一般单位14693家、个体工商户49356家），比上年年底新增3422家；检查单位5164家次（常规检查2531家次、主动检查1253家次、专项检查1285家次、整改复查95家次），其中等级以上实有单位检查率100%；检查出隐患单位209家，隐患数866个，当场改正49家，限期整改并处警告97家（整改完成26家、通报2家、协调解决49家）。先后会同商务局、交通局召开全市大型商卖场、客运车站等行业部门保卫负责人会议6次，上门走访全市党政机关52家（次），根据不同行业性质，针对不同重要目标，分类落实防范守护措施，保障全市重点单位基础设施及重要部位安全。全市党政机关增加安保人员38名，技防资金投入60多万元，添置防爆装备188件。会同天然气主管部门对全市1600余千米天然气管道进行排查，排查出25处占压管道违章建筑、1386起安全隐患，全部整改到位；深入开展"三电"设施安全保护工作，协调各有关单位和部门形成齐抓共管的强大合力，加强对"三电"案件多发的重点地区的整治，发案同比下降11.30%。会同电力部门查处外力破坏10千伏级以上输电线路跳闸事故三起，盗窃电力设施案件2起，协助处理涉电企业不安定因素1起，全年未发生涉电安全生产事故。会同教育、综治等部门及属地派出所,采取自查互查、明察暗访等形式,对校园安全工作进行督导检查102次,发现并督促整改校园安全隐患[illegible]处,向教育主管部门发出涉及校园安全隐患通报2篇,督促相关单位整改到位。会同教育部门举办校园安保人员培训班,对全市76名校园保卫干部和保安队员进行业务培训,提高校园保卫队伍履职能力。指导医院按照《关于加强医院安全防范系统建设的指导意见》等有关要求,严格落实人防、物防、技防各项安全防范措施;全市医院在人员相对集中、案件易发部位增加监控78只,警务室增配防护装置158件,投入资金82万元。4家有警务室的医院共发刑事案件68起,治安案件20起,比上年分别下降1.50%、47.37%。全市发电信诈骗案件1063起(上年722起),同比上升47.23%,通过银行汇款成功阻止312起电信诈骗案件,案值1116.67万余元,表彰奖励见义勇为先进个人166名。健全重大责任事故信息报送、案件查处和执法检查机制,加大对已发生事故的定性查处和责任追究力度,全面推进案件侦办工作的规范运行。全年配合市安监局参与重大安全生产事故调查41起,办结2起重大责任事故案件,追究刑事责任3人。

人口管理 2014年,全市有329[illegible]20户、1068844人,其中男性为518860人,占48.54%,女性549984人,占51.46%。全市外来人口工作量2167295人次,比上年上升16.30%;外来人口实有数938[illegible]91人,同比上年上升11.[illegible]0%。寄住人口登记数321749人。全年共抽查社区(村)822个次、外来人口49320人,外来人口平均登记率、准确率分别为98.50%、90%。抽查32个派出所集宿单位、建筑工地72家、外来人口1440人,信息平均登记率、准确率分别为98%、92%。3月1日至9月30日在全市范围开展门牌整治工作,共更新、制作、安装门牌2716块。9月至12月底,在全市范围内集中开展群租房等非法出租房屋排摸整改工作,全市累计排摸722处群租房,发整改通知书722份。组织开展户口登记管理专项清理整治工作,纠正重户口、假户口91个。

【开展反暴恐工作】 昆明"3.01"暴恐事件发生后,市公安局多次召开专题会议强化备战意识,制定《常熟市公安局防范、处置暴恐事件工作方案》,落实各项日常防范措施,明确处置暴恐袭击内部职责、流程,确保在遇到暴恐事件时能够在第一时间快速、有效处置。将全市划分为46个巡区,指派佩枪警力按照"有警处警、无警巡逻"要求开展常态化巡逻防控,确保实现出现暴恐警情时"1分钟反应,3分钟到达现场,5分钟解决战斗"的工作目标。对社区民警进行涉恐基础知识培训,使社区民警在日常工作中能够识别发现涉恐图案、旗帜及相关人员,提升发现涉恐线索能力。组织佩枪民警进行射击训练,使民警熟练掌握枪支使用、保管、交接要点,提升民警实战能力。对私房出租屋、中小旅馆进行滚动检查,确保新流入人员信息采集到位;对全市水、电、油、气等重要目标部位进行全面检查,督促落实人防、物防措施及相关工作机制;重点加强对党政机关、学校、医院、商场超市等重点目标和人员密集场所巡逻,特警组建两支小分队,在城区分区开展武装加强巡逻。

【重大活动安保】 完成全国两会、上海亚信峰会、南京青奥会以及国家公祭日等重大活动安保工作。7月17日至19日、8月9日至11日组织全市社区民警深入各个社区责任单元,联合社区工作人员分别开展"利剑1号和2号"专项行动,盘查可疑人员4700余人次,车辆110余辆次,抓获各类违法犯罪嫌疑人200余名。青奥会期间,启动非常态联合指挥部,局领导带班值守,统筹每日安保工作情况,全面实行一级巡防等级,全市日常巡逻警车增至66辆,巡逻警力增至450名,其中佩枪警力120名,将警力最大限度地推上街头路面,组织机关警力常态化定向支援重点巡防中队,围绕重点繁华路段、长途客运站等人员密集区域,策应派出所路面武装巡逻,并每天安排特警PTU警力,开冲锋车持枪上路巡逻,以面保点,挤压街面现行犯罪滋生空间,确保相关活动顺利进行。做好常熟两会、普通高校招生考试、春节香汛活动、农历"三月三"香汛活动、年度普通高中学业水平测试安全保卫工作,承担中国蔬菜产业博览会、服装服饰博览会、恒大星光音乐节常熟站演出、江南文化节、第四届常熟尚湖国际半程马拉松邀请赛等29次大型活动及重要会议和体育赛事的安保工作。

【建立公安城管联动机制】 5月,市公安局会同市城管局召开专题会议,专门研究建立公安城管联动执法工作机制,成立常熟公安城管联合执法领导小组,明确联动执法工作范围,确定联动执法操作流程和工作情况互动机制。市公安局抽调辖区派出所精干力量，从快从重从严打击妨碍城管执行公务暴力抗法行为，起到强有力震慑作用，有力维护城管执法权威，保障城管执法工作顺利开展。公安机关查处打伤城管执法人员、损坏城管执法设备暴力抗法案件4起，治安拘留3人、刑事拘留1人。市城管局会同公安交巡警等部门在实行工程运输车辆和运输企业准入管理基础上，自4月下旬开始，全力开展联合整治行动，严厉打击违法违规运输处置建筑渣土行为，规范运输市场和工程车辆通行秩序。制定《关于加强建筑渣土运输处置管理的实施方案》，明确城管、公安交巡警等职能部门职责分工、整治实施步骤和工作要求，多次组织职能部门召开工作协调会、推进会，落实工作责任。通过媒体宣传、城管队员上门宣传、与建筑工地签订《建设工地规范施工承诺书》及《建筑垃圾处置责任书》等形式，进行广泛宣传发动。自5月中旬开始，从城管、公安交巡警等部门抽调19名工作人员组成联合执法组，针对施工运输车辆未密闭改装、无证运营、违反运输路线、擅自倾倒建筑垃圾以及抛洒滴漏、带泥行驶等违法违规行为，在城区范围内开展为期3个月联合整治行动，重点加强夜间执法整治。出动人员438人次，查处建筑渣土运输车辆违法违规行为为39起。

【警务大数据工程建设】 投入6000万元完成全市32个派出所、13个交巡警中队视频专网升级改造，铺设千兆级网络，打通大数据应用网络"高速公路"。加快推进技防城三年规划建设，建成治安监控、高清抓拍1.50万余个，安装村镇高清抓拍330套、高清治安视频监控700只、村级监控3600台，增加大数据视频采集终端数量。梳理出40大类数据交换项目，全面加强与政府其他部门的信息共享；制定25个小类的数据采集目录，落实派出所社会数据采集任务。建设基于分布式计算的大数据计算和存储集群，建立人、车、案事件关联数据库，实现对数据的深度挖掘分析。整合非结构化数据，对警务大平台内警情、案情及电子笔录进行智能语义分析，实现自动串并案功能。运用"以图搜图"技术，提升人员和车辆排查、搜索效能。通过优化现有应用算法，对情报池内简要案情、涉案物品、现场勘查、视频资料、情报线索、合成侦查等六大模块进行升级改造，促进信息相互融合，实现对案件的自动化、智能化研判，提升工作效率。建设开发智能监控实战应用平台，以PGIS警用地理信息系统为基础，整合警情案件、视频监控、警车警力以及人口单位等数据信息，打造集指挥调度、情报研判、应急处突、侦查破案、治安防控、交通管理、社区警务功能于一体的智能监控实战应用平台，为案前车辆预警、案中实时比对报警、案后综合信息研判等实战需求提供可视化、智能化视频监控信息。

【保障三环路高架畅通】 7月28日，全国县级城市首条环城高架快速化道路——常熟三环路高架东南段正式通车。市公安局成立高架道路交通管理调研组，专门到苏州学习高架管理工作经验，对高架通行规定、管理职责、力量配置、管理要点等进行全面深入调研，建立符合本地实际的高架交通管理模式。落实人员编制，配齐车辆装备，组建高架管理中队，专门负责高架系统交通管理工作，为高架道路交通管理提供专业人才保障和硬件保障。交巡警大队全程参与高架道路交通设施、标志标线的设计审核，监督、指导工程进度，确保在通车前全部安装完毕。在建设过程中，多次牵头召开高架道路智能交通建设推进会，根据实际管理需要，提出配套设置流量采集、可变情报板、高清视频监控、电子警察等，实现交通诱导、路况监控、非现场执法全路段全时段全覆盖。高架通车前，组织专家实地勘查，对高架沿线地面道路信号配时进行优化调整，在匝道与地面道路连接处加设隔离装置，在流量交织点加装临时信号灯，全面加强施工区域安全防护。提前分析预警高架通车后相关区域交通流变化，对高架沿线新区医院、安定片区等易堵路段专门制订交通组织优化方案，减小附近路段因高架通车带来的聚集效应影响，确保高架周边区域交通状况整体稳定。组织警力对高架道路进行全天候不间断巡查，对高架道路机动车随意停放、货车"闯禁"等违法行为加大查纠力度。通车初期，在高架安定互通、青墩塘互通及延伸区域派驻警力值守，及时排堵保畅，特别是加强早晚高峰时段的疏堵保畅工作，确保高架全线通畅，上下匝道通行有序。组织发动社会力量参与管理，聘请工程单位、保安公司保安40余人，每天6时至21时对21个高架上下匝道口进行值守，对行人、非机动车违规上高架行为进行劝导阻止。

【开展"猎狐2014"专项行动】 根据公安部统一部署，自7月至12月全国公安机关开展缉捕在逃境外经济犯罪嫌疑人专项行动，代号"猎狐2014"，常熟有4名嫌疑人出逃境外,8月4日,市公安局召开专题会议,部署专项行动,落实专人围绕嫌疑人的关系人、通信、资金流等多种途径展开侦查。12月中旬,市公安局一名副局长带队参加跨国联合追捕小组前往菲律宾,对在逃人员李某某开展工作。12月中下旬,另一追捕小组赴乌干达追捕信用卡诈骗在逃人员郑某某。

【开展“禁毒会战”】 深入开展“禁毒会战”。制定下发专项行动方案和配套的任务书、进度表,制定相应考核方案。为一线执勤警力配齐配全毒品现场检测箱、唾液检测板。组织开展禁毒条线专项培训2次,组织开展派出所禁毒培训4次,着力提高基层民警禁毒执法能力。11月21日凌晨,成功侦获“2014—144”省毒品目标案件,抓获贩毒人员3名,缴获冰毒6千克,仿64式手枪一把,子弹7发,一个跨越苏粤两省的特大吸贩毒团伙被摧毁。针对涉毒情况较为严重的地区,不定期开展突击检查,营造严打高压态势。开展清查行动7次,出动警力140人次,抓获涉毒违法犯罪人员17名。对驾驶人有明显吸毒特征、表现或者有证据表明属于吸毒后驾驶机动车的,依法进行现场检测,并由交巡警、禁毒部门联合处置。通过盘查抓获涉毒嫌疑人3名,查获涉嫌毒驾人员2名。“禁毒会战”破获省公安厅目标案件1起,团伙案件1起,抓获毒品犯罪嫌疑人15人,缴获毒品5430余克;查获吸毒人员146名,强制隔离戒毒10人,社区戒毒35人。“2014—144”省公安厅目标持枪贩毒案破获情况先后被中央电视台多档栏目宣传报道。

【严打传销活动】 全面搜集线索,组织专人对接处警、群众举报以及工商提供的涉及非法传销的信息进行全面梳理,挖掘到有效线索7条。组织社区民警深入社区,逐村逐户排查传销窝点及人员,获取传销可疑线索30余条,其中5条成为最终侦破传销案件关键线索。在侦办常熟“爱之旅”传销案件过程中,市公安局共联系寻找250余名受害人员制作笔录500余份,收集银行流水3000余笔、入会凭证200余份,形成30多本共计4500多页的移送起诉案卷材料,所有涉案人员全部进入司法起诉程序。4月,群众报案反映本地籍人员徐某以“拉人头”形式非法传销骗取钱财,接报后,市公安局经侦、网警及派出所紧密配合、相互补位,全力推进案件侦破工作,经过3个多月侦查,对嫌疑人成功实施收网抓捕并一举捣毁该传销窝点。年内,市公安局破获系列组织、领导传销活动案5起,抓获犯罪嫌疑人6人,捣毁传销地下窝点8个,教育传销参与人员250余名。

【防范电信、网络诈骗案件】 建立“日结清、周分析、月发布”制度,实时跟踪发案情况。每日分析基层派出所电信、网络诈骗案件源头信息、案件线索采集质量,发现问题,及时下发整改,保证研判源头信息准确性。制作每周电信、网络诈骗研判报告,牵头刑警、网警、巡防、内保、人管、政治处宣传科等部门每周召开分析会,总结一周内防范宣传工作质态及薄弱环节,及时指导相关部门和派出所开展针对性防范工作。每月向各镇(板块)及银行发布月度警情报告,督促相关单位共同推进防骗宣传。开展网上、网下全方位防范宣传。组织拍摄防范微电影《人在囧途—回家的诱惑》《E网坑深》,通过微博、微信新媒体开展网上宣传。组织开展“街头防骗快闪”活动,印制、发放宣传资料15万余份,组织社区民警、警辅,挨家挨户上门宣传,发放宣传资料,制作防范宣传宣讲PPT,深入外来务工人员聚居区,开展集中宣讲活动。对24家银行工作人员开展防骗专题培训。组织义工在周末两个时间段值守城区8个ATM自助银行。全市共阻止电信、网络诈骗案件440起。

(赵　东)

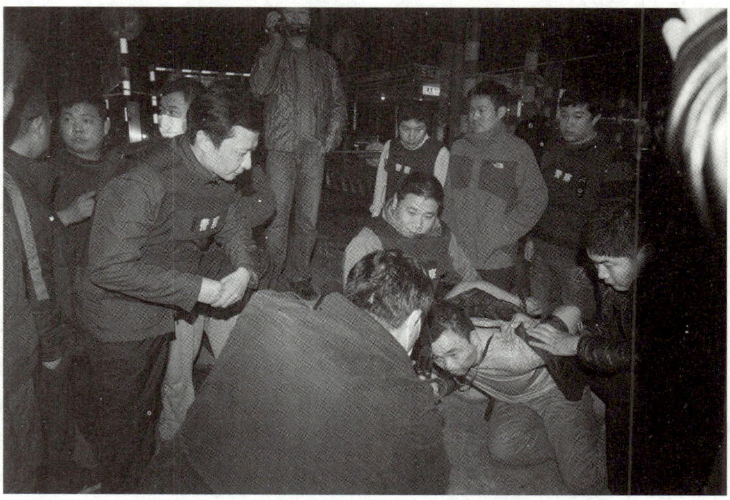

11月21日,常熟警方破获省公安厅目标毒品案件

司法行政

【概况】 2014年,全市两级社会矛盾纠纷调处中心和人民调解委员会共组织纠纷排查51265次,调处纠纷6549件,调处成功6529件,调处成功率为99.69%;预防民转刑案件20起25人;劝阻群体性上访216起4076人次,防止矛盾纠纷激化50起。共接收社区服刑人员314人,解除矫正344人,年末在册人数434人;接收刑释解教人员461人,解除722人,年末在册人数1363人。律师事务所共办理各类案件4752件,基层法律服务所共办结各类案件886件,市公证处办结各类公证11052件。市法律援助中心批准批派承办法律援助案件2091件,"12348"接待来电来访咨询7264起。

【建立矛盾纠纷民意评议机制】 在调处疑难复杂和有重大影响的矛盾纠纷时,邀请民意代表参与,客观呈现纠纷案情和矛盾焦点,听取公众意见,运用舆论评价机制及时调整方式方法,进行合理疏导。明确引入矛盾纠纷评议机制的适用范围,制定严格的评议程序,建立评议人员库,组织评议专题培训,对全市人民调解员及评议员进行业务知识培训,及时总结案例及经验材料,提高复杂重大矛盾纠纷的调处成功率。省司法厅厅长柳玉祥对市司法局《常熟试点矛盾纠纷民意评议机制》作出批示:"将民意评议引入矛盾调解之中,是创新之举,请基层处总结。"

【开展农民工维权专项行动】 组织专项排查156次,调处涉及农民工矛盾纠纷250起,调处成功率达100%。受理涉及外地农民工法律援助案件206件,提供来电来访法律咨询2227起,为农民工挽回经济损失约1450万。

【法制宣传助力"春风行动"】 2月22日,市法宣办、市司法局组织律师、工作人员在市人才市场招聘会现场设立免费法律咨询服务点,现场放置《农民工维权案例展板》,向求职者免费发放《常熟新市民常用法律20问》等宣传资料600余份,为求职者解答劳动合同签订等劳动法律问题,引导求职者依法维权、理性维权。各乡镇司法所,开展法制宣传集中活动,共发放宣传资料10000余份,解答咨询800多人次。

【2013年普法十件大事揭晓】 由市法宣办、市司法局组织的2013年度常熟市普法十件大事评选揭晓,常熟市通过"六五"普法中期考核、全国首创"智慧社区法律超市"、市反腐倡廉警示教育基地建成、首届法治公益广告大赛举行、开展"欠薪入刑"主题宣传、民防教育体验馆使用、"网络检察官"走进千家万户、筹建华东食品城法治文化市场、海虞青少年安全教育馆建成、建成辛庄法治文化一条街被评为2013年度常熟市普法十件大事。

【建成社区矫正监管指挥中心】 市司法局对社区矫正电子监控系统软、硬件进行整合升级,建成社区矫正监管指挥中心。该中心集语音汇报、手机定位、安全监控三大系统于一体,通过24个高清摄像头、9块LED电子大屏幕实现对社区矫正中心全方位实时监控,保证从报到接收、入矫宣告、集中教育、公益劳动、矫正训诫到心理矫治的每个工作环节高效安全开展。

【采取"一季一主题"帮教形式】 市司法局采取"一季一主题"帮教形式,促进安置帮教与监所改造一体化。四个季度主题分别为:"关爱女性·修复家庭"、"抚慰心灵·重塑生命""月寄乡情·祈盼回归""送法入监·真情帮教"。市司法局联合市妇女联合会、心理卫生协会、法制艺术团、市法律援助中心到宜兴、丁山、常州、溧阳、镇江、南京女子监狱及少管所,开展以签订帮教协议、举行心理讲座、提供法律咨询、赠送心理书籍、发放生活用品等多种形式的延伸帮教活动,促进在监服刑人员积极改造,早日回归社会。

【集中培训专职调解员】 5月5日至7日,市司法局举办全市人民调解员业务知识培训班。各镇(场)、碧溪新区、东南街道、服装城的下辖村、居调委会及各镇调委会及其驻基层派出所、基层法庭、交警中队的所有专职调解员及全市各专业性、行业性专职调解员320人参加培训。培训讲授社会矛盾纠纷的预防与处置、劳动争议的调处、人民调解工作实务与调解技巧等。

【国家社区矫正立法第一调研组到常熟调研】 5月8日,由国务院法制办政法国防司司长吴浩率领的国家社区矫正立法第一调研组到常熟进行社区矫正立法专题调研,江苏省司法厅副厅长张光东,省司法厅社区矫正管理局局长李萍、苏州市司法局局长朱正宇参加。调研组听取了司法所长、社区矫正执法者、社会工作者、志愿者等各方代表关于社区矫正立法层面的意见和建议,对社区矫正"常熟模式"给予充分肯定,鼓励常熟继续探索创新工作方式方法,将矫正监管水平推上更高平台。

【常熟省级法治文化建设示范点数量全省第一】 5月16日,市法制宣传教育中心和市税收文化教育基地被评为第二批"省级法治文化建设示范点",加上第一批获评的法治文化街,常熟共有3个省级法治文化建设示范点,走在全省前列。另有苏州市级法治文化示范点12个,市级法治文化示范点79个。

【启动第七届新市民法制宣传月活动】 6月1日,启动第七届新市民法制宣传月活动,以七大活动构建主题化、多元化、创新化的新市民法制宣传教育格局。送法进企业进工地进集宿区,组织"和爱常熟·为民清廉"法治楹联书法巡回展,开展"新市民法律法规有奖知识竞答",组织参与"江苏省农民网上法律知识竞赛",开展基层法治文化建设,开辟农民工法律援助绿色通道,开展媒体专题宣传。

【法律援助律师团进驻职工之家】 6月4日,市法律援助中心与市总工会召开职工法律援助维权协调会。市总工会以政府购买服务形式与江苏福地律师事务所签订协议,为职工提供法律咨询、代书、无偿代理诉讼等一系列法律援助服务,定期安排律师到乡镇工会值班,就职工遇到的法律问题提供法律援助服务。

【推进公共法律服务中心建设】 6月6日,市司法局召开全市公共法律服务中心现场推进会,与会人员参观了沙家浜镇、东南街道和服装城公共法律服务中心。会议要求各镇根据因地制宜、分类指导的原则,加快推进镇级公共法律服务中心建设。6月底,全市13个镇(街道)公共法律服务中心开始运行。

【深化全市公调对接工作】 6月18日,市政府办公室转发《关于进一步深化全市"公(交)调对接"工作的实施意见》。7月8日,召开公调对接工作推进会,会议就如何进一步深化"公调对接"工作做了周密部署,要求相关部门有效整合调解资源,深入推进该项工作。9月3日至5日,市司法局举办全市"公调对接"专职调解员岗前培训班,考试合格者被聘为专职调解员,由司法行政机关发放聘书。

【全省社区矫正工作现场会在常熟召开】 6月30日,江苏省社区矫正工作现场会在常熟召开,省司法厅厅长柳玉祥、副厅长张光东及来自全省各市主要领导及分管领导近100人参加。市委常委、政法委书记杨崇华就社区矫正"常熟模式"的做法和经验进行交流。张光东要求各市以常熟为样板推进社区矫正中心规范化建设,狠抓经费、制度、人员等三项工作落实,坚持科技强矫理念,将全省社区矫正工作水平推上新台阶。

【向市政府法律顾问颁发聘书】 7月25日,市人民政府法律顾问聘任仪式在市司法局举行。市政府常务副市长沈晓东代表市政府向杨少平、华元、黄伟东、秦建文、俞晓华、朱正彤、邓克、严国军、季卫良、袁伟东、高新华、陶刚12位政府法律顾问颁发聘书,聘期5年。

【举办社区矫正"公众开放日"】 8月20日,市司法局、市社区矫正管理教育中心举办首次"公众开放日"活动,邀请市公安局、检察院、法院、团市委、妇联及群众代表到市社区矫正管理教育中心参观,现场发放社区矫正宣传折页500余张、解答咨询20余人次。

【省立法调研组到常熟开展人民调解立法专题调研】 9月16日,省司法厅副巡视员赵科率省立法调研组到常熟就《江苏省人民调解条例》进行立法专题调研座谈,市司法局局长徐秾,相关科室负责人,部分司法所长,专业性、行业性调委会专职调解员等参加座谈。与会人员就《江苏省人民调解条例(征求意见稿)》的框架结构和内容进行了讨论,提出了建议。

【中小学普法读本首发暨培训】 9月25日,市中小学普法读本首发式暨培训举行,全市各中小学校校长、兼职法制副校长和法律任课老师参加。市委政法委、市司法局、市教育局等部门组成的读本编写协调小组,通过召开座谈会、发放调查问卷等形式,广泛征求意见,对原编中小学法制教材进行进一步加工和改编,并新编高中版,分别定名为《启航》《护航》《导航》,把普法纳入各中小学校课程。

【人民调解个案补贴列入市财政预算】 10月27日,市司法局与市综治办、市财政局联合下发《常熟市人民调解个案补贴办法(试行)》的通知,对全市人民调解个案实行"一案一卷""一案一补",全市专职人民调解员需发放的个案补贴全部列入市财政预算。人民调解个案补贴主要针对有效化解各类矛盾纠纷案件的人民调解员,补贴标准按照矛盾纠纷的难易程度分为简易矛盾纠纷、一般矛盾纠纷、疑难复杂矛盾纠纷三个等级。人民调解委员会和人民调解员对化解的矛盾纠纷要按照司法行政部门统一的人民调解文书格式和市司法局制订的人民调解案卷文书标准制作卷宗，人民调解卷宗要素不全的，降低补贴标准或不予补贴。

【成立通信行业人民调解委员会】 10月28日，市司法局、市电信局、市邮政局、中国移动常熟市分公司、中国联通常熟市分公司等部门联合成立常熟市通信行业人民调解委员会。这是全省首家通信行业人民调解委员会，旨在妥善处理通信用户与通信服务提供商之间的消费纠纷，防止用企矛盾激化，切实维护用户权益。

【石泰峰充分肯定康博村民主法治建设】 11月24日，省委副书记、苏州市委书记石泰峰到古里镇康博村调研，苏州市委常委、秘书长王少东，市委书记惠建林，市委副书记、市长王飏等陪同调研。石泰峰视察了康博苑农民集中居住区，听取康博村党委书记高德康创建“全国民主法治示范村”情况汇报，充分肯定康博村各项创建工作，要求康博村进一步加快法治建设，努力争创“全国民主法治示范村”。

【小学生普法“七字诀”吟诵大赛揭晓】 12月2日，由市法宣办、市教育局、市司法局组织的全市小学生普法“七字诀”吟诵大赛决赛在市少年之家举行。来自23个学校的参赛队进入决赛。小选手们以快板、说唱、吟诵、情景表演等多种形式表演吟诵，普法“七字诀”蕴涵了宪法知识、交通安全、未成年人保护、网络安全等与广大青少年学生息息相关的法律知识。报慈小学、谢桥中心小学获一等奖。

【举办首个“国家宪法日”系列宣传活动】 2014年12月4日是首个国家宪法日，也是第十四个全国法制宣传日。宪法日当天，以

12月2日，常熟市青少年普法七字诀吟诵大赛举行

“弘扬宪法精神，建设法治常熟”为主题，开展形式多样的宪法宣传活动。市委书记惠建林在《常熟日报》发表《加强法治宣传教育提高市民法律素质》的署名文章。全市开展“忠于宪法，信仰法律，做学法、尊法、守法、用法公民”万人签名活动，共设置150块签名板，市委、市政府、市人大、市政协全体领导带头参加。37个部门的司法、行政执法志愿者及律师共200多人在街心公园举办大型法律现场咨询活动。各镇设立咨询分会场，发放法律书籍、法制宣传资料1万余份，提供现场咨询1000余次。

（汤　妍　戴丽芬）

人民防空

【概况】 2014年，常熟市民防局在公共人防工程建设、通信指挥系统建设、疏散地域指挥所建设、民防法治建设、民防知识宣传教育中有计划、抓推进、保落实，完成并超额完成各级下达的年度工作任务，被评为省民防工作先进单位，获第二届“江苏省应急志愿服务组织奖”，市民防教育馆被命名为常熟市第三批哲学科学普及基地。

公共人防工程建设 全市开工、竣工人防工程面积分别比市政府年度目标增加58.30%和52.80%。向人防工程使用管理单位下发《关于人防工程安全检查的通知》，对全市71个住宅小区人防工程进行了检查，确保人防工程的安全使用，与住建局就“人防工程招投标管理、人防工程质量监督管理、人防工程竣工验收备案、人防工程诚信体系建设”等方面进行了沟通协调，签订《关于进一步加强我市人防工程建设管理的协调会议备忘录》，做到人防工程从立项、开工、施工到竣工全过程监管。

通信指挥系统建设 按照军事化、专业化、规范化的要求和“战时能应战、平时能应急”的标准，召开人防专业队整组会议，按时完成专业队整组和战时人防指挥所人员编成工作；抓好战时人防指挥部四定（定人、定岗、定职责、定职责）工作；做好指挥所保障工作和软、硬件系统的维护保养工作；进行地下指挥所指挥系统升级改造；完成全市民防医疗救护专业队和民防通信专业队各项专业训练任务，制定《常熟市民防医疗救护专业队伍工作意见（试点）》《常熟市民防通

信专业队伍建设工作意见(试点)》《常熟市人民防空医疗卫生救护课题研究实施方案(试行)》,启动涉及内科、外科、皮肤科、心理科等的20个民防医疗卫生救护课题研究。防空警报设施已遍及全市城区和乡镇,全市防空警报音响覆盖率达到98%以上,连续18年圆满完成防空警报试鸣任务。保障人防战备信息平台正常运行。完成超短波语音对讲系统和卫星通信系统的应急通信网一期建设工作。

疏散地域指挥所建设 做好尚湖疏散基地和谢桥、大义疏散地域指挥所的日常管理。苏州市民防局对谢桥疏散地域指挥所和大义疏散地域指挥所进行验收,指挥所达到"便于指挥、便于机动、便于防护"的要求,符合国家人防办、省民防局关于人口疏散体系建设的各项标准。

民防法治建设 对全市人防工程使用单位下发《人防工程安全使用隐患自查自纠通知》,从1月中旬开始,分两组对全市48个公共场所的人防工程进行安全执法大检查。处理政务网咨询4件,"12345"政府便民热线10件,苏州"寒山闻钟"19件,按执法程序处理虞山公园依政府信息公开条例申请公开人防相关信息的行政复议1件。对39个民用建筑项目方案进行预审。对大型项目人防工程方案实行评审制度,按照《苏州市人民防空工程建设标准实施办法》,对133个新建民用建筑项目实施行政许可审批。对现有的人防行政许可、非行政许可事项进行梳理,将原有行政许可事项3项精减为2项,非行政许可事项5项全部取消审批。开设绿色通道支持保障性住房项目如期建设。对全市建设项目落实规划方案联审、施工图联审。对工业建设项目,在规划设计方案公示期间,民防实行预先受理、审核。

民防知识宣传教育 常熟市民防教育体验馆全年接待机关、学校、社区参观2000多人次。在电视台城市生活频道、新闻综合频道"天天新气象"、电台"午间风"栏目进行民防知识宣传;5月30日至6月2日,在常熟市国际展览中心举办"六一"少儿嘉年华民防知识宣传;6月25日电视台现场录播"常防——2014(Z01)"疏散演练;在《江苏法制报》《常熟日报》刊登3期专版,组织全市民防知识竞赛;在《常熟广播电视报》进行民防知识宣传;参与印制60000万册《常熟市民应急手册》。对全市35所中学216个班10053名初二学生、常熟理工学院4500名学生、常熟职教中心校2000名学生开展民防知识教育;召开全市民防教育工作会议,下发《2014—2015年学校民防知识教育工作意见的通知》;组织开展全市中小学生民防知识征文活动;民防知识展板进校园;举办2014年"生存、拓展"青少年民防知识夏令营;开展民防知识教育优秀教案评比活动。

推进基层民防工作 向基层民防办公室下发《关于深入推进基层民防建设的实施方案》,全市260个村(社区)挂牌成立民防工作站,16个民防工作站示范点应急物资器材配备到位,明确民防工作站工作职责,完善工作制度,基层民防建设稳步推进。建成9个民防工作示范社区。

【下放部分民防行政处罚事项】 将改变人防工程主体结构、危害人防工程安全、擅自增建人防工程口部、向人防工程内排废、侵占人防工程、擅自在人防工程防护密闭处开孔等6项省定行政处罚事项下放至梅李镇。

【碧溪新区中心小学开展疏散逃生演练】 5月12日,碧溪新区中心小学全体师生在新区民防办、消防办、派出所等单位组织下开展疏散逃生演练。随着模拟警情的发出,小学生们在老师的指挥带领下,按照规定路线快速有序地向不同安全出口疏散逃生,全部到达

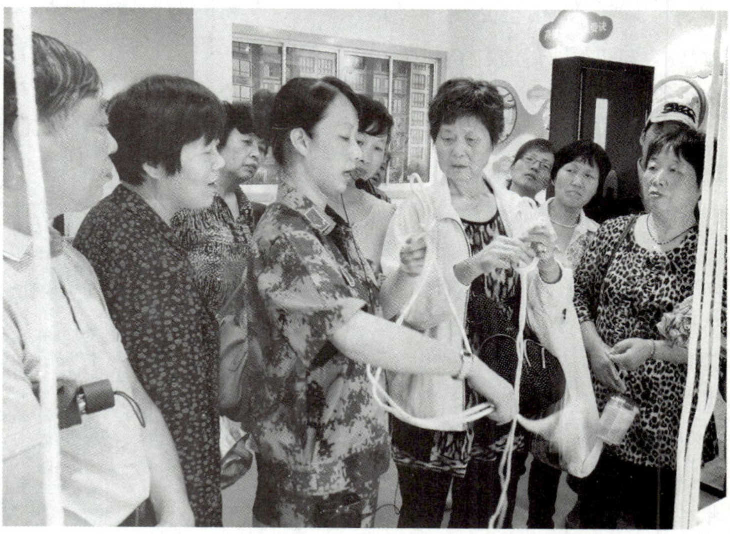

社区居民在市人民防空疏散基地,近距离体验基地各种设施设备

“安全地带”。最后由各年级班主任整队、清点人数，整个演练时间不超过6分钟。

【“常防—2014(Z01)”防空袭综合演习在支塘进行】 6月25日，常熟市民防局联合支塘镇人民政府、市卫生局、市应急办，在支塘永安广场进行信息化条件下城市防空袭综合演练，王淦昌中学学生和社区居民共300多人参加演练，重点检验乡镇人防系统的预警报知、指挥控制、紧急疏散、应急救援和救护保障能力。

【市民防局与市电信局签署战略合作协议】 6月6日，市民防局与市电信局签订战略合作协议，今后几年将研究建设人民防空应急无线通信网、人防工程物联网应用、应急状态下现场信息及指令的推送等多个重点项目，双方共享课题研究成果。

【人民防空共同科目自救互救基础知识培训】 7月26日，苏州市人民防空训练与考核大纲试训工作的自救互救基础知识培训在常熟市医疗急救中心举行，全市30名志愿者与市民防局的工作人员参加培训。培训内容包括自救互救基本程序、创伤急救四项技术、初级生命支持（心肺复苏术——CPR）、常见意外伤害的急救等，培训以理论授课、操作演示及学员实践练习相结合的方式进行。

【举办“生存、拓展”青少年民防知识夏令营】 8月20日，市民防局、市教育局和市红十字会联合举办“生存、拓展”青少年民防知识夏令营，全市近20所中、小学的学生代表和教师参加，学习民防基本知识和心肺复苏、止血包扎等急救技巧，进民防教育体验馆和民防工程进行体验。 （殷依群）

人民武装

【概况】 2014年，常熟市人武部圆满完成上级下达的各项任务，各项工作取得新的成绩，被南京军区、江苏省军区表彰为新闻宣传先进单位。

【加强战备制度落实】 贯彻执行江苏省军区、苏州军分区关于落实日常战备工作的指示，规范战备值班秩序，严格值班制度落实，值班首长、值班员和承担值班任务的民兵应急分队全天候在职在位，认真履行职责。采取每日互联互通、每季度情报会商、预案融合衔接等方式，与公安、消防、水利、信访部门进行行动融合与联动。严格落实节假日、重大敏感时期的战备值班制度。组织全市120多名民兵应急分队骨干开展实战背景的虞山国家森林公园防火灭火演练，提高了民兵队伍快速反应和遂行任务的能力。

【提升民兵组织建设质量】 召开全市专武干部会议，传达学习上级民兵整组精神，研究部署年度民兵整组工作。结合上级任务部署要求及常熟基干民兵实际，在现有基干民兵数量规模基础上，着眼“精准、高效”，进一步优化民兵队伍编组布局，加强战备执勤、反恐维稳、抢险救灾、治安联防、专业支援等重点分队建设，有效解决了编组过于分散，编、训、用脱节等问题

【抓紧抓实军事训练】 从1月份开始，按照每日一题、每周一图、每月一文的要求，以作战需求、作战必备的战术标图、识图用图、军用文书、战术作业等课目为基础，强化干部业务训练，干部队伍业务能力明显提升。先后组织80名基层民兵营（连）长和81名民兵应急分队骨干，分别进行了7天的基地化集中训练，培训了一批基层武装工作的“明白人”和地方急难险重任务的应急支援力量 11月25日至26日，1名副部长与军事科1名参谋参加“苏防—2014C”苏州市防卫作战演习。

【加强基层武装机构规范化建设】 严格按照“抓基层、打基础，抓规范、促落实”的工作思路，围绕“机构完善、制度健全、资料完备、设施齐全、队伍精干、作用明显”的目标，全面推进新一轮基层武装机构规范化建设达标创建活动，并结合每月召开的专武干部例会进行

民兵预备役集结点验

总结讲评，确保“一线武装阵地”不断巩固强化。

【高标准完成年度征兵任务】 按照《中华人民共和国兵役法》《征兵工作条例》的规定和要求，认真贯彻落实苏州市征兵工作会议精神，坚决执行征兵命令和征兵政策规定，牢牢把握新兵质量这一核心，加大宣传，加强协调，印制征兵宣传手册2万多份，组织干部职工120人次，深入4所职业技术学校、3所普通高中开展征兵政策法规宣传，在“常熟日报”、常熟电视台和常熟人民广播电台刊播征兵公益广告和新闻280多条，要求教育局在暑期安排每一所有预征对象的学校指定专人值班。加强体检和政审工作，组织市本检组和政审组工作人员提前介入，指导各乡镇开展工作。截至9月12日，全市高标准完成新兵征集任务，高中以上学历达100%，大专以上学历占新兵征集总数的51.80%。圆满完成上级下达的征兵任务。

【加强民兵政治教育】 刊授教育形式多样，全市225个行政村民兵营、12家规模型企业人武部和虞山镇57个社区的民兵之家全部订阅《中国国防报》《中国民兵》《解放军画报》等国防教育核心期刊3.60万份，订刊经费32万多元。年初，号召全市基层民兵干部开展十八届四中全会精神宣讲活动，组织全市民兵干部宣讲60多场次。

【推进双拥共建工作】 组织市党政代表团赴南海舰队广东江门第十扫雷舰大队、河南开封第20集团军机关、河南信阳沙家浜部队慰问首长机关和基层官兵。组织开展第三届“红杉树杯”将军与农民乒乓球友谊赛。参加常熟市政府举行《沙家浜红色基因孵化器》书刊首发式暨庆祝建军87周年慰问演出。协调组织“常熟舰”所在南海舰队广东江门第十扫雷舰大队领导访问常熟。

【省军区干部文化建设会议在常熟召开】 11月27日，江苏省军区干部文化建设会议在常熟召开，来自全省16个师旅单位、136个团单位的政治主官出席会议并参观了常熟市人武部干部文化建设现场。省军区政委李笃信围绕实现强军目标、加强干部文化建设、推进干部队伍建设作讲话。（汪定洋）

消　防

【概况】 2014年，常熟市公安消防大队加强基层基础消防工作，推进社会化消防工作责任体系建设，提升服务发展服务群众的能力和水平，提升火灾防控和灭火救援实战能力，全力维护火灾形势持续稳定。

【加强基础性防消建设】 实施新一轮消防车辆装备三年规划，完成6辆大吨位泡沫水罐消防车、3辆轻型水罐消防车、2辆32米登高平台消防车、1辆进口压缩空气泡沫消防车的采购工作，完成520余万元消防器材装备采购工作。提请市政府制定《常熟市消火栓管理办法》，对市政消火栓、单位配建的室外消火栓和居民住宅区配建的室内、室外消火栓，明确规划、建设、维护管理及监督使用等环节的责任主体、实施主体、经费来源，开展新一轮市政消火栓普查，形成专项报告初报市政府，督促各镇各部门做好市政消火栓维保工作，确保市政消火栓完好率从2013年的84.10%提高到98.10%。提请市政府提高合同制消防员工资待遇，明确自2014年6月份开始，人头经费由6.63万元提高到7.88万元。

【健全社会化消防管理体系】 提请市政府召开年度消防工作会议、消防安全委员会会议、专项整治部署会以及开展监督检查等，督促基层政府落实“党政同责、一岗双责”要求；以常熟市消防安全委员会名义专门下发《关于进一步加强消防安全网格化管理工作的指导意见》，明确大、中网格责任人，督促落实相应消防工作职责，深入推进全市乡镇（街道）网格化管理工作。督促消防安全委员会成员单位对照“管行业必须管安全、管业务必须管安全、管生产经营必须管安全”的要求，全面落实部门依法监管职责，逐步建立健全各行业、系统主管部门消防工作联动、协调机制。督促全市531家二、三级消防安全重点单位强化落实消防主体责任意识，落实“户籍化”消防安全管理工作，落实“三项报告备案”制度，深化消防安全“四个能力”建设。

【完善常态化火患排查机制】 通过消防监督系统检查社会单位2.10万余家，督促整改火灾隐患9万余处，办理消防行政处罚案件4千余起；通过社区警务平台检查社会单位2.50万余家，督促整改火灾隐患1.30万余处。以社区警务工作平台为基础，发动基层派出所深入开展“九小场所”消防安全综合治理工作，录入公安社区警务平台的“九小场所”49630家，开展检查26099家次，发现隐患单位15048家次、隐患35714处，处理隐患单位612家。排查发现“三合一”火灾隐患场所13781家，完成整改 9829 家，整改率为 71.30%。其中，企业型 699 家，完成整改 690 家，整改率为 98.70%；私房出租户型 6411 家，完成整改 5867 家，整改率为 91.50%；商业型 6671 家，完成整改 3272 家，整改率为 49%；组织相关职能部门开展联合执法行动 22 次，对 130 家"三合一"场所实施临时查封。将常熟市南门小商品市场有限公司、常熟市源泽针纺织品有限公司、常熟市佳坤家纺有限公司等 10 家单位列为重大火灾隐患单位，落实专人实施全程跟踪督导，确保全部按时按质完成整改并销案。制订专项行动工作方案，成立专项行动领导小组，统筹指导全市"打非治违"专项行动开展。开展重点单位摸底排查、存在粉尘爆炸危险企业的梳理排查、集体资产排查等，分别形成专项报告报市政府，并抄送各镇政府及相关职能部门，督促落实整治职责。提请市政府制定《关于加强全市国有、集体资产出租用房消防安全管理工作的意见》，以常熟市消防安全委员会办公室名义制定下发《全市居民住宅区消防隐患排查整治工作方案》，突出国有和集体资产消防隐患治理、劳动密集型企业消防安全专项治理、娱乐场所消防安全检查专项行动等重点工作，深入排查火灾隐患。

消防演练

【推广渗透式消防宣传模式】

将消防常识培训纳入物业服务企业每季度理事会议程；以观看示教片的形式将消防常识培训纳入市人社局对各类人群职业技能培训、新进员工岗前培训内容。依托全市特色消防志愿者队伍成立消防义警队伍，结合阶段性工作开展消防宣传车进社区、进学校、进农村巡回宣传活动 100 余场，发放各类宣传资料 6 万余份。在主流媒体开展专题、专栏宣传，重要节庆期间在常熟电视台滚动播出消防提醒字幕；做好微博、微信、QQ 等新兴媒介宣传，利用官方微博、微信每天发布消防常识、典型火灾案例等信息；利用全市 13 块户外大屏、20 块户外固定宣传广告牌、28 块交通路况电子显示屏、121 个居民住宅区 LED 滚动宣传栏、245 块社会单位 LED 滚动字幕显示栏、300 余个村(社区)宣传橱窗等固定阵地，全方位开展社会面消防宣传，营造全民消防宣传氛围。

【提升公益性消防服务能力】

全年接警出动 2551 起，其中火灾事故 1758 起，抢险救援 727 起，社会救助 66 起。根据阶段性、季节性和社会单位内部消防安全实际需要，对 260 余家申报开业前消防安全检查的公众聚集场所以及 150 余家社会单位开展消防常识培训，培训 5000 余人。实行窗口服务承诺制、首问负责制、廉正公约制，办理消防设计备案项目 601 个、竣工验收备案项目 476 个、公众聚集场所营业前消防行政许可项目 245 个。对观致汽车有限公司、奇瑞捷豹路虎汽车有限公司等重点工程，对新材料产业园、经济技术开发区等重点区域，对各镇动迁安置居民小区等民生工程项目，落实专人全程跟踪指导，实行上门服务。

（顾　喆）

责任编辑　祝慧江

常熟年鉴

CHANGSHU YEARBOOK 2015

综合管理

发展规划

12月16日,常熟市汽车产业专家咨询会议召开

【概况】 2014年,常熟市全年完成固定资产投资650.44亿元,比上年下降9.10%,其中工业完成投资[illegible]44.30亿元,比上年下降13.80%;服务业完成投资305.64亿元,同比下降3%。累计审批核准备案项目976个,批准项目总投资79[illegible].83亿元,其中政府投资项目12[illegible]个,批准总投资120.85亿元。受理、审核5个境外投资项目。引进内资项目633个,项目投资总额1[illegible]2亿元,项目注册资本99亿元。外地实际到账资金132亿元。市交通资产经营公司和滨江城投建设有限公司获得国家发改委批准发行债券共计31亿元。审核上报外商投资企业鼓励类项目进口设备免税清单18批次,确认进口设备清单金额8183.30万美元。帮助有关纺织企业争取棉花进口配额8190万吨。推广散装水泥5[illegible].90万吨,比上年下降37%,预拌砂浆33.97万吨,比上年增长[illegible]7%。年内,常熟市"十三五"规划编制工作正式启动,市发改委在完成31项重大课题研究的基础上,初步形成"十三五"规划基本思路。

【做好汽车产业发展】 2014年,常熟市出台《关于加快我市汽车产业发展的若干意见》。举办常熟市汽车产业专家论坛和讲座;开展汽车产业人才项目对接和技术需求征集活动;做好海内外高层次汽车产业人才专场对接活动等筹备工作;组织参加常熟汽车企业参加中国汽车发展与人才战略交流会;举办全国中职类汽车专业学校·常熟著名企业校企合作洽谈会等,不断推进汽车产业专业化、高端化、规模化发展,构筑产业竞争优势。至年末,全市汽车产业已有重点企业208家,其中制造业企业131家、服务业企业77家(包括研发、仓储物流、汽配城、销售4S店等)。全市汽车产业实现总产值400亿元。

【重点项目建设管理】 2014年,常熟市共有20个项目列入苏州市重大项目计划,项目计划总投资921.80亿元,下达年度计划201.30亿元。全年完成投资199.70亿元,为年度计划的99.20%,基本完成年度目标。其中,奇瑞捷豹路虎整车下线,丰田变速器项目竣工投产,常熟万达广场A区基础工程完工,开始地上主体建设;三环路快速化改建工程东南环全线通车、东北环工程按序时推进。

【政府投资项目管理】 2014年,常熟市共有120个政府投资项目,计划总投资350.79亿元,当年计划完成投资96.67亿元。全年累计完成投资72.30亿元,占年度计划总投资的74.80%,比上年同期提高27个百分点。66个新开工项目中,49个项目已开工,开工率为74.24%,比上年同期提高3.13个百分点。4月,《常熟市镇(区)政府性投资项目管理暂行办法》出台,将政府投资项目生成机制拓宽至全市范围,扩大机制实施范围,规范项目审批。

【资金与项目争取】 2014年,市发改委继续对上争取,主动对接重大项目报批。常熟润健行天股权投资基金管理有限公司申报常熟高端装备制造产业创业投资基金,获国家发改委发文批准;总投资16354万美元的科力美汽车动力电池有限公司车用镍氢动力蓄电池模块项目、总投资29078万美元的江苏理文化工有限公司年产30万吨聚氯乙烯和5万吨氯化聚氯乙烯及配套工程项目均已获省发改委备案;12个化工项目经苏州市发改委核准(备案),总投资27.87亿元。科室备案权限内重大工业项目9个,总投资57.38亿元。积极对上争取专项资金,共争取各类专项资金1.70亿元,其中太湖流域治理获省级专项资金9598万元。 (曹 昊)

国有资产监督管理

【概况】 2014年，全市国有及国有控股、市属集体企业共计55户（统计到一级），公有企业资产总额1145.24亿元，负债总额719.16亿元，所有者权益总额426.08亿元，全年利润总额11.04亿元，其中归属公有的净利润7.27亿元。所有者权益中属于公有的资本及其权益总额414.73亿元，其中国有资产总量413.83亿元，市属集体资产总量0.90亿元。2014年度，三大公司（发投公司、城投公司、江南商贸集团）实现合并利润总额2.99亿元，比目标利润增长11.93%；经营性国有资产剔除客观增减因素后，平均保值增值率为109.42%，超出目标0.74个百分点。

【推进国资国企改革】 出台《关于进一步深化我市国资国企管理体制改革若干意见》；出台《关于住建局系统下属国企改革的建议方案》，会同审计局对涉及划转的中法水务公司、天然气公司、煤气公司和国兴置业公司做好资产清查、审计工作；对全市国企进行分级分类监管，签订《国有企业委托监管责任书》，明确权利义务；清理公职人员在企业兼任职情况，参与制订《鼓励公职人员到企业任职的政策意见》。

【完善规范监管程序和制度】 梳理形成3年制度建设计划，出台《市国资委议事规则》《市国资委专门委员会职责》《关于明确市国资国企监管报批备案事项暂行规定》《市直属国资公司负责人经营业绩考核和薪酬管理试行办法》《市直属国资公司投资管理暂行办法》5个制度文件；出台《市直属国资公司监事会管理暂行办法》和《市属国资公司工资总额预算管理暂行办法》。

【财政注资国资公司】 市财政部门通过整合存量土地、房屋等实物资产注入等形式注资相关市级国资公司。全市国资公司累计增资14.41亿元，其中市级国资公司增资4.59亿元，主要是对交通物流公司注资2亿元，南湖荡开发公司注资1.37亿元，保障房公司注资6000万元；板块国资公司增资9.82亿元，主要是经济开发区对所属公司增资9.23亿元。

【行政事业单位资产处置】 2014年，共处置市法院与虞山镇政府、服装城与税务部门、梅李水利站与梅李镇政府的资产置换，人力资源和社会保障局与市发投公司、人力资源和社会保障局与老干部局、文化广电新闻出版局的资产调拨，古里卫生院资产权属变更、望虞河管理所所属界泾套闸的退地事项等。全年审批的资产处置95笔，总金额5332.17万元，其中办理资产报废5130.87万元、无偿调拨146.83万元、出售47.8[illegible]万元、拆迁4.40万元、捐赠2.2[illegible]万元。经主管部门审批后报财政备案的处置事项共34笔，总金额74.41万元。

（[illegible] 瑛）

统　计

【概况】 2014年，常熟市统计工作以建设现代服务型统计为目标，以提高统计数据质量为核心，开展第三次全国经济普查，推行统计改革创新，做好统计分析监测。是年，市统计局蝉联县级统计机构规范化建设省级示范单位，获评江苏省第三次全国经济普查省级先进集体。

统计服务 2014年，统计局完成常熟市经济社会运行主要指标的常规监测以及“八项工程”、基本现代化和板块“创先争优”竞赛等专项监测。全年共编发统计分析53篇、统计信息221条，统计信息

9月5日，常熟市统计局和常熟理工学院就常熟市第三次全国经济普查数据资料开发签订合作研究协议

专报7篇，其中2篇统计分析得到市主要领导批示。编辑《常熟统计年鉴》《年度统计公报》《常熟统计月报》等7份统计资料。并新增编发《常熟经济运行报告》，对常熟市经济运行情况及工业、投资等重点领域发展情况进行解读。

统计宣教 统计局组织联网直报企业的统计人员和负责人共计5100余人参加统计普法学习和考试。印制发放《统计法律法规选编》《江苏省统计条例》6000余册，连续在乡镇开展3场《条例》宣讲报告会，在法制宣传日市镇联动开展街头宣传2000余人次。全年组织462人参加统计从业资格全国统一考试，参考率和合格率分别达到87%和81.84%。完成2400余人次的统计继续教育工作。

统计执法 全年对尚湖镇、虞山尚湖旅游度假区2个板块进行统计督查；对体育局、环保局、交通运输局、农委4个部门进行部门监审；对83家企业进行专业监审。共查处提供不真实统计资料等统计违法案件8起，并将典型案例在网上进行公示。

【第三次全国经济普查】 2014年，全市共登记各类法人单位24550个，产业活动单位3252个，个体工商户90779个。9月，统计局印发《关于做好常熟市"三经普"资料开发工作的通知》，开展第三次全国经济普查资料深度开发工作。编发23篇经普系列信息和《第三次全国经济普查专题分析报告汇编》《常熟市第三次全国经济普查简编资料》，并与常熟理工学院签订课题合作研究协议。

【统计基层基础建设】 年内，14个部门、14个乡镇（板块）、3100余家联网直报企业和216个行政村完成年度统计规范化建设任务。14个部门全部达到市级规范化标准，其中2个部门被评为江苏省部门统计示范点。常熟经济技术开发区经发局获省级统计规范化建设示范单位，常熟市梅李镇经发局徐芳荣获江苏省第二批基层规范统计岗位标兵称号。（刘 姝）

物 价

【概况】 2014年，常熟市全年居民消费价格总水平上涨2.10%，未超过3.50%的预期目标，价格总水平基本稳定。市价格部门完善价格应急预案，在全市设立120个监测点，关注粮、油、肉、禽、蛋等重要商品的价格走势。加强农产品平价直销店的建设管理，成立常熟市价格协会平价店分会，对累计建成的33家农产品平价直销店落实奖励资金161万元。创建"明码实价"先行试点，对30家药店和6家大型超市开展明码实价先行试点工作。制作《物价有学问》专题宣传片、开展"价格服务进社区"活动、发放价格便民服务手册，引导社会各方了解价格法规和知识，增强维权意识。全年受理各类举报投诉407件，答复各类价格咨询件910件（次），退还消费者多收价款5.30万元，罚款1000元，调节赔偿2600元。

【价格改革】 2014年，启动梅李人民医院和支塘中心卫生院的公立医院医药价格改革工作，药品实行零差率销售，药品销售减少的收入90%通过提高医疗服务费价格来进行补偿，10%由各试点医院通过加强内部管理自我消化。市发改委对市级5家医院医改运行情况进行评估。财政部门依据评估方案给予医院适当补偿。试行医疗服务价格动态管理，从10月1日起调整第一人民医院、第二人民医院和中医院的护理费和手术治疗类的价格。10月1日起，对非居民用天然气价格每立方米上调0.32元。

【收费管理】 2014年初，市发改委对160家企业的"企业付费登记监督卡"进行回收，对个别单位未执行对行政事业性收费"最低标准"进行现场纠正和指导。会同财政部门对全市2013年度行政事业性收费单位收费情况进行年审，共审验"收费许可证"395本，当年新核发"收费许可证"37本，因项目取消、部门撤并原因注销18本。收费项目共计89个，比上年减少8个；收费总额为32.03亿元，同比增长21.60%。落实行政事业性收费"最低标准"政策，全年共取消行政事业性收费项目12项、免征10项、降低收费标准1项，17个行政事业性项目转市场调节管理，共涉及12个部门，减轻企业和群众负担1474.87万元。

【重点领域价费管理】 完善教育收费管理，在成本监审和集体审议的基础上，有序调整5所民办学校的学费标准，办理6所民办幼儿园保教费的备案工作。落实中职免费政策，调整普通高中择校费收费政策，择校比例由上年的20%下调至10%，择校费总额为645万元，同比下降52.70%。全面实施商品房价格备案制度，备案72个批次，备案面积164多万平方米，备案价格均控制在调控目标内。备案各类前期物业收费49批次。组织开展商业银行服务价格、汽车销售维修、教育收费、涉车收费、脱硫电价、医疗服务价格等专项检查,没收违法所得3083万元。

(曹　昊)

工商行政管理

【概况】 2014年,常熟市新增私营企业3729户,内资企业274户,外资企业65户,个体工商户11769户,超额完成市政府确定的净增内资注册资本120亿元的目标任务。至年末,全市民营经济注册资本总量达1097亿元。年内,继续深化"商标兴市"战略,新增2件行政认定驰名商标和14件著名商标,新增商标注册申请超3000件,全市注册商标总量达2.70万件。全年新增各级"重合同守信用"企业44户,全市各级"重合同守信用"企业达960户。支持新型农村市场主体发展,全年办理家庭农场登记51户,新增农民专业合作社72户,全市农民专业合作社总数达730户,注册资本19亿元。辅导69户个体工商大户转办为私营企业。运用动产抵押登记、股权出质登记、中小微企业融资推介中心平台等方式,帮助企业获得银行贷款125.75亿元。以校园周边和城乡接合部为重点,开展流通环节食品安全监管专项整治工作,全年处理食品类投诉举报57件,查处食品违法案件175件,营造安全放心的消费环境。

【工商登记制度改革】 3月1日起,常熟工商局全面开展实施注册资本登记由实缴改认缴、取消最低限额的登记制度改革。9月份开始,落实第一批78项前置改为后置的项目("先照后证"改革),进一步优化审批流程,简化登记程序。制定《推进工商登记制度改革的实施意见》,探索将企业登记权限委托到部分分局,基层分局登记注册窗口均落实"AB角"制度,提升登记注册窗口的工作效能。加强登记制度改革后市场主体发展情况的汇总分析,先后报送"登记制度改革首月发展分析""民营经济注册资本突破千亿元""个体工商户突破8万户"等情况专报。至年末,全市实有私营企业26317户,注册资本1039.24亿元;内资企业2879户,注册资本1139.14亿元,净增内资(民资)注册资本276.79亿元(其中净增内资注册资本161.38亿元)。

【商标监管】 年内,常熟工商局结合新《中华人民共和国商标法》的实施,通过上门走访、媒体宣传、集中约谈告诫等方式,详细剖析新《商标法》与企业密切相关的变化,重点对驰名商标企业等重点企业实施行政提示和劝告。对各行业,以镇场为单位开展创牌辅导。在娱乐服务和银行服务两个方面开展省著名商标的争创工作。率先为梅李镇商会的集体商标申报苏州市知名商标。协助波司登等常熟重点商标的跨区域打假维权,先后帮助该企业多次前往连云港赣南和南通通州等地投诉维权。全年新增商标注册申请超3000件,全市累计有效注册商标2.70万件,继续位居全省县市首位。

【网络交易行为监管】 常熟工商局开展网络平台专项检查,对辖区内11家平台进行专项检查,实地和网络检查网络交易平台交易规则及协议20份。抽查各平台商公布于网站上的《法律声明》《隐私政策》《用户协议》《会员章程》和声明、告示等内容。专项行动中,共计检查经营主体1320户次,发办案9件,案值260余万元,罚没款40.75万元。

【证照管理】 常熟工商局加大对"重点区域、重点行业"的整治力度,查处无照经营3078户,其中引导办照2819户,取缔无照259户。在"六打六治"专项行动中,累计组织参与检查345次,排查出各类无证无照10563户,查处无证无照210户,责令限期办照37[illegible]户,变更234户,督促注销企业、个体874户,对17户无证无照罚款人民币26.62万元。与其他职能部门开展联合监管,建立违法情况抄告机制,将违法情况及"先照后证"实施后的"有照无证"情况抄告给其他部门。通过与属地政府的积极沟通,促成常熟市政府《关于明确职能交叉事项分流处理意见》的出台及虞山镇区域无证无照专项整治全面铺开。

【食品安全监管】 2014年,常熟工商局发放食品流通许可证2900户。开展食品经营户培训,累计组织52场次、受训6337人次。受理消费者食品类投诉举报57件,为消费者挽回经济损失4[illegible]50万元。开展豆制品、农村食品、婴幼儿配方乳粉等30个专项整治和清查行动,累计出动执法人员4[illegible]25人次,检查相关食品经营户11[illegible]1户次。参与对面包店、鲜奶吧和豆制品加工作坊的联合检查。继续开展食品安全集中治理"天安行动",全年食品类案件共立案1[illegible]5件,总案值159.04万元,罚没金额98.57万元。

【消费维权】 常熟工商局、消保委做好全市"一会两站"15个县

2月19日,市消保委举办新《消费者权益保护法》辅导培训班

型示范监督站规范化建设,完成梅李镇梅西路等10条街道和服装城小商品市场等2个市场的消费争议和解示范街创建工作。全年受理消费咨询17037人次,消费投诉395件,为消费者挽回经济损失96.38万元。

【加强合同格式条款监管】 市工商局在连续两年针对房地产市场开展专项整治行动的基础上,第三次开展为期3个月的房地产市场专项执法行动,重点查处经营者利用合同进行不对等违约责任约定,加重消费者责任的违法违规合同行为;对涉及建材、装饰装潢群众反映强烈的行业,一并列入专项整治项目,重点规范行业合同条款内容;加强对辖区内银行、电信等行业规范使用合同格式条款行为进行专项执法检查。三项专项检查中共计检查房地产企业239家、装饰公司475家、建材商店1138家、通讯58家、金融业331家、供气企业31家。

【加强行政执法和依法行政工作】 全年对558件违法违章案件进行立案查处,向司法机关移送案件19件。先后开展房地产市场、黄金珠宝、打击传销等专项执法行动十余次。在上级工商部门指导下,加强对隆力奇直销企业的日常监管,取得阶段性成效。继续落实行政处罚委托案件指定核审制度,有针对性地调整委托行政处罚案件指定核审的有关程序,兼顾质量与效率,全年共核审各类行政处罚案件492件,开展行政指导2061件。

【中小微企业平稳发展】 全市新设立私营企业中,注册资金10万元以下的483户,占新设私营企业总数的12.95%;注册资金10万—100万元的有2321户,占新设总户数的62.24%;注册资金100万元以上私营企业945户,占新设总户数的25.34%。注册资金100万元以上私营企业注册资金累计79.83亿元,占新设立私营企业总注册资金的84.88%。

【教育卫生娱乐类企业增长迅速】 2014年,各行业数量均稳中有升,制造业、批发和零售业、租赁和商务服务业继续占有较大比例,三行业企业总量达到2787户,占企业总量的74.73%,注册资本达62.02亿元,占注册资本总量的65.94%。卫生和社会工作类、租赁和商务服务业、文化体育娱乐业增长迅速,分别比上年同期增加133%、72%、60%。 (沈君豪)

审计监督

【概况】 2014年,常熟市审计局完成审计项目29个,并实施跟踪审计项目7个。审计共查出违规和管理不规范金额18.53亿元,工程造价结算审计核减工程款1.62亿元。全年出具审计决定6份,审计专报2份,提出审计建议142条,移送审计线索2条,编报审计信息、宣传、统计分析稿件126篇,被各级采用195篇次,审计报告、专报、统计分析、信息等被领导批示20篇次。常熟市审计局被评为2014年度全省审计通联工作先进单位。

【同级财政审计】 2014年,同级财政审计将常熟经济技术开发区和常熟高新技术开发区纳入审计范围。同级审共提出五大项14条具体建议,内容上注重常审常新。关注了财政资金使用效率情况,分析“部门预算编制系统”“财政预算执行系统”“集中支付系统”等系统数据,分析财政资金预算编制、科学性支出、支出进度以及使用效益等情况并提出预算分配和执行管理、深化财政改革,完善财政管理制度和运行机制等建议;关注财政基础管理工作,督促财政清理财政周转金,推动财政建立健全全市土地综合成本核算体系;关注税收征管中地税部门内外不同系统之间的土地使用税、房产税与周边县市的增量差异,关注数据挖掘，逐步完善税收征管体系。

【经济责任审计】 市审计局对17个部门、单位及板块的党政领导干部进行经济责任审计，其中"三责联审"4项。首次开展二级预算单位领导干部的经济责任审计，加强部门下属二三级单位的延伸审查，开展公证处等80个单位的延伸审计；经济责任审计与专项审计调查结合，在对农委、发投公司领导经济责任审计中结合开展专项审计调查和绩效审计；注重"三公"经费审查，在经济责任审计中，把"三公"经费的使用情况审计作为必审内容；统一制定经济责任审计工作方案和经济责任审计座谈会分类提纲。

【政府投资工程审计】 全年实施三环路快速化改造工程、长江澄通河段铁黄沙整治工程跟踪审计等7个项目的跟踪审计，跟踪审计投资20.80亿元，完成跟踪审计项目工程结算124份，送审总造价10.30亿元，核减工程造价1.62亿元，核减率15.73%。完成审计署条线项目2013年度城镇保障性安居工程跟踪审计。开展省重点水利项目走马塘拓浚延伸工程移民资金专项审计。完成虞山锦江饭店南侧地块、机械总厂等地块的成本审计。实施常熟美术馆、204国道扩建工程竣工决算审计。强化投资审计内部管理，加强内控制度建设，每月召开工作例会汇报审计情况，防范审计风险。

【专项审计和条线项目】 市审计局共开展4项专项审计。其中，首次尝试关注创业投资类财政资金的效果，开展新兴产业创业投资引导基金及东南开发区创投"母基金"绩效审计，重点考察公共财政资金对产业结构的优化振兴效果；关注各项民生政策的落实情况和公共财政资金的使用效果，开展秸秆综合治理及禁燃专项资金绩效审计、公立医院改革绩效审计调查、市第二人民医院信息系统审计，提出有针对性、建设性的审计建议。2014年，按照审计署统一组织，抽调15名业务人员，历时近3个月，对南通市海安县开展土地出让金和耕地保护的异地审计工作。

【企业审计】 市审计局配合市国资国企管理体制改革，对市国发创投公司、天然气公司、中法水务公司、煤气公司、国兴置业等国有企业开展审计，关注国有企业的资产情况、资金使用效率、国有资本在创投领域的"引导、示范和放大"作用等方面，尝试引入社会审计资源进行联合审计。

【内部审计】 全市内部审计共完成各类审计及审计检查项目581项，审计总金额94.27亿元，提出建议意见被采纳509条，促进增收节支288.45万元，纠正违规行为金额299.45万元。组织开展"内审增值"专题研讨，共提交研讨论文5篇，组织9人报名参加国际注册内部审计师考试，组织132人参加全国内审协会举办的审计法和内审准则知识竞赛。（程　旻）

质量技术监督

【概况】 2014年，苏州市常熟质量技术监督局组织企业完成制修订国际标准3项、国家标准25项、行业标准31项，采用国际标准确认产品46件，新增国家标准化工作组织1个，组织申报标准化试点项目33项，常熟市行政服务中心、蒋巷乡村旅游两个国家级服务业标准化试点项目建设通过中期评审。梅李经编面料产业联盟标准通过验收，推进尚湖货架产业联盟标准化试点建设。组织申报江苏名牌产品32个、苏州名牌产品90个。推进常熟羽绒服装产业集群创建"全国知名品牌创建示范区"，指导做好沙家浜玻璃量具产业、辛庄太阳能光伏产业创建省、苏州优质产品示范区工作。加强特种设备安全监察，开展特种设备安全检查整改专项行动、车用气瓶、燃煤锅炉专项整治和特种设备"六打六治"打非治违专项行动，检查企业274家次，发出监察指令书107份。组织电梯困人应急救援演练，实现"96333"电梯应急处置服务平台在城区范围试运行。强化食品生产质量监管，新增食品生产许可证15张、注销15张；开展桶装饮用水、食用油、豆制品生产企业（作坊）专项整治和"鲜奶吧"专项检查，巡查各类食品生产经营单位629家次，提出整改64次，查处无证无照豆制品作坊43家。产品质量监督到位，完成计量保证确认39家、计量合格确认64家，创建定量包装"C"标志企业2家，新增质量管理体系等认证证书65张、环境管理体系认证证书25张、节能产品认证证书3张。完成85家"3C"获证企业的监督检查任务。开展执法打假行动，立案案件74件、结案87件，查获涉案货值12946.54万元。实施质监惠民工程，完成"两免费"检定计量器具3272台件，85家集贸市场计量器具"四统一"工作全面完成。及时处理1973件咨询、195件举报投诉、68件申诉，群众满意率100%。强化企业服务，召开服务经济开发区企业对接会、“三联”(联系点、联络员、联系制度)企业座谈会2次,走访近60家网格化服务企业,帮助企业解决生产经营实际问题120余个。加强能源计量工作,完成能效对标企业1家,完成能效测试企业2家,完成能源计量审查24家。加强技术机构建设,苏州金银珠宝饰品产品质检站经江苏省质监局批复同意挂靠常熟市质检所,并与南京金陵科技学院联合建立科技实习平台。常熟市计量测试所参与起草制订的行业标准《汽车塑料油箱吹塑模技术条件》通过全国模具标准化技术委员会审查。7月,常熟质监局被省人社厅、省质监局评为“2009—2013年度江苏省质量技术监督系统先进集体”。

【全面完成集贸市场计量器具“四统一”】 3月7日,常熟市集贸市场计量器具“四统一”工作全面完成。全市已有85家集贸市场“四统一”管理工作通过验收,配置电子计价秤4651台,数量位居苏州市属县(市)第一、全省前列。通过将“四统一”和市场升级改造工作有效结合起来,政府对升级改造市场的补贴资金累计达120余万元,提高了市场经办者的参与积极性。

【第二届全国家纺床品分委会成立在常熟成立】 5月16日,全国家用纺织品标准化技术委员会第二届床上用品分技术委员会在梦兰集团成立。根据国家标准化管理委员会批复,江苏梦兰集团继续成为床品分标委会秘书处承担单位。梦兰企业技术中心于2009年成为国内床品行业首个国家级企业技术中心,开展健康环保、功能性家纺产品的研发及床上用品产品的提档升级,5年来先后牵头和主持制修订国家、行业和企业标准38项。

【国家级服务业标准化试点项目通过评估】 8月12日,常熟市行政服务中心、蒋巷乡村旅游两个国家级服务业标准化试点项目通过江苏省质监局组织的中期评估。市行政服务中心采用国家标准31项,编制中心标准471项,搭建包含3个层次、20个体系、502条标准的标准化体系,覆盖通用基础、服务保障和服务提供三个方面,促进了工作质量和效率的提升,服务对象实际满意率超过95%。蒋巷旅游景区建立健全各类标准123项,涵盖景区管理和服务的各个方面,试点建设进一步细化和规范了各项服务流程,游客满意度达98%。

9月,常熟质监局开展服务企业对接活动

【全市商品条码各项指标列全省县(市)第一】 截至2014年9月22日,常熟市共完成商品条码注册222家,超额完成目标任务的444%,完成商品条码续展134家。商品条码注册数、续展数和完成率均位列全省县(市)第一。

【电梯应急处置服务平台试运行】 12月15日,常熟市“96333”电梯应急处置服务平台在城区范围试运行。通过开通覆盖区域范围的电梯应急专线电话“96333”,实行24小时值班接听。在每台垂直电梯的基站门厅和轿厢内,以及自动扶梯、自动人行道上下端站均张贴“96333”和6位识别码的标识牌,以便电梯应急救援队伍实施专业、快速救援。

【58家企业获评省质量信用A级企业】 2014年末,常熟市共有常熟量刃具厂、常熟林芝电子技术有限公司等58家企业通过省质监局备案,获得2014年江苏省工业企业质量信用A级企业荣誉,数量位列苏州市属县(市)第一。

(张　雷　朱　骥)

国土资源管理

【概况】 2014年,常熟市国土资源部门完成基本农田划定和高标准基本农田认定,规范土地市场运作,完善用地评价机制,落实土地执法监察三级响应机制,推进土地审计工作、三优三保、多规合一试点等重点工作。是年，常熟市被评为江苏省2012—2013年度国土资源节约集约模范县市。

土地登记管理 市国土部门精简审批手续，缩短审核时限。开展行政审批事项清理，减少1项，暂停1项。全年完成各类土地登记29172份，提前办结率达100%。

地政地籍管理 完成勘测定界报告审核384份，完成各类测量1798宗3655.27公顷，完成2013年度土地变更调查、村庄地籍调查和第一次全市地理国情普查。

土地执法监察 完成2013年度卫片执法检查，通过省级验收，实现双零目标。做好2014年土地卫片执法监督检查工作，对不符合（不具备）补办用地手续的地块68宗14.67公顷分步整改到位。组织土地执法监察信息员专题业务培训。开展全市“二类”用地全面清理专项行动和4次季度土地执法检查专项行动。组织全市土地执法监察动态巡查1623次，立案查处本年度新发现的土地违法行为1宗0.19公顷。

土地交易市场 全市组织项目供地212宗461.60公顷，完善土地交易市场建设，严格执行招拍挂制度，全年收取出让金（流转金）47.08亿元。

【推进节约集约用地】 2014年，全市计划用地供应总量743.60公顷。全年上报增减挂钩项目（工矿废弃地复垦利用）建新地块报省征收6个批次124.95公顷；上报年度计划4个批次面积202.39公顷；组织报省单独选址项目2个，面积4.65公顷。完成各类用地项目预审66宗面积2948.27公顷，设施农用地审批项目34宗7公顷。完善重点产业项目用地评价机制，全年对96个项目进行评价。清理闲置土地197.13公顷，二级市场交易159.03公顷，建设用地复垦261.35公顷，升级改造49.97公顷，合计盘活存量土地667.49公顷。

【耕地资源保护】 实施土地利用总体规划中期评估，追加流量指标1153.33公顷，编制土地利用总体规划原则性修改，通过省国土部门评审并获省政府批复实施。全面完成基本农田划定，完成占补平衡补充耕地项目41个71.47公顷，完成高标准基本农田认定3404.27公顷。土地综合整治有序推进，入库增减挂钩拆旧复垦项目90个87.80公顷，实施完成并申请验收79个75.67公顷。申报海虞镇省投资土地整治项目建设规模793.67公顷，经省财政厅、国土厅批复下达预算资金3620万元。

（[illegible] 萍）

6月23日，江苏省“节约集约用地，提高用地效益——第24个全国土地日学术研讨会”在常熟举行

安全生产监督

【概况】 2014年，常熟市安全生产监督管理局（简称市安监局）开展安全生产检查整改、涉粉企业治理、“六打六治”等专项行动，全市安全生产形势保持稳定，没有发生较大以上安全生产事故和有影响的安全事故，各类事故与死亡人数同比下降11.30%和7.80%。

安全基础 市安监局制定《网格化监管工作方案》，建立网格化管理制度，以镇（区）、行政村（社区）为单元划分安全生产监管网格，全市共设置网格283个，网格专兼职监管人员306名。推进安全生产标准化创建工作，全市三级标准化企业437家，二级标准化企业37家，一级标准化企业3家。开展达标企业“回头看”，对175家危化企业开展互查互评，完成[illegible]2家二级企业的复评。试行安全生产管理星级示范村创建工作，全市3个行政村被评为标准化星级示范村。开展安全生产告知承诺行动，调整企业ABC分级分类目录，完善“一企一档”，发放安全生产告知书6673份。开展反违章专项行动，全市制定治理方案和违章目录企业1135家。完善企业管理基础数据库，督促企业开展隐患自查自纠，登录企业7094家，自查隐患14891项，整改率89.70%；全市5

家重大危险源企业全部接入安全生产监控中心，与两个化工集中区分中心实现互联互通，确保动态过程监管。全年监控中心接警63次；拓展“安务e通”使用范围，提高基层监管效能；完成职业病危害网上申报企业1400家，申报各类职业病危害因素76种，涉及接触职业病危害人数3.30万余人，完成1121家涉及职业病危害企业职业卫生普查信息资料的填报工作。做好重大隐患挂牌督办，通过落实重大事故隐患整改责任，全程跟踪督办，2014年72个三级政府挂牌隐患整改已全部完成。

安全监察 市安监局下发《2014年度安全生产执法计划》，明确各级领导的安全生产检查责任；联合质监和消防等部门对涉氨企业、油气管道检查“回头看”，出具现场检查意见书15份，检查意见21条，出具责令整改指令书3份，整改指令16条；检查食品生产、医疗器械、光伏生产行业企业87家，出具检查记录87份，检查意见396条，责令限期整改指令书4份，整改意见5条。专项行动期间，出动人员664人次，检查危化企业308家次，夜查企业75家，发现隐患1785条，责令存在严重隐患的26家停产整顿，35家在南京青奥会期间停产，约谈10家有违法行为的企业负责人，关停并转5家。查处违法建设建设项目5个。查处安全生产违法案件250起，实施行政处罚770万元，联合公安、工商等部门开展烟花爆竹联合执法检查146人次，查处无证摊点70余处，暂扣非法烟花爆竹88箱。开展工贸企业专项执法检查。联合人力资源和社会保障、总工会等部门，对发生工伤事故的企业集中开展专项执法检查。检查事故企业1380家，发现隐患2087个整改1938个，督促企业增加警示标识169个、投入整改资金80.50万元。

安全宣传教育 利用各类媒体宣传安全生产法律法规，督促企业严格落实主体责任，增强依法生产的意识；创新宣传方式，在全国安全生产月活动期间，开展安全生产艺术团巡演等宣传活动，制作安全生产公益广告和6部普及安全常识的微电影，普及安全知识；开放安全生产事故警示教育馆和风险作业体验馆，提升企业职工的安全技能和防范意识。下发预警通报12期，通过电视台集中曝光企业安全隐患2次。加大“三类”人员的教育培训，提高持证上岗率，全年举办培训班215期，培训人员2万余人。首次对全市302个行政村(社区)党组织主要负责人开展安全监管业务培训。

危化品监管 2014年，全市危化品安全生产以两个化工集中区为重点，完成区域安全风险评估、“两重点一重大”企业的自动化改造和185家化工企业的在役装置设计诊断工作，关停并转不符合搬迁要求的园区外企业5家。邀请国家危化品登记中心专家到常熟举办3期HAZOP培训班，为130家企业培训人员296人；为危化企业分管负责人、装置负责人和安全管理员举办再培训11期859人，举办2期防爆电气作业人员培训班计70人。通过夜查、双休日查、专家查、回头查等检查方式，出动检查人员664人次，检查危化企业308家次，对26家企业下发责令改正指令书，责令暂停生产11家。完成项目审查24个、否决13个，完成建设项目安全评价备案47只、易制毒经营、生产备案60家、生产经营单位生产安全事故应急预案备案234家、危险化学品经营许可证审核154家、危险化学品安全生产许可证审核9家、危化安全设施设计审查17家、职业病防护设施设计审查22家、安全设施竣工验收审查11家。全面推行企业安全生产费用提取、安全生产风险抵押金、安全生产责任保险等经济政策，全市718家危化企业为1.20万人进行责任险公众责任险和团体意外伤害险，投入保费429.80万元；为全市33家危化企业安全防范用地退税293万元。

职业卫生监管 完成建设项目职业卫生“三同时”审查备案107个，网上申报1400家，对职业危害严重的100多家企业开展现状评价，完成853家企业的5767个点的常规检测，合格率94.10%；动态检测40家企业的872个点，合格率89.70%；完成职业病健康体检36927人次，合格率92.90%。开展职业卫生监督执法年活动，检查职业病危害企业194家，发出现场检查记录184份，发现隐患961条，开具责令整改指令书10份，现场检查意见书7份，整令整改隐患73条，同时加强职业病防治知识的普及，利用职业病宣传周，发放宣传材料200多份，发送短信1000多条，对科恩马、华丰橡胶、宜铨电子等30多起职业病危害举报投诉事件进行有效处置，防止职业病危害事故和群体性事件的发生。

【安全生产检查整改专项行动】 6月开始，市安监局在5个重点领域18个方面集中开展安全生产检查整改专项行动，全市共出动人员21311人次，检查单位场所9949家次，发现各类隐患22829项，整改 19447 项，整改率 85.19%，出具检查意见书 8759 份，整改指令书 1078 份，复查意见书 214 份，责令停产整顿 32 家，对 198 家违法企业实行行政处罚 189.60 万元。

【涉粉企业专项治理】 市安监局组织开展以铝镁机加工粉尘企业为重点的涉粉企业专项治理，通过多轮排查，全市共梳理出涉粉企业 714 家，责令 7 家铝镁机加工企业停产整治，对 45 家金属机加工粉尘企业，逐一登记造册，出具检查意见 45 份、整改指令 4 份，整改意见 222 条，关停 6 家企业的金属机加工粉尘工艺。（张　晟）

行政服务

【概况】 2014 年，常熟市行政服务中心推出“模拟审批”“联合审图”等多项并联审批流程，开展国家级行政服务标准化试点工作。确定《权限内行政审批项目目录》。全市各部门原 322 项行政许可（审批）事项，取消 40 项、暂停 13 项、调整 35 项，保留 234 项（其中行政许可 174 项、非许可审批 60 项），削减率 27.33%，形成权限内行政审批事项目录清单，并向社会公布。清理审批前置条件，对社会稳定风险评估、雷击灾害风险评估、节能评估、交通影响评价和职业卫生评价分别作出了简化和优化。10 月，市政府公布《常熟市行政审批前置服务收费项目目录》，进一步加强涉企收费管理，减轻企业负担。全年受理各类办件 49 万件，按时办结率 100%。42 项涉民事项实现提速，其中有 13 个事项由承诺件变为即办件，即办件比例由 26% 提高到 49.50%；涉民事项总承诺时间缩短 167 个工作日。

【完成国家级行政服务标准化试点建设】 市行政服务中心完成标准化试点工作，并正式向省、国家标准委提出验收申请。该中心对行政服务和管理工作进行分类、整理，对已形成的运行模式与管理制度按照标准化的要求进行分类、排序，对行之有效的继续实施，对不完善的进行充实提高，对缺项的进行创新，在参照企业标准体系以及服务标准化工作指南的基础上建立《常熟市行政服务中心服务标准体系》，包含通用保障、服务基础和服务提供 3 个层次、20 个子系、464 项标准，全面涵盖业务运行、服务规范、环境建设、卫生管理与考勤考核等工作领域。（金　萍）

责任编辑　汤　涵

常熟年鉴

CHANGSHU YEARBOOK 2015

财政税务

财 政

【概况】 2014年,全市公共财政预算收入147.40亿元,比上年增收8.82亿元,增长6.37%。其中,税收收入122.90亿元,增长6.19%,税收占比83.40%。增值税(25%部分及营业税改征增值税)、营业税、企业所得税(40%部分)、个人所得税(40%部分)四大主体税种完成83.48亿元,增长6.94%。经济技术开发区和高新技术产业开发区完成36.79亿元,占全市公共财政预算收入的24.91%,较上年提高1.79个百分点。全市城乡公共服务支出105.25亿元,占比达76.24%。

【落实扶持发展政策】 整合完善工业经济、服务业、总部经济、电子商务、外经外贸等扶持经济发展政策,全市共审核兑付资金13亿元。开展2013年市级促进经济发展扶持政策"挂钩集中兑付"模拟测算工作,与地方财政贡献度挂钩,提高兑付政策效果。2014年常熟市财政局组织15类、152个项目上报省财政厅及有关部门,争取政策和资金,共争取到部省专项资金12423.73万元,苏州专项资金2831.15万元。在电子商务政策和服务外包政策方面,出台《关于促进电子商务发展的若干政策意见》的通知和《关于加快我市服务外包产业发展的若干意见(修订)》的通知,填补了常熟电子商务政策的空白。市财政初期投入700万元,与江苏省"苏科贷"和苏州市"科贷通"联动,建立风险共担机制,支持企业发展。出台《常熟市科技贷款贴息和科技保险费补贴办法》及其实施细则。初步建立以领军型双创人才企业、"313"入库培育企业等为主要支持对象、涵盖信贷风险补偿、科技贷款贴息、科技保险费补贴功能的科技金融政策框架。

【财政惠民政策】 2014年,深入推进医药卫生体制改革,完善社会保障体系,全市共发放各类社会救助资金5163万元,改善城乡弱势群体和困难群众的基本生活。全市安排基本和重大公共卫生服务专项经费7247万元、市级公立医院"拨改投"资金1.23亿元,支持医疗卫生事业发展。落实教育经费投入政策。市财政兑付奖补资金3763万元,支持镇级校舍安全工程建设;市财政安排大中型校舍维修项目安排57个,维修经费合计1280万元,安排26所市级学校设备购置资金1164万元,改善办学条件,兑付市镇两级校车补贴资金(含油价补贴)987.21万元。支持实施积极的就业政策。全面落实岗位补贴、社保补贴、培训补贴等政策,完善小额担保贷款及贴息办法;安排城乡公交低票价补贴1亿元,支持"公交优先"战略。

【落实支农政策】 2014年,全市乡镇申报市级现代农业项目13个,通过现场查看和依据全市农业规划布局,评审、核定实施项目11个,规划面积0.12万公顷,总投资1.69亿元。分阶段制定补贴资金发放议案,实行"一折通"发放。其中,2月20日前发放农资综合补贴资金6090.21万元,涉及农户7.71万户;水稻直补资金629.45万元,涉及农户3.26万户;9月份发放水稻良种补贴资金457.11万元,涉及农户1.93万户;12月份发放小麦、油菜良种补贴资金317.91万元,涉及农户3.43万户。制定《2014年常熟市农机化发展扶持政策实施方案》,组织申报各类支农项目100多个,申报项目补贴资金1.95多亿元。

【推进购买公共服务】 结合政府职能转变和财政管理要求,深入推进政府购买公共服务改革,制订实施意见及第一批包含83项内容的《常熟市购买公共服务指导目录》,市财政部门全年共投入2.80亿元用于政府购买公共服务,涉及社会化养老、生活垃圾运输、民生保险、学校设施维修等70多个项目。

【专项资金整合治理】 市财政局开展财政专项资金专项治理活动,出台《常熟市市级财政专项资金管理办法》,建成政府部门专项资金管理清单目录,包括转型升级、社会事业、城乡统筹、生态环境四大类39项专项资金。

【预算绩效管理】 出台《常熟市预算绩效管理委托第三方评价暂行办法》,拓展财政绩效管理的模式和深度,财政专项资金绩效评价项目增加到23个,资金扩大到8.17亿元,同比增加31%,在2015年部门预算编制中,绩效管理前移至"一上"阶段,实现绩效目标与预算编制申报、审核、批复三同步。

【财政投资项目管理】 在全省财政系统率先建成以统一的项目数据库为基础、以资金管理为核心的政府投资项目财政管理信息系统,减少单位自由裁量权,提升政府投资项目财政管理水平。加强政府投资项目和财政投资评审工作,完成新一轮政府投资项目跟踪审价入围单位公开招标,招标工作推行竣工财务决算委托社会中介审核工作机制。市财政投资评审中心完成估(概)算评审项目83个,送审金额71.83亿元,核定金额62.15亿元,净核减金额9.68亿元,其中核增金额0.05亿元,核减金额9.73亿元,核减率13.47%;完成标底评审项目133个,送审金额15.89亿元,审定金额15.15亿元,净核减金额0.74亿元,其中核增金额150.12万元,核减金额7519.89万元,核减率4.64%。

【会计管理】 市财政局加强会计从业资格管理,推进会计科和财会教育中心资源整合工作,扩建会计考试专用机房,考试机位280个,会计初级考试、会计从业资格考试率先实现无纸化;新建会计服务大厅,完成5800多份会计证换证工作。全面推行网络化会计继续教育,全市参加继续教育人。9月20日,2014年度全国会计专业技术初级资格无纸化考试举行,常熟考区共6个批次,每个批次设280个考试机位,实际参考1116人,参考率为68.72%。(曹 瑛)

国家税务

【概况】 2014年,市国税局组织入库税收收入158.49亿元,比上年增收22.52亿元,增长16.56%;完成地方公共财政预算收入46.90亿元,比上年增加6.67亿元,增长16.57%。市国税局自成立以来累计组织税收收入1062.76亿元。是年,市国税局获江苏省五一劳动奖状,选送的作品《营改增为发展插上腾飞的翅膀》获第九届全国税收动漫大赛三等奖。

税收征管 市国税部门建立纳税服务、风险监控、纳税评估、税务稽查等为主要环节的核心税收遵从管理流程;积极运用大数据分析技术推行涉税风险"一条龙"管理,加强风险分析识别、等级排序;制作风险应对管理指引和行业管理模型,对全市房地产、纺织业等63个行业进行风险应对,共完成风险应对户数1314户,风险应对总成效达3.15亿元。在此基础上,深化第三方信息运用,加强数据采集任务发布,整合、清理第三方信息88.47万条,对税源管理平台15.61万条记录实现单户归集。通过分析利用第三方部门提供的信息情报,取得应对成效2.18亿元。强化非居民税收管理,全年入库非居民企业所得税2.93亿元,增长14.70%。

税务稽查 市国税部门全面推行《税收检查任务管理办法》,落实税收执法责任制,规范税收执法行为,全年共评查264份案卷,提出59条案卷整改意见,确保行政处罚程序规范、标准统一。同时,围绕税收执法权和行政管理权,全年核查6万多条执法信息,排查明确24大项、79个节点和流程的执法风险点,修订完善20项制度;集体审理税收执法事项841项,抽复查税收执法行为218项,开展税收执法回访184户次,加强过错追究和行政问责,建立整改情况跟踪反馈机制。加大对虚开发票、骗取出口退税和重大偷税行为的查处力度,加强与公安等部门的横向联动,全年共查处涉税案件94件,移送司法机关31件,查补总额4069万元。

税收服务 市国税部门实施《全国县级税务机关纳税服务规范》,把原先分散于各个部门、分局的纳税服务职能和服务资源优化整合到一个主办服务厅、7个延伸点,并优化升级自助办税各项功能,推广POS机刷卡缴税,在纳税服务厅或代征点增设POS机刷卡缴税功能,拓展"同城通办"范围,使纳税人不受主管国税分局限制,在常熟市范围内就近选择办理,真正实现"网上主办、窗口补办、自助兼办、同城通办"的多元化办税格局。规范涉税文书报表格式,对部分常用和一般使用表格开展"免单、免填单、简填单"服务。在此基础上,根据不同业务流程,编制包

国税局税务人员向纳税人宣传税收优惠政策

括登记、资格认定、发票领购等基本涉税业务办税流程指南，并将税务登记、申报征收、发票发售、认证报税、非居民售付汇管理等9大项72小项212个服务事项前移至窗口，实现在服务厅内完成“统一受理，内部流转，集中审批，统一出件”的全程闭环运行。与邮政部门合作开通涉税文书“国税专递”，将税务事项通知书、责令限期改正通知书、责令限期缴纳税款通知书等涉税文书，统一邮递送达。开通纳税咨询特服号和微信服务平台，将原有各级国税机关多部门多岗位的联系电话整合为统一的“96[illegible]8733”国税特服电话，主要受理涉税咨询、涉税查询、办税指引、预约服务、投诉办理等事项，全年累计受理电话咨询1万余次。同时，开通常熟国税微信公众号，为纳税人提供更为优质高效的服务。

【出口退税超80亿元】 2014年，市国税部门全面优化出口退税服务，加强政策解读调研，积极向上争取退库指标，退库进度在苏州地区名列第一。累计办理出口退(免)税80.55亿元，比上年增长14.70%，其中直接退付给企业的退税资金达52.45亿元，惠及全市2000多户出口企业；办理免抵调库28.10亿元。

【全市新增车辆超过4万辆】 2014年，全市新增车辆42776台，征收车购税59231万元，比上年增长12.17%。常熟市车购税呈现连续两年快速增长势头，平均年增幅达7.35%。进口车购买量较2013年有所上升，2014年，进口汽车辆数和税款分别达到2728辆和12253万元，约占征收总收入的21%。观致轿车发展态势良好，全年共计征收税款509.50万元。

【9家电信业企业纳入“营改增”试点】 6月1日起，电信业企业纳入“营改增”试点范围，市国税部门调查核实确认名单、供票资格信息维护，政策宣传辅导，帮助纳税人提前熟悉申报流程，及时办理相应手续，确保试点工作平稳有序。全市9户电信业企业销售收入234792.20万元，其中移动、电信和联通三大运营商申报营改增税金3852.82万元。

【小微企业减免税超4000万元】 4月，国家税务总局将小微企业所得税减半征税政策由原来的应纳税额低于6万元扩大到低于10万元。全市6600多户小微企业符合该项政策优惠条件，其中6473户最终自行申报并享受减免税款4169.12万元，符合条件企业的受惠面达98%。

表4 **2014年度常熟市国税税收情况**

税　　种	金额(万元)	比上年增长率(%)
国内增值税	1047999	20.71
国内消费税	7133	55.78
企业所得税	470566	8.40
个人所得税(利息税)	9	-80.85
车辆购置税	59231	12.17
合　　计	1584938	16.56

(孙益新)

地方税务

【概况】 2014年，常熟地税局共组织各项收入171.65亿元，比上年增长3.61%，完成公共财政预算收入76亿元，占全市公共财政预算收入的54.57%。是年，常熟市税收文化教育基地被省委宣传部、省司法厅等7部门联合命名为“省级法治文化建设示范点”。

税收征管 常熟地税局强化重点行业征管，完善建筑业分级分类管理，梳理千万元以上项目逐一进行指标比对，督促及时申报纳税，建筑业营业税入库9.28亿元，比上年增长17.09%。规范土地增值税清算流程，明确各环节清算责任，加大重点项目清算力度，清算81个项目入库税款5.68亿元，比上年增长178%，全年入库土地增值税9.82亿元，比上年增长18.56%。加强高收入者个人所得税管理，积极推进股权转让核查，征收股权转让个人所得税8235万元，比上年增长154%，全年个人所得税累计入库17.77亿元，比上年增长16.53%。规范政府性建筑项目管理，开展对全市范围内政府投资建筑项目的清理、核对工作，累计清理税款9600万元。加强欠税清理，跟踪重点欠税企业，定期催缴欠税，通过当地主要媒体进行欠税公告，与人民法院建立联合清欠机制，清理欠税1520.65万元。加强零星税源管理，委托常熟市新市民事务中心进行私房出租税款征收及发票开具。实施集中税务注销，推行主辅查和交叉检查制度，规范中介管理，提升案卷质量，完成注销591户，补征税费1393万元。年内，全国减免税政策效应分析工作会议、全国地税系统税收规范性文件备案审查工作会议、国家税务总局深入推进依法行政加强法制税务建设工作调研会议、全省地税系统所得税暨国际税收工作会议、全省房地产税源监控综合分析项目培训会、江苏省地税局部分地区营业税及基金费工作思路调研会分别在常熟召开。

地税局税务人员向纳税人介绍“易学通”服务功能

风险应对 常熟地税局规范“约谈辅导—实地核查（审核评估）”风险应对流程，在约谈环节，实施集体辅导明确纳税人自查的要求、方法，以及应当承担的法律责任，引导纳税人全面排查风险；全年完成中等风险任务3027户，风险应对税收5.98亿元，税收贡献率6.47%。开展以建筑、房地产行业为重点的税收专项检查和专项整治，着力推进大要案查处，切实发挥稽查威慑作用，全年稽查立案100户，查处百万元以上案件13起，合计查补税款、滞纳金、罚款9400多万元，稽查大要案查处数量和查补税款创历史新高。组建专职督察内审分局，履行督察内审职能，对中、高度风险应对进行复审，堵塞征管漏洞。通过对发票管理、优惠政策落实情况、建筑业税收管理等税收执法行为进行专项检查，避免流失税款930.60万元。

税收服务 常熟地税局落实税收优惠政策，在全省范围率先使用“落实税收优惠政策服务平台”，通过梳理各类优惠政策，分门别类主动推送纳税人，提醒及时、准确享受政策，共对4625户（次）纳税人进行提醒，主动落实税收优惠1.80亿元，比上年增长24.96%。全年累计落实各类优惠8.50亿元，比上年增长21%。开展以“六提速、三减负、一首问”为主要内容的“便民办税春风行动”，实现税务部门效能提升和纳税人减负双赢。按照“必要”和“有效”的原则清理、简并涉税资料，全市95%以上纳税人每年仅需报送一次财务报表，只需填报一类申报表即可完成所有税种申报。规范进户执法，同一年度，除涉及税收违法检查和特殊事项外，对同一纳税人不得重复进户开展风险应对、税务稽查；对同一纳税人实施实地核查、日常检查时，同一事项不得重复进户。建立分级分类咨询辅导机制，组建重点税源企业服务团队，加强上市、拟上市、重点企业专业化服务，响应纳税人个性化需求，全年依托行业纳税人之家等开展专题培训19次，辅导超过2500人次；创新“易学通”网上纳税人学校、微信服务平台等服务举措，满足纳税人共性需求。全年税务干部自制培训辅导课件73个，平台关注人数突破4000人，答复涉税咨询超千条。

【加强私房出租税收征管】 4月1日，常熟地税局委托常熟市新市民事务中心，在苏州大市范围率先上线“江苏省委托代征系统”进行税款征收及发票开具；同日，该局在全省范围首次尝试运用评估租金计税标准的方法，并启用“常熟市房屋出租租金评估系统”。至年末，两套系统累计评估32398户，入库税款2736.71万元。

【与常熟理工学院结对共建】 4月25日,常熟地税局与常熟理工学院达成结对共建协议,双方围绕教育共建、平台共建、服务共建、文化共建等内容,策划实施富有实效的活动,进一步拓展税收宣传的广阔空间和长效机制,并为在校大学生建立拓展社会实践、学习税收知识、培养守法诚信意识的课堂。双方还将在税收科调研、队伍建设、文化建设等方面进行合作,做到优势互补、合作共赢。

【全国减免税政策效应分析工作会议在常熟召开】 5月29日,全国税务系统减免税政策效应分析工作会议在常熟召开,国家税务总局收入规划核算司司长杨元伟及有关处室负责同志、江苏省地税局副局长张滢出席会议,全国部分省、直辖市、计划单列市国税局、地税局相关部门负责同志参加会议。会议根据当前经济税收形势和政策研究的方向和重点,对2013年度减免税政策效应分析报告进行点评,杨元伟分析了5份典型分析报告的亮点、存在的问题以及完善的方向。会议还讨论确定2014年减免税政策效应分析的分析方向和分析主题,并对各主题的分析思路、路径、框架及各主题的主笔人和撰写单位予以了明确。

【全国地税系统税收规范性文件备案审查工作会议在常熟召开】 6月17日,全国地税系统税收规范性文件备案审查工作会议在常熟召开。国家税务总局政策法规司副司长靳万军及备案审查处负责同志、江苏省地税局副局长陈茂峰、苏州地税局副局长朱春燕出席会议。会议以集中办公的形式,对2013年全国各省、自治区、直辖市地税局制定的282件规范性文件进行集中审查。

【国家税务总局深入推进依法行政加强法制税务建设工作调研会议在常熟召开】 9月18日至19日,全国部分省市推进依法行政加强法制税务建设工作调研会议在常熟召开。国家税务总局政策法规司司长李三江、副司长靳万军,江苏省地税局副局长陈茂峰,全国部分省、直辖市、计划单列市国税局、地税局的负责人参加会议。会议研讨了税务系统深入推进依法行政、加强法治税务建设的思路、方法和路径,利用绩效管理平台完善依法行政制度体系、推进依法行政制度实践以及省以下税务机关建立总法律顾问制度的可操作性等内容。与会人员参观了常熟地税法治建设成果展厅和税收法治文化教育基地,听取了苏州地税局、常熟地税局法治建设和依法行政示范单位创建工作专题汇报。

表5 **2014年常熟地方税(费)收入情况** 单位:万元

项目	收入实绩	上年同期	比上年增长率(%)
合计	1716463	1656611	3.61
一、税收收入	1004754	990014	1.49
1. 营业税	329700	345022	-4.44
其中省级:	76158	74019	2.89
2. 企业所得税	103188	115752	-10.58
3. 个人所得税	177697	152488	16.53
4. 城建税	76450	70638	8.23
5. 房产税	67566	63050	7.16
6. 印花税	20884	17381	20.15
7. 土地使用税	43131	41628	3.61
8. 土地增值税	98204	82834	18.56
9. 车船税	10485	9319	12.51
10. 契税	68413	79070	-13.48
11. 耕地占用税	9036	12832	-29.58

续表 5

项　　目	收入实绩	上年同期	比上年增长率(%)
二、基金费收入	711709	666597	6.77
1. 教育费附加	66319	60616	9.41
2. 两金	10	4	150.00
3. 文化事业费	182	242	-24.79
4. 防洪基金	23607	21614	9.22
5. 社保	602559	566443	6.38
6. 农保	4	3	33.33
7. 人防基金	—	—	—
8. 教育基金	—	—	—
9. 绿化费	—	594	-100.00
10. 退管费	—	—	—
11. 工会经费	7087	6554	8.13
12. 残保金	3811	3729	2.20
13. 职教培训经费	8111	6798	19.31

（王[illegible]春）

责任编辑　汤　涵

常熟年鉴

CHANGSHU YEARBOOK 2015

工业和信息化

综　述

2014年，常熟市完成工业总产值4581.24亿元，比上年增0.50%，其中规模以上工业（年销售2000万元以上，下同）完成产值3628.73亿元，增长0.80%，实现销售收入、利税和利润分别为3596.07亿元、244.87亿元和172.36亿元，比上年增长率分别为1.70%、0.50%和- 2.10%；全市工业经济实现开票销售收入3269.60亿元，比上年增长8.10%；规模以上完成出口产品交货值933.96亿元，比上年减少0.64%；实现工业增加值1016.21亿元，比上年增长8.50%，占全市地区生产总值(GDP)的50.30%。

表6　　**2014年常熟市工业经济运行情况**

指　　标	单　位	累　计	比上年增长率(%)	备　　注
全部工业总产值	亿元	4581.24	0.50	
其中：规模以上	亿元	3628.73	0.80	占全市79.21%
产品销售收入(规模以上工业)	亿元	3596.07	1.70	
工业开票销售收入	亿元	2369.60	8.10	
工业用电量	万千瓦时	1306297	1.00	占全社会84.17%
利税总额(规模以上工业)	亿元	244.87	0.50	
利润总额(规模以上工业)	亿元	172.36	- 2.10	
资产总额(规模以上工业)	亿元	3701.45	8.50	
负债总额	亿元	2148.24	5.90	
资产负债率(规模以上工业)	%	58.04	- 1.46	
两项资金占用总额(规模以上工业)	亿元	838.28	7.00	
其中：应收款	亿元	631.15	7.70	
产成品存货	亿元	207.13	5.00	
亏损企业亏损额(规模以上工业)	亿元	45.53	92.80	
规上工业出口产品交货值	亿元	933.96	- 0.64	

工业性投资

【概况】 2014年，全市完成工业投资总额344.30亿元，下降13.80%，占全社会固定资产投资额的55.86%，其中技术改造投入192.34亿元，比上年减少18.15%，设备投入占到技术改造的88%以上，比上年增长10.27%。

【新兴产业投资】 2014年，全市“八大战略新兴产业”（指苏州市确定的新能源、新材料、生物医药、智能电网和物联网、节能环保、新型平板显示、高端装备制造、软件和集成电路）全年完成投资202.50亿元，占全市工业投资的58.81%。

表7　　**2014年常熟市“八大新兴产业”投资情况**

产　业　名　称	项目数(个)	完成投资(亿元)	比上年增长率(%)
合　计	317	202.45	0.70
新能源	32	17.78	25.30
新材料	113	40.71	- 18.10
生物医药	20	4.65	60.00
智能电网和物联网	19	0.29	—
节能环保	26	0.61	- 81.00
新型平板显示	7	5.51	817.80
高端装备制造	94	126.27	0.10
软件和集成电路	6	6.64	58.00

【重点内资项目建设】 2014年，全市63个重点工业内资项目计划总投资142.13亿元，其中当年计划投资75.76亿元。全年累计完成投资95.31亿元，占计划总投资67.06%。其中当年完成投资69.51亿元，占当年计划投资的91.76%；63个重点工业内资项目中有57个项目开工建设，开工率为90.48%。

表8　　**2014年常熟市重点工业内资项目投资情况**

指　标	项目数	总投资（亿元）	当年投资（亿元）	累计完成（亿元）	当年完成（亿元）	占总投资比（%）	占当年投资比（%）
合　计	63	142.13	75.76	95.31	69.51	67.06	91.76
超亿元项目	42	128.51	66.01	84.62	60.62	65.85	91.83
新兴产业项目	27	50.35	26.95	30.92	25.30	61.41	93.89
三大千亿级产业项目	40	73.89	41.62	43.51	36.64	58.88	88.03

【全市汽车产业投资突破百亿元】 2014年，全市汽车产业投资继续保持高速度增长，全行业投资总额首次突破百亿元，达108.45亿元，比上年增13.50%，占全市工业总投资的31.50%，居各行业首位，成为工业经济新的增长极。

技术创新

【概况】 2014年，全市完成高新技术产业产值1381.60亿元，比上年增长6.90%，占全市规模以上工业的比重为38.08%；新增省级企业技术中心8家，累计36家；6家企业列入工信部知识产权创新试点；25个项目列入省重点技术创新项目计划；波司登和梦兰入选苏州市"十大自主品牌"；波司登获工信部命名的品牌培育示范企业；省级以上名牌企业完成产值989亿元；企业信用贯标企业累计达到284家；增创一批国家、省和苏州市两化融合示范（试点）企业，工业企业研发水平和创新能力明显提升。

【推进企业两化融合】 2014年，常熟市共创建江苏省两化融合示范企业2家，省两化融合试点企业9家，苏州市两化融合试范企业1家，两化融合试点企业4家；同时在电子商务、三网融合等方面平稳推进，共增创省级四星级以上数字企业8家，其中五星级1家，省三网融合创新基地试点项目4家。

常熟开关制造有限公司生产车间

表9　　**2014年常熟市两化融合企业、三网融合创新基地情况**

序号	项 目 名 称	企 业 名 称	备　注
1	2014年省两化融合示范项目及企业	江苏省常熟经济技术开发区高新技术产业园	
2		常熟长城轴承有限公司	转型升级示范企业
1	2014年省两化融合试点企业	常熟万克精密工具有限公司	
2		常熟市龙腾特种钢有限公司	
3		中利腾晖光伏科技有限公司	
4		常熟华冶薄板有限公司	
5		江苏常铝铝业股份有限公司	
6		江苏国泰宝马制衣有限公司	
7		江苏万宝桥梁构件有限公司	
8		常熟市神灵医用器材有限公司	

续表 9

序号	项目名称	企业名称	备注
1	2014年苏州市两化融合示范企业	常熟通润汽车零部件股份有限公司	
1	2014年苏州市两化融合试点企业	江苏亨通高压电缆有限公司	
2		常熟市精工模具制造有限公司	
3		常熟市迅达粉末冶金有限公司	
4		常熟市海虞橡胶有限公司	
1	2014年省三网融合创新基地试点项目	江苏润和软件股份有限公司	
2		江苏银河电子股份有限公司	
3		科升无线(苏州)有限公司	
4		南通同洲电子有限责任公司	

【企业科技创新载体建设】 2014年,常熟市新创建江苏省级企业技术中心8家(累计36家),同时创苏州市级企业技术中心16家。省级以上企业中心累计数继续在苏州5市(区)中保持领先。

表 10 **2014年常熟市国家级、省级企业技术中心情况**

序号	类别	企业名称	认定日期(年)	序号	类别	企业名称	认定日期(年)
1	国家级	江苏常铝铝业股份有限公司	2007	17	江苏省级	江苏凯诺电缆集团有限公司	2011
2		江苏白雪电器股份有限公司	2008	18		常熟市天银机电有限公司	2011
3		江苏梦兰集团公司	2009	19		常熟市金龙机械有限公司	2011
4		常熟开关制造有限公司	2011	20		雷允上制药有限公司	2012
1	江苏省级	常熟开关制造有限公司	2001	21		苏州科宝光电科技有限公司	2012
2		江苏亿通高科技股份有限公司	2001	22		苏州东方枫晟科技有限公司	2012
3		常熟纺织机械厂有限公司	2002	23		江苏金土木建设集团有限公司	2013
4		江苏隆力奇集团有限公司	2003	24		常熟市龙腾特种钢有限公司	2013
5		中利科技集团股份有限公司	2005	25		江苏苏南重工机械科技有限公司	2013
6		常熟市汽车饰件有限公司	2006	26		江苏康诺医疗器械有限公司	2013
7		江苏梦兰集团公司	2007	27		常熟市建华模具科技股份有限公司	2013
8		江苏白雪电器股份有限公司	2007	28		常熟市中联光电新材料有限责任公司	2013
9		常熟长城轴承有限公司	2008	29		苏州中来光伏新材股份有限公司	2014
10		常熟市华东汽车有限公司	2009	30		江苏长飞中利光纤光缆有限公司	2014
11		常熟市三爱富中昊化工新材料有限公司	2009	31		常熟市启弘纺织实业有限公司	2014
12		苏州通润驱动设备有限公司	2009	32		江苏迎阳无纺机械有限公司	2014
13		江苏格林电器有限公司	2010	33		常熟市精工模具制造有限公司	2014
14		江苏瀛环国际集团宏海物流有限公司	2010	34		江苏通润装备科技股份有限公司	2014
15		江苏波司登羽绒服装有限公司	2011	35		江苏理文化工有限公司	2014
16		常熟通润汽车零部件股份有限公司	2011	36		常熟瑞特电气股份有限公司	2014

【企业信用管理】 2014年，常熟市以《江苏省企业信用管理规范》为指导，继续开展“万企贯标、百企示范”等活动，提升企业信用管理水平。全年共有98家企业申报江苏省信用贯标企业，其中新增江苏省信用管理贯标企业98家，累计284家；有10家企业申报苏州市信用管理示范企业，1家企业申报江苏省信用管理示范企业。

【波司登商学院获“省级示范性企业大学”称号】 1月，波司登商学院揭牌，并被授予“省级示范性企业大学”称号，成为苏州地区首家获此称号的纺织服装企业。波司登商学院拥有内部讲师102名，为集团可持续发展提供重要的人才支持和智力保障。

【节能降耗】 2014年，全市创建三星级“能效之星”企业8家，累计能效之星企业为67家；完成节能项目143项，总投资6.64亿元，实现节能量46.29万吨标煤；全年实施节能监测32家，淘汰落后用能设备175台（套），比上年增长19.86%；通过清洁生产审核企业67家，比上年增长109.38%。

【开展淘汰落后产能行动】 2014年，全市关停淘汰落后产能企业约110家，共腾出土地资源141.40公顷，分流安置职工3316人，削减COD246.20吨、$SO_2$801.30吨，降低能耗12.50万吨标煤。

生产制造

【概况】 2014年，常熟市工业企业经济运行保持平稳有序发展态势，新兴产业健康发展；传统产业加快提升；“小巨人”企业得到培育；产业结构和工业布局不断改善，产业集聚发展加速；淘汰落后产业和产业梯度转移登上新台阶；主导产品增势明显，同行业销量居第一的“单打冠军”和“团队冠军”产品增多。

表11 **2014年常熟市规模以上工业行业分布情况**

序号	行　业	企业个数	产值（亿元）		占规模以上工业比重（%）		
			实　绩	同比（%）	2014年	2013年	增长率（%）
	总　计	1413	3628.73	0.80	100	100	—
1	电力工业	11	106.18	7.32	2.93	2.75	0.18
2	冶金工业	83	442.42	-13.20	12.19	14.26	-2.07
3	机械工业	298	694.15	6.24	19.13	17.94	1.19
4	电子工业	73	451.49	-1.58	12.44	12.83	-0.39
5	化工工业	116	371.50	16.42	10.24	8.76	1.48
6	轻工业	202	641.31	5.02	17.67	17.04	0.63
	其中：造纸	6	71.93	-1.74	1.98	1.10	0.88
7	纺织工业	567	834.43	-3.45	22.94	24.01	-1.07
	其中：服装	161	430.14	1.00	11.85	11.87	-0.02
8	建材工业	54	69.63	0.24	1.92	1.93	-0.01
9	其他工业	9	19.63	15.97	1.54	0.47	1.07
	民营企业小计	1034	2015.53	-1.55	55.54	56.83	-1.29
	外资企业小计	361	1595.54	3.94	43.97	42.85	1.12
	高新产业小计	293	1381.65	6.90	38.08	35.99	2.09

【加快主导产业培育工作】 围绕“3+5”产业培育提升目标，做好产业规划的修订和实施工作，编制完成装备制造产业和纺织服装产业发展规划；全年“三大产业”完成产出 1708 亿元，其中汽车及零部件产业（不含汽车服务业）增幅 14.58%；加快装备制造“三大基地”建设，全年投资超过 1000 万元装备制造项目 40 个，总投资 64.90 亿元；打造纺织服装创意产业集聚区，通过完善配套功能，提升集聚区综合服务功能；拟定《常熟市印染行业专项整治工作实施方案》，重点对纺织科技生态园进行规划建设，推进产业结构和行业业态的调整和优化。

【新兴产业发展】 2014 年，常熟市新兴产业（包括苏州“八大新兴产业”和“常熟五大新兴产业”）全年完成产值 2108.60 亿元，比上年增长 4.30%，高于规模以上工业产值增幅 3.50 个百分点；占规模以上工业的比重 58.10%，比上年增 1.94 个百分点。其中，汽车零部件、新能源产业、智能电脑和物联网产业等同比增长均在 12%以上。

表 12 **2014 年常熟市新兴产业发展情况**

	行　业	企业个数	产值(亿元)		占规模以上工业比重(%)		
			实　绩	同　比(%)	2014 年	2013 年	增长率(%)
	新兴产业总计	492	2108.60	4.30	58.10	56.16	1.94
五大新兴产业	合 计	396	1564.66	3.70	43.12	41.66	1.46
	装备制造	222	609.40	3.10	16.79	16.40	0.39
	电子信息	71	456.23	-4.30	12.57	13.62	-1.05
	汽车零部件	62	265.23	14.60	7.30	6.10	1.20
	太阳能光伏	21	197.15	13.80	5.43	4.84	0.59
	生物医药	20	27.14	6.50	0.75	0.70	0.05
苏州八大新兴产业	合 计	317	1556.11	9.10	42.81	39.31	3.50
	新材料	113	469.41	8.50	12.91	11.65	1.26
	高端装备制造	94	483.61	6.30	13.30	12.46	0.84
	新能源	32	251.86	12.60	6.92	6.09	0.83
	智能电网和物联网	19	188.86	17.70	5.19	4.48	0.71
	节能环保	26	90.52	4.90	2.49	2.71	-0.22
	平板显示	7	21.00	5.80	0.58	0.55	0.03
	生物技术和新医药	20	27.14	6.50	0.75	0.70	0.05
	集成电路	6	23.71	1.20	0.65	0.65	0

【高能耗行业比重下降】 2014 年，常熟市六大高能耗行业实现产值 988.79 亿元，占规上工业产值的 27.20%，比重比上年同期下降 0.20 个百分点。其中，黑色金属冶炼和压延加工业产值比上年减少 19.60%。

表 13　　**2014 年常熟市规模以上工业主要指标完成情况**

指标		单位	2014 年实绩	比上年增长率(%)	占全市工业比重(%)
规模企业	规模企业数	家	1413	-3.15	—
	销售亿元以上企业数	家	437	1.16	—
	其中:销售超 10 亿元	家	46	-6.12	—
亿元企业	产值	亿元	3189.71	2.15	87.90
	销售收入	亿元	3163.60	3.14	87.97
	利税总额	亿元	227.30	0.33	92.82
销售超 10 亿元	销售收入	亿元	2127.01	2.34	59.15
	利税总额	亿元	179.42	8.83	73.27
工业百强企业完成实绩	工业产值	亿元	2274.37	1.62	62.68
	销售收入	亿元	2264.36	2.99	62.96
	利税总额	亿元	191.86	8.00	78.35
	利润总额	亿元	148.53	6.75	86.17
规模以上工业主要技经指标	产销率	%	98.22	0.12	—
	资产负债率	%	172.30	2.52	—
	流动资产周转率(次)	次	1.72	-1.71	—
	应付职工薪酬	亿元	227.84	11.20	—
	亏损企业个数	家	274	-7.74	—
	工业用电量	亿千瓦时	117.98	3.69	—

【"小巨人"企业发展平稳】 2014 年,常熟市《关于进一步加快"小巨人"企业发展的实施意见》出台,适当修改准入范围,全市 16 家企业获得资格。"小巨人"企业全年开票销售和入库税收分别为 172.60 亿元和 14.30 亿元,比上年分别增长 16.70%和 24.90%,比全市工业平均水平高 8.80 个百分点和 4.60 个百分点。总体保持平稳较好的发展势头,产销增长高于全市平均水平。

表 14　　**2014 年常熟重点工业企业销售收入情况**　　单位:万元

序号	企业名称	销售收入	比上年增长率(%)	序号	企业名称	销售收入	比上年增长率(%)
1	波司登股份有限公司	3026981	7.80	6	江苏隆力奇集团有限公司	799897	2.40
2	常熟市龙腾特种钢有限公司	1168064	7.90	7	中利科技集团股份有限公司	789610	18.40
3	长春化工(江苏)有限公司	1122926	67.80	8	中利腾辉光伏科技有限公司	678038	13.40
4	阿特斯光伏电子(常熟)有限公司	922639	13.10	9	江苏梦兰集团有限公司	634056	1.20
5	江苏苏南特种装备集团有限责任公司	801852	1.20	10	江苏常熟发电有限公司	607623	26.90

续表 14

序号	企业名称	销售收入	比上年增长率（%）	序号	企业名称	销售收入	比上年增长率（%）
11	达富电脑（常熟）有限公司	588476	-27.80	26	三菱电机汽车部件（中国）有限公司	226079	30.70
12	达明电子（常熟）有限公司	514870	8.00	27	江苏常铝铝业股份有限公司	205182	15.90
13	江苏通润机电集团有限公司	487065	6.10	28	常熟风范电力设备股份有限公司	202818	53.70
14	昇辉（常熟）科技材料有限公司	425114	6.40	29	常熟开关制造有限公司	180095	3.00
15	勇世电子（常熟）有限公司	398930	9.30	30	江苏白雪电器股份有限公司	170435	-1.60
16	夏普办公设备（常熟）有限公司	392831	-0.30	31	森特科技集团有限公司	148438	-62.90
17	常熟市汽车饰件有限公司	386217	11.60	32	大金氟化工（中国）有限公司	146460	3.40
18	三矿物产（常熟）管理有限公司	377813	-11.20	33	安博电子科技（苏州）有限公司	136921	-0.90
19	华润电力（常熟）有限公司	372311	-11.00	34	常熟三爱富中昊化工新材料有限公司	130195	-13.70
20	寺欧汇川（中国）有限公司	350927	4.70	35	泰光化纤（常熟）有限公司	120179	4.00
21	住友橡胶（常熟）有限公司	331210	-2.60	36	江苏理文化工有限公司	115966	10.40
22	江苏理文造纸有限公司	322129	-1.90	37	江苏东盾木业集团有限公司	113453	0.80
23	大陆汽车系统（常熟）有限公司	255824	14.00	38	江苏常盛集团有限公司	95361	-15.80
24	丰泰电子科技（常熟）有限公司	238096	75.00	39	常熟市标准件厂	94321	-17.20
25	常熟达涅利冶金设备有限公司	227855	34.30	40	常熟华新特殊钢有限公司	93207	-7.80

名牌名品

【概况】 2014年，全年新增行政认定中国驰名商标2件（累计24件）；增创（复评）江苏省名牌产品7个；新增江苏省著名商标14件；苏州市级以上品牌企业完成产值1059.30亿元，其中省级以上品牌企业完成产值989.40亿元，占全市规模以上工业产值的27.27%；波司登、梦兰获苏州“十大自主品牌”称号。

【秋冬装产业集群入选首批区域品牌试点】 2014年，常熟市秋冬装产业集群入选工信部首批产业集群区域品牌建设试点名单。常熟是国内最大的秋冬装生产和研发基地，拥有相关生产企业近3000多家，从业人员15万人。以波司登、千仞岗、龙达飞、金丝狐、洲艳等企业为龙头，形成大中型骨干企业、配套企业集聚发展的产业格局。市场销售网络覆盖全国近30个省、市、自治区300多个大中城市，并出口到日本、韩国、法国、美国、俄罗斯、德国等国家和地区，出口量约占全国出口总量的50%。

表15　**2014年常熟市国家级名牌名品一览**

序号	类别	产品（商标）名称	企业名称	获得年份
1	中国世界名牌	波司登羽绒服	波司登股份有限公司	2007
1	中国名牌产品	白雪牌压缩机	江苏白雪电器股份有限公司	2003
2		CM1系列塑壳断路器	常熟开关制造有限公司	2003
3		CW1系列智能型万能式断路器	常熟开关制造有限公司	2003
4		波司登牌羽绒服	波司登股份有限公司	2005

续表 15-1

序号	类　别	产品（商标）名称	企业名称	获得年份
5	中国名牌产品	雪中飞牌羽绒服	常熟市雪中飞制衣有限公司	2005
6		梦兰牌床上用品	江苏梦兰集团有限公司	2005
7		白雪牌电冰柜	江苏白雪电器股份有限公司	2005
8		通润千斤顶	江苏通润机电集团有限公司	2005
9		梦兰化纤被	江苏梦兰集团有限公司	2005
10		康博羽绒服	波司登股份有限公司	2005
11		千仞岗羽绒服	常熟市千仞岗制衣有限公司	2005
12		雪韵飘羽绒服	常熟市雪韵飘时装有限公司	2005
13		中昊 HCFC—22 制冷剂	常熟市三爱富中昊化工新材料有限公司	2006
14		隆力奇护肤霜	江苏隆力奇集团有限公司	2006
15		环球牌铝箔	江苏常铝铝业股份有限公司	2006
16		波司登牌 T 恤衫	波司登股份有限公司	2007
17		隆力奇牌香皂	江苏隆力奇集团有限公司	2007
18		隆力奇牌沐浴露	江苏隆力奇集团有限公司	2007
19		东南牌酚醛模塑料	常熟东南塑料有限公司	2007
20		ZL 牌通信电缆	中利科技集团股份有限公司	2007
21		中诚牌中空玻璃	常熟市中诚建材有限公司	2007
22		FI 牌亚麻布	常熟市泛佳亚麻有限公司	2007
1	中国驰名商标	波司登	波司登股份有限公司	1999
2		梦兰	江苏梦兰集团有限公司	2000
3		隆力奇	江苏隆力奇集团有限公司	2000
4		阪神	江苏白雪电器股份有限公司	2004
5		BaiXue	江苏白雪电器股份有限公司	2004
6		龙达飞	常熟市龙达飞服饰有限公司	2006
7		隆力奇	江苏隆力奇集团有限公司	2007
8		雪中飞	波司登股份有限公司	2007
9		日月图形	常熟开关制造有限公司	2009
10		TORIN	江苏通润机电集团有限公司	2009
11		洲艳	常熟市洲艳服饰有限公司	2009
12		TR	江苏通润机电集团有限公司	2010

续表 15-2

序号	类　别	产品（商标）名称	企 业 名 称	获得年份
13	中国驰名商标	千仞岗	常熟市千仞岗制衣有限公司	2010
14		阿里山	常熟市阿里山食品有限公司	2011
15		扬帆	常熟市扬帆服饰有限公司	2011
16		ENOX	常熟市强盛化工有限公司	2011
17		月龙	常熟市月龙服饰有限公司	2011
18		龙心	常熟市金龙机械有限公司	2012
19		金丝狐	常熟市金丝狐服饰有限公司	2012
20		康博	波司登股份有限公司	2012
21		冰洁	波司登国际服饰（中国）有限公司	2013
22		CSC	常熟长城轴承有限公司	2013
23		金辰及图	江苏金辰针纺织有限公司	2014
24		梦兰图形	江苏梦兰集团有限公司	2014

（陈璐婧）

电力能源

【概况】 2014年，全市全社会用电量155.20亿千瓦时，比上年减0.49%。其中工业用电量130.63亿千瓦时，比上年增长0.99%。最高网供负荷达236.70万千瓦。全市加油站总数109家，加油点28家，成品油批发企业8家。全市全社会成品油消耗43.72万吨，比上年增长0.50%，其中汽油24.60万吨、柴油19.12万吨。市发改委会同常熟供电公司编制《常熟市2014年有序用电方案和电力供应应急预案》，对电力、燃气、成品油等行业的安全生产工作进行全面检查。出台《常熟市关停部分燃煤小热电企业实施方案》，推进热电企业优化整合。完成全市520台机驾培训车辆及90台邮政物流车辆“油改气”，完成富兴加气站、招商城加气站项目备案。启动直购电试点工作，为龙腾特钢等3家企业做好上报工作，直购电总量约6亿千瓦时，为企业节省电费2000多万元。

【节能评审】 2014年度，常熟市开展节能评估和审查优化简化工作，注重审批后跟踪监管，对用能量小、投资额低于3000万元或项目配置的变压器容量在400千伏安以下的企业投资备案项目，一律取消节能评估和审查工作。全年审查能源准入登记表324个，报告书37个，报告表45个，合计能耗总量27.31万吨标煤/年。

（许　斌　曹　昊）

【江苏常熟发电有限公司】 2014年，江苏常熟发电有限公司完

沙家浜路汽车加气站

成发电量 173.77 亿千瓦时，完成供电煤耗 303.29 克/千瓦时，比上年减少 6.49 克/千瓦时。累计实现利润总额 14.51 亿元，比上年增长 5.28 亿元；全年机组 7 台次连续运行超百日，其中 5 号机组创下 409 天的百万机组投产当年连续运行时间的全国纪录。是年，该公司被国家能源局授予“电力安全生产标准化一级企业”称号。

生产运行 2014 年，江苏常熟发电有限公司编制发布《安健环体系管理标准》《安全健康环境管理手册》《年度安健环风险概述》等各类材料 74 份，努力实现企业安全管理标准化、作业现场标准化和操作过程标准化。同时通过开展一线安全演练、加强新老机组的人员与设备的安全管理、开发安健环电子日志等，该公司安全风险管控能力持续提高。全年 7 台次实现全年连续百日安全运行，其中 1 号机组 344 天与 100 天，2 号机组 234 天，3 号机组 231 天，4 号机组 183 天，5 号机组投产后连续运行 409 天，在检修后，5 号机组又连续运行 210 天，达到全优目标；全年安全接卸海轮 197 艘，接卸电煤 738.63 万吨，为历史最高纪录；该公司完成 330 兆瓦机组环保改造，2 号烟囱和卸船机等多项改造项目完工，扩建工程安全设施、职业病防护设施、环保设施通过国家验收，其中职业病防护设施验收查评得分 96 分，居全国新建机组查评得分之首。该公司连续第 13 年实现年度三个百日安全无事故目标。

技术升级，节能环保 2014 年，江苏常熟发电有限公司 6 台机组烟气大气污染物均达标排放，烟气脱硫、脱硝减排效果明显。其中，4 台 330 兆瓦机组全年氮氧化物平均放浓度从 2013 年的每标准立方米 258 毫克下降到每标准立方米 66.45 毫克，比上年减排 76.99%；烟尘平均排放浓度从每标准立方米 34.10 毫克下降到每标准立方米 9.50 毫克，同比减排 76.30%；二氧化硫全年排放量同比减排 67.50%。2 台 1000 兆瓦机组自 2013 年相继投产后，脱硫、脱硝和电除尘等环保设施同步正常投运；二氧化硫、氮氧化物和烟尘均达标排放，排放浓度分别为每标准立方米 50.30 毫克、52.70 毫克和 13.50 毫克，其中仅＃5 机组全年排放量二氧化硫同比减排 22.10%，氮氧化物同比减排 51.20%，烟尘同比减排 5.70%。6 台机组二氧化硫、氮氧化物和烟尘平均排放分别比上年减排 1478.40 吨、4182.82 吨和 542.76 吨，下降 67.45、76.99 和 76.26 个百分点。

供热建设 2014 年，江苏常熟发电有限公司完成供热量 73.37 万吨，比上年增长 65%，超额完成中电国际 50 万吨年度计划，列中电国际系统第一。集中供热为该公司全年获得发电利用小时奖励 150 小时，并降低机组煤耗 3 克/千瓦时左右，节约标煤约 2 万吨。

（沈小明）

【华润电力(常熟)有限公司】

2014 年度，华润电力(常熟)有限公司完成发电量 114.28 亿千瓦时，发电设备利用小时 5861 小时，机组平均负荷率 76.16%，在全省 15 家 600 兆瓦机组电厂中排位第 6 名。全年实现安全生产“零”事故，完成全年设备安全“零”非停的目标。是年该公司获得 NOSA(企业综合安全风险管理系统)三星认证。

优化运行管理，实现节能降耗 华润电力(常熟)有限公司从设备治理、技术改造等方面开展节能管理。通过对汽机阀序模式、汽机滑压曲线、凝结水系统运行方式、一次风系统挡板运行方式、密封风机停运等优化，提高机组综合效率。并针对机组启动，实行单用汽泵，单侧风组运行，降低机组启动耗电率。积极实施各项节能技改项目，增加 1＃、2＃机组凝汽器在线冲洗联络管、进行节能电机升级改造、1＃机组高旁阀改造、机组邻机加热改造等，以提升机组效率，全面带动节能降耗、促进经济运行。2014 年综合厂用电率完成 4.84%，创机组正式投产运营以来最优水平。

推动科技创新，降低生产成本 华润电力(常熟)有限公司进行了脱硫 DBA 添加剂改造，各项指标符合《火电厂大气污染物排放标准》(GB13223－2011)双控区相关规定。其中脱硫 DBA 加药系统获国家知识产权局专利。年省厂用电 2423 万千瓦时，计 1066 万元，石灰石年省 21.60 万元，DBA 加药系统年加药费用 200 万元，年节省费用 887.60 万元。 （贺 瑱）

供电保障

【概况】 2014 年，常熟市全社会用电量 155.20 亿千瓦时，比上年下降 0.49%。其中第一产业用电量 5771 万千瓦时，下降 6.48%；第二产业用电量 131.40 亿千瓦时，增长 1.05%；第三产业用电量 11.60 亿千瓦时，下降 2.34%；居民生活用电量，城镇 4.44 亿千瓦时、农村 7.18 亿千瓦时，分别下降 10.92%、15.09%。7 月 22 日

14:13 最高用电负荷263.89万千瓦。是年，常熟电网运行稳定，未发生大面积停电等影响社会稳定的安全事故。

【电网建设和改造】 2014年，市供电公司完成电网工程建设、改造投资2.20亿元，新增变电容量17.15万千伏安，输电线路长度23.38千米。建成投运110千伏报慈输变电工程，110千伏陈塘、桂香、钱河、海虞变电站扩建工程。完成配网、农网建设与改造投资4.25亿元，更换配变850台，容量22.50万千伏安，完成农村低压电网项目1816个。

常熟电网规模 至2014年末，常熟电网共有35千伏及以上公用变电站73座，主变压器126台，总容量946.85万千伏安。其中220千伏15座，主变25台504万千伏安；110千伏47座，主变77台410.15万千伏安；35千伏11座，主变21台、32.70万千伏安。共有35千伏及以上输电线路192条，总长度1682.44千米。其中220千伏42条634.47千米，110千伏89条780.32千米，35千伏61条319.16千米。共有10(20)千伏配电变压器11439台，总容量337.27万千伏安；20千伏线路32条116.18千米，10千伏线路761条6002.78千米。

1000千伏淮南—南京—上海特高压线路工程 1000千伏淮上线起于安徽淮南变电站，经南京、泰州和苏州变电站，止于上海沪西变电站。线路同塔双回架设计，跨越淮河和长江，全长2×779.50千米，工程动态总投资268亿元。淮上线常熟段共有铁塔51基，线路长度24.50千米，线路自南通跨江(苏通大桥上游800米)进入常熟，在支塘镇蒋巷村进入昆山市。市委、市政府成立特高压工程建设领导小组，下设工作小组，统筹协调、解决工程政策处理和房屋拆迁等事项，确保工程建设有序推进。常熟段由江苏省送变电公司负责施工。6月12日，全省第一基铁塔开始基础施工；11月18日，全省第一基铁塔开始立塔施工。至年末，常熟段完成所有基础施工，已立塔32基。

11月18日，1000千伏淮上线特高压工程江苏省第一基铁塔在常熟立塔施工

一流配网规划 2014年，市供电公司编制完成11个大区、19个分区共1135平方千米、305个单元的一流配网规划，并选取4个有代表性的标准化示范工程，以点带面，建成一流配网104.32平方千米。区域内N—1通过率达97%，配网线路平均长度2.56千米，线路重载比例0.85%，配变重载比例1.33%，户均配变容量7.80千伏安。

【电力供应与服务】 2014年，市供电公司受理用电报装申请27628户，容量89.15万千伏安；完成装接通电27662户，容量121.63万千伏安。完成220千伏龙腾特钢增容，110千伏捷豹路虎、长春化工等大型工业项目的送电。完成古里、辛庄等9个镇21个城乡一体化项目的送电。完成市区10万多户智能电表轮换。

全市电力用户 至年末，全市电力用户共计577595户，总装接容量1012.84万千伏安。其中高压用户自备变电站：220千伏2座，主变3台39万千伏安；110千伏21座，主变35台67.75万千伏安；35千伏38座，主变72台49.89万千伏安；20千伏专变125台19.63万千伏安；10千伏专变9259台404.86万千伏安。用户110千伏线路2条10.07千米，35千伏线路3条5.90千米。

分布式光伏发电 12月13日，虞山镇钱姓市民家的分布式光伏发电系统发电并网，当年除自用外，还上网366千瓦时。该套系统有光伏板48块、面积76.80平方米、容量11.50千瓦，总投资约11万元。至年末，全市有21户家庭申请实施分布式光伏发电项目，其中12户已发电并网。市供电公司简化业务流程，为项目提供免费接入方案设计、施工、装表等服务，为成功并网用户享受政策补贴提供帮助。（李 笛）

通信建设

【中国电信股份有限公司常熟分公司】 2014年，中国电信股份有限公司常熟分公司共有固话用户41万户，天翼用户数近59万户，宽带用户数超过34万户，本地网络接通率达到99.10%，用户申告故障率0.20%。该公司以宽带和天翼4G无线网络建设为基础，快速推动光纤到户FTTH建设，城乡光纤覆盖率已达到90.30%，优化建设天翼4G、3G网络，开展“城市光网”建设。年内，中国电信天翼4G业务在常熟正式推出。相继实施建设常熟公交电子站牌二期工程、董浜智慧农业综合管理平台、常熟城管视频监控系统、中小学视频监控系统等重点项目。2014年，中国电信股份有限公司常熟分公司获全国用户满意企业、苏州市“诚信守法先进企业”等荣誉称号。

董浜智慧农业综合管理平台启用 5月，由董浜现代农业产业园和中国电信股份有限公司常熟分公司共同建设的董浜智慧农业综合管理平台在第二届中国蔬菜产业大会上正式推出。该平台主要功能包括农产品种植及其计划信息的动态采集，并基于GIS平台，对区域农产品种植信息的可视化统计分析及预测，实现生产资源、生产过程、流通过程等环节信息的动态获取和数据共享，为农业服务部门、农民、集体农场以及销售商提供全方位的综合服务信息，也为农产品的种植和流通提供指导。

智能公交电子站牌二期项目投入使用 11月15日，常熟公交电子站牌二期项目投入使用。项目包含86个公交站点124块站牌。该站牌运用GPS公交智能调度管理系统进行信息发布，候车市民可以实时了解公交车运行动态。同时还可通过站牌了解天气预报等公益性信息。（周 静）

【中国移动通信集团江苏有限公司常熟分公司】 2014年，中国移动通信集团江苏有限公司常熟分公司用户超120万户，开通4G基站700多个，4G室分（室内信号分布系统）300多个，基本实现常熟地区移动4G网络全覆盖。该公司围绕4G建设与小区宽带建设两大重点工作，为无线站点的开通建设了大量配套管道、配套光缆，为小区宽带建设以及集团快速接入，进行综合业务接入区的优化改造。2014年，TD终端用户超30万户，4G终端用户16万户。以4G网络

中国电信常熟分公司建设的电子会议签到系统首次亮相常熟两会

为核心的新技术应用在政务、交通、公共安全、教育医疗等各领域。常熟农村商业银行首家金融移动信息化系统及邮政“邮路通”系统上线运行。1路、7路、8路、111路、12□路公交车内相继覆盖移动4GWLAN网络。全年共有4600多辆电动车安装“车卫士”防盗装置。年内，该公司获“2013年度江苏省□康杯竞赛优胜企业”等荣誉。（姜秋芳）

【中国联合网络通信有限公司常熟市分公司】 2014年，中国联合网络通信有限公司常熟市分公司用户规模达42.37万户，各类实体销售网点321家。开通通信基站505个，其中2G站点416个、3G站点577个、4G站点371个，网络覆盖能力不断加强。用户室内分布系统491个，其中2G站点158个、3G站点285个、4G站点48个。网络质量进一步提升，长话接通率98.85%，网络接通率98.24%，小区宽带覆盖数10.30万户，集团楼宇覆盖数1.20万户，集团客户用户1276个。家庭宽带入户平均带宽10兆。常熟干线光缆350千米，本地网光缆1959千米，接入光缆591千米，管道1519千米，杆路364千米。年内，常熟联通利用3G网络协助公安部门实施移动卡口项目；与司法部门合作开发电话汇报管理系统项目；与旅游局合作开展2014“联通杯”中国常熟·尚湖牡丹花会“沃拍客”手机拍摄活动及系列网络推广活动；与“常熟发布”合作举办“沃拍美丽常熟”手机摄影征集大赛；开展“服务进社区”活动，普及、引入各类信息化产品业务，丰富社区居民业余生活。是年，该公司党支部被评为省联通党委先进基层党组织。（张鸣鸿）

信息化建设

【概况】 2014年，全市推进“智慧城市”建设，通过住建部、科技部“国家智慧城市试点”省级初评；重点推进“一中心、二载体、三平台”建设，完成智慧城市发展中心主体建设，启动以市民和企业为两大平台的常熟市公共信息服务平台建设；全年实现本市户籍人员市民卡发放全覆盖，累计发放市民卡综合卡超过110万张，党员管理、民政服务、校园管理及商业应用等功能不断完善和拓展；启动一批信息化重点项目，项目涉及区域卫生、城市管理、价格监测、文化服务等领域，城市信息化程度不断提升；做好了两化融合试点示范企业创建、物联网技术应用推广、两化融合产业园和电子商务平台建设等工作。是年，常熟市经信委获“2010—2014中国智慧城市发展五周年贡献单位”称号；辛庄镇被命名为江苏省农村信息化示范基地。

【智慧常熟建设】 2014年，常熟市全面实施“智慧常熟”规划的关键项目“一中心”——智慧城市发展中心之数据交换中心及五大数据库项目建设。形成《常熟市政务信息资源目录》和《常熟市信息资源数据共享交换规范》，收集公共信息424项。项目基础软硬件环境建设、部门接入系统环境建设、专业应用和业务应用平台对接建设、门户系统环境建设等基本完成，11月项目正式上线试运行，12月完成项目建设的初验。完成基础性设施项目“二载体”建设；启动“智慧常熟规划”重点应用项目“三平台”及公共信息服务平台建设。

【公共信息服务平台启动建设】 12月2日，常熟市公共信息服务平台项目启动。常熟市公共信息服务平台将以企业与市民直接的政务、公共服务、商业等诉求为核心，依托云计算、移动互联网等技术架构，在不影响既有应用架构的前提下，采用云服务的方式聚合政府服务资源、社会公共服务资源以及市场专业服务资源，并基于“实名制”的信息聚合，通过对网页、手机、移动终端、自助终端，服务热线和政务大厅等多渠道的融合，为企业与市民提供全生命周期的个性化服务，构建全面的城市融合服务体系，最终实现任何市民与企业在任何时间任何地点通过有效方式获取所需服务的目标。

【市民卡服务】 2014年，常熟市实现全市户籍人员市民卡发放全覆盖，完成市民卡建设项目终验，实施新市民按积分入市民卡工作，累计发放市民卡综合卡超过110万张，全面发放市民卡专用卡（社会保障卡）。市民卡服务网点在1个中心19个分中心40个农商银行网点的基础上，拓展农商银行网点至105个，市民卡在首发功能的基础上，拓展组织部党员管理、民政服务、校园管理、居民小区服务、档案检索等，市民卡商业应用覆盖范围进一步扩大。

【重点信息化项目建设】 2014年，常熟市完成新市民积分管理信息平台、区域卫生工程、“12345”便民服务整合平台、停车场诱导系统、停车事件自动抓拍系统、农产品价格监测系统、图书馆数字文化服务、环境应急指挥和决策等项目，启动智慧物流公共信息平台、智慧政务服务平台、电梯应急处置平台、数字城市地理空间框架建设等项目,“可视常熟”“无线常熟”等基础设施项目建设有序推进。

【三网融合有序推进】 2014年,常熟市实现主城区、高速公路沿线、两大工业园区的4G网络全覆盖;百兆进户工程全面实施;“可视常熟”建设在道路交通系统、社会治安系统、公安技侦系统、河湖水域系统、长江港口码头、社会管理体系等6个层面全面推进。三网融合工作进一步开展,常熟高事达光电科技有限公司入选2014年度省信息基础设施试点项目名单。

(陈璐婧)

【电子政务建设】 2014年,常熟市完善电子政务基础设施,建设电子政务网网络安全系统项目。在电子政务网下属4个汇聚交换区部署链路专线质量分析系统,对所有接入汇聚交换区的数据流量及数据包进行分析,实现定位异常病毒源等专线中断风险预警。在“中国常熟”政府门户网站部署应用防护系统,实现对来自应用程序客户端的各类请求进行内容检测和验证,对非法的请求予以实时阻断,对网站站点进行有效防护。至年末,常熟市电子政务外网共有市级接入点98个,接入部门89个;镇(区)级接入点17个,接入镇(区)11个;接入村及行政社区360个。

(孔尧萍)

责任编辑 汤 涵

· 小资料 ·

常熟汽车产业

汽车产业是常熟市委、市政府重点打造的三个千亿级产业之一。近年来,常熟市积极创建国家火炬常熟汽车零部件特色产业基地。目前基地已培育涵盖汽车整车及零部件研发、设计、制造等领域,具有鲜明地方特色的产业集群,汇集了一批规模体量大、技术含量高、发展前景好的骨干企业。随着丰田研发中心、观致汽车、奇瑞捷豹路虎等企业相继投产,常熟汽车产业规模迅速扩大,产业链逐步完善,初步形成集整车及零部件生产、研发、物流、贸易等于一体的发展格局。至2014年年末,全市汽车产业已有重点企业208家,其中制造业企业131家、服务业企业77家(包括研发、仓储物流、汽配城、4S店等)。2014年,全市汽车产业实现总产值400亿元,其中规模以上汽车制造业总产值264.9亿元,占全市工业总产值的8.7%。经济技术开发区、高新技术产业开发区全市两大主要汽车产业集群区实现汽车产业总产值235亿元,占全市汽车产业总产值58.8%。全市汽车产业就业人数3万多人。基地5家整车企业中有2家乘用车、3家专用车企业。2家乘用车企业中观致汽车批量入市,奇瑞捷豹路虎实现批量投产,产品涉及中高端轿车和SUV等,丰田研发中心一期正式投用。3家专用车企业产品涉及旅居车、运钞车、消防车等多个品种。中欧公司生产的"欧旅"牌奔驰系列房车从德国全套引进最新奔驰房车制造技术,占国内市场95%以上。零部件企业产品涉及车身、发动机、汽车电子、底盘及通用件五大部分,汽车饰件、通润汽车千斤顶、美桥汽车轴承等部分产品占领国内行业制高点。通润汽车千斤顶辐射世界140多个国家与地区,占世界市场60%的份额,汽车饰件公司位居国内同类民营企业前列,华东汽车公司的运钞车占比国内份额达70%。基地内有高新技术企业17家,其中国家火炬计划重点高新技术企业3家,9家骨干企业承担国家火炬计划项目18项,专利授权量超1300个。

开放型经济

综 述

2014年，全市实现注册外资及港澳台资10.78亿美元，到账外资及港澳台资9.29亿美元。年末统计，有60多个国家和地区的企业、机构和个人在常熟投资项目，历史累计批准注册外资及港澳台资234.72亿美元，到账外资138.93亿美元。全年新批及增资项目中总投资超千万美元项目62个，注册外资及港澳台资合计10.17亿美元，占全市94.34%。“两区两园”继续发挥主阵地作用，全年完成注册外资及港澳台资10.17亿美元，占全市94.34%；到账外资及港澳台资8.55亿美元，占全市92.03%。各镇新增注册外资0.39亿美元，到账外资0.73亿美元。全市外资及港澳台资企业运行良好，全年开票销售1448.22亿元，比上年增长9.86%；涉外税收88.97亿元，比上年增长24.26%，外贸进出口额149.21亿美元，比上年增长11.72%，全市44%的开票销售、36%的税收收入、74%的对外贸易额来自外商投资企业。全年实现外贸进出口总额201.91亿美元，比上年增长8.37%，其中出口125.57亿美元，增长7.80%，进口76.34亿美元，增长9.32%，全市外贸进出口总额及进口均创历史新高，进出口及进口增幅位列苏州各县市区第一，外贸进出口总额占苏州地区外贸进出口总额的6.48%，比上年同期提高0.46个百分点。全年新设境外投资企业10家，增资5家，中方境外协议投资额1.30亿美元，比上年增长10%，对外承包工程合同额1.85亿美元，比上年增长29.76%，营业额1.45亿美元，比上年增长14.42%；服务外包接包合同额3.12亿美元，比上年增长11.93%，离岸执行额1.57亿美元，比上年增长15.58%。

7月16日，省委副书记、苏州市委书记石泰峰（左二）调研观致汽车有限公司

利用外资及港澳台资

【概况】 2014年，全市新批及增资项目中总投资超千万美元项目62个（新项目28个、增资项目34个），注册外资及港澳台资合计10.17亿美元，占全市94.34%，其中投资总额超亿美元以上项目7个，注册外资及港澳台资合计3.24亿美元，占全市30.05%。全市新引进外资融资租赁公司和世界500强企业各1家，已有35家世界500强企业在常熟投资设立74家企业。芬欧汇川（中国）有限公司获批跨国公司总部外汇资金运营管理试点资格。继续吸引跨国公司在常熟设立区域性、功能性总部，

3月25日，旭化成电子材料（常熟）有限公司开业

达涅利冶金设备有限公司被认定为省级跨国公司功能性机构，芬欧蓝泰标签（常熟）有限公司被认定为省级跨国公司地区总部。至年末，全市共有江苏省商务厅认定地区总部2家，功能性机构3家。全市当年计划投资25.92亿美元的34个外资重点项目顺利推进，6个项目投产，22个项目在建，开竣工率为82.35%，观致汽车上市销售，奇瑞捷豹路虎常熟工厂开业，丰田研发中心运营。

【丰田汽车（常熟）零部件有限公司开业】 7月30日，丰田汽车（常熟）零部件有限公司开业。该公司总投资4.30亿美元，注册资金1.40亿美元，主要从事汽车用驱动零部件的制造和开发，公司产品的销售并提供相关售后服务、技术服务和咨询服务，生产中型及紧凑型车用无级变速箱。

【科力美汽车动力电池项目落户高新区】 7月31日，科力美汽车动力电池有限公司完成工商登记，落户常熟高新技术产业开发区。该公司投资总额达163.2亿日元（1.61亿美元），注册资本54.4亿日元（0.54亿美元）。科力美汽车动力电池有限公司由日本PRIMEARTH EV ENERGY株式会社、丰田汽车（中国）投资有限公司、丰田通商株式会社、湖南科力远新能源股份有限公司和常熟新中源创业投资有限公司共同投资设立。新公司投产后将每年生产11.3万个车用镍氢动力蓄电池模块项目，主要为丰田汽车在我国生产的混合动力车型配套。

【奇瑞捷豹路虎常熟工厂开业】 10月21日，奇瑞捷豹路虎汽车有限公司常熟工厂开业，首款国产车型路虎揽胜极光下线。奇瑞捷豹路虎常熟工厂拥有完备的冲压、焊装、涂装、总装四大工艺及发动机生产工艺，设有质量中心、产品试制中心以及产品研发中心，是世界上最先进和高效的汽车制造基地之一，初期规划年产能为13万辆。江苏省副省长张雷，苏州市常务副市长周伟强以及常熟市委书记惠建林、市长王飏等出席开业仪式。

对外及对港澳台贸易

【概况】 2014年，全市进出口额前30强企业实现进出口总额111.73亿美元，占全市55.34%，比上年增长15.35%。纺织服装、轻工、化工、光伏、钢铁类行业进出口均保持较好增长态势，分别完成28.61亿美元、24.38亿美元、33.6亿美元、12.20亿美元、8.27亿美元，比上年分别增长5.95%、3.83%、27.38%、39.05%和13.16%。全市一般贸易进出口保持较快增长态势，比上年增长16.05%，比全市平均增幅高7.68个百分点，一般贸易进出口比重占全市50.69%，提高3.35个百分点，外贸结构持续优化。全市围绕“技术、品牌、质量、服务”，结合常熟重点外贸行业，保持常熟市在出口品牌、参展摊位、出口信保等方面在苏州大市内的优势地位。全市16家企业的18个品牌成功入选省重点培育和发展的国际知名品牌，出口信保平台惠及全市中小微出口企业320家，累计支持常熟市中小微企业出口5.87亿美元，直接或间接带动保障了8.80万个就业岗位。年内，建立常熟机电产品外贸信息服务平台，给全市机电外贸企业提供线上和线下相结合的全方位服务；继续发挥好国家、省、市三级外贸扶持政策的叠加效应，加大帮扶力度，做好中小企业国际市场开拓资金、进口贴息等各级各类扶持资金的申报工作；贸促会自5月1日起至年底免收货物原产地证书费，减轻外贸企业负担。

【新规启用近百企业受益】 1月1日起，全国760多种进口商品的关税进行部分调整，平均优惠幅度达60%。根据《2014年关税实施方案》，760多种进口商品实施低

11月20日，威派克包装（常熟）有限公司开业

常熟恩斯克轴承有限公司车间

于最惠国税率的年度进口暂定税率，暂定税率从0%到20%不等，平均优惠幅度达到60%。此次税率调整涉及常熟地区的化工、新材料、汽车产业、机械制造等多个行业。这一新规的实施，在降低企业的税收、扩展企业的利润空间、促进贸易的发展等方面，使常熟市近百家企业受益。

【举办拉美市场开拓说明会】 6月23日，市商务局举办拉美市场开拓说明会，中国机电进出口商会主任张晶到会交流，并向参会企业推荐11月份在巴西圣保罗举办的2014年中国品牌商品拉美展及智利、美国圣地亚哥中国机电产品展览会，省商务厅外贸处在会上介绍相关扶持政策。市通润汽车、通润物流、白雪电器、创兰太阳能空调、金鼎机械等10家重点机电企业负责人参加说明会。

【常熟18个品牌入选省重点培育国际品牌】 7月15日，省商务厅公布2014—2016年度“江苏省重点培育和发展的国际知名品牌”名单，常熟市16家企业的18个品牌成功入选，比上一届分别增加4家企业和4个品牌，入选品牌数量占全省品牌数量的5%，占苏州市的30%。其中11家为上一届的出口名牌企业，另有5家为新认定企业。入选的16家企业的18个品牌分别是波司登“波司登/康博/雪中飞”、通润汽车零部件“Big-Red”、三爱富中昊“中昊”、长江纸业“CJP”、隆力奇“隆力奇”、强盛功能化学“ENOX”、梦兰集团“梦兰”、金辰针纺织“金辰”、紫荆花纺织“紫荆花”、新凯盛“Kaswide”、中信建材“中诚”、常铝铝业“ALCHA”、通润机电“通润 TORIN 及图”、白雪电器“Baixue”、通润装备“TARON 及图”和祥兆书写工具“mpm”。

【组团参加深圳高交会】 11月16日至21日，第十六届中国国际高新技术成果交易会在深圳会展中心举行，常熟市有机氟材料基地组团参展。该基地重点介绍了常熟投资环境及基地内龙头企业，让国内外嘉宾了解到常熟有机氟材料的最新高新科技成果。展会期间，参会人员共发放各类宣传资料1000多册，接待来自国内外的各类客商150多批次。苏州兆达特纤科技有限公司的芳纶1414长丝、芳纶布等展品，获得大会颁发的优秀产品奖。

【常熟光伏企业获反倾销单独税率】 12月16日，美国商务部对原产于中国大陆和台湾的晶体硅光伏产品作出反倾销终裁，并对原产于中国的晶体硅光伏产品作出反补贴终裁。反倾销终裁中，常熟市光伏企业阿特斯和中利腾晖获得52.13%的单独税率，未参加应诉的企业则获得165.04%的惩罚性税率；反补贴终裁中常熟市企业均获得38.72%的普遍税率。

外 经 外 包

【概况】 2014年，全市新设境外投资企业10家，增资5家，新批中方境外投资额1.30亿美元，累

11月16日，常熟有机氟材料基地参加深圳第十六届中国国际高新技术成果交易会

计全市共有境外投资企业120家，中方投资额达5亿美元，分布于世界50多个国家和地区，达涅利冶金设备有限公司获得对外承包工程资质，直接承建或参建缅甸、伊朗等地的项目数十个，成为新的增长点。年内，全市服务外包层次不断提升，业务继续向高端拓展，全市生物医药研发、技术研发、工业设计等高附加值的知识流程外包实现离岸接包执行额1.54亿美元，比上年增长25.25%，占全市98%。全市已形成以丰田研发、诺华制药、达涅利冶金设备为代表的一批服务外包规模企业。

【常熟达涅利冶金设备有限公司获对外承包工程资质】 年内，经江苏省商务厅批复同意，常熟达涅利冶金设备有限公司获对外承包工程资质。常熟达涅利冶金设备有限公司由意大利达涅利集团投资，公司注册资本5100万欧元，总资产人民币30亿元，主要从事开发、生产、组装彩色涂、镀板材设备、薄板坯连铸机、轧机、冶金成套整机用部件设备及其零部件并提供售后服务。至此，常熟市对外承包工程企业总数累计达到6家。

（姚志明）

责任编辑　薛　卫

常熟年鉴

CHANGSHU YEARBOOK 2015

开发区建设

江苏省常熟经济技术开发区

【概况】 2014年，江苏省常熟经济技术开发区（简称开发区）完成地区生产总值288亿元，比上年增长8.90%；工业总产值1010亿元、工业开票销售收入820亿元，分别比上年增长5.20%和8.50%；公共财政预算收入23.30亿元，比上年增长10.40%；全社会固定资产投资220亿元，其中工业投入170亿元；进出口总额63.20亿美元，比上年增长13.40%。现代产业体系加快培育，三次产业结构逐步优化，高新技术产业产值占规模以上比例达31%，新兴产业产值占规模以上比例48%。全年有效投入继续保持高位运行，服务业投资增速达30%，服务业增加值占地区生产总值比重稳步提高。区域龙头型企业带动作用十分明显，长春化工（江苏）有限公司、常熟发电有限公司、达涅利冶金设备有限公司等若干企业分别实现同比25%以上增幅；新投产企业成为经济发展生力军，亨通电缆有限公司、巴德富科技有限公司、特殊陶业有限公司、波士胶（常熟）粘合剂有限公司等企业分别实现同比200%左右增幅。

开发建设 2014年，全年开工工业项目40项，总建筑面积160万平方米。奇瑞捷豹路虎汽车一期、法福克设备、泰富益机械、神隆医药二期、科达机械一期、新中能源、维苏威一期、新中源汽车、苏州石大、信扬仓储、国和新材料、博文物流二期、宝旭新能源二期、欧米亚二期、长春化工（双酚A二期、工程塑料、酚醛树脂、剥离剂显影剂等）、长春应化、崴力机电、达涅利三期、智索无纺二期等23个项目总建筑面积约100万平方米（其中外资新项目7个，内资新项目7个，增资扩建项目9个）的项目年内竣工投产，新增工业产值300亿元。主动分享上海自贸区的“溢出效应”，结合外商投资项目“核改备”契机，芬欧汇川获批跨国公司外汇资金运营便利化试点，达涅利获批省级跨国公司功能性机构，深油所华东交易中心挂牌开业，期货交割库取得证交所PTA批文，柏盛物流积极筹备纸浆交易中心、汽车零部件进出口仓库。年内，全面完成《常熟经济技术开发区总体规划（2012—2030）（修编）调整》工作，并推动实施铁黄沙区域、汽车产业园区域、碧溪片区等各类发展规划。成功创建国家级生态工业示范园区，全面启用安全环保监测及预警系统，加快了相关污染源周界浓度监测。住友橡胶治臭方案设备全部落实，6月份完成治臭任务；长春化工废气治理取得阶段性成果。环保基础设施建设进一步加强，固废处置、垃圾焚烧、污水治理等统筹推进。循环化试点园区改造《实施方案》13个重点支撑项目已完成11个。完成绿化种植面积55万平方米。新城初步形成商务办公、生活居住、创新创业等载体群格局，吃、住、医、学、娱更加完善，江南印象风情街、宝鸿广场综合体、268超高层和邻里中心、休闲广场等重点项目分别处于全面建设和招商投用阶段。铁黄沙工程进展顺利，围区吹填已全面展开。长江游轮母港建设加快推进，长江游轮成功首航。

滨江新城一角

招商引智 全年完成注册外资4.50亿美元，到账外资4.37亿美元，净增注册内资36.20亿元。观致汽车实现批量入市，年初销量达1078辆，64家4S店开业，另有30家处于建设阶段，年末已有3款车型上市；奇瑞捷豹路虎汽车实现工厂开业，建成年产13万辆整车生产能力的国内一流乘用车生产基地，并配套信息化生产管理系统，已顺利实现批量生产。汽车产业招商效应逐步显现，总投资1亿美元，注册资本5000万美元的英国工业园项目落户开发区，安吉零部件物流、中源汽车零部件、一胜百模具钢、塔塔汽车零部件、武钢汽车钢材冷轧、屹丰热冲压、柯宾斯卡汽车生产线、埃驰等汽车配套项目进驻。智慧城市产业园、液晶显示器材料、滨江新城绿色能源站、3万台机柜大型云计算数据中心、中源汽车零部件(大连)有限公司核心零部件总成冲压及焊装、海王星海洋工程等项目落户开发区;浙江大学常熟合作研究院启用、普氏电机(常熟)有限公司开工,奥绮斯摩涂料(常熟)有限公司、泰富益农用机械设备(常熟)有限公司、埃驰常熟工厂开业。观致汽车D平台及混合动力车型研发、理文化工三期扩建、华丰橡胶迁建、芬欧蓝泰扩建、菱锂电池、美桥、美锌、安利马赫、迪爱奇希、户上电子等28个项目增资扩产,增资项目注册资本达1亿美元。科技创新加快推进,引进各类人力资源突破1万名,23人列入常熟市领军人才计划,13人列入江苏省或苏州市级人才计划,9人入围第十一批国家千人计划面试。推动成立了现代通信、汽车电子、3D打印等3个产业联盟,促进行业资源共享、抱团发展。常熟科创园成功创建为国家火炬计划公共服务平台、中国科协海智基地。

管理服务 年内继续推进村级财力增加和居民收入增长,区域内新建各类农场、合作社11个,着力构建富民强村新机制,实现农民人均纯收入同比增长10%,合作医疗参保率99.96%,调研出台区域大病医疗救助办法。统筹调整教育资源布局,全面推进校安工程,启动实施滨江实验中学、滨江职校、东张邻里中心幼儿园、滨江幼儿园、浒浦小学、浒浦幼儿园等学校新建及修复工程。按高档商品住宅区标准建设的农民安置小区实现一期入住,并安置入住837户,二期主体结构封顶,三期完成初步设计并启动预置换工作。现代农业加快发展,现代设施农业科技示范园区按照省级"菜篮子"蔬菜基地标准加强建设管理,被中国蔬菜协会评为"蔬菜科技集成创新示范区"。积极推动依法行政,鼓励管理机制创新,促进政社互动,出台专项文件健全集体资产长效管理机制。完成开发区质量、环境标准化管理体系复评复审工作。强化安全生产管理,制定出台《开发区工业企业生产安全网格化监管实施方案》,进一步加强宣传引导,突出红线意识。

【液晶显示器材料项目落户开发区】 5月22日,液晶显示器材料项目落户常熟经济技术开发区。项目由日本JSR株式会社和台湾长春化工集团共同投资设立,总投资5700万美元,注册资本[illegible]000万美元,生产液晶显示器用高科技化学材料。

【3万台机柜大型云计算数据中心项目落户开发区】 [illegible]月30日,3万台机柜大型云计算数据中心项目落户开发区。项目由常熟锦瑞海洋装备工程有限公司和上海斐讯数据通信技术有限公司合资建设,投资总额45亿元人民币,一期注册资本6亿元人民币。

【中源汽车核心零部件项目落户开发区】 7月31日,中源汽车零部件(大连)有限公司核心零部件总成冲压及焊装项目落户开发区。项目总投资9000万美元,注册资本3000万美元,占地面积6.67公顷,主要为奇瑞捷豹路虎汽车有限公司生产汽车白车与核心零部件冲压焊装总成。

【常熟设立中国科协"海智计划"基地】 参见第131页〖常熟获批"海智计划"江苏(常熟)工作基地〗。

【海王星海洋工程项目落户开发区】 9月26日,海王星海洋工程项目落户常熟经济技术开发区。该项目由天津海王星海上工程技术股份有限公司独资建办,投资总额人民币20亿元,注册资本6亿元,占地面积26.67公顷,主要从事可迁移式自升降海洋油气生产平台以及海洋油气软管的设计、研发、制造、工程和维护服务。[illegible]月26日,江苏海王星海洋油气装备有限公司开业。

【开发区举行重点项目集中开工暨签约仪式】 11月18日,常熟经济技术开发区举行重点项目集中开工暨签约仪式。开工、签约项目27个,包括奇瑞捷豹路虎汽车有限

观致汽车有限公司总装车间

公司第二焊装车间等 11 个开工项目和意大利普睿司曼海缆等 16 个签约项目。涉及高端装备制造、汽车及零部件、新型清洁能源、现代服务业等重点产业。 (徐顺舟)

江苏省常熟高新技术产业开发区

【概况】 2014 年,江苏省常熟高新技术产业开发区(简称常熟高新区)全年完成地区生产总值 110.90 亿元,比上年增长 16.70%;完成公共财政预算收入 13.42 亿元,比上年增长 23%;完成工业总产值、工业开票销售收入分别为 412.20 亿元、378 亿元,比上年分别增长 11.70%和 24.70%;完成全社会固定资产投资 76.80 亿元,其中工业投资 46.40 亿元,比上年分别增长 9.10%和 0.60%;完成进出口总额 29 亿美元,其中出口 13.70 亿美元,比上年分别增长 27.10%和 23.10%。经济转型步伐加快。全年完成高新技术产业产值 202 亿元、新兴产业产值 298.80 亿元,比上年分别增长 13.50%和 11%。全年完成服务业增加值 17.10 亿元,比上年增长 34.90%,占地区生产总值的比重较上年又提高 2 个百分点;完成服务业投资 30.40 亿元,占固定资产投资总额 39.60%。骨干企业贡献突出。有 34 家企业入库税收超千万元,同比净增 9 家;其中,康迪泰克、三菱电机汽车部件、丰田仓储等 3 家企业税收超过 1 亿元。高新区综合实力稳步提升,在江苏省开发区最新排名中,由第 29 名上升为第 27 名;在省级开发区排名中,由第 3 名上升为第 2 名。是年,高新区获批江苏省第二批创业投资集聚发展示范区。

开发建设 全年共有 39 个在建项目,总投资 172 亿元人民币,规划建筑面积 120 万平方米,开工面积 102 万平方米;其中,工业项目 30 个,服务业项目 9 个。待建项目共有 21 个,总投资 63 亿元人民币,规划建筑面积 62 万平方米;其中,工业项目 15 个、服务业项目 6 个。三菱电机汽车部件二期、丰田汽车零部件、吉丝特汽车安全部件等项目竣工投产,科力美汽车动力电池、宝升精冲、平谦现代产业园等项目开工建设,佳合陶瓷、丰佳仓储、中佳新材料等项目开工准备就绪。裕昌工业坊标准厂房、出口加工区 2 号仓库等建筑面积 9 万平方米的工业载体竣工投用。广和服务外包产业园、华顺软件园和同济大学加速器等建筑面积 30 万平方米的三大科技服务业载体进展顺利。浙大光电研究院、上海交大汽车轻量化技术研究院正式启用。加快推进新城开发,完成了核心区域地块控制性详规和南半岛区域控制性详规评审,核心区路桥景观、夜景照明、水上景观游线专项规划同步推进。完成了昆承湖环湖景观岸线、临湖慢行系统工程概念方案设计,以及核心区临湖岸线整理、沙家浜堤、大滃江沿岸景观方案设计。世界联合学院中国常熟分校等项目工程进展顺利,宝钢路、丰田路等一批市政基础设施相继竣工,黄山北路、银环路改造等工程推进有序。武夷山路北延、东南大道东延、湖山路南延等市政设施项目有序规划。积极实施昆承湖边滩整治、部分湖底围堰清淤和相关河道疏浚及站闸配套等工程,昆承湖生态优势进一步提升。依托近城临湖的区位优势,规划建设昆承湾总部经济集聚区,制定出台《关于加快发展企业总部经济的若干扶持政策》,着力推进本地企业总部、国内外知名企业的区域性和功能性总部进驻,致力形成常熟总部经济发展的核心。

招商引智 全年新增注册外资 4.30 亿美元,到账外资 3 亿美元;净增民营经济注册资本 28.80 亿元人民币,招商选资创历史新水平。年内,依托现有汽车零部件产业基础和“丰田系”“大陆系”“三菱系”等汽车零部件产业优势,加大对高端和核心生产环节补链招商力度,引进总投资 15 亿元的香港生益科技集团电子高端基材生产基地、总投资 10 亿元的国内有色金属加工行业前五强企业佳恒铜材集团常熟中佳新材料,以及宇量汽车动力电池、丰田汽车零部件三期混合动力汽车耦合器、华普汽车动力锂电池等项目。积极接轨上海自贸区,加大重点产业对接力度,全年新批内资服务业项目完成注册资本 9.50 亿元,占内资注册资本总量的 32.90%,同比增长 24 倍;完成服务业注册外资 1.60 亿美元,服务业到账外资 5637 万美元、同比增长 52.60%。引进总投资 20 亿元的华东地区最大的电商运营中心苏宁云商(常熟)电子商务运营中心、总投资 9000 万美元的世界 500 强正威集团金通威移动互联网产业基地等旗舰型项目。科技金融产业进一步集聚,新引进各类创业投资、股权投资管理机构 3 家,引进创业投资、股权投资企业 7 家;引进外资融资租赁公司 2 家,实现高新区融资租赁产业零的突破。以省科技厅赋予省级高新区科技审批扩权为契机，新认定高新技术企业16家、高新技术产品66件，新获批民营科技企业41家，新申报省级以上科技项目24项，其中索特传动、华威履带、云才材料3个项目获省工业支撑立项；攀星光电获省社会发展项目立项，屹浩包装获省国际合作项目立项，实现高新区在这两个领域项目中零的突破。新签订产学研合作项目32个，新增发明专利授权60件，新增专利申请614件，其中发明专利申请349件。认真做好汽车轻量化、智能化、绿色化发展调研，完成“一区一战略产业”规划制订。组织制定《高新区工业经济转型升级发展奖励的政策实施意见》《高新区科技创新人才创业专项资金实施意见》等文件，共有119家科技创新企业获年度科技奖励。全年培育和引进国家千人计划1个，江苏省双创人才4个，姑苏人才7个，常熟市领军人才计划27个；新引进博士66名、硕士168名。常熟东南高新技术创业服务中心成功创建国家级科技企业孵化器和省科技金融服务中心，常熟国家大学科技园被认定为省文化科技产业园。

管理服务 社保扩面超额完成全年目标，辖区居民养老保险参保率达91.30%、覆盖率99.60%，外来务工人员参保率达81.50%；民政政策落实到位，严格按照要求和公平公正原则，发放各类救助补助金259万元；就业渠道畅通，就业市场稳定，新增就业岗位3400个。人力资源服务产业园建设有序推进，进驻各类人力资源服务机构22家，中国苏州人力资源服务产业园常熟分园正式授牌。开通高新区至苏州高铁站和苏南硕放机场的专线班车，增加区内公交线路班次。完成金门路文化休闲广场、金仓小游园和12个村民休闲活动点建设。小康幼儿园正式投用，高新区小学及幼儿园、社区卫生服务中心建设进展顺利。高新区体育中心正式对外开放，居家养老管理服务中心完成规划。配合市相关部门承办国际自行车赛昆承湖绕圈赛和中国智能车未来挑战赛。组建成立高新区档案馆，档案工作通过省五星级规范验收。开展小康村社会治安综合整治、区内违章建筑清理拆除、游摊散贩疏导治理、安全隐患排查整治、建筑垃圾整治等专项行动，区域环境持续改善。开展安全生产和消防安全大检查，强化对“三合一”“九小场所”、粉尘企业等的专项整治，全区安全生产秩序稳定。强化社会治安综合治理，在全市率先建立公共法律服务中心，进一步完善社会面技防监控体系，健全社会稳定风险评估机制，加大网格化管理力度，实施新市民积分管理，社会秩序更加稳定，平安建设、法治建设进一步加强。组织开展“智汇常熟”学习型组织建设系列培训，积极推动全区干部职工学习常态化。深入开展党的群众路线教育实践活动，严格落实中央“八项规定”和反对“四风”要求，持续推进机关作风效能建设。制定出台业务接待经费管理办法，严格控制非生产性支出；加强预算管理，严格控制“三公”经费支出。制订并实施《机关作风效能建设积分警示管理办法》，建立联合大督查机制，加强作风纪律经常性巡查、暗访。加强对“寒山闻钟”、“12345”热线等社情民意栏目的办理反馈工作，认真解决群众、企业反映的意见、建议和投诉。积极推进机关、村、社区党务政务村务公开，人民群众的知情权、参与权和监督权进一步落实。

【世界联合学院中国常熟分校奠基】 3月29日，世界联合学院中国常熟分校在常熟高新区举行奠基仪式，这是其在全球建立的第15所分校，也是在我国内地设立的唯一分校。学校位于常熟西部新城核心区，占地面积6.80公顷，设国内部和国际部。

【旭化成电子材料(常熟)有限公司开业】 3月25日，旭化成电子材料(常熟)有限公司开业。该公司是旭化成(中国)投资有限公司设立的外商独资企业，总投资9980万美元，注册资本4000万美元，生产配线板感光性抗蚀干膜。一期项目建筑面积2.30万平方米，建有两条涂布设备生产线。

【鑫汇铜材项目落户高新区】 5月13日，苏州鑫汇铜材有限公司正式签约落户常熟高新区。该项目总投资10亿元，注册4亿元，固定资产投入超过4亿元，其中设备投资3.06亿元，用地约为[illegible].23公顷，一期厂房面积达4万平方米。

【苏宁云商(常熟)电子商务运营中心落户高新区】 5月28日，苏宁云商(常熟)电子商务运营中心正式签约落户常熟高新区。该项目总投资20亿元，建成后将成为苏宁自营或非自营产品的线上线下电子商务采购和结算中心、区域开放平台业务管理中心、大数据云平台中心、物流中心和售后服务中心。

5月28日，苏宁云商（常熟）电子商务运营中心签约落户常熟高新区

【生益科技项目落户高新区】 5月29日，生益科技集团与常熟高新区签订项目投资协议。由生益科技集团总投资15亿元，注册资本5亿元，一期建造5万平方米高标准洁净厂房，全套引进国外先进的自动化设备，主要生产通信领域高档基材。

【常熟首家融资租赁公司落户高新区】 6月30日，常熟市首家融资租赁有限公司——常融融资租赁有限公司正式签约落户常熟高新区。该公司注册资本3000万美元，主要从事经营融资租赁、设备租赁、租赁交易咨询等业务。

【香港天来酒店落户高新区】 8月8日，香港天来控股集团有限公司与常熟高新区签署投资协议。签约的酒店综合体项目总投资25亿元，总注册资本1亿美元。

【金通威移动互联网产业基地落户高新区】 11月11日，正威集团金通威移动互联网产业基地正式签约落户常熟高新区。项目总投资9000万美元，通过组建团队或者并购等方式，引进移动终端操作系统、应用软件、支付平台等领域的产品，以及电子商务、现代物流、物联网、云计算、大数据等新兴服务行业，搭建全球知名的互联网产业投资与孵化平台。

【永旺梦乐城项目落户高新区】 11月18日，总投资约1亿美元的永旺梦乐城常熟高新区项目在常熟会议中心举行签约仪式。该项目由日本及亚洲最大的百货零售企业之一永旺株式会社投资，建筑总面积15万至20万平方米。

（张亚明）

8月8日，香港天来酒店签约落户常熟高新区

江苏常熟出口加工区A区

【概况】 2014年，常熟出口加工区A区完成工业总产值5.70亿元，实现工业销售收入6.52亿元；完成进出口总额3.30亿美元，其中进口额为2.34亿美元，出口额为0.96亿美元；实现海关监管货值33.24亿美元，完成海关税收8057万元。

开发建设 常熟出口加工区作为加工贸易企业的集聚区，到2014年底，已有14家外资企业落户，有10家企业已正式投产。区内生产企业主要以欧美企业为主，占2/3；行业以机械加工企业为主，占2/3；经营方式全部为出口型外商独资企业。自2005年底开始分批建设标准厂房，到2014年末共建造8幢70000平方米。为促进加工区保税物流业务的发展，2009年开始规划建设新的保税物流仓库，首期2幢11600平方米已于2010年全部完工投入使用。2014年末，二期2幢11000平方米的保税物流仓库完成竣工验收并交付使用。2013年入驻的印度拖拉机及农用设备有限公司独资建设的泰富益农用机械设备(常熟)有限公司已完成厂房建设和设备安装调试全过程，于2014年7月份正式开工投产。2013年底入驻加工区的卡彭特特种金属(常熟)有限公司，由美国卡朋特公司独资建设，该公司是美国一家专门生产高性能合金、特殊金属，以及用于航天、汽车、电子、医疗设备和消费品行业等高级材料的世界领先的制造商。卡彭特常熟公司总投资2500万美元，注册资本1000万美元，该项目租用加工区10000平方米标准厂房，年内已经完成厂房装修改造，生产设备大部分入区安装调试完毕，进入试生产期；该公司自下半年起已开始开展保税物流业务，将从国外进口的各种特殊金属棒材分销到全国各地。自2009年开始拓展保税物流功能以来，常熟出口加工区充分利用加工区的保税功能以及临江临港优势，大力发展现代物流业，重点引进了6家物流企业，加工区第三方物流为区外企业提供保税物流服务，物流功能辐射全市的加工贸易企业，带动了全市的经济发展。2014年各物流企业完成海关监管货值11.54亿美元。

招商引资 常熟出口加工区以招商引资工作作为工作重点，立足出口加工区，面向常熟经济技术开发区，围绕精密机械、装备制造、新型材料等产业进行全方位招商。区内企业主要有：由美国世伟洛克控股有限公司独资建设的世伟洛克(中国)流体系统技术有限公司；新加坡大众钢铁工程私人有限公司投资的常熟众达机械工程有限公司；美国FMC公司投资的常熟美信达科技能源设备有限公司；美国欧地亚洲有限公司独资建设的欧地管道系统(苏州)有限公司；英国Synpart公司投资的常熟拓凯日用品有限公司。同时，重点发展加工区的保税物流业务，2014年新引进一家物流企业苏州万实货运代理有限公司。

管理服务 常熟出口加工区在做好招商工作的同时，以提高工作效率、改进服务质量、完善服务平台为切入点，注重落户项目的服务工作。出口加工区先后5次举办了各种形式的座谈会和政策宣讲会，让企业和海关、国检、国税、外汇、外经、工商、国土等相关部门有直接对话的机会，及时了解新的政策法规。同时，积极做好区内已投产企业的服务工作，及时帮助企业解决生产过程中出现的各种问题，累计协调处理60多个。

(施一玉)

江苏常熟出口加工区B区

【概况】 2014年，出口加工区B区实现进出口总额9600万美元，比上年增长54.40%；实现海关监管货值20.40亿美元，比上年增长28.30%；完成海关税收1972万元。区内各物流公司保持稳定的发展，报关单量达30654份，比上年增长39.60%。出口加工区B区依靠便捷的通关、商检、外汇管理，继续着力培育和引进一些高附加值的商贸、物流企业，并积极引进高端电子信息、装备制造、新能源等优质项目。

开发建设 2014年，出口加工区B区内总建筑面积11566平方米的海关监管仓库竣工验收并投入使用。由区内企业宇龙集团投资建设的总建筑面积1134[illegible]平方米的海关监管仓库建设完工，待验收后即可投入使用。截至2014年底，区内共拥有36082平方米标准厂房和25558平方米海关监管仓库可供使用。

招商引资 2014年，区内的常熟明振技术服务有限公司扩大规模，顺利进驻新厂房；新落户的常熟超煜进出口贸易有限公司正式开展业务。2014年，出口加工区B区累计报关票数为31975票，一线进出口总额9601万美元，二线进出区总额194017万美元，缴纳关税1972万元。

管理服务 2014年，出口加工区B区先后举办了6次各种形式的政策宣讲会和区内企业座谈会，让企业及时了解海关、国检、外汇、工商等相关部门的最新政策法规及上海自贸区的相关政策。另外，积极做好区内现有企业的服务工作，及时帮助企业解决生产过程中出现的各种问题。 (丁 艻)

江苏省常熟经济技术开发区高新技术产业园

【概况】 2014年，江苏省常熟经济技术开发区高新技术产业园(简称高新园)实现工业总产值656.29亿元。完成工业开票销售收入296亿元，比上年下降0.90%；完成一般预算收入11.[illegible]0

亿元，比上年增长42.10%；完成全社会固定资产投资71亿元，比上年增长13.90%，其中工业投入31.70亿元，增长1%；服务业投资39.10亿元，增长27.10%；净增民营经济注册资本21.70亿元，比上年增长84.30%；完成外贸进出口总额45.50亿美元，其中出口33亿美元，比上年分别下降6.40%和9.50%。年内，园区被省经信委授予“江苏省两化融合示范区”称号，成为全市首家获省两化融合示范区的单位。

开发建设 2014年，园区累计投入基础设施4885万元。配合设计院编制虞山镇北部片区总体城市设计及风貌控制规划，邀请悉地国际设计院对片区进行整体城市风貌及景观设计，设计范围进一步拓展到黄河路及海虞北路延伸段范围，以更好地使北部城市生活社区能与主城融合一体。完成高新园污水提升泵站及管道系统切换改造，与虞山污水处理厂、城北污水处理厂的衔接更为顺畅；完成丰产路道路改造工程及宁波路、南海路道路建设；四新河32寸翻水站、阳光大道双孔箱涵、常青河、新九节塘驳岸工程均已竣工；四新河整治二期工程进入收尾阶段；明晶拆迁安置地块水电工程、万达广场基建电力工程已配套到位；加宝花园、中南锦城、绿地新里铂克销售势头良好；项目建设顺利推进，绿地、中南主体结构建设，中南商业街正式启动建设；爱乐酒店项目完成结构封顶，庆裕广场、隆盈一期项目顺利竣工进入招商装修阶段。年内成功收储绿科环保、中江制衣、苏华置业、九分公司、元生铝业等15家企业，共计收储面积36.30公顷，建筑面积21万平方米，签约总价为6.56亿元，已拆除企业房屋172518.55平方米。毛桥片区17家收储企业已签约14家，剩余3家加紧推进。归蒋巷地块1.30公顷、三亚路地块0.80公顷以及珠海路以西、丰产路以北搬迁企业安置区域已立项，谢桥方浜谢塘路地块安置区域抓紧审批。

招商引智 2014年，新批外资项目17个，完成注册外资8030万美元，到账外资6718万美元。全年前50位纳税大户入库税金18.72亿元，比上年增长20.62%，其中工业项目入库税金14.36亿元，增长15.16%，转型发展成效初现。飞煌工业注册3500万美元、仁济医院注册1750万美元、达富电脑完成增资3000万美元，香港华研医药二期增资800万美元。金仕生物、登导驱动、华研科技、福芯电力、华威电梯、开关制造新厂项目竣工，进入设备安装阶段；阿缇希设备开始入驻；瑞特电气辅助工程配套中；实盈华东总部一期装修完成，实盈光学已正式搬迁入驻投用；宇立盟二期开始装修，检测设备已完成安装；德福太阳能一期厂房封顶、二期加速建设；非凡金属、达敏机械、万有门业正常推进。年内，收储家纺制衣3.20公顷23700平方米厂房，作为双创人才孵化创业基地；和钧新能源获批省外资研发机构，实盈光学获批苏州市外资研发机构；中交天和、天地煤机获批省重点企业研发机构；长城轴承获批省工程技术研发中心，福芯电力获批苏州市工程技术研发中心。出台园区科技人才优惠政策，为双创人才配套奖励资金462万元、专利奖励52.20万元。全年完成省科技成果转化项目、苏州市科技成果转化项目各1项，国家火炬计划立项2项（雷允上、天地煤机）；重新申报省高新技术企业2家（开关制造、通润驱动），高企复审通过1家（泓淋电子）；新增省高新技术产品7个；“天和号”盾构机项目获评中国机械工业科学技术一等奖及省科技进步一等奖，开关制造的光伏发电原件项目获省科技进步三等奖，曼隆电梯的MEP乘客电梯项目获评苏州市科技进步奖。依托三江资本、苏大天宫等机构，全年引进国家千人计划人才2名；金仕生物钟生平博士获评“姑苏人才”；共慧科技、岸谷纳

4月28日，飞煌工业园奠基

米科技、笛卡测试技术、恩测检测技术获评常熟市海内外领军型创业创新人才项目；紧盯中关村医疗器械产业联盟内企业转移，与5家企业达成初步合作意向；推动与中国机械科学总院以及下属的中汽认证中心在汽车零部件检测项目方面合作。

管理服务 全年共开展企业安全生产检查350多家次，开展以集体资产、粉尘作业、九小场所（三合一）、职业危害等为重点的安全隐患专项行动计11次，发现隐患600多处，已完成整改580多处，整改率95%以上。加速推进“技防城”建设，2014年再增80处监控点位，发案数量同比下降8%；落实主要领导“包案制”，督促重点对象腾龙金属、达富集宿区按规定整改；开展“六打六治”为重点的打非治违专项行动。完成园区ISO质量体系、环境体系换证审核工作；调整园区污水泵站管理体制，加强日常污水管网管理，及时调控污水排放去向，确保污水厂正常运行，杜绝环境污染事件；全年共处置“12345”服务热线572起，其中寒山闻钟13起。妥善处置兴达利债务危机，兴达利、意邦3月份进入破产清算程序，10月30日完成第二次债权人会议；认真做好社保扩面、残疾人保障金征收、民工工资支付等工作，协助企业做好劳资关系协调，积极提升服务企业内涵。

【常熟万达广场奠基】 9月26日，常熟万达广场开工奠基，该项目由大连万达商业地产股份有限公司开发，集居住、购物、餐饮、娱乐等多功能于一体。项目总投资54亿元，建筑面积约66万平方米，其中商业15万平方米，商务办公9.80万平方米，住宅24万平方米。11月23日住宅开盘。

【中冶设备总院与华能环保合作项目落户】 10月16日，北京中冶设备研究设计总院有限公司与常熟市华能环保工程有限公司合作项目正式签约落户高新园，项目占地约4.33公顷，总投资3.20亿元，中冶设备总院为世界500强企业中冶集团旗下子公司，此次与华能环保合资建立环保设备制造、销售及研发中心。

【中交天和获评中国机械工业科学技术奖一等奖】 10月25日，经2014年度中国机械工业科学技术奖专业评审组初评和评审委员会终评，中交天和机械设备制造有限公司“NSQYPHFH1493型泥水气压平衡复合式隧道掘进机”（“天和号”盾构机）项目，获评2014年度中国机械工业科学技术奖一等奖。同时，成为常熟市首家获江苏省科技进步一等奖的单位。

（张 彬）

江苏常熟新材料产业园

【概况】 2014年，江苏常熟新材料产业园（简称园区）全年完成地区生产总值19.68亿元，比上年增长7.80%；实现工业总产值98.93亿元，比上年增长8%；工业产品销售收入104.40亿元，比上年增长10.90%；完成进出口额11.84亿美元，比上年增长26.56%，其中出口8.49亿美元，增长14.27%；实现财政总收入4.44亿元，比上年增长2%，其中公共财政预算收入1.89亿元，继续在中国石油和化学工业联合会公布的“2014中国化工园区20强”中排名第五。

开发建设 2014年，园区完成投资8500万元。龙福二期已先期竣工，龙福三期（6＃标准厂房及配套市政设施）框架施工完成，结构封顶；采用德国生态技术，污处理能力4000吨的生态湿地处理中心全面竣工投用，工业废水经过净化处理后实现循环再利用；海丰路拓宽及景观工程全面完工；10座消防取水码头全部竣工并通过验收；三爱富污水集中监管池及污水管网明管翻建工程已完工；环保监测监控集成平台已通过验收；园区应急响应中心通过省级验收；园区道路抓拍系统和福山塘、崔福河视频监控已投用。抓好基础管理，严格执行工程项目管理制度，加强对施工现场的安全管理，进一步规范各项建设行为。调整园区道路保洁体系、完善绿化养护体系，确保园区环境呈现新面貌。

招商引智 2014年，围绕园区产业定位，充分拓展渠道，挖掘、整合项目信息，加大“以企引企”“以商引商”“以外引外”的力度，加强重点行业领域的针对性招商。全年完成注册内资4.25亿元，注册外资6577万美元，实现到账外资5166万美元。在与苏州工业园区生物纳米园合作过程中，吸收先进经验，实现招商信息互补，扩大信息捕捉面。通过与目标企业、重点中介的针对性联系，获取日本宇研化学、立邦集团雅士利涂料等一批项目信息。同时，建立入园项目评估制度，积极开展项目评估，从源头上严把入园关，择商选资，确保入园项目质量。年内，新申报三家省级高新技术企业，申报新开工科创载体面积5万平方米，申报三家省民营科技型企业，申报省支撑项目、省级成果转化项目、省级高新产品、省级研究生工作站、市级工业攻关项目各1个；参加国际精英周、江苏行活动，签约项目5个；协助阿科玛亚太研发中心和华益分子影像研究院正式投用，为大金公司提供产品测试用房，进一步加速企业的产品研发和成果转化，建立更多相关技术平台和产品测试体系，打造特色鲜明的优势产业。

管理服务　2014年围绕加大有效投入，全力服务落户项目加速报批和推进，不断培育发展实力、挖掘发展后劲，全年完成工业固定资产投资18.23亿元。14个项目通过化治办的会审，17个项目通过发改委、经信委备案或核准，24个项目取得环评批文，14个项目取得安评批文，14个项目取得职业卫生预评价批文；12个项目完成报批开工建设，有5块土地完成供地顺利摘牌，13个项目竣工并完成调试，开始办理试生产手续，3个项目土建已完工进入设备安装；10个项目完善了环保、消防、安全等各项试产手续，进入试生产，8个项目完成环保试产后的验收，7个项目完成安全、职业卫生竣工验收。

【园区与上海职防院签署服务协议】　3月4日，园区与上海市化工职业病防治院举行双方合作签约仪式。根据合作框架协议，上海职防院专家定期到园区开展职业病危害防护的专业培训和技术服务，并在突发急性职业病的诊断、治疗和协助调查方面给予园区专业的建议。

【阿科玛涂料树脂乳液工厂启用】　3月19日，阿科玛亚太地区首家涂料树脂乳液工厂（孔雀项目）正式启用。项目总投资3500万美元，主要产品为丙烯酸乳液，为工业添加剂，用于建筑和工业涂料、建材产品、胶黏剂及其他特殊涂料应用。工厂采用美国和欧盟专业技术的PLC控制生产，以可持续性和环保作为主要性能标准，实现挥发性有机化合物（VOC）零排放、废水零排放，所有工艺用水都在厂内处理及再循环。

【华益分子影像研究院投用】　4月18日，总投资6000多万元人民币的江苏华益科技有限公司分子影像研究院正式投用。江苏华益科技有限公司已建成正电子药物前体物研发、生产，正电子药物标记研发、生产以及分子影像应用于新药研发、筛选3个领域的平台，形成完整产业链，成为全球唯一一家能够自主生产、研发PET/CT显影剂所有关键原材料的厂家，也是国内第一家拥有小动物PET/CT分子影像的企业。

【园区通过规划环境影响报告书技术评审】　4月18日，省环保厅调研员孙居亮、省环境工程咨询中心陈华及5位专家，对《江苏高科技氟化学工业园（江苏常熟新材料产业园）规划环境影响报告书》召开专家咨询会。与会专家、代表探勘现场，听取园区管委会对规划总体情况的介绍、评价单位对报告书主要内容的汇报，经讨论和评议，认为报告书评价内容较全面，采用的技术路线与方法适当，环境影响分析基本合理，提出的规划优化建议和减缓不良环境影响的对策措施基本可行，评价结论总体可信，一致通过对《规划环境影响报告书》的技术评审。

【吴羽（常熟）氟材料有限公司PVDF项目竣工投产】　7月4日，吴羽（常熟）氟材料有限公司PVDF项目竣工投产。吴羽（常熟）氟材料有限公司注册资本6000万美元，该公司主要从事含氟高分子材料聚偏二氟乙烯（PVDF）的生产。项目的竣工投产对于吴羽集团在新能源领域的可持续发展具有里程碑意义。

【园区生态湿地处理中心竣工】　参见第240页〖国内首个中德合作化工园区生态湿地处理中心竣工〗。

【鸿池亚细亚物流（江苏）有限公司竣工投运】　11月7日，鸿池亚细亚物流（江苏）有限公司竣工

11月7日，鸿池亚细亚物流（江苏）有限公司竣工投运

投运。该公司占地14000平方米，拥有常温、恒温等仓库8000多平方米。该公司以常熟为中心，以一小时经济圈内的企业为服务对象，目标是建成中国华东地区的大型化工型物流中心。（钱慧一）

常熟国家大学科技园

【概况】 常熟国家大学科技园是全国首家设立在发达县域经济中的国家级大学科技园，是教育部“蓝火计划”和江苏省“科技镇长团”试点的成果，也是常熟市根据国家“科教兴国”和江苏省“创新驱动”战略需求，加强区域科技自主创新，加快地方产业转型升级的重要平台。2014年，常熟国家大学科技园获得国家级荣誉1项；省级荣誉3项：以常熟东南高新技术创业服务有限公司为主体申报并获批国家级科技企业孵化器、江苏省科技金融服务中心，以常熟国家大学科技园为主体申请并获批江苏省文化科技产业园，申请并获批中国(苏州)知识产权维权援助中心常熟国家大学科技园工作站。

开发建设 常熟国家大学科技园自启动建设以来，依托多所共建高校的优势资源，结合地方产业、企业需求，重点发展高端基础器件、新兴行业电子、新型节能环保、现代科技服务四大核心产业，已启用“创意、创业、创新、创研、创优”五创基地、科创大厦、同济科技广场等科技创新载体，建筑面积达50万平方米。截至2014年底，共获得国家级大学科技园、国家级科技企业孵化器、江苏省留学生创业园等13个省级以上荣誉；已建成上海交通大学常熟科技园、浙江大学常熟光电技术联合研究中心、同济大学常熟科技园等科技园，建成上海交大常熟轻量化技术研究院、东南大学常熟应用技术研究院、苏州大学常熟低碳应用技术研究院、南京师范大学常熟发展研究院、南京艺术学院艺术设计院常熟分院、金属多孔材料国家重点实验室、江苏产业技术创新中心等产学研创新载体，在建广和服务外包产业园、国际人才城等园区。

招才引智 2014年，常熟国家大学科技园入选国家千人计划1人，入选江苏省双创人才4人，入选姑苏人才7人，入选常熟首领军人才计划26人，入选省博士计划2人，入选苏州海鸥计划5人。截至2014年底，常熟国家大学科技园被认定的科技创新创业领军人才计划项目(人才)已达100个，成为常熟市重要的人才高地。2014年，园区新增高新技术企业9家，省民营科技企业33家，苏州市科技型中小企业4家，软件企业3家，高新技术产品34件，国家创新基金项目立项2个，省创新资金项目立项2个。园区企业新增专利申请352件，其中发明专利242件；专利授权201件，其中发明专利40件。

【成功晋升国家级科技企业孵化器】 12月10日，科技部火炬中心发布2014年度国家级科技企业孵化器名单，常熟东南高新技术创业服务中心成功晋升国家级，标志着园区将更好地汇聚国内外优秀人才，孵化出更多的创新型企业。（陆婧怡）

责任编辑　薛　卫

常熟年鉴

CHANGSHU YEARBOOK 2015

口岸管理

综　述

【概况】　2014 年,常熟口岸完成货物吞吐量 8050 万吨。新开辟航线 4 条,其中件杂货班轮航线 2 条,集装箱班轮航线 2 条。全年常熟港完成总投资 4.29 亿元,续建并建成泊位 3 个,其中万吨级以上泊位 1 个;港口规划扎实开展,编制完成《苏州港常熟港区铁黄沙作业区规划方案研究》(征求意见稿);稳步推进港口基础设施建设,白茆沙锚地调整到位,进港航道二期工程顺利开工,过驳锚地砂石装卸作业区项目工程建成并交付使用;积极推进长江游轮母港建设,9 月 25 日,长江游轮成功首航常熟港。口岸港口信息化水平持续提高,常熟电子口岸运维情况良好,基本建立常熟口岸电子政务服务体系。口岸港口运行环境进一步优化,年内正式启动边检勤务模式改革和关检合作“三个一”通关模式,完成 1 个 2 万吨级改扩建码头对外开放资格确认,以及 2 个码头 5 个泊位的对外开放工作。常熟口岸全年共监管进出口货运量 1095.20 万吨,货值 175.20 亿美元,比上年分别增长 17.50% 和 5.20%;监管集装箱货物 17.36 万标箱,比上年增长 8.20%;监管运输工具 2789 艘次,比上年增长 38.50%;查验报关单 5950 份,查获 1059 份;全年实现税收入库 56.80 亿元,比上年增长 20.10%。办理船舶签证手续 39237 艘次,国际航行船舶进口岸审批 2399 艘次,船载危险货物申报审批 4683 艘次,水上水下施工作业审批 40 起;开展船舶检验质量监督检查 92 艘次,完成内河船舶安全检查 365 艘次,海船安全检查 102 艘次,PSC 安全检查 78 艘次。检验检疫出入境货物 2.32 万批、32.09 亿美元,比上年分别下降 54.02%、15.02%,其中出境检验检疫 1.03 万批、7.17 亿美元,分别下降 73.42%、60.10%,入境检验检疫 1.29 万批、24.92 亿美元,分别增长 10.37%、25.94%;集装箱检疫处理 14.34 万标箱,出入境船舶检阅查验 2635 艘次,船员监测 4.65 万人次。共办理入出境(港)船舶手续 2679 次、员工 43414 人次,比上年分别增长 33.80%、22.20%,办理登轮证等各类证件 25040 份。

6 月 22 日,常熟口岸系统举办迎“七一”知识竞赛

【常熟口岸获“江苏省文明口岸”三连冠】　4 月 25 日,常熟口岸以全省第二名的成绩被江苏省口岸办授予 2013 年度江苏省文明口岸称号,市口岸办获评省共建文明口岸活动先进组织者,这是自 2011 年以来常熟口岸连续第三年获此殊荣。常熟口岸是经国务院批准的一类对外开放口岸,于 1996 年 11 月 16 日正式对外开放。多年中,常熟口岸坚持“优化通关环境、优化口岸服务、强化协作配合、提升口岸形象”为总目标,协同口岸各单位深入持久地开展文明口岸共建活动,形成了以“自建为基础、共建为重点、自建带共建、共建促自建”的文明共建新格局,队伍素质有明显提高、服务意识有明显增强、办事环境有明显改善、通关时间有明显缩短、物流成本有明显下降,整个口岸呈现“发展快速、环境优越、服务高效、执法规范、形象阳光、氛围和谐”的崭新面貌,为常熟口岸港口发展注入强大动力。

【武警部队副司令员戴肃军视察常熟口岸】　8 月 27 日,武警部队副司令员戴肃军到常熟口岸视察,市口岸办主任陶俊明、常熟海关副关长王军以及公安局副局长吴永健一起陪同。戴肃军一行现场查看海关缉私武警官兵驻地和常熟口岸联检服务中心,详细询问了官兵执勤训练、学习生活等情况,对武警官兵积极履行职责使命,全力服务常熟开放型经济发展的做法给予了充分肯定,对常熟地方政府积极为部队创造良好的工作和生活环境给予高度评价。同时表示将一如既往地关心和支持部队建设,共同推动常熟口岸经济发展。

【常熟口岸启动“三个一”通关模式暨边防勤务模式改革】 9月2日，常熟口岸正式启动“三个一”通关模式暨边防勤务模式改革。副市长孙健，市政府口岸办主任陶俊明、常熟海关关长徐学武、常熟国检局副局长颜军、常熟边防检查站站长陈祥云、常熟海事局副局长周勇等主要领导和分管领导出席启动会。常熟口岸“三个一”通关模式改革试点工作旨在“一次申报、一次查验、一次放行”工作落地生效，常熟口岸货物通关实现再提速，试点企业口岸申报效率提高25%以上，查验时间减少50%，通关速度加快3天。至12月底，常熟口岸已对745批、22.12万吨、1.89万标箱进口废纸实施“三个一”新通关模式。

【长江游轮苏州(常熟)港首航仪式举行】 9月16日，长江游轮苏州(常熟)港首航仪式在常熟港长江港务码头举行。此次停靠常熟港的维多利亚7号游轮为五星级涉外豪华游船，搭载有80多名德国籍游客，船体长87.50米，拥有81间各类客房，该游船因高品质服务及其安全性能获得国家金锚奖章。首航仪式后，常熟旅游咨询宣传平台正式落户维多利亚号游轮，常熟市旅行社协会与长江轮船海外旅游总公司举行战略合作协议签约仪式。为积极响应国家建设综合立体交通走廊、打造长江“黄金水道”的重大战略部署，市口岸办(港口局)积极配合相关部门做好游轮母港建设各项前期工作，确保此次游轮首航顺利靠泊至常熟港长江港务码头。

常熟港

【概况】 2014年，常熟港完成货物吞吐量8050万吨，其中外贸量1417万吨，集装箱38万标箱，比上年分别增长11.80%、19.20%、4%。揽货开线有突破，修订完善了《做大常熟港口物流、大力扶持揽货开线的奖励实施办法》，全年新辟航线4条，其中至大连、上海外高桥集装箱班轮航线2条，至大连、韩国件杂货班轮航线2条，新增组揽货约440万吨。严格依法行政，维护港口良好经营秩序，做好企业服务工作，2014年共开展现场办公17次，新发港口经营许可证37份、注销2份、试运行结束换发许可证1份、办理临时许可证延期4份，港政监察大队共出巡219次，发出限期整改通知书11份、责令停止违法行为通知书2份，纠正违章违法行为50多次，完成浮吊清理规范工作，设置了砂石临时过驳作业区并强化了规范管理。强化危险货物作业管理，全年共审批危险货物港口作业2668批次、342.25万吨、54个作业货种，发放危险货物作业附证6张。强化口岸综合协调管理，探索口岸改革创新，推进了“三个一”“三互”机制试点工作及边检勤务模式改革，满足了常熟口岸服务管理的新需求。年内完成了1个2万吨级改扩建码头对外开放资格确认，以及二个码头5个泊位的对外开放工作。同时，协调做好了理文造纸码头外贸集装箱监管查验场所验收、超吃水船舶安全靠泊作业等工作；口岸港口信息化管理水平进一步深化，常熟电子口岸一、二、三期项目运维情况良好，常熟口岸电子政务服务体系基本建立。

【港口海事共推危险货物码头企业安全监管新举措】 3月20日，市港口管理局邀请常熟海事局参加常熟港3家危险货物作业码头企业新增作业品种安全评价报告评审会。会上，评审专家组和海事部门对各码头企业新增作业品种和防污染风险防控提出了意见，重点是作业的危险因素和有害因素的辨识和分析、安全技术条件评价、安全生产管理状况评价、事故危险性评价、隐患整改意见、安全对策措施、洗舱水接收设施建设等。

【常熟港过驳锚地砂石临时装卸作业区建设工程交工】 6月20日，市港口管理局组织召开常熟港过驳锚地砂石临时装卸作业区建

东港化工码头建成投运

设工程交工验收会，常熟经济技术开发区、常熟海事局、长江上海航道管理处、常熟市水利局等管理部门及参建单位的代表出席会议。与会代表认为该工程已按设计、合同要求建成，工程质量符合设计和规范要求，一致同意通过交工验收。砂石临时装卸作业区位于常熟港过驳锚地下段，长度约2660米、宽度约572米，共占用长江水域1.52平方千米，下边界距通常汽渡上线400米，与南侧取水口头部距离满足500米保护要求。作业区采用单点浮筒系泊方式设置20个锚位，可满足1万吨级以下砂石船舶锚泊要求。

【常熟港第二大堆场建成投用】 6月27日，常熟港大新华码头后方堆场正式建成投用，堆场总建设面积约22万平方米（约合22公顷），是常熟港已建堆场中仅次于兴华堆场的第二大堆场。大新华码头堆场由常熟大新华港务有限公司投资近2亿元人民币建成，主要满足钢材、件杂货、汽车滚装等堆存周转需要。该项目于2012年3月动工。

【常熟港进港航道养护疏浚工程通过验收】 7月10日，常熟港进港航道养护疏浚工程通过验收。常熟港进港航道位于长江白茆沙南水道、白茆小沙夹槽内，全长约16.50千米，按理论基面下水深8米设计标准于2008年建设完成，可满足5000吨级杂货船，兼顾10000吨级杂货船通航。根据长江上海航道管理处近几年航道测图及通报情况反映，长春化工码头以下局部航段水深及边坡不能达到设计标准要求，将对后续正常通航产生一定影响。2013年下半年，市港口局组织实施常熟港进港航道养护疏浚工程，工程于该年11月30日开工，2014年3月20日建设完成，总疏浚土方约40万立方米。

【常熟港下海轮锚地调整到位】 7月18日，常熟港下海轮锚地（白茆沙锚地）调整到位。常熟港下海轮锚地位于白茆沙水道11＃黑浮与13＃黑浮连线左侧，始建于2008年，原有锚地长5140米、宽800米至1425米，水域面积6.50平方千米，共设置锚位10个。2012年8月，长江南京以下12.50米深水航道一期工程开工建设，工程占用了锚地部分水域，为配合国家工程的实施，在施工期临时调整的基础上，由长江航道部门对原锚地进行优化调整。调整后的锚地长约8100千米，宽度540米至892米，面积约6.53平方千米，共设置锚位11个，可满足4个5万吨级、1个4万吨级、4个2万吨级、2个5000吨级船舶同时停靠。

【常熟港亨通码头通过竣工验收】 8月29日，金泾塘作业区亨通码头工程顺利通过了省厅港口局组织的竣工验收，成为常熟港“十二五”期间正式投入运营的第一座码头。该码头由常熟亨通港务有限公司投资兴建，总投资2.60亿元人民币。码头长357米、宽25米，建设5000吨（载重吨）件杂泊位、8000吨、2000吨电缆泊位（水工结构兼顾5000载重吨杂货船）各1个。工程于2011年初开工建设，2012年6月建成投入试运行。在验收会上，与会专家代表认为工程已按批准的规模和内容建设完成，工程质量鉴定为合格，符合竣工验收条件，一致同意通过竣工验收。据核算，该码头的建成可增加年通过能力约115万吨。

【常熟港开辟韩国航线】 9月1日，常熟港正式开通一条常熟至韩国的件杂货班轮航线，至此常熟港累计开辟件杂货班轮航线达23条。该航线承揽常熟港出口的钢材、化工品和设备等货物，每月有5至6班船，停靠常熟港兴华及长江港务码头。此条航线的开辟，提供了优质高效的装卸运输服务。

【常熟港首次开展港口码头第三方安全检查】 10月27日至29日，市港口管理局委托江苏中信安全环境科技有限公司组织全省港口安全专家，对常熟港辖区内件杂货、散装及化工品码头进行一次第三方安全监督检查。检查范围基本覆盖港辖区内所有内外贸码头。安全专家通过对码头现场、仓库、堆场及化工罐区全面细致检查，共发现安全隐患67条，主要是安全标识标志、消防器材设施、安全及应急设施、电气设备管理以及现场管理等方面存在隐患和欠规范情况。检查中相关码头单位表示将立即全面启动隐患整改工作，制定安全隐患整改方案，确保全部限期整改到位。

【两家企业通过安全生产标准化二级达标考评】 12月9日至12日，常熟港长春化工（江苏）有限公司通过江苏省石油化工码头企业安全生产标准化二级达标考评，常熟兴华港口有限公司通过江苏省港口普通货物码头企业安全生产标准化二级达标考评，成为继常熟汇海置业有限公司、常熟华润化工有限公司之后通过安全生产标准化二级达标考评的码头企业。此次考评由省交通厅港口局组织，考评机构为江苏中信安全环境科技有限公司，该机构根据《江苏省石油化工码头企业安全生产标准化考评细则》和《江苏省港口普通货物码头企业安全生产标准化考评细则》要求，采取查台账、看现场、岗位测试、询问相关人员等方法，进行考评。（严亚红）

海关

【概况】 2014年，常熟海关全面加强正面监管，优化保税监管方式，服务重点项目和企业，各项指标良好，全市进出口总值201.80亿美元，比上年增长8.30%，增幅列苏州各县市第一。全年共监管进出口货运量1095.20万吨，货值175.20亿美元，比上年分别增长17.50%和5.20%；监管集装箱货物17.40万标箱，比上年增长8.20%；监管运输工具2789艘次，比上年增长38.50%；转关申报单、舱单的核销率始终保持在100%；实现税收入库56.82亿元，比上年增长20.10%。年内，认真落实各项促进外贸稳定增长的措施，坚持问题导向，全力支持千亿级汽车产业发展，积极破解“两车一中心”遇到的监管难题；推进直通式监管点的整合叠加工作。

【加快长江流域通关一体化改革】 9月22日，常熟海关启动长江流域通关一体化工作。该项工作启动后大幅减少通关审批手续和通关环节，进出口企业办理跨关区货物通关的时间成本、经济成本显著降低。至2014年底，全市有近千票报关单采用一体化模式验放，近30余家企业直接受惠。

【上海自贸区监管创新制度在常熟复制推广】 7月，常熟海关成立常熟海关复制推广上海自贸区14项改革措施领导小组，制定《常熟海关复制推广自贸区监管创新制度实施方案》。至年末成功复制“批次进出、集中申报”“智能化卡口验放”“简化无纸通关随附单证”“简化统一备案清单”和“区内自行运输”等5项监管创新制度。其中，“智能化卡口验放”投入使用以来已核放单24500多份，监管货值29.70亿美元；“简化无纸通关随附单证”使8500余份报关单单证“瘦身”；“简化统一备案清单”使4520份备案清单大大精简，并产生较为明显的经济效益和社会效益。

常熟海关开展法制宣传日活动

【全面推进通关无纸化改革】 2014年，常熟海关全面推进通关无纸化工作，成立工作领导小组，拟定改革实施方案，协调相关科室各司其职。制定报关单流转规范，确保需留存单证的无纸化报关单顺利留档。并对现场关员开展通关作业无纸化业务技能培训，全力推进通关作业无纸化工作顺利开展。组织符合标准的生产企业和报关代理公司进行培训，并加强外部宣传，扩大了改革工作的影响。开通常熟海关通关作业无纸化绿色通道及专门热线电话，负责办理相关业务，为企业答疑释惑，安排专岗专人解决无纸化签约问题。全年常熟海关通关无纸化比例达到85%。（孙[illegible]锋）

出入境检验检疫

【概况】 2014年，常熟共检验检疫出入境货物2.32万批、32.09亿美元，比上年分别下降54.0[illegible]%、15.02%，其中出境检验检疫1.03万批、7.17亿美元，分别下降73.42%、60.10%，入境检验检疫1.29万批、24.92亿美元，分别增长10.37%、25.94%；集装箱检疫处理14.34万标箱；出入境船舶检疫查验2635艘次；船员监测4.65万人次。全年共检出不合格产品2145批、1.65亿美元，发现1批出口危化品货证不符，被国家质检总局列为重大典型案例；推动建立外来输入性传染病联防联控机制，严埃博拉出血热、登革热等疫情疫病从常熟口岸传入;截获各类有害生物 278 种、6362 次,为历年之最,其中 2 种为全国首次截获。年内,常熟出入境检验检疫工作围绕提质增效,深化服务发展,出台支持外贸稳增长 16 项措施,从“抓改革、减负担、促转型、优环境”四方面提升贸易便利化水平。支持外贸平台创新和完善,推动常熟服装城内外贸结合市场建设,建成常熟跨境电子商务检验检测认证平台;积极对接上海自贸区,有 5 项相关措施全部或部分在常熟地区借鉴实施;全年减免进出境检验检疫费 1683 万元。围绕职能转变,推进业务改革,调整工作部门内设机构;试行“管检分离”新模式,技术中心成为全省系统“检测机构整合与改革”2 家试点单位之一;关停轻纺实验室。启动关检合作“三个一”试点工作,为全省第二批试点口岸中首家。是年,常熟出入境检验检疫局被评为全省系统首批依法行政示范单位、常熟市“法治建设示范部门”;“阳光国检”被列为常熟市文明创建自品牌之一;“加强进出口食品安全监管工作”被列为常熟市“关爱民生法治行”十大民生项目。

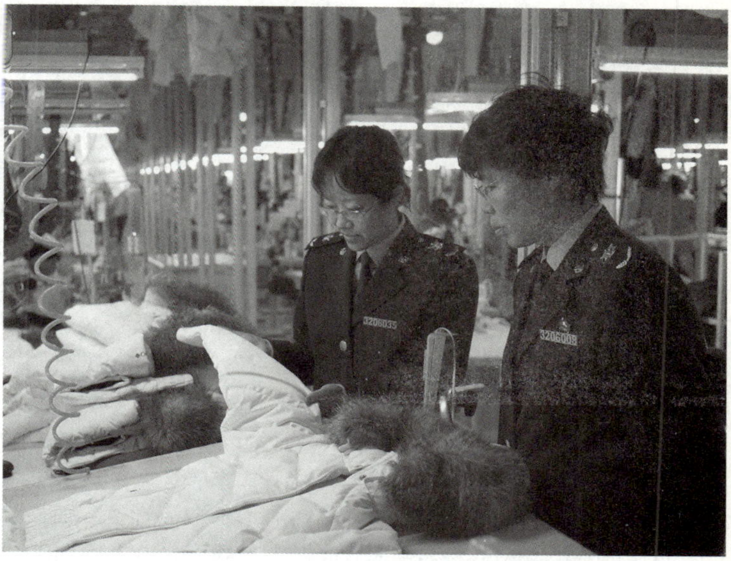

5 月 13 日,常熟出入境检验检疫局对出口羽绒制品质量安全示范区内服装企业进行辅导

【建成全省首家出口羽绒制品省级质量安全示范区】 1 月 7 日,常熟市创建的省级出口羽绒制品质量安全示范区通过现场考核验收,成为全省首个“出口羽绒制品质量安全示范区”。该示范区以古里镇为核心区、周边生产镇为辐射区,具备“一核一区多点”特点,进一步提升了以“技术、品牌、质量、服务”为核心的羽绒产业出口竞争优势。2014 年,区内 50 家企业出口羽绒制品 470 万件、1.70 亿美元,出口量居全省前列。

【全面推行检验检疫业务无纸化】 6 月 1 日起,常熟全面实施省内出入境货物通关单无纸化,企业凭电子通关单数据即可向海关申报,至 12 月底,出境通关单无纸化率达 100%,入境通关单无纸化率达 64%。从 9 月 1 日起,全面实施产地证签证无纸化。12 月 10 日,选定 6 家企业先行试点,正式启动业务全程无纸化,使无纸化贯通申报、流转、审单、派单、执法、记录、档案、放行等 8 个关键环节。据统计,业务全程无纸化大幅提高货物验放速度,平均每批次可节省时间 4 小时至 5 小时,节约费用 50 元至 100 元。

【再添 1 家省级出口农产品示范基地】 4 月,常熟吉成酱业酿造有限公司创建的出口农产品(小麦)原料示范基地通过省级验收。吉成酱业酿造有限公司是一家出口酱油调味料的食品生产企业,其产品主要出口欧盟、美国和日本。为做好酱油原料小麦的转基因及农残控制工作,该企业在古里镇康博村建立 66.67 公顷小麦原料种植基地,经常熟出入境检验检疫局多次协调指导,该基地符合省级出口农产品示范基地的要求。至此,常熟市建成的省级出口农产品示范基地达到 4 个,覆盖蔬菜、米制品、酱油、大闸蟹等主要出口农产品。

【“一企一策”菜单式服务汽车产业】 2014 年,常熟出入境检验检疫局采取“一企一策”菜单式服务举措,积极支持常熟千亿级汽车产业发展,在办事大厅设立汽车业务专用窗口和绿色通道,在整车企业建立专门的“检验检疫区”,对先进技术设备、关键零部件及原材料进口实施“直通式”监管模式,“常熟汽车产业发展若干思考”被列入 2014 年常熟市社科类课题,形成专人负责、专门区域、专业培训、专题调研、专一模式、24 小时预约等项目化服务机制。

【原产地签证助力产品“走出去”】 2014 年,常熟出入境检验检疫局共签发各类优惠原产地证书

2.07万份、11.83亿美元，按照平均减免3%的关税优惠计算，可为常熟市数百家出口企业获得关税减免3550万美元，有效提升常熟企业及其产品在海外的竞争力。同时，该局积极指导出口企业用好优惠原产地政策，辅导3家企业获得中瑞（士）、中冰（岛）“原产地声明人”资格，企业只要在贸易单据上自我声明，即可在对方国家海关享受关税减免。

【全国首次截获扁谷盗科昆虫】 2月14日，常熟出入境检验检疫局在来自美国的火炬松原木中发现赤材小蠹、中对长小蠹等大量有害生物，其中1种罕见的扁谷盗科昆虫经专家确认为全国口岸首次截获。扁谷盗科为体微小至中型昆虫，多数生活在树皮下，营捕食性生活，有的转入仓内危害，取食谷物等植物性产品，新种一旦传入可能会对粮谷等植物产生较大危害。（华　莹）

边防检查

【概况】 2014年，常熟边防检查工作围绕“强基础、抓规范、创品牌”目标，拓宽工作思路，创新服务举措，配合东港区码头建设和铁黄沙规划开发，整合网上报检、船期发布、网上办证、长期登轮证考核、远程授课及诚信管理等应用模块，打造“常熟边检e服务”平台，购置梅沙系统单机版、4G车载传输等硬件设备，打造集现场“查验、办证、办案、咨询、指挥”等功能于一体的“快速验放车”；全面启用《常熟口岸边检办证告知单》，发放新版中英文《告船长书》，建立服务对象诚信档案，落实信誉管理和“亮牌”制度，创新边检管理模式。全年，共检查出入境船舶2679艘次，检查出入境人员43414人次，比上年分别增长33.80%、22.20%。年内，常熟边防检查站在双拥工作中，开展“共建共学、共促发展”主题实践活动，无偿献血、慈善募捐、护林防火、植树造林等公益活动，精心打造以仪仗队、龙狮表演队为主的警营文化品牌，多次应邀参加江苏省公安边防总队“庆八一·迎青奥”警民大联欢及全市中小学运动会等活动，收到锦旗6面、感谢信12封。

【省边防总队到常熟慰问调研】 1月26日，省边防总队政委刘元峰到常熟边检站看望慰问官兵，并代表总队党委送上春节祝福和慰问金。2月12日至13日，省边防总队总队长杨顺到常熟边检站调研指导工作，详细了解指挥中心运行、部队管理等情况，并就如何开展好下步工作提出要求。

【成功查获一起擅自搭靠外轮案】 8月16日，青奥会开幕当天，边检站利用船舶外舷智能监控系统成功查获一起擅自搭靠外轮案。边检站巡查执法服务队在现场取证并截取视频图像资料后，遂将涉案人员带回调查，经查证属实，根据《中华人民共和国出境入境管理法》对该货船依法实施行政处罚。

【全省海港边检勤务综合指挥系统推广应用培训班在常熟举行】 9月28日，全省海港边检勤务综合指挥系统推广应用培训班暨边检工作改革创新研讨会在常熟召开，一批执法执勤新装备、新技术在会上集中亮相，并正式在全省边检口岸推广应用。公安部边防局司令部边检处副处长谢榕，省边防总队总队长杨顺出席会议，各海港边检站站长、参谋长等参加会议。与会代表现场观看常熟边检站船舶外舷智能监控系统功能演示片，观摩该设备运行情况，并围绕勤务改革创新方面作交流发言。

【刘元峰出席常熟边检站党委民主生活会】 10月9日下午，边检站召开2014年党委民主生活会。省边防总队政委刘元峰、政治部主任司志健、组织处副处长毛胜涛出席会议。刘元峰对会议情况

9月28日，全省海港边检勤务综合指挥系统推广应用培训班暨边检工作改革创新研讨会在常熟举行

进行了点评，充分肯定边检站在部队发展建设中取得的成绩，高度评价党委班子能够注重团结、开拓创新、锐意进取，是一个"想干事、能干事、能成事"的班子，并对下一步工作提出要求。

【边检与驻地公安开展警务合作】 11月13日，边检站与市公安局签订执法合作协议，市公安局局长吴军出席签字仪式。吴军充分肯定边检执法工作，同意将市拘留所作为边检站拘留审查和行政拘留的执行场所，表示将积极支持和配合边检工作，并就进一步加强双方在口岸禁毒、反恐维稳等方面的执法合作，建立完善公安与边检机关执法互助平台和情报信息共享机制提出了可行性建议。

【全国公安边防部队岗位技能练兵活动考核验收在常熟举行】 11月19日，常熟边检站代表省边防总队参加全国公安边防部队2014年岗位技能练兵活动考核验收，公安部边防局副参谋长王安华率考核组到常熟现场考核验收。考核组听取常熟边检站岗位技能练兵活动情况汇报，实地察看机关营区营貌、枪械库、被装库和车库等场所设置，现场抽点40名官兵进行考核，常熟边防部队以优异成绩通过验收。

【警地共建推动全市争创全国双拥模范城"四连冠"】 2014年，常熟边检站大力弘扬"沙家浜精神"，积极开展警地共建交流活动，不断巩固化双拥共建成果。3月10日，边检站联合塔前小学共建"沙家浜少年军校"；5月16日，与博物馆举行"警馆共建"签约仪式，该站政委孙兵勇出席会议并讲话；5月30日，与江苏金土木建设集团有限公司举行双拥共建签字仪式，政委孙兵勇和董事长胡良根代表双方签订协议。 (王金峰)

海　　事

【概况】 2014年，常熟海事局办理船舶签证手续39237艘次、国际航行船舶进口岸审批2399艘次、船载危险货物申报审批4683艘次、水上水下施工作业审批40起；开展船舶检验质量监督检查92艘次，完成内河船舶安全检查365艘次，海船安全检查102艘次，PSC安全检查78艘次，船旗国和港口国检查覆盖分别超出江苏海事局标准5.27和1.96个百分点。全力保障船载货物安全进出港，全年累计出动海巡艇2070艘次，海事执法人员3367余人次，巡航4459.10余小时，其中实施维护600余小时，实现"零伤亡、零事故、零污染"的保障目标。全年实施水上搜救行动26次，成功救助遇险人员295人，遇险船舶33艘次，搜救成功率达97.94%。落实市委市政府的决策部署，全力做好浮吊清理工作，协调政府将辖区原有的望虞河浮吊区、浒浦浮吊区累计54艘作业浮吊，整合为20个锚位，27艘作业浮吊，为常熟铁黄沙开发建设和饮用水水源地保护建设打下良好基础。严格落实"三互"制度，服务港口经济发展。完成对东港区华润化工等4个码头的安全核查，累计通过作业品种76个。指导大新华和东港置业共计5个泊位通过开放验收。全年完成规费征收近亿元，其中征收船舶港务费4072万元，比上年增长18%；港口建设费5818万，比上年增长23%。是年，常熟海事局被评为"2014年度江苏海事局党建工作先进单位"，获江苏海事局2013—2014年度"创建安全畅通文明航区先进单位"称号，海事局工会被确认为直属海事系统基层工会"模范职工之家"称号。

【"海巡06835"艇正式列编】 1月15日，"海巡06835"艇正式列编常熟海事局。该艇长12.35米，型宽3.80米，吃水0.74米，主机功率810千瓦，采用先进的喷水推进装置，设计最高航速达36节，续航能力为300海里，由兴化市飞驰玻璃钢船艇有限公司制造。该船两舷装有充气气囊，配备了救生梯、搜救探照灯等搜救装备，能在8级风的恶劣天下下执行巡航搜救

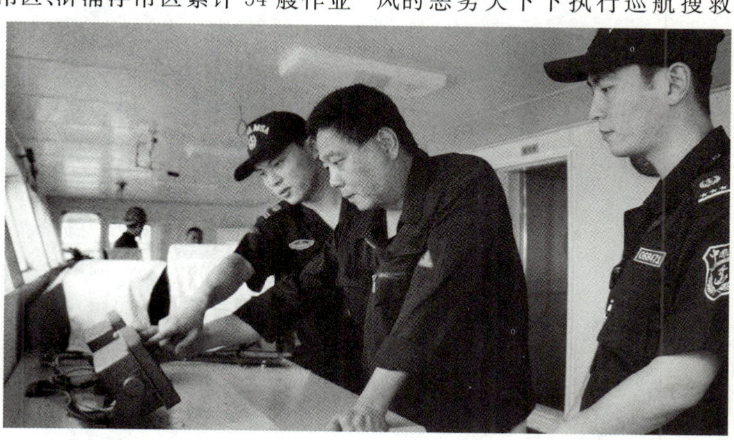

海事局开展专项检查

任务。

【东港化工公用码头首次成功卸载甲醇】 2月13日，装载990吨甲醇的“赣华顺化001”在常熟港东港化工公用码头顺利卸载甲醇。此次卸载是东港化工公用码头首次作业该品种，常熟海事局执法人员现场指导和监督码头工作人员作业，并对船舶和码头各种安全与防污染措施进行核查，逐项检查船/岸联系表各事项，确保作业顺利完成。从1月14日东港化工公用码头正式营运始，常熟海事局加强现场监督检查，对新品种的首次作业监管率为100%，确保码头顺利投产。

【在全国海事系统首次实施基层执法小组“捆绑”问责制】 3月6日，常熟海事局正式出台执法小组互相承诺制后，局属各部门迅速组织28个执法小组分别签订《相互承诺责任书》。该办法的实施将有助于局属各部门负责人切实履行“一岗双责”，帮助执法人员正确树立风险意识、责任意识、问责意识和自律意识，有效防止“吃拿卡要”“慵懒散”等现象的发生。

【完成上海亚信会水上安保远端控制工作】 为确保亚信会议期间长江上海段水上安全形势持续稳定，自4月10日起常熟海事局即对进入上海水域的各类船舶进行专项检查和专项航次签证，从源头上杜绝“问题船舶”进入上海水域，截至5月27日24时，常熟海事局共实施亚信会船舶专项安检87艘次，完成船员信息登记334人次，办理入沪船舶专项签证375艘次，圆满完成上海亚信会水上安保远端控制工作。

【首艘常熟海船完成登记】 6月6日，常熟海事局向常熟籍船东发放“南汇捞1”海船船舶所有权登记证书，这是常熟获批开展海船登记后的首条常熟籍海船船舶。常熟海事局在2013年获得国内海船的登记授权，进一步方便了辖区航运公司、造船厂办理登记手续。

【三地海事局签订汽渡监管协议】 11月5日，常熟、南通、太仓海事局共同签订《南通、太仓、常熟海事局汽渡联合监管协议》，此次签订的协议有利于进一步加强辖区渡线、渡船安全管理，建立南通、太仓、常熟汽渡船联管连防机制，提升辖区渡线、渡船监管水平，保障人民群众安全便捷出行。

（丁浩伟）

责任编辑　高　卫

常熟年鉴

CHANGSHU YEARBOOK 2015

城乡建设

综 述

泰山路景观

【概况】 2014年，常熟市加快推进民生项目建设，不断提高建设行业综合发展质量，较好实现了城市承载的有效提升和民生福祉的有效改善。城乡生活污水治理稳步推进。实施城乡生活污水提升优化工程，新建污水主次干管48千米；完成东南污水厂二期扩建，新增生活污水处理规模0.50万吨/日；城西污水厂扩建工程（3万吨/日）的形象进度超过40%；对177个村庄实施分散式污水治理，新增受益农户1.13万户；实施城区污水收集系统完善工程，对虞山南路、海虞南北路、老市中等6个区域实施生活污水集中收集，城区生活污水集中收集率提高到98%。河道水环境质量持续改善。对城区琴川河、枫泾河、颜港中心河进行综合治理，同步推进香山苑河、富鑫苑河等其他20条城区河道的清淤和综合治理，全年累计完成清淤量45.40万立方米。市政道路设施得到不断完善。实施湘江路西延、元和路改造等16条城区道路工程；对昭文路—泰山北路、昭文路—青墩塘路等2个城区交通瓶颈进行改造；实施1项交通优先工程，改造港湾式公交站台10座，新建公交专用车道15条，拓宽道路2条；维养城区道路281条3.70万平方米，完成三环高架（东南环）2900多套路灯的安装任务；改建城区停车场21块，新增停车泊位1661个。住房保障惠及更多市民。新开工建设各类保障性住房4042套，基本建成1886套；虞枫家园（1028户15万平方米）保障房小区交付使用，晨枫家园（1017户10万平方米）保障房小区完成工程总量的50%；稳妥处置“五星二区13幢房屋突发事件”，改造完成颜港片区、阜湖片区等老住宅小区16个，涉及房屋294幢33.95万平方米，惠及居民4354户。城乡补绿增绿取得新进展。完成支梅线改建段道路绿化工程、走马塘拓浚段延伸配套绿化工程、227省道常熟改线段绿化工程、福山塘滨河游园等8项绿化工程的建设任务，2014年度城区补绿和三环路（东南环）绿化工程分别完成工程总量的100%和60%，全市新增造林绿化面积0.07万公顷，并对湖苑游园、大坝桥绿地、水景园等3个街边绿地进行升级改造，改造绿地5万平方米，城区绿地开放度得到有效提升。住建行业发展实现平稳有序。全年完成房地产开发投资147.81亿元，商品房新开工274.77万平方米，竣工116.22万平方米，商品房销售201.83万平方米，存量房交易113.02万平方米；新增物管小区163个467万平方米，乡镇和城区住宅小区物业管理覆盖率分别由80%提高到96%；建筑业实现总产值199.12亿元，施工面积1437.37万平方米；发承包交易建设工程项目1449个，交易金额190.61亿元；城镇生活污水处理设施运行效率进一步提高，11座污水处理厂平均负荷率由57%提高到63%，391座农村分散式污水处理设施正常运行率保持在90%以上，城区生活污水处理率达到97.50%；绿化管养水平持续提高，全市487万平方米公共绿化养护全部实行公开招投标，累计修剪行道树5万棵、更换色块和地被2.65万平方米，补植乔灌木4000多株；加强和大专院校的产学研合作，“园林绿化废弃物炭化综合利用项目”获中国风景园林学会科技进步奖。

（张 宇）

城乡规划

【概况】 2014年，市规划局继

续深化完善已经开展的控规编制工作，包括古城片区、花溪片区、安定片区3个片区，深化完善重大交通基础设施与城市发展互动关系研究，专项规划整合规划、紫线规划等研究类规划。全力推进控制性详细规划全覆盖，共完成花溪、安定、兴福报慈、火车站片区、龙腾片区5个控制性详细规划。同时，开展专项规划整合，在完成的各类专业专项规划的基础上，形成配套标准和图表。加强研究类规划的编制，针对城市面临的一些问题，开展三环路沿线景观综合整治规划、常熟市污水处理厂和主干网布局优化规划、常熟市支董片区战略发展规划、常熟市淼泉区域建设控制规划、常熟市书院街、海虞路沿线综合环境整治规划、常熟市主城区城市更新规划、常熟市昆承湖湖西片区规划、常熟市城市水系景观规划、常熟南尚湖生态文化旅游区概念规划以及福山塘两侧、黄河路以北地块、麦芝西柏地块、海虞南路以西、教场湾以南地块等一系列规划研究。指导各镇开展镇总体规划调整、控制性详细规划、保留村庄整治规划、村级零星建设用地整合规划的编制工作。指导梅李、古里、辛庄与央企合作开发、推进新型城镇化发展模式。初步拟定保留村庄整治规划技术指导意见。在完成管线数据监理系统，管线数据管理维护系统、管线CAD辅助决策系统、管线成果共享系统以及与基础地理信息共享平台对接的基础上，全市地下管线信息系统通过验收。为落实严格的规划管理措施，提升规划管理水平，规划局相继出台《常熟市规划局建设工程(建筑类)规划批后管理办法(试行)》《常熟市建设项目规划方案联审办法(试行)》《常熟市规划局经营性项目"三公开一监督"制度》等制度，并针对审批过程中的常见问题，新修订《规划局业务指导手册(2014版)》。全年核发规划审查意见及"一书两证"(选址意见书、建设用地规划许可证、建设工程规划许可证)552份；出具规划设计条件167份，规划选址意见审查59项，确认用地性质167项，临时用地、收储红线及征收意见等共79项；办理规划核实124件，完成超占地确认25份；立案查纠各类违章168起(其中2014年立案145起、2013年立案23起)，查处违法建设面积超过16万平方米；处理回复"寒山闻钟"、"12345"热线、部门信箱、人民来信及在线回复各类问题共计784件次。

【常熟数字地形图修测项目成果通过验收】 1月，常熟市1∶500、1∶1000数字地形图修测项目成果通过专家验收。常熟市1∶500、1∶1000数字地形图修测项目涵盖常熟市全市域范围，总面积1237.40平方千米(去除部分水域面积)。2012年底，常熟市规划局通过公开招标的方式，确定由苏州市测绘院有限责任公司、江苏省地质测绘院、西安煤航信息产业有限公司、江苏省测绘工程院实施项目生产，由南京今迈勘测监理有限公司负责项目监理，整个项目分为4个标段，由各测绘单位分别实施。该项目共完成124.90平方千米1∶500数字地形图1998幅，1112.50平方千米1∶1000数字地形图4441幅。

【《常熟市规划局建设工程(建筑类)规划批后管理办法(试行)》出台】 3月，《常熟市规划局建设工程(建筑类)规划批后管理办法(试行)》出台。《办法》要求在核发"建设工程规划许可证"时，同时向建设单位发放《建设工程规划批后管理告知书》，并按要求制作《建设工程规划许可公告牌》(具体规范式样由规划局提供)，将公告牌公布在施工现场(房产项目还须在售楼处)直至项目竣工规划核实合格结束，规划局将同步在规划局网站上进行公布，接受公众监督。

【《常熟市花溪片区控制性详细规划》通过论证】 7月，由市规划局委托浙江省城乡规划设计研究院编制的《常熟市花溪片区控制性详细规划》通过专家论证。花溪片区位于主城区南部，南三环北侧。规划现状资料调查翔实，功能定位准确，空间结构清晰；规划尊重现状城市肌理，注重片区协调，用地布局基本合理。

【《常熟市建设项目规划方案联审办法(试行)》出台】 2014年，市规划局对2012年起实施的项目联审形式作出调整，出台《常熟市建设项目规划方案联审办法(试行)》，对重要项目、大型房地产项目等，由规划局负责确定并召集联审单位，召开联审联办会议，向建设单位一次告知各部门要求。该联审办法进一步优化行政审批流程，将原来串联式审查调整为并联式审查，各职能部门提前介入，有效汇集相关意见，避免以往多部门间单线程送审，将项目各部门审查总时间从原来约30到40个工作日，压缩到10到15个工作日。

【常熟三维共享平台项目获金奖】 9月，由市规划局组织实施的常熟市三维共享平台项目获"2014年中国地理信息产业优秀工程金奖"。常熟市三维共享平台项目主要包括四大方面内容：三维基础地理数据库建设，三维地理信息共享平台，规划相关应用系统开发和标准规范与政策机制建设。该平台通过服务接口，在统一的安全框架机制中实现三维数据共享应用，为公安、国土、城管、环保、安监、民防、卫生、市政等部门提供服务共享，为"智慧常熟"建设提供数据支撑和技术支撑。

【《常熟市龙腾片区控制性详细规划》通过专家论证】 12月，由市规划局委托苏州规划设计研究院编制的《常熟市龙腾片区控制性详细规划》通过专家论证。《常熟市龙腾片区控制性详细规划》规划范围北起海洋泾、南至常浒河，西起外环东路，东至204国道，用地面积约9.72平方千米。片区整体定位为：常熟市主城区东北片重要的建设承载区，是集居住功能、公共服务功能与创业产业功能为一体的城市综合性片区。规划形成"一核多点、十字轴带、绿廊渗透、特色片区"的布局结构，充分体现规划的延续性、科学性和可操作性。

【《常熟市兴福报慈片区控制性详细规划》通过专家论证】 12月，《常熟市兴福报慈片区控制性详细规划》通过专家论证。兴福报慈片区规划范围北至北三环路，南至枫林路，西至虞山北路、中山路、虞山，东至福山塘，为城市建成区。此次控规编制，以综合整治为主，更新改造为辅，对片区用地布局进行优化，对公共服务设施配套作进一步完善。 （曹 莉）

常福四区一期安置房

城市经营投资

【概况】 2014年，常熟市城市经营投资有限公司(以下简称城投公司)及下属投资控股企业实现利润总额1.34亿元，净利润1亿元，国有资产保值增值率111%；在完成新增和转贷8.66亿元基础上，成功发行中期票据8亿元和私募债15亿元，公司主体信用等级达到AA+；完成安置房定向销售753套7.12万平方米，实现销售收入2.62亿元。竣工实验中学崇文校区、报慈小学迁建一期、市老干部活动中心、丹桂路等各类工程项目22个，启动28个，完成投资21.78亿元，其中金桂家园一期、金山苑四区一期、常福四区一期、福甸家园等4个安置房项目竣工，全年共交付安置房(保障房)1847套，计25.30万平方米。11月，天然气有限公司、煤气公司、中法水务有限公司划归移交城投公司。

【3条道路建成通车】 3月，丹桂路建成通车。该项目西起香山中路，东至三环路，全长1063米，宽44米，采用中央绿化带分隔，快车道为双向四车道标准，于2012年12月开工建设。该道路为文化片区东区中沟通东西向的首条道路。8月，沙家浜路建成通车。该项目西起新世纪大道，东至金山路，全长912米，宽24米，双向两车道，配套绿化、管线、交通标志、路灯等设施，并对道路南侧、白茆塘北侧范围进行改造，建设驳岸850米，于2012年12月开工建设。11月，和莫路南延工程建成通车。该项目北起和莫路，南至南三环路，全长975米，宽36米，双向四车道，建设桥梁一座，配套雨水、污水、路灯、交警、自来水、电信、供电等管线及设施，于2009年1月开工建设。

表16　**2014年市城投公司部分竣工交付项目一览**

项目名称	项目地址	建筑面积(平方米)	套数	竣工日期
金桂家园一期	文化片区	101952	799	4月
老干部活动中心	石梅广场	7243	—	6月
实验中学崇文校区	泰山北路西侧，北三环路南侧	45913.92	—	8月

续表 16

项目名称	项 目 地 址	建筑面积（平方米）	套 数	竣工日期
报慈小学迁建一期	湘江路北侧，虞山北路东侧	28000	—	8月
金山苑四区一期	富康路以南，富泰路以北	84002	664	12月
常福四区一期	黄河路以南，兴福苑以北	25211	176	12月
福甸家园	甸桥南路以西，太平港以南	29660	210	12月

（王 璀）

城市管理

【概况】 2014年，全市查纠各类违反城市管理规定的行为71万起，其中查纠乱停车12.90万余起、乱设摊10.10万余起，清理乱涂贴28.80万余处、乱拉挂5.20万余处，拆除各类违章建筑610起约1.80万平方米；办结行政处罚案件6564件；打捞河道漂浮物1.88万吨，焚烧处理生活垃圾49.26万吨，发电量17498万千瓦时，上网电量14243.90万千瓦时；处理炉渣12.43万吨，安全处置飞灰1.42万吨，达标处理垃圾渗滤液10.43万立方米。城市环境综合整治“三规范”项目年度进度完成219个，完成率100%；成功创建省级示范路2条、示范社区2个。市城市管理局被省政府法制办公室评为全省城市管理行政执法案卷工作先进集体。

【停车与公共自行车管理】 推进57处公共停车设施新增项目建设，新增停车泊位4200多个。城市停车诱导系统正式投运，并通过定期排查调试以及完善停车服务网站、手机APP等终端平台，加强运行管理，提高诱导服务便捷性。在城区启动290个违停车辆自动抓拍点建设项目。与旅游局合作推出公共自行车景区游客租车卡，16—70周岁人群市民卡全部开通公共自行车功能，项目运行后，累计办理诚信借车卡16.90万余张，日均借还车突破4.40万人次。

【户外广告管理】 制定出台《常熟市三环路户外广告和店招标牌设置详细规划》，编制完成《常熟市三环路沿线重要节点公益广告及高炮设置方案》，督促、指导产权单位完成了建材市场的户外广告整治，拆除三环路沿线不符合规范要求的高炮24个，楼顶广告、墙面广告等118处6875平方米。结合海虞南北路、书院街道路综合整治工程，编制完成《常熟市区主干道店招店牌规划设计方案》。按照城区户外广告专项规划，组织开展玻璃贴广告、车顶广告、涉嫌非法集资广告等专项整治，拆除城区干道、背街小巷陈旧破损、存在安全隐患以及不符合设置规范的各类广告设施2790处8811平方米。

【三环路沿线环境整治】 制定整治方案，明确责任分工，督促指导虞山镇、服装城、度假区加大环境整治力度。编制《三环路沿线建筑风貌整治实施指导标准》。完成43个村庄、3处重要节点、4处匝道周边环境卫生整治任务。全面接管三环高架路东南段环卫保洁工作，7月份完成服务外包招标工作，由常熟市凌阳社区服务有限责任公司中标，中标金额365万元/年。

【建筑渣土运输处置管理】 组建成立机动大队三中队作为专业中队，专门负责查处违法违规运输处置建筑渣土行为，提高整治工作的有效性和长效性。自5月份开始，协调公安交巡警、住建、交通等部门，针对施工运输车辆扬尘污染、抛洒滴漏、带泥行驶、擅自倾倒建筑垃圾以及未密闭改装、无证运营、违反运输路线等违法违规行为，开展联合执法，查处50起建筑渣土运输车辆违法违规行为。加快推进建筑渣土密闭运输和企业化经营，完成8家企业运输许可手续办理、239辆建筑渣土车辆密闭改装，自主设计的混凝土搅拌车防漏设施正在有序推进。结合城乡环境大扫除行动，全面开展建筑垃圾清理整治行动，清运516.50吨建筑垃圾。新建城区建筑垃圾临时堆放点3处，组建专门运输队伍，通过设立堆放点指示牌、向居民发放便民服务卡、公布服务电话等方式，主动为市民提供建筑垃圾低价清运服务。

【规范占道经营】 优化调整临时疏导点布局，新增临时疏导点3处，经营面积约6810平方米，容纳摊位317个；对莫城安定、方塔东街、明日星城片区等重点区域开展多次大型整治行动，累计出动人员6080多人次，查处各类占道经营6800多起，占道经营现象基本得到控制。

【建立城乡生活垃圾收运处置体系】 结合村庄环境长效管理工作

制定《城乡生活垃圾统筹运输处置调度管理办法》《乡镇生活垃圾运输作业服务外包方案》《农村集中式垃圾收集房建设补助资金管理办法》，指导、督促乡镇（板块）合理规划垃圾收运线路121条，其中已运行89条，形成"一个处置中心、两个焚烧厂、三十六个压缩式垃圾中转站、六千多座垃圾收集房"的城乡生活垃圾收运处置网络，建立"组保洁、村收集、镇转运、市处理"的城乡生活垃圾收运处体系，实现生活垃圾全量收集、全量焚烧。

【开展南湖生活垃圾填埋场环境整治工作】 针对市第二生活垃圾焚烧发电厂建成投运后，南湖垃圾填埋场不再填埋处理生活垃圾的情况，对照《江苏省生活垃圾卫生填埋场运行管理考核评价标准》，实施生活垃圾填埋场环境整治工作。整修垃圾填埋堆体、进场道路、作业平台，已填埋区域铺设HDPE膜约5万平方米，修建雨水排放管网，更新场区部分破损的标识、标牌。9月，南湖生活垃圾填埋场运行管理情况通过苏州市级考评。

【建成环卫综合管理信息系统】 10月，环卫综合管理信息系统正式运行。该系统综合应用网络技术，是以基础地理信息平台为基础、以环卫业务管理为核心，集城乡生活垃圾收运调度和处置监管、餐厨垃圾收运处置监管、建筑垃圾处置管理、环卫作业监管等多子系统于一体的环卫综合管理信息平台。　（归　华　仲成双）

城乡绿化

【概况】 2014年全市以加强新造绿地、林地管护，巩固造林绿化成果为重点，着力加强城乡绿化科学统筹、协调发展，促进调优林木覆盖结构、稳定发展林木覆盖总量、全面提高林木覆盖质量，推进"绿地、林地、湿地"三地融合发展。全年完成8个市级绿化工程，新增、更新林地、绿地面积710公顷。经省林业局认定公布，常熟市2013年底森林覆盖面积19188公顷，森林覆盖率为15.18%，林木覆盖率为17.55%。

【城乡绿化建设】 全年新增林地、绿地面积710公顷。启动建设13千米三环路生态林带建设工程。完成支梅线改建段绿化工程、走马塘拓浚延伸配套绿化建设工程、2013年城区补绿、2014年城区补绿等8项工程15个标段的方案设计、公开招投标、建设过程管理和竣工验收等建设工作，项目实际完成总投资约7500万元。完成苏州市级农村绿化重点工程项目9个，包括海虞镇汪桥村汪家宅基、薛家桥宅基，董浜镇天星村天星苑，梅李镇天字村天字三区等6个绿化示范村，常熟南湖湿地生态修复大型片林示范项目、走马塘绿色水廊示范段、海虞镇万亩现代农业示范区等3个苏州市级农村绿化重点工程。对上争取到绿化补助资金320万元。

【绿化行业管理】 全年审核通过项目负责人651人，其中本地419人，外地232人。受理并初审13家企业（Ⅰ组1家、Ⅱ组1家、Ⅲ组11家）申报苏州市政府投资建筑工程预选承包商常熟补充名录，进入名录企业共11家（Ⅰ组1家、Ⅱ组1家、Ⅲ组9家）；受理27家企业（Ⅰ组3家、Ⅱ组12家、Ⅲ组12家）申报苏州市政府投资建筑工程预选承包商；受理5家三级园林绿化企业的资质延续；受理4家企业的资质设立申请；完成企业资质信息变更2项。常熟市梅李办公综合用房（二期）绿化工程、江苏省工人常熟疗养院绿化景观工程、东南开发区湖山路绿化景观工程等16个项目获得2014年度常熟市"园林杯"园林绿化优良工程称号。昆承湖环湖南路二期绿化（标四）工程、梅李镇农村住宅置换商品房一期景观绿化工程等6个项目获得苏州市园林绿化优秀工程称号。

【绿色图章审批】 根据《常熟市绿色图章审批制度实施办法》，严格审批各类涉绿事项。2014年完成居住区绿化竣工备案30项，绿地植被处理审批14项，占绿审批80

植树造林

项，共收取绿化补偿费 785804 元。全面检查市区古树名木，及时同养护单位协调对接，解决发现的围栏损坏、树干腐烂等问题。

【绿化养护管理】 对城外 487 万平方米公共绿地进行新一轮养护招标。全面修剪全市 1.50 万棵行道树，缓解树线矛盾，促使树木均衡生长，切实提高安全系数。春、秋季共补植乔灌木近 1520 株，补植地被 1.80 万平方米，由草花改成色块地被近 8500 平方米，投资约 159.40 万元。引进容器苗技术，成功试验种植 625 棵海棠，占地面积约为 2500 平方米，储备 7500 平方米苗木基地用作容器苗种植。对湖苑游园、大坝桥绿地、水景园等街边绿地进行大规模提升性改造，并先后进行石梅广场喷泉用电改造，增设坐凳、垃圾箱、指示牌、护栏、体育器材、厕所等公共设施。增设取水点，启动喷灌系统，在石梅广场、文化广场、泰慈公园启用高效菌膜生物污水处理系统，大量减少自来水应用，有效降低绿地维护成本。

【市级机关开展义务植树活动】 3 月 12 日，市级机关组织开展义务植树活动，市领导以及全市党政机关主要负责人和驻地部队战士代表等 200 余人参加。植树区域位于富春江路以北三环路以西，面积近 2 万平方米，活动过程中以生态林带方式共种植黄山栾树、香樟、榉树、无患子、枫杨等乔木 1200 多株。 （王 平）

重点工程建设

【概况】 2014 年，城乡建设实施了市政道路完善、城区水环境综合治理、城乡污水设施建设、老住宅小区改造、城乡绿化建设等五大类 32 项重点民生项目，当年完成投资 11 亿元。

【市政道路完善】 2014 年，组织实施闽江路（华山路—李闸路）改造工程、湘江路（海虞北路—李闸路）改造工程、城区道路交通瓶颈改善工程、甸新路甸桥西路道路改造及周边设施完善工程（原理工学院元和校区）、湘江西路西延（虞山北路—报慈路）道路工程、长江路东延道路工程（三环路—名流世纪庄园）、2014 年城区道路路口交通组织完善工程、划船浜路贯通工程（琴湖路—莲花路）、S227 市政道路完善工程（莫干路—南三环路）、谢桥片区道路面层完善工程、莲花路贯通一期工程（东段：沙家浜路西延—划船浜路，西段：聚福路—元和路）、沙家浜路西延工程（琴湖路—莲花路）、元和路改造工程（南三环—招商西路）、方塔街河东街口临时停车场、2014 年新增停车设施、公交优先二期工程等 16 项工程，新建、改建道路 14.85 千米。其中续建工程 6 项，闽江路（华山路—李闸路）改造工程、湘江路（海虞北路—李闸路）改造工程、城区道路交通瓶颈改善工程、甸新路甸桥西路道路改造及周边设施完善工程（原理工学院元和校区）4 项工程完工，湘江西路西延道路工程和长江路东延道路工程除房屋未拆地段无法施工外，其余工程内容施工完成并通车。新建项目 7 项，除元和路改造工程计划 2015 年 10 月完工，莲花路贯通一期工程、沙家浜路道路西延工程因房屋收治原因开竣工日期无法确定外，其余工程均在年内基本完成施工。

【城区水环境治理】 2014 年，重点推进了枫泾河、颜港中心河、琴川河的综合治理，并完成[illegible]山苑河、大浜河等 25 条城区河道的清淤和综合治理，全年累计清淤 45.40 万立方米，新建污水管道 3.28 千米，修建生态挡墙 52[illegible]0 米，种植绿化 5.40 万平方米。

【城乡污水设施建设】 2014 年，组织实施 2013 年城区污水收集系统完善工程、东南生活污水处理厂二期扩建工程、虞山北侧地块污水收水工程、2014 年城区生活污水收集系统完善工程、城西污水处理厂扩建工程、2013—2015 城乡生活污水收集工程等 6 项工程。其中，2013 年城区污水收集系统完善工程全面完工，累计敷设收水支管 33 千米。东南生活污水处理厂二期扩建工程、虞山北侧地块污水取水工程完工。2014 年城乡生活污水收集工程累计敷设污水主次干管 48 千米。城西污水处理厂扩建工程桩基工程完工，生化池底板浇筑完成，完成总体形象进度 4[illegible]%。2013—2015 城乡生活污水收集工程完成总体形象进度 50%。

【老住宅小区改造】 2014 年，对颜港新村 1—5 区、颜港七弄、颜港南村、颜港街、阜湖新村、颜港三弄、阜湖苑、阜湖路 10 号—32 号、三元小区、李闸路 43 号、李闸路 [illegible]6 号、报北新一区等共 12 个区域进行改造，共计房屋 294 幢，建筑面积 33.95 万平方米，涉及居民 4354 户。

【城区绿化建设】 2014 年，组织实施绿化工程 6 项，其中续建的 2013 年度城区补绿工程、福山塘[illegible]河游园改建工程、227 省道常熟[illegible]线段绿化工程、苏常公路绿化修复 4 项工程全部完工，完成绿化面积约40万平方米;新建的2014年度城区补绿工程基本完工,三环路生态绿化和慢行系统工程东南环先行段(青墩塘路—建华转盘)完成主体施工。 (毛冯星)

市政公用事业

【概况】 2014年,常熟市开展市政公用事业管理体制和机构改革,调整设立燃气办、市政设施与河道管理所和给排水管理所。全市38家主项市政企业完成企业总产值22.26亿元,建筑业总产值18.90亿元;有47个市政工地作为常熟市市政文明工地进行公示,预申报江苏省级文明工地9个,苏州市级文明工地24个。

【市政道路及管网】 日常维修养护道路面积2.98万平方米;疏通下水道202.40千米;市区82个排水排涝泵站(点)正常运行,累计排水量9953万立方米;虞山北路等5个养护片被评为苏州市优质养护片;城区路灯修复率在98%以上。

【城市河道及桥梁管理】 在藕渠、花溪、昆承片区河道周边安装告示牌200多块;在小泾河、枫泾河安装铸铁栏杆30米,石栏杆50米;对白茆塘、太平港、山前街1号、常福别墅区52—1号乱填河道及河上私搭建构筑物等违法行为进行联合清理,清运私自填河建筑垃圾106立方米。

【节水和供水管理】 2014年,制订了常熟市《关于加强建设项目雨水回收利用工作实施意见》,初步建立了雨水回收利用机制;加强特许经营管理,完成《常熟市供水特许经营项目综合中期评估报告》,实施生活饮用水二次供水监督管理,加强水质和服务质量的监管,委托常熟市疾病预防控制中心对全市城市供水水质进行监测。

(吴 俊)

【城市燃气管理】 编制《苏州市十三五燃气专项规划——常熟分规划》,上报《关于进一步加强燃气管理工作的若干意见》,进一步完善燃气管理机制和体制;对液化气储罐场、气化站、天然气门站、加气站、管网设施进行重点检查,全年组织检查79次,排查问题128条,提出整改、完善意见60条;对全市范围内天然气违规供应站点开展执法检查,共组织执法检查54次,出动执法人员近500人次,取缔无证经营站点25家,暂扣钢瓶457只。

【城市排水】 组织开展建设项目污水排放勘查环评工作,全年累计办结项目81个,发放"城市排水许可证"16份。监督运行全市391个农村分散式污水处理设施,保障污水处理设施正常运行。

【城市供气】 2014年,常熟市2家管道天然气经营企业销售天然气3.87亿立方米,铺设各类天然气管线151.46千米,累计长度为1689.96千米。完成老小区改造、新建小区及城乡一体化小区居民入户安装总计30531户,累计居民用户超16.50万户,新增工商业用户106家,累计850多家。

【城市供水】 2014年,全市供水量2.05亿立方米,最高日供水量为66.10万立方米,平均日供水量为56.20万立方米;全市周期换表2.10万只,全年出厂水水质综合合格率100%,管网水水质综合合格率100%,完成管网抢修23347处,抢修及时率100%;加强供水管网工程建设,全年新增给水管网长度280千米。滨江水厂扩建工程之排泥水处理项目竣工并完成验收审计。常熟市应急水源地二期配套工程和尚湖水源地保护工程完成,并于12月10日通过省水利厅、住建厅、环保厅联合考核验收;启动二水厂深度处理工程前期工作;对全市在用屋顶水箱进行两轮清洗消毒工作,共计清洗消毒717个,水质合格率均为100%;启动改直供拆水箱工作,共拆除屋顶水箱1214个,其中球形水箱470个,桶形水箱744个,改直供412处,改造接收完毕51个老小区泵房。

(苗丽萍)

村镇建设

【概况】 2014年,全市城镇基础设施和公共服务设施加快配套,空间布局更加合理。全市9个镇(虞山镇除外)城镇建成区面积62.98平方千米,当年完成建设投资59.44亿元,其中房屋投资53.82亿元,市政公用设施投资5.62亿元;当年竣工住宅建筑面积188.11万平方米、公共建筑面积19.03万平方米、生产性建筑面积54.85万平方米,新增道路长度16.30千米。海虞镇现代农业产业园区重点建设项目、尚湖镇南湖苑一期工程、碧溪新区浒浦桐坝南村污水收集系统工程、辛庄镇望虞河连片整治工程等重大村镇建设项目建成投用,完善了城镇功能配套,提升了城镇整体形象,满足了广大群众休闲游憩和日常生产生活需要。

【村镇创建】 年内村镇创建工作继续有序开展。虞山镇获“中国人居环境范例奖”(历史文化遗产保护主题),梅李镇获“国家宜居小镇”,古里镇苏家尖村获“国家宜居村庄”,古里镇获“江苏省特色景观旅游名镇”称号。古里镇申报“江苏省规划建设综合示范镇”实施项目,获省级规划建设引导资金350万元。以创促建,重在建设,形成特色,通过创建提升了城镇和新农村建设整体品位,提高了镇村基础设施配套和园林绿化水平,改善了人居环境。

【农村分散式生活污水处理建设】 全市农村分散式生活污水处理设施建设稳步推进,全年完成治理村庄115个,受益农户7859户,累计完成投资2亿元。做好分散式污水处理设施集中委托运行管理,实现设施验收和统一运行同步进行,2014年共接收虞山镇、海虞镇、碧溪新区等三个乡镇委托运行管理设施80套,处理规模472吨/日;至年末,全市共有468套分散式污水处理设施纳入集中运行,经过专业化公司运行管理,污水处理设施正常运行率达到98%,设备完好率达到98%,运行管理成效显著,设施处理效果逐步显现。

【美丽城镇建设】 按照美丽城镇建设目标任务要求,示范镇认真制定计划,细化项目内容,扎实有序推进。一是完善规划,优化空间布局。梅李镇坚持规划先行,充分发挥前期规划对空间布局、要素整合的引领支撑作用,推动美丽城镇建设提档升级。编制了新镇区控制性详规,结合自身发展特色,通过一系列资源重组,形成七大城镇功能区。海虞镇编制了中心镇区核心区1.66平方千米城市设计、汽车零部件(再制造)产业园规划,确定“南居、北工、西农”的城镇发展总格局和“一中心、两轴线、六组团”的中心镇区发展格局。二是统筹安排,全力推进项目实施。2014年示范镇共实施44个项目,累计投资13亿元。其中规划引领完成3项,累计投入415万元;产业发展完成6项,累计投入1.12亿元;基础设施完成5项,累计投入3800万元;园林绿化完成2项,累计投入350万元;公共服务完成3项,累计投入10.23亿元;建设整治完成6项,累计投入2510万元;环境卫生完成6项,累计投入3300万元;节能减排完成4项,累计投入4475万元;长效机制完成6项,累计投入3600万元;建设管理完成2项、风貌特色完成1项,累计投入43万元。示范镇初步达到了“城镇活力内涵显著提升”的预期目标,涌现出海虞镇丽都花园安置房建设、杨水泾—新开塘和市北河—南季巷河道整治及梅李镇天和佳苑小区节能减排项目、现代高效设施农业(蔬菜)项目等一批投资规模大、生态效益好、产业集聚能力强,彰显城镇特色的重点项目。

【农村人居环境调查】 2014年,按照住建部、省住建厅的要求组织开展了常熟市农村人居环境调查工作,在确保调查信息真实、完整的前提下,对全市12个板块共计222个行政村的地址信息、基本情况、基础设施、公共环境、建设管理等基本信息进行全面的摸底调查,调整12个行政村的行政划区,将最终确定的210个行政村的基本信息录入全国人居环境信息系统,为上级部门更好地把握和评估农村人居环境状况提供了切实可靠的依据。 (顾 俊)

防震减灾

【概况】 2014年,全市防震减灾工作围绕监测预报、震害防御、应急救援三大体系建设,认真落实各项工作措施。年初制订下发年度工作计划和年度工作百分考核细则。市政府召开防震减灾联席会议,分解落实年度各项工作目标。年内全市行政区域内未发生有感以上地震。

【完善应急救援机制】 完成修编并下发《常熟市地震应急预案》。为检验市抗震救灾指挥部根据预案要求进行信息获取、协调调度和决策指挥的实战能力,联席会议成员单位进行桌面演练。对镇、村(社区)和学校、医院、重点企业加强督促,要求加快推进地震应急预案的修编工作,着力推进重点企业、单位地震应急预案的修订方面工作,共修订和新编地震应急预案50个。加强对学校等人员密集场所地震应急演练的组织指导工作,督促指导全市中小学校组织地震应急演练150多次,提升了学校地震应急处置能力。加强市镇两级地震应急救援队伍和志愿者队伍建设,购置一批地震应急救援装备,做好市区2个地震应急避难场所的维护管理,完成顺业纺织有限公司、友帮散热器有限责任公司2个地震安全示范企业的创建。

【规范抗震设防管理】 实施源头管理,继续与发改、规划、住建等部门共同把关,确保新建、改建、扩建建设工程全部达到抗震设防要求。全市1341个建设工程、74万平方米建筑面积经过了抗震设防审核。其中学校、医院等22个建设工程1.60万平方米都按高于当地房屋建筑一档的抗震设防要求进行设计和施工。本着应评则评的原则，对万达广场建设工程实施建设工程场地地震安全性评价。加强农民住宅置换商品房建设过程中抗震设防的管理，完成锦荷社区争创省级地震安全示范社区的申报工作。

【监测预报】 加强对虞山测震台、3个强震动台、支塘窑镇观测站设备和设施的维护管理，完成了苏州市台网中心在沙家浜镇新增一个强震台的基础建设任务，购置支塘窑镇监测站监测设备，确保监测资料的连续、及时、有效。继续抓好宏观观测工作，对全市20个地震宏观观测点进行梳理和认定，其中调整2个宏观观测点，落实全年站点经费需求。制定《常熟市地震局2014年度震情监视和短临跟踪方案》，加强与常熟地震台信息交流，掌握震情趋势。

【普及防震减灾知识】 开展纪念《中华人民共和国防震减灾法》实施十六周年宣传月活动。做好防震减灾宣传阵地建设，市镇两级新建专项宣传橱窗4处。开展防震减灾知识村村行、企业行巡展活动30余次。枫泾社区、蒋巷村地震科普教育馆全年接待参观人员2万多人次。5月12日防灾减灾日前后，开展防震减灾知识进社区和赠书活动。市镇二级组织防震减灾知识培训12期、板报橱窗宣传36期、街头咨询33次、发放《读本》等宣传资料2.50万本(册)、新闻媒体宣传30次、悬挂宣传横幅80条。积极参加全市科普周和组织728地震纪念日活动。组织全市团员青年开展防震减灾知识征文活动，共收到征文作品145件，同时利用市团委微信公众平台，开展防震减灾知识竞赛4期，全市共有5000多名团员参与了活动。继续开展向新增小学三年级学生赠送《读本》活动。 (韩仁良)

建筑业

【概况】 2014年，全市实现建筑业总产值199.12亿元，施工面积1437.37万平方米；新开工工程建筑面积788.23万平方米；新开工工程合同造价161.81亿元。《关于贯彻〈江苏省建筑业企业信用综合评价办法(试行)〉的实施意见》出台，建立健全建筑市场队伍的监督管理和检查、巡查制度。开展全市建筑市场秩序专项治理活动，全面落实工程建设五方主体项目负责人终身责任，进一步整顿和规范建筑市场秩序。指导建筑业企业转型升级，其中资质升级13家，资质增项18家。至年末，全市拥有各类建筑业企业293家，其中施工总承包一级资质企业6家，建筑装饰装修、地基基础、钢结构、建筑幕墙、金属门窗等专业承包一级资质企业16家，工程监理企业甲级资质4家。全市建筑业获国家发明专利4项，江苏省级工法2项，江苏省新技术示范工程11项；QC成果获国家级2项，江苏省级9项，苏州市级28项，常熟市级45项；获奖数量和等级连续多年位居苏州各县市前列。创出国家"AAA级标准化文明示范工地"5个；省、苏州市、常熟市各级标准化文明示范工地157个。全年共调处建筑领域各类工程款和工资拖欠纠纷投诉31起次，涉案金额4785.82万元，涉及建筑工人2318人次，有效维护建筑业企业及农民工合法权益，保证了全市建筑领域防清欠形势的总体稳定。 (黄 忆)

【建设工程招投标管理】 2014年，共办理建设项目发包登记372个，面积777.47万平方米，投资总额482.07亿元；新开工项目标段数1449个，面积784.85万平方米，交易额190.62亿元，比上年分别增长1.33%、减少1.24%、增长7.38%；招标发包项目809个标段，面积327.12万平方米，标底价115.94亿元，中标价103.94亿元，中标价比标底价下降10.35%，招标工程降低造价约12亿元。(钱颖洁)

【建设工程造价管理】 2014年，开展全市咨询企业综合考评，对外地进市工程造价咨询企业资质进行核验，全年经备案在常熟承接业务的外地咨询企业共有30家；组建常熟市第四届造价行业专业库，共有14名人员入选本届造价专家库；全市共有679人报名参加江苏省造价员资格考试，通过227人，通过率33.40%；全省2014年上半年工程造价管理工作会议在常熟召开，13个省辖市、3个省管县及部分县(市)工程造价管理机构负责人参加会议；全国《建设工程工程量清单计价规范》(GB50500—2013)及其9本工程量计算规范、江苏省各专业工程计价定额(2014版)、江苏省建设工程费用定额(2014版)于2015年1月1日起执行。 (谢晓芳)

【建设工程质量监督】 2014年，全市新增受监工程510项796.57万平方米，其中建筑工程392项，市政基础设施工程118项，总投资额8.76亿元；全年组织工程质量监督抽检2505次，住宅工程分户验收监督抽查58项，工程实体质量监督抽测456项，抽检原材料116组；签发监督抽检通知书47份、整改通知书43份、局部停工通知书2份，记录不良行为15项49次；所有不合格工程都按规定进行处理。全年通过竣工监督验收工程455项550.81万平方米，提交监督报告346份，完成竣工验收备案342份；严格执行建筑节能专项检查和住宅工程质量分户验收制度，定期开展预拌混凝土质量季度检查和工程质量检测机构专项检查，全市建设工程质量始终处于受控状态，工程质量事故得到有效遏制。积极宣传工程质量精品意识，引导各类创优活动，常熟科创园二期（1＃、2＃楼）等9项工程获江苏省“扬子杯”优质工程奖。（周伟民）

【建设工程安全监督】 2014年，组织开展建筑施工安全生产“三项建设”“三项行动”“打非治违”“安全生产月”“千万农民工同上一堂课安全培训”“国家宪法日宣教”以及“企业信用综合评价”“企业综合考评”“企业安全保证体系检查”等一系列安全生产基础性工作，组织开展春节复工安全专项检查、起重机械设备、深基坑、高支模、幕墙工程和脚手架、施工消防安全、带料仓作业专项检查等各类专项整治，以及“重点领域安全生产突出问题专项整治”“预防坍塌事故专项整治及回头看”“季度综合大检查”“监理专项检查”、夏季汛期和冬季施工等“季节性安全专项检查”、节假日期间、青奥会期间和两会APEC会议特殊时期等阶段性安全生产专项整治活动。全年共计排查建筑工程项目1466个次，建筑面积4139万平方米，下发《建设工程施工安全隐患整改通知书》1248份，《建设工程施工局部停工整改通知书》218份，督促整改一般安全隐患5698条，重大安全隐患272条；核发建筑起重机械设备产权登记证220台、使用登记证1385台；对569名建筑施工安全管理违规人员实施了安全生产管理行为考核记分，对52名考核记分满10分的人员进行了强制性培训，对44家建筑施工、监理企业的72名安全管理人员进行了安全生产告诫约谈，对12家建筑施工、监理企业的13名安全管理人员记录了安全生产不良行为；督促企业对213个达到一定规模的危险性较大分部分项工程，编制专项安全施工方案并进行专家论证。组织开展常熟市建筑施工消防应急救援演练活动，提高有效处置建筑施工突发安全事故的应急救援能力。（严　峰）

【建筑施工图审查】 2014年，重点审查工程地质勘察、结构安全、消防安全、抗震设防，着力推进建筑节能减排、新技术、新材料推广应用及城市节水，从源头上保障了建设工程的质量。全年受理施工图勘察审查364项、设计审查1676项，建筑面积924万平方米。其中，民用居住建筑1019项，建筑面积662万平方米。共涉及建筑设计单位116家，勘察单位44家。发放施工图审查合格证456份。通过审查，对1463条违反强制性条文的施工图文件进行纠正，比上年增长5.60%。（焦[illegible]军）

墙体材料改革

【概况】 2014年，常熟市有非黏土新型墙体材料企业29家，年设计生产能力达到376.97万立方米（折25.77亿标砖），全年新墙材产量为6.82亿块标砖，混凝土空心砖产量为0.37亿块标砖，非黏土墙材总产量为7.19亿块标砖，利用废弃物约47.74万吨。全年新型墙体材料建筑竣工项目276项，竣工面积375.32万平方米，其中非黏土新墙材建筑竣工面积372.42万平方米，占总建筑竣工面积的99.22%，

6月，市建筑管理处开展安全隐患大排查

全部使用非黏土新墙材竣工项目有266项，竣工面积367.06万平方米，占总建筑竣工面积的97.80%。全年返退墙改专项预收款5884.01万元，基金结转344.71万元。开展新墙材产品联合检查，全年累计抽样88批次，合格75批次，合格率在85.20%左右，质量情况基本稳定；继续开展新墙材产品认定和换证工作，全年累计完成换证企业7家，13个产品。

【"墙改管理系统"高效运行】 墙改办全年累计征收墙改基金422项，累计金额5884.01万元，累计返退工程276项，返退面积372.12万平方米，返退金额3405.27万元，转入基金344.71万元。积极完善"墙改管理系统"计算模块，重新开发新墙材销售流向申报平台。 （陈璐婧）

房地产业

【概况】 2014年，常熟市完成房地产开发投资147.81亿元，比上年增长10.12%。商品房施工面积916.33万平方米，比上年增长7.47%。其中商品房新开工面积274.77万平方米，比上年减少15.58%。商品房竣工面积116.22万平方米，比上年减少38.31%，其中住宅69.35万平方米，比上年减少51.22%。全市批准商品房预售面积221.13万平方米（不含城乡一体化示范项目预售面积101.50万平方米），比上年增长13.06%。其中商品住宅179.51万平方米，增长17.60%；非住宅41.62万平方米，增长10.96%。商品房库存量上升，至年末累计可售面积287.14万平方米（不含城乡一体化示范项目188.87万平方米），较上年末增加45.39万平方米，比上年增长18.80%。扣除城乡一体化示范项目，全市商品房成交142.31万平方米，比上年减少29.48%。其中商品住宅成交115.52万平方米，减少29.14%。全市商品住宅（不含政策性住房）平均成交价格9321元/平方米，比上年减少4.67%。存量房交易面积113.02万平方米，比上年减少27.05%。其中住宅成交面积49.61万平方米，减少48.82%。实现城区与乡镇房产登记一体化，核发各类房屋权属权证7.63万处，比上年减少16.61%；完成商品房登记15467件，比上年减少16.66%；存量房登记6324件，比上年减少45.03%；抵押登记24062件，比上年减少18.23%；测绘各类房屋面积903.75万平方米，比上年减少9.28%。核发商品房预售许可证116份、现售10份，办理商品房交付备案45份；办理房地产开发项目报备80个。开展楼盘代理机构代理销售行为、公示内容检查，全年共检查26处。房地产业协会中介专委会会员单位达137家，比上年增长72%，入会率66%。开展房屋评估报告质量评价，评价达标率达100%，备案外地机构出具的评估报告1014份。开展商品房销售人员上岗培训，参训230人，合格182人。印发《常熟市业主委员会工作指导手册》1000份，规范业主大会和业主委员会的运作，提高业主自我管理能力。全市共组建业主委员会190个。

【物业管理】 市房产管理处出台《规范城乡一体化示范小区物业管理的实施意见》，规范城乡一体化小区物业管理行为；下发《关于物业项目前期物业服务登记备案的通知》，落实属地政府备案制度。与发改委联合出台《关于贯彻〈苏州市物业服务收费管理实施细则的通知〉的通知》，规范物业服务收费行为。加强行业检查，对106个物管项目开展检查，对32个物管小区开展半年度考核，对9个住宅小区和7家企业进行2013年度评优考核。行政处罚涉霸物业企业1家，装修管理不到位企业1家，约谈电梯年检不合格企业13家；约谈消防管理措施不到位企业8家，通报批评装修管理不到位、电梯维修监管不到位企业2家，并对其进行诚信扣分。加强资质管理，提高本地新办企业准入门槛，实行外地企业资质备案制，建立企业和

市民在楼盘模型前驻足

项目经理诚信档案，信用得分作为企业资质升级、业主大会选聘企业、物业管理项目评优的依据。加强维修资金管理，开发升级维修资金管理系统，为规范维修资金管理夯实技术基础。规范维修资金使用，初步确定代理机构范围，选取世茂一期道路维修项目进行试点。

【实行“三备案一公示”制度】 12月16日，出台《关于进一步加强商品房销售管理的通知》，在全市范围内实行“三备案一公示”制度，即商品房销售代理机构备案、商品房销售项目备案、商品房销售人员备案和商品房销售现场公示制度，同时加强商品房销售行为管理，商品房销售宣传广告内容必须真实、合法、准确；在取得商品房预售许可前，房地产开发企业不得收取任何预订款性质的费用等。

【房屋安全管理】 常熟市房产管理处为规范房屋装饰装修和使用行为，修订房屋结构改造安全行政许可审批程序，对擅自拆改房屋结构等行为加大处罚力度，开出整改、停工通知书130份，限制房产交易23户，对“花串串”“梦巴黎”等拒不整改的商户，实施停水停气。同时，提升房屋安全鉴定水平，2014年度完成房屋安全鉴定1837处46万平方米，比上年增长81%。创新白蚁防治手段，实施IPM试点，完成白蚁灭治1[illegible]07户，共4.10万平方米，比上年增长54%；新建预防588万平方米，比上年增长70%。常熟市制订直管公房划归属地政府管理方案，房管部门与属地政府主动对接，做好衔接前的准备工作。全年完成直管公房大中轮修210处，修缮面积4.[illegible]万平方米，小修养护4398处，受益居民4465户。

表17 **2014年常熟市房地产行业各类企业分布情况**

序号	名称	总数(家)	资质				备注
			一级	二级	三级	暂定三级	
1	开发企业	193	—	10	2	64	暂定二级114家 暂定四级3家
2	物业企业	112	13	8	76	15	
3	评估企业	7	—	5	2	—	
4	中介机构	233					

（汤[illegible]纯）

房屋征收

【概况】 2014年，全市新开工市级房屋征收(搬迁)项目13个，涉及住宅1997户，总面积46.91万平方米。至年末，共完成评估1968户，签约1814户，拆除1692户，拆除面积42.69万平方米，完成率90.84%。其中，10月份启动搬迁工作的1000千伏特高压和沪通铁路(常熟段)建设工程等重点项目顺利推进，南门坛上历史街区(启动区)保护与整治工程(一期)和规划莲花路以南旧城区改建工程(一期)、章狼桥宅基及周边地块城中村改造工程等8个征收(搬迁)项目均于一个月内完成搬迁交房工作。

【安置工作】 2014年，城区新开工花园浜小区、锦丰家园、藕渠家园、金山苑四区(二期)、报慈家园二区、常福四区二期等6个安置房建设项目，可安置面积约37.51万平方米。金桂家园一期、金山苑四区一期、福甸家园和常福四区一期等4个安置房建设项目竣工。城区共安置被征收(搬迁)户379户、交付住宅安置房619套、安置面积约6.21万平方米。主要涉及琴湖片区综合改造、龙腾片区、文化片区东区、三环路快速化改造、莲花路贯通、报慈小学迁建等房屋征收(搬迁)项目。

【维护群众合法权益】 全年召开4次房屋征收补偿会办工作会议，妥善解决涉及琴湖片区综合改造、报慈小学迁建工程、环城西路两期等项目32件不同类型特殊申请事项。加强信访维稳工作，引导群众通过合法渠道提出合理诉求。妥善处理被征收人子女入学事宜。临近开学阶段，城区出现因部分被征收人选择的安置房尚未交付，涉及34户被征收人子女入学问题，经房屋征收、教育等部门积极协调，对其中32户原住址已拆迁，新住房尚未交付，其施教区以新安置的住房为准，并明确以后房屋征收(搬迁)中出现类似问题参照执行。

（张 [illegible]）

责任编辑 刘品玉

常熟年鉴

CHANGSHU YEARBOOK 2015

环境保护

综　述

2014年，常熟市环境空气质量优良率75.34%，比上年提高2.46%，细颗粒物（PM2.5）年平均浓度比上年下降5%，饮用水水源地水质达标率100%。年内，在省内率先修编完成《常熟市生态文明建设规划》，创新出台《常熟市生态文明建设绩效考核实施办法》，实施常熟市生态文明建设十大类57项工程。国家生态市复核通过省级初核，常熟经济技术开发区建成国家生态工业示范园区，新材料产业园生态湿地处理中心竣工投运，虞山镇景龙村等5个村通过省级生态村现场考核，39个村实施农村环境综合整治，董浜中学等4所学校被命名为省级绿色学校，命名20个生态文明村、3个生态文明宣传教育基地和8个低碳社区。办理排污许可证单位562家，完成39家建设项目总量平衡可行性审核，对超欠审批平衡量且无新增减排项目的板块实施区域限批。实施55项大气污染防治重点工作项目，制定四季度改善大气环境质量强化方案，完成22台电力行业65吨以上燃煤锅炉提标改造和35家企业挥发性有机物治理，淘汰308台10吨以下燃煤小锅炉，淘汰7300辆老旧机动车。实施1023项望虞河和阳澄湖流域整治工程、4大类83个项目太湖治理项目、13类37个阳澄湖优化行动项目。全市51个重点断面设立“断面长”制度，镇（板块）的主要领导和分管领导担任“断面长”，长江和尚湖饮用水源地达标建设顺利通过省级验收。全年组织各类专项执法检查74项（次），查处各类环境违法行为762起，下达限期整改507家，实施立案处罚255家，向公安部门移送5起涉嫌环境刑事犯罪案件，完成南京青奥会环境质量和环境安全保障工作。全年审批各类建设项目1130个，否决和劝退不符合产业政策的项目67个，总投资约1.28亿元，完成项目环保竣工验收391个，深化环保行政审批制度改革，行政审批事项全部下放5个子项、部分下放5个子项。编制完成环境信息化规划，高分通过环境应急能力县级一级标准省级考核验收，全面建成环境应急指挥平台，妥善应对和处置7起突发环境事件，新建成3个水质自动监测站。2014年常熟市环境保护局被江苏省人社厅、江苏省环保厅、江苏省公务员局联合表彰为“全省环境保护系统先进集体”。

生态文明

【概况】 2014年，常熟市在江苏省内率先修编完成《常熟市生态文明建设规划（2012—2020年）》并经常熟市人大常委会审议通过，由市政府发布实施。创新出台《常熟市生态文明建设绩效考核实施办法》，将全市27个部门和11个镇（街道）作为考核对象，考核结果作为年终市生态文明建设工作评先评优的主要依据。夯实生态文明建设十大工程。制定下发《常熟市2014年度生态文明建设目标任务书》，实施常熟市十大类57项工程项目，会同市委办开展对生态文明建设工程开展不定期进度督查，积极推进苏州市生态文明建设“十大工程”中涉及常熟的七大类共计12项工程建设项目，为全市生态文明建设提供支撑。推进生态文明建设示范创建。确立创建国家生态文明建设示范市目标，着力打造市、镇、村三级联动体系和园区、社区、企业三级共建体系两大体系。国家生态市复核通过省级初核，推进沙家浜镇等镇建立健全生态文明建设工作机制，虞山镇景龙村等5个村通过省级生态村的现场考核，常熟经济技术开发区建成国家级生态工业示范园区，新材料产业

生态湿地处理中心

园生态湿地处理中心通过竣工验收，董浜中学、董浜中心小学被命名为省级绿色学校，命名市级20个生态文明村、3个生态文明宣传教育基地和8个低碳社区。

【国内首个中德合作化工园区生态湿地处理中心竣工】 7月，园区生态湿地处理中心竣工。该项目于2013年启动建设，总投资5000万元，采用德国尖端且跨学科的生态湿地工艺，是常熟首个中德环保技术合作项目，同时也是世界上最大的国际合作生态湿地工程。项目工程规模4000立方米/天，包括了生态湿地中心场内处理构筑物区域、场外配套管线、监测中心3个部分，建成投用后能将相当于地表水劣Ⅴ类的产业园污水处理厂尾水净化至地表水Ⅳ类水标准，使园区污水处理厂尾水实现循环回用，减少对长江的尾水排放量，对保护长江、望虞河、太湖流域水环境质量以及下游饮用水水源地水质安全都具有重要作用。

【《常熟市生态文明建设绩效考核实施办法》出台】 9月11日，《常熟市生态文明建设绩效考核实施办法》出台。该《办法》将全市27个部门和11个镇（街道）作为考核对象，对于市级部门，主要考核生态文明建设目标任务书目标值达标情况、生态文明建设主要任务和重点项目推进情况以及生态文明建设的政策措施、机制保障等落实情况；对于镇（街道），结合镇机关工作目标考核中涉及的污染减排、节能工作、耕地保护、绿化工作、河道综合治理等5项内容进行考核。

【常熟经济技术开发区建成国家生态工业示范园区】 12月31日，环保部、商务部、科技部联合发文，批准常熟经济技术开发区为国家生态工业示范园区。自2012年5月批准开展国家生态工业示范园区建设以来，常熟经济技术开发区坚持“有利于产业升级、有利于结构调整、有利于污染集中控制、有利于生态产业链延伸”的原则，坚持高起点规划、高标准建设、高质量引进，努力用循环经济的理念指导建设和发展，促进开发区向生态型开发区转型。

污染减排

【概况】 2014年，常熟市上报重点减排项目24项，并全面完成年度减排任务。年内，按照“完成减排任务原则、区域平衡原则、同类平衡原则、同步削减原则、列统原则”5大原则，对涉及新增污染物排放量的建设项目开展总量平衡方案可行性审核，对拖欠审批平衡量且无新增减排项目的板块实施区域限批，共完成建设项目总量平衡可行性审核39家，平衡总量工业化学需氧量179.36吨、二氧化硫184.56吨、氮氧化物417.39吨。开发建设排污许可证管理系统，积极探索将排污许可证系统从内部管理向外部管理拓展，从发证（年审）向日常管理延伸，真正建立以许可证管理为核心的环境管理新机制，至年末全市共办理排污许可证单位562家。实施IC卡总量控制系统升级工程，将全市印染、造纸、电镀、化工、皮革、污水厂等重点行业和重点排污单位纳入监控范围，通过对废水排放量及污染物指标总量的双重控制，压降排污总量。

【全市印染废水排放总量控制系统通过验收】 1月23日，常熟市印染废水排放总量控制系统（IC卡系统）通过验收。该系统从根本上改变了污染物排放粗放式管理的传统模式，使全市的排污总量控制真正进入刷卡计量、减排工量、控制总量的精细化管理轨道，逐步成为常熟市以排污许可证为核心的环境监管体系的重要组成部分。

环境整治

【概况】 2014年，常熟市环境空气质量优良率为75.40%，比上年提高2.46%，PM2.5年平均浓度为57微克/立方米，比上年下降5%。年内，落实联防联控工作机制，编制出台《常熟市大气污染防治行动计划（2014—2017年）》《常熟市大气污染防治2014年度实施方案》，实施55项重点工作项目，围绕PM2.5平均浓度比上年下降2%的目标，制定《常熟市改善大气环境质量强化方案》，明确管控名单和各项措施，实施最严格的停产停工措施，实现空气质量改善目标。着力推进燃煤锅炉整治，编制出台《常熟市燃煤锅（窑）炉污染防治管理办法》《常熟市燃煤锅（窑）炉大气污染整治实施方案》《常熟市高污染燃料锅炉大气污染整治以奖代补实施办法》《常熟市生物质锅炉建设和使用管理暂行规定》，完成全市1894台套在用燃煤锅炉点位、供热管网、天然气管线的落地上图；完成22台电力行业65吨以上燃煤锅炉提标改造任务，淘汰308台10吨以下燃煤小锅炉。强化机动车污染防治，出台

《常熟市机动车污染防治工作方案(2014—2015年)》《常熟市老旧机动车提前淘汰补助办法》，共淘汰7300辆老旧机动车，发放补助430万元；认真执行在用车环保检测制度，对15.26万辆在用车进行环保定期检验，核发机动车环保检验合格标志20.87万张，机动车环保同步检测率稳定在90%以上，会同公安部门发布第二阶段机动车限行通告。打好大气污染防治基础，编制出台《常熟市重污染应急预案》，完成包括电力、化工、纺织印染、钢铁、涂装等重点行业共488家企业的大气污染源排放清单调查，完成35家挥发性有机物治理任务，开发"常熟天气"手机APP客户端应用软件，实现全市空气质量状况信息公开在媒体、网络、手机软件的全覆盖。制订和落实望虞河和阳澄湖流域整治年度工作任务，实施1023项重点工程，建立目标责任考核制度，每月定期督查和不定期现场调查和执法检查，每月通报流域整治进展情况和水质情况。扎口做好太湖治理、阳澄湖生态优化年度任务的制订和落实，实施四大类86个项目太湖治理重点项目和13类37个阳澄湖优化行动方案的重点项目。制定出台《全市地面水重点考核断面监测预警处置办法》，编制王庄塘、面丈塘、大河裕东桥水质达标整改方案和白茆塘、盐铁塘水环境综合整治方案；建立全市"断面长"责任制，在全市51个重点断面设立"断面长"制度，落实各板块水环境治理责任。开展水源地环境隐患排查专项检查，顺利通过苏州市政府组织的水源地环境安全专项督查，长江和尚湖饮用水源地达标建设顺利通过省级验收，饮用水源地水质达标率始终保持在100%。行业区域专项整治提档升级，实施第一批64家企业货架行业专项整治企业；编制全市印染行业专项整治方案的工作，在淼泉区域开展试点整治并取得良好示范效果；推进56家电镀行业企业限期整治收尾工作，开展全市60多家涉重单位的调查评估，完成万隆电源和汇能达蓄电池两家铅蓄电池生产企业整治；规范化工园区环境管理，组织对两个化工园区及区内企业进行深度检查，印发《化工园区专项检查情况通报》；强化清洁生产审核评估，开展44家重点企业清洁生产审核，加强对清洁生产咨询机构实施行业分类管理；有序推进畜禽养殖污染防治，开展2014年度畜禽养殖污染整治督查，下达第一批畜禽养殖专项整治资金679.81万元；实施39个行政村农村环境综合整治，投入1.10亿万元在太湖一、二级保护区内的3个镇(区)12个涉农村庄开展农村环境综合整治。

【扩大无绿色环保标志限行区域】 10月15日起，全市禁止无绿色环保检验合格标志的机动车在市区三环路以内区域通行(不含三环路)，限行区域从20平方千米扩大至80平方千米，限行区域面积增加300%，有效减少市区范围内机动车尾气排放，加快黄标车淘汰进度，改善常熟大气环境质量。

【《常熟市白茆塘、盐铁塘水环境综合整治方案》通过专家评审】 10月28日，《常熟市白茆塘、盐铁塘水环境综合整治方案》通过由中科院地理与湖泊研究所、河海大学、省环保厅和苏州太湖办等单位领导、专家组成的专家组评审。该《方案》调查了白茆塘、盐铁塘及其主要支流的水文、水利设施情况、污染治理及排放现状、河道水质时空变化特征；测算了工业污染源、生活污染源和农业面源主要污染物排放及入河量；分析了白茆塘、盐铁塘目前主要存在的水环境问题；确定了水环境综合整治的目标，制定了加强工业污染源整治、提高生活污水处理水平、完善农业面源治理、开展河道清淤、提高监控水平5大类重点整治工程项目及工程落实的保障措施。

环境监管

【概况】 2014年，环境监管工作紧紧围绕年初确定的"百千万"执法目标，组织对化工、重金属、热电、危废、在线监控、印染企业定型机、建筑工地等重点行业以及饮用水源地、望虞河、阳澄湖、重要河道沿线、新区小学周边等重点区域开展各类专项执法检查74项(次)，出动执法人员1.28万人次，对各类污染源现场监察频次达到了1.14万厂(点)次，对1143家企业开展后督查，查处各类环境问题和违法行为762起，下达限期整改企业507家，实施立案处罚企业255家。向公安部门移送5起涉嫌环境刑事犯罪案件，在查处环境违法犯罪典型案件方面取得了实质性突破，试点对拒不执行环境行政处罚决定的常熟市众诚染料化工有限公司等单位申请法院予以强制执行。完成南京青奥会期间环境质量和环境安全保障工作。年内，切实改善区域环境质量，对20个环境突出问题由市政府实施挂牌督办，其中长春化工(江苏)有限公司等4家单位或区域由苏州市人民政府挂牌督办；加快推进全市水处理污泥、虞山镇大义四新河区域等区域行业整治，通过局镇配合、部门联动，有效解决区域性突出环境问题；对长期不能稳定达标或超总量排放的常熟市鸽球印染有限公司等7家企业实施限期治理，及时约谈企业主要负责人。多措并举，落实企业环境主体责任，对发放排污许可证的排污企业进行环境管理分类评价，开展100家重点工业企业环境标准化建设；通过试点征收粉尘排污费、规范核定钢铁行业排污费等措施，做到应收尽收，全年征收排污费超过6088万元；对2013年度518家有排污许可证的非国控企业进行评级，评出9家绿色企业，374家蓝色企业，107家黄色企业，24家红色企业，对48家企业环境行为初评结果较差的企业进行定级修复管理；做好危险废物转移审批管理工作，审核固体废物月度申报表4515份，审核固体废物管理计划704份，审核危险废物网上转移计划2634批次，确保全市危险废物合法、安全转移。完成核与辐射建设项目环评预审39项，完成辐射安全许可证申领企业材料预审31家，完成辐射项目“三同时”验收申请材料预审18项，完成放射源和射线装置异地（预）备案企业15家，保障核与辐射环境安全。加强环境信访督查考核，将环境信访工作情况纳入各板块重点环保工作考核内容，每季度召开全市性的环境信访分析通报会，约谈信访数量高的板块负责人；提高环境信访查处立案案件比例，对举报属实、确实存在较为严重的环境违法行为的坚决实施立案处罚，根据信访线索实施立案处罚的比例首次超过30%；加大积案化解力度，开展局领导大接访、重点信访包案化解、“三解三促”带案下访、明察暗访等形式，切实压降越级率和重复率。全年，共调处环境信访总量5641，越级信访数和重复信访率分别比上年同期下降18%和5%。

污染减排项目专项执法检查

【启动环保司法联动执法】 5月6日，常熟市环保司法联动集中执法月活动启动。全市用1个月时间全面开展环境保护联动执法月活动，联合多部门集中对全市重点敏感区域、重点污染企业、重点信访单位组织开展联合执法、联动办案，严厉查处环境违法行为，严肃追究环境污染犯罪刑事责任。

【《常熟市保障青奥会环境质量特别强化管控方案》出台】 8月21日，《常熟市保障青奥会环境质量特别强化管控方案》出台，该方案在《常熟市保障青奥会环境质量临时管控方案》基础上，进一步强化应急临时管控措施，确保青奥会举办期间环境空气质量明显改善。方案明确了空气质量显现超标趋势（AQI指数日均值高于100），且气象预测未来一天仍将维持不利气象条件，将启动特别强化管控方案。该方案启动后，停产、限产企业由原来的28家增加到40家；新增管控工地14个。

环境宣教

【概况】 2014年，全市围绕“向污染宣战”主题，举办“6·5”世界环境日文艺专场；启动环保律师团“绿色发展·生态文明”五进宣讲活动，开展“最美常熟，我的家”电视宣传“随手拍”环保公益活动、“蓝天行动——打造生态宜居常熟”——常熟市青少年环保公益小额资助项目活动、“关爱绿色未来——校企互动环境教育”等活动。组织开展新《中华人民共和国环境保护法》培训，中国环境科学学会环境法分会副会长、苏州大学法学院教授朱谦就“新《环境保护法》若干问题”作了解读。

【开展“绿色生活从点滴开始”主题活动】 6月17日，由常熟市环保局和民革常熟总支组建的环保志愿者组织“绿色公益团”在梅李镇天字村，开展“绿色生活从点

6月5日,市环保局举办纪念“6·5世界环境日”文艺晚会

滴开始”主题活动。活动中,“绿色公益团”与天宇村村民互动交流,并向村民代表赠送环保书籍。

【环保普法短剧获最佳故事奖】 10月15日,常熟市环保局选送的普法短剧《“得陀”厂长》在2014年常熟市《春来外传》普法栏目剧大赛中获最佳故事奖。该剧以真实的案例为蓝本,主要讲述了五金加工厂的厂长王得陀,因为贪小便宜,不顾外甥李根元的劝阻,硬要乱倒危险废物,最后吃了大亏,为了省几万元的危险废物处理费用,不仅被环保部门行政处罚15万元,而且当事人也受到公安部门行政拘留的处罚。

【举办绿色发展企业环保论坛】 12月15日,常熟市绿色发展企业环保论坛活动举行。此次论坛由常熟市环境科学学会与芬欧汇川公司联合举办。全市18家企业代表及各乡镇、板块的环保负责人参加论坛并参观新材料产业园生态湿地处理中心和“国家环境友好企业”芬欧汇川公司。

环境能力

【概况】 2014年,市环保部门审批各类建设项目1130个,其中报告书项目54个、报告表项目518个、登记表项目491个。对不符合国家和地方产业政策、不符合城市总体规划及环境污染重、高能耗、高物耗、高水耗的建设项目一律实行否决和劝退共劝退项目67个,总投资约1.28亿元。规范“三同时”验收关,加强项目审批后环境管理,完成项目环保竣工验收391个,试生产核准项目132个,其中不同意试生产核准项目10个。深化环保行政审批制度改革,权限内行政审批事项的7个大项15个子项,拟全部下放5个子项、部分下放5个子项,赋予镇、开发区更大的环境管理权限。年内,启动环境信息化规划编制,推进智慧环保二期建设,建设和完善了建设项目管理系统、排污许可证管理业务系统、环保权力阳光运行系统、阳光信访系统、环保企业通等5项子系统,常熟新材料产业园监测监控预警系统通过专家组验收,成为常熟市首个板块正式建成环境安全监测监控预警系统,常熟经济技术开发区安全环境监控系统上线运行。全面建成环境应急指挥平台,新增了强盛化工、康博固废2支环境应急队伍,妥善应对和处置了7起突发环境事件,常熟以95.75的高分顺利通过环境应急能力县级一级标准省级考核验收,成为江苏省第二家、苏州首家通过省级验收的县级市单位。全面完成环境质量例行监测任务,完成监测数据约7.80万个,新建成了沙家浜镇、梅李镇和辛庄镇3个水质自动监测站,不断加强对谱尼、优联、华测及绿环等4家第三方服务外包公司监测质量的管理。开展了监测技术竞赛活动,全站24名专业技术人员参加了技能竞赛,以比赛为契机,激发了全站人员“学习新知识、掌握新技能、创造新业绩”的热情,不仅大大巩固了操作的规范性、工作的实效性等基本功底,同时也促进了监测站内部的互相学习与交流,在全市环境监测系统形成刻苦钻研、技能熟练、锐意进取、服务创新的良好工作氛围。2014年,常熟市环保局被省人社厅、省环保厅、省公务员局联合表彰为“全省环境保护系统先进集体”,环境监察大队被苏州市环保局评为环境监察考核优胜单位。

【《常熟市重污染天气应急预案》发布实施】 3月24日,《常熟市重污染天气应急预案》正式通过市政府批复并发布实施。该预案对发生重污染天气时的监测、预警发布、应急响应、响应终止等作出明确规定。

【首个化工园区环境安全监测监控预警系统建成】 4月4日,江苏常熟新材料产业园监测监控预警系统通过专家组验收。该系统通过一套数据同步程序、三套 Windows 服务程序实现园区与环保局双向数据共享以及实时监控信息汇总、实时监控信息异常预警、GIS 地图辅助使用工具、企业详情状况应用集成、多应用单点登录、实时视频整合、多应用功能集成。

【“常熟天气”空气质量手机客户端省内率先上线】 5 月，常熟市环保局和气象局联合开发的“常熟天气”iPhone 和 Android 版手机客户端在省内同类城市率先上线。“常熟天气”手机客户端主界面可显示实时的空气质量指数和天气状况以及未来 3 天白天、晚上的天气预报情况，每小时更新一次 PM 2.5、PM 10、NO_2、O_3、SO_2、CO 等环境空气质量监测因子值。该客户端具有天气预警和空气质量预警提醒功能，当出现预警情况时，主界面右上侧会显示预警类别信号的提示，主页面颜色根据空气质量预警级别进行相应变化，点击主页面天气预警图标会弹出预警介绍以及应对措施，引导公众做好健康防护。

【完成环境空气自动监测质量专项检查】 9 月 16 日，苏州市环境监测中心自动监测室检查组对常熟市环境监测站进行 2014 年环境空气自动监测质量专项检查。此次检查站点为海虞镇子站，主要对空气自动监测站的建设、运行、维护、质量控制、数据审核和管理情况进行检查。检查以环境空气质量自动监测情况、运行和维护管理的规范性、仪器测试的准确性、数据的可靠性、质量保证和质量控制情况、档案的管理情况、数据真实性有效性情况、数据使用和监测信息发布情况、外部不良行政干预和应对等为重点。

【环境应急管理与决策指挥系统建成】 10 月 30 日，“常熟市环境保护局环境应急管理与决策指挥系统”项目通过专家验收。该系统由企业环境风险源申报管理平台、环境风险应急管理平台、应急救援与指挥平台 3 个部分组成，具体包括企业风险源信息库等 5 个数据库、实时监控预警系统等 5 个子系统和 1 个移动端 APP。该系统具有全面融合智慧环保、无缝对接园区系统、全监控环境风险和全过程应急指挥四大特点。

【常熟市“十三五”环境信息化建设规划率先编制完成】 11 月 28 日，《常熟市环境保护局环境信息化建设规划（2015—2020 年）》通过了环保部信息中心等单位专家的评审，该《规划》是国内同类城市第一个面向“十三五”时期的环境信息化建设规划。该《规划》期限为 2015—2020 年，以“深化发展、争创一流”为目标，紧密围绕常熟市环境管理重点工作进行编制，制定了升级环境监测监管能力、提升环保局决策支撑能力、完善环保局对内对外的服务能力和强化环境信息化的基础能力等四大建设任务。为推动任务落实，该《规划》确定了物联网感知工程、数据库升级工程、信息化支撑工程、环境业务信息系统扩展工程、环境管理仿真预警与决策支撑工程以及环保服务平台建设工程等六大工程。

【开展突发环境污染事件应急演练保障环境安全】 12 月 3 日，常熟市开展突发环境污染事件应急演练，通过模拟实战检验“环境应急管理与决策指挥系统”的建设成效。演练模拟常熟经济技术开发区内长春化工（江苏）有限公司四桶区醋酸乙烯储罐在出料过程中突发事故，出料管道损坏导致大量醋酸乙烯泄漏在罐区围堰内，在抢修出料管道时发生火灾。演练过程中，常熟市环保局在接报后立即启动应急预案，通过环境应急指挥平台进行环境应急指挥救援，经环保、消防、卫生、水利等部门应急救援队伍全力合作，终于在 1 小时内控制事故并消除污染源，事故得到妥善处置，未对周边环境造成明显影响。

【常熟集中式饮用水源地达标建设工作通过省级验收】 12 月 10 日，江苏省水利厅、住建厅、环保厅的领导和专家组成考核小组到常熟对全市饮用水源地达标建设工作进行考核验收。验收组实地检查长江和尚湖两个集中式饮用水源地，查阅达标建设台账资料，听取建设情况汇报。验收组认为，常熟饮用水源地达标建设工作政府高度重视、部门协作有力、资金保障到位、建设成效显著，同意通过省级验收。

【新增 3 个常规水质自动站】 12 月 24 日，常熟市梅李塘桥站、杨园大桥站、张家港河大桥站 3 个常规水质自动站点通过市级验收。新增自动监测站的主要监测参数包括常规水质 5 项（溶解氧、电导率、水温、浊度、pH 值）、氨氮、CODMn、总磷、总氮，3 个水质自动监测站将为常熟市水环境质量监测提供支撑，进一步增强河道水质断面的预警能力。 （孟 薇）

责任编辑 薛 卫

常熟年鉴

CHANGSHU YEARBOOK 2015

交　通
邮　政

交通基础设施建设

【概况】 2014年末，常熟市境内公路总里程达3418千米，公路密度为2.678千米/平方千米。其中，高速公路82千米，一级公路251.20千米，二级公路696.20千米，三级公路528.50千米，四级公路及等外公路1860.10千米。航道总里程达527.29千米。其中，五级航道112.76千米、六级航道37.83千米、七级航道66.67千米，等外航道309.99千米。通航船闸3座。年内，交通部门负责实施政府投资项目15个，总投资约162亿元，其中续建工程7项，新开工及前期项目8个，年内完成投资22亿元。

公路建设 锡太高速通过省发改委二可审查；通港路快速化改造工程获省发改委预可批复，规划选址、用地预审等相关手续已完成。常沙线快速化改造项目正在办理工可批复，同步开展初步设计编制工作；沿江高速扩建正进行方案研究。吴淼线镇区段道路主体工程已全部完工，交工检测已完成，完成建安投资约6925万元，即将交工验收；福支线支塘镇区北段工程已基本完成，2014年完成建安费投资约3500万元，累计完成建安费投资约4700万元。继续对任东线、福支线、海陈线、虞新线、东南连接线、支何公路先导段、压颐线、沙桐线及义虞路实施规范化养护创建；实施青墩塘路路面车辙抢修工程、南桥桥头跳车抢修工程及福支线西旸段道路抢修工程等项目，共投入抢修经费200万元。镇村公路3年提档升级工程全面铺开。首批26条道路建设正抓紧推进，累计完成建安费约5600万元。

7月28日，常熟首条城市高架道路——三环路快速化改造工程东南环主线高架桥面系统建成通车

铁路建设 沪通铁路建设征地拆迁工作全面启动，民宅搬迁评估户数完成79%、签约户数完成64%、交房户数完成58%。相关施工协调工作正在落实，会同沿线乡镇、规划、水利等部门，就铁路跨越道路、河道相关事宜进行规划。12月18日，市交通运输部门前往铁路总公司、中铁第四勘察设计院、沪宁城际公司，对常熟谢寺路段建设方案调整及常熟站站房规模进行对接，推进方案设计变更工作。

航道建设 投资2532.80万元实施申张线航道沙家浜段(七星桥—草荡口)一期整治工程，新建护岸4.65千米，完成土方10.10万立方米。申张线常熟段7.80千米清淤、苏虞线辛庄段4.20千米生态修复方案研究完成工可审查，进入市项目储备库。组织航标改造，按照标体大型化和灯器一体化的要求，投资58万元，对申张线沿线5座航标进行整体改造，2座航标更换灯器。

公交建设 年内，总建筑面积约2771平方米、总投资2441万元的服装城公交枢纽站建设工程推进，土建工程全部竣工，装饰工程基本完成，南部新城、支塘镇区首末站竣工投用；250个公交候车亭工程基本完工，其中城区新增100个，农村新增150个。公交优先二期工程完成投资2400万元，主要对虞山北路实施交叉口、港湾式公交车站改造及候车亭改建、电子站牌安装，同时对黄河路、方塔街和部分学校、医院、商场周边的候车亭安装电子站牌。更新城乡公交车168辆，新增42辆，全部投入运行。

【三环路快速化改建工程】 2014年，三环路快速化改建工程东南段完成投资6亿元，占年度计划的104%；东南段高架部分7月28日全线通车，地面道路部分12月31日全线完工通车，工程累计完成总投资约36.50亿元。三环路快速化改造工程东北段快速推进，全长13.10千米，改造方案同东南段，总投资约52亿元(含BT利息)。至年末，主线高架下部结构基本完成，整个工程主线高架及匝道完成80%，地面道路完成30%，工程累计完成投资23.80亿元。年内完成投资13.80亿元，占年度计划的125.50%。

【镇村公路提档升级工程启动】 3月，常熟市镇村公路提档升级工程启动，该工程主要针对全市各乡镇的城乡公交、校车等途经的镇村道路以及危桥进行升级改造，共涉及 97 条镇村公路共计 172 千米、桥梁 119 座，总投资 7.10 亿元，将分 3 年逐年实施。改造完成后，这些镇村道路宽度都将大于 6 米，公路等级四级以上，桥梁荷载等级达到公路二级以上，全部为沥青混凝土路面。年内已有 10 个乡镇的 29 条公路启动改造。

新能源城乡公交车投运

交通运输

【概况】 年内，全市完成公路水路客运量 4570 万人次，旅客周转量 313732.40 万人/千米。完成公路水路货运量 1586 万吨，货运周转量 268170 万吨/千米。春运期间全市共发送 98410 班次，其中加班 795 班次、包车 3092 辆次，运送旅客 257.33 万人次。

城市公交 年末，城市公交运营线路总条数 74 条(其中公交班线 30 条、区域公交 4 条、旅游专线 2 条、学校专线 5 条、区间公交线路 6 条、定制公交班线 27 条)。公交夜班线路 28 条。运营线路总长 1421 千米，其中公交班线 707 千米、区间公交班线 95 千米、学生专线 112 千米、定制公交线路 507 千米。日均运营里程 10.69 万千米，日均运营班次 2926.50 班，日均运送旅客 22.22 万人次。运营车辆总数 593 辆。年度实现营业收入 6791.59 万元(财政补贴收入 13988.14 万元)较上年度增长 12.72%。

城乡公交 年末，城乡公交客运营运车辆 461 辆，其中干线 285 辆、镇村 97 辆、校车 79 辆。全年干线镇村公交共行驶里程 2236.80 万千米，发送旅客 2143.50 万人次，完成旅客周转量 3.39 亿人千米。完成营业收入 3387.13 万元。

【344 路常熟—张家港毗邻公交开通】 12 月 18 日，344 路常熟(福山)至张家港(鹿苑)毗邻公交开通。该线路是两地首条互通公交线路，共投入 2 辆空调中型客车，单向运行里程为 16 千米，每天发 10 班，全程票价 1 元。年内，全市已有 3 条毗邻公交与周边县市对接，另外两条分别为辛庄镇到相城区渭塘镇的 306 路和支塘镇蒋巷村到太仓市双凤镇的 329 路。

交通管理

【概况】 常熟市交通运输局内设科室 6 个，分别是：党政办公室、组织人事科、财务管理科、计划规划科、安全科、法制科。直属行政事业单位共计 18 个，分别是：第一交通管理中心所、第二交通管理中心所、第三交通管理中心所、第四交通管理中心所、虞山交通管理中心所、服装城交通管理中心所、常熟市交通运输管理处、常熟市交通工程管理处、常熟市公路管理处、常熟市地方海事处、常熟市航道管理处、江苏省虞山船闸管理处、常熟市机动车维修管理处、常熟市机动车综合性能检测站、常熟市客货配载管理所、常熟市交通工程质量监督站、常熟市农村公路养护管理所、常熟市铁路建设工作办公室。2014 年，市交通运输局全年共开展“安澜行动”25 次，“深蓝行动”28 次，“蓝盾行动”12 次，累计查处重大案件 220 件，较大案件 1478 件，一般案件 443 件，及时处置政府网、便民中心任务单 724 件，行业投诉举报电话反映情况 1835 件。

运政管理 2014 年，交通运输局全年办理行政许可事项 3.60 万多件。全年办理各类交通信访 54 件、“12345”热线 6000 件，其中“寒山闻钟”论坛 400 件。及时回复率 100%，群众满意率 99%以上。完成“春运”、全国“安全生产月”“夏季百日安全竞赛”活动任务，年内运政管理累计查处各类案件 2[illegible]1 起；开展安全生产检查整改、“六打六治”“客运货运、客船货船的非法营运行为”整治等专项行动，集中对全市 18 家客运企业及 33 家[illegible]

货运输企业进行排查，打击“危险品运输领域”违法违规行为，源头发现并处置69项隐患，完成2家外资危货运输企业转型，注销1家，通过苏州市运管处资质核查30家；完成3艘化学品船舶的拆解；及时发现和纠正行业安全违规情况4073个。深化快递业纳归管理后续工作，开展专项检查6次；对货运代理、仓储业进行资质核查，加强行业品牌建设，圆通快递被评为江苏快货，江苏田娘新申报为江苏农村物流品牌，申报江苏安达洲交通物流基地建设项目，申报推荐江苏新合作常客隆连锁超市有限公司为2014年苏州城市配送龙头企业；做好行业数据采集及培训工作，配合省交通规划设计院完成常熟市现代物流发展规划，配合常熟市完成“数据交换中心及五大数据库建设”项目。拟订《常熟市文明出租车评选实施意见》《出租汽车待客区规划》；实施《出租车驾驶员计分考核奖励办法》；基本完成油改气工作；启用常联出租车服务中心，完成青墩塘出租车服务中心工程方案整改；新投入畅达出租车26辆，完成出租企业质量信誉考核工作，推进驾培规范化建设，475辆教练车全部为公司所有，初步完成7家驾校公司化改革；推动成立“智慧驾校”，推进教练车辆“油改气”工作，已实现改造45辆。开展维修市场专项整治工作，整治违法经营业户101家；市机动车维修行业协会获得2013年度苏州市放心消费创建先进示范单位称号。

路政管理 2014年，路政执法共检查车辆982辆，处罚超限车辆435辆，处罚金额79.56万元，卸载951.19吨。开展污染源专项整治行动12次，查处各类污染公路违法行为51起，对沿线污染源企业作行政指导32次，发出整改通知书1份；对各类污染公路行为处罚64起，并对损坏的公路路产及公路附属设施上报相关部门541起。公路应急处置全年累计应急处置150多次。继续推进乡村公路管养及安保工程示范镇创建工作，碧溪新区通过省级示范镇的验收，董浜镇、辛庄镇完成苏州市示范镇验收的相关工作。

内河航道与港口管理 2014年，市交通运输部门收取航道赔补偿221.10万元，新增码头行政指导率100%，新增许可(处罚)行政指导率100%，严格临跨河建筑设施审批管理，无新增碍航设施和临跨河违章建筑物，临跨河设施行政许可率100%。征收货物港务费88.60万元；投资197万元建设基于GIS的内河航道管理信息系统，完成初步成果验收。理顺港口管理体制，开展内河港口管理“达标年”活动，完成内河危险品码头的两证核发工作，开展危险品码头安全管理，确保附证持证率全覆盖。对10家无证码头(其中7家无港口经营许可证、10家无危险品作业附证)进行全面清理整顿。

海事管理 市地方海事处全年完成营运船舶检验133艘，建造船舶检验1艘，总吨位6806总吨，主机功率6015.80千瓦，船检必检项目执行率100%，证书发放合格率达到100%。全年征收海事规费983.70万元，完成省局下达904万元的108.80%。征收货物港务费88.65万元。虞山船闸完成过闸费1245万元，为年计划的160%，创历史新高。

【清理交通运输许可项目】 年内，市交通运输局对交通运输许可项目进行清理，交通运输局权限内行政许可事项由原来的20项缩减为13项(取消3项、暂停4项)，全部上网公布；同时减少审批环节，把必要的程序压缩到最低；实现现场查勘预约登记制度；提速办理时间，法律法规规定的办理时限，30天的一般缩短到15天，20天的缩短到7至10天，普通货运车辆办理道路运输证等列为为民服务项目列为即办件。

【交通管理信息化建设】 公路管理信息平台初步完成公路数据的“图数一体化”，实现平台与巡检终端的互联互通、有机联动。全年各中队通过手机平台上报各类信息共476起，并全部处理完成。配合“智慧城市”建设，地方海事处建成内河防控体系，对全市风景区水上旅游、危险品码头、重点水域等的安全进行实时监控。全年完成公交车移动电视改造356辆，累计完成496辆；启动公交首末站电视机的安装工作；推进4G通信进公交建设工程，年内完成212辆公交车4G终端的安装工作；继续推广掌上公交应用，进一步覆盖至城乡公交，城乡公交营运车辆全部安装3G功能监控设备，实现对营运车辆的实时监控。拓展公交电子路牌项目，为公交站台电子显示屏提供车辆GPS定位数据；开发城市公交刷卡数据实时上传的功能，简化了公交刷卡数据的采集工作，新增黑名单和白名单升级功能；常熟通卡互联互通城市新增15个，与常熟互联互通的城市达到52个。推广公交车上闪付支付，推进常熟通手机NFC项目完成市民卡公交刷卡机具升级改造，建立清结算系统，实现与市民卡公司进行对账结算。

【机动车维修纠纷调委会成立】 6月18日，市机动车维修纠纷人民调解委员会成立，该调解委员会负责调处各类机动车维修纠纷，化解承托修双方矛盾，为促进机动车维修行业健康有序发展、维护社会和谐稳定发挥作用。（陈峻峰）

邮　　政

【概况】 2014年，市邮政局实现业务总收入21805万元，比上年增长4.28%；实现收支差额1415万元，比上年增长21.77%。业务收入、收支差额均完成年度计划目标，业务收入规模保持全省第一。全年实现有效收入16765万元，比上年增长8.11%，有效收入增幅高于收入增幅3.83%。年内，市邮政局完成周行、海虞、大义等7处网点改造工程，新阳网点实现跨镇搬迁，网点布局和功能得到进一步改善；推进"社区邮政便民服务站"建设工作，全年落实明日星城、琴枫园等26个邮件代投点，并与理工学院、达富生活区签订智能包裹箱安装协议，加快投递新平台建设步伐，通过质量管理体系第三方审核，第三方服务检查得分91.06分，超过全区平均水平。参加"全国用户满意企业"复评，继续保持该项荣誉。

【举办第八届少儿书信节】 6月27日，由市文明办、团市委、市教育局、市邮政局和市少工委等单位联合主办的常熟市第八届少儿书信节暨第十届全省少儿书信比赛常熟赛区选拔赛在世茂实验小学启动。本届书信节以"我心目中最美的人"为主题，组织全市中小学生以书信的形式，致信心中最美的人。活动内容分为邮储银行杯"您是我心中最美的人"书信比赛、节能杯"携手节能低碳，共建碧水蓝天"画信比赛、健康教育杯"远离烟草，关爱生命"画信比赛。通过学习心中最美人的事迹，书写自己的感受，以少年儿童的视角，理解、践行、弘扬社会主义核心价值观。

【《中国现代科学家》第六组纪念邮票在常熟首发】 10月16日，《中国现代科学家》第六组纪念邮票在常熟首发。中国集邮总公司市场部经理邓庆龙、省邮政公司副总经理江淞宁、王淦昌之孙王世华等出席首发式。《中国现代科学家》第六组纪念邮票一套6枚，面值各120分，主题人物以"两弹一星"功勋人物为主，分别为王淦昌、赵九章、郭勇怀、邓稼先、朱光亚和王选。其中科学家王淦昌的原籍为常熟市支塘镇。在首发式上，王淦昌中学的学生以诗朗诵《循着大师的足印》表达对科学大师的缅怀和敬仰之情。（格根图雅）

11月26日，江苏省首个县级邮政管理机构——常熟邮政管理局揭牌成立

【常熟邮政管理局成立】 11月26日，江苏省首个县级邮政管理机构——常熟邮政管理局揭牌成立。这是继浙江义乌、广东顺德之后，全国第3个县级邮政监管机构。省邮政管理局局长张水芳、常熟市委书记惠建林共同揭牌。常熟邮政管理局主要职责包括贯彻执行国家邮政法律法规、方针政策和邮政服务标准，研究拟订本地区的邮政发展规划；监督管理本地区邮政市场以及邮政普遍服务和机要通信等特殊服务的实施；负责行业安全生产监管、统计等工作，保障邮政通信与信息安全；更好地引导和规范市场，促进邮政行业科学发展，提升行业服务能力，强化行业监督管理。（史　志）

责任编辑　张　军

常熟年鉴

CHANGSHU YEARBOOK 2015

农　业

综　述

2014年，全市农业生产总值72.28亿元，比上年增长6.25%，增加值43.27亿元，比上年增长6.76%，增速比上年放缓。小麦平均每公顷产量与上年基本持平，达5240千克；水稻生产主要遭遇生育期低温等不利条件，通过整体高产创建，每公顷产量9155千克，与上年基本持平；全年粮食（稻麦）每公顷产量7340千克，比上年有所回落。油菜每公顷产量2738千克，与上年基本持平；全市蔬菜播种面积2.64万公顷，总产量84.68万吨，产值15亿元。生猪出栏约22.62万头，家禽出栏约120.62万只，奶产量2.12万吨，禽蛋产量5161吨。水养殖总面积11172公顷，水产品总产量3.57万吨。全市69家农业龙头企业实现年销售收入242亿元。年内，立足“园区建设”“产业化发展”“农业科技支撑”三大重点组织实施，共落实11个重点建设项目，建设投入达1.70亿元，向上申报各类项目27个，下达上级项目资金达2619万元。高标准农田建设总投资1430万元，其中财政投资1300万元，建设规模666.67万公顷，分虞山镇和尚湖镇两个项目区实施。启动实施全市畜禽养殖综合整治三年行动计划，全市完成关停1333户。“2014中国蔬菜产业大会暨中国蔬菜产业博览会”在常熟市举行，来自全国的960名代表和农业部领导专家对常熟市蔬菜产业发展实绩给予好评。

表18　**2014年常熟市农林牧渔增加值情况**

指　　标	本年度现价计(万元)	缩减指数	按可比价计算(万元)	2013年同期(万元)
一、农林牧渔业总产值	722804	103.10	701336	680226
(一)农业	399710	102.90	388445	370165
(二)林业	27454	105.80	25949	24571
(三)牧业	66107	99.90	66173	65548
(四)渔业	142563	103	138411	142292
(五)农林牧渔服务业	86970	105.60	82358	77650
二、中间物质消耗		—	—	274969
(一)农业	135901	—	—	125856
(二)林业	12080	—	—	10811
(三)牧业	39664	—	—	39329
(四)渔业	64153	—	—	64031
(五)农林牧渔服务业	38267	—	—	34942
三、农林牧渔业增加值	432739		419620	405257
按行业分				
(一)农业	263809	102.90	256374	244309
(二)林业	15374	105.80	14531	13760
(三)牧业	26443	99.90	26469	26219
(四)渔业	78410	103	76126	78261
(五)农林牧渔服务业	48703	105.60	46120	42708
按支出法分				
(一)固定资产折旧	16063	—	—	15043
(二)劳动者报酬	357341	—	—	334647
(三)生产税	—	—	—	—
(四)生产补贴	—	—	—	—
(五)营业盈余	59335	—	—	55567

种植业

【概况】 2014年，全市各种作物面积与上年相比基本保持稳定，果树、蔬菜、小麦面积与大致持平；小麦平均每公顷产量与上年基本持平，达5240千克；水稻生产主要遭遇生育期低温等不利条件，通过整体高产创建，每公顷产量9455千克，与上年基本持平；全年粮食(稻麦)每公顷产量7340千克，比上年有所回落。常熟市农科所选送的杂交粳稻“常优粳6号”，在首届江苏好品种评选活动中获金奖。

无土栽培

表19 2014年常熟市农作物播种面积与产量情况

作物名称	播种面积(千公顷)	每公顷产量(千克)	总产量(吨)	作物名称	播种面积(千公顷)	每公顷产量(千克)	总产量(吨)
*农作物总播种面积	72.95	—	—	(4) 高粱	—	—	—
一、粮食作物合计	42.36	7340	310940	(5) 荞麦	—	—	—
(一) 夏收粮食	20.41	5229	106721	(5) 其它谷物	—	—	—
1. 夏收谷物	20.25	5240	106101	2. 秋收豆类	0.35	5429	19[illegible]
(1) 小麦	20.25	5240	106101	其中：大豆	0.25	5196	12[illegible]
(2) 元麦	—	—	—	绿豆	0.02	6000	1[illegible]
(3) 大麦	—	—	—	红小豆	0.08	6013	4[illegible]
2. 夏收豆类(蚕豌豆)	0.16	3875	620	3. 折粮薯类	0.24	7888	189[illegible]
(二) 秋收粮食	21.95	9304	204219	二、油料合计	2	2761	552[illegible]
1. 秋收谷物	21.36	9383	200426	(一) 花生	0.04	4200	16[illegible]
(1) 稻谷	20.87	9455	197322	(二) 油菜籽	1.95	2738	534[illegible]
① 早稻				(三) 芝麻	0.01	1330	1[illegible]
② 中稻和一季晚稻	20.87	9455	197322	(四) 胡麻籽	—	—	—
③ 双季后作稻	—	—	—	(五) 葵花籽	—	—	—
稻谷中：籼稻	—	—	—	三、棉花(皮棉)	0.53	1028	545[illegible]
粳稻	20.87	9455	197322	四、生麻类合计	—	—	—
糯稻	—	—	—	其中：生黄麻	—	—	—
(2) 玉米	0.49	6335	3104	生红麻(洋麻)	—	—	—
(3) 谷子	—	—	—	生苎麻	—	—	—

续表19

作物名称	播种面积(千公顷)	每公顷产量(千克)	总产量(吨)	作物名称	播种面积(千公顷)	每公顷产量(千克)	总产量(吨)
生大麻(线麻)	—	—	—	其中：西瓜	0.57	25500	14535
生亚麻	—	—	—	香瓜(甜瓜)	0.13	22500	2925
五、糖料合计	—	—	—	草莓	0.13	24500	3185
(一)甘蔗	—	—	—	*十、其它农作物	0.83	—	—
(二)甜菜	—	—	—	其中：*青饲料	0.12	—	—
六、烟叶(未加工烟草)	—	—	—	*绿肥	0.05	—	—
#烤烟(未去梗烤烟叶)	—	—	—	薄荷	—	—	—
*七、中草药材合计	—	—	—	留兰香	—	—	—
八、蔬菜(含菜用瓜)	26.40	30180	846852	附：*常年种蔬菜面积	7.87	—	—
九、瓜果类	0.83	24373	20645				

说明：1. 谷物系指稻谷、小麦、元麦、大麦、玉米、高粱、谷子以及其他谷物(如荞麦等)，不包括薯类和豆类；
2. 麻类产量指生麻重量；
3. 烟叶产量指未加工烟草重量，烤烟产量指未去梗烤烟叶重量；
4. 粮食口径等于本表中的谷物加上豆类及折粮薯类；
5. 带＊号的只统计播种面积

【完成种子基地建设】 2014年，全市总投资1500万元用于建设种子基地，当年全部完成建设任务。全市5个基地共新建种子仓库 1761平方米，改造老仓库181[illegible]1761平方米，新建种子加工厂房30441761平方米，改造老加工厂房3301761平方米，新增种子烘干机20台，新增种子计量包装流水线2条，改造种子田20公顷，新建水泥路1290米，新建机耕路2800米，沟渠26301761平方米。

【完成水稻良种(购种)补贴项目】 2014年，全市水稻良种补贴项目供种面积1.97万公顷，项目供应水稻良种106.43万千克，其中常农粳7号水稻种子26.71万千克，良种补贴面积0.45万公顷；南粳46水稻种子20.91万千克，良种补贴面积0.35万公顷；武粳29水稻种子51.89万千克，良种补贴面积0.86万公顷；常优2号水稻种子2.80万千克，良种补贴面积0.12万公顷；常优5号等水稻种子4.12万千克，良种补贴面积0.18万公顷。全市2.09万农户享受到市、县(市)二级财政294.90万元的水稻良种购种补贴款。

【推广测土配方施肥技术】 2014年，常熟市列入全省12个测土配方施肥示范县市。全年采集土壤样品400个、植株样品128个，化验分析土壤、植株养分，在生产季节，组织水肥一体化应用、配方肥基施深施、配方肥网点供应、新型肥料试验、示范效果评价等现场观摩、督查6次，共120多人次。印发测土配方施肥建议卡52000多份，建议卡上墙率80%。全市建立稻麦蔬果测土配方示范区18个，其中稻麦15个、蔬果3个，应用面积0.67万公顷；设立配方肥应用示范户54个，总面积624.80公顷。通过推广秸秆还田技术、小苗机插肥水运筹、配方肥基施深施、补钾增穗肥技术等，全年配方肥施用0.70万吨(折纯)，稻麦测土配方技术推广面积3.85万公顷，占总面积93.70%；蔬果测土配方施肥技术推广2.57万公顷，占总面积90.60%。

【2014中国蔬菜产业大会暨中国蔬菜产业博览会在常熟举行】 5月9日至11日，以“优质安全，产业之本”为主题的2014中国蔬菜产业大会暨中国蔬菜产业博览会在常熟举行。全国政协常委、农业部总经济师钱克明，中国蔬菜协会会长薛亮、江苏省政协原副主席张九汉、苏州市副市长陆留生、常熟市市长王飏等出席会议。会上，农业部总经济师钱克明作主题发言，论述了蔬菜产业从昔日“一碟小菜”到关系社会稳定的重要民生产品的全过程。薛亮代表中国蔬菜协会首次发布“中国蔬菜协会优秀

蔬菜生产商评价标准”及首批优秀蔬菜生产商名单，授予常熟市“蔬菜科技集成创新示范区”称号。上海交通大学、南京农业大学、扬州大学等8家高校的科研机构与常熟市政府签订合作协议。与会领导和代表还参加中国蔬菜产业博览会、中国蔬菜摄影大赛颁奖仪式以及常熟现代农业示范现场展示活动。

【“南繁”育种】 2014年，海南南繁新基地正常运作，面积1.33公顷。自然隔离小面积制种7个，手工制种组合207个，配制测交组合1947个，常规杂交组合308个，常规加代920个，F3代656份、F2代65份、F0代89份，常规亲本110份，繁种2份。

【开展田间植保科研】 2014年，市农业部门共进行18项新农药筛选试验示范，参选农药品种达到60多个，其中小麦病虫药效试验2个、水稻病虫药效试验7个、蔬菜病虫药效试验8个、一枝黄花化除2个、绿化病虫3个，通过科研项目开展和植保新技术的示范应用，全年向省市各级申报项目6项，争取项目资金375万元。

【承担各级水稻科研项目6项】 2014年，常熟市承担各级科研项目6项，其中省部级4项、苏州市级1项、常熟市1项。省部级项目为：科技部“国标一级优质粳稻新品种(组合)配套栽培技术集成示范与产业化开发”、国家杂交水稻工程技术研究中心“三一粮食高产工程”、省科技支撑计划“优质食味粳稻新品种安全标准化生产技术集成创新与示范”、省农委“挂县强农富民工程”项目。

【开展病虫害预测预报】 2014年，常熟市病虫害11个测报点工作坚持系统调查与大面积普查相结合，灯下虫情与田间调查相结合，应用菌源、气候、生育期相结合的测报方法，准确预报病害发生、发展趋势，并提出防治对策，确保有效控制病害的发生危害。蔬菜病虫作为省站测报点，做到每星期二及时上报即时病虫信息，定期对测报点人员进行培训，加强交流和业务知识学习，全年粮经林测报人员先后21次进行虫情交流，及时掌握第一手资料。全年针对30多种病虫害进行测报并发布情报32期，其中粮作11期，经作9期、林绿10期、其他2期，发生期、发生量预报准确率达到[illegible]5%以上。

渔业

【概况】 2014年，全市水产养殖生产面积11172公顷，其中土塘6655公顷，湖泊和河沟4517公顷。水产品总产量35069吨，较上年减少1.03%，其中海洋捕捞约1914吨，较上年减少4.78%。渔业总产值超24.06亿元，比上年增长4.59%，其中一产16.45亿元，较上年增长5.54%。

长江渔业资源增殖放流

表20

2014年常熟市渔业生产情况

指　　标	计量单位	数　量
水产品总产量	吨	37683
海洋捕捞	吨	1914
远洋渔业	吨	0
海水养殖	吨	0

续表20

指　　标	计量单位	数　量
淡水捕捞	吨	700
淡水养殖	吨	35069
一、二、三产业产值(渔业经济总产值)	万元	240616
一产(渔业)产值	万元	164456
一、二、三产增加值(渔业经济增加值)	万元	125118
一产(渔业)增加值	万元	95874
水产养殖面积	公顷	11172
海水养殖面积	公顷	0
淡水养殖面积	公顷	11172
机动渔船艘数	艘	226
机动渔船总吨位	总吨	3688
机动渔船功率	千瓦	7555

【设施渔业建设】 2014年,全市水产养殖重点镇加快高效渔设施业改造,新装微孔增氧机200台套,新增高效设施渔业面积200公顷,设施渔业累计完成面积0.34万公顷。辛庄镇吕舍村荷花荡现代渔业示范场,新建连片池塘循环水养殖面积33.33公顷。

【引进推广虾、鱼等新品种】 2014年,常熟市引进水产新品种有沙塘鳢、鲻鱼、"太湖1号"青虾、"长江2号"蟹苗等。其中,沙塘鳢引进水花29万尾,夏片2万尾,在辛庄、古里、沙家浜、小山基地、梅李等园区和基地开展蟹池套养试验,面积36.07公顷。"太湖1号"青虾引进365千克原种,繁苗3000万尾,推广套养面积67公顷。"长江2号"蟹苗引进132千克,在辛庄、小山基地、支塘园区及海虞设扣蟹培育示范点,面积9.33公顷。鲻鱼在沙家浜、古里、虞山镇、支塘开展蟹池套养试验,面积8.73公顷,采用不同套养模式,共放鱼种5650条。台湾泥鳅、梭鲈鱼、澳洲龙虾等各类高档特色水产品种分别在沙家浜东湖现代渔业科技发展公司和沙家浜产业园区养殖试验。

【水产品病害测报】 2014年,常熟市重点加强对主养品种河蟹、青虾及四大家鱼发病流行规律的研究,突击对一、二类水生动物疫病监测预警,全市设立10个病害测报点,其中设立在支塘水产医院的河蟹专项测报点作为省级测报点,每天报送测报信息,全年监测80个样品。免费开展门诊服务,为养殖户排忧解难,全年共接待鱼病门诊1000多人次,检测病鱼、病蟹1200只(条),检测水样2000批次。

【苗种基地建设】 2014年,常熟市在小山基地(市农科所)建设水产遗传育种中心,所有鱼池全部投入使用,主要从事虾、蟹优质种苗的培育、品种改良、新品种试验示范。当年示范的新品种有"长江2号"蟹苗、"太湖1号"青虾、沙塘鳢、鲻鱼等4个品种。年内,全市新增苗种基地2家,即沙家浜民意水产科技发展公司四大家鱼苗种培育基地(苏州市级)和沙家浜东湖现代渔业科技发展公司梭鲈鱼繁育基地。

【开展名特养殖品种繁育】 2014年,常熟市沙家浜东湖现代渔业科技发展公司成功突破梭鲈鱼繁育的各个关键技术环节,繁育梭鲈鱼苗20万尾,填补了江苏繁育"北方鱼"的空白。康赛德生物农业有限公司生产鲥鱼苗40万尾。白茆顺隆鱼虾育苗场进行沙塘鳢大规格夏片培育,以提高蟹池套养成活率,10万尾夏花共培育夏片4.50万尾。沙家浜民意水产科技发展有限公司成功淡化南美白对虾苗3000万尾,并开展澳洲淡水龙虾的繁育,共繁育150万尾,其中自养 2.8 公顷，放养 20 万尾。

【渔业安全生产管理】 2014 年，常熟市按照市、镇、村、船东逐级落实渔业安全生产责任，要求海洋、长江渔船签订责任书外，内河及湖泊渔船全部签订安全生产责任书，切实将船东为渔业安全生产第一责任人制度落到实处。全年开展各类渔业安全宣传教育培训 10 期 390 人次。按规定年度检验渔船 273 艘，全部安装渔船电子身份标签，复考沿江渔船驾驶员 51 人，对所有在册内陆渔船进行核查。

【建设水产医院等公共服务平台】 2014 年，常熟市 3 个水产医院投入运营，分别是支塘渔业精品园水产医院、辛庄朱家桥水产医院和古里渔业精品园水产医院。全市水产医院 9 家。为扩大水产医院的服务功能，在沙家浜朗城村和辛庄朱家桥村建设 2 个渔家书屋，结合承担的省站“现代渔业新型科技服务模式创新”项目，在这 2 个村挂牌“现代渔业科技综合服务站”，并配备市、镇、村专（兼）职渔业技术服务人员 10 人。

【渔业互助保险】 2014 年，常熟市共办理政策性雇主责任险 181 人 10860 份；政策性渔船互助保险 29 份；内陆人身平安互助险 384 人 3864 份，共计完成保费 106.36 万元，为参保渔民提供 1.67 亿元的渔业安全风险保障。协助完成赔付 6 起，为渔民挽回损失 11.74 万余元。继续开展池塘河蟹养殖互保试点工作，结合渔业科技入户工程项目的实施，试点物化补贴为示范户买池塘河蟹养殖互助保险，承保面积共计 511.70 公顷，保险金额达 369 万元。

畜牧业

【概况】 2014 年，全市生猪存栏 18.34 万头，其中能繁母猪存栏 0.81 万头，生猪出栏 22.62 万头；羊存栏 2.55 万头，出栏 1.51 万头；家禽存栏 60.56 万只，出栏 12[illegible].62 万只；奶牛存栏 5346 头。全年肉类总产量 18364 吨，牛奶产量 21187 吨；禽蛋产量 5161 吨。年内，全市所有存栏奶牛达到口蹄疫首免的均植入二维码电子芯片，实施电子信息化管理。

表 21

2014 年常熟市畜牧业生产情况

指标名称	期末存栏数			当年出栏数（头、只、羽）	肉产量（吨）	指标名称	计量单位	数量
	期末存栏数（头、只、羽、箱）	其中能繁殖母畜（头、只）	当年生仔畜（头、只）					
一、大牲畜	5346	—	—	0	0	肉类总产量	吨	1836[illegible]
1. 牛	5346	3360	2076	0	0	其中：牛肉	吨	[illegible]
(1) 黄牛	0	0	0	0	0	猪肉	吨	1583[illegible]
(2) 奶牛	5346	3360	2076	0	0	羊肉	吨	36[illegible]
(3) 水牛	0	0	0	0	0	禽肉	吨	206[illegible]
其中：奶水牛	0	—	—	—	—	兔肉	吨	
(4) 牦牛	0	0	0	0	0	奶类产量	吨	2118[illegible]
2. 马	0	0	0	0	0	1. 牛奶产量	吨	2118[illegible]
3. 驴	0	0	0	0	0	其中：水牛奶产量	吨	0
4. 骡	0	—	0	0	0	牦牛奶产量	吨	0
5. 骆驼	0	0	0	0	0	2. 羊奶产量	吨	0
二、猪	183360	8097	0	226190	15833	3. 其他奶	吨	0
三、羊	25490	5300	—	15062	364	山羊绒产量	吨	0
1. 山羊	5136	1359	—	3367	74	山羊毛产量	吨	0

续表21

指标名称	期末存栏数			当年出栏数（头、只、羽）	肉产量（吨）	指标名称	计量单位	数　量
	期末存栏数（头、只、羽、箱）	其中能繁殖母畜（头、只）	当年生仔畜（头、只）					
其中：绒山羊	0	—	—	—	—	绵羊毛产量	吨	25
奶山羊	0	—	—	—	—	其中：细羊毛产量	吨	0
2. 绵羊	20354	3941	—	11695	290	半细羊毛产量	吨	0
其中：细毛羊	0	—	—	—	—	兔毛产量	吨	0
半细毛羊	0	—	—	—	—	蜂蜜产量	吨	270
四、家禽	605595	—	—	1206153	2067	禽蛋产量	吨	5161
1. 鸡	220403	—	—	648333	939	其中：鸡蛋产量	吨	762
(1) 专用型蛋鸡	50900	—	—	47300	57	鸭蛋产量	吨	3808
(2) 专用型肉鸡	118900	—	—	503940	756	鹅蛋产量	吨	591
其中　黄羽肉鸡	81700	—	—	346240	520	蚕茧产量	吨	0
(3) 兼用型鸡	50603	—	—	97093	126	其中：桑蚕茧	吨	0
2. 鸭	311292	—	—	409740	758	柞蚕茧	吨	0
3. 鹅	73900	—	—	148080	370			
五、兔	0	—	—					
六、蜜蜂	2683	—	—	—	—			

【开展畜禽养殖综合整治】 2014年，为改善农村环境，常熟市实施“畜禽养殖综合整治三年行动计划”。全市畜禽养殖综合整治关停累计完成1632户，治理完成467户，完成三年总任务的50.41%。其中虞山镇、沙家浜镇、董浜镇已经超额完成全年任务，海虞镇、尚湖镇、支塘镇也已经完成全年任务的90%以上。

【病死畜禽处理无害化】 2014年，常熟市通过与规模畜禽养殖场、畜禽屠宰企业等签订责任状，落实养殖、屠宰等企业病死动物无害化处理的主体责任，全市建设15个公共沉尸井，实施规模养殖场无害化处理“一对一”监管。“两病”奶牛无害化处理由江苏田娘农业科技有限公司畜禽尸体无害化综合处理中心负责“两病”奶牛尸体的无害化处理，常熟市动物卫生监督所全程监管。

【开展奶牛“两病”监测工作】 2014年，全市达到检测年龄（布氏杆菌病8月龄以上奶牛为监测对象，结核病20日龄以上为监测对象）的所有奶牛进行全面检测，监测覆盖面达到100%。共检测奶牛20户，4104头，结核阳性7头，全部进行无害化处理。

【政策性农业保险】 2014年，常熟市在能繁母猪捆绑育肥猪、奶牛和育肥猪农业政策性保险继续实施的基础上，全年共有1391户养户，承保能繁母猪8097头；有1384户养户，承保育肥猪129207头；有12户养户，承保奶牛2511头，本年度养殖业保险共有2787户次养户，承保能繁母猪、育肥猪、奶牛139815头。

林　业

【概况】 2014年，常熟市围绕建设生态文明，发展现代林业。强化森林资源管理；加强林业有害生物防治；加强野生动物宣传和保护；开展各类项目申报；加大林政执法力度。全市森林面积持续增加，森林资源得到有效保护。年内，常熟市《关于调整完善生态补偿机制和政策体系的意见》出台，常熟市农委制定《常熟市重要生态湿地保护考核办法（试行）》及《考核评分标准》，进一步细化湿地管护的考核标准，明确湿地周边补偿村庄、补偿标准及生态补偿资金的管理、考核验收等制度，为全市全面开展湿地管理与保护提供政策性依据。

表22　**2014年常熟市林业生产情况**

指　　标	计量单位	数　量
1. 人工造林面积	公顷	473.02
育苗面积	公顷	875.01
2. 水果种植面积	公顷	1468
水果产量	吨	15147
其中：柑橘	吨	370
梨	吨	870
葡萄	吨	11784
桃	吨	890
其他	吨	1233
3. 干果种植面积	公顷	15.30
干果产量	吨	23
其中：银杏(白果)	吨	12
板栗	吨	11
4. 茶叶种植面积	公顷	131.40
茶叶产量	吨	36.30
5. 花卉种植面积	公顷	31

【森林资源管理】 2014年，常熟市共受理林木采伐(采挖)申请14件，核发林木采伐许可证14份，合计采伐林木74547株，采伐蓄积4499.29立方米，采挖林木2328株，采挖蓄积303.69立方米，其中纳入限额管理的采伐(挖)蓄积517.24立方米；根据社会举报线索查处毁坏虞山树木违法案件1起；受理常熟市民政局虞山林地占用申请1起。并以二类资源调查结果结合2008至2014年营造林核查结果为依据，开展常熟市"十三五"期间年森林采伐限额编制工作。

【申报中幼林抚育项目】 2014年，常熟市开展绿色江苏建设专项资金及苏州市农村绿化重点工程中幼林抚育项目的编制工作，申报省级中幼林抚育项目1项、苏州市级中幼林抚育项目2项，并对2013年度常熟市长江河道管理处90.70公顷中幼龄林抚育项目开展自查。

【开展营造林小班核查】 2014年，常熟市为提高营造林小班自查质量与国家林业局华东院合作，联合开展2014年新造成片林小班自查工作，6月底全面完成本业调查工作，共调查小班694个，面积473.02公顷。

【开展虞山森林有害生物防治】 2014年，虞山松材线虫病综合治理工作累计清理疫木2345株，无害化处理疫木158.9吨；实施生物防治释放肿腿蜂、花绒寄甲共计150万头；进一步扩大注干作业范围，对1200株健康松树实施注干以提升树体对松材线虫病的抗性。根据2014年松材线虫病秋季疫情普查，按山体横向纵向以林业小班为单位实施普查作业，普查结果显示，虞山松材线虫病发病面积为13.20公顷，较上年下降8.80公顷；病死树17株，较上年减少35株，病死树数量与发病面积连续5年双下降，疫情得到有效控制。

【调整长江湿地保护小区面积】 2014年，常熟市长江湿地保护小区面积由原来的8033.21公顷扩大至8635.91公顷，全市受保护自然湿地总面积为10259.32公顷，市受保护自然湿地率将达到45.70%。

【开展打击破坏野生动物资源违法犯罪专项行动】 2014年，常熟市加大陆生野生动物保护工作力度，规范、提高陆生野生动物收容救护力度，收容救护野生动物69只。在国家林业局、省林业局的统一部署下，在全市范围内组织开展为期3个月的集中打击破坏野生动物资源违法犯罪专项行动——“2014天网行动”，加大查处各类贩卖、运输野生动物案件力度，严厉打击破坏野生动物违法行为。

农业机械化建设

【概况】 2014年，常熟市农业机械化发展总投入5300万元。全年新增各类机具1005台，其中高速插秧机247台，比上年增长32%。全市建成统一布局、设置规范的农机场库48个，拥有大中型农机装备2658台（套），稻麦收割机自给率提升至80%，水稻机插率稳定在85%，面积达到1.73万公顷，全市主要农作物生产机械化水平达96%，其中水稻机插水平达85%，稻麦秸秆机械化还田水平达85%，全市农业综合机械化水平达90%。

插秧机在田间作业

【农机监管】 2014年，常熟市继续抓好提高农机“三率”提升工作，积极推进“平安农机”创建活动。利用会议、报纸、电视、电台进行宣传，发放宣传资料4426份，制作横幅85条，出动宣传达72次，组织农机驾驶操作人员进行安全知识培训，全市接受学习2550人次，农机驾驶人员受教育率90%以上。累计年检农田大中型拖拉机1026台，年检率92%，新注册登记55台；联合收割机年检657台，年检率92%，注册登记11台；办理农机政策性保险1749台，司乘人员团体意外伤害险1019人；开展农机安全互助工作，拖拉机入会980台、收割机630台、插秧机600台，拖拉机和收割机入会率达96.70%。开展农机执法检查50次，检查农机664台次，纠正违章18起，排除安全隐患33个，签订农机安全生产责任状1171份，处理农机事故7起，参加监管执法行动人员276人次。

【农业装备】 2014年，全市微孔增氧机安装300台（套），自主研发的微孔增氧机自动控制装置，年内在沙家浜产业园和小山基地、支塘园区完成6个点的安装，并投入试用。古里精品园投资150万元建成集水质在线监测、电商平台、可追溯系统、远程诊断、治安监控等功能为一体的智能化系统。全年新增一批新型农机具，如育秧流水线55套，碎土、筛土机37套，植保机械63台，烘干机11台，深翻犁7台，渔业机械39台，育秧秧盘1234450只，受益农户达600多户，提高了农业生产机械化水平。

【开展机具核查】 2014年，常熟市按照省级农机购置补贴各项工作制度，按比例开展机具核查活动，特别对近5年购置的收割机、插秧机等重点机具进行现场核实。全年共电话核查机具81台，现场核查机具1136台。

农产品质量建设

【概况】 2014年，常熟市农产品质量安全工作以强化农产品质量安全监管能力建设为重点，以确保全年不发生重大农产品质量安全事故为底线，着力完善贯穿技术推广、监测预警、质量认证、执法监管等环节的工作机制，开展农资、添加剂、生猪、水产品投入品等质量安全专项整治。全年部、省、苏州市、常熟市四级农产品例行监测与监督抽检合计3156批次，检测合格率达99.80%。

表23　**2014年常熟市种植业“三品”比重情况**

指　标　名　称		计量单位	数　量
种植业食用农产品“三品”产量（折算初级农产品后产量）	无公害农产品	吨	11.55
	绿色食品	吨	3.74
	有机农产品	吨	0.04
	小计	吨	15.33
种植业食用农产品产量（省统计局食用农产品统计）	粮食	吨	31.09
	油料	吨	0.55
	蔬菜	吨	84.69
	林茶果	吨	2.06
	小计	吨	118.40
种植业“三品”产量占食用农产品产量比例		%	12.95

【执法监管】 2014年，常熟市农产品质量安全监测中心启用，古里镇成为农产品质量安全示范乡镇。围绕农产品质量加强农业执法，全年开展春秋季农资打假护农行动、夏季农资打假百日行动等活动。累计出动执法人员410人次，检查各类农资生产经营单位236个次。查处农资违法案件6件，结案6件，涉案违法农资3159千克。

【农产品质量安全“网格化”管理】 2014年，常熟市下发《关于2014年常熟市农产品质量安全监管工作意见》《2014年常熟市农产品质量安全“天安行动”暨专项整治方案的通知》《2014年常熟市农产品抽检方案》等文件，对农产品质量监管实施“网格化”管理。确定全市2942个重点监管对象，明确镇级监管员、村级协管员的监管对象，印发监管记录本，规范工作要求。全市的10个乡镇以及3家规模蔬菜基地的快速检测室，全年完成3156批次检测任务。

【实施耕地质量提升示范】 2014年常熟市组织实施商品有机肥补贴推广应用和冬绿肥种植补贴项目，完成商品有机肥6500吨供肥，冬绿肥种植666.67公顷任务，实施省竞争类项目“沿江耕地质量提升综合示范项目”，开展项目管理技术培训1期，乡镇巡回推介培训4期，力争到2015年7月份沿江诸镇完成商品有机肥4667吨、绿肥种植333.33公顷、水肥一体应用200公顷目标任务。

【开展农产品产地重金属污染监测】 2014年，常熟市按照江苏省农产品产地重金属污染防治领导小组工作部署，在全市开展农产品产地土壤加密监测、预警监测和农产品污染风险监测，完成土壤样品154个、农产品138个采样分析、登记表600多份。完成农业部农产品产地污染风险监测样本采集，定点粮食基地2个、蔬菜基地2个，采集土样22个、植株样12个、灌溉水样4个。已初步建立全市农产品产地重金属污染数据库。

现代农业园区建设

【概况】 2014年，江苏常熟国家农业科技园区坚持“一中心二区多基地”总体发展格局，园区全面进入实质性运作，园区基础设施建设投入不断加大，涉农科技成果转化亮点纷呈，新技术新品种推广覆盖面不断扩大，先进农业技术集成应用不断增强，农业增效、农民增收和产业增值效应明显。已经成为集中展示常熟农业科技水平，引领现代农业发展的新品牌。

园区实质性运作正式启动 2014年，苏州市批准江苏常熟国家农业科技园区管委会为正科级建制，核定全额事业编制15名，并实行财政单独预算。管委会下设“一室三部”，即办公室，规划建设部、产业发展部和财务部。园区官方网站(网址：www.cs－agri.com)和微信公众号(微信号：常熟国家农科园/csgjnky)两个对外宣传平台分别于7月和11月正式上线开通。至年末，网站点击量超过80000次。园区相关内部管理制度基本建立。园区还组织相关人员前往北京、上海、浙江、陕西、山东、广西及本省等地参观同类国家农业科技园区7个、科研院校9个、现代农业示范基地或示范点10多个，组织园区各类人员外出培训40人次。

【完成园区规划修编】 2014年，江苏常熟国家农业科技园区启动核心区总体规划(2015—2020)修编工作。整个园区规划分为三期建设，其中一期93.33公顷，二期257.33公顷，三期529.33公顷。规划修编主要明确了核心区一期的功能布局，重点对核心区二期进行规划修订，计划组织专家论证，二期将设置农业企业孵化区、蔬菜园艺科技发展区、水稻科技发展区、水产科技发展区和农业休闲旅游区五大区域。2个省级园区、3个苏州市级园区和12自定园区(或基地)的分规划基本实现全覆盖。

【园区主核心区项目建设】 2014年，江苏常熟国家农业科技园区33000平方米温室大棚工程于7月份正式开工，功能定位为“一园六区”，即：农业科技孵化园、热带植物科普区、农业科技展示区、高效园艺示范区、农业新品选育区、迷你农业体验区和花卉园艺观赏区。园区主核心区封闭运行围墙工程基本完成。国家杂交粳稻品种创新基地项目库房工程、优质稻米新品种(组合)繁育技术集成研究与产业化开发项目水泥田埂和护栏工程以及高效水产示范工程完成招投标并启动建设。主核心区项目实际总投资为2500万元。至12月底完成进度超50%。

【农业园区和基地建设】 2014年，常熟市各农业园区、基地投入1.08亿元用于基础设施、种养设施、科技创新平台、管理服务设施等建设。董浜产业园投资650万元，重点加强园区智慧农业管理系统及基础设施建设；沙家浜渔业产业园区投资303万元建设高标准设施养殖场；虞山中泾基地投资2068万元建设高效特色精品园二期工程；海虞基地投入2100万元，重点实施郑家桥、徐桥533.33公顷高标准农田扩建项目；尚湖基地投入255万元，加强园区道路、电力设施的配套；古里基地投入1026万元，改造坞坵333.33公顷高标准农田；支塘基地投资772万元，扩建180.67公顷高标准渔业养殖区；碧溪新区基地投入1560万元，新建园区管理中心；梅李基地投入1560万元，新建园区道路、沟渠、大棚等；辛庄基地投入500万元用于高档花卉产业基地扩建。碧溪现代设施农业科技示范园区、古里现代水稻产业园区和梅李高效设施蔬菜产业园区3个园区通过苏州市市级现代农业园区认定。

【建立科技创新合作和服务平台】 2014年，园区分别与国家蔬菜工程技术研究中心等8家科研院校签订全面合作框架协议，其中3家在园区建立实质性合作平台，上海交大新农村发展研究院常熟实验基地基本建成，建成科研管理

加快现代农业设施建设

用房2000平方米。与省农科院和农业部南京农机所分别组建“江苏省农业科学院（常熟）设施蔬菜与装备研发中心”（在碧溪园区）、“苏南科技创新与成果转化中心（派出机构）”和“农业部南京农业机械化研究所（常熟）农业装备技术应用中心”3个合作平台。8月份，由国家农业科技园区申报的江苏省博士后创新实践基地获得省人社厅批准，基地下设3个分站，分别是常熟市农业科学研究所、南大常熟生态研究院、江苏田娘农业科技有限公司。

【一批农业科技项目在园区实施】 2014年，园区“一中心二园区多基地”承担实施的各级各类涉农科技项目59个，共涉及项目资金1250万元，其中省、苏州市级科技支农项目22项，涉及资金700万元，常熟市级安排农业科技项目35个，安排财政资金550万元。常熟市现代农业标准化示范区被列为国家第八批、江苏第十四批农业标准化示范项目，园区被确定为该项目实施主体之一。常熟水稻育种的领军人物端木银熙入选中国科协“乡村情·科技梦”——优秀农村基层科技工作者百人名单，是苏州市唯一入选的优秀农村基层科技工作者。园区董浜产业园农业废弃物及餐厨垃圾综合利用生产液体有机肥项目完成设备安装及调试工作，并开展了订单式配送试验；苏州科技支撑项目“常熟地方品种徐筒玉丝瓜提纯复壮及产业化开发”继续推进，涉及范围已扩展到董浜产业园里睦村、东盾村、新民村、杨塘村。董浜产业园“智慧农业一体化管理平台”科技成果通过由省级专家组成的鉴定委员鉴定。（朱　剑）

责任编辑　浦君芝

常熟年鉴

CHANGSHU YEARBOOK 2015

水利水务

综　述

4 月 12 日，长江委副主任杨淳(前排左三)检查铁黄沙防汛工作

【概况】 2014 年，全市实现水利投入 18 亿元。《常熟市防洪及河道蓝线规划》出台，市水利局与河海大学联合开展《常熟市水系连通调控规划》文本编制，为全市水利工程建设管理和水资源调配控制提供规划依据。常熟尚湖和长江两个集中式饮用水源地达标建设通过省级验收。

防汛防旱防台 2014 年汛期(5 月—9 月)，小东门观测站实测总降雨量 801.20 毫米(上年同期为 392.10 毫米，百年平均为 622.90 毫米)，同比增加 104.30%，比百年平均值多 29.50%，属雨水偏多年份。汛期内小东门最大日降雨量为 53.80 毫米，出现在 8 月 14 日；小东门最高水位为 3.66 米，出现在 8 月 29 日。汛期降雨呈现以下特点：入梅略偏迟、梅雨期短、对流天气多。根据小东门的观测资料显示，汛期各月的降雨量分别为：5 月 55.60 毫米，6 月 128.40 毫米，7 月 224 毫米，8 月 278.60 毫米，9 月 114.60 毫米。汛期内降雨分布比较平均，除 5 月其余月份降雨均超过 100 毫米。常熟市于 6 月 20 日入梅，7 月 7 日出梅，梅雨期 17 天，梅雨量 156.30 毫米，为常年平均梅雨量的 90.60%。全年主要受第 12、16 号台风影响，其中第 16 号台风“凤凰”在浙江象山镇沿海登陆，穿越上海，于江苏入海。2 次台风影响期间全市出现 6—7 级大风，但均未造成强降雨。汛期内由于对流天气多，全市降雨频繁，自 7 月下旬起城区小东门水位一直保持在 3.50 米左右，为保证区域防汛安全，沿江各闸连续全力排水，未造成损失。在立足防汛安全的基础上，加大通江河道调水引流力度，提高河湖控制水位，全市沿江各闸全年共排水 899 潮次、8.20 亿立方米；引水 286 潮次、3.23 亿立方米(望虞河枢纽除外)。

水利工程建设与管理 铁黄沙整治工程 17.10 千米围堤土方全部达到设计标高，堤身护砌工程全面完工，福山水道疏浚、围区吹填、涵闸工程等全面开工，完成投资 10.50 亿元，占合同量的 87%。走马塘拓浚延伸常熟段工程通过竣工结算审计，于 6 月 14 日通过由省水利厅组织的投用验收，已投入正常运行，并移交给江苏省望虞河常熟管理所负责日常运行管理。七浦塘拓浚整治常熟段工程征迁安置工作涉及农(居)民房 152 户，拆除 150 户，76 家企事业拆除 74 家；工程建设包括河道拓浚工程、4 座跨河桥梁及 12 座口门建筑物工程。主体工程 10 个标段全部开工，完成挡墙 10.50 千米、河道土方 95 万立方米、6 座涵闸主体工程、3 座桥梁主体工程，完成总工程量的 75%，完成投资 5.85 亿元。莫城河、辛安塘整治工程有序开展，10 月进入全面施工阶段，至年底总体形象进度达到 50%，完成投资 3000 万元。

农村水利工程建设与管理 2014 年全市共完成疏浚河道 298 条、269.54 千米、土方 346.90 万立方米；建设生态河道 20 条、25.50 千米。实施农桥改造及拆坝建桥畅流工程，拆除坝埂 130 处，建桥(涵)200 座。全市新(改)建排涝站 15 座、三闸 21 座；新建圩堤护岸 10.26 千米，加高加固圩堤 18.20 千米、土方 17.32 万立方米，完成圩堤绿化 56.20 千米，圩区达标管理形成常态化。完成“中央财政旱涝保收高标准农水重点县”2013 年度项目，新建高标准农田 868.33 公顷(其中 448.33 公顷为高效节水灌溉)，项目总投资 5700 万元。完成规模化节水灌溉增效示范 2013 年度项目，新增高效节水灌溉农田 0.07 万公顷，完成投资 1790.20 万元。实施城乡河道综合治理 37 条、53.92 千米。其中城区 5 条 7.12 千米，由市住建局负责实施；乡区 32 条 46.80 千米，由各镇(区)负责实施。乡区 32 条河道，完成挡墙(含生态护岸)12800 米，桥、涵、闸、站 23 座，疏浚土方

49.50万立方米。

水政与水资源管理 组织开展河湖清障执法检查和长江河道采砂监管等专项执法活动。全年共出动巡查1391车次、3876人次,查处水事案件185起,清除违章种植0.51公顷、拆除违章建筑94平方米、清理违章占用243平方米,拆除阻水坝埂15条,网簖34处。着力做好铁黄沙采砂工程监管工作,投资456万元将狼山沙、自来水厂取水口头部区域禁采浮标增加至19座(原有5座),对该区域进行有效保护,确保采砂工作规范有序推进。组织长江采砂监管巡查170次,清理整顿采砂船舶33条(次),查处非法采砂行为,立案1起,顺利完成第一年度采砂监管任务。按照《市政府关于推进简政放权深化行政审批制度改革实施意见》,对原有12项涉水行政许可审批事项进行了精简,合并取消3项,剩余9项,全年审批涉水行政许可133项。全面落实"三条红线"管理,制定下发《市政府关于实行最严格水资源管理制度的实施意见》,为今后一段时间全市的水资源管理工作指明了方向。2014年共下达全市取水计划为地表水19.66亿立方米、地下水147万立方米,比上年分别下降2.20%、26.30%。全市征收两费8446.50万元,其中水资源费(含南水北调基金)6714.20万元,水利工程水费1732.30万元,完成年度计划的128%。《水生态文明城市建设方案》获得省水利厅和苏州市政府联合批复。委托江苏省水文水资源勘测局苏州分局等单位,对海洋泾、昆承湖进行河湖健康评估,为全市水资源保护工作提供重要参考。

【中央财政高标准农田示范重点县项目通过验收】 1月8日,由市水利局、财政局、发改委等部门组成的验收工作组,对常熟市2012年度中央财政旱涝保收高标准农田示范重点县建设项目进行合同工程完工验收。2012年度重点县建设项目,实施梅李、董浜2个项目区,共建设旱涝保收高标准农田1138.70公顷,其中高效节水灌溉面积420公顷,改善排涝面积2887.20公顷。项目总投资5680万元,其中中央财政补助资金1200万元、省级财政补助资金1600万元、常熟市级财政配套2800万元,其余由项目所在镇配套。该项目在验收工作组现场踏勘,听取工程参建各方的工作报告,查阅工程资料后通过合同工程完工验收。

【铁黄沙整治工程采砂施工启动】 2月10日,江苏省水利厅在常熟市国际会议中心主持召开常熟铁黄沙整治工程采砂现场监管工作会议。建设单位常熟市港区开发建设有限公司,施工单位长江勘测规划设计研究有限责任公司,监管单位苏州市水利局、常熟市水利局分别对各自前期准备工作开展情况作了简要汇报。省水政监察总队副总队长、省砂管局局长葛书龙常熟铁黄沙整治工程提出要求,并向建设单位颁发长江河道采砂管理许可证。

【中央媒体采访组集中采访常熟市水生态文明建设】 4月18日,由《人民日报》《新华社》《光明日报》《经济日报》、中央人民广播电台、中央电视台经济频道、《科技日报》等媒体组成的"水生态文明建设巡礼"记者采访组到常熟集中采访常熟市水生态文明建设。采访组参观了董浜节水灌溉基地和古里镇苏家尖村的水生态环境建设,并进行实地采访。市水利局和古里镇就水生态文明建设,董浜镇节水灌溉基地建设,尚湖、昆承湖治理情况和古里苏家尖村水生态治理作了详细介绍。

【2011年度规模化节水灌溉项目通过省级竣工验收】 6月1日,常熟市2011年规模化节水灌溉项目通过由省水利厅、发改委组成的联合验收组的竣工验收,工程质量评定为合格等级。2011年规模化节水灌溉项目位于董浜镇旗[illegible]、智林、陆市、杨塘、黄石、东盾6个行政村,实施面积0.11万公顷,新建24个灌区。项目实施后,提高了项目区农业生产能力,降低了农民劳动强度,社会经济效益显著。

【走马塘拓浚延伸常熟市段工程通过投入使用验收】 6月13日至14日,太湖流域水环境综合治理走马塘拓浚延伸常熟段工程通过省水利厅组织的投入使用验收。省水利厅主持工程交接仪式,常熟市走马塘工程建设处将走马塘常熟段河道工程、18座口门控制工程以及征地范围内的绿化工程移交给江苏省望虞河常熟管理所管理,水系调整工程分别移交工程所在镇(尚湖、虞山、海虞)负责运行管理。

【完成农村河道拆坝建桥畅流工程"三年行动计划"】 "农村河道拆坝建桥畅流工程三年行动计划"从2012年启动至2014年工程全面完工,各镇(区)和相关部门拆除全市农村河道中阻水情况较为严重的坝埂434处、新建桥梁[illegible]1座。同时结合主体工程,完善道路接线等附属工程设施,市、镇两级财政补助经费达7000多万元,累计投资1.10亿元。 (卢 [illegible])

责任编辑 浦君[illegible]

商贸服务业

综　述

【综述】 2014年，全市实现服务业增加值909.16亿元，比上年增长5.30%，服务业增加值占GDP的比重保持45%。全市实现社会消费品零售总额615.63亿元，比上年增长9.60%。商品市场实现成交额1705.54亿元，比上年增长3.70%，其中服装城市场实现成交额1250.15亿元，增长8.60%。全市服务业税收总额87.63亿元，比上年降低3.40%，占税收比重达35.90%。服务业总投资305.64亿元，比上年降低3%，服务业投资占全社会固定资产投资的比重达47%，成为拉动全市投资增长的中坚力量。55个服务业重点项目建设总体进展平稳，全年完成投资78.09亿元，占当年计划投资的84.30%。着力推进服务业载体建设，成功举办方塔街获“中国著名商业街”授牌仪式，南门坛上历史街区保护改造工程启动、万达广场成功落户城北片区。鼓励和引导服务业集聚区建设，全力推进服装城、国家大学科技园、科创园、国际物流园完善载体基础设施。促进总部经济发展，打造南部新城昆承湾总部经济集聚区，新增省级总部企业1家(达涅利采购中心)、常熟市总部企业2家(金土木集团、阿仕顿服饰)，预认定常熟市总部企业2家(丰田仓储贸易、华奔汽车服务)，兑现2013年市级总部企业奖励1321.40万元。加快培育服务业龙头企业，新合作常客隆在电子商务、农超对接、社区商业连锁等经营模式上大胆创新，成为省“十百千”重点扶持企业，阿仕顿服饰荣获“中国服装品牌年度大奖”。创新服务业发展机制，有序推进高新区省级服务业综合改革试点和服装城综合配套改革试点工作，努力构建优势互补、层次分明的区域产业布局。 (曹　昊)

9月22日，方塔街“中国著名商业街”正式揭牌

商贸流通

【概况】 2014年，全市实现社会消费品零售额为615.63亿元，比上年增长9.60%。依托商业网点布局规划，商务局加快城乡流通体系建设，开发商业网点管理地理信息系统。完成市场、零售、批发、住宿餐饮、电子商务、商贸服务等6大类10家商贸示范企业认定工作。做好6家城乡集贸市场升级改造工作，3家市场竣工投用，3家市场开工建设。加强对电子商务发展的政策扶持，出台全市电子商务专项扶持政策，引导推动服装城中服、虞山镇莫城、高新区、海虞等电商园交流合作，培育电子商务示范企业、示范园区(基地)、示范村、领军人物、创新创业团队，成功申报为国家电子商务综合示范县。全力维护流通市场秩序，肉菜流通追溯体系一期项目通过验收评审，覆盖企业138家。严格执行生猪屠宰各项管理制度，商务局推进压点工作，关停4家屠宰场，严厉打击制售病害猪及私屠乱宰行为，做好屠宰业务衔接好转移工作。联合相关部门，开展典当拍卖企业、活禽交易市场、生猪定点屠宰点、酒类随附单等专项检查活动。进一步完善生活必需品储备体系，落实储备制度，增强生活必需品市场保供能力。组织全市25家重点商贸流通企业开展消费促进月活动。大力推动餐饮业和商贸旅游融合发展，加大餐饮品牌和人才队伍建设，常熟市获得“中国蒸菜之乡”荣誉称号，完成《常熟名菜谱》编撰工作。

【肉菜流通追溯体系一期项目通过评审验收】 3月13日，常熟市肉菜流通追溯体系一期项目通过省商务厅、苏州市商务局以及常熟相关单位的评审验收。与会人员对本市肉菜流通追溯体系一期项目的视频监控中心和流通环节试点单位泰安集贸市场进行现场

莫城电子商务产业园

测评，并对项目实施过程的规范性、管理的合理性、系统功能的完整性、系统运用情况和效果等方面进行全面的评审。经验收专家组会商，一致同意通过项目竣工验收。

【苏宁云商落户常熟】 参见第206页〖苏宁云商(常熟)电子商务运营中心落户高新区〗

【全省首家蒸菜研发基地在梅李授牌】 9月21日，梅李镇梅林酒家被省烹饪协会正式被授予“中国蒸菜之乡——研发基地”。研发基地成立后，将重点围绕“传承创新、人才培养、市场推广、文化内涵”等内容，紧跟时代节奏，在口味、刀功、造型等方面调整提高的基础上，制订产品标准和行业管理规则，注重成果展示和人才输出，做精做优做强常熟蒸菜品牌。

(姚志明　陆志明)

供　销

【概况】 2014年，常熟市供销合作总社实现销售总额82亿元，比上年增长13%；社会消费品零售33亿元，比上年增长10%；利润7920万元，比上年增长10%；农副产品收购额23亿元，比上年增长21%；新增连锁网点10家，网点总数达到1460家；获江苏省供销合作社系统“新网工程建设优胜单位”和苏州市供销合作社系统“目标考核优胜单位”“为农服务创新示范点”称号。

【中国生鲜食品经营研讨会在常熟举行】 10月21日，市供销合作总社、江苏新合作常客隆连锁超市有限公司与中国连锁经营协会联合举办的2014中国超市生鲜食品经营模式研讨会在常熟举行。中国连锁经营协会会长郭戈平，市长王飚出席研讨会。全国300多家超市集团重点探讨生鲜农产品经营模式电商化，积极推动连锁超市拓展网络零售市场。江苏新合作常客隆连锁超市有限公司在会上作了题为“常客隆生鲜电商化的探索”的经验交流。

【全省农产品经纪人培训在常熟开班】 8月20日至21日，市供销合作总社承办的全省农产品经纪人创业兴业培训班在常熟市委党校开班。50多名农产品经纪人、农民专业合作社负责人、大学生村官参加培训。苏州市农业职业技术学院顾金峰教授、陈素娟教授围绕农产品经纪人基础知识、中级实务、法律常识、操作技能等方面进行专题讲座。参训学员接受书面考试，合格人员获得由中华全国供销合作总社、国家人力资源和社会保障部联合颁发的农产品经纪人(中级)职业技能资格证书。

【开展“放心肥药下乡进村”活动】 市供销合作总社依托供销社208个农资连锁店和66个农药配送点，组织开展“放心肥药下乡进村”活动，开展了测土施肥、配方用药、农民培训等，提高农民科学种田水平。实现农资销售711□万元，其中农药集中配送3730万元，销售尿素8795吨、碳铵2917吨、复合肥6837吨。

常熟市供销合作总社积极组织调运，加大农资储备和供应，为全市农业生产提供保障

【农资储备库建成投用】 6月，位于支塘镇长桥村总库容超过6000吨的农资储备库建成投用。该农资储备库，总建筑面积5000平方米，库房高达7.50米，大门宽度超4米，码头面积达800平方米，可停靠600吨运输船，是苏州地区库容最大、品种最全的农业生产资料储备库。

【常客隆签约投资“二花脸”生猪项目】 8月6日，江苏新合作常客隆连锁超市有限公司与常熟市新龙畜牧场签约投资“二花脸”生猪项目。常客隆公司采用企业与基地直接对接的方式，实现农超对接。签约合作后，常客隆公司将新龙畜牧场的原年产生猪6000头发展到年产生猪10000头规模，并通过对二花脸生猪从养殖到餐桌的全程溯源管理，从根本上保障生猪及其肉品质量安全。 （周 斌）

粮 食

【概况】 2014年，常熟地方储备粮、成品粮油应急储备按时足额到位，储存安全，品质良好、轮换规范有序。两季收购公示收购价格、质量标准、作价办法、服务承诺，公开监督举报电话，价外补贴收购规范流程操作，切实解决农民售粮过程中的实际困难。夏粮收购开秤指导价为中等质量标准小麦每50千克为118元，小麦价外补贴标准为每50千克10元，全市共收购小麦57862吨，油菜籽30229吨。秋粮收购开秤指导价为中等质量晚粳稻每50千克155元，水稻价外补贴标准为每50千克10元，全市价外补贴签约大户980家，合同面积1.53万公顷。根据全市仓容布局，继续对部分种粮大户实行跨镇交售、运费补贴办法。常熟市在练塘库实行最低收购价收购（托市收购），其余15个收储库点为受常熟市粮油购销有限公司委托收购。全市共收购秋粮80773吨。

小麦收割

【落实新增储备任务】 完成第三期新增储备计划，即新增储备10500吨（其中小麦3150吨、稻谷7350吨）。新增7350吨储备稻谷于1月底落实到各承储库点，新增3150吨储备小麦于夏粮收购时落实到位。经过连续3年扩储，常熟地方粮食储备规模从2011年的35000吨已扩充到现有的67000吨（小麦20100吨，稻谷46900吨）。

【粮食清查】 3月25日，全省粮食清仓查库工作开始。常熟列入检查范围的粮食库存89125吨，包括：地方储备粮63466吨（小麦17364吨，稻谷46102吨）；国有粮食企业商品稻谷23159吨（小麦8511吨，稻谷14648吨），相城区代储稻谷2500吨。涉及17家粮食购销企业、16个粮食承储库点。7月，根据国家、省、苏州市粮食局要求，组织开展“转圈粮”专项检查和国家粮食仓库清查工作，经检查粮食库存账实相符、账账相符；库存真实，质量良好；储存安全，管理规范；全市各储粮库点粮食仓储设施使用合理、规范，粮食仓库均用于粮食收储，未挪作他用，管理状况良好。

【在泗洪建立粮食生产基地】 5月8日，在苏州—宿迁粮食产销衔接洽谈会上，常熟市与泗洪县签订粮食产销协议，建立粮食生产基地0.67万公顷。常熟市粮油购销有限公司、江苏常熟国家粮食储备库、杨园粮油饲有限公司分别与泗洪县相关粮食购销企业签订粮食购销协议5.50万吨，其中小麦1万吨，粳稻4.50万吨。

【完成粮库维修改造】 年内，全市粮库维修改造完成，并通过苏州市粮库维修改造竣工验收复查组验收。粮库维修改造主要分为一般维修与功能提升两大类。全市维修改造粮库9个，仓容14.60万吨，批复总投资2387.81万元，其中一般维修粮仓10栋，仓容2.30万吨，总投资374.48万元；功能提升粮库9个，总投资2013.33万元。

【推进粮库信息化建设】 江苏常熟国家粮食储备库、大义粮库、练塘粮库的数字粮库建设项目，由常熟市城市经营投资有限公司组织实施。其中大义、练塘数字粮库工程于1月底完成施工和调试并投入使用，江苏常熟国家粮食储备库数字粮库工程于10月底完成施工和调试并投入使用。4个库点(王庄粮库、海虞粮库、支塘粮库、杨园粮库)的可视化信息系统建设及局本部集成管理平台在中国招投标网上公开采购招标，12月底完成安装、施工、调试并投入使用。

【推进国有粮食企业改革】 制定《常熟市国有粮食企业深化改革实施方案》，坚持优化结构、注重实效、稳步推进的原则，将兼并重组与深化体制改革相结合，分类处置国有粮食资产。以常熟市粮油购销有限公司为框架，在此基础上推进国有常熟粮食集团组建工作。3月，常熟市五谷粮油配送有限公司成立，成为常熟市粮油购销有限公司第一个全资子公司。10月，常熟市大义粮库、常熟市练塘粮库完成子公司相关手续，分别成为常熟市粮油购销有限公司全资子公司。11月，公开选聘常熟市粮油购销有限公司总经理。 (毛　洁)

烟　草

【概况】 2014年，常熟市烟草专卖局(分公司)查处各类涉烟违法案件273起，总案值601.75万元，罚没款41.47万元，查获各类违法卷烟30825条，其中：查获5万元以上案件14起，10万元以上案件12起，移送公安机关拘留2人，逮捕4人，判刑11人，上报国标假烟网络案件2起。全年销售卷烟6.25万箱，比上年增长2.27%，实现销售收入16.51亿元，比上年增长5.55%。实现税利4.69亿元，比上年增长7.06%，实现利润3.85亿元，比上年增长7.85%。 (杨　雁)

盐　务

【概况】 2014年，常熟市盐务管理局(江苏省苏盐连锁有限公司常熟市分公司)出动执法人员1230人次，查处各类盐业违法案件100起，查处违法盐产品17.20吨，没收违法盐产品12.10吨，罚款12万元，移送公安机关并立案2起，其中1起已于当年提起公诉并判决生效。对442家“食盐放心消费”示范店进行复查，取缔3家信誉不佳、违法违规经营的店。全年共销售食盐1.40万吨，碘盐合格率、碘盐覆盖率达99.33%，居民食用碘盐抽样合格率98.67%。食盐市场秩序总体平稳安全。市盐务管理局被江苏省盐务管理局评为“盐政管理先进单位”。 (缪雯炜)

常熟服装城

【概况】 2014年，常熟服装城(以下简称服装城)完成市场交易额1250.15亿元，比上年增长8.60%，全年实现入库税金3.51亿元，公共财政预算收入2.30亿元，货物运输量96.86万吨，当年度新增注册资本2.57亿元，全社会固定资产投资2.79亿元。服装城充分发挥市场集群优势，整合现有文化休闲旅游资源，融入全市大旅游格局，重点打造购物旅游核心功能区、服饰文化展示基地，开发商务休闲产品，形成节庆活动运行机制。全年接待游客424.[illegible]0万人，其中购物旅游核心区共接待团队2069批次，87549人，比上年增长18.25%，世服商场纯购物[illegible]5万人次，摩登天堂观演游客3.[illegible]75万人次，游客总人数7.89万人，比上年增长6.80%。

人民生活　服装城加强流动人口计划生育管理，辖区流动人口计划生育率达96%。全年慰问各类困难群众154人次，发放补助慰问金10.97万元，并完成夏季征兵工作和三村两社区2097张社保卡的发放。全年办理单位社保增员1692人，单位减员1346人，完成养老保险覆盖人数4556人，覆盖率99.60%，本地参保人数426[illegible]人，参保率96.80%，其中个体、纯农参保人数2022人，缴费率96.7[illegible]%，农村老人养老保障人数2970人，社会养老保障率105.60%。

社会管理　服装城通过综合管理局职能调整，加强协调各条城职能部门。全年暂扣货包489个，暂扣各类违法车辆302辆，对违停车辆贴单650张，纠正各类车辆违章行为202起，罚款65000元。“商城义工”志愿者全年服务超780人次，服务时间超1000小时。专项整治沿街夜排档污染，7月依法纠正32家经营户的占道经营行为，取缔2家无营业执照和经营场所夜排档；实行区域监控全覆盖，全村(居)民户居住区全面推广安装摄录一体机2000台，各大市场门市部累计推广安装摄录一体机9[illegible]0余台；开展“三合一”整治，全年开展检查400多次，责令当场整改

763家，发放《责令改正通知书》100多份，责令限期整改35家，查封16家，当场处罚346起。全年为群众办理12345便民诉求1180起，调处信访1048起，受理来信来电30多批次，办理政协提案2项。

重点工程建设 2014年，服装城在建项目共9个（新开项目1个），在建面积约28万平方米，总投资约18亿元。其中社区服务中心、三个污水管网改造、第二垃圾中转站、服装城公交枢纽中心等4个项目基本完成；聚福家园一期、富莲广场预计2015年竣工。新茂轻纺城1#—8#楼内外墙粉刷完成一半；裕丰广场完成地上三层主体结构；招商城宝利广场一期完成住宅12层主体结构。

电子商务建设 中服电子商务产业园完成2014年度园区电商扶持政策的修订，草拟服装城电商扶持政策，制订《服装城电子商务未来三年发展规划》；与苏州经贸学院建立电子商务集团办学战略合作，与常熟职教中心合作成立"企业校区"，加快电商专用人才队伍建设；全年完成6次大规模线上促销活动，组织各种培训、沙龙及店铺诊断20场，参会人次达8850人，淘宝大学开班19期，参加专业培训650人次，成功举办第四届网交会，线上参展商家达1600家。年末，园区共签约入驻电子商务公司12（其中11家为虚拟入驻企业），签约面积14436.40平方米，全年累计交易额4.20亿元，较上年增长19%。

内外贸平台建设 2014年，服装城大争取商务部第二批内外贸结合示范市场试点，积极开展内外贸业态调研，制作外贸招商手册，在专业市场内举办3场有针对性外贸业务推广培训；依托国际贸易中心公共服务平台，完善服务功能导入，引进第三方外贸服务机构，通过模拟走单和实际走单等两种方式尝试和探索外贸便利化路径；利用阿里巴巴国际频道进行拓展外贸渠道，正式上线运行平台专属外贸页面，开展相关市场产品信息和客户询盘对接工作；举办阿里速卖平台的贸易对接活动，依托行业资源和各类国际展会平台，逐步建立海外客户群体，加快服装城国际化合作步伐。

【江苏中服焦点电子商务有限公司成立】 5月，服装城引进第三方线上平台公司——焦点科技公司作为战略合作方，融合双方技术资源优势，注册成立"江苏中服焦点电子商务有限公司"，共同建设常熟服装线上服务平台。公司通过对专业市场贸易进行方式的环节部分提供服务内容支撑，来逐步实现商户线下和线上贸易渠道的融合互补，最终形成集信息发布、产品展示、在线交易、信息反馈、增值服务为一体的综合网络及移动互联系统。年末，公司已完成组织架构和平台框架，正开展平台的市场招商推广，做好首批上线会员客户筛选和信息采集工作。

【第十五届中国江苏（常熟）服装服饰博览会】 5月20日至24日，以"江南文化名城，休闲服装之都"为主题的第十五届中国江苏（常熟）服装服饰博览会暨2014江南国际时装周（简称服博会、时装周）举行。展会由中国纺织工业联合会和中国商业联合会指导、常熟市人民政府主办、江苏常熟服装城管委会承办，并得到中国纺织工业联合会流通分会、中国服装设计师协会、中国服装协会等多家国内专业权威协会的协助以及各大知名重点高校的学术支持。其中，服博会主要突出"服务产业、服务企业、服务商城"理念，分为男装指数发布、采购订货汇、炫梦分享营、展示交易会、购物旅游节等系列活动；时装周主要突出"休闲时尚"理念，分为一场"江南织造"国际高峰论坛、两场中国休闲行业颁奖盛典、三场分别以数据、思维、激活为主题的平行论坛、四场专场时尚发布秀以及"炫梦江南"主题高端竞话和金顶大师联合发布联演等系列活动。将全国唯一以"休闲"为主题的"江南国际时装周"与常熟江南文化品牌交相呼应，塑造常熟"中国休闲服装名城"的城市名片。

【绚彩中华·中国常熟服装城服饰文化展馆开馆】 5月20日，绚彩中华·中国常熟服装城服饰文化展馆正式开馆。展馆位于服装城购物旅游区核心区域文化广场负一层，分为中国传统服饰文化的发展历程和服装城推动中国现代服饰文化发展两个部分。展馆上半部分采用文字、图片、实物相结合方式，展示从秦汉到近代中华民族不同时期服饰的文化差异，使展馆成为服饰文化传播、旅游观光的重要基地；展馆下半部分以服装城推动现代服装业发展的成果为主线，展示2009年至2013年五届"中国常熟服装城杯"中国休闲装设计精英大奖赛获奖作品。

【"常熟服装城杯"第六届中国休闲装设计精英大奖赛】 5月20日，以"炫·梦"为主题的2014"常熟服装城杯"第六届中国休闲装设计大奖赛决赛暨颁奖典礼在常熟国际展览中心举行。大赛从2134份参赛作品中选出25份优秀作品参加决赛。选手孙丹丹的作品

《TRACE》夺得金奖，马亮和余佳慧的作品《美若天成》和《fight》获得银奖，罗波、张木尧和钱雅雯获铜奖。

【中国·常熟男装指数正式发布】 5月20日，中国·常熟男装指数发布暨“数据：指数经济下的产业动态”论坛在常熟国际饭店举行。中国·常熟男装指数的发布，填补了全国纺织产业链终端服装指数的空白。该指数以常熟服装城为主要权重的全国市场为样本，以常熟男装生产企业为依托，主要包括价格指数、景气指数及秋冬装指数三大指数，已有562家服装商户和企业参与采集。发布会上，中国·常熟男装指数网站正式开通。

【职业经理人协会成立】 12月29日，常熟首家职业经理人协会在服装城成立。协会将立足于市场发展，把各类市场的经营管理好手集聚在一起，通过培训、交流等形式，提高各自的能力水平，促进市场更好更快发展。同时将完善企业经营管理人才评价体系，通过社会的测评机构对职业经理人的能力进行资质评价和确认，让职业经理人得到市场和出资人的充分认可，逐渐发展壮大具有专业素质和能力的职业经理人队伍。（赵 赴）

江南集团

【概况】 2014年，江苏江南商贸集团有限责任公司（简称江南集团）实现销售总额211亿元，比上年增长5.50%，实现社会商品零售额92亿元，比上年增长6%，实现税利4.14亿元，比上年增长21%，资产总规模99亿元，比上年增长6.42%。全年屠宰生猪42万头，成交蔬菜31.34万吨，水果25.02万吨，销售熟食3276万元，风腿1.80万只。全年供应钢材10.72万吨，有色金属4.09万吨，煤炭12.08万吨，成品油5.06万吨，化工产品5.14万吨；回收废钢0.43万吨，回收拆解报废汽车及摩托车1994辆，成交汽车21384辆。全系统销售超2亿元的企业达15家，其中超10亿元的有4家；上缴税收超1000万元的企业有7家。交电家电公司、生资公司分别实现销售34.28亿元和9.40亿元；建材市场、汽车市场、农副产品交易城三大市场分别实现成交额60.94亿元、25.47亿元和23.88亿元；国际饭店、王四酒家和阅山轩等3家酒店共实现销售9281万元。交电家电公司入选中国服务业企业500强，泰安集贸市场等3家企业入选常熟市首批商业流通业示范企业。

5月20日，“常熟服装城杯”第六届中国休闲装设计精英大奖赛决赛在常熟国际展览中心举行

【投资产业】 江南集团通过对外投资优质产业，加快向现代服务业的转型发展，优化产业结构，增强发展后劲。出资占股20%的江苏中巨新能源投资有限公司进展顺利，已完成全国范围内4家共计189.50兆瓦并网光伏发电站项目的收购计划，实现发电约[illegible]亿千瓦时/年；拓展金融产业，通过投资收购股份，已成为常熟农村商业银行第四大股东。

【项目建设】 江南集团重点项目工程建设有序推进，完成总建筑面积2.40万平方米，总投资2.12亿元。先后完成商校改扩建、阅山轩酒店建设和国际饭店3楼客房装饰改造工程并投入使用。在建工程面积约20万平方米，投资约8亿元，其中江南大厦商业用房项目完成地下室负二层混凝土浇筑工程；国际饭店新建千人宴会大厅综合楼完成桩基施工；建材市场六期精品楼项目完成地下室主体工程。

【阅山轩假日休闲酒店开业】 6月26日，江南集团下属的常熟首家主题文化特色精品酒店——常熟阅山轩假日休闲酒店开业。阅山轩酒店位于虞山尚湖风景区内，总投资1.50亿元，占地面积0.80公顷，总建筑面积约1万平方米，拥有房间33间套、特色餐饮包厢9间及宴会厅、会议室、健身房等配套服务设施。（周之一）

责任编辑 虞 [illegible]

旅　游

综　述

【概况】 2014年,常熟围绕"江南福地,常来常熟"旅游品牌定位,全力推动区域旅游目的地城市建设。全市A级旅游景区共接待游客1135.65万人次,比上年增长1.56%;实现营业收入1.78亿元,比上年增长12.76%。春节长假接待游客25.37万人次,比上年增长8.33%;实现门票收入168.34万元,比上年增长32.45%。年内,常熟获批中国休闲城市综合标准示范市,蒋巷村获批全省首家休闲农庄,虞山公园获批全省第2家城市中央休闲区,虞山尚湖旅游度假区获批省级旅游度假区,全市新增五星级农家乐1家、三星级旅行社5家、省级工业旅游区(点)1家、省三星级乡村旅游区(点)1家、苏州市旅游商品研发基地1家。"江南福地,常来常熟"品牌营销获评江苏省旅游行业"转型升级创新竞赛"活动优秀项目——旅游产品营销创新入围奖。

景点开发

【8个项目列入苏州重点考核项目】 2014年,常熟8个项目入选苏州市旅游重点考核项目,其中包括沙家浜湿地北扩工程(新建)、南湖生态修复工程(续建)、江苏(常熟)长江国际游轮中心(新建)等。8个旅游项目预计总投资87.17亿元,2014年完成投资13.14亿元。

市民和游客在尚湖风景区欣赏各色牡丹花

【"松禅艺苑"特展厅建成开放】 6月14日,翁同龢纪念馆"松禅艺苑"特展厅建成开放,展厅位于翁氏故居西北,面积220平方米,分别有展厅、办公、储存等空间,可举办书画、收藏类的个人展、专题展、作品研讨等活动。首个展览"翰墨渊源——菱花馆艺文社同仁藏翁同龢、曹大铁书画作品展"对外展出。

【常熟名人馆改版开放】 6月,升级改造后的常熟名人馆开馆。常熟名人馆升级改造项目采用中轴线对称布展形式,运用声、光、电、雕塑、图片等多项科技手段,展示145位已故常熟籍名人或曾在常熟为官、生活的知名人物。改造工程在原有基础上对各类展品、资料重新进行归纳整理,进一步丰富展示手段,向广大游客呈现一个古典与现代相结合的全新的常熟名人馆。

【澳大利亚常熟艺术花园开园】 8月13日,澳大利亚汤斯维尔市常熟艺术花园在尚湖风景区正式开园。常熟市委副书记、市长王飚和汤斯维尔市市长珍妮·希尔,澳大利亚驻上海总领馆贸易专员、商务领事露伊莎·拉斯特等出席开园仪式。常熟与汤斯维尔市在1995年正式建立友好关系。2005年,常熟市向澳大利亚汤斯维尔市赠建中式古亭——"常熟亭",以纪念两市建立友好城市关系10周年。作为回赠,汤斯维尔市政府设计修建的艺术花园位于尚湖风景区国际牡丹园内,艺术花园占地400余平方米,通过艺术化的景观和信息丰富的故事墙展现澳洲汤斯维尔市城市风貌,为常熟人民呈现一个全面了解汤斯维尔市的平台。

【尚湖风景区地震科普体验馆开馆】 9月,位于尚湖山水文化园的地震体验馆开馆。馆内设有科普展示区和互动体验区。在虚拟环境里,让市民和游客学习逃生、自救技巧,了解防震减灾知识,展馆内还有仿真张衡地动仪、现代数字地动仪等设施。

【长江游轮苏州(常熟)港首航】 参见第216页〖长江游轮苏州(常熟)港首航仪式举行〗。

【方塔修缮竣工并对外开放】 9月下旬,经过4个多月的封闭施工,国家重点文物保护单位南宋方塔维修工程竣工并对外开放,维修主要针对方塔外墙涂料褪色严

尚湖地震科普馆

重，墙面局部脱落、破损，各层角梁、斗拱、平座、栏杆等木构件油漆老化、朽蚀等现象实施保护性修复，对方塔木结构进行加固和油漆保护施工。同时邀请古建专家对塔刹进行垂直度测量，检查固定塔刹的4根铁链，排除安全隐患。

【尚湖生态文化旅游度假综合开发项目签约】 10月22日，在2014江苏旅游(香港)推介会上，常熟与招商局地产签署常熟尚湖生态文化旅游度假综合开发项目战略合作协议书。该项目位于常熟市西部片区，规划总面积约14.48平方千米，预计总投资约160亿元，定位为高端服务产业集聚区。

【南湖湿地公园开园】 12月28日，常熟南湖湿地公园开园，常熟打造以虞山尚湖生态旅游区、昆承湖生态修复区、南湖生态屏障区三大生态功能区为主的城市核心生态圈已初步形成。南湖湿地公园占地面积约4.20平方千米，其中陆地面积161.67公顷，水面面积258.33公顷。2009年，为加强南湖保护、改善南湖生态环境，常熟正式启动实施南湖生态修复工程。2012年，常熟编制《常熟南湖湿地中心区规划设计方案》，分三期推进。是年，南湖生态修复工程一期完成。11月，南湖湿地公园成功创建为省级湿地公园。

【第三届状元文化节】 5月18日，第三届常熟状元文化节在翁同龢纪念馆松禅书院启动。本届状元文化节以“传承文脉，励志成才，文企联动，服务社会”为主题，形成了“同和讲堂”学术沙龙、“和风文创开发”“翁氏家风家教巡讲”“翁氏文化巡展”等一系列品牌活动，将学术性、时尚性融入服务基层、服务民众的特色活动中。期间，推出“东方红木杯”红木产品创意大赛颁奖仪式、“同和讲堂”学术沙龙等活动。

【历代石刻文物在碑刻博物馆展出】 6月，市碑刻博物馆馆藏历代石刻文物经论证规划、重新整理、调整摆放后向游客开放，共陈列展出157件自宋至清不同时代艺术风格的石刻文物，其中大部分石刻尚属首次展出。展览共分柱础区、门枕石区、界碑区、石刻艺术区等四个区域，其中展出的大型石刻文物有：宋代石经幢、宋代雕花井栏圈、明代盘龙青花瓶、明代涤垢公匜、龟趺座、神道石柱等。

【2014中国(常熟)江南文化节暨沙家浜旅游节举行】 三月21日，2014中国·常熟江南文化节暨沙家浜旅游节开幕式在尚湖风景区举行。文化节以“弘扬江南文化，打造休闲名城”为主题，在传承江南优秀文化传统的基础上，挖掘文化旅游元素，推进文旅融合创新，吸引市场创新主体和广大市民群众参与，进一步提升常熟的文化影响力、旅游吸引力和城市美誉度。文化旅游节期间，组织举办了两岸汉字艺术节、美术精品展等7项主体活动和20项配套活动，涵盖文化、旅游、艺术、商贸等多个领域。

【微电影《江南的味道》开机】 12月4日，微电影《江南的味道》开机仪式在曾园·赵园启动。《江南的味道》是一部融美食、旅游、爱情为一体的唯美短片，分上、中、下三集。以美丽的虞城为背景，以男女主人公的足迹为主线，以常熟的本帮美食为亮点。

旅游市场推介

【全省130家旅行社集中踩线常熟旅游】 1月13日，无锡、扬州、盐城、淮安等地130家旅行社的代表实地考察沙家浜风景区、港中旅沙家浜海泉湾温泉度假中心及沙家浜凤凰度假酒店，并听取虞山尚湖旅游度假区和蒋巷村的主题旅游推介。是日，多家旅行社与常熟旅游景点达成合作意向。

【在南昌、九江、上饶举行旅游推介会】 3月2日至6日，常熟旅游局带领沙家浜风景区、虞山尚湖风景区、常熟服装城购物旅游区等单位在江西南昌、九江、上饶3地召开常熟旅游春季新产品推介会。重点面向各地接社在当地市场做全面推广，并制订虞山尚湖、沙家浜、服装城的3日游线路，全面推介常熟红色、山水、生态、人文、美食、匠术等旅游亮点。

【临沂—常熟旅游散客直通车开班】 3月15日，临沂至常熟的散客直通车正式开班，首批来自山东临沂的50多名散客组成的旅游团游览了沙家浜风景区。是日，常熟旅游专场推介会在虞城大酒店举行，临沂市旅行社代表30多人参加推荐会。

【全国新闻媒体采风行活动】 4月11日至13日，2014全国新闻媒体采风行活动在常熟举行。活动中，记者们体验了常熟独有的、山水人文相得益彰的旅游景观——虞山尚湖风景区，参观游览了宝岩生态观光园、蒋巷村，翁同龢纪念馆等景区、景点，并参加报道第21届中国(常熟)尚湖牡丹花会开幕式。在虞山脚下、兴福寺外记者们感受了当地独有的早茶文化。

【参展首届苏州旅博会】 4月12日至14日，首届苏州国际旅游交易博览会在苏州国际博览中心举行。常熟与张家港、太仓以“长江旅游金三角”为主题联合参展。联合展区设计以豪华游轮为特装外形，设形象展示区、产品销售区、业务洽谈区、表演舞台区、观众互动区等五大区域，同时以常熟建设长江游轮母港为契机，全面展示张家港、常熟、太仓三地沿江旅游资源，推出长江旅游新线路、新产品。

【举办长江游轮产品推介会】 4月12日，长江游轮(常熟)产品推介会在常熟举行。长江旅游客运专委会与常熟旅行社协会代表签署合作协议，推动长江旅游市场开发和常熟长江游轮母港建设。常熟旅游部门在推介会上推出5条游轮旅游线路，包括红色经典、生态休闲、商务购物、农家乐等不同的旅游主题和3条周边城市旅游线路。

【2014常熟秋季旅游新产品走进山东市场】 6月23日至27日，常熟旅游推介团在山东青岛、泰安、临沂分别举办“2014常熟秋季旅游推介座谈会”，在三地旅游推介座谈会上，推介团成员向参加活动的山东旅游界同行全面介绍了常熟旅游发展情况，推出2014夏季旅游新产品和优惠的政策，并和当地旅游业界围绕开发常熟旅游产品、开辟常熟旅游直通车进行交流和洽谈。

【举办首届长江游轮经济与城市发展合作论坛】 9月22日，中国长江经济带城市首届长江游轮经济与城市发展合作论坛在常熟会议中心举办。会上，各方就加强长江沿线各城市的交流合作，深化旅游市场开发，促进旅游要素集聚，推进区域市场互通互联等进行了交流，会上“中国长江经济带游轮城市旅游合作联盟”成立并发表了中国长江游轮经济与城市发展合作常熟宣言。

【“世纪神话”号长江游轮首航常熟港】 11月23日，重庆新世纪游轮“世纪神话”靠泊常熟港新华港务码头。来自新加坡以及中国香港、台湾等地4个入境团的300余名中外游客下船前往沙家浜景区参观游览。“世纪神话”号游轮推出2条包括常熟在内的四天三晚江南风情游线路。

【长三角旅游友城卡发行】 12月1日，长三角旅游友城卡正式发行，该卡售价为180元/张，持卡可游览常熟、江阴、张家港、太仓43个景区(点)。内容涵盖山水游、人文游、古镇游、园林游、农业游、宗教游等诸多旅游热点。

12月4日，微电影《江南的味道》开机仪式在曾赵园举行

旅游行业管理

【北京联合大学旅游发展研究院常熟研究中心成立】 1月2日，北京联合大学旅游发展研究院常熟研究中心揭牌成立。研究中心由常熟市旅游局和北京联合大学合作共建，将围绕常熟市旅游产业发展，特别是休闲城市创建、休闲与旅游标准实施等方面开展相关研究工作，在技术咨询、信息服务、标准研制与宣贯、规划实施与评估等方面，发挥专业特长，为常熟创建中国休闲城市综合标准示范市提供智力支撑和技术指导。

【开展旅游安全联合执法检查】 1月27日，市旅游局召集安监、质检、卫生、工商等市旅委会成员单位及市消防大队执法人员对全市重点旅游单位进行节前旅游安全联合执法检查。共抽查虞山索道、时风国际假日酒店、春秋旅行社、琴川旅游车队、沙家浜风景区等18个单位，执法检查内容涉及特种设备、游乐设施、旅游车船实际安全状况；安全生产岗位责任制落实；应急预案制订、应急救援装备配备、安全警示标识设置、消防设施和危险地段安全防护设施完好程度；治安防范措施、食品卫生状况、旅游经营秩序和明码标价情况等。

【推出深化"旅游活市"发展战略扶持政策实施细则】 3月18日，市旅游局和财政局联合印发《常熟市深化"旅游活市"发展战略实施细则（试行）》，对重点旅游项目及旅游公共服务设施项目，旅游宣传促销、游客招徕及旅游商品开发，旅游企业品牌创建、品质提升及人才培养，旅游企业经营管理等四大类别进行奖励补助，同时明确了申请单位（或个人）的界定范围、补助标准、申报条件、申报程序、监督管理规定等。

【组织全市主要星级旅游饭店赴南昌招聘】 3月20日至23日，市旅游局联合人力资源和社会保障局组织常熟国际饭店、中江皇冠假日酒店、虞城大酒店等7家星级旅游饭店到南昌开展招聘活动。与江西科技师范学院旅游商贸分院等单位在招聘洽谈会上，确定建立实习基地事宜。并参加当地校园现场招聘会，达成了一批就业意向。

【旅游局走进"政风行风热线"栏目】 11月15日，旅游局局长陈建平带领相关科室负责人到常熟人民广播电台，走进"常熟市政风行风热线"直播栏目。与广大听众零距离沟通，介绍全市旅游发展概况，就2015年常熟旅游年鉴发行、新一年节庆活动安排等听取了热心听众的意见建议，并解答听众咨询和提问。

【常熟旅游学院揭牌成立】 11月27日，市旅游局同常熟理工学院举行旅游学院合作办学签约揭牌仪式。常熟旅游学院依靠常熟理工学院经济与管理学院，将参与常熟旅游管理专业、酒店管理专业、导游员等人才培养，对校地合作办学也具有一定的推动作用。

（高[illegible]明）

虞山尚湖旅游度假区

【概况】 2014年，虞山尚湖旅游度假区全年实现地区生产总值10.85亿元，比上年增长2.[illegible]5%，其中服务业增加值7.45亿元，比上年增长3.04%，在地区生产总值中的占比达68.70%；完成公共财政预算收入2.87亿元，比上年增长7.96%；完成工业总产值1[illegible].10亿元，比上年增长0.10%；工业开票销售收入32.06亿元，比上年下降3.80%；完成固定资产投资8.05亿元。节假日景区接待人数、旅游收入屡创新高，4月6日接待游客量达5万人次，营业收入突破

虞山公园映山湖

百万元。景区全年营业收入 5222 万元，比上年增长 26.98%；游客接待人数 884 万人次，比上年增长 5%。加快推进旅游配套设施建设，宝岩至剑门游步道建成并对外开放，姜太公国际垂钓中心完成驳岸码头和钓池清淤，高尔夫维护中心主体封顶，文秀园、虞山门、西城楼阁等古建筑移建修缮，新增尚湖花街、三崖飞瀑漂流、地震科普体验馆等配套项目。推进兴福、三峰片区街景改造、配套设施、村庄风貌、环境卫生、产业发展等建设，兴福片区顺利通过苏州市美丽村庄示范点验收。11 月，南湖湿地公园被江苏省林业局命名为常熟南湖省级湿地公园，实现"基本建成开园"的目标任务。继续打响虞山尚湖生态休闲游、山水文化游旅游品牌，精心策划尚湖牡丹花会、宝岩杨梅节、尚湖烟花灯会、虞山红枫节等节庆活动，成功举办卡亚克舟钓选拔赛、市民徒步大会、国际半程马拉松邀请赛等大型体育赛事。深入挖掘 2 小时城市圈潜力，加强华东线拓展，实现与周边知名景区、旅行社资源共享。加快智慧旅游建设，尚湖风景区智慧导游被评为"江苏省智慧旅游优秀项目"。促进旅游与文化深度融合，刊印《虞山尚湖文化丛书》，拍摄《端午诗会》大型专题片，制作《休闲山水间》旅游宣传片，"三月三报娘恩"申报省级非物质文化遗产。各项社会事业协调发展，成立农家乐开发管理办公室，105 户农家乐经营户登记造册，拆除违章搭建 1000 多平方米。清点核查虞山散坟 4318 穴。开展尚湖偷鱼专项整治行动，有效打击偷钓、偷捕、电捕行为。宝岩村东对河被评为"苏州市村庄环境长效管理示范村"。望湖家园安置房竣工验收，虞山南路先行段竣工通车，洩水村、山前塘区域生活污水收集处理工程建成投用，尚湖南片区市政道路配套工程完成 80%，翡翠路完成 55%，鸣翠路完成 90%。兴福小学完成改造并交付使用，被评为常熟市特色先进学校和江苏省优质幼儿园。6 个社区服务站实施一体化管理。尚湖社区管理用房完成改造并交付使用。旅游产业发展成效显著，虞山尚湖旅游度假区成功创建省级旅游度假区，获"最佳湖滨旅游度假目的地"称号。虞山尚湖景区被命名为"中国摄影创作基地"，虞山尚湖获评"城市中央休闲区"奖牌。兴福、三峰休闲片区 11836 人品尝虞山蕈油面，创造大世界基尼斯"中国之最"新纪录。"爱我虞山"专项志愿服务中心被评为苏州市"志愿之星"十佳团队。虞山林场国家有机食品生产基地通过环保部、省环保厅评审，虞山风景区管理有限公司获评第二批常熟市"生态文明宣传教育基地"。

【宝岩至剑门游步道竣工投用】 9 月，由宝岩景区通往剑门景区的绿色"游步道"——虞山"剑道"竣工投用。"剑道"跨越虞山西部和东部，全长 1.20 千米，宽 1.50 至 1.80 米，高差 190 米，沿途设置旅游配套服务设施及 8 个景观节点，与原"维摩—宝岩"登山道无缝衔接。

【央视在虞山尚湖拍摄大型专题片】 5 月 6 日至 10 日，中央电视台在虞山尚湖拍摄大型专题片《端午诗会》。这是央视第 5 次走进常熟，拍摄纪念屈原以及弘扬传统文化的诗会。诗会邀请董浩、海霞、胡蝶、喻恩泰、佟悦、张念骅等 16 位主持人、影视演员参加录制。拍摄以电影形式为手段，以虞山尚湖的秀美山水为背景，通过诗歌实景朗诵、音配画等形式，传递中国传统节日的文化审美。诗会于端午节期间在央视财经、中文国际、科教频道，以及全球五大洲的落地频道播放。

【常熟艺术花园开园】 参见第 279 页『澳大利亚常熟艺术花园开园』。

【第 23 届中国(常熟)尚湖牡丹花会】 4 月 12 日，第 23 届中国(常熟)尚湖牡丹花会开幕式在尚湖风景区举行。本届牡丹花会延

虞山绿色"游步道"

续"花俏江南、美丽假日"主题，于3月25日至5月5日，历时42天。开幕式上，举行"中国休闲城市综合标准试点景点""长江游轮旅游推荐景区""江苏省旅游协会副会长单位"授牌仪式，以及10对新人的集体婚礼；虞山尚湖旅游度假区获"最美中国旅游目的地景区""网民最喜爱的江苏牡丹胜境""尚湖花街""台湾同胞常熟之旅推荐线路"同时揭牌。花会期间，景区还举行昆曲展演、相亲会、品茶论道2014第二届江南茶博会牡、姜尚巡游祈福大典、水乡婚俗情景剧展演、3D地画展、变形金刚展等丰富多彩的节庆活动。

【第二届江南茶文化博览会】 4月26日，第二届江南茶文化博览会在虞山维摩山庄开幕，全国各地爱茶人士汇聚维摩山庄。博览会上，首次推出红茶品牌"望虞台"红茶，替补了常熟只有绿茶，没有红茶的品牌空缺。茶博会期间除了有本地虞山绿茶展示外，还引进了广西巴马养生茶、湖南安化黑茶、福建安溪铁观音、武夷岩茶、云南普洱和安吉回道白茶等知名茶企的展示。茶文化系列展中有云南荣宝斋的普洱与书法展、青花瓷展、维摩山庄历史文化展以及苏南琴棋书画文化展等。

【第十一届江苏常熟森林旅游生态观光节暨第十六届虞山宝岩杨梅节】 6月18日，第十一届江苏常熟森林旅游生态观光节暨第十六届虞山宝岩杨梅节在虞山宝岩景区开幕。本届森林旅游生态观光节以"去透气，森呼吸"为主题，以虞山宝岩杨梅节为主要载体，整合了尚湖水上森林观鸟节、尚湖荷花节、尚湖啤酒节等夏日特色的旅游活动，充分展现虞山尚湖的生态和文化优势。

【第七届常熟尚湖啤酒节】 7月26日至8月3日晚，2014第七届常熟尚湖啤酒节在尚湖风景区举行。啤酒节以"四大天王来啦"为主题，围绕"天王、啤酒、美食"三大核心开展形式丰富的活动。主要有演唱会专场、情人节专场、美食专场、儿童嘉年华等项目。

【2014常熟旅游摄影大赛】 9月8日，由常熟市旅游局主办的"神舟旅游杯"2014常熟旅游摄影大赛在尚湖风景区正式启动。活动面向国内外广大游客及全市摄影爱好者，参赛作品主要围绕"幸福生活、快乐休闲"主题，紧扣2014中国(常熟)江南文化节暨沙家浜旅游节期间的"尚湖中秋晚会""两岸灯会""百姓休闲汇""沙家浜阳澄湖大闸蟹美食节""马拉松徒步赛"等系列主题活动，记录全体市民和广大游客的幸福生活瞬间。

【2014两岸情缘常熟(尚湖)灯会】 9月21日至10月7日，2014"美丽湖山灯耀中华"两岸情缘常熟(尚湖)灯会在尚湖景区举行。共展出大、中、小型彩灯18组。以"灯耀中华""缘连两岸""情同一家"三个主题灯区及环境渲染灯区作为重点。突出彰显"中华—两岸一家情"美好愿望，反映两岸人民安居乐业、和谐美满的幸福生活。灯会期间，景区还举行台湾美食节，汇聚台湾小吃美食。

【第四届常熟尚湖国际半程马拉松邀请赛】 参见第331页〖承办第四届尚湖国际半程马拉松邀请赛〗。

【虞山公园获评全国首批"城市中央休闲区"】 12月14日，在北京召开的全国休闲标准化技术委员会年会上，虞山尚湖获得全国首批"城市中央休闲区"授牌，成为全国县级城市中首个城市中央休闲区。虞山公园城市中央休闲区不断完善休闲功能、挖掘休闲资源、改善休闲环境，注重创建自由化、娱乐化、放松式的旅游休闲场景。以虞山公园为核心的中央休闲区年均接待游客近500万人次。

沙家浜风景区

【概况】 2014年景区全年共接待游客210.17万人次，实现总收入11033.83万元，比上年分别增长4.99%和14.72%。景区投入300多万元，对春来街坊的道路、绿化、灯光、外立面等进行全面改造。新增阿庆嫂饭庄、沙家浜土特产超市等商业服务设施。推出"虞山春来茶"、沙家浜红木镇纸、卡通螃蟹玩具、旅游扑克、蓝印花布等一批手工艺品、土特产等产品。5月28日，春来街坊正式开街。全年种植各类乔木400余株，种植移植水生植物1300余平方米，荷花1000平方米，新增草坪2700平方米，通过利用收集的草花籽，撒播在裸露地面400余平方米。为缓解"十一"黄金周停车场压力，更好地服务游客，在闲置空地上开辟7450平方米临时场地，提供275个临时停车位。同时将C区停车场绿化带一半改造为游客同行便道，优化交通流向；在春来街坊区域增加40平方米的电瓶车停车棚。3月4日，沙家浜风景区获评江苏省科普教育基地。12月21日，沙家浜旅游度假区获评2014最佳文化旅游度假目的地。

【第九届苏州(沙家浜)国际风筝节】 4月6日，第九届苏州(沙

4月6日,第九届苏州(沙家浜)国际风筝节暨2014沙家浜阿庆嫂民俗风情节在沙家浜风景区开幕

家浜)国际风筝节暨2014沙家浜阿庆嫂民俗风情节在沙家浜风景区开幕。本届风筝节以“放飞心灵为梦翱翔”为主题,主打情侣游和亲子游旅游产品,风筝节期间推出包括风筝展示、风筝制作、风筝放飞、风筝手绘、风筝留念、风筝传情等活动。本次活动由苏州市旅游局、沙家浜镇人民政府、常熟沙家浜旅游度假区管委会主办,苏州市风筝协会、沙家浜风景区承办。

【首届“江南风”中式集体婚礼展】 5月1日至2日,沙家浜首届‘江南风’中式集体婚礼展沙家浜风景区举行。活动以“相约今生·鸾凤和鸣”为主题,20对新人按照江南水乡婚俗完成婚礼。整个婚礼的流程将按江南水乡婚俗举行,新人们在横泾老街进行接亲、迎亲仪式,婚育馆起妆并进行拜堂仪式,最后在沙家浜风景区主入口广场举行一场集体婚礼。该集体婚礼上新人们在享受沙家浜美景的同时感受中国传统文化的魅力,还能让游客体验别样的江南民俗风情。

【江苏省第十八届运动会高校部龙舟赛】 6月2日端午节,江苏省第十八届运动会高校部龙舟比赛在常熟沙家浜景区举行。比赛设200米和500米直道竞速两个项目,14个本科院校和6个专科学校分场比赛。经过预决赛,专科组,常州工程职业技术学院包揽200米和500米直道竞速冠军、团体总分第一名;本科组,淮海工学院包揽200米和500米直道竞速冠军、团体总分第一名。比赛另设道德风尚奖,由苏州大学、江苏农牧科技职业学院、常熟理工学院等6所高校获得。

【“红船·追梦”全国红色旅游摄影大赛获奖作品巡展】 9月15日,“红船·追梦”全国红色旅游摄影大赛获奖作品巡展开展仪式在沙家浜革命历史纪念馆举行。该展览是继嘉兴、上海、西柏坡之后的第四次巡展,是中国红色旅游城市联动宣传,让更多人了解红色旅游的丰富内涵,体验红色旅游文化的时代魅力。共展出100幅获奖作品和20幅嘉兴城市旅游图片。

【央视《乡土》栏目组走进沙家浜】 8月13日至17日,中央电视台七套《乡土》摄制组在沙家浜风景区进行实地采访与拍摄。对沙家浜民俗文脉、自然生态及以大闸蟹为代表的水产养殖业展开全方位的挖掘与介绍。摄制组以纪实与亲身体验的手法,通过客观、平实、深入的镜头,从不同角度呈现了沙家浜的自然之美和人文之美。

【第十五届沙家浜阳澄湖大闸蟹美食节】 9月21日,第十五届沙家浜阳澄湖大闸蟹美食节开幕。上海电视台黄浩、舒怡、阿丁等7位明星主持人加盟,在现场展开大比拼,挑战挖食材、扎螃蟹、做蟹菜等游戏项目。本届美食节以“蟹天蟹地我来啦”为主题,通过开展一系列丰富多彩的节庆活动,以“美食节”为契机,“大闸蟹”为纽带,充分展示沙家浜的历史文化、水乡风情和民俗民风。

【沙家浜中国作家创作基地成立】 9月22日,沙家浜中国作家创作基地及中国作家出版集团华东办事处在沙家浜风景区揭牌成立。中国作家协会副主席何建明、中国新闻文化促进会会长李东东,常熟市委常委、宣传部长潘志嘉以及瞿弦和、叶延滨等朗诵艺术家、作家出席成立仪式。两个机构同时选择落户沙家浜风景区,能够帮助沙家浜进一步宣传革命历史、传承优秀传统文化。

【2014江南寻福记】 9月27日,来自江浙两省常熟、扬州、桐乡、南湖、临安、新昌等地的旅游局领导及“浙江之声”听友自驾团相聚常熟沙家浜,共同开启“2014江南寻福记”之旅。“浙江之声”80多位听众自驾游爱好者外参加开幕

9 月 22 日，沙家浜中国作家创作基地、中国作家出版集团华东办事处在沙家浜风景区揭牌成立

式。活动中，六大福地旅游局领导还共同签署《区域旅游合作协议》，初步成立“江南六大福地”合作联盟。

【首届沙家浜湿地文化节】 10 月 29 日，首届沙家浜湿地文化节开幕。首届沙家浜湿地文化节立足湿地保护和科普宣传，推出湿地野趣亲子游、沙家浜湿地摄影大赛、“生命的摇篮”百名中小学生湿地长卷绘画暨野营体验活动、“保护生态环境，珍爱绿色家园”湿地保护万人签名征集活动以及沙家浜湿地鸟类展览暨湿地知识展示等五大活动。还邀请到台湾湿地保护专家，开展为期 3 天的“台北市关渡湿地综合管理培训班”，给全国湿地工作者提供交流与学习机会。

【全国大学生文学社团联盟成立】 11 月 22 日，全国大学生文学社团联盟成立大会在沙家浜爱国主义教育基地举行。中国作家协会副主席何建明出席并讲话。共青团中央学校部部长、全国学联秘书长杜汇良，中共江苏省委宣传部副部长、江苏省文联党组书记章剑华等分别致辞。大会同时发布《全国大学生文学社团联盟倡议书——用最优美的文字书写社会主义核心价值观》和全国大学生“青春中国”写作营计划，为沙家浜“全国大学生文学社团联盟践行社会主义核心价值观学习实践基地”挂牌。

（张广平）

虞山林场

【概况】 2014 年，虞山林场加强 0.1万公顷省重点公益林管护工作，实施虞山 100 公顷中幼龄林抚育，推进虞山中路两侧 106.67 公顷林相改造。完成松材线虫疫木清理，基本拔除疫点。做好市级 315 棵和场属 1300 棵名木古树有偿保护工作。加强茶田、果林、毛竹管理，发展生态林农业。组织 3000 人次护林防火，投资 100 万元加强森林防火基础设施建设。清理可燃物 606.80 公顷，确保虞山 28 年无较大森林火灾。虞山林场被评为 2013—2014 年度苏州市森林防火工作先进集体。

【森林管护】 虞山林场加强 1055.53 公顷省重点公益林管护工作，100 公顷虞山中幼龄林抚育。开展虞山病虫害的监测预报工作，主要针对松褐天牛、松毛虫、松干蚧、竹巢粉蚧、缀叶纵螟、美国白蛾的监测。清理松材线虫疫木 3343 株，免疫注射 2359 株，安放肿腿蜂、花绒寄甲 120 万头进行生物防治。实施完成 106.67 公顷林相改造，在拓植地方品种的同时，引进新品种，种植青冈栎、乌柏、樟叶槭、木荷、宝华玉兰 5020 株。做好市级 315 棵和场属 1300 棵名木古树的有偿保护工作。加强宝岩杨梅、葡萄、梨，兴福桂花板栗、虞山蕈、尚湖水产品、虞山竹笋等林果品管理，确保产量。通过虞山绿茶国家有机食品基地的验收及剑门、虞山绿茶的有机食品认证。

（吴丽[illegible]）

责任编辑　虞　[illegible]

常熟年鉴

CHANGSHU YEARBOOK 2015

金　融

综　述

【概况】2014年,全市积极推进金融改革创新,强化金融业监督管理,优化金融生态环境,促进地方经济持续健康发展。按照"属地负责、统筹协调、分类化解、维护稳定"的总体原则,积极防控和稳妥处置企业债务风险。修改完善银行业考核办法,引导银行机构增加有效信贷投放,提高信贷资产质量。深入推进政银企合作,开展常熟市金融聚焦实体经济银企合作对接会、银行业支持实体经济乡镇行等活动,鼓励金融机构加大对重大项目的支持和服务。组织开展银行业民主评议活动,引导金融机构提高服务质量水平。加强对小贷公司的日常监测、审批管理、巡回走访和业务指导,促进小贷行业健康可持续发展。至年末,全市金融机构本外币存款余额2384.92亿元,比年初增加60.20亿元,比上年增长2.60%;本外币贷款余额19[illegible]7.80亿元,比年初增加184.40亿元,比上年增长10.50%。保险公司全年实现保费收入35.10亿元,比上年增长9.40%,给付、赔付支出13.20亿元,比上年增长12.90%。证券公司全年股票交易额2207亿元,比上年增长60.40%;期末股票账户数33.40万户,比上年增长3.70%;期末股票市值162.70亿元,比上年增长3[illegible].30%。融资性担保公司全年累计为321户企业提供担保448笔,累计担保金额22.80亿元,期末在保余额28.20亿元。农村小额贷款公司全年累计向"三农"和中小企业发放贷款24亿元,贷款余额20亿元。全年组建"联谊不锈钢""标准件厂""怡泰隆""力强机械"4个"类银团",化解潜在风险额度15亿元。年内,张家港农村商业银行股份有限公司常熟支行、广发银行股份有限公司常熟支行开业。至年末,全市共有银行业金融机构27家。

2014常熟投资理财博览会金融论坛在常熟日报社举行

【调整土地抵押评估政策】2014年,常熟市适度调高工业用地抵押融资评估水平,进一步发挥土地融资功能,逐步替代互保联保。至年末,全市按照新政策已办妥土地抵押登记753宗,涉及面积0.12万公顷,贷款总额33.30亿元,新增释放融资额度12亿元。

【推进金融纠纷调解工作】2014年,常熟市金融纠纷人民调解委员会积极开展金融纠纷调解,维护金融机构和金融消费者双方的合法权益。全年受理金融纠纷案件20件,涉及金额19406万元。其中成功调解9件、金额11932万元。案件平均办理周期12.50天,最短5天,提高金融纠纷处置效率,减少当事人诉讼费用,有利于防范和化解金融风险。

【首家民营转贷公司成立】9月17日,常熟市国联资产管理有限公司正式成立。该公司由民间资本投资设立,筹集专项资金5000万元,通过市场化运作,为企业贷款周转提供资金,重点支持基本面好、信用度高、管理规范的中小企业。至年末,该公司合作银行11家,累计完成贷款周转55笔,金额4.80亿元。

【中国县域金融研究中心成立】9月18日,中国县域金融研究中心成立。该中心由常熟理工学院和常熟市政府合作成立,是一家专门研究县域金融问题的研究机构,将充分发挥理工学院学科、专业、人才优势,发挥政府机关涵盖面广、实践经验丰富优势,科学研判经济金融形势,深化推进金融改革,着力维护金融稳定,提升金融发展质量。　（吴志鹤）

中国人民银行常熟市支行

【概况】2014年,中国人民银行常熟市支行(简称人民银行)深入对接金融改革实践，联合市财政局开展全国首例县域社保基金存款招投标工作，获得全国首个县级金融IC卡非接应用示范城市申报资格。坚持稳中求进总基调，贯彻落实稳健货币政策，加强资金组织和项目储备工作，确保辖区货币信贷总量保持合理平稳增长，信贷结构继续不断优化调整。推动和引导辖区银行机构加大对“三农”、小微、民生工程、家庭农场、新型城镇化等方面的支持力度，召开金融聚焦实体经济银企对接会、银行业服务实体经济座谈会等活动，服务地方实体经济。努力防范和化解金融风险，优化金融生态环境建设，成功通过江苏省金融稳定工作协调小组“金融生态优秀县”的复评，继续保持“金融生态优秀县”称号。深入推进普惠金融，不断提升金融服务水平，经理国库水平稳步提升、支付结算环境进一步优化、征信服务力度不断加强、人民币流通环境持续优化，有效实现履行央行服务职能与促进地方经济平稳健康发展的有机统一。

【社保基金存款公开招投标】 5月15日，人民银行、市财政局联合举行常熟市第一期10亿元社保基金定期存款招投标活动。此次招投标工作从组织实施到现场招标历经半年时间，人民银行联合市财政局通过制定规范性文件、成立领导小组等措施，确保招投标工作的成功，为县级财政性资金的保值增值做了有益尝试，取得了预期成效。

【申报全国首个金融IC卡非接应用示范城市】 年内，人民银行以市政府建设智慧城市，常熟农商银行发行市民卡为契机，推进金融IC卡在公共服务领域的推广运用。通过协调政府部门、银行、企业等多方主体，突破制约金融IC卡推广应用的瓶颈阻力。10月，《常熟市城乡一体化非接示范城市建设工作方案》出台，明确指导思想，树立工作目标，提出具体措施。11月，成功通过中国人民银行南京分行科技处验收，向人民银行总行申报全国首个金融IC非接应用示范城市。

【实现农村金融综合服务站全覆盖】 年内，人民银行在银行卡助农取款服务“村村通”的基础上，将国库、征信、现金和金融消费权益保护等内容统一纳入农村助农取款服务示范点形成农村金融综合服务站，并重点做好银行网点空白的行政村中的农村金融综合服务站建设。7月，首批两家综合服务站成功通过人民银行苏州市中心支行验收。11月末，全市建成综合服务站117个，在“四市一区”中率先成功实现农村金融综合服务站在银行网点空白行政村的全覆盖。

【加强货币金银管理工作】 人民银行通过在全市范围内确定8家银行业机构、30个营业网点作为小面额现金供应的主办银行和主办网点，试点安装硬币自助兑换设备等举措，继续完善辖内小面额货币、硬币供应的长效机制。年初，完成冠字号码系统在全市自动柜员机上的全覆盖，并在年内逐步推动建立冠字号码查询管理机制，从而初步建立涉假纠纷的解决处理方式。9月，完成“和”字书法——草书普通纪念币的兑换工作，整个兑换过程公开透明，未发生一起投诉。

（张翔亦）

银行监督

【概况】 2014年，全市共有银行机构27家，新增2家。其中政策性银行1家、国有商业银行5家、股份制商业银行9家、城市商业银行6家，地方法人机构2家、中小金融机构1家、外资银行2家和专类金融机构1家；全市金融从业人员5242人。全市有银行网点358个，离行式自助银行121个；各类在行式、离行式ATM(取款机)、CDS机(存取款一体机)、交易查询机等自助设备1736台。年末，辖内银行业金融机构本外币各项存款2384.92亿元，比上年增加60.25亿元，增2.59%；各项贷款余额为1937.75亿元，比上年增加184.43亿元，增11.45%；全年辖内银行机构共处置不良贷款62.14亿元，其中现金清收16.05亿元，核销16.89亿元，打包出售22.35亿元、其他(包括资产重组、资产剥离等)处置6.40亿元、以物抵债0.45亿元，年末不良贷款余额34.29亿，不良贷款率1.67%。不良贷款余额34.29亿元，不良贷款率1.67%。

【加强风险防控】 对辖区企业法人跑路事件及春节后企业开工情况、风险情况及不良资产处置情况开展调研，对辖内银行信用风险隐性情况进行排摸，其中重点对较大的几个担保圈情况进行分析和解剖，摸清风险底数，揭示风险隐患，督促银行机构积极化解隐性风险并探讨破解担保圈的有效方式，有效阻止因代偿而产生的风险传染。通过行长联席会议，强调辖内银行机构完善风险防控机制，上强贷款“三查”制度,对辖内纺织、钢铁、房地产行业风险及乡镇出现的连保信贷风险进行风险提示。建立月度及季度监测制度,按月监测辖内银行机构不良贷款变化情况及已发生的企业风险事件变化情况,按季跟踪不良贷款处置情况,及时掌握辖内不良贷款变化情况和风险事件处置进展情况。督促辖内银行机构切实加强信用风险防控工作,注重跟踪主体市场和企业经营动向,对潜在风险提前布防,对已暴露的风险做好展风险处置工作,力求把风险损失控制最低限度。

【支持实体经济】 通过专题会议和调研督促辖内银行机构将信贷优先用于本市符合国家产业政策和结构调整升级的行业和项目,重点支持战略性新兴产业、先进制造业、现代信息技术产业和清洁能源等,支持地方经济转型升级。鼓励常熟农村商业银行下沉业务,探索发展村级金融业务,走特色化、差异化道路,会同金融办、人民银行、常熟农村商业银行异地学习沙县农村商业银行村级融资担保基金做法及经验,并由4部门联合形成《关于创新我市农村融资担保方式的报告》呈送市政府决策。会同金融办、人民银行开展“科技金融”银企对接会,由交通银行苏州分行、中保公司常熟支公司及江苏股权交易中心分别向90多家中小企业推荐金融产品,重点支持小微科技企业发展。做好小微企业授信情况统计监测工作。督促银行机构加大小微企业的信贷投放,在商业银行可持续发展和风险可控的前提下,重点支持符合产业政策和环保政策、有市场、有需求、可持续运营的小微企业。建立小微企业贷款统计制度,重点监测小微企业贷款两个不低于情况,年末,辖内银行机构小微企业贷款806.29亿元,比年初增长41.61亿元,增5.44%。

【金融消费者权益保护】 通过强化信访投诉日常监督作用,督促银行机构加强现场投诉处办能力,整改提高,切实维护金融消费者合法权益。全年处理各类信访投诉19起,完成政协提案1起。开展银行业消费者金融知识宣传。通过行风政风平台宣传普及金融知识,介绍本部门在金融服务所做的工作,对听众提出的服务问题进行解答。对辖内11家银行机构36家营业网点“送金融知识下乡”宣传片播放情况进行督查,并将督查中发现的问题现场进行反馈,采用多种宣传方式,将金融知识普及到乡镇和社区,做好现代金融知识的推广普及。　（肖　民）

表24　**2014年常熟市银行机构情况**

单　　位	性　　质	机构网点数	成立时间
1. 中国农业发展银行常熟市支行	政策性银行分支机构	1	1996年10月
2. 中国工商银行股份有限公司常熟支行	国有商业银行分支机构	28	1984年9月
3. 中国农业银行股份有限公司常熟分行	国有商业银行分支机构	56	1980年2月
4. 中国银行股份有限公司常熟支行	国有商业银行分支机构	26	1985年10月
5. 中国建设银行股份有限公司常熟分行	国有商业银行分支机构	31	1979年9月
6. 交通银行股份有限公司常熟分行	国有商业银行分支机构	4	1993年7月
7. 中信银行股份有限公司常熟支行	股份制商业银行分支机构		1997年6月
8. 上海浦东发展银行股份有限公司常熟支行	股份制商业银行分支机构		2002年11月
9. 华夏银行股份有限公司常熟支行	股份制商业银行分支机构		2008年7月
10. 中国民生银行股份有限公司常熟支行	股份制商业银行分支机构		2008年9月
11. 中国光大银行股份有限公司常熟支行	股份制商业银行分支机构		2008年11月
12. 招商银行股份有限公司常熟支行	股份制商业银行分支机构		2009年2月
13. 兴业银行股份有限公司常熟支行	股份制商业银行分支机构		2012年4月
14. 恒丰银行股份有限公司常熟支行	股份制商业银行分支机构		2012年12月
15. 广发银行股份有限公司常熟支行	股份制商业银行分支机构		2013年11月
16. 江苏银行股份有限公司常熟支行	城市商业银行分支机构	3	2005年6月

续表 24

单　　位	性　　质	机构网点数	成立时间
17. 苏州银行股份有限公司常熟支行	城市商业银行分支机构		2011年5月
18. 宁波银行股份有限公司常熟支行	城市商业银行分支机构		2011年1月
19. 南京银行股份有限公司常熟支行	城市商业银行分支机构		2012年7月
20. 浙江泰隆商业银行股份有限公司常熟支行	城市商业银行分支机构		2013年1月
21. 上海银行股份有限公司常熟支行	城市商业银行分支机构		2013年7月
22. 江苏常熟农村商业银行股份有限公司	农村中小法人金融机构	107	2001年11月
23. 苏州常熟建信村镇银行股份有限公司	农村中小法人金融机构		2010年12月
24. 江苏张家港农村商业银行股份有限公司常熟支行	农村中小法人金融机构分支机构		2014年[illegible]月
25. 中国邮政储蓄银行股份有限公司常熟市支行	专类金融机构	64（含邮政储蓄机构）	2008年[illegible]月
26. 三井住友银行（中国）有限公司常熟支行	外资银行分支机构		2010年12月
27. 汇丰银行（中国）有限公司常熟支行	外资银行分支机构		2012年12月

银　行　业

【中国农业发展银行常熟市支行】 2014年，中国农业发展银行常熟市支行各项贷款余额8.04亿元，存款余额1.94亿元，实现账面利润1327万元。全年累计发放稻谷收购贷款4800万元，入库稻谷1548万千克；发放小麦收购贷款4900万元，入库小麦2076万千克；发放油菜籽收购贷款3000万元，入库油菜籽593万千克；发放储备稻谷贷款1.50亿元、入库储备稻谷4605.70万千克；储备小麦贷款2952万元、入库储备小麦1176万千克；储备油贷款751.72万元、入库储备油菜籽58.50万千克，确保市级储备粮油全年足额储备。全年发放农业产业化龙头企业流动资金贷款3.85亿元。同时以“高新区农田水利基础设施建设”和“尚湖生态农业修复工程”为核心，加大对保护和提高农业生态环境水平项目贷款的投放力度。

（王云石）

【中国工商银行股份有限公司常熟支行】 2014年末，中国工商银行股份有限公司常熟支行（简称工行常熟支行）本外币各项存款余额达182.26亿元，比上年减少27.02亿元。其中人民币对公存款余额101.80亿元，比年初减少31.41亿元；人民币储蓄存款余额72.53亿元（含结构、保本），位列同业第二，比年初增加1.96亿元，位列同业第一。外汇存款余额12988万美元，比年初增加1034万美元。本外币各项贷款余额196.68亿元，比上年增加6.45亿元，人民币公司贷款余额149.77亿元，较年初增加9.94亿元，个人类贷款余额41.02亿元，比年初增加0.56亿元；新增发放额排名同业第一。各项外汇贷款余额6570万美元。实现中间业务收入2.17亿元。2014年实现拨备前利润6.72亿元，实现净利润3.68亿元。全年清收转化不良贷款合计7.58亿元，其中核销2.43亿元，全行本外币不良贷款率为1.65%（不含信用卡），比年初减少0.08个百分点。工行常熟支行加强微信公众平台建设，微信平台粉丝客户数达7万人。进一步夯实贵金属交易类业务优势，贵金属交易类中间业务收入排名苏州分行第一。全年完成迁址扩建商城中路支行1家，改建自助＋理财网点2家，优化自助银行布局，自助银行撤销4家新设3家。柜面防堵假人民币803张6.7[illegible]万元、假身份证9张，假银行承兑汇票1张16万元，成功堵截电信诈骗21起63.35万元。年内，该行被工商银行总行分别授予“2014年度安全管理星级支行”“贵金属业务先进集体”称号；该行营业部获评工商银行总行“流程优化暨业务集中处理改革先进集体”，营业部财富管理中心被评为工商银行总行级“2013—2014年度青年文明号”。

（徐　[illegible]）

【中国农业银行股份有限公司常熟分行】 2014年，中国农业银行股份有限公司常熟分行本外币存款余额522.40亿元，比年初降22.52亿元。其中，人民币存款余额495.38亿元，比年初降14.54亿元，外币存款余额4.33亿美元，比年初降1.32亿美元。本外币日均存款余额528.77亿元，比年初增加13.72亿元，四大行市场份额占比49.55%，比年初提升3个百分点。本外币贷款余额363.20亿元，比年初增加24.92亿元，其中人民币贷款余额327.63亿元，比年初增加21.74亿元，增量四大行占比39.09%，位列第一。年内，该行被评为第七届“全国农行精神文明建设工作先进单位”。全年成功堵截电信诈骗130多起，为客户挽回损失190多万元，91人次受到常熟见义勇为基金会表彰。

服务地方经济和社会建设　全年审批各类基建项目贷款24亿元，发放1.20亿元；授信38.25亿元，累计投放24.39亿元，实现全市乡镇城乡一体化项目全覆盖；对接市‘两整车一中心”、“双创”科技企业“313”培育工程、“小巨人”企业培育计划等项目，新增科技型企业授信7户，金额3200万元；民生项目审批授信19亿元，支持南门坛历史街区保护性改造、铁黄沙工程、水利工程等民生实事工程。对接常熟市经济转型升级要求，制订小微企业工厂化运作实施方案和授信模板，加大对科技含量高、市场前景好的科技型小微企业支持力度。承办社保卡工程，代理发行社保卡87万张，新开通农村金融综合服务站55家，累计建成267家“惠农通”工程服务点。提高网点配置，优化服务流程，在辖内网点全面上线柜面预处理系统及自主发卡机具。

业务创新　创新信贷运作模式，成立放款中心，规范信贷运作流程。为加拿大太阳能国际有限公司办理续作金额为970万美元的利率互换业务，为省农行系统在PETS系统上操作的首笔利率互换业务。为芬欧汇川(中国)有限公司办理一笔100万美元对外放款业务，该笔业务为芬欧汇川集团试点业务获批后第一笔试点业务，也是全国农行系统内首笔业务，标志着农行首次跻身外汇资金集中运营管理合作银行。创新新型农业生产经营主体贷款模式，采用“银行＋农资公司＋家庭农场＋农户”的方式，为市海虞镇园鑫家庭农场办理50万元贷款。开发定制“E商管家”系统，上线波司登专属收款平台。小康村精品式自助银行、男装中心精品式自助银行正式开业。

（吴心怡）

农业银行自助银行

【中国银行股份有限公司常熟支行】　2014年，中国银行股份有限公司常熟支行(简称中行常熟支行)全年新增本外币贷款突破24亿元，其中新增制造业贷款14亿元，表外融资投放超过26亿元，超额完成市政府下达的全年目标。全年化解不良贷款超过11亿元(包含公司、个金、银行卡)，年末不良率控制在1.50%以内。全年成功堵截各类诈骗案件21起，为客户挽回损失12.80万元。推广“小额科技信贷”产品，为四家科技型企业发放授信750万元；中行常熟支行与常熟法院签订协议，启动“拍卖贷”个人贷款业务，至年末，该行放贷4笔，金额538万元。

两岸银团贷款　5月5日，中行常熟支行与台湾第一银行、义联集团、烨辉企业及其他参贷行签约代表共同出席烨辉(中国)科技材料有限公司及烨辉(香港)控股有限公司7年期等值人民币8.73亿元的银团贷款签约仪式。该项贷款为台湾第一银行、中行常熟支行统筹联贷，为2014年首笔两岸金融合作。本次同时组建的两笔银团贷款合计金额约等值人民币11亿元，主要用于烨辉(中国)科技材料有限公司其在常熟经济技术开发区增资扩建项目建设投资的资金需求。

省内首笔民办养老机构金融贷款　6月19日，中行常熟支行为常熟德仁家园提供450万元授信总量用于护理院扩建项目，这是常熟市也是省内民办养老机构获得的首笔金融贷款。该项目实现民办养老机构商业银行融资零突破，破解了常熟市民办养老机构融资难的问题。（陈　勇）

【中国建设银行股份有限公司常熟分行】 2014年末，中国建设银行股份有限公司常熟分行（简称市建行）本外币一般性存款余额178.41亿元。其中本外币企业存款余额108.09亿元，储蓄存款余额70.32亿元；人民币一般性存款日均余额145.12亿元，其中，企业存款日均余额81.57亿元，储蓄存款日均余额63.55亿元；年末贷款余额214.79亿元，比年初增26.61亿元；全年累计实现中间业务收入总量达2.84亿元。3月，该行为达富电脑（常熟）有限公司办理“收汇通”Ⅱ号产品6500万美元，增进了银企合作关系。9月，该行与常熟市新区医院合作开发“一卡通”项目正式启动，项目投用后可实现患者自助挂号、缴费时医保与自费部分分割缴费、自助打印发票等功能。（建　行）

【交通银行股份有限公司常熟分行】 2014年末，交通银行股份有限公司常熟分行人民币各项存款446821万元，其中对公人民币存款余额261212万元；对私人民币存款余额185609万元。外币存款2569万美元。人民币贷款余额679800万元，其中对公贷款余额564372万元，较年初增长15614万元；个私贷款年末余额115428万元，较年初下降25635万元。外币贷款余额756万美元，较年初减少2744万美元。中间业务方面，公司条线中收受益于投行业务，发展较为迅猛；个金、国际条线中收有所发展、有所突破。（曹　昱）

【中国邮政储蓄银行股份有限公司常熟市支行】 2014年，中国邮政储蓄银行股份有限公司常熟市支行全年累计完成金融业务总收入2.52亿元，比上年增长11.20%，银行自营实现利润6740.90万元，收入和利润规模双双保持全省系统内县级支行第一。年末个人储蓄存款余额90.17亿元，比上年增长5.13亿元。全年累计销售理财保险产品38.35亿元，比上年增长11.45亿元。年末公司存款余额11.29亿元，年新增3.20亿元。全年累计票据贴现25.17亿元，开立全额承兑汇票4625.66万元，结售汇1159.86万美元。全年累计发放各项贷款20.35亿元，贷款结余23.01亿元，年新增3.31亿元，其中经营性贷款结余9.20亿元，列全省系统内县级支行第一，住房贷款结余9.10亿元，列全省系统内县级支行第四。年内，该行先后获苏州区第五届“邮储吉尼斯”技能挑战赛团体冠军和2011—2013年度苏州市平安金融创建“示范单位（网点）”等荣誉和称号。（朱建中）

【江苏常熟农村商业银行股份有限公司】 2014年末，江苏常熟农村商业银行股份有限公司（简称常熟农商银行）总资产98[illegible].70亿元，比上年增加157.25亿元，增幅18.98%；本外币存款71[illegible].63亿元，同比增加63.08亿元；本外币贷款459.42亿元，同比增加51.98亿元；不良贷款率0.99%，实现利润12.98亿元，上缴税收超[illegible].40亿元。年内，完成360家授信客户土地升值，释放担保额度5.30亿元。推行银企“抱团取暖、共同发展”策略，牵头化解1.70亿元不良信贷风险。开展高风险担保公司担保贷款排查，控制一般类担保公司单户及合作总额，下降在保余额8.56亿元。全年累计处置不良贷款7.27亿元。年内，常熟农商银行盐城分行以及东台、张家港支行相继开业。年末异地分支机构总数达24家，存贷款分别达96.94亿元和116.86亿元。全年完成6家村镇银行开业和4家村镇银行筹建工作。是年，该行获评江苏省银行业金融机构小微企业金融服务工作先进单位，被省银监局确立为小微企业金融服务端口前移试点行。（英　磊）

11月21日，常熟农商银行在中江皇冠假日酒店举办“2014年同业金融合作与创新研讨会”

保险业

【概况】 2014年末，全市有保险机构45家，其中产险公司26家，寿险公司19家。苏州保险协会常熟分会成员单位29家，其中产险公司19家，寿险公司10家。保险从业人员3400余人。年内新增浙商财产保险公司常熟支公司和东吴人寿常熟支公司两家会员。2014年，全市保费收入35.13亿元，比上年增长6.88%。其中产险保费收入17.37亿元，比上年增长12.02%，寿险保费收入17.76亿元，比上年增长2.28%。产、寿险全年理赔给付支出13.15亿元。

【苏州市保险行业协会常熟分会】 2014年，苏州市保险行业协会常熟分会（简称协会）重点做好保险宣传、服务和协调工作，促进保险行业创新服务理念，开发更多更好产品，服务民生。

加强宣传 和常熟电视台合作，在金融知识栏目《财富常熟》中开辟《保险沙龙》板块，讲解保险专业知识，每月播放两期，自8月13日首播至12月底，共录制12期，播出11期。开展保险行业第二届理赔服务明星评选活动，将各公司推荐的“服务明星”的参选对象照片和事迹汇印成册共7000余本，通过各种渠道发放。在网上同步推出，接受网民评选。6月20日举行表彰大会，评选出的保险理赔服务明星和“十佳保险服务明星”，并在《常熟日报》刊登。组织各保险公司参与苏州市保险业“文明服务窗口”创建活动。太平洋财险常熟中心支公司获2014年度苏州保险业“十佳文明服务窗口”荣誉称号；中国人保财险常熟中心支公司、中国人寿常熟支公司和太平洋人寿常熟支公司获苏州市“文明服务窗口”称号。

促进协调 与市消费者权益保护协会再次联手制定消费纠纷联动调处工作原则。至年末共受理调解客户投诉7起。和公安交警大队建立反欺诈工作协调机制。每月定期会商，专人和事故中队进行对接，以人保、太保、平安三大产险公司为主，组建交通事故信息微信群，实现交警和产险公司之间即时对接，三大公司全年成功拒赔涉嫌骗保案件785件，挽回损失1902万元。协会和法院民庭达成“构建保险诚信工程，完善纠纷化解机制”共建协议，建立共建领导小组。召开两次共建座谈会，双方就理赔诉讼案件中存在问题和矛盾进行沟通，共同推进保险业诚信规范发展，提高保险纠纷案件调解率，维护消费者合法权益。

表25　**2014年苏州市保险行业协会常熟分会理事单位**

产险公司							
单位	负责人	地址	2014年保费收入（万元）	单位	负责人	地址	2014年保费收入（万元）
人保财险常熟中心支公司	归若飞	海虞北路11号	57219.96	阳光财险常熟支公司	钱东明	东三环路汽车市场南侧	714.65
太平洋财险常熟中心支公司	李晓敏	海虞北路23—1号	67569.45	紫金财险常熟支公司	贺红寰	富春江路65号	3219.41
平安财险常熟支公司	马增扣	海虞北路14号2楼	25237.47	人寿财险常熟支公司	缪　杰	海虞北路31号国贸中心B栋701室	3459.71
大众保险常熟支公司	赵崇林	海虞北路22号2楼	477.72	长安责任保险常熟支公司	毛雪祥	长江路272号	609.03
都邦财险常熟支公司	茅晓东	海虞北路22号2楼	3981.92	安诚财险常熟支公司	蔡　杰	泰山南路76号—1室	13.23
中华联合财险常熟支公司	颜苏红	南沙路127号	1705.76	中银保险常熟支公司	韩建刚	海虞北路13号B楼5楼	928.58
太平财险常熟支公司	沈心喻	海虞北路9号	2727.36	安邦财险常熟营销服务部	吴建刚	青墩塘路188号汽车市场东大门2楼	172.46

续表 25

单位	负责人	地址	2014年保费收入(万元)	单位	负责人	地址	2014年保费收入(万元)
天安保险常熟支公司	郑小东	珠江路358号	1169.15	华安财险常熟支公司	许勇	枫林路1号香格丽花园旭日苑11号	383[illegible].70
永安财险常熟支公司	马鸣	泰山北路88号4楼	1496.20	浙商保险常熟支公司	殷少平	联丰路56号	330.26
永诚财险常熟支公司	陆卫东	湘江东路信一尚城2号楼101室	270.45				
寿险公司							
单位	负责人	地址	2014年保费收入(万元)	单位	负责人	地址	2014年保费收入(万元)
中国人寿常熟支公司	张龙卫	海虞北路31号	55963.34	美国友邦常熟营销服务部	宗华	海虞北路45号世纪财富大楼A座903室	2578.[illegible]3
太平洋人寿常熟支公司	何刚	香山北路5号	44004.35	民生人寿常熟营销服务部	施聪	海虞北路世界贸易中心A座1507室	1101.[illegible]
平安寿险常熟支公司	余欢欢	海虞北路14号	19526.21	人民人寿常熟支公司	陈浩忠	长江路383号西侧2—4楼	6266.7[illegible]
新华人寿常熟支公司	严代飞	海虞北路41号4幢	24204.72	中意人寿保险常熟营销服务部	汤信刚	黄河路22号汇丰时代广场1号楼1505室	1115.0[illegible]
太平人寿常熟支公司	徐卫东	世贸商务中心广场23楼	21803.77	东吴人寿常熟支公司	钱成	海虞北路33号金源电力大厦2102室	6445.00

（陈 芳）

【中国人民财险产保股份有限公司常熟中心支公司】 2014年，中国人民财产保险股份有限公司常熟中心支公司全年实现保费收入5.72亿元，比上年增长12.28%，占当地保险市场份额的32.93%，全年受理赔案70155件，支付各类赔款32979万元。年内，该公司推出“好易保”“幸福社区”两款组合保险产品，并开展保险进社区活动；4名员工获常熟市第二届“十佳保险理赔服务明星”称号；为第四届常熟尚湖国际半程马拉松邀请赛全体参赛选手提供1.65亿元团体人身意外伤害保险及意外医疗险。（王一秋）

【中国人寿保险股份有限公司常熟支公司】 2014年，中国人寿保险股份有限公司常熟支公司实现保费收入5.60亿元，占当地保险市场份额的32%，继续保持市场和系统的双领先地位。全年累计给付、赔付1.38亿元，其中为11551(人次)提供理赔身故、人身意外伤害及医疗保险金合计2683万元。年内，该公司与常熟市人力资源和社会保障局合作开通医保卡购买中国人寿补充医疗保险服务，新推针对癌症风险的产品“国寿防癌险”。该公司先后获评苏州国寿系统“先进单位”、苏州保险业“文明服务窗口”。（王敏青）

【中国太平洋财产保险股份有限公司常熟中心支公司】 2014年，中国太平洋财产保险股份有限公司常熟中心支公司实现保费收入6.76亿元，比上年增长14.60%，占当地保险市场份额的39.02%。年内，该公司办理新市民人身意外伤害保险首例赔付10.10万元。是年，该公司成为全省唯一被推荐参评全国保险系统先进集体的保险公司；被苏州保监分局评为2014年度苏州保险业“十佳文明窗口”；被省[illegible]协评选为省“诚信单位”。（钱冬[illegible]）

【中国太平洋人寿保险股份有限公司常熟中心支公司】 2014年，中国太平洋人寿保险股份有限公司常熟中心支公司实现保费收入4.[illegible]7亿元，比上年增长18.70%，核心业务新保完成10128万元，比上年增长20.40%；期缴保费完成8671万元，比上年增长11.30%。团体直销意外险保费完成152[illegible]万元，比上年增长8%。全年为63110人次的中、小学生提供保额达82.04亿元的学生平安保险，保费收入626.12万元，比上年增长3.46%。为全市7945名持证残疾人提供总保额达3.18亿元的团体意外伤害等保险保障；为全市7552名育龄妇女提供总保额达6.04亿元的优生优育健康保险保障。全年为56989人次支付养老金、教育金、婚嫁金、红利等人寿保险金额1.56亿元，受理医疗、身故、意外伤残保险理赔案6417件，支付理赔款1387.60万元。产、寿险交叉销售完成产险保费收入115[illegible].44万元，比上年增长31.78%。年内，公司“医保健康一卡通”正式投入营运。太平洋寿险常熟中心支公司营业大厅被苏州市保险行业协会评为2014年度苏州保险业“文明服务窗口创建单位”。（王建国）

【中国平安财产保险股份有限公司常熟支公司】 2014年，中国平安财产保险股份有限公司常熟支公司实现保费收入2.52亿元，比上年增长13.60%，占当地产险市场份额的14.60%。全年受理赔案32791件。年内，该公司推出一袋式服务、双平事故、简单快赔、时效终结者项目、APP自助理赔等举措，提升服务效率；推出食品责任险、平安“守护天使”医护人员意外伤害保险、“老年人防骗宝”——老年人账户资金诈骗损失险、专利执行保险等新产品；重要节假日，在重要路段设置服务点，春节、“五一”“十一”期间现场累计处理案件42件，涉及事故车辆86台次，案均处理时效30分钟以内；3名员工获中国平安10年服务纪念章，2名员工获市第二届保险理赔服务明星暨十佳理赔服务明星称号。（高巍巍）

证　券　业

【东吴证券股份有限公司常熟分公司】 2014年，东吴证券股份有限公司常熟分公司全年完成A股、基金交易量1060.70亿元，开放式基金及理财产品日均保有量为41335.86万元，融资融券开户3190户，累计3561户，累计授信额度35.96亿，累计完成交易135.54亿。销售资管类产品16个，共计8030万元。完成常熟市森源电气科技有限公司IPO签约，常熟市交通公有资产经营有限公司23亿元债券发行，苏州沙家浜旅游发展有限公司2亿元中小企业私募债券发行。在“新三板”，该公司全年共签约9单。（顾　艳）

【海通证券股份有限公司常熟营业部】 2014年，海通证券股份有限公司常熟营业部完成股票、基金交易量496亿元，基金产品销售6300万元、固定收益理财产品1.30亿元，实现利润2471万元。营业部逐步开展互联网证券业务，实现客户自助开户和自助管理。年内，营业部成功完成规模为4800万元股权质押融资项目，实现在该项业务上的突破。（张　凤）

【南京证券有限责任公司常熟营业部】 2014年，南京证券有限责任公司常熟营业部完成交易量307亿元，实现利润2387万元。全年新增融资融券账户310户，实现佣金及息费收入600多万元。开展沪港通和筹备个股期权业务。4月，与常熟农村商业银行筹划开展联合营销月活动，当月引进客户29户。8月，南京证券第一个柜台交易创新产品上线，并在年底推出一系列中低风险的固定收益类产品。全年共销售各类产品7100多万元营业部被评为“江苏省投资者教育工作先进单位”。（张　怡）

【华泰证券股份有限公司常熟金沙江路营业部】 2014年，华泰证券股份有限公司常熟金沙江路营业部在全市市场份额为0.52‰，比上年增长38%；基础市场为0.38‰，比上年增长21.62%。融资融券日均资产2.80亿元，比上年增长3.58倍；融资融券利息及佣金收入1381万元，比上年增长1.87倍；涨乐财富开通2637个，融资打新开通1089个，天天发开通3797个，比上年增长6.50倍，日均资产2.50亿元，比上年增长5倍，基金销售6.87亿元，折算股票型基金为2.70亿元。总交易量为812.90亿元，基础交易量为592.11亿，净佣金收入为3091万元，考核利润3800万元。该公司在“我是股东”评选中获上交所优秀营业部称号。（徐利军）

担　保　业

【概况】 2014年末，全市通过省级许可证年检的融资性担保机构共有10家，累计注册资金18.18亿元，与2012年基本持平；到年末累计担保金额343.10亿元，比上年增加4.30%；年末在保余额22.99亿元，比上年减少57.30%；代偿额、代偿笔数、追偿额和代偿损失，同比分别增加93.60%、119.40%、112.30%和273.60%，经营风险和环境更加严峻。2014年，进一步强化对担保行业的监管力度，有1家担保机构停止业务。

表26

2014年全市担保业运行情况

项目			数量或金额	同比%	项目			数量或金额	同比%
受保企业户数(户)	全部累计(历年)		4975	0.30	代偿	累计代偿额(万元)		143311	93.60
	本年累计		322	-58.40		代偿笔数(笔)		408	119.40
担保笔数(笔)	全部累计(历年)		9735	1.80		追偿额(万元)		20124	112.30
	本年累计		455	-62.70		代偿损失(万元)		14096	273.60
	本年度情况	100万元以下	70	-55.10	本年累计收入(万元)	收入总额		11010	-2[illegible].30
		100—300万元	168	-61.80		其中	担保费收入	4511	-5[illegible].00
		300—800万元	147	-70.30			投资收入	2882	24[illegible].10
		800万元以上	70	-45.70			其他	3616	-[illegible].40
					累计提取准备金总额(万元)			19663	-2[illegible].70
担保金额(亿元)	全部累计(历年)		343.10	4.30	本年累计纳税(万元)	总额		1844	-2[illegible].10
	本年累计		22.99	-57.30		其中	营业税	192	-3[illegible].40
	本年底在保金额		27.89	-38.80			所得税	1648	-20.30

表27

2014年担保机构基本情况

序号	机构名称	地址	注册资本(亿元)	年末在保余额(万元)
1	常熟市国发中小企业担保公司	新世纪大道58号18楼	3	55358
2	常熟市灵丰担保有限公司	海虞北路27号	1	13383
3	常熟温商投资担保有限公司	新莲路洋蕾商务楼	1	14120
4	常熟市常银投资担保有限公司	海虞北路世贸中心B—2005	1.18	104000
5	常熟市青企投资担保有限公司	建业路2号	1.20	5226
6	常熟市经发中小企业担保有限公司	海虞北路世贸中心A16	5	7655
7	常熟汇通融资担保有限公司	枫林路40号	1	13372
8	江苏浙汇投资担保有限公司	海虞北路亿源广场B15	1.50	26821
9	苏州神州担保有限公司	海虞北路42号	1.50	9912
10	江苏盛高融资担保有限公司	东南大道大学科技城商务楼16层	1.80	29060
合计			18.18	278907

（陈璐青）

责任编辑　张　军

教 育

综　述

【概况】 2014年,全市财政教育支出30.89亿元。年末,全市有各级各类学校151所,其中公办全日制学校(幼儿园)115所,民办学校(幼儿园)36所。全部在校生149832人,毕业生30701人,专任教师10078人。

教育经费投入及均衡发展 全年全市财政教育支出30.89亿元;学生人均公用经费初中保持1050元,小学保持900元,独立幼儿园提高至550元;全市教师培训经费财政投入1366.88万元;财政扶贫帮困支出337.30万元;非义务教育阶段学校(单位)继续参照义务教育阶段实施绩效工资。免费义务教育所需资金2592.97万元全部到位,特殊教育继续实行全部免费。对普通高中学校的特困生,按3000元/生年标准发放助学金;对所有中职校学生实施学费全免,对中职一、二年级涉农专业及家庭经济困难学生按1500元/生年标准发放助学金;对初中学校特困生,按3500元/生年标准发放助学金;对小学的特困生,按3000元/生年标准发放助学金;对幼儿园的特困生,按1200元/生年标准发放助学金;以上各项所需经费3800万元。年内,城区实验中学崇文校区、兴福小学及幼儿园、游文小学建成投用,报慈小学一期工程竣工,昆承中学扩建和游文幼儿园加快建设;乡镇(板块)梅李高级中学建成投用,滨江实验中学、东张邻里幼儿园竣工,东南小学及幼儿园、唐市中学主体建筑封顶,滨江职校二期扩建部分竣工投用。启动建设年度10万平方米校安工程任务。全年新增学校建筑面积超过10万平方米。

9月10日,市委、市政府举行庆祝第30个教师节暨优秀教师表彰大会

教育信息化建设 根据智慧教育建设年的总体要求,实施宽带网络"校校通"优化工程,全市实现中小学100兆宽带接入全覆盖;推进"班班通"升级工程,在全市所有普通教室实现终端显示大屏幕"班班通"基础上,加快建设以电子白板、一体机作为终端显示设备的高标准"班班通",新配套仪器设备314套,近50%的教室实现高标准"班班通",同时通过引进"凤凰优课""共建微课"等方式扩容资源库,助力"班班通"升级,推动教学方式变革、高效课堂建设;全市建成4个未来教室,建成覆盖全市中小学的视频会议系统,提高纵向沟通与管理效率;启动"市民卡"在校园管理中的实践应用。

教育国际化交流合作 年内,世界联合学院(UWC)常熟分院在昆承湖景区开工建设;澳大利亚维多利亚州东南区、英国、美国、新加坡、日本、韩国等8批外国教育访问团到常熟访问;全市组织353名学生出国修学旅行,安排26名教师、1名校长赴英国、加拿大、澳大利亚、德国等参加培训,推荐4所学校参加"第十届江苏中小学校长国际论坛";全市学校中新增国外友好学校的有15所。至年末,全市有国外友好学校的公办学校31所。

校园安全建设 开展校园人防、技防、物防建设,整治校园周边环境,完善食堂物资定点配送管理、"营养餐"配制工作,服务学生健康成长,年内新增苏州市平安校园15所;全市启动年度10万平方米的校安工程建设,财政投入近3.30亿元,其中含2190万元用于校安工程奖补;全市校车每天投入运行127辆、运行线路248条、接送332班次、服务25所学校(其中公办学校14所、外来工子弟学校11所)、接送学生13116名(其中公办学校学生4013名、外来工子弟学校学生9103名),校车专业化运行财政补助全年达1087万元;食品药品监督管理局、教育局联合下发《2014年常熟市学校

（园）食堂食品安全监管工作意见》，继续在全市各学校（幼儿园）食堂推行"五常法"管理，经各学校（幼儿园）申报，各镇（区）"五常法"评估小组现场评定及市级监管部门评估抽查，全市有40家学校（幼儿园）食堂被评定为"五常法"管理优秀单位，31家学校（幼儿园）食堂被评定为"五常法"管理达标单位。

【实施新市民子女积分入学】 年内，常熟市新市民子女入学实施积分管理。3月底教育部门公布开放学校及服务区域；4月至5月中旬，新市民事务中心和各镇分中心接受新市民入学申请；6月，公布开放学校入学指标数和新市民积分排名表；7月上旬，根据各校入学指标数和对应积分排名情况，发放首批入学准入卡。对经积分排名不能进入所申请公办学校的新市民子女，由居住地所在乡镇（板块）根据积分情况和本区域其他公办学校空余学位情况进行统筹协调，采取填报志愿方式，以分数优先，结合志愿，发放第二批入学准入卡。2014年秋季，共计10235名新市民子女通过积分入学管理、入读公办幼儿园、小学、初中起始年级。

基础教育

【概况】 2014年，全市有公办基础教育学校（幼儿园）111所，另有民办学校（幼儿园）36所。全市在校小学生81268名，普通中学42087名，特殊教育学校122名。全市适龄儿童小学入学率、巩固率、普及率和毕业率均为100%，初中入学率、巩固率和毕业率均为100%，残疾儿童少年入学率、贫困家庭子女入学率为100%，高中段毛入学率达100%。年内，实验小学、世茂实验小学、义庄小学、石梅小学、孝友中学成为苏州市义务教育改革实验学校；实验小学、义庄小学创建国际绿色生态学校，义庄小学创建为"十二五"第三批省科学教育特色学校；星城小学获评"全国国际跳棋特色学校"；尚湖小学承办苏州市特色课程建设推进会；吴市小学获评"江苏省诗歌教育先进单位"，第一中学获评市级"哲学社会科学普及基地"；普通高中深化课程基地建设，建成虞山文化、生态地理、普职融通、外语教育、孝爱文化、尚湖文化等多个省市级课程基地。第一中学在全国"首届中华经典诵大赛"中获集体一等奖，并参加在国家图书馆举行的"首届中华经典诵颁奖晚会"；江苏省常熟中学1名学生在江苏省中学生作文大赛上获高中组特等奖；星城小学的经典诵读节目《百善孝为先》获苏州市第九届美文吟诵大赛小学高年级组一等奖，并赴台北参加"苏州·台北"中小学生中华经典诵读交流活动；昆承中学学生在国际音乐艺术大赛中获古筝少年A组金奖；星城小学学生在"江苏省国际跳棋锦标赛"中获1项冠军、4项亚军、1项季军；虞园小学学生在全国和国际珠心算比赛中先后共获5枚金牌；普通高中学生在各类学科奥林匹克竞赛中获全国一等奖9项、江苏省一等奖64项，3人进入江苏省奥林匹克竞赛集训队。

【学前和义务教育招生改革】 2014年，常熟市实施三项新举措推进招生改革。实施实验中学、第一中学、外国语初中和石梅小学、塔前小学划定部分"共同学区"，"共同学区"的学生自愿选取一所学校就读；执行"零择校（园）"政策，全市幼儿园、小学、初中起始年级段招收的学生中没有一个择校生；实施新市民子女积分入学管理，全市公办幼儿园、小学、初中共计吸纳新市民子女10235名。

【普通高考质量全省第一】 2014年高考，全市普通类考生一二

10月16日至17日，澳大利亚维州东南区教育代表团一行到常熟交流访问

以上上线 2672 人（其中本一上线 1100 人），本二以上上线比例 67.14%，上线人数和比例均居苏州各县（市、区）第一，实现四连冠。江苏省常熟中学考生金滢以 420 分的成绩获苏州市理科第一名、全省第二名，省中本二以上上线比例 95.44%，常熟市中学本二以上上线比例 92.33%，分列苏州大市各校前二位；全市其他普通高中成绩均再创历史新高。全市有 6 名学生被清华大学、北京大学录取，4 名学生被复旦大学、人民大学录取，3 名学生获李政道奖学金，486 名学生被“985”和“211”高校录取。

【学生学籍信息实现全国联网管理】 1 月 10 日，全市学籍管理系统与全国中小学生学籍信息管理系统联网并试运行。全市中小学生学籍号作为学籍管理唯一识别代码，以学生居民身份证号为基础生成，由教育部统一制定下发。在该学籍系统内，学生学籍全国统一、终身唯一、籍随人走，不允许重复建学籍，不允许学校接收无学籍和不转学籍的学生，学生无论在公办学校或民办学校就读，均接受同样的学籍管理。秋季，在全市 11 所外来工子弟学校就读的小学生为 12404 名，初中生为 1336 名。

【确定三种集团办学模式】 全市建立 4 个“一体型”办学集团（实验中学—兴隆中学，孝友中学—昆承中学，石梅小学—游文小学，世茂实验小学—崇文小学），集团内设一个法人代表，实行一体化管理；两个“帮扶型”办学集团（实验中学—新港中学，实验小学—东南小学），集团内龙头学校输出校级领导到成员学校担任校长、副校长，实现办学目标、管理理念共享；小学 5 个、初中 4 个“协作型”办学集团，集团内成员包括城乡义务教育学校，办学集团依托原教育协作区“区域联动”模式，研制办学章程和协作内容，实现办学水平共同提升。

表 28　**2014 年普通高校招生分类录取情况统计**　单位：人

批次名称	合计	文科	理科	艺术	体育
清北班提前录取	4	0	4	0	0
少年班提前录取	1	0	1	0	0
提前本科军事国防	5	1	4	0	0
提前本科公安政法	32	14	18	0	0
提前本科其他院校	3	0	3	0	0
本科一批	916	238	678	0	0
本科二批	1464	446	1018	0	0
本科三批	1060	443	617	0	0
艺术公办 1 小批	48	0	0	48	0
艺术公办 2 小批	132	0	0	132	0
艺术公办 3 小批	43	0	0	43	0
艺术民办 1 小批	75	0	0	75	0
艺术民办 2 小批	1	0	0	1	0
体育公办本科	8	0	0	0	8
体育民办本科	1	0	0	0	1
本科总计	3793	1142	2343	299	9
高职单招提前录取	50	27	21	2	0

续表 28

批次名称	合计	文科	理科	艺术	体育
高职专科	406	216	190	0	0
注册入学	10	6	2	2	0
艺术专科 1 小批	47	0	0	47	0
体育专科	1	0	0	0	1
专科总计	514	249	213	51	1
总计	4307	1391	2556	350	10

说明：报考人数 4415 人，其中男 2070 人，女 2345 人；应届生 4336 人，往届生 79 人；文科类 1417 人，理科类 2602 人，艺术类 362 人，体育类 1 人，艺兼文 8 人，艺兼理 0 人，体兼文 3 人，体兼理 15 人，非统考 7 人

（吕　东）

高等教育

【概况】 2014 年，全市有常熟理工学院 1 所高等教育学校，该校有东湖、东南两个校区，土地面积 120 公顷，建筑面积 63 万平方米；教学仪器设备资产总值 2.23 亿元；图书馆馆藏纸质文献 142 余万册，电子图书 285 万种，中外文纸质期刊近 1900 种，电子期刊 4 万余种，数据库 23 个。有 12 个二级学院，53 个本科专业；全日制在校本科生 18060 人；成人教育在籍生 6467 人；教职工 1125 人，其中具有正高职称者 103 人，副高职称者 345 人，博士（不含在读）206 人，专任教师 870 人。有国家级高等学校特色专业建设点 2 个，国家级工程实践教育中心 1 个，国家级大学生校外实践教育基地 1 个，省级重点建设实验室 2 个，省级工程中心、省级高等教育人才培养模式创新实验基地、省级工程实践教育中心、省优秀学科梯队、省优秀教学团队各 1 个，省级实验教学示范中心及建设点 7 个，省级品牌、特色专业及建设点 8 个，省级重点建设学科 3 个，教育部本科综合改革试点专业 2 个，省重点专业 15 个（6 类），国家卓越计划试点专业 4 个，省卓越计划试点专业 5 个，省级精品课程 8 门。

2014 年，该校获江苏省“六大人才高峰”增列资助 C 类 2 项，D 类 3 项；新增“青蓝工程”中青年学术带头人培养对象 3 人，优秀青年骨干教师培养对象 5 人；教师考取博士研究生 9 人，晋升正高职称 6 人、副高职称 35 人；获国家留学基金资助 1 人，获省政府留学奖学金资助 1 人；从事境外研修项目 4 人，国家留学基金访学 2 人，省政府留学奖学金访学 3 人；孔子学院国家公派汉语教师 1 人，国际交流员 1 人，担任高级访问学者 3 人，入站博士后 3 人；教师获纵向科研项目 114 项，其中，国家自然科学基金 8 项、国家社会科学基金 1 项，省部级项目 25 项，省部级以上项目同比增长 92.30%；获横向科研项目 52 项；获批省部级科学技术奖首次实现突破，获批江苏省科学技术奖三等奖 1 项；获专利授权 62 项，其中发明专利授权 20 项；计算机软件著作权授权 9 项。学校招收研究生 23 名（在校研究生达到 113 人）；获批企业研究生工作站 2 个；获准增列硕士研究生导师人；毕业生考取硕士研究生 274 人。学生获得各级实践创新训练项目 383 项，学科竞赛获国家级、省级奖项 353 项，在机器人赛事方面取得突破，获全国冠军 5 项、省冠军 4 项。年内，校际交流、校地合作深入推进，先后参加应用技术大学（学院）联盟和中国教育国际交流协会主办的首届产教融合发展战略国际论坛 2014 年春季论坛、长三角地区应用型本科高校教学联盟筹备会、全国部分新建理工类本科院校第七、八次研讨会，举办全国新建本科院校“八校联盟”教学质量监控与评估研讨会、汽车工程学院第一届理事会第三次会议。学校先后获评教育部“大学生就业最佳企业评选”优秀组织奖、“江苏省高等学校和谐校园”“江苏省共青团工作先进单位”“江苏省教育信息工作先进单位”“江苏省高校毕业生就业工作先进集体”。

【启动三年“教学内涵建设年”活动】 3 月 12 日，常熟理工学院

“教学内涵建设年”活动动员大会召开,颁布《关于开展“教学内涵建设年”活动的决定》和《活动实施方案》,启动“教学内涵建设年”活动,以促进学校教学内涵建设新的跨越。成立“教学内涵建设年”工作委员会,在教务处设秘书处负责日常工作;各教学单位成立“教学内涵建设年”活动领导小组,制定具体实施计划,并负责组织落实。4月16日,召开“教学内涵建设年”活动学习讨论阶段总结大会。

【推进行业学院建设】 6月5日,中国快时尚品牌重点建设示范基地·SPA研究中心成立仪式暨第二届(2014)阿仕顿杯服装设计与工程专业作品发布会在理工学院举行。该院与江苏阿仕顿服饰有限公司签署合作协议,包括SPA研究中心成立、“阿仕顿SPA模式之应用研究”项目协议和“阿仕顿SPA模式之版型研究”项目协议等;10月29日,学院与江苏仕德伟实业集团有限公司共建仕德伟商学院揭牌成立,商学院将培养应用型产业人才、搭建产学研合作平台、建立教学实习与就业创业基地、设立奖教基金、举办共建活动等。

【俞敏洪等名人专家作客东吴讲堂】 常熟理工学院依托《东吴学术》杂志,树立“东吴讲堂”品牌,新东方创始人俞敏洪,中国社会科学院文学研究所所长、《文学评论》主编陆建德,德国柏林文学论坛主席乌尔里希·雅内茨基,教育部长江学者特聘教授、苏州大学政治与公共管理学院院长金太军等10位国内外名人专家应邀到学院讲座。“东吴讲堂”开阔了学生眼界,提升了校园文化品位。“东吴讲堂”全年举办讲座10期,累计举办48期。《东吴学术》被评为中国人文社会科学核心期刊。

【苏南地区高校音乐教育学会成立】 11月5日,苏南地区高校音乐教育学会成立仪式暨音乐教育改革研讨会在常熟理工学院东湖校区举行。常熟理工学院人文学院、苏州大学音乐学院、江南大学音乐系、常州工学院师范学院、苏州职业大学音乐系、无锡太湖学院音乐系等领导、专家应邀出席活动。会议通过苏南地区高校音乐教育学会章程,并就“苏南区域音乐文化研究及教学改革”“音乐学(教师教育)”本科专业教学改革工作经验等方面进行了学术交流。研讨会期间,江阴顾山周少梅国乐社、常熟琴川国乐社以及理工学院的师生表演了江南丝竹、白茆山歌、评弹等节目。

10月10日,新东方创始人俞敏洪在常熟理工学院激情演讲“相信未来”

【新增一个省高校重点建设实验室】 6月,省教育厅下发《关于公布2014年新一轮江苏省高校重点实验室名单的通知》,常熟理工学院申报的“机电产品循环利用技术重点建设实验室”通过省教育厅评审认定,这是常熟理工学院继2004年获批“新型功能材料重点建设实验室”之后第2个江苏省高校重点建设实验室。 (张　磊)

职业教育

【概况】 2014年,全市共有3所职业学校,分别是江苏省常熟职业教育中心校(江苏省常熟中等专业学校),常熟市滨江职业学校和常熟高新园中等专业学校。在校学生11571名,毕业学生3483名,中职学校毕业生双证持有率为95.12%,就业率为98.90%,报名参加普通高校对口单独招生考试的有625人,本科进线录取246人,达线率为39.40%,专科上线录取率达到100%。全市“双师型”教师占专任专业教师比例为60.78%,聘请138名具有实践经验的专业技术人员、高技能人才担任兼职教师,比例为15.15%。全市职业学校推动实训基地建设覆盖所有专业,重点建设机械加工(FANUC数控维修应用中心、机电技术应用实训基地)、电子电器、计算机应用、现代农艺、酒店管理、财会商贸、汽车维修、新媒体艺术、服装、工艺美术、化学工艺等具有专业特色的实训基地(中心);同时探索建设生产性实训基地,年内已建成7家具备法人资格的“校区企业”。全市中职学校开办28个专业中有8个专业获评省品牌特色专业,比例为28.57%。在继续做好与常熟理工学院合作举办“3+4”汽车专业本科分段培养项目基础上,分别和沙洲职业工学院、苏州经贸职业技术学院、苏州工业职技院开展“3+3”中职与高职分段培养试点合作项目,同时依托江苏联合职业技术学院常熟分院招收五年制大专生680名。

【中英现代学徒制试点项目启动】 4月15日,中英现代学徒制试点项目签约仪式在江苏省常熟职业教育中心校举行,成为省内首个现代学徒制试点项目。江苏省教育厅副厅长杨湘宁、英国总领事馆文化教育领事包迈岫出席活动。仪式上,杨湘宁、包迈岫、奇瑞捷豹路虎汽车有限公司常务副总裁朱国华签署了项目合作备忘录。奇瑞捷豹路虎汽车有限公司与常熟职教中心校负责人签署了现代学徒制试点合作协议。9月24日,首届奇瑞捷豹路虎中英现代学徒班开班,首批招收30名学徒。

【师生在各类技能大赛获奖】 全市选送教师参加苏州市“两课评比”,有9人获示范课、15人获研究课,参加江苏省“两课评比”,9人全部获“研究课”以上称号;参加评优课、基本功比赛,由2人获一等奖、2人获二等奖、2人获三等奖,并有4组选手代表苏州参加江苏省比赛,2人将代表苏州参加全国比赛。学生在苏州市级技能大赛中共获得一等奖22个、二等奖54个、三等奖86个;在江苏省级技能大赛中共获得一等奖2个、二等奖13个、三等奖16个;在全国职业院校技能大赛中获得中职数控维修项目第一名,机械装调项目金牌。

【职教学生参加央视谜语大会】 2月11日至13日,常熟职业教育中心校学生吕梓逸、杨嘉胜和王怡杰组成江苏代表队在北京参加首届“中国谜语大会”,与[illegible]全国范围内通过海选产生的其[illegible]9支灯谜代表队进行比赛。《中[illegible]谜语大会》是中央电视台科教频[illegible]继成功推出《中国汉字听写大会[illegible]后打造的大型电视益智竞技节目

6月22日,2014年全国职业院校技能大赛中职组“北京现代杯”汽车营销大赛在常熟举行

社会教育

【概况】 2014年,全市[illegible]人大专、本科学历班在读7000[illegible]人。全市农村人员培训总量超6[illegible]万人次,职工教育培训总量超过[illegible]6万人次。全年共有4087人报名[illegible]人高考(其中高升专1549人,高[illegible]本396人,专升本2142人,申请[illegible]试70,推荐考核102人,校企合[illegible]513人,退役士兵68人),3334人[illegible]加成人高考(其中高升本396[illegible],高升专1183人,专升本1755人[illegible],成人高考实考率为93.91%;22[illegible]人次报考自学考试;14686人次[illegible]加全国英语等级和全国计算机[illegible]级考试;334人参加江苏省书法[illegible]平等级考试。

【社区教育资源建设】 年[illegible],沙家浜镇、古里镇通过首批“[illegible]州市学习型乡镇(街道)”验收。1[illegible]家村(居)完成“江苏省标准化村([illegible])市民学校”创建准备工作,等[illegible]接受现场验收。虞山镇、古里镇[illegible]3门课程分获“江苏省第三批社区[illegible]育优秀乡土课程(读本)评选”二、三等奖和优秀奖。梅李镇、古[illegible]镇、董浜镇、辛庄镇、沙家浜镇社[illegible]教育中心为“学在苏州”市民学[illegible]在线提供乡土课程5门。全市[illegible]9门课程分获“2014年苏州市社区[illegible]育特色课程”评选二、三等奖和[illegible]秀奖。

师资建设

【概况】 2014年末，全市中小学(幼儿园)共有在编教职工10846人，专任教师9832人，全市幼儿园、小学、初中、高中专任教师的学历合格率均达100%，39名教师通过在职攻读取得硕士学位。研究生(含在读)比例初中4.10%、普高13.3[illegible]%、职高18.60%；幼儿园、小学、初中本科学历比例本别达60%、72%、94.93%。全市骨干教师比例达34%。年内招录新教师188名，其中幼儿教师57名，小学教师86名，特殊教育教师3名，中学教师28名，职业学校教师14名，新招录教师中有1名博士学历教师、6名硕士学历教师。按照《〈江苏省教师培训学时认定和登记管理办法〉实施细则的通知》，对全市教师继续教育实现网络管理。2014年，参与市级以上培训教师达19450人次，其中国家级培训27人次、省级培训600人次、苏州级培训850人次、常熟市级培训(五大类29个子项目)17973人次。年内，钱建江、徐建文、顾丽芳、戈向红获评江苏省第13批特级教师；新增32名苏州市学科学术带头人；推荐5位特级教师参评教授级中学高级教师，全部通过苏州市预审和省教育厅初审。

【开展义务教育阶段城乡学校教师交流】 市教育部门贯彻落实省政府《关于江苏省义务教育优质均衡改革发展示范区建设的意见》和《常熟市中长期教育改革和发展规划纲要(2010—2020)》精神，全市义务教育学校中有438名教师进行校际交流，选派实验小学一位副校长到淼泉小学担任校长，选派4名城区学校骨干教师到乡镇学校支教，全市中小学校长交流超过30人。推进办学集团内校级领导、骨干教师流动，选派实验小学两位副校长到东南小学担任校长、副校长，选派实验中学一位副校长到滨江实验中学担任校长，选派昆承中学校长兼任孝友中学校长，选派昆承中学一位副校长到孝友中学担任副校长。

【开评首届师德模范和十佳常熟乡村教师】 市教育部门开展首届师德模范和十佳常熟乡村教师网络评选，评选出首届师德模范(10名)：颜建英(任阳中学)、于恒年(江苏省常熟中学)、沈春媚(实验小学)、汤丽萍(浒浦学校)、黄国庆(唐市小学)、朱小贤(王淦昌中学)、邢海峰(沙家浜中学)、邵建玉(福山小学)、储江(海虞中学)、傅惠琴(星城小学)；2014年感动常熟十佳乡村教师：顾建良(东张小学)、俞维军(碧溪小学)、龚叙元(尚湖小学)、陈良宝(董浜小学)、陆利东(何市小学)、赵丽芳(杨园小学)、邹红(福山中学)、龚三妹(珍门中学)、俞萍(浒浦高级中学)、王芳(滨江职校)。

表29　常熟市中小学教师职务、学历情况统计　单位：人

教师类别	总人数	博士毕业	硕士毕业				本科毕业				专科毕业			中专(高中)及以下	
		其中	其中				其中				其中			其中	
		助理及以下	正高	副高	中级	助理及以下	正高	副高	中级	助理及以下	副高	中级	助理及以下	中级	助理及以下
高中教师(中职)	2259	1	2	116	162	23	4	629	859	406	5	25	21	6	0
初中教师	2638	0	0	51	60	12	1	655	1265	426	18	65	63	15	7
小学教师(幼儿园)	5306	0	0	8	21	5	0	174	2512	1245	2	748	308	226	57
校外机构	131	0	0	6	9	0	1	50	46	9	0	8	2	0	0
合　计	10334	1	2	181	252	40	6	1508	4682	2086	25	846	394	247	64

说明：1. 本表统计对象为2015年3月在册在职的中小学教师(其中2015年2月底前到达退休年龄，3月办理退休手续的人员不列入本表统计范围)；

2. 校外机构含：招办、考办、电教馆、教研室、教师发展中心等事业单位编制人员

教育科研

【概况】 2014年，全市教育科研工作全年开展常规调研共听课1060节次，各学科与备课组研讨、交流、指导共100多次，召开教研座谈会40多个，并进行全体学生参加的网上问卷调查，形成调研报告，指导、服务学校教育教学提优工作。先后承办“四方杯”全国优秀语文教师选拔大赛、全国小学数学教学观摩研讨会、全省初中校长论坛、全省首届苏派名师教学流派展示研讨等高级别活动。继续开展江苏省“十二五”规划立项课题“幸福教育常熟模式的实践研究”课题研究，发挥科研助推学校文化建设的作用。

【特殊教育研究课题完成结题】 市教育局开展的“构建城乡一体化特殊教育发展模式的实践性研究”课题正式结题。初步达成多项研究成果，探索出“义务教育阶段所有学校建立特殊教育领导小组”的城乡一体化管理网络模式；构建中心镇学校建立区域性特殊教育协作组的随班就读服务研究系统；创立“城乡一体化特殊教育”QQ群运作的一体化科研网络。拓展了“一个中心”“两头延伸”“三种办班”“四大系统”“五类管理”“六项服务”的原创性常熟特殊教育模式。（吕　东）

责任编辑　张　军

常熟年鉴

CHANGSHU YEARBOOK 2015

科学技术

综述

2014年，全市高新技术产业产值实现1401.50亿元，比上年增长8.30%，占规模以上工业产值的38.60%。全市全年高新技术企业实现产值789.10亿元，净利润48.50亿元。新认定国家火炬计划高新技术企业8家，总量达32家；新认定高新技术企业82家，较上年增长21.50%，总量达235家。新增省民营科技企业176家，较上年增长39.70%，累计数量达886家；新列入科技型上市培育企业9家。21家单位入选江苏省首批重点企业研发机构，数量位居全省县级市首位。列入省级企业重点实验室1家，为苏州2个入围项目之一。5个项目荣获省科技进步奖，其中中交天和的"泥水气压平衡复合式隧道掘进机"获得一等奖，填补了常熟市在该奖项上的空白。全市发明专利授权663件，与上年同期相比增长30.50%，万人发明专利拥有量超16.94件。申请苏州市级以上科技计划项目184项，列入89项，争取经费达6182万元，其中省重大成果转化项目3项。推进科技载体建设和"313"企业培育两项重点工作，全市大中型工业企业研发机构建有率达91.50%。全市新开工科技创新载体29项，开工面积101.04万平方米，超额完成市政府下达的100万平方米建设目标。按照"313"企业培育工程部署要求，建立"313"工程培育企业库，入库企业124家。全年培育开票销售收入超3000万元企业33家。在创新平台建设方面，常熟市在连续两年承办"中国智能车未来挑战赛"基础上，与西安交通大学、中国科学院自动化研究所等单位形成了建设智能汽车测试基地的基本意向，将有望建成首家全国性的智能车研发测试基地。不断丰富科技金融产品组合，出台科技贷款贴息、科技保险费补贴两项科技金融政策，市级财政投入科技金融信贷资金风险池已超1800万元。与省科技厅、省农行签订合作协议，启动开展"苏科贷"业务，入库企业达200家。常熟高新区科技金融服务中心获批省科技金融服务中心。2014年度，国家星火计划立项3项，国家支撑计划立项1项，获拨经费238万元。省支撑计划立项19项，其中省农业支撑2项，获拨经费80万元；省社会支撑立项7项，获拨经费280万元；省自然基金立项9项，获拨经费140万元；省软科学2项，获拨经费8万元，农村科技服务超市获拨易购奖补资金20万元。苏州项目立项情况：农业支撑4项，获拨经费90万元；医疗器械与新医药产业立项3个，获拨经费60万元。完成"常熟市科技人才申报管理系统"建设，国际精英周"项目签约""苏州杰出人才奖"及"常熟十佳魅力科技人物"推荐任务，组织人才企业参加"第二届江苏科技创业大赛"，苏州异导光电材料科技有限公司等2家企业进入决赛。

4月1日，常熟市高新技术企业培育暨科技政策落实工作推进会召开

科技载体

【概况】 2014年，全市申报各级各类研发机构项目120多个，有103个列入苏州市级以上研发机构，其中省、苏州市级工程技术研究中心53家，省、苏州市企业重点实验室4家，省级研究生工作站21家，省级外资研发机构5家，新列入省工程技术研究中心8家。全市大中型工业企业研发机构建有率达91.50%。江苏隆力奇生物科技股份有限公司等21家企业入选江苏省首批重点企业研发机构，数量位居全省县级市第一；中利腾晖光伏科技有限公司等21家企业与高校合作建设的研究生工作站列入省级研究生工作站，比上年增长

50%；中利科技集团股份有限公司承担的“江苏省特种电缆高分子材料重点实验室”列入省级重大科技基础设施建设计划——企业重点实验室项目，获省级经费支持300万元。开关制造有限公司承担的省重点实验室通过省科技厅绩效评估。全市省级以上科技企业孵化器面积达到22.45万平方米，2013年末增长37.30%。东南高新技术创新服务中心升格为国家级科技企业孵化器。乡镇科技创新载体建设获得突破性进展，梅李科技创业中心成为常熟市首家建在乡镇的省级科技企业孵化器。

【举办苏州市科技成果转化网上对接会常熟专场】 4月29日，由苏州市科技局主办，常熟市科技局、常熟市生产力促进中心等单位承办的苏州市科技成果转化网上对接会——常熟装备制造企业专场开幕。本次对接会采用前期报名、成果发布、网上对接的形式开展，对接共征集到技术需求18项，其中15项技术需求来自常熟市；共征集到符合展会要求的项目成果81项，其中来自于高校、研究机构的成果34项，专利项目71项，成熟度处于中试及产业化阶段的成果31项，同时还邀请到6所高校、研究机构，10位专家场参与在线对接。共实现技术对接59次，产生意向15次。还吸引3521名访客在线观摩。

科技成果

【概况】 2014年，全市组织国家级科技成果鉴定2项，市级科技成果鉴定36项。完成苏州市科技成果转化项目备案12项，列入苏州市科技成果转化项目资助9项。科技进步奖励工作取得突破性进展，获苏州市级以上科技进步奖18项，同比增长28.60%，其中省级科技进步奖5项，数量位列苏州县市第一，中交天和机械的隧道掘进机项目获省科技进步一等奖（苏州大市共2项），填补常熟市在该类奖项获奖的空白。另有13项获得苏州市科技进步奖和技术发明奖。在省重大科技成果转化资金项目组织争取上取得显著成效，苏南特钢、通润驱动、隆力奇等3家公司实施的成果转化项目被列入省重大科技成果转化项目，争取经费2400万元。

【光伏产业化技术取得新突破】 1月18日，常熟市苏州中来光伏新材股份有限公司承担的省科技成果转化专项资金项目“中等表面能等离子体改性四氟型太阳电池背膜研发及产业化”通过省科技厅组织的项目验收。该项目采用先进的分子设计、无机/有机纳米改性、微波固化和等离子体表面处理等技术，创制了氟树脂基乳液双面涂覆PET生产新型背板材料的新工艺，突破了太阳电池背板材料国产化的瓶颈，同时降低了背板材料的生产成本和能耗，拥有自主知识产权，总体技术达到国际先进水平。项目实现利税2.40亿元。省科技厅主持的项目验收委员会专家一致认为该项目超额完成目标任务。

【常熟首个国家农业科技成果转化项目通过验收】 10月21日，受科技部委托，由常熟市农业科学研究所承担的农业成果转化资金项目“国标一级优质粳稻新品种（组合）配套栽培技术集成示范与产业化开发”，通过国家级验收。此次验收由科技部委托江苏省科技厅组织专家进行。该项目自2012年4月份开始实施，为期两年，在项目实施期内，市农科所联合扬州大学农学院等多家单位通过秸秆全量还田、机插壮秧培育、肥水精确调控等试验研究，集成优质高产栽培技术规程3个，建立优质粳稻高产高效栽培示范基地6个，面积368.60公顷，公顷产量10365千克；两年共建立“常优2号”“常优5号”和“常农粳5号”种子生产基地1056.67公顷，生产杂交粳稻种子75.30万千克，常规粳稻种子526.50万千克，实现销售收入5411.30万元，获得净利润293.60万元。

【加快可持续发展实验区建设】 至2014年，经过5年建设，常熟市在生态环境、公共安全、节能减排、智慧社区等方面实施一系列科技示范工程，取得明显成效。构建集“智慧参政、智慧教育、智慧医疗、智慧生活”四大核心功能为一体的惠民服务平台。在农业科技创新方面，江苏农村科技服务超市常熟市特种水产产业分店，以现代商品超市的理念推进科技服务体系建设，形成特色明显的农村科技服务新机制，分店便利店连续被省科技厅评为优秀。经过科技部组织的专家现场评审及第二轮答辩，评审专家充分肯定常熟在可持续发展实验区建设方面取得的成效，要求认真总结“常熟模式”，为其他地区发展提供有益参考。

【2014年“中国智能车未来挑战赛”在常熟举办】 11月15日至16日“中国智能车未来挑战赛”在常熟举行。来自中科院、清华大

学、军事交通学院等研发机构的22辆无人驾驶智能车参加比赛。比赛分高速公路与城郊道路的综合道路行驶任务测试和城区道路特定行驶任务测试两部分，着重考核无人驾驶车辆的4S性能，即安全性、智能、平稳性和速度。比赛由军事交通学院猛狮二号、猛狮一号队和北京联合大学京龙二号车队分别获得综合排名前三名。赛事期间，还进行观摩交流、常熟汽车产业产学研交流对接、智能车知识科普等一系列活动。

科技合作

【概况】 2014年，常熟市各版块共邀请高校专家企业行700余人次，对接企业1000余家次，新增产学研合作项目200余项。17名高校院所科技人员经过省科技厅认定作为特聘专家到常熟相关企业兼任“科技副总(企业创新岗)”。年内，开展校企产学研对接活动，共征集企业有效技术需求近100余项，率团走访高校科研院所，与多所高校建立初步合作关系；引导镇长团高校创新资源向地方集聚，镇长团成员有3项项目落户常熟注册公司，并被评为常熟市双创人才。先后主办“科技行——走进常熟”大连理工大学医药中间体及功能材料产学研对接会、华东理工大学生物医药、新材料领域产学研对接会；组织近200多家企业参与“科技行——科技行走进东北”产学研对接活动、“科技行——走进华北电力大学”智能电网产学研对接会、第十届国际膜与膜过程会议、第二届首都高校科技信息网苏州行——健康科学、新材料产学研对接会等30多场省、苏州市产学研活动。建设“常熟上海高校纺织服装产业协同创新中心”，已开始建设品牌设计中心、电商中心等平台，服务企业。

【浙江大学常熟合作研究院启用】 4月3日，浙江大学常熟合作研究院在常熟正式揭牌启用。浙江大学常熟合作研究院主要由高校组织相关专家教授在研究院开展科研项目攻关、科技成果转化和产业化，为常熟市乃至长三角地区的产业转型升级提供科技和智力支撑。除了研发新药惠及本地和周边百姓，浙江大学常熟合作研究院还将利用其配套设备齐全的实验室及专业的研发团队，为常熟市及周边地区药企及医院提供公共服务。苏州卡宾达生物科技有限公司、苏州珠穆朗玛信息科技有限公司、常熟铭展科技有限公司3家企业已成功入驻合作研究院，分别开展卡宾达保健品开发、物联网云计算设备及3D打印设备3个科技项目的产业化研究。

【出台科技贷款贴息、科技保险费补贴实施细则】 6月3日，《常熟市科技贷款贴息专项资金实施细则》《常熟市科技保险费补贴专项资金实施细则》出台，细则对科技贷款贴息和科技保险费补贴的支持对象、资金管理及申报流程等内容进行细化，为企业获得相关的扶持提供了具有可操作性的指导，通过规范运作科技贷款贴息和科技保险费补贴资金，更好地服务和支持常熟市科技型中小企业发展。

【南农大新农村发展研究院首届基地建设大会在常熟召开】 12月5日至6日，南京农业大学新农村发展研究院首届基地建设大会在常熟召开。教育部、省科技厅、南京农业大学、常熟市相关领导以及省内外20家基地近百名代表参加会议。会上，首批认定的18个服务基地获得授牌。南农大常熟新农村发展研究院董浜基地和2家入园企业江苏常熟田娘农业科技有限公司和常熟市屠宰成套设备厂有限公司名列其中。

【华东理工大学产学研对接会在常熟举行】 12月19日，科技行——华东理工大学生物医药及新材料领域产学研对接会在常熟经济技术开发区举行。苏州及周边市区的相关企业代表及高校、院所的专家80余人参加活动。活动由苏州市科技局和常熟市人民政府主办，常熟市科技局和华东理工大学常熟研究院承办，常熟市经济技术开发区管委会协办。对接会上，华东理工大学相关专家介绍华东理工大学及技术转移情况，并重点推介该校生物医药及新材料领域成果。企业参会人员与专家组进行对接交流并达成多项合作意向。会议期间，参会人员实地考察常熟新材料产业园，华东理工大学常熟研究院相关团队实验室。

知识产权

【概况】 2014年，全市全年申请专利12246件，授权3990件，其中发明专利申请4175件，占申请总量的34.10%，发明专利授权663件，与上年同期相比增长30.50%。全市发明专利拥有量达2555件，万人发明专利拥有量超16.94件。年内，调整修订《2014

年专利资助奖励办法》，加强对发明专利申请和授权的支持力度，推动各镇、开发区继续保持对发明专利的配套资助力度。启动“专利价值提升工程”，助推企业开展专利运营，组织召开专利运营试点企业工作部署会议。常熟紫金知识产权服务有限公司被科技部命名为国家技术转移示范机构，为常熟市首家国家技术转移示范机构。制定出台《常熟市国家知识产权示范城市建设工作方案》，明确知识产权示范城市三年建设期的工作目标、重点任务和保障措施。成立知识产权示范城市建设领导小组。推动企业实施国标《企业知识产权标准化管理规范》，强化企业知识产权标准化管理水平。常熟开关制造有限公司(原常熟开关厂)通过“国标”认证，常熟市联邦化工有限公司获省“贯标”先进单位。组织申报省“贯标”创建企业 9 家、苏州市“贯标”培育企业 21 家。推荐申报苏州市级知识产权密集型企业培育计划和重大专利推广应用计划 11 项，自主培育本市级知识产权优势企业 20 家。推动企业知识产权战略的实施工作。江苏亿通高科技股份有限公司获省知识产权战略推进计划立项支持，常熟紫金知识产权有限公司获省专利实施计划专利运营类项目立项。常新专利商标事务所获省知识产权服务能力提升工程项目支持。全年帮助企业获省级专利资金 385 万元。获评中国专利优秀奖 1 件、苏州市优秀专利奖 3 件。为 200 多家企业开展了形式多样的专利运营专题讲座，举办专利分析、专利布局两个初级实战班，培训学员 130 人。

【出台 2014 年知识产权执法维权“护航”专项行动方案】 4 月 15 日，常熟市出台 2014 年知识产权执法维权“护航”专项行动方案，部署开展 2014 年知识产权执法维权“护航”行动。专项行动方案明确专项行动重点检查和整治的对象是全市各类商贸企业聚集区、商业街区、商业超市和专业市场，重点查处的专利违法行为为群体性专利侵权行为、反复侵权行为、假冒专利行为及专利诈骗行为，重点查处的区域为各类展会、案件多发地区、假冒专利行为严重地区，重点检查的产(商)品为涉及新能源、新材料、新医药、节能环保、高端装备制造、智能电网等战略性新兴产业的产(商)品，涉及家纺、玩具、轻工等传统优势产业的产(商)品，涉及食品、药品、医疗机械等各类事关民生的产(商)品，以及机械零配件、电子元器件等大宗出口商品。

【启动专利价值提升工程三年行动计划】 9 月 4 日，常熟市启动实施专利价值提升工程三年行动计划(2014—2016 年)，加快推进常熟市国家示范城市建设，强化企业高价值专利的创造、应用和转化能力，培育一批运用知识产权制度确立竞争优势的专利运营企业。根据行动计划，3 年常熟市知识产权工作的重点工作包括强化高价值专利创造、推进高价值专利运营、开展高价值专利导航。到 2016 年末，全市专利创造、运用、保护和管理能力将全面得到提升，专利质量进一步提升，专利结构继续优化，发明专利申请量占比超 30%，PCT 申请量年均增幅不低于 30%，实现一批高价值专利技术的应用和转化，培育 100 家左右掌握核心专利、专利运用能力较强、对产业发展具有较强影响力的专利运用企业。

【出台专利运营试点企业认定管理办法】 9 月 15 日，市知识产权局会同市财政局、市科学技术局联合出台常熟市专利运营试点企业认定管理办法。认定管理办法明确专利运营试点企业的申报主体、申报条件以及申报步骤，试点企业建设要求。对认定的专利运营试点企业，常熟市将给予一定经费支持，同时明确经费使用范围。常熟市开展专利运营试点企业认定工作，旨在加快推进国家知识产权示范城市建设，全面提升全市工业企业专利创造、运用、保护和管理能力，引导培育一批通过运用知识产权制度确立竞争优势的专利运营企业。（缪　岚）

科 学 普 及

【概况】 2014 年，常熟市举办科普活动 180 多项，累计 50 多万人次受益，其中“2014 年常熟籍院士家乡行”“海洋科普走进外来务工子弟学校”活动获评 2014 年苏州市第二十六届科普宣传周、科普行动日创新活动奖。青少年科技教育工作取得新成绩，举办各级各类科技创新大赛、科技节、科技实践、科普教育活动 50 余项。1382 人次在各项科技类竞赛中获奖，其中国家级奖 41 人次，省级奖 228 人次，苏州市级奖 1113 人次。新命名市级科学教育学校 7 所，义庄小学获评省科学教育特色学校。科普活动实现全市村、社区全覆盖，全年共举办各类科普宣传活动 280 余项。其中，院士科普报告会 5 场、广场科普咨询活动 90 场次，科普讲座192场次，科普知识竞赛38场次，播放科技广播、影视作品480分钟，印发各类科普读物、挂图、宣传资料7.80万余份，展出科普展板640余块，科普进农村、进社区、进校园活动180余场次，参观各类科普教育基地、科技素质培训基地、市民科普游8.10万人次，参与和受益群众达百万人次。全年创建苏州市级以上科普教育基地等各类科普项目16个。辛庄镇朱家桥村获评全国科普惠农兴村计划和村科普示范基地，获得20万元奖补资金；北门大街社区获评省级社区科普益民计划先进单位，获得10万元奖补资金；市科普馆获评省科普教育基地；沙家浜镇、辛庄镇获评省科普示范乡镇，常兴村、东盾村获评省科普示范村，浒浦集镇社区获评省科普示范社区；罗墩村、新丰村获评省科普惠农服务站；常熟市光伏科技学院新能源科学与工程中心实验室、丰田新能源汽车展示馆获评苏州市科普教育基地；尚湖镇、支塘镇、董浜镇获评苏州市科普示范乡镇，谢桥街道获评苏州市科普示范街道，新丰村、青石村、苏家尖村获评苏州市科普示范村，赵市社区、何市社区、西泾岸社区、烟雨社区、辛庄社区获评苏州市科普示范社区(社区科普惠民服务站)。

5月17日，常熟市第29届爱鸟周活动在沙家浜风景区开幕

【第二十二届科普宣传周】 5月17日至23日，常熟市举行第二十二届科普宣传周，本届科普周改变往年举办开幕式的惯例，以“会站联动科普惠民”大型广场咨询活动揭开活动序幕。市委副书记王建国向市民赠送科普书籍；35个咨询服务台开展了日常科普知识、养生保健、环境保护、节能、急救知识等内容的宣传、现场演示、资料派送，和医疗保健、质量检验的志愿服务；近百块科普展板内容紧贴雾霾、饮食保健、疾病预防、节能等市民关心的话题，给予详细的解答，现场接受咨询约700余人次，派送宣传资料6000余份。据统计，科普周期间全市共举办科普惠民卫生志愿者健康行动、第二十九届爱鸟周系列宣传、“创新·圆梦”建家群创行动专题报道、第八届青少年科技创新大赛、科普大讲堂、“海洋科普”走进外来务工子弟学校、科技咖啡馆常熟行等各类科普活动103项，其中重点活动超过40项。共举办科技(科普)讲座166场，近1万多人参与；科技(科普)知识竞赛26场，参赛人数达4.80万人；科普知识进农村、进企业、进社区、进校园活动82场，约15万人接受教育；科技咨询服务活动22次，接受咨询服务7800多人次；放映科普电影(录像)32场，观众8300多人次；发放各类科普资料等6万余份(册)；展出科普展板550余块，免费参观科普教育基地、科普场馆、科技素质培训示范基地和科普一日游人数达1.20万人，出刊科普黑板报120多期；更新科普橱窗、画廊180多个。

【常熟市民科普游】 5月17日，市科协在石梅广场举行“2014常熟市民科普游”首发式，市委副书记王建国向参加“市民科普一日游”的代表授旗，120位市民体验“市民科普一日游”。市民代表们游览了江苏省科普教育基地——海星岛奇趣海洋世界和全国科普教育基地——蒋巷村青少年科普馆。“市民科普一日游”采取市场化运作方式，有园林卡的市民均可在旅行社报名参加，导游、车辆等费用市民只需出资10元。市科协整合全市科普场馆资源，串联成科普旅游线路，在传统的旅游活动中融入科普的元素，市民们在寄情山水畅享游览之乐的同时，又能接受科普感悟科技魅力。

【常熟市第八届青少年科技创新大赛】 5月18日，由市科协、市教育局、市精神文明建设指导委员会办公室联合主办的常熟市第八届青少年科技创新大赛在青少年活动中心正式启动。本届大赛面向全市在校中小学教师及学生、职业学校教师及学生，分为青少年科技创新成果竞赛、青少年科学幻想绘画、优秀科技创新活动、科技辅导员(中小学、职业学校教师)竞赛和职业学校学生竞赛等5个方面。截至11月底，大赛共收到作品160余件，经专家评审和大赛组委会审定，对绿地实验小学丁思怡同学的“儿童扇形折叠手推窗帘”等5个青少年科技创新成果，大义中心小学的“常熟市地区PM2.5的测量与研究”等4个优秀科技实践活动、大义中学王建平老师的“缓慢氧化(铁粉生锈)创新实验”等27项教师科教制作及方案、义庄小学陈伶滟同学的“仙人掌蔬果园”等54件青少年科学幻想画作品进行表彰奖励。选送第25届江苏省青少年科技创新大赛的“断头螺纹取出钳”“枪式无线节能电烙铁”分获青少年科技创新成果一、二等奖，《走进虞山追“蕈”足迹——松树蕈生长环境探究及知识普及科技实践活动方案》获优秀科技实践活动二等奖，“自适应直流恒流LED教室恒照度照明系统”获辅导员科技创新成果二等奖。

【常熟市科普专家讲师团成立】 5月21日，在常熟市“快乐阅读，科学生活”文化科普基层行启动仪式上，常熟市科普专家讲师团成立。首批市科普专家讲师团成员75人，聘期3年。科普专家讲师团面向全市村、社区、企业和学校，积极开展群众性、基础性、社会性的科学教育、传播、普及工作，根据成员专长和基层需求制订百余项菜单式授课课题。是日，“科普大讲堂”揭牌成立，该讲堂每月举办一次，当天举行题为“现代养生金钥匙”的讲座。 (顾绍辉)

气象科技

【概况】 2014年，常熟市气象局着力提升灾害性天气监测、气象防灾减灾能力和公共气象服务能力。年内大气灰霾监测站增加O_3、CO、SO_2、NO_X等项目，新增30台气象预警信息显示屏，对气象预报预警中心进行优化升级，在滨江气象监测服务中心完成激光雷达、风廓线雷达建设。

【气候特征】 2014年气温正常略偏高，降水正常略偏多，日照正常。年平均气温16.80摄氏度，比历年(1981—2010年)平均偏高0.60摄氏度(历年平均值为16.20摄氏度)。7月为全年最热月份，月平均气温为27.50摄氏度；年极端最高气温36.60摄氏度，出现在8月4日；12月为全年最冷月份，月平均气温为5.30摄氏度；年极端最低气温-3.70摄氏度，出现在1月22日。全年降水量1352毫米，比历年平均偏多216.40毫米(历年平均值为1135.60毫米)；全年降水分布不均，其中3月、5月和11月降水量正常，2月和8月降水量异常偏多，1月、10月和12月降水量显著偏少；最多月降水量出现在8月，月降水量为296.20毫米；最少月降水量出现在12月，月降水量为8.10毫米。6月20日入梅，7月7日出梅，入梅略偏迟、出梅略偏早，梅长17天，梅雨量186.30毫米，比常年偏少25.80%。全年出现4个暴雨日，分别出现在[illegible]月26日、7月2日、7月27日和8月14日。全年日照时数为1770小时，比历年平均偏少43.90小时(历年平均值为1813.90小时)，年日照百分率40%。

【气象灾害】 7月27日，因副高减弱南落，在高空槽和切变线共同影响下，当日下午常熟普遍出现了暴雨天气，部分企业仓库进水被淹，造成一定损失。8月出现连续阴雨天气，气温偏低，日照不足，对水稻等农作物生长较为不利。

(张兰君)

市气象局开展科普宣传活动

责任编辑 张 军

常熟年鉴

CHANGSHU YEARBOOK 2015

卫生医药

综 述

2014年,全市有卫生技术人员8278人,千人医生数2.30人(常住人口),千人护士数2.01人(常住人口)。全市医疗机构总床位7052张,千人床位数4.67张(常住人口)。全市医疗服务门急诊总数1194.31万人次,出院总数24.17万人次,比上年分别增长9.29%和6.33%。居民平均期望寿命82.37岁,比上年增0.75岁。年内,常熟市创建成为"江苏省级慢病防控综合示范区",被确定为国家卫生计生委基层卫生司深化医改工作联系点、中国医疗卫生政策研究院研究基地。

医药卫生制度改革 实施公立医院改革以来,药品零差率销售后医疗服务收费补偿基本到位,实际补偿率88.64%。3月28日起,梅李人民医院和支塘中心卫生院二家二级医院试点启动乡镇公立医院(中心卫生院)综合改革。推进卫生系统事业单位人事制度改革,完成事业单位2013年度年终绩效分配工作。理顺事业单位人员管理关系,1999名事业人事代理人员转正式事业人员。

医疗卫生信息化建设 年内,建成以电子健康档案和电子病历信息服务共享为基础的区域卫生信息平台,开通市民健康门户服务系统,实现卫生信息互通共享。8月,"智慧常熟——区域卫生信息工程"顺利通过国家卫计委专家验收,9月接受省卫计委首批区域平台评级考核(三级)。一级以上医院全部实现网上预约挂号,共预约14396人次。基于区域卫生信息平台,建成数据中心、电子健康档案管理系统、公共卫生业务平台、基层医疗信息系统、区域检验平台、市民卡健康应用、综合管理等各项应用系统。8月,"智慧常熟——区域卫生信息工程"通过项目验收,9月接受了省卫计委首批区域平台评级考核(三级)。开通市民健康门户服务系统,完成一级以上医院的网上预约挂号14396人次。

卫生科研与人才建设 年内,承担国家高技术研究发展计划(863计划)子课题1项、教育部科学教育司"农村基本医疗卫生关键技术研究与示范"项目研究1项,厅科技计划项目2项;获得苏州市科技进步奖1项,常熟市科技进步奖13项,苏州市医学新技术引进奖8项,常熟市医学新技术引进奖18项。推进高层次人才培训,全年获选省"333"人才2名、姑苏卫生重点人才1名、常熟十佳魅力科技人物1名。加强人才引进,年内,录用硕士研究生33名、卫技人员255名、社区选聘74名、2011级农村培养定向生17名,定向培养签约19名。

卫生行业行风提升 开展党的群众路线教育实践活动,推进党风廉政建设和反腐纠风工作,整治医药购销领域商业贿赂。制定实施《2014年医药卫生系统深化作风效能建设工作意见》《常熟市卫生局(食药监局)机关作风效能积分警示管理办法(试行)》等制度规定。严格"三公"经费管理,较上年下降57.37%。抓好"三警"动态教育,岗前警戒教育264人次、工作中警示教育572人次、临界时警醒教育47人次,1036名中层干部、重点岗位人员接受廉政谈话。组织4批次240人前往市反腐倡廉警示教育基地接受警示教育。坚持每月开展处方点评、药品使用动态监控和超常预警制度通报、招标采购和交流轮岗等,违规用药扣奖2029人次262.40万元,停止采购药品53个、医用耗材16个、设备5个,重点岗位轮岗交流142名。开展"德技争先"竞赛活动,严优江等4人获"德技争先风范奖",叶宏伟等7人获"德技争先优秀奖"。评选常熟市首届医德之星10人。继续深化"三好一满意",第三方满意度调

5月11日,常熟市庆祝"5·12"国际护士节表彰大会在市文化馆举行

查的平均满意度为 91.38%。全年收到表扬信 138 封、锦旗 201 面，上缴“红包”54 人次 4.66 万元，拒收“红包”117 人次 8.45 万元。开设电视台《健康常熟》专栏等，进一步加强卫生舆论宣传。（顾 薇）

居民基本(农村合作)医疗保险

【概况】 2014 年，全市居民基本(农村合作)医疗保险筹资稳定在人均 650 元，参保人数 42.32 万人，参保率 99.73%。参保居民获得居民医保补偿 306.34 万人次，镇级医疗机构住院政策补偿比达 76.29%；20 种重大疾病保障取得明显效果，共有 1418 例患者获得重大疾病医疗保障，实际补偿比达到 75.33%；享受到大病补充医疗保险 10664 人次 1481.58 万元，最高偿付额 20 万元。医疗救助 52792 人次 1273.01 万元，最高救助 10 万元。全年，享受到居民基本(农村合作)医疗保险补偿、大病补充医疗保险偿付和医疗救助三种制度联合覆盖的 477 人。享受到总补偿 5 万元以上 243 人，最高补偿 40.67 万元。综合实际补偿比达到 74.79%。继续推进支付方式改革，控制医疗费用的不合理增长，参保居民次均住院费用增长幅度控制在 1.60%。

【居民基本(农村合作)医疗保险信息化建设】 1 月 1 日，居民基本(农村合作)医疗保险自动转诊系统上线运行，市民可以直接在转诊医院(市第一人民医院、市第二人民医院、市第三人民医院、市中医院和市第五人民医院)办理转诊申请，简化了参保人员转诊手续。4 月起，市农村合作医疗管理中心开通业务短信提醒服务，及时告知参保人员相关居民基本(农村合作)医疗保险业务办理的进展情况。短信服务内容主要涉及参保人员办理转院、转诊、特殊病种大额门诊、异地医疗等项目的业务登记审批进度和医疗费用事后报销资料受理、审批完成等内容。

医政管理

【概况】 年末，全市有各级各类医疗卫生机构 455 家，其中三级医疗机构 2 家、二级医疗机构 6 家、卫生机构 8 家、社区卫生服务中心 7 家、卫生院 18 家、社区卫生服务站 222 个。执业登记注册民营医疗机构 86 家。医师新增注册 443 人，变更注册 176 人次。推进重点工程建设，启动常熟市第一人民医院城北新院建设，市中医院扩建工程主楼和血站迁建工程主楼均完成结构封顶。加强医疗质量长效监管，增设 4 个专业医疗质量控制中心，提交 10 项全市质控情况报告或质控意见。完成 2013—2014 年度医师定期考核工作，共有 3335 名医师参加。实施中医药能力提升工程，首批 12 家基层医疗机构中医科、中药房达标建设通过验收。继续实施计划供应临床用血，市级医疗机构临床用血量(红细胞系列)较 2013 年下降 8%。建成苏州市临床重点专科 1 个、苏州市中医重点专科 2 个，被确定为省中医重点建设单位 2 个、省乡镇卫生院示范中医科建设单位 1 个。梅李人民医院参加苏州市二级医院复审，支塘中心卫生院通过苏州市二级医院初审。继续推进医学检验集约化管理，部级室间质评项目基本全覆盖。完成检验标本总量 3103769 份，比上年增长 7.53%。接待、调查、调解医疗纠纷 123 起 546 批次，结案 100 起，结案率 81.30%，涉及赔偿金额 368 万元。援圭亚那医疗援助 4 人。市第二人民医院与青海海南州同德县人民医院开展对口帮扶，派出医生 2 名，接受业务进修 2 人。采用社会化招标的方式，将市级医疗

6 月 17 日，江苏省部分全国人大代表到常熟调研医政工作

机构区被服洗涤工作社会化。护理学会承接政府职能，中标公益招投标项目“常熟市养老机构护理员增能计划”，完成对社会养老机构护理员培训。

【省部分全国人大代表到常熟调研医改工作】 6月17日，省卫生计生委主任王咏红召集江苏部分全国人大代表到常熟专题调研深化医药卫生体制改革工作。省卫生计生委副主任陈亦江、苏州市人大常委会副主任周玉龙、副市长王鸿声，常熟市市长王飏，市人大常委会主任秦卫星、副市长陶理陪同调研。调研组先后视察第二人民医院、医学检验所、古里中心卫生院和辛庄中心卫生院，并分别与市委、市人大、市政府负责同志和相关部门负责同志进行座谈交流，了解医改后各级机构的运行情况、医务人员收入情况、就医人数变化情况和机构负债等情况。

【推进医疗服务联合体建设】 市卫生系统组建3个紧密型医疗服务联合体，以专科建设和等级医院创建为抓手，提升基层医疗机构诊疗水平和管理能力。挂牌“市第二人民医院古里联合医院”，新开设一个50张床位的综合病区；市第一人民医院完成辛庄中心卫生院外科综合病区的建设，设立“慢性病联合诊疗中心”，探索农村常见病规范化诊疗。市中医院成立医疗服务联合体管理委员会，增派中、西医专家定期下乡坐诊、会诊。

【完成赴圭亚那医疗援助任务】 6月19日，江苏省第10期援圭亚那医疗队完成两年援外任务返回。该医疗队由苏州大学附属第一医院、苏州大学附属儿童医院和常熟市卫生局共同组建，常熟参加该医疗队4名队员分别是市第一人民医院普外科主任医师胡立军、市第二人民医院妇产科副主任医师金蔚、麻醉科主治医师任建刚和市中医院针灸推拿主治中医师黄晓文。医疗队为圭亚那民众和中资机构、华人华侨服务，不少工作填补了圭亚那医学史上的空白，并且克服种种困难，完成林登点的驻地建设。圭亚那卫生部、医院专门发来表扬信，并首次获得圭亚那外交部为医疗队员颁发的荣誉证书。

8月28日，市卫生局举行援圭亚那医疗队常熟队员事迹报告会

【省基层医院临床检验培训在常熟启动】 6月7日，首届江苏省基层医院临床检验培训班在常熟举行启动仪式，江苏省临床检验中心主任许斌、常熟市卫生局副局长唐键等领导出席开幕式。培训内容为基层医院如何做好血细胞分析的质量控制以及ELISA检测的室内质控，解决基层医院检验科在日常工作中一些疑难问题、纠正错误操作习惯。全市市乡镇医院和民营医疗机构的56名检验人员参加培训。

【《虞山医学流派·藏珍集萃》出版】 年内，常熟市中医院历时2年组织编写的“虞山医学流派丛书”的第一卷《虞山医学流派·藏珍集萃》出版。该书以常熟中医药博物馆为背景进行编著，共有《藏品》《处方》和《医人志》3个分册，为虞山医学流派的后续研究打下良好基础，对吴门医派的传承和发展也将起到积极的推动作用。

社区卫生服务

【概况】 2014年，全市基层医疗卫生机构门急诊人次数485.99万人，比上年增长10.30%；门诊均次费用67元，比上年降低2.80%，门急诊均次费用总体持续呈下降趋势；基层医疗机构住院均次费用1813元，比上年增长9%，其中药品费用983元，下降1%。年内，新建和原地重建6家社区卫生服务中心，完成新建和改扩建7家社区卫生服务站，3家社区卫生服务中心持续推进，异地新建4家社区卫生服务站。完成乡村医生执业证书五年有效期满再注册432人。全市累计建成省示范乡镇卫生院7家、省示范社区卫生服务中心4家、省示范村卫生室6家、苏州市示范社区卫生服务中心19家、苏州市示范社区卫生服务站51家。加强基层卫生服务能力建设，试点开展乡镇卫生院慢病联合诊疗中心及慢病首席医生制度。完善家庭医生制度，健全全科医生（健康管理）团队服务工作，及时调整家庭医生签约内容，使服务项目更趋科学、规范，重点人群签约达率80%。完成2013年度农村（社区）卫生工作创新项目结题评审，评出二等奖3项、三等奖4项。组织开展岗位培训及继续教育，举办省级村卫生室人员合理用药知识讲座5场次培训750人次；承办省农村卫生协会“高血压规范诊疗项目”讲座，培训基层卫技人员152人；完成“手拉手——健康社区行”苏州城市社区全科医生公益培训420人次、省“千人药学培训”培训基层药学人员10人。组织7人参加上海及北京社区卫生及康复专业培训。本年度“手拉手——健康社区行”培训工作成效显著，被苏州健康管理学会评为培训工作先进集体。

【基层医疗卫生机构建设】 2014年，东南街道社区卫生服务中心完成主体建筑工程；虞山尚湖旅游度假区、常熟服装城及城区社区卫生服务中心按计划推进阶段性建设；珍门分中心、淼泉卫生院完成建设前论证及筹备工作。尚湖镇东桥、梅李镇胜发、支塘镇长桥、辛庄镇金荡、虞山镇枫泾及五星、碧溪镇聚合佳苑7家社区卫生服务站完成新建与改扩建并按时启用。全市社区卫生服务体系建成率达99%，社区卫生服务覆盖率100%，社区卫生服务站标准化达标率达80%。农村（社区）三级医疗卫生网日趋完善。持续开展各级各类基层医院示范创建工作，年内，辛庄中心卫生院成功创建省示范乡镇卫生院，唐市中心卫生院顺利通过省示范乡镇卫生院期满复审考核；董浜镇永安、支塘镇风泾、尚湖镇东桥3家村卫生室成功创建省示范卫生室；白茆卫生院蛇咬伤专科、练塘中心卫生院中医康复科、沙家浜卫生院中医骨伤科3个科室列为省乡镇卫生院特色科室重点建设单位。

3月14日，市第五人民医院志愿者服务团在虞山镇颐养院开展义诊活动

【基本药物制度建设】 稳步推进基本药物制度，为适应基本医疗服务新要求，对现有用药目录进行动态调整，优化用药品种、类别与结构比例，满足基层医疗机构临床用药需求。全市全年采购基本药物3.17亿元955种品规，其中二级及以上医疗机构采购基本药物1.97亿元805种品规，乡镇卫生院（含中心卫生院、社区卫生服务站）采购基本药物1.20亿元563种品规。

卫生监督

【概况】 2014年，全年出动卫生监督执法人员19563人次、检查各类经营场所21351户次，实施卫生行政处罚225起（一般程序91起、简易程序134起），罚没款32.63万元，移送司法机关14人。发放餐饮服务许可证2043份、公共场所卫生许可证1293份，发放卫生许可证16份、餐饮服务准入意见书146份。发放从业人员卫生知识培训合格证明49260份。受理投诉举报714起，处理率100%。年内，全市129名卫生监督协管人员参加专项业务培训，明确工作任务和考核标准。每季度组织开展卫生监督协管服务工作的专项督导，下发督导通报。受国家卫计委卫生和计划生育监督中心委托，市卫生监督部门承担2015版《全国卫生监督监督调查制度》修订工作，召开全国卫生监督调查制度修订启动会，派员参加国家卫计委综合监督局、监督中心的组织工作会议，继续承担全国卫生监督数据质量控制工作，完成全国卫生监督机构卡、人员卡的质控工作。

【餐饮服务环节自制面制品安全监管】 2014年，市卫生监督部门在全市餐饮单位开展自制面制品专项检查。出动监督人员202人次、车辆54车次，以大中型餐馆、学校食堂、小吃店等为重点检查对象，以自制馒头、包子、煎饼、油条、糕点等为重点品种，检查餐饮单位278家，在检查过程中监督人员对含铝食品添加剂使用规定的调整进行了宣传，并下发《关于调整含铝食品添加剂使用规定告知书》，向餐饮服务单位提出明确要求。

【全面推行"五常法"先进管理体系】 市卫生监督部门在2013年成功开展"五常法"（常组织、常整顿、常清洁、常规范、常自律）试点的基础上，积极开展餐饮环节推广"五常法"管理工作。全面制定推广"五常法"管理方案，与市教育局联合对12家学校开展"五常法"管理实施情况专项督查，全面推进学校食堂"五常法"管理活动的开展。同时，加大集体用餐配送单位、大型餐饮服务单位实施"五常法"管理的力度，至11月底，全市学校食堂、大型以上餐饮单位和集体用餐配送单位全面实施"五常法"管理工作。

食品安全综合协调

【概况】 2014年，常熟市进一步健全食品安全体系建设，成立以分管市领导任主任、各相关部门为成员的市食品安全委员会，各镇（街道）成立食品安全领导机构并增挂食品安全办公室，强化市镇两级食品安全综合协调工作。定期召开协调会议，多次召开市食安办、"天安行动"指挥部办公室主任会议、联络员会议，传达部署食品安全和治理整顿工作重点，加强部门、地区间的工作协调，确保食品安全各项工作有序开展。组织协调相关部门和当地政府积极处置新闻媒体曝光常熟市豆制品加工中心的违法加工生产行为，配合省食药监局、省电视台对常熟处置江苏百成汇服饰有限公司食源性疾病事件的调查，妥善处置突发事件。开展食品安全宣传培训，开展大型广场宣传咨询活动、制作展板，在电视台、电台开设"卫生面对面"等栏目，传播食品安全知识，提高公众食品安全意识和参与度。

卫生监督检查

【实施豆制品质量安全综合整治】 4月15日，常熟市豆制品质量安全综合整治动员会召开，全力推进豆制品整治工作。年内全市摸底调查出豆制品加工作坊129户，查处无证无照豆制品作坊43家次，暂扣生产设备和相应产品。对18家豆制品作坊的升级改造进行现场指导，2家豆制品企业通过现场审核，53家豆制品作坊的接受现场核查，通过现场核查将发放准入意见书，规范其生产经营主体资格。

【开展乳品生产经营综合整治】 市卫生监督部门进一步规范乳及乳制品生产经营行为，明确各监管部门对生鲜乳生产、收购、生产、经营各环节的监管职责，积极开展以"鲜奶吧"为重点的乳品生产经营综合整治工作。组织摸底调查和专题调查，掌握有20多家从事"鲜奶吧"生产经营活动。通过签订生鲜乳质量安全责任和承诺书、购销合同、收购准运进行备案，以及专项检查等，18家"鲜奶吧"停业或转行，其他"鲜奶吧"也正在联系转租门店或考虑转型事宜。

疾病防控

【概况】 2014年，常熟市规范开展包括新增的中医药管理服务项目，规范传染病及突发公共卫生事件报告和处理，规范处置海虞中心小学流感暴发疫情。抽查各直报单位 8496 张传染病报告卡质量，网络报告及时率为 99.99%，完整率为 100%。规范开展儿童免疫规划工作，疫苗接种 396477 人次，接种率均达 95%以上。二类疫苗接种 159698 人次。建成预防接种数字化门诊 12 个，32 个预防接种单位全部安装“预防接种信息短信通知系统”，提高了疫苗接种率和及时率，以及群众对预防接种知识的知晓率。更新完善电子健康档案，已建立居民健康档案 130.24 万人，常住人口建档率为 86.70%。推进重点慢性病的管理，成立慢性病患者自我管理小组 122 个。全市共登记高血压病人 159514 人，管理率为 94.52%；登记糖尿病人 32370 人，管理率为 95.05%；登记肿瘤病人 4031 人，管理 3651 人，管理率为 90.57%；登记脑卒中病人 5146 人，管理 4788 人，管理率为 93.04%；登记冠心病病人 2245 人，管理 2048 人，管理率为 91.22%。全年共为 92772 名 65 岁以上老年人提供免费健康体检服务，健康体检率 82%。为 114431 名 65 岁以上老年人提供免费健康管理服务，健康管理率达到 81.57%。打造健康环境，完成环城路健康一条街建设，新增元和片区健康主题公园 1 个。在 30 个公交车站台、759 辆出租车 LED 屏开展健康素养宣传教育。巩固血防成果，查螺面积 308.25 万平方米，未查到钉螺。接受消除疟疾省级考核，通过省级专家组织的考核验收，被省血地防办公室确认常熟达到消除疟疾标准。检查全市原流行区居民 4054 人、疫区流动人口 4133 人和 23 名阳性者，未查到血吸虫病病人。完成晚期血吸虫病人随访和复查体检 1284 人，治疗救助 204 人次。推进艾滋病防治，检测艾滋病病毒抗体 159658 人次，新发现艾滋病感染者 70 例。免费为 160 例艾滋病病人提供抗病毒药物治疗。开展公共娱乐场所干预 727 场次 5247 人次，发放宣传材料 5713 份，安全套 5911 只。深入干预男性接触人员 908 人次。全市报告法定甲、乙类传染病（含流动人口）10 种 2294 例，死亡 13 例，发病率 123.25/10 万，比上年上升 20.54%。在第六届世界健康城市联盟大会上，常熟申报的减盐行动——“促进全民健康饮食方式选择，切实落实减盐行动”获世界卫生组织健康城市最佳实践奖。

【疾控在线培训系统启用】 年内，市疾控中心在线培训系统正式启用。该系统，是为全市公共卫生专业人员远程在线学习平台，可通过疾控中心网站进行登录，观看学习规范化培训视频。该系统主要提供传染病防治、免疫规划、慢病管理、公共卫生、质量管理等业务的视频培训课程。

【“常熟疾病预防”微信平台开通】 年内，“常熟疾病预防”微信平台上线运行。该平台的主要功能是宣传各类疾病的预防知识，介绍慢性病防治知识，引导市民建立健康生活方式，减少或减缓慢病的发生发展；传播传染病预防控制相关知识，提高传染病的自我防护能力；普及食品卫生、职业卫生、环境卫生等健康相关危害因素知识，提升市民公共卫生素养水平。

卫生应急

【概况】 2014 年，全市建成以市医疗急救中心为中心站、3 个城区分站和 7 个镇区分站为补充的院前急救网络，以 3 所市属综合医院为主体、各社区卫生服务中心（卫生院）为补充的医疗救治网络。市第一人民医院急诊医学科建成苏州市医学重点学科，重症医学科建成苏州市临床重点专科。调整完善 6 类 8 支市级卫生应急处置队伍，会同民防局重新组建民防医疗救护专业队伍。建立全市联防联控机制和部门联络员制度。开展突发事件公共卫生风险评估，市疾控中心每周完成日常风险评估表。年内根据全市疫情监测和日常风险评估情况，开展流感、诺如病毒、手足口病等疾病专题风险评估，根据评估结果向公众及时发布预防流感、手足口病的预警公告。规范处置学校、托幼机构等集体单位流感、水痘、风疹等传染病疫情，全年累计报告处置聚集性传染病疫情 428 起。

【突发公共卫生事件现场调查处置系统投入试运行】 年内，由常熟市疾控中心联合江苏大学共同开发的“突发公共卫生事件现场调查处置系统”投入试运行，该系统通过移动便携设备把业务数据的采集录入前移至现场，把疫情报告、任务发布、现场核实、个案调查、样品采集等处置环节全部通过信息化手段实现，解决了现场调查工作中原始的手工信息收集与分析统计问题，为进一步科学规范、快速有序处置突发公共卫生事件提供了保障。12 月，该项目通过科技局、卫生局组织的专家鉴定验收。

【完成民防医疗救护专业队整组】 年内,市卫生局会同民防局重新组建由市第一人民医院、第二人民医院、中医院、第三人民医院以及医疗急救中心共73名医务人员组成的民防医疗救护专业队伍。组织开展民防医疗救护专业队伍集训,重点加强烧伤、冲击伤、复合伤、中毒、休克等常见战伤现场紧急救护的培训学习。6月,会同市民防局、支塘镇人民政府共同开展空袭下的人员疏散和现场医疗救护等与人民防空综合演练。

【参与昆山"8·2爆炸事故"医学救援】 8月2日,昆山中荣金属制品有限公司发生特别重大铝粉尘爆炸事故,当天造成75人死亡、185人受伤。常熟市卫生部门根据医疗卫生救援的需要,由市医疗急救中心于事故当天紧急调派6辆救护车至昆山参与伤员救援和转运;市血站调拨7.90万毫升血浆和1.60万毫升红细胞至昆山和苏州血站,同时调派2名护士、1名检验师至苏州血站支援;市第一人民医院、第二人民医院、中医院轮流调派医生护士到苏州支援伤者医疗救治工作;市第三人民医院调派2名医生支援心理干预工作。市第一人民医院接收1名事故伤者,该院立救治专家组,全力做好伤者的医疗救治工作。

妇幼保健

【概况】 2014年,常熟市深入开展"妇幼健康年"活动,举办妇幼健康技能竞赛,制定《婴幼儿健康促进工程实施方案》。进一步完善妇幼保健三级网络,加强"三基三严"培训,妇幼保健专题培训4期428人次,新生儿窒息复苏培训1期2批。规范妇幼保健服务。核查新办看护点的卫生保健情况,部分工作不到位的责令整改。使用新版"出生医学证明",全年共签发"出生医学证明"15185份,其中首次签发15127份。继续落实母婴安全行动计划,明确高危孕产妇管理原则、监测报告和转诊追踪等流程,利用妇幼卫生信息平台对高危孕产妇实行网络化、信息化管理,开展逐级转诊制度。全年成功抢救4例危重孕产妇,未发生孕产妇死亡,婴儿死亡率为2.69‰,较2013年下降22.92%。继续开展孕产妇健康管理和"妇儿健康工程",孕产妇免费建卡14404人,筛选高危孕产妇管理4971人。早孕检查率95.74%,产后访视率96.35%。全面开展0—6岁儿童健康管理工作,儿童保健覆盖率99.02%,3岁以下儿童系统管理率92.63%。为33331名托幼机构儿童进行定期体检,体检率为95.94%。实施新一轮农村妇女"两癌"筛查,完成宫颈癌、乳腺癌筛查分别为57872例、40552例,省定任务完成率分别为231.49%、162.21%,发现宫颈癌19例、乳腺癌38例,均得到及时治疗。全年叶酸补服6750人,任务完成率128.16%。完成住院分娩补助7665人383.25万元。为16567名建卡孕妇免费进行艾滋病、梅毒和乙肝咨询、检测服务,发现26名梅毒孕产妇和1名艾滋病感染孕妇,均及时采取母婴阻断措施。加强乙肝免疫球蛋白的储存和使用管理,为530名乙肝表抗阳性产妇所生新生儿免费注射免疫球蛋白,注射率达100%。继续推进免费婚前保健服务,免费婚检6896对,婚检率96.37%,疾病检出率11.77%。

【举办妇幼健康技能竞赛】 年内,市卫生局、市人口和计划生育委员会、市总工会、市人力资源和社会保障局、市妇联、团市委联合举办妇幼健康技能竞赛。竞赛分为初赛、复赛及操作技能3个阶段,设围产保健、儿童保健、妇女保健、计划生育技术服务4个项目。参赛对象为全市从事围产保健、妇女保健、计划生育技术和儿童保健的卫技人员。7月15日,各乡镇、市级综合医院同步启动初赛,8月1日完成操作技能市级复赛。徐倩等4位选手获一等奖,张红梅等8位选手获二等奖,李红等12位选手获三等奖,获一等奖的4位女选手同时被授予"常熟市五一劳动奖章""常熟市技术能手"和"常熟市巾帼建功标兵"称号,其中徐倩还被授予"常熟市青年岗位能手"荣誉称号。大赛中的优胜团队也分别获评一、二、三等奖及组织奖。

【联合国儿童基金会妇幼信息项目组到常熟考察】 8月13日,联合国儿童基金会妇幼信息项目组驻华代表麦吉莲女士一行5人到常熟考察妇幼卫生信息管理项目。考察组到市中医院、沙家浜卫生院、昆承幼儿园进行现场考察和访谈。通过访谈,麦吉莲一行详细了解妇幼卫生信息的应用情况,基层医务人员对使用信息系统的感受,以及信息系统使用对妇幼保健管理和托幼机构卫生保健工作的促进作用。麦吉莲表示,常熟的妇幼信息化管理不仅满足于日常工作,缩短了群众就诊时间,为群众提供高效的服务,并且信息系统所

提供的信息为妇幼卫生行政管理提供了政策依据，此信息系统具有很好的推广借鉴作用。（顾　薇）

食品药品监督

【概况】 2014年，市食品药品监督管理局出动执法人员1500人次，检查药品、医疗器械生产、经营、使用单位600家次，重点开展民营医疗机构药械、重大节日市场、医疗器械生产企业等14个专项检查，查处45起违法违规案件，查获假药1个品种，劣药6个品种，假冒保健食品9个品种，无注册证医疗器械15个品种。查获1起销售假药固本胶囊案，移交公安部门处理。全年新开办药品零售连锁公司2家，药品零售企业13家，医疗器械生产企业3家，办理医疗器械许可56家次，办理医疗器械经营备案104家次，换发药品经营许可证240家。推进实施新版药品生产质量管理规范（GMP）和药品经营质量管理规范（GSP），8家药品生产企业通过新版GMP认证检查，完成3家药品批发企业、205家药品零售企业新版GSP认证。促进医疗器械生产企业开展GMP规范化建设，8家无菌医疗器械生产企业全部通过GMP认证检查。开展对36家次药品生产企业、4家药品批发企业、2家药品零售连锁企业、50家次中药饮片经营单位，140家次医疗器械生产经营企业及320家次药品零售企业现场监督检查。加强对特殊药品的监管，完成25家次药品生产、经营企业的特殊药品检查。处理药品、医疗器械、保健食品方面的投诉举报83起，处理餐饮服务食品安全举报投诉520件。完成药品抽样185批次，保健食品抽样4批次，查出21批次不合格药品、1批次不合格保健食品并依法进行处理。加强药品不良反应（医疗器械不良事件）监测工作，完善监测制度，健全监测网络，全年上报药品不良反应1248例，其中新的、严重的不良反应187例，上报医疗器械不良事件424例，保障药械使用安全。推进餐饮服务环节食品安全整顿"天安行动"、食品安全放心行动、农村食品市场"四规范四打击"专项整治及食品药品专项治理工作，组织开展春秋季学校食堂、重大节日及重要活动期间、餐饮单位肉及肉制品、集体用餐配送单位、旅游景区及周边餐饮服务单位等专项检查12次，出动执法人员16920人次，出动执法车辆4384车次，检查餐饮经营单位18737家次，检查产品数量56211批次，查处违法案件112件，罚没款22万元。完成抽样检测餐饮环节食品1288批次，合格1255批次，合格率97.44%；抽检餐饮具573批次，合格462批次，合格率80.63%。发放"餐饮服务许可证"2107张，发放"餐饮服务准入意见书"155张。开展餐饮环节食品安全量化分级管理，年初制定《常熟市餐饮服务食品安全量化分级管理实施方案》，按照江苏省食品药品监督管理局新的量化分级体系进行打分，完成4150家餐饮服务单位量化分级评定，其中优秀等级191家，良好等级289家，一般等级3670家。

【学校食堂食品安全管理】 开展春秋季学校食品安全专项监督检查，出动监督员870人次，车辆249车次，检查学校食堂236家，制作现场检查笔录102[illegible]份，下发监督意见书172份，立案处理2家，对全市学校食堂使用的315份食品样品及302份餐饮具进行抽样检测，食品全部合格，餐饮具合格245份。推行"五常法"先进管理体系，39家学校食堂被评为"五常法"管理优秀单位，31家学校食堂被评为"五常法"管理达标单位，30多家学校食堂安装视频监控，保障师生饮食安全。

【肉类及肉类制品专项整治】 以特大型餐馆、集体用餐配送单位、学校食堂、工地食堂、小餐馆等为重点，检查餐饮服务单位618家，未发现有餐饮服务单位采购和使用病死、来源不明或不合格的鲜肉和肉制品，未查获从私屠滥宰等非定点屠宰企业采购鲜肉的情况。检查肯德基、麦当劳、必胜客等17家单位，召回上海福喜食品有限公司冷冻鸡翅根、牛肉饼、猪柳类等相关产品789.29千克。对大中型餐馆、咖啡厅、西餐厅等餐饮服务单位采购使用的牛肉开展莱克多巴胺（瘦肉精）项目靶向抽检工作，共抽取牛肉样品30份，检测出7份样品不合格。对生羊肉采样15批次，经检测全部合格，未检出瘦肉精。

【开展医疗器械"五整治"专项行动】 自4月起，市食品药品监督管理局开展医疗器械"五整治"专项行动，整治虚假注册申报、违规生产、非法经营、夸大宣传、使用无证产品等行为，加强对医疗器械生产、经营企业及医疗机构的现场检查。在"五整治"期间，共检查医疗器械生产企业40家，医疗器械经营企业129家，公立医疗机构36家，民营医疗机构62家，查处违法案件4起。

【药品行业道德讲堂活动】 1

月16日，市食品药品监督管理局组织全市232家药品生产经营企业负责人走进常熟市道德讲堂总堂，开展"诚敬做产品"活动，倡导企业守法生产、诚信经营，进一步提升"第一责任人"意识。活动通过观看道德模范先进事迹，聆听钱月宝、周丽娟道德模范感人事迹，参与人员发表感言、签名承诺等形式展开，引导从业人员感悟诚敬理念，形成诚敬自觉做产品的理念。活动期间，还为第二批6家诚信药店授牌。

表30　　2014年度常熟市药品、医疗器械生产情况

	企业数(个)	工业总产值(现价)(万元)	利税总额(万元)	利润总额(万元)	产品销售收入(万元)
药品	11	47004	5574.50	1090.10	48732
医疗器械	44	119563	9125	4271	111529
合　计	55	166567	14699.50	5361.10	160261

表31　　2014年度常熟市药品、医疗器械经营情况

	企业数(个)	销售收入(万元)
药品(小计)	7	140816
其中：批发企业	4	133608
零售连锁企业	3	7208
医疗器械(小计)	53	14260
其中：批发企业	52	13723
零售连锁企业	1	537
合　计	60	155076

表32　　2014年度常熟市保健食品、化妆品生产企业情况

	企业数(个)	工业总产值(现价)(万元)	利税总额(万元)	利润总额(万元)	产品销售收入(万元)
保健食品	4	3382.60	459.42	291.14	2688.09
化妆品	3	250050.30	28016.63	17090.03	198453.32
合　计	7	253432.90	28476.05	17381.17	201141.41

（王志强）

爱国卫生

【概况】 2014年，常熟市爱国卫生工作围绕市委、市政府建设"效率常熟、幸福常熟、美丽常熟"的总体目标，深入推进城乡环境综合整治。持续开展环境综合整治"331"行动，投入资金达5.01亿元，结合创建全国文明城市、省优秀管理城市等活动，加大对城市环境薄弱区域脏乱差现象的督查，并会同住建、工商等部门做好建筑工地、农贸市场等重点场所的长效管理，进一步提升城市品位。持续加强村庄环境长效管理，巩固卫生镇村创建成果，提升城乡环境质量，年内108个江苏省卫生村通过市级复查。落实"四害"综合预防控制措施，全年投入资金177万元，投放内环境消杀药物870千克、发放除害套餐1200多份，新添陶瓷毒饵站3800多只、落水管防鼠网5000多只、捕蝇笼1000多只；组织开展病媒生物防制中期、终期督导评估，督促完善防制措施，"四害"密度控制在国家标准范围内。城乡环境质量进一步优化。围绕"创造健康环境建设健康常熟"主题，广泛开展《江苏省爱国卫生条例》宣传教育，爱卫月期间，全市共悬挂宣传横幅669条，组织黑板报展

美丽村庄一景

览出刊 423 块，举办健康讲座 105 次，5917 人次受到教育，出动医务人员 242 人次开展街头义诊、咨询活动，受教育者达到 8850 人次。

【城市环境综合整治】 按照全省城市环境综合整治的总体部署，投入资金 5.01 亿元，完成城郊接合部、城中村、老旧小区、背街小巷、河道、低洼易淹易涝片区、建筑工地、农贸市场等 69 个“九整治”项目、219 个“三规范”项目整治，清理各类杂物、垃圾 1935 吨、乱堆放 176 处，河道清淤 45.40 万立方米，打捞河道漂浮物 52 吨，改造老旧小区 294 幢、建筑面积 34 万平方米，铺设低洼易淹易涝片区排水管道 1319 米，规范设置建筑工地围挡 2914 米，清理农贸市场周边乱设摊点 96 处、乱搭乱建 960 平方米。组织开展城乡环境大扫除行动，重点加强三环路沿线、城市出入口、结合部、老旧小区、背街小巷及企事业单位、工地、市场周边等环境薄弱区域的环境整治，清除脏点死角 2300 多处、清理积存垃圾 7600 多吨、规范乱堆放 2500 多处、打捞河道漂浮物 1000 多吨、清运建筑垃圾 516.50 吨。实施三环路沿线环境综合整治，对沿线两侧村庄重点围绕“建筑风貌、绿化景观、环境卫生、广告标牌”实施分类整治，清理各类杂物、垃圾 1935 吨，清理乱堆放 176 处，拆除破旧棚架 562 处，白化墙体 30219 平方米，清理河道漂浮物 52 吨，规范设置公益广告 3705 平方米，有效提升三环路高架沿线两侧环境形象。加强常态督查，城管部门每天对城区市容环境进行常态督查，市环境卫生指导中心不定期对物业管理住宅小区和商业街区、商务办公楼开展督查。

【卫生镇村建设】 加强国家卫生镇的监督指导，组织卫生、工商等部门成立专业指导组，对国家卫生镇开展指导、复查，针对薄弱环节提出整改要求，督促各镇对照国家卫生镇标准要求，梳理薄弱环节，完善基础设施建设，加强日常管理，巩固提升卫生镇水平。制定省级卫生村复查意见，加强对省级卫生村的督促检查，对 108 个省级卫生村在各镇组织自查达标的基础上，开展市级复查，围绕“爱国卫生组织管理、农村环境卫生长效管理、镇村垃圾收运体系建设、病媒生物防制和社区、行业卫生”等内容，加强检查指导，完善长效机制，全面巩固卫生村创建成果，108 个省级卫生村通过市级复查。

【村庄环境管理】 2014 年共开展 8 次暗访、4 次考核，拍摄点照片 2931 张，全市村庄环境长效管理水平得到新的提升。加大推进农村生活垃圾收运体系建设，督促指导各镇根据村庄布局形态，规划 121 条垃圾收运线路，新建农村生活垃圾集中式收集房 1206 座，新添 3 吨、5 吨压缩式收集车 38 辆、新增垃圾桶 19110 只。同时，推进政府购买公共服务，对全市乡镇垃圾运输分 3 个片区外包服务企业，实行市场化运作，环卫部门加强日常监管，将垃圾统筹调运至市焚烧厂进行处理，实现农村生活垃圾全量收集、全量焚烧和无害化处理。 （王 雪）

责任编辑 张 军

常熟年鉴

CHANGSHU YEARBOOK 2015

体　育

综　述

2014年，常熟市体育工作主动适应经济社会发展新常态，推进构建公共体育服务体系建设，体育事业保持健康向上的发展态势。举办常熟市第十九次全民健身月和第六届体育节活动，承办国奥之队洲际男篮巅峰挑战赛、中国足协室内五人制足球国际邀请赛、全国象棋个人锦标赛、第五届环太湖国际公路自行车赛常熟昆承湖绕圈赛等各类国际、国内比赛。全年常熟籍运动员参加全国性比赛获得金牌2枚；参加江苏省第十八届运动会获金牌53枚，位列全省县市（区）输送第5名，金牌总数第10名。向苏州及以上体育部门输送体育后备人才34名。新增二级以上裁判员10人。体育彩票销售超过3.70亿元。获2010—2013年度江苏省群众体育先进单位和第六次全国体育场地普查先进集体。

竞技体育

【概况】 2014年，全市全年承办国际级比赛4项、国家级比赛2项、省级比赛2项、苏州市级比赛2项。组队参加全国性比赛2项、省级比赛7项、苏州市级比赛31项。在苏州市级各类体育项目的比赛中获得金牌164枚，银牌78枚，铜牌115枚。在全国少年儿童跳水锦标赛中，常熟市跳水队队员顾谕代表江苏队参赛并夺得女子甲B组一米板金牌；在全国少年田径锦标赛中，常熟市田径选手王浩以10秒99的成绩获得男子14—15岁组100米冠军。加强体育人才培养输送，向苏州及以上体育部门输送体育后备人才34名，新增二级以上裁判员10名，其中二级裁判员8名，一级裁判员1名，国家级裁判员1名。

【承办国奥之队洲际男篮巅峰挑战赛】 5月30日至6月1日，国奥之队洲际男篮巅峰挑战赛在常熟市体育中心举行。比赛由中国篮球协会主办，常熟市体育局承办。中国国奥男篮、美国队、德国队、澳大利亚队参加比赛。本次常熟站比赛，中国、澳大利亚、美国、德国分获一至四名。

【承办第四届尚湖国际半程马拉松邀请赛】 10月19日，常熟市第四届尚湖国际半程马拉松邀请赛在尚湖风景区举行，中国、肯尼亚、加拿大、美国、芬兰等13个国家和地区的近6000名运动员参赛。本次比赛设置3千米、12千米以及半程马拉松3个赛段，肯尼亚选手谢吕约特以38分51秒获12千米男子组冠军，代表常熟阳光跑步俱乐部参赛的程乾育以1小时06分39秒获半程马拉松男子组冠军，李素兰和房广霞分获女子组12千米和半程马拉松比赛冠军。

【承办全国象棋个人锦标赛】 10月24日至11月4日，由国家体育局总局棋牌运动管理中心、中国象棋协会主办，江苏省棋牌运动管理中心、常熟市体育局承办的全国象棋个人锦标赛在常熟市裕坤国贸酒店举行。全国各地165名男女棋手参加比赛。年仅19岁的郑惟桐获男子组冠军，成为全国第18位、也是现役最年轻的棋王，王天一、许银川分获男子组第二、第三名。王琳娜、唐丹、吴可欣获得女子组一、二、三名。

10月24日，全国象棋个人锦标赛在常熟举行

【承办第五届环太湖国际公路自行车赛常熟昆承湖绕圈赛】 11月2日，由江苏省体育局主办的2014年第五届环太湖国际公路自行车赛第二赛段“常熟昆承湖绕圈赛”在昆承湖开赛。捷克ASC布拉格洲际队的选手阿洛伊斯个人总成绩第一、冲刺积分第一摘得赛段橙衫和绿衫。澳大利亚叉车洲际队的杰西·科里森保有青年最佳的蓝衫，中国山东恒翔洲际队的王美银凭借总成绩第四身披大中华最佳红衫。

全民健身

【承办中国足协室内五人制足球国际邀请赛】 12月5日至7日，中国足协室内五人制足球国际邀请赛在常熟市体育中心举行。比赛由中国足球协会主办，常熟市体育局承办。中国室内五人制足球国家队、泰国国家队、墨西哥国家队、缅甸国家队参加比赛。经过激烈角逐，最后泰国队获得第一名，中国队获得第二名。

【常熟籍运动员省运会上获佳绩】 在2014年江苏省第十八届运动会上，93名常熟籍运动员参加射击、举重、足球、羽毛球、武术、柔道、田径、跳水、乒乓球、篮球、击剑、游泳、摔跤等项目的比赛，获得27.50枚金牌，其中直接组队获得14金、7银、8铜。

群众体育

【概况】 2014年，市体育局完成第六次全国体育场地普查工作，全市拥有公共体育设施面积达477万平方米，晨(晚)练健身站点729个，人均占有体育场地面积达3.17平方米。年内重点完成23个健身工程(点)的器材更新，149套市级全民健身路径新增安装工作。全市现有各级健身工程(点)435个；制定《常熟市健身步道建设标准(试行)》，宝岩至剑门台阶式健身步道投入使用，改建新世纪大道、青墩塘路健身步道20千米以及全长30千米的昆承湖健身步道。各镇、板块也建成一定数量的健身步道，全市现有健身步道70千米。在第一批17所学校和第二批23所学校体育设施对外开放试点开放的基础上，年内确定新开发开放9所学校，开放学校比例占到全市公办学校的53%。有组织体育人口显著增加，2014年新注册会员8200名，全市个人注册会员达9万人，占全市户籍人口的8.50%。全年举办三级社会体育指导员培训班5期，新增社会体育指导员300名，晋升二级社会体育指导员近100名，送训国家级社会体育指导员5人。全市现有社会体育指导员[illegible]50名，每万人拥有量达29人，其中国家级社会体育指导员19名，一级社会体育指导员106名，二级社会

12月5日，2014中国足协室内五人制足球国际邀请赛在常熟市体育中心举行

10月20日，虞山镇举行第十二届体育运动会

体育指导员962名。为1044名一线社会体育指导员办理保险。全市体育协会总量达到26家。开展国民体质监测，全年累计测试人数6300人。市体育局获评2010—2013年度江苏省群众体育先进单位。

【开展第十九次全民健身月活动】 2014年，常熟市组织开展第十九次“全民健身月”活动，本次活动也是苏州市首届市民运动会的组成部分。举办了首届“羽协杯”羽毛球比赛、首届市民笼式足球比赛、第二届市民徒步大会、第五届“足协杯”足球联赛、第六届村级农民篮球赛、第八届外资企业登山比赛、第九届机关健身运动会、第十届机关乒乓球赛、全市中老年门球比赛、百城千村健身气功大赛等30项活动，涉及参与人次达10万余人。

【元和市民文体中心落成投用】 1月31日，常熟市元和市民文体中心落成投用，元和市民文体中心位于原常熟理工学院元和校区内，总投资2893万元、占地近1.3[illegible]公顷，分室内体育场馆和室外场地两部分，室内部分由乒乓球、羽毛球、健身房、壁球房、体育舞蹈房等项目组成，室外的项目主要有笼式足球、篮球、室外乒乓球、门球以及健身广场、健身步道、健身公园组成。室外的运动场地除笼式足球场外，其余都是全天候、免费向市民开放。

【长三角城市龙舟邀请赛在沙家浜举行】 5月11日，2014“沙家浜杯”第六届长三角城市龙舟邀请赛在沙家浜风景区举行。江苏、浙江、上海以及常熟的12支龙舟队、300多名运动员参加比赛。长三角城市龙舟邀请赛已分别在江、浙、沪举办了五届，本次是长三角城市龙舟邀请赛第二次在沙家浜风景区举办。比赛项目为大龙舟公开组500米直道竞速，沙家浜龙舟队也参加比赛。

【常熟市首届羽协杯羽毛球赛举行】 11月8日至9日，常熟市首届羽协杯羽毛球赛在常熟理工学院东湖校区体育馆举行。本次比赛设立男子团体和女子团体两个比赛项目，参赛队伍以单位形式组队参赛，共25支男子队伍和13支女子队伍。常熟工商局、梅李镇、常熟市住建局分获男子团体一、二、三名，女子团体冠、亚、季军分别由梅李镇、虞山镇、支塘镇获得。

【完成全国第四次国民体质监测省级样本监测】 免费为5800余名不同层次、不同年龄市民进行体质测试。在虞山镇、梅李镇、辛庄镇、沙家浜镇、碧溪新区开展全国第四次国民体质监测省级样本监测，共监测样本2820例，苏州专业测试组全程监测。到梅李镇为梅李500多名农民进行义务体检测试。

【举办第三届将军与农民乒乓球友谊赛】 7月27日，“沙家浜

5月11日，2014“沙家浜杯”第六届长三角城市龙舟邀请赛在沙家浜风景区举行

杯”第三届将军与农民乒乓球友谊赛在常熟举行。比赛由南京军区政治部与江苏省体育局主办，省社会体育管理中心、常熟市人民政府、江苏省乒乓球运动协会承办。参加比赛的“将军队”由南京军区驻宁部队、院校7名少将以上军衔的将军组成，“农民队”由常熟市各乡镇10名农民乒乓球爱好者组成。比赛采用国家体育总局最新审定的《乒乓球竞赛规则》，设优胜奖和纪念奖，经过激烈角逐，最终农民队以4:3获胜。

【推进城镇职工医保健身一卡通工程】 7月29日，常熟市体育局与市人力资源和社会保障局联合发布《常熟市职工基本医疗保险定点运动健身场馆管理办法（试行）》的通知，对准入制度作出详细的规定和要求。9月12日公布了《常熟市职工基本医疗保险批定点运动健身场馆公示名单》，拟确定7家单位为常熟市职工基本医疗保险定点运动健身场馆。9月2[illegible]日，“医保健康一卡通”项目在常熟体育健身中心试点运营，并逐步推广至公示阶段的首批拟列为定点运动健身场馆的单位。（顾[illegible]骁）

责任编辑 张 军

常熟年鉴

CHANGSHU YEARBOOK 2015

文 化
新 闻

综　述

2014年，常熟市不断深化文化惠民，打造文化品牌，传承文化遗产，培育文化产业，规范文化市场，努力推动常熟文化强市建设再上新台阶。常熟市文化广电新闻出版局在成功创建国家级公共文化服务体系示范区的基础上制定下发《市图书馆、文化馆和镇（街道）公共文化服务标准》，细化各项要求指标，进一步规范提升公益性文化单位工作职能和服务水平；深化"四馆一站"免费开放工作，不断提升公益性文化单位服务效能。做优做深市民课堂周末讲座、春来戏曲大舞台、国际博物馆开放活动日、"流动花朵"少儿公益美术活动等服务品牌。全面启动城乡市民免费艺术培训，对培训内容和课时进行量化，文化馆增设"市民艺术讲堂"，年培训群众近千人。强化图书馆总分馆体系，规划实施"一二三"提升计划，建设方案列入江苏省公共图书总分馆建设试点。完成省公共图书馆优秀服务成果申报。组织举办第七届常熟市阅读节，共举办城乡各类读书活动120多项。5月，常熟图书馆获第四届江苏省服务农民服务基层文化建设先进集体。10月，在文化部主办的中国图书馆年会上，常熟图书馆获评"2014全国最美基层图书馆"。

文化事业

【概况】 2014年，常熟市不断完善公共文化服务体系，推动乡镇综合性文化设施改扩建工程，深化"四馆一站"免费开放，加快推进"书香城市"建设，承办第五届"两岸汉字艺术节"，持续打造文化品牌。制定《常熟市文化广电新闻出版局行政审批改革工作实施方案》，前后开展全面梳理3次，对不合规行政审批事项进行剔除。科学优化审批流程，制作行政许可标准化办理规程，将行政许可办结时限缩减二分之一。召开全市版权工作推进会，对各乡镇、板块分管领导、文化站长及各版权企业负责人等进行培训。指导各乡镇、管理区完成222家农家书屋的制度建设，统一管理制度。加大版权保护力度，向苏州市版权局申报近百件作品版权登记，16件作品申报苏州市优秀版权奖。完成2014年文化产业建设项目入选苏州市重点项目编报，古里镇白茆红豆山庄建设工程、常熟科创园创意产业园载体建设、常熟纺织服装创意产业集聚区3个文化产业重点项目入选，总投资6.30亿元。组织开展文化惠民活动，全年演出150多场，观众约10万人次。创新推出"我的舞台我的梦"全市文艺社团交流展演暨优秀节目评奖活动。新建农村电影固定放映点7个，全市已建成20个。强化执法检查，发放安全防范告示通知书500多份，出动执法人员300多人次，对全市25家出版物印刷企业开展专项检查行动。整治网络市场，召开全市网吧管理工作会议，对网吧经营者和管理者进行相关法律法规知识的培训。全年查处网吧非法接纳未成年人

9月2日，"中国梦·江南美"诗赋朗诵会在古里镇举行

案件21起。

【中国(常熟)江南文化节暨沙家浜旅游节】 参见第66页〖举办2014中国(常熟)江南文化节暨沙家浜旅游节〗。

【第五届两岸汉字艺术节】 9月22日至23日，第五届两岸汉字艺术节在常熟市举行。本届两岸汉字艺术节由中华文化联谊会、中国艺术研究院和台湾“中华文化总会”联合主办。第十一届全国人大常委会副委员长华建敏、台湾“中华文化总会”会长刘兆玄、江苏省副省长曹卫星、中国艺术研究院常务副院长田黎明、海峡两岸关系协会副会长孙亚夫等出席开幕式。艺术节期间举办两岸书法篆刻作品展、“写山水图——离开黄公望的660年”展览、多媒体互动展、艺术论坛、名家讲座、书法笔会等活动。《人民日报》、中央电视台、凤凰网、新华网等媒体对艺术节进行报道。

文化艺术创作

【概况】 2014年，常熟市致力于文化艺术精品生产和展示，江南云水合唱团获第九届中国音乐“金钟奖”合唱比赛铜奖；金曾豪新作《凤凰的山谷》获十三届全国精神文明建设“五个一工程”奖；由金曾豪、陆建华创作，陆建华、高博文表演的短篇弹词《招牌菜》获全国曲艺“牡丹奖”。常熟美术馆策划举办的“写山水图——离开黄公望的660年”展览获“2014全国美术馆精品展出季”优秀展览奖和15万元奖励扶持基金。9月，常熟江南云水合唱团首次参加第九届中国音乐“金钟奖”合唱赛并获铜奖。由陆建华、陶玉霖创作的短篇弹词《绣锦旗》在2014年“中国梦·我心中的梦”全省优秀曲艺作品评选中获江苏优秀曲艺作品二等奖。10月，由霍进芳创作、市锡剧团排演的小品《我哪儿都不去》参加第八届“江苏省戏剧奖小戏小品奖”大赛决赛，获优秀剧目二等奖，俞新跃获优秀表演奖，金冬梅获表演奖。

【《招牌菜》获全国曲艺“牡丹奖”】 9月15日，第八届中国曲艺牡丹奖评奖揭晓暨颁奖系列活动新闻发布会在南京举行，由常熟陆建华和金曾豪创作的短篇弹词《招牌菜》获创作奖。该作品取材贴近生活、贴近群众、贴近实际，运用生活化的语言，诙谐幽默。而且，作品立意深刻，切中当前舆论热点的诚信问题，令观众在享受艺术熏陶的同时，也将诚信的观念扎根心底，起到了积极的教育作用。

【常熟书法作品在西班牙展出】 10月8日，“书香——常熟市图书馆藏中国书法艺术展”在西班牙萨拉曼卡贝壳之家图书馆开幕。展览由常熟市文化广电新闻出版局、常熟市人民政府侨务办公室、西班牙萨拉曼卡贝壳之家图书馆主办，常熟市图书馆、常熟市书法家协会承办。展览作品采用楹联、扇面、条幅、斗方等传统样式展示中国书法艺术的魅力。

文化遗产保护

【概况】 2014年，全市文化遗产保护工作坚持保护、传承、弘扬原则稳步推进。文庙二期工程进入全面施工阶段，完成文庙大成殿、崇圣殿主体工程，启动严讷宅、太平巷明厅等保护工程，启动南门坛上历史街区保护性改造，高效推进第一次全国可移动文物普查。

【非物质文化遗产保护】 全国第九个“文化遗产日”期间，出版《白茆山歌原生态创作山歌集锦》CD，并举办第三届白茆山歌艺术节

《招牌菜》获全国曲艺“牡丹奖”

暨长三角地区原生态创作山歌展演。三届山歌艺术节邀集长三角 6 支原生态山歌队和 30 位全国吴歌研究专家参加展演和论坛。推进“常熟宝卷”整理保护三年工程,在完成“常熟宝卷”目录体例设计的基础上,基本完成录入整理工作;组织完成第五批“非遗”代表性项目和第四批代表性传承人申报。完成省第四批项目、苏州第五批传承人的推荐申报,有 8 人列入苏州市名录。完成省级“虞山文化生态保护实验区”申报。年内常熟有国家级名录 2 项、省级名录 11 项、苏州市级名录 35 项、常熟市级名录 100 项。在公布的常熟市级代表性传承人中,有国家级传承人 1 人、省级传承人 10 人、苏州市级传承人 [illegible] 人。

【文物保护】 年内,完成文庙棂星门、东西厢房、崇圣门、内仪门的建设,并完成大成殿、崇圣殿主体工程。完成市级文物保护单位“中统局”常熟县室旧址、梅李东街张宅、庞薰琹故居、王石谷纪念馆、施家桥、广嗣桥、顺民桥、四神父墓、曾朴墓等维修工程。监管相关保护责任单位进行全国重点文物保护单位方塔保养工程、燕园油漆工艺和市级文物保护单位引线街沈宅维修工程、总管庙维修及周边环境整治工程。完成严讷宅和太平巷明厅保护工程立项、财政评审等前期准备工作。积极参与南门坛上保护改造工程,派专业人员参与历史街区保护工作,重点参与街区内文物保护单位、控制保护建筑的保护与维修、街区文化内涵的挖掘和策划。

【推进第一次全国可移动文物普查】 2014 年,全市 19 家国有文物收藏单位共调查登记 24 万件可移动文物。组织专家对其中非文博系统文物 2 万件进行认定,涵盖瓷器、古籍、书画、碑刻、家具等门类,发现一批高质量藏品,其中常熟理工学院发现古籍 1.20 万余件,包括各类善本 120 种。全面开展文物图片拍摄、数据采集、信息登录等工作。积极做好文物普查宣传,在媒体发布普查进展,制作电视专题,每月编发《简报》,召开全市“一普”阶段性总结表彰会议。

【举办第三届白茆山歌艺术节暨长三角地区原生态创作山歌展演】 6 月 12 日,第三届白茆山歌艺术节暨长三角地区原生态创作山歌展演在古里镇举行。古里镇组成 7 个方阵 420 名山歌手参加演出,充分展示古里镇中国历史文化名镇和传唱千年的白茆山歌的独特魅力。此外,还邀请长三角地区的 6 支原生态山歌队和 30 位全国吴歌研究专家、学者参加展演和论坛,共同探讨吴歌民间文艺的保护、传承和发展。展演现场,古里镇被授予“中国历史文化名镇”“江南民俗之乡”,同时还首发《白茆山歌原生态创作山歌集锦》CD。

(罗文青)

常熟日报

【概况】 2014 年,《常熟日报》坚持正确舆论导向,发挥主流媒体优势,壮大主流舆论影响力,推出一批有深度、有力度的重大主题报道,切实营造服务大局的浓厚舆论氛围,着力打造权威性的县级市主流媒体。常熟日报社全媒体架构包括纸媒、《常熟日报》数字报、《常熟日报》数字报手机客户端(APP)、常熟新闻网、“常熟在线”手机客户端(APP)、“常熟民情在线”(包括手机触屏版)、户外电子阅报栏等传播终端,已成为市民获取政务信息、新闻资讯、生活服务的主渠道。常熟新闻网改版升级,实现频道扩容,功能提升,视频访谈演播室正式启用。民情在线加强便民服务工作,每天接听群众电话或者发帖诉求数十起,被苏州市委宣传部和苏州市互联网协会评为“媒体融合最佳案例奖”。率先在全省县市报中着手实施历史报纸数字化和全媒体建设项目工程,获得江苏省文化引导基金支持。

市民通过《常熟日报》了解时事新闻

年内,《常熟日报》入围"2013—2014中国品牌媒体百强县(地)市区域报品牌10强"。

【主流舆论导向】 围绕全市中心工作,全年推出近40组系列报道。主要有《转型·改革·民生——贯彻落实市委扩大会精神》《转型升级——名企再出发》《全面落实"两个责任"》《关注三农》《整治村庄环境,建设美好家园》等。其中《转型·改革·民生——贯彻落实市委扩大会精神》报道近20篇,报道各地贯彻落实市委扩大会精神,推出的新举措、新想法,鼓舞了士气,营造了围绕中心、加快发展的良好舆论氛围。《一把手谈民生》系列报道,刊发近20篇报道,采访各部门、各板块一把手围绕如何更好走群众路线、开展为民服务谈措施,取得较好的宣传效果。多角度推出教育实践活动报道,重要版面开设《坚持群众路线,加强作风建设》专栏,刊发报道133篇。

【开展"走转改"活动】 《常熟日报》深化"走基层、转作风、改文风"活动,继续开设《走基层·现场见闻》《走基层·记者手记》《走基层·民生面对面》《走基层·深度调查》4个栏目,"走转改"系列年内推出报道150多篇。在春节、植树节、劳动节、国庆节、重阳节等节假日,组织了一系列服务性报道,积极报道百姓在生活中遇到的琐事、难事、烦心事,得到较好的社会效果。8月起,在保留原有"记者进社区"专栏的同时,进一步深化"《常熟日报》记者进社区"活动,开展青年记者挂职"村(社区)干部"蹲点活动。在头版开设《蹲点日记》专栏,发表稿件20篇,通过挂职蹲点,拉近与基层百姓的距离,提升与百姓的沟通能力,通过学习村(社区)干部处理投诉、矛盾的经验、方法,提升报社青年综合素质与能力。开设《线上线下》专栏。记者与民情在线互动,每天对群众的诉求进行采访调查,促成问题解决或矛盾化解。

【开展文明城市宣传】 2014年,《常熟日报》先后开设《凡人故事·孝亲敬老之星》《寻访"最美家庭"》《文明之旅·寻访身边道德模范》《文明礼仪伴我成长》《争当文明市民,创建文明城市》等多个新闻专栏,通过记者迅速准确的采访报道,对全市各板块、镇村的道德模范、好人善举、文明新风等进行报道宣传。通过曝光台等专栏,对发生在市民身边的各类违法违规、不文明行为进行曝光式报道。常熟日报社在报纸出版安排上,还注重公益广告宣传,制作和刊发宣扬社会主义核心价值观、文明城市创建等主题的公益广告,全年刊登各类公益广告整版62个次,半版以及四分之一版109个次,总计171个次。

(巴泽民)

广播电视

【概况】 2014年,常熟市广播电视总台组织策划专题(系列)报道20多个,举办社会活动60多场。创优作品获省级奖19项、苏州市级奖66项,获奖数量质量名列全省及苏州县市第一。完成全省广电网络整合,省有线网络发展公司常熟分公司成立,年底数字电视用户总数达36.40万户,网络双向化率97.40%。年内,电视《今日传播》栏目获"2013年度全国十大潜质发展民生栏目"和"2014年度全国最具市场价值民生栏目",《春来茶馆》《春来大舞台》入围"全国城市台品牌电视民生"栏目。

系列活动专题报道 跟踪报道党的群众路线教育实践活动,开设《教育实践活动进行时》《走基层、听民声、看发展》等专栏。组织"新年新发展""转型升级,民企再出发""民生实事看落实""创新圆梦——建家群创行动""全面深化改革加快转型升级""文明礼仪,伴我成长""践行社会主义核心价值观"等专题报道。完成"市委扩大会议""两会""中国蔬菜产业大会""服博会""江南文化节暨沙家浜旅游节""两岸汉字艺术节"等重要会议活动的宣传报道。

创新节目改版栏目 市广电总台不断创新节目内容和形式。新闻广播推出新版节目,调频广播FM99.6同时开播,新闻和直播类节目增加近2小时,推出《及时天气》《童言无忌》线性节目;包装改版后的音乐广播"HOT RADIO 919"开播。电视新闻综合频道《常熟新闻》增加信息量,扩版为30分钟,开设新闻谈话类节目《民声汇》,推出"政风行风面对面"专栏;民生经济频道《今日传播》扩版到35分钟,推出戏曲类节目《春来大舞台》;城市生活频道开设互动类美食节目《家易乐》;市场化运营电视栏目《美丽服装城》和《赢在职场》,均取得良好社会效益和经济效益。

策划活动服务社会 全年举办社会活动60多场。策划完成江南文化节暨沙家浜旅游节开幕式,与上海电视台联合直播"蟹天蟹地我来了";承办2014中国旅游日现周、全国道德模范与身边好人现场交流活动;举办市劳动模范暨首届技能状元大赛表彰大会、“践行群众路线”常熟市首届党教微电影·微纪录大赛，直播江南国际时装周时尚服饰秀。策划常广新闻人物评选、春季房产交易会、2014年五一车展、首届广场舞大赛、首届少儿用品嘉年华、秋季农产品交易会、秋季民间艺术品交流鉴赏周、青年K歌大赛等；举办常熟市首届“文明礼仪”原创童谣表演大赛、“红领巾相约中国梦”少儿广播现场大赛、“情缘尚湖”相亲大会、“高考志愿填报咨询”电视直播；开展“最美常熟我的家”“我们的价值观”全民随手拍系列公益活动、“2014公益家装在行动”、“健康优生活”名医进社区活动；组织“与你同行.唱响中国梦”——交广主持人进社区暨常熟广电“高清互动进万家”社区便民服务等。

加强对外宣传 年内，常熟广电总台向中央人民广播电台、江苏广播电台发稿429条，被中央人民广播电台录用62条，其中录音报道《新春佳节回归本源，常熟公务员在节俭中追寻纯真年味》在《新闻和报纸摘要》头条播出；与中央电视台《乡土乡情》合作推出1小时专题播出常熟《初印象》《家乡美》《家乡名品鸭血糯》《常熟新农村》节目。电视外发新闻央视用稿13条、省台用稿439条，黄河电视台、江苏台国际频道录用专题片18部。成功对“中国好人榜九月入选名单发布仪式暨全国道德模范与身边好人(江苏苏州)现场交流活动”进行网络直播，得到中央文明办、省委宣传部肯定。广播电视一些报道在网络媒体和微博微信上被广泛转载和评论。

新媒体拓展 市广电总台相关栏目开设微博微信23个。全媒体互动广播平台初见雏形，“常熟广播”开通微官网，3个频率的微信公众平台提供音频直播、节目回放等服务，以及活动报名、问卷调查等多项功能。年内，总台微博，八点电视吧微信、广播微信、今日传播微信等阅读量超1万人次的共58条、2万人次以上的15条、3万人次以上的7条，其中总台微博《央视端午诗会第5次来常录制》阅读量11.10万人次；新闻广播微信平台《“非现场交通违法行为”将开始记分，如何避免扣分?》阅读量31340人次，转发加收藏人数为2645人次。

节目创优获佳绩著 市广电总台在年度各级创优获奖数量质量创历史最好成绩。广播《小伙伴》栏目获全国少儿精品优秀广播栏目二等奖，《梦碎了，梦圆了》入选广电总局“2014年第一批优秀国产纪录片”；在省级评选中获政府奖19项(其中一等奖5项)，名列全省县市第一；在苏州市级评选中获政府奖66项(其中一等奖24项)，名列苏州县市第一。广播剧《神秘窗帘》荣获省“五个一工程”奖。6件作品获第29届江苏省电视金凤凰奖；电视访谈《对话蛟龙号》参评中国新闻奖，这是常熟广电首次取得参评资格。此外，广播8件、电视5件作品分获中国广播电视协会奖。

广电事业建设 继续推进有线数字电视基础业务建设，全市发展数字电视用户9065户，用户总数达36.40万户。光缆总数9589缆千米、光节点8930个，有线电视网络双向化率达97.40%。全市复整有线广播村57个，新增调频喇叭3300只、户外调频音柱400多只；13个村(社区)建成“苏州有线智慧示范村(社区)”。广播电视发射塔原址重建工程完成广电总局迁址报批、项目规划设计和方案专家评审，筛选出3套备选方案。新闻广播增设调频及远程控制技改项目，电视“4＋1”硬盘播出系统通过验收启用，建成常熟智慧公交移动电视项目，广电艺术团培训中心建成并投入使用。技术创优荣获省金鹿奖二等奖1件、科技创新奖三等奖1件。

产业发展 新增高清互动用户29226户，累计用户数91233户，其中在线互动用户32879户、宽带用户29591户；累计开通治安监控点1.50万个。拓展活动经济和社会培训，组织房产、汽车、购物等商业活动，广电艺术团建成开班。通过项目市场化运作拍摄的两岸题材微电影《赭》获亚洲微电影艺术节金海棠奖，首部系列人文纪录片光盘集《逆光旅行》市场化发行出版。

完成网络整合 市政府授权市广电总台为常熟出资主体，根据第三方资产审计评估，广电总台以5.10亿元网络资产入股省有线网络发展公司。11月26日，省有线网络发展公司常熟分公司注册成立。相关人员按照“人随事走、人随资产走、公开平稳”原则有序开展划转安置工作，经征求意见并公示，确认划转在职在岗人员总数为404人。在全省确定的交割日12月31日之前办理完成网络整合各项手续，实现平稳过渡和有序交接。

【常熟音乐广播改版】 2月24日，常熟音乐广播改版，热力音乐广播“HOT RADIO 919”正式开播。该节目每天通过调频FM91.9、中波AM927和常熟广播网向常熟及周边地区播出 16 小时的音乐类节目。频率以突出经典流行音乐为主，着力打造各档音乐节目流行、时尚、前卫的形象风格。主推《乐动阳光》《HOT RADIO 最热榜》《音乐能量棒》《午后情正浓》《音乐最先锋》等好听的音乐栏目。

【政风行风热线全媒体运行】 3 月 1 日起，电视新闻综合频道开设“政风行风面对面”栏目，与“常熟市政风行风热线”联动。5 月至 9 月，市纪委、广电总台联合举办政风行风热线“基层行”活动，以广播、电视、互联网、有线电视“智慧社区”等多媒体联动，先后走进沙家浜、梅李、辛庄、古里、海虞等乡镇，镇机关领导班子、相关部门、村负责人与村民、企业、人大、政协等各界代表现场面对面，就群众关心的热点难点问题进行互动交流，为群众释疑解惑、排忧解难。除直播现场提问外，场外观众通过“寒山闻钟”论坛、短信平台、微信微博、热线电话和网络留言等形式参与到直播评议中。5 场活动共收到各界群众代表诉求和意见建议近 200 个，其中三分之一问题进行现场答复和承诺，其余诉求和建议在活动结束后，再在日常节目中进行追踪报道。“政风行风面对面”栏目通过电视问政、直面交流的形式，先后举办《党的群众路线教育实践活动》和《作风建设在路上》特别节目。围绕“基层行”活动中反映突出的热点难点问题，6 月 24 日，市教育、人社、住建、交通运输、卫生、环保等 6 个民生热点部门一把手，与市民代表互动交流，内容涉及城区水环境、基本药物制度、学校体育设施开放、镇村公交、大气污染等方面，现场答复、承诺整改问题 16 个。12 月 11 日，沙家浜、梅李、辛庄、古里、海虞镇镇长与各界代表面对面交流，对年内群众反映的相关区域河道污染、水质差，水利灌溉设施长期未改造，集宿区占道经营、用水难，菜农收益低等热点问题的整改落实情况进行现场追踪，并接受点评。

4 月 19 日，市国税局负责人走进常熟人民广播电台“政风行风热线”直播室，现场为听众答疑解惑，宣传税收政策，与广大纳税人进行热线交流

【公交移动电视项目建成】 7 月 15 日，公交移动电视项目建成播出。该项目由市广电总台与市交通局联合研发，由数字电视前端、无线数字电视发射、节目制作和终端接收四大系统组成。采用国标 AVS 信源编码和 DTMB 信道编码技术，覆盖城乡公交线路，在常熟境内，城乡公交车均可正常接收信号。至年末，全市 496 辆城市公交和 270 辆城乡公交车安装移动数字电视终端。

【新闻谈话类栏目《民声汇》开播】 10 月 26 日，由电视中心新闻综合频道倾力打造的新闻谈话类栏目——《民声汇》正式开播。《民声汇》栏目以“透视焦点热点汇集民声民智”为主旨，邀请市民代表、专家学者、政府部门负责人等一起走进演播室，围绕城市建设发展、重大民生项目、百姓关心的热点话题展开讨论，通过嘉宾的现场互动和观念交锋，致力打造一个市民参政议政、建言献策的新平台。《民声汇》首期节目播出聚焦“无证无照经营”这一城市顽疾。

【《常熟电视 30 年获奖作品集》出版发行】 10 月，《常熟电视 30 年获奖作品集》由古吴轩出版社出版发行。常熟电视台建台 30 年，共有 600 多个节目获得 1000 多个奖项，《常熟电视 30 年获奖作品集》收录广电系统“政府奖”评奖中获得苏州市一等奖以上的作品，以及由中国广播电视协会（学会）颁发的“专家奖”“条线奖”一等奖作品，共 142 篇。全书 45 万余字，分电视新闻类、电视社教节目类、电视文艺类 3 个部分。

【常熟首套人文纪录片光盘集《逆光旅行》发行】 12 月 2[illegible] 日，由市广电总台出品、江苏音像出版社出版发行的常熟首套人文纪录片光盘集《逆光旅行》在市新华书店首发。这是本地原创纪录片的精选合辑，常熟电视人文记录的首次结集。（[illegible] 纲）

责任编辑 [illegible] 柳

常熟年鉴

CHANGSHU YEARBOOK 2015

社会生活

综　述

2014 年,常熟市实现地区生产总值 2009.36 亿元,比上年增长 7.50%。其中,第一产业增加值 38.4[illegible] 亿元,增长 3.10%;第二产业增加值 1061.55 亿元,增长 8.20%;第三产业增加值 909.41 亿元,增长 6.80%。三次产业比例调整为 1.91∶52.83∶45.26。按常住人口计算,人均地区生产总值 133[illegible] 元,按当年汇率折算达 2167[illegible] 美元。全年实现财政总收入 380.[illegible] 亿元,比上年下降 2.60%,其中税收收入 244.28 亿元,增长 10.5[illegible]%。实现公共财政预算收入 147.[illegible] 亿元,比上年增长 6.40%,其中税收收入 122.90 亿元,增长 6.20%,入库税收占公共财政预算收入的 83.40%。全年公共财政预算支出 138.02 亿元,比上年增长 7.80%;城乡公共服务支出占财政支出的比重达 76.20%。全年居民消费价格比上年上涨 2.10%,八大类消费品价格呈现"六涨二跌"态势。六涨的是:食品涨 3.10%、衣着涨 [illegible].10%、家庭设备用品及维修服务涨 2.60%、医疗保健和个人用品涨 [illegible].50%、娱乐教育文化用品及服务涨 2.90%、居住涨 2.40%;下跌的是:烟酒跌 0.60%、交通和通信跌 [illegible].40%。全年新增就业岗位 7.49 万个,提供高校毕业生就业岗位 1.[illegible]0 万个,开发公益性岗位 997 个。年末城镇登记失业率 1.91%,常熟籍大中专毕业生就业率 97.8[illegible]%。年末户籍户数 32.95 万户,户籍人口 106.88 万人,比上年增加 1581 人。全年出生 8693 人,人口出生率 8.14‰;死亡 8413 人,人口死亡率 7.88‰;人口自然增长率为 0.87‰。出生人口性别比为 113.98(女性=100)。年末常住人口 150.97 万人,比上年增加 0.12 万人,其中城镇人口为 99.69 万人,占常住人口的 66%,比重较上年提高 0.90 个百分点。全年全市全体居民人均可支配收入 38315 元,比上年增长 8.90%;全体居民人均生活消费支出 23709 元,增长 8.40%。其中,城镇居民人均可支配收入 46571 元,增长 8.60%;人均生活消费支出 27412 元,增长 7.70%。农村居民人均可支配收入 23767 元,增长 10.10%;人均生活消费支出 17184 元,增长 10.50%。城乡居民收入比为 1.96∶1。全年用于民生支出 77.30 亿元,比上年增长 8.60%,占公共财政预算支出的 56%,比重较上年提高 0.40 个百分点。城乡居民低保标准提高到人均每月 700 元,城镇职工养老人均待遇提高至每月 1774 元。企业最低工资标准调整到每月 1680 元。完善征地补偿和被征地农民保障制度,实现新老政策平稳衔接。发放各类救助资金 1.76 亿元,获评"七星级慈善城市"。发放社会保障卡 90 万张。全年农保转城保 2.50 万人;年末城镇职工基本养老保险参保 59.98 万人,覆盖率 99.60%;城镇职工基本医疗保险参保 74.36 万人,覆盖率 99.60%;失业保险参保 44.04 万人,覆盖率 99.60%;工伤保险参保 44.01 万人,覆盖率 99.60%;生育保险参保 40.55 万人,覆盖率 99.60%。年末新型农村养老保险参保 0.54 万人,覆盖率 99%。年末居民基本(农村合作)医疗保险参保 42.32 万人,覆盖率 99.70%;居民大病补充医疗保险参保 40.51 万人,占居民基本(农村合作)医疗保险参保人数的 95.70%。年内新开工各类保障性住房 4042 套,建成 2376 套。新增住房公积金缴存职工 3.90 万人,为中低收入家庭改善住房投入保障资金 17.40 亿元。推行政府购买居家养老服务试点,市敬老院建设项目竣工,新增日间照料中心 8 家,新增养老机构床位数 2241 张,累计达 11082 张。

(史　志)

民　政

【概况】 2014 年,《常熟市居家养老服务体系建设实施办法》《常熟市社会工作者考试奖励暂行办法》《特困家庭学生助学实施办法》出台,常熟市居民家庭经济状况核对系统、常熟市流浪未成年人保护救助中心正式启用。推行政府购买居家养老服务试点,市敬老院项目即将竣工,新增日间照料中心 8 家,全市养老床位达 11082 张。年内,常熟市获评"七星级慈善城市"、省双拥模范城"七连冠",市民政局被《中国社会报》表彰为宣传工作先进单位。

社会救助 2014 年,全市低保标准统一调整为 700 元/月,低保边缘重病困难对象类型拓展到 15 类,孤儿养育标准提高至 1760 元,发放物价补贴 380.08 万元,惠及困难群众 6.86 万人次。深入实施"千万慈善基金——阳光助医"、慈善助学等九大慈善品牌项目,加大慈善信息公开透明机制,不断提升慈善公信力。对全市低保对象开展全面专项整治工作,重点是梳理和规范申报材料、公示程序、动态管理等问题。全面开展家庭收入核对工作，63户家庭存在实际情况与申报不符的现象。全市共有3155户，5574人纳入城乡最低生活保障，527人纳入农村五保供养，1142人纳入低保边缘生活保障，8500人次享受临时生活救助。全市用于各类困难对象的救助资金近1.70亿元。

居家养老 2014年，推行政府购买居家养老服务试点，出台《常熟市居家养老服务体系建设实施办法》，由政府为全市特定的10种对象，向社会组织购买居家养老上门服务。常熟市居家养老服务中心已竣工投用，引入上海海阳智慧养老模式，服务保障功能拓展到全市。推进养老机构建设和管理，投资3.30亿元的市敬老院建设项目，即将竣工，后续运营管理工作正在筹备开展。投资2.30亿元拥有620张床位的虞山颐养山庄第三、第四期工程开工建设，春晖护理院、德仁家园扩建工程相继完成，新增日间照料中心8家，全市养老床位达到11082张。成立市老年服务志愿者总队，开展活动70多项。全年发放老年卡、高龄卡达2.30万张。常熟市老年大学获评全国敬老文明号。

社区建设 开展社区减负工作，对社区挂牌、台账、盖章、评比等反映比较集中的问题作出规范，使社区台账由原来的200多本减至5本基础台账和8本电子台账。有效拓展社区服务管理，在城区范围内全面推开管理区行政受理中心工作，联合农办全年两次对全市村务公开、民主管理工作进行抽查。城区社区用房实现三年计划两年完成，20个村进行社区服务中心改扩建。

社会组织 推进社会组织的改革发展，对社会组织登记制度改革、社会组织的培育扶持、综合监管和能力提升等方面进行规范。投入50万元涉及8个项目，公开向社会组织招标。全市注册登记社会组织853家。出台《常熟市社会工作者考试奖励暂行办法》，按初级、中级、高级分别给予1000元、2000元和3000元的一次性奖励，共组织800余人参加培训，148人考试通过。

拥军优属 7月，常熟市被江苏省命名为省双拥模范城，实现七连冠。“八一”前，举行慰问当军区、苏州军分区、“常熟舰”等活动，召开全市党政军座谈会，举办《沙家浜红色基因孵化器》书刊首发式、建军87周年慰问演出、常熟妈妈与兵儿子DIY创意体验等双拥活动。组织好清明节、烈士纪念日等慰烈活动，利用清明节、烈士纪念日等时机，组织党政领导、部队官兵、中小学生和社会各界人士代表，开展祭奠历史活动。9月，利用民政官网和微博开设烈士事迹天天学栏目，大力宣传烈士事迹。全面落实优抚政策，及时调整优抚优待标准，义务兵优待金标准为19420元/年，接收自谋职业退役士兵429名，发放自谋职业补偿金2997.70万元。开展退役士兵职业技能培训，培训率、合格率达到两个100%。

社会事务 殡葬改革持续推进，支塘、莫城二期骨灰堂建成投用，何市、辛庄二期等骨灰堂启动建设。在古里试点建设镇殡仪服务中心，为城乡一体化示范小区入住居民提供配套服务。全年火化遗体9000余具，搬迁散坟26[illegible]0多穴。全年办理结婚登记665[illegible]对，

12月，市流浪未成年人保护救助中心竣工启用

离婚登记1700对，补办婚姻登记1220对，开具婚姻状况证明6221件，办理收养登记150件。救助各类人员1100人次，救助护送未成年人45、危重病人20人。

【流浪未成年人保护救助中心建成启用】 12月，全省首家流浪未成年人保护救助中心正式启用。流浪未成年人保护救助中心，设于救助站内，建筑面积2000多平方米，床位87张，工程总投资900万元，2013年9月份正式开工建设，2014年12月竣工。保护救助中心设有寝室、卫生间、浴室、洗衣房、教室、技能培训室、阅览室、心理辅导室、法律援助室。

【启动首届公益服务招投标活动】 8月25日，市民政局召开市首届社会组织公益服务招投标活动项目招标说明会，向社会发布2014年社会组织公益服务招投标活动信息。该招标共50万元8个项目，投标对象为在常熟市依法登记的社会团体和民办非企业单位。为督促项目实施，市民政局委托苏州恩派公益组织发展中心进行过程监督，中标社会组织未严格按照合同约定实施服务项目的，主办方将不予拨付项目后续资金。

【居民家庭经济状况核对系统启用】 5月1日，常熟市居民家庭经济状况核对系统正式启用，凡是申请低保、边缘重病、特残、重残、年度专项医疗救助的对象都必须经过核对系统全面比对。居民家庭经济状况核对系统整合公积金、公安、交通、人力资源和社会保障、总工会、残联、住建、工商、地税9大部门相关信息，通过各部门在线实时比对，全面了解申请人家庭的财产、户籍、住房等经济状况。截至12月，对年度新申报救助的504户家庭1793人次进行核对，发现63户家庭申报情况与实际不符，申报不符的综合检出率约为12.50%。 （民　政）

人口和计划生育

【概况】 2014年年末，全市户籍人口106.88万，出生8693人，出生政策符合率为99.95%，出生率8.14‰，出生性别比为105.36；全市登记流动人口84.87万人，出生5893人，出生性别比为113.98；免费孕前优生健康检查目标人群覆盖率114.42%；0—3岁科学育儿1年4次免费服务覆盖率95%，参与率93%。

【启动实施单独两孩计生新政】 3月28日起，全省全面实施单独两孩政策。是日起常熟市全面启动实施“单独两孩”政策，下发《常熟市单独两孩政策实施意见》及贯彻要求，明确适用程序、受理情形、配套政策、保障措施、便民举措和实施步骤。至年末，共审批再生育一孩3045例，其中单独2369例，新增城市单独两孩再生育审批754例（受计生新政影响的大部分是老城镇居民和女方为机关事业单位工作人员的夫妻），占审批总量的24.76%，其他条款审批676例，较2013年基本持平。

【推进计生工作简政放权】 从2014年3月“单独两孩”新政实施起，市人口计生委将再生育审批等13项行政管理权限赋予行政管理体制改革试点梅李镇。8月起，将除了苏州市特殊情形、参照特殊情形以外的再生育情形委托虞山镇进行审批，同时委托其他乡镇进行简易程序的再生育审批。办理再生育审批时，对基本情况清楚、独生子女一方及其父母均为本市户籍、其户籍和婚育情况均没有变动的按简易操作程序在网上审批。将群众需提供的申请材料由原来最多的10多份减少到7份，对简易程序的申请材料，镇级可简化召开群众座谈会或者走访调查群众

科学育儿

等程序。一般程序的审批时间从原来45天缩短至25个工作日，简易程序的审批时间由原来45天缩短到10个工作日。新政实施至2014年底，全市再生育审批总量3247例，应用简易程序审批量2056例，占审批总量的63.32%。

【开展百村千企优质服务】 3月至6月，全市依托计生服务网络和卫生技术力量，组建服务队伍91支，服务人员670人，在119个村(社区)和流动人口集中的98个规模企业及32个卫生院建立便民服务店，共为22.12万名49周岁以下的已婚育龄妇女提供B超、妇检、乳检、宫颈癌等服务。户籍人口孕情环情监测(B超)率达到95.10%，生殖道感染综合防治率达到52.10%，乳房检查率达到56.20%。

【推进优生优育工作】 全年为7440对夫妇办理优生健康疾病险，为10298名计划怀孕对象开展孕前优生健康检查，发现高风险人群1132人，均提供个性化咨询指导、转诊治疗和跟踪随访服务。举办家长沙龙、科学育儿大讲堂和社区行活动，全年举办科学育儿公益讲座32场，通知家长11948人，覆盖率达100%，实际参加家长7460人，参与率62%；一年四次免费服务应服务人数14931人，通知14253人，覆盖率95%，实际参加人数13886人，参与率93%；常规班共办班576个，累计参加人数5735人，常规指导率12%。全年超额完成两个88%覆盖率的定量指标和开办常规班的定性指标。

【推进均等化基本公共服务】 全年，深化"苏州市非户籍人口计划生育管理服务卡"制度，免费为流动人口提供B超、孕前优生健康检查、0—3岁科学育儿指导、一孩生育服务证办理等各类优质服务。流动人口0—3岁科学育儿免费体验服务500多人次，办理一孩生育服务登记659人次，为49对流动人口夫妇提供了免费优生健康检查，为7.80万名流动人口提供免费技术服务，优质服务率96%。

(闵依彰)

劳动就业

【概况】 2014年，全市共为2.69万家次用人单位发布招聘信息6.05万条，提供20.52万个就业岗位，介绍成功18.24万人次；常熟人才就业网发布招聘信息5.51万条，举办招聘181场，包括春风行动47场，提供岗位25.55多万个，达成意向7.65万人次。人力资源服务产业园进入快速化运转，年末已有20家企业入驻产业园。

【大型招聘会】 1月18日，在常熟国际会展中心举行常熟市高校毕业生就业洽谈会暨迎春人才交流会，210家企业提供4455个就业岗位，3600多名求职人员进场，达成初步意向1440人次。3月份，组织72家次用人单位分别赴扬州大学、江苏大学、江苏科技大学、合肥工业大学、江西科技学院、江西工贸职业技术学院、江西科技师范学院等省内外7所院校开展常熟专场推介招聘会，累计提供1331个就业岗位吸引1263人次报名，达成初步意向396人次。4月，组织全市汽车及零部件、装备制造业等25家重点企业赴西安开展引才对接交流活动，与长安大学、西北工业大学签订实践实习协议。4月27日，"2014年常熟市百家民企迎五一专场招聘会"在市人力资源市场举行，100家重点民营企业提供就业岗位2023个，吸引进场求职836人，达成初步意向27[illegible]人。7月19日，2014年常熟市夏季大型人才交流会暨高校毕业生就业洽谈会在常熟国际会展中心顺利举行。250家企业推出就业岗位5431个，8000余人次进场交流洽谈，达成初步意向2400多人。11

2月，2014年常熟首场"春风行动"招聘专场在大义管理区举行

月初，组织用人单位赴江苏工程职业技术学院开展“2014年江苏纺织服装(常熟)人才市场校园引才活动”，共有31家企业提供900多个就业岗位，吸引报名人数419人次，达成初步意向数217人次。12月13日，2014年江苏纺织服装(常熟)人才市场招聘会暨常熟市冬季人才交流会在常熟理工学院顺利举行。210家企业参加提供6225个就业岗位，4700多名求职人员进场，达成初步意向2600人次。

【劳务合作社建设】 4月，在沙家浜镇召开“全市加快劳务合作社建设促进农民就业增收工作现场会”，推进农村劳务合作社建设。对农村劳务合作社吸纳大龄及困难家庭农民就业的，给予劳务合作社一定补贴，并可认定公益性岗位，享受有关岗位补贴。至年末，全市现有镇级劳务合作联社12个，共有66个行政村、1个社区的劳务合作社整合，全部经工商登记，合计社员2132名，绝大多数为超“5060”人员。

【就业服务五级管理模式启用】 3月，就业服务五级管理模式启用。该模式是市人力资源和社会保障部门利用市、镇、社区(村)三级服务平台，依托社区(村)人社协管员建立“就业服务团队”，根据失业人员的失业周期采取递进式的就业服务措施。

【举办技能人才与劳务合作洽谈会】 6月16日，常熟市举办“2014年常熟市技能人才与劳务合作洽谈会”。本次活动由常熟市人民政府主办，市人社局、江苏纺织服装(常熟)人才市场承办。全市各经济板块100家重点企业与国内25所高职院校洽谈对接，就技能人才引进、培养和储备事宜达成广泛共识，通过政府、学校、企业三方资源的优势互补，推进校地合作、校企联姻、产学融合，建立校企合一、工学一体的人才合作机制。江苏金辰针纺织有限公司、观致汽车有限公司等9家企业与江苏工程职业技术学院、苏州工业职业技术学院等9所院校分别作为企业与学校代表签订“校企技能人才合作协议”。洽谈会期间，常熟还与贵州省思南县结成劳务合作关系，将思南县确定为本市的“劳务合作基地”。

【开展劳动用工重大事项报告制度试点】 2014年，市人力资源社会保障局劳动监察部门首推“劳动用工事项报告制度”，在经济技术开发区、高新技术产业开发区两个区域试点。该制度体现“主动告知、提前预案”，建立劳动保障信息传递和劳动纠纷争议调解体系，即“企业重大事项信息向上汇集、监管部门发现问题向下指导”，通过企业劳资信息员、开发区服务中心兼职劳资信息员二级报告体系，逐级收集、采编、传递至监察中队，监察中队会同相关职能部门与企业积极沟通，参与指导处理重大事项的措施落实。

社会保险

【概况】 2014年，全市发放社会保障卡90万张。全年农保转城保2.50万人；年末城镇职工基本养老保险参保59.98万人，覆盖率99.60%；城镇职工基本医疗保险参保74.36万人，覆盖率99.60%；失业保险参保44.04万人，覆盖率99.60%；工伤保险参保44.01万人，覆盖率99.60%；生育保险参保40.55万人，覆盖率99.60%。年末新型农村养老保险参保0.54万人，覆盖率99%。年末居民基本(农村合作)医疗保险参保42.32万人，覆盖率99.70%；居民大病补充医疗保险参保40.51万人，占居民基本(农村合作)医疗保险参保人数的95.70%。年内，全市13万名企业退休人员养老金调整，人均月增发养老金214元，调整后月人均养老金达1774元。

【医疗救助金发放启动】 1月14日，常熟市2013年度职工医疗

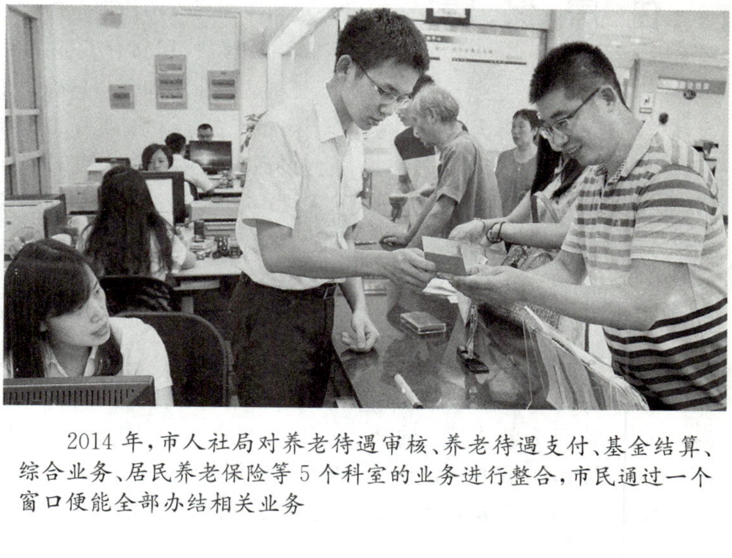

2014年，市人社局对养老待遇审核、养老待遇支付、基金结算、综合业务、居民养老保险等5个科室的业务进行整合，市民通过一个窗口便能全部办结相关业务

保险医疗救助金发放工作正式启动。2013年度医疗救助的对象是年度自负医疗费用超过10000元(含10000元)的普通参保人员，以及年度自负医疗费用超过2000元(含2000元)的困难参保人员。本次发放涉及普通参保人员872人，金额382.10万，人均达4382元；困难参保人员693人，金额311.50万，人均达4495元。

【"医保健康一卡通"启动】 7月，"医保健康一卡通"项目开始实施。医疗保险年度末(每年6月30日)，参保人员医保个人账户历年结余金额3000元以上的，可按照自愿原则，用于健身锻炼，也可以用来购买商业补充医疗保险。

【社会保障卡发放启动】 7月25日，常熟市社会保障卡发放启动仪式在国际饭店举行。社会保障卡是国家"金卡工程"的重要项目之一，具有记录、凭证、查询、金融等功能，持卡人凭此卡可办理原医保IC卡业务、领取相关待遇、进行社保缴费等各类人力资源和社会保障业务。 (陈晓英)

住房保障

【概况】 2014年，为改进和优化常熟市现有住房保障相关政策，在借鉴其他城市先进经验的基础上，引入"货币化保障"和"共有产权"概念，拟定《常熟市住房保障实施办法》；出台《常熟市经济适用住房上市交易细则》。建立每月巡查机制，加强房屋出租、车库改建、违章搭建等违规行为的清理。健全综合服务、居民参与和监督管理三大机制，强化公租房日常管理。至年末共解决3491户中等偏低及以下收入家庭的住房困难，供应经济适用住房2345套，实施廉租住房补贴733户，实施廉租住房实物配租320户，实施公共租赁住房配租93户。完成老住宅小区综合改造33.95万平方米。妥善处置五星新村二区13幢危险房屋，拟订《关于五星新村二区13幢房屋的处置意见》，与业主多次见面协调，按照框架结构方案进行恢复性重建。

【保障性住房建设】 8月底，保障性住房虞枫家园竣工交付。虞枫家园位于龙腾路以东，虞枫路以南，苏州路以西，长江路以北，小区总占地面积约48963平方米(其中一期占地面积约29357平方米，二期占地面积约19606平方米)，共12幢1028套。另一保障性住房项目晨枫家园完成桩基工程及基础施工，进入主体施工阶段，年末完成总工程量的25%。

【保障对象申请安置】 常熟市住房与房地产工作领导小组住房保障工作办公室审定、公示2013年度住房保障申请合格家庭309户，其中经济适用住房168户，廉租住房补贴100户；实物配租6户；公租房35户，按计划全部完成租赁补贴发放、租赁住房适用配租、经济适用住房和公租房确认工作。分批安置2010年度和2011年度经济适用住房轮候家庭、2012年度和2013年度经济适用住房合格家庭。受理2013年度人才安居申请家庭19户，实际安置5户。

【《常熟市经济适用住房上市交易细则》出台】 11月6日，《常熟市经济适用住房上市交易细则》出台。《细则》对经济适用住房以及经济适用住房上市交易做明确定义，规定常熟市经济适用住房上市交易的行政主管部门为常熟市住房和城乡建设局。《细则》主要对经济适用住房上市交易的条件、程序做了明确规定。该《细则》于2015年1月1日起正式施行。 (汤[illegible]纯)

公积金管理

【概况】 2014年，全市新增公积金缴存单位1321家，新增缴存职工61935人，新增缴存职工同比上年增长29.03%。年末应缴职工255072人，月应缴金额2008[illegible]55万元，正常缴存人数比年初净增加25459人；全年归集住房公积金23.12亿元，比上年增加3.6[illegible]亿元，比上年增长17.59%，年末住房公积金余额54.86亿元；年末职工月平均缴存额由年初的73[illegible]元增加至788元，增幅6.63%；全年共审核公积金提取12.70亿元，比上年下降11.38%，其中审核大病提取119笔，计392.56万元。审批发放公积金贷款1964笔，计5[illegible]08亿元，比上年下降53.51%。收回公积金贷款4.41亿元，与上年持平。从公积金增值收益中为市政府补充廉租房建设资金2[illegible]59万元。

【公积金归集余额超50亿元】 2014年，公积金分中心积极规范开展年度公积金基数调整工作，严格执行调整政策，引导单位"按实缴存"；对新开户单位严格落实"开户登记、职工账户设立、委托收款签约、付款授权、首月缴存到位"的"五同步"，避免了"开空户、空挂户"等弱化缴存秩序的行为；建立新开户单位缴存基数与镇(区)社

3月28日,常熟市住房公积金制度扩面工作会议召开

保开联审机制,有效提高了职均缴存水平。7月公积金归集余额达50.72亿元,年末公积金余额54.86亿元,职均缴存额增至788元。

【公积金发放】 全年审核公积金提取12.70亿元,审批发放公积金贷款1964笔,计5.08亿元,两项合计共投入住房保障资金17.78亿元,助力市民改善居住条件。年末累计发放公积金住房贷款39707户,已有19771户还清贷款本息,逾期率为零。公积金贷款余额33.99亿元,资金使用率为71.07%。全年共审核保障房公积金贷款贴息454笔,贴息金额102.34万元。此外,还为购买保障性住房"虞枫家园"的中等偏低收入住房困难家庭发放贷款251笔金额3519.20万元,提取1530多万元。

【长期未使用住房公积金的职工获得补贴】 3月1日起,公积金分中心对长期未使用住房公积金的职工实施奖励补贴政策,进一步增强住房公积金制度的吸引力。奖励补贴对象主要针对职工个人住房公积金账户开立五年以上(含五年),在个人账户销户前未办理过个人住房公积金贷款,且五年以上(含五年)未提取过住房公积金的职工。补贴业务在职工个人账户销户时办理,补贴金额按个人账户销户时的账户余额乘以补贴比例计算。全年共对3311名符合长期未使用账户职工补贴331.31万元,人均超千元。 (吴 燕)

关心下一代工作

【概况】 2014年,市关工委以创建基层"五有五好"示范单位为引领推进基层关工工作,各级关工委进一步加强自身建设,完善、落实各项规章制度,把规范化建设推向常态化、科学化。市关工委对全市校外教育辅导站办站模式进行探索,全市校外教育辅导站和青少年校外教育实践基地建设的服务功能得到提升。民企关工委工作大力推进、创新发展,得到省关工委好评推介。"五老"队伍建设得到优化壮大,各镇(区)关工委发动"五老"网吧监督员定期或不定期对所在辖区的营业性网吧坚持明察暗访,杜绝未成年人进入网吧现象。全市零犯罪社区(村)创建工作效果明显,未成年人违规违法事件持续大幅下降。2014年,经常熟市人民法院判决的未成年人为77人,较上年又有大幅下降。7月28日,人民网以"在孩子的心中播撒爱的种子,用大爱培育接班人"为题,对常熟的关爱帮教工作作了报道,并将此誉为"常熟成果""常熟经验"。年内,关工委网站正式开通,全年发布《工作动态》547条。《关心下一代工作简讯》出刊14期(含增刊两期),刊发各类文章293篇。被苏州市《关心下一代工作简讯》录用稿件24篇、省《江苏关工》录用稿件12篇、《关心下一代周报》(含《关工在线》)录用稿件12篇。

【开展主题教育实践活动】 年内,市关工委在学雷锋日、清明节、儿童节、甲午战争120周年纪念日、国庆节、重阳节、烈士纪念日开展宣传教育活动,先后举办"走进沙家浜,听郭建光的故事""放飞梦想,崇尚'三爱'"书签创作大赛、"八礼四仪"童谣大赛、"祖国颂"画信大赛、"崇尚三爱,践行中国梦"励志教育活动和"继承先烈志,践行中国梦"小记者走进沙家浜采风等活动。由市关工委、文明办、教育局组织开展的"放飞梦想,崇尚'三爱'"书签创作活动,吸引6万多名中小学生参加,在参加省关心下一代周报社主办的书签大赛中,选送的120幅作品分别获得特等奖、一等奖、二等奖和优秀奖。该活动被评为常熟市"七彩的夏日"优秀活动项目,市关工委和世茂实验小学被省关心下一代周报社授予优秀组织奖。市关工委将"三爱"书签创作大赛中的 120 幅优秀作品印制成书签集，赠送给全市中小学生，让学生们在鉴赏中接受"三爱"教育。

【全省关工会议代表到常熟考察】 12 月 11 日，省关工委主任曹鸿鸣率领全省参加民企关心下一代工作会议的 120 位代表到常熟考察民营企业关心下一代工作，与会代表分别在隆力奇集团、梦兰集团和波司登公司现场听取企业对关心下一代工作的汇报。常熟创新发展民企关心下一代工作的做法给代表们留下深刻印象。曹鸿鸣认为，常熟民企关工委工作特色鲜明、成效显著，其"服务青工、服务企业、服务发展、服务全局"的成功经验值得推广和借鉴。 （吴静君）

3 月 29 日，"老少同心继承先烈志，励志成才践行中国梦"教育活动在沙家浜革命历史纪念馆举行

责任编辑 浦君芝

常熟年鉴

CHANGSHU YEARBOOK 2015

镇（区）概况

虞山镇

北部城市生活社区加快建设

【概况】 虞山镇是全市政治、经济、文化、商贸中心，全镇区域面积189平方千米，常住人口79.60万人，其中户籍人口35.70万人，外来人口43.90万人，下辖1个高新技术产业园、7个管理区，52个社区居委会、59个行政村。先后获得全国文明镇、中国乡镇之星、中国商业名镇、全国财政十强镇和全国投资环境百强镇等荣誉称号，在2014年全国中小城市百强镇排名中名列第二名。该镇紧紧围绕“服务城市、服务市民、服务社会、服务基层”工作导向，主动承接国际国内产业资本转移，形成以高端制造业、现代服务业和特色化农业齐头并进的经济发展格局。

经济发展 全年实现地区生产总值815亿元，比上年增长4.90%；公共财政预算收入46.50亿元，比上年增长6.10%；完成固定资产投资161亿元，比上年增长17.60%；工业开票销售收入512亿元、服务业开票销售收入716亿元；净增民营经济注册资本58亿元，比上年增长50.50%；新增实际到账外资6718万美元。夯实实体经济发展基础。以开关制造为代表的电气机械、以通润驱动和曼隆电梯为核心的电梯制造、以达富电脑为首的电子信息等主导产业产销持续放大，全镇82家产值超亿元企业中，超过半数以上实现逆势增长。总投资1亿美元的飞煌工业载体项目一期5万平方米高标准厂房主体封顶，一批优质欧美项目达成入驻意向。瑞特电器、登导驱动、福芯电力、华威电梯等重点工业项目基本竣工。中交天和成为全市首家获省科技进步一等奖单位，地源科技、阳光四季、常熟华盛三家公司实现“新三板”挂牌。新认定省级高新技术企业15家，省级民营科技企业23家，省级高新技术产品38个，省级工程技术研究中心1家，省级研究生工作站2个。强化城市经济集聚效应。莫城电商园一期2万平方米标准厂房吸引入驻企业37家，全年完成销售近3亿元。万达广场66万平方米城市综合体启动建设并开盘销售。国际贸易中心、世贸双子楼、亿源广场等16幢城区商务楼宇实现营收358亿元，缴纳两税4.50亿元。推进世茂中央商务区、汇金广场等重点服务业项目建设，全年完成服务业投资122亿元，比上年增长24.70%。提升现代农业发展水平。中泾精品果蔬、莫城水生蔬菜、常福铁皮石斛等特色农产品基地规模持续扩张，新增种植面积80公顷。农业龙头企业勤川公司联结10个行政村，订单种植面积533.33公顷。与上海交大常熟新农村研究院开展合作，建立上海交通大学教授工作站，组织编制都市农业总体规划、农业产业园发展规划以及金家宕文化创意村、沉海圩乡村湿地公园规划。开展土地规模流转第二轮承包，流转面积3000公顷，流转率95%，新建合作农场3个。持续推动村级经济增长。深入推进资产经营、联合置业、异地发展等多种形式的村级集体经济发展模式，新增物业用房竣工投用15万平方米，组建村级劳务合作社3个，承接城乡一体化示范小区物业管理48万平方米。开展农村“三资”清理，统一租赁合同，规范发包行为，提高村级收益，实现全镇村均总收入1158万元，其中勤丰、毛桥两个村超过4000万元，村级财力三年倍增计划圆满收官。推进农村宅基地和低端工矿企业用地复耕复垦，累计84.20公顷。

社会事业 南门坛上历史文化街区保护改造、规划莲花路以南旧城区改建、藕渠片区（一期）综合改造项目、章狼桥宅基及周边地块改造工程、三环路快速化改造线型调整、沪通铁路建设工程等民房征收搬迁基本完成；琴湖片区综合改造、报慈小学迁建工程、县南街综合改造等项目搬迁扫尾取得新进展；和睦家园安置地块、压路机农宅置换、大义万顷良田、泰州路西段贯通工程、方浜工业园北扩地块（一期）等镇级民房搬迁项目全面完成；北部城市生活社区企业收储、莫城纺织服装创意产业园企业收储、城区企事业单位征收搬迁有序推进。全年累计实施征收搬迁项目25个，征收搬迁民宅1439户、企业50多家。全力协调金桂家园、金腾家园、衡丰家园等城区安置房建设进度，妥善解决年老体弱搬迁户在外临时过渡，加快怡馨佳苑、龙蟠佳苑、五新花园、燕兴家园等城乡一体化示范小区建设，龙蟠佳苑一期、五新花园一期15.70万平方米安置房顺利交付，安置搬迁户440户。健全完善城乡规划体系。编制农村村庄和工矿企业布局规划，安定片区、花溪片区、兴福片区控制性详规，以及城区社会事业近期建设规划，制定出台农村房屋解急解危办法和预置换政策；细化完善古城历史街区保护与整治总体规划，基本明确城区危旧公寓更新改造方向和措施。严格落实城乡规划建设审批和监管工作机制，督促整改违法建设行为30多处。持续推动基础设施完善。推进农村集镇综合改造和镇村两级道路提档升级，完成莫城东街改造、兴福苑道路改建等工程，对11条道路实施维修保养，安保设施覆盖全镇镇级道路。配合实施胜利片区规划一号路、划船浜路等城区道路改造工程和15个老新村改造项目。推进“拆坝建桥（建涵）”畅流工程，新建桥梁（涵）8座。持续推动生态环境改善。结合“两河”流域水环境综合治理，关停、限产企业3家，新增农村生活污水接管2392户，完成畜禽养殖关停158户，签订关停协议71份。推进农村水利工程建设，疏浚河道50条、42千米、土方43万立方米。开展大气污染治理，关停重点区域环境影响企业3家，取缔燃煤锅炉122台，整治居民住宅区周边无证无照经营小餐饮1000多家。开展三环路高架东南环两侧环境整治。梦兰村成功创建美丽村庄，风枪泾、丁薛、秦三郎桥3个村庄创建成苏州市康居乡村，东青村分散式污水收集成为全国示范点。虞山镇获得全国人居环境范例奖。

人民生活 强化社会保障服务。实现基本养老保险覆盖率99.60%，外来人员实际参保率90.75%，公积金扩面新增16484人，被征地农民就业率96.87%。绿源社区成功创建省级充分就业示范社区。实现合作医疗医药费结报95万人次，补偿金额4790万元。发放低保慰问、困难群体保障、优抚尊老等救助资金超过3000万元。新建夕阳红、安龄、昭文等老年助餐点8个。配合市居家养老服务指挥中心开展智慧居家养老服务。坚持稳定适度低生育水平，“单独两孩”新政稳步实施，全年共审批再生育一孩1511例，落实各类奖励扶助16594人。完成征兵任务108人。完善政府公共服务。新建游文小学秋季交付投用，实施塔前小学、大义中心小学综合楼、昆承小学幼儿园等一批校园改造和校安工程。实施6家幼儿园与小学“幼小分离”。取缔关停6家非法幼托机构，规范学前儿童看护点3个。举办首届“虞山教育”论坛，3名教师获评苏州市学科学术带头人，全镇骨干教师占比达30%以上。优化城区医疗卫生资源布局，市第一人民医院北部院区建设定案，上海仁济医院建办常熟医院达成合作协议，实施谢桥社区卫生服务中心儿童保健数字化门诊楼建设工程，颐养山庄扩建工程实现土建竣工。建立七个管理区新市民事务分中心，通过积分管理的形式，有效解决新市民教育、医疗等同城化待遇。组织开展全国文明城市创建工作，虞山镇通过全国文明镇复评。

社会管理 维护社会和谐稳定。加大社会治安防控力度，新增社会面监控点1270个。组织开展消防安全大排查大整治专项行动，35个重点消防安全隐患实施领导包案责任制，15个挂牌督查整改项目全面完成，整改“三合一”隐患场所3395处，改造城区老住宅电气线路735户。开展重大项目社会风险稳评33个。全力化解实体经济债务危机，努力维护金融生态稳定。健全社会矛盾纠纷调解、法律服务和信访队伍体系建设，未发生重大越级集访非访事件。及时回应群众“12345”热线、“寒山闻钟”论坛等诉求，提高政府为民办事的质量和满意度。创新优化城市管理服务。组建“网格365”指挥中心，从空间上完善城市管理网格，从时间上实现全年无间断巡查，结合社会管理综合服务平台二期开发，推进社区城管与社区工作的深度融合，理顺城市管理14大类39项内容，夯实基层管理基础。扩大小区物业管理覆盖，新增120个老小区纳入物业管理范围，引导市民培育“物业消费”意识，平均收费率达到66%以上。明晖园、世贸创[illegible]等17个小区创建首批物业管理示范小区。组织开展社区“减负”工作，固定4本工作台账，确定5本基础台账，统一设置社区室外挂牌标识，实施部门条线工作进社区审核制度。新建、分设社区7个，落实社区办公用房达标建设12个，公开招录社工96名。城区4个管理区全面建成运行社区行政事务受理中心。

表33

2014年虞山镇主要经济社会指标

项　目	数　量	项　目	数　量	项　目	数　量
生产总值	814.60亿元	工业销售收入	847.90亿元	中小学校	21所
公共财政预算收入	46.50亿元	工业利税	46.50亿元	在校中小学生	33140人
耕地面积	3655公顷	固定资产投入	161亿元	在职教师	2096人
用电总量	330896万千瓦时	其中：工业投资	38.40亿元	医院/病床	6所/522张
农业总产值	4.30亿元	完成技改项目	244个	社区卫生服务站	59个
粮食总产量	4.70万吨	当年技改投入	31.40亿元	农村合作医疗参入率	99.88%
皮棉总产量	0吨	新增民营企业注册资本	57.80亿元	自来水入户率	100%
出栏生猪	3.90万头	完成注册外资	8030万美元	农村养老保险覆盖率	99.60%
出栏家禽	5.80万羽	实际利用外资	6718万美元	最低生活保障对象	700户/1171人
水产品产量	2132吨	外贸供货额	206.60亿元	年末存款余额	550.20亿元
农村合作社	40家	自营出口额	329006万美元	人均储蓄存款	15.40万元
农机总动力	12272千瓦	三产从业人员	136550人	农民人均纯收入	29315元
工业企业	2155家	三产增加值	605.50亿元	农民人均住房	70平方米
其中：私营工业企业	1942家	集市贸易成交额	168024万元		
工业总产值	918.90亿元	镇村主干道	1020千米		

表34

2014年虞山镇各村基本情况

名　称	党组织书　记	村主任	地区生产总值（万元）	人均纯收　入（元）	名　称	党组织书　记	村主任	地区生产总值（万元）	人均纯收　入（元）
琴　湖	杨生生	费增荣	48037	29876	李　桥	薛春生	张志文	17700	30647
荷　花	陆永元	范剑荣	16620	28650	顶　山	蒋伟民	蒋伟民	21794	28768
环　湖	钱伟平	王利明	3796	35357	丁　坝	谭惠明	李　华	21671	30191
花　溪	何卫东	石永元	13041	29168	张　坝	张振良	张振良	5955	29292
庞　浜	陈保生	徐建刚	12021	31380	泯　泾	朱雪虎	浦东华	10123	30153
青　龙	钱建国	曹瑞良	7860	27600	泰　慈	朱进元	顾建明	13695	29358
渠　中	陈　飞	周建青	8024	28300	九　里	徐忠祥	金国祥	9384	29328
戈　庄	陆金元	邵丙云	8620	26983	泰　安	冯振中	王瑞根	12623	29615
湖　圩	陈瑞明	汤伟明	1645	27000	石　墩	顾永福	高根祥	12710	29828
新　库	朱坤林	陶　毅	70616	25880	浦　浜	顾卫康	顾进华	11034	29302
梦　兰	钱月宝	何　明	66462	40665	东　环	刘锦彪	朱金虎	15481	29422
合　丰	王平华	薛建国	49667	28937	大虹桥	—	张　军	10712	29797
联　盟	李保全	李保全	17885	29860	景　龙	卢文东	周春华	10584	29684
兴　福	邵忠明	周　清	4931	28513	新　造	顾建忠	常德明	10895	29368

续表 34

名称	党组织书记	村主任	地区生产总值（万元）	人均纯收入（元）	名称	党组织书记	村主任	地区生产总值（万元）	人均纯收入（元）
杨荡	汪建新	陶义	11511	24070	三星	狄宏青	周磊	12351	29[illegible]48
漕泾	—	王建华	17641	29329	言里	李刚	牛建平	45784	30[illegible]72
毛桥	陈俭	归燕青	52934	30589	燕巷	龚惠民	—	14655	30[illegible]78
明晶	吕飞	陈永华	33435	27850	湖鹤	陆建洪	张永刚	24004	29[illegible]77
勤丰	张建昌	陈培中	115126	34599	东始	毛惠明	毛红英	8117	31[illegible]70
方浜	丁建明	鱼利锋	53729	29572	三和	邹伟刚	俞建明	5955	29[illegible]05
翻身	俞冻才	陶国祥	3601	25390	小山	—	宗顺林	7950	29[illegible]54
永红	费惠忠	徐威	7768	27833	五新	赵俊发	吴刚	8198	28[illegible]48
福圩	叶国芳	何正祥	25468	27996	压路	林志刚	王志荣	8474	28[illegible]32
常福	常振良	倪建东	5676	25376	蜂蚊	范斌	颜建新	7562	27[illegible]33
新红	陈麟	金辉	6360	27200	东联	张庆保	张益	9123	28[illegible]11
安定	石伟	周雪强	36206	33568	光明	蔡立新	吴锦宇	11230	27[illegible]10
三瑭	戴福根	秦文元	55296	29917	小义	殷峰	王锋	12524	28[illegible]50
和甸	吴丽军	叶平	10851	30581	中泾	范益民	钱良	9011	27[illegible]12
东青	祝庆	钱志方	14012	30125	常隆	徐建锋	邢翔燕	9438	28[illegible]60
长瑞	时小兵	—	8983	30182					

表 35

2014 年虞山镇各社区基本情况

名称	党组织书记	主任	辖区内居民人数	名称	党组织书记	主任	辖区内居民人数
绿源	杜伟菁	杜伟菁	5668	琴枫	俞玲	俞玲	660[illegible]
洪泾里	张燕芳	张燕芳	7134	明晖	周振国	周振国	916[illegible]
漕湖	曹卫娟	曹卫娟	3405	华山	叶澄	叶澄	642[illegible]
湖苑	周德明	周德明	7644	菱塘	彭循佳	彭循佳	743[illegible]
迎春	孙浩英	孙浩英	11013	报南	—	顾建芬	583[illegible]
花溪苑	张刚	张刚	9115	闽江	陈锦	陈锦	704[illegible]
藕渠	仲为平	仲为平	4776	常福	秦建环	秦建环	989[illegible]
锦荷	季琼	季琼	13365	星海	蒋艳兰	蒋艳兰	995[illegible]
金山	沈琴	沈琴	9068	枫林	冯爽英	冯爽英	663[illegible]
富阳	唐妹心	唐妹心	9923	南沙	陆振良	陆振良	8250
胜湖	—	—	7620	大义	章彩萍	章彩萍	325[illegible]
泰安	陈韫	陈韫	8143	北门大街	苏咏梅	苏咏梅	10089
五星	徐利	徐利	15000	烟雨	周虞军	周虞军	8752
报北	徐鄞	徐鄞	9932	枫泾	邹艳	邹艳	6200
甬江	张梅芳	张梅芳	7889	西泾岸	林妹萍	林妹萍	6421

续表 35

名　称	党组织书记	主　任	辖区内居民人数	名　称	党组织书记	主　任	辖区内居民人数
西庄街	徐　琳	徐　琳	9317	衡　山	薛　萍	薛　萍	8327
花园浜	张　竹	张　竹	4286	虞　东	杨月芳	杨月芳	8614
[illegible]　本	金　洁	金　洁	7965	虞　园	缪　虹	缪　虹	8536
谐和坊	季　岚	季　岚	6902	兴　隆	胡晓华	胡晓华	5250
四丈湾	沈慧刚	沈慧刚	3659	泰　山	朱　洪	朱　洪	15246
颜　北	魏月琴	魏月琴	5316	世　茂	徐文洁	徐文洁	9610
星　湖	陆　军	陆　军	8415	润　欣	徐　娟	徐　娟	7305
[illegible]　中	殷毓祥	殷毓祥	8660	珠　江	汪　伶	汪　伶	4600
[illegible]　门	陈幼兰	陈幼兰	6256	谢　桥	王国祥	王国祥	2200
学　前	曹　宇	曹　宇	5129	绿　地	钱红燕	钱红燕	15000
[illegible]　文	张华英	张华英	8395	莫　城	丁永明	丁永明	1882

表 36　**2014 年虞山镇骨干企业基本情况**

企　业　名　称	销售收入(万元)	利税总额(万元)	法人代表
江苏梦兰集团有限公司	636383	25278.40	钱月宝
达富电脑(常熟)有限公司	588476.30	8761.80	黄健堂
达明电子(常熟)有限公司	515553.10	7999.10	何世池
江苏通润机电集团有限公司	495771	84000	顾雄斌
常熟市汽车饰件股份有限公司	386216.70	54141	罗小春
常熟开关制造有限公司(原常熟开关厂)	182468.40	79223.50	王春华
苏州通润驱动设备股份有限公司	152403.30	18518.60	张　鹤
安炬电子科技(常熟)有限公司	136920.90	1224.50	廖锡安
常熟市天然气有限公司	115528.40	16326.80	唐志军
常熟精元电脑有限公司	84503.90	5097.70	徐杰祥
苏州多彩铝业有限责任公司	74797.40	3176.50	陈国立
曼隆电梯有限公司	67119	17066.70	吴丹群
常熟市欣鑫经纬编有限公司	55175	2522.50	黄忠清
江苏格林电器有限公司	48795.60	2082.50	俞仲良
常熟东南塑料有限公司	44798.90	4593.30	谢李森

【虞山镇组建常熟首个统贷平台】 1月8日，国家开发银行苏州分行与虞山镇共建村级项目统贷平台，通过融合镇政府的组织优势和国开行的融资优势，创立村级项目建设融资新模式，支持村级经济发展。通过该贷款平台，由相应的镇级担保企业进行信用保证，注入一定规模和数量的资金，主要用于乡镇的村级项目建设，包括现代农业建设、经营性物业和工业载体建设、科技和人才投入、标准厂房建设、存量资产的改造等的扶持。4月，首笔贷款1000万元项目资金发放到虞山镇中泾村，支持该村大棚建设和果蔬新品研发。

【梦兰签订江苏省高端服务器产业化项目战略合作协议】 1月21日，江苏梦兰集团与江苏省产业技术国际研究院达成战略合作协议，由中科梦兰承接 Power 系统技术转移工作，共同在常熟建设国家自主服务器产业园，并逐步实现国家自主服务器高端产品在常熟的产业化。梦兰集团将为合作项目提供系统板卡设计和整机制造等产业链支撑；江苏省产业技术国际研究院则将在常熟自主服务器产业园设立江苏省产业技术国际研究院常熟分院，优先将全球高端技术、人才引进到常熟自主服务器产业园开展产业化工作，同时为产业园争取国家和省级科技项目提供支持。

【兴福管理区行政事务受理中心启用】 1月26日，虞山镇兴福管理区行政事务受理中心正式启用，成为继方塔行政事务受理中心后又一个基层"一站式"行政服务大厅。该中心将整合民政、劳动、计生、司法、建设、合作医疗、新市民积分管理等7个条线45项行政事务集中受理，简化办理流程，提高行政效率，减轻社区政务负担。

【全市首份社区简报创刊】 2月，北门大街社区创办全市首份社区简报《北门新视窗》，让社区居民通过简报了解社区大小事，加强与社区互动交流。《北门新视窗》分社区风采、党建园地、社区要闻、居务公开、幸福驿站、百姓聊吧、科普之窗和政策宣传8个版块。简报每两月1期，免费发放。

【全国社区侨务工作示范单位在虞山镇揭牌】 3月23日，虞山镇获全国社区侨务工作示范单位揭牌仪式在虹桥文体活动中心"七彩侨苑"侨友之家举行。国侨办国内司司长许玉明、省侨办副主任徐开信、苏州市侨办主任顾伯铭等出席仪式。虞山镇积极推进"一区一品"建设，形成每个管理区不同的社区侨务工作特色：琴湖管理区的"绿色和美"便出行；方塔管理区的"金色夕阳"爱老情；兴福管理区的"粉色温情"送关怀；虹桥管理区的"橙色活力"助发展；谢桥管理区的"紫色多彩"勤联谊；莫城管理区的"蓝色成长"帮创业；大义管理区的"红色志愿"献爱心。在虹桥文体活动中心设立"七彩侨苑"侨友之家，集中展示7个管理区侨务工作特色，形成"一墙、一廊、一角、一室"格局。

【梦兰集团获准牵头全国首个跨境石化项目】 4月21日，由江苏梦兰集团牵头实施的俄罗斯阿穆尔—中国黑河跨境油品储运与炼化综合体项目正式获国家发改委核准批复。该项目由江苏梦兰集团与2家中国民营企业1家俄方企业组成梦兰星河能源股份有限公司投资建设，总投资77.60亿元，设计阿穆尔—黑河输油管道3条，管道单线长度63.10千米，阿穆尔炼油厂原油及凝析油处理规模为600万吨/年，油品加工深度可达到90%，建成后将集石油开采、炼油化工、跨境储运于一体，从俄罗斯境内向中国输送优质石油和天然气，开辟国家石油进口新通道。项目计划于2015年5月正式开工。

【万达广场进驻虞山高新园】 7月4日，万达集团竞得虞山高新技术产业园13.80公顷商业地块，项目计划总投资超50亿元，建筑面积66万平方米，其中地上部分住宅面积24万平方米，商业面积26万平方米，计划2016年建成集商场、住宅、购物中心、影院、甲级写字楼为一体的大型城市综合体，打造成为常熟旅游文化新地标。

【方塔街道获评全国商业街先进集体】 9月26日，虞山镇方塔街道管理委员会在"2014中国（开封）商业街行业年会"上，被中国步行商业街工作委员会授予"全国商业街先进集体"荣誉称号。近年来，虞山镇在商业街建设、管理和发展上，始终紧紧围绕主题、突出特色，不断丰富街区业态、提升服务品质、深化文化内涵，以创新销售模式、创新品质管理为载体，使方塔街已从单纯的购物场所转变为集购物、餐饮、旅游、休闲和娱乐等功能于一体的全方位服务场所，成为常熟最繁华的商业街和百姓购物休闲娱乐的首选之地。

【举办第十二届"虞城金秋"文化系列活动】 10月20日，虞山镇举办第十二届"虞城金秋"文化系列活动，第十二届体育运动会开幕式暨"中国梦，虞山情"群众文体表演同时举行。市领导潘志嘉、钱向宏、朱亚辉、吴国华出席活动。本次运动会共分球类、拳功操、田径和棋牌4个大类14个比赛项目，镇机关、高新园和各管理区组队参赛。在"中国梦·虞山情"群众文体表演中，各管理区文艺团队选送优秀文艺节目进行展演，歌唱美好幸福的生活。

【"谢桥印象"微信平台开通】 11月5日，谢桥管理区对外发布“谢桥印象”微信公众平台，构建起管理区与村（社区）、辖区居民共同学习、彼此分享、互相促进的新平台。“谢桥印象”微信公众平台将采取定时发布服务信息机制，主要内容有管理区动态、时政、新闻及一些媒体报道等以图文并茂的形式向用户发送最新的管理区动态。平台将挑选贴近群众日常工作、学习和生活的内容，让广大群众能及时和方便地去了解管理区最新动态。

【大义大学生“村官”校外教育工作团成立】 3月12日，大义管理区成立大学生“村官”校外教育工作团。大学生“村官”校外教育工作团将以“献爱、助教、帮扶、提升”为理念，扶贫帮困、爱心助学、结对帮教，协助管理区关工委抓好校外教育辅导站建设工作，提升校外教育辅导站工作水平。大学生村官直接兼任校外教育辅导站副站长和辅导员，参与制订校外教育辅导站的工作计划，策划、实施校外教育活动方案，研究校外教育辅导站发展中的新情况、新问题，总结新经验。管理区关工委和“五老”人员也将切实做好专、帮、带工作，帮助大学生村官熟悉业务，开展工作，形成合力，切实提升管理区校外教育辅导站建设水平。

【虞山镇“春风行动”显成效】 2014年，虞山镇在“春风行动”中做到早着手、细筹划、求实效，招聘专场活动累计进场招聘单位334家，进场应聘人数达到15370人次，为求职者提供就业岗位11773个，7899人登记求职意向，最终4168人与用人单位达成初步用工意向。（全 悦）

海虞镇

【概况】 海虞镇地处常熟市北部，北依长江，东临国家一类口岸常熟港，镇域面积109.97平方千米，下辖2个街道办事处、1个农场、4个社区和17个行政村。全镇总户数29229户，户籍人口8.92万人，暂住人口4.26万人。先后获全国重点镇、国家卫生镇、全国小城镇建设示范镇、全国发展改革试点小城镇。

经济发展 2014年，海虞镇完成地区生产总值90亿元，比上年增长3.70%；财政总收入26.68亿元，比上年增长11.51%；公共财政预算收入7.15亿元，比上年增长11.25%；工业总产值220.30亿元，比上年增长2%；全社会固定资产投资35亿元；净增民营经济注册资本8.50亿元，注册外资6577万美元，到账外资5166万美元。吴羽氟材料、大金氟橡胶等5个项目正式投产，大金FEP、纽佩斯树脂等6个项目竣工，苏威三期、阿科玛F1234等10个项目加快建设。苏虞生物医药产业园总体规划及专项规划基本完成，基础设施配套逐步完善。绿色制造基地建设进展顺利，柏科电机首批入驻并开工建设。新增省级高新技术企业3家，重新认定2家；认定省级民营科技企业7家；新增省级研究生工作站1个；省级高新技术产品17个，认定省工业支撑项目1个；新增苏州市级工程技术研究中心2个，苏州市级重点实验室、外资研发机构各1个。海虞电商园正式投运并举办电子商务高峰论坛，被认定为“苏州市大学生创业园”和“孵化示范基地”。常熟交家电、梁燕酒业、鸿池亚细亚等物流仓储中心项目竣工投用。望虞水岸商住开发项目二期公寓楼已封顶，于10月中旬开盘销售。成立海虞镇现代农业产业园区管委会，加大农业政策扶持和科技推广。加快高标准农田建设，肖桥村高标准农田、中低产田改造、种子基地基础设施和府东村、徐桥村中央财政旱涝保收农田水利等项目已全部投用。福山、聚福、

海福新城远景

邓市、河口等村土地综合整治项目方案通过省级评审。实现粮食生产十一连增。

社会事业 完成龙墩路一期、虞泰路、周虞路、羊福路二期等道路工程建设。村级主干道路命名、路牌设置实现全覆盖。全年新开河道17条，修复生态岸坡9.13千米；完成河道疏浚32条，疏浚土方57万立方米，拆坝建桥涵45处，河道绿化3.50万平方米。全面完成2014年康居村、城乡河道综合整治任务。福山村、龙墩村、聚福村等生活污水收集项目按期建成投用。集镇基础设施不断完善，周行市民休闲广场动工建设。建成投用镇社区教育中心，并分别与常州大学、常熟理工学院开展联合办学。海虞镇9所中小学校拥有在校学生9367人，教师747人。完成徐桥小学教学楼建设，启动周行学校幼儿园扩建工程和中学部校安工程前期工作。开展优秀教师评选，海虞中学储江老师被评为全国优秀教师，卢维中等5名教师被评为苏州市优秀教育工作者。全镇中小学教育质量、教学水平、教学成绩均位列全市农村学校第一方阵，海虞中学中考成绩继续保持农村中学第一名、全市第三名。开展市中医院与海虞卫生院紧密型医疗服务联合体建设，开放市级专家定期门诊，方便群众附近就医。建成苏州市级健康村1个，健康生活方式示范社区(单位)3个。大力开展无偿献血工作，获苏州市级“2012—2014年度无偿献血工作先进镇”称号。“海虞七峰茶叶”入选常熟市第五批非物质文化遗产名录。

人民生活 全镇农民人均纯收入27836元，比上年增长10.46%。推进被征(使)用地、失水渔民补偿安置工作，新增补偿安置1072人。加强农村承包土地和土地流转的规范化管理，做好郑家桥、邓市、肖桥等村流转土地第二次发包工作。加强农村三大合作组织规范化管理，推动专业合作建设。全年新建农民专业合作社9家，组建了新虞劳务合作联社和海州合作农场，完成农地股份合作社登记10个。探索深化社区股份改革，做好徐桥村社区股份合作社股权固化实施准备工作。举办春秋季劳动力招聘会，利用职业介绍平台成功推荐就业8061人。开展计算机、服装缝纫、绿化等各类职业培训6期，培训6940人次。开展用人单位劳资矛盾隐患排查，完善企业工资支付预警处置制度。快速调处劳动争议案件350多起，处理劳动争议群访事件30起。全镇居民基本医疗保险参保人数37933人，参保率为99.80%；外来人员参保7026人，养老保险覆盖率99.60%；纯农个体人员正常缴费率98.60%；新增住房公积金缴费2169人。加强社会救助和残疾人社会保障体系建设，强化救助对象信息化管理。共救助各类困难群众2769人，发放生活补助金和救助款1218万元。落实计生奖励扶助政策，共发放各类奖励、扶助金902万元。共有7210名妇女参加“两癌”检查项目，10765名65岁以上老年人参加免费健康体检。发挥新峰美术馆、中国红木家具文化研究院阵地作用，举办“春华秋实”“对话海虞”等中国山水画名家作品展和常熟红木企业负责人培训讲座。建成常熟首家村级书场——红杉树书场。诗歌《凤凰追梦》获常熟市二等奖，情景诗《爱·把梦照亮》荣获常熟市创作一等奖、苏州市优秀文艺作品展演金奖。创作录播《元元翠翠拉家常》12期。注重业余文艺团队建设，组织开展民间文艺大巡演、《我心中的梦——中国梦》等文化节目。全年送戏下乡12场，免费送影325场。

社会管理 发挥东泾村、里泾村法治文化宣传示范点的作用。开展广场、街头综治法制宣传咨询、“6·29”政法微博微信联盟社会公益活动。建立社会稳定风险评估工作机制，稳步推进徐桥台板厂转制工作。出台镇党政班子成员接待群众来访、信访工作首问负责等制度，强化来信来访日常管理。全年共接处信访430件，接访2019人次；集访66批次、1767人次。及时处置“寒山闻钟”论坛245件、政府信箱102件、“12345”便民热线1418件。成立海虞镇公共法律服务中心，设立村、社区“便民法律服务站”，接待各类法律援助、咨询300人次。全年调处各类社会矛盾纠纷276起，调处率达100%。开展“平安海虞”建设，加强社会治安技防建设，全面完成社会面监控安装任务，实现村级道路全覆盖。实施福山派出所警务用房建设，完成22所警务室升级改造。全年共发刑事案件551起，同比下降2%；破案122起，破案率22%，同比提高0.60%。开展反邪教三日会战，建设海福新城反邪教警示教育基地，创建无邪教社区。积极做好吸毒人员管控帮扶、校园禁毒宣传工作。成立全市首家镇级商会调委会。开展预防和打击非法集资集中宣传教育活动。

表37

2014年海虞镇主要经济社会指标

项目	数量	项目	数量	项目	
生产总值	90.06亿元	工业销售收入	218.82亿元	中小学校	9所
公共财政预算收入	7.15亿元	工业利税	16.06亿元	在校中小学生	7613人
耕地面积	3390.50公顷	固定资产投入	35.23亿元	在职教师	735人
用电总量	107436万千瓦时	其中：工业投资	21.31亿元	医院/病床	1所/160张
农业总产值	4.70亿元	完成技改项目	35个	社区卫生服务站	19个
粮食总产量	4.51万吨	当年技改投入	13.78亿元	农村合作医疗参入率	99.99%
皮棉总产量	59吨	新增民营企业注册资本	10.37亿元	自来水入户率	100%
出栏生猪	1.11万头	完成注册外资	6577万美元	农村养老保险覆盖率	99.60%
出栏家禽	3.77万羽	实际利用外资	5166万美元	最低生活保障对象	308户/572人
水产品产量	845吨	外贸供货额	50.37亿元	年末存款余额	74.45亿元
农村合作社	23家	自营出口额	84900万美元	人均储蓄存款	6.09万元
农机总动力	24553千瓦	三产从业人员	23106人	农民人均纯收入	27836元
工业企业	846家	三产增加值	26.31亿元	农民人均住房	75.60平方米
其中 私营工业企业	778家	集市贸易成交额	37866万元		
工业总产值	220.29亿元	镇村主干道	608.20千米		

表38

2014年海虞镇各村基本情况

名称	党组织书记	村主任	地区生产总值（万元）	人均纯收入（元）	名称	党组织书记	村主任	地区生产总值（万元）	人均纯收入（元）
府东	丁惠东	陆志君	14490	27830	徐桥	陶永新	朱健	19126	29156
河口	朱惠良	张冬青	18282	27347	郑家桥	陆忠	程东	4642	25747
望虞	陈瑞洲	周伟刚	13947	27830	肖桥	奚文裕	章高中	17933	27049
龙墩	王志平	钱胜	11907	28064	新州	温学锋	陈国强	22272	27109
东泾	朱国清	施志英	21345	27561	虞南	吕宏	季丽明	8506	26174
邓市	李文忠	周国刚	11190	27629	汪桥	周虹	黄建青	34036	31256
聚福	李华芬	袁保中	17148	29001	里泾	钱晓东	金利峰	29438	28661
福山	时晓刚	时朝阳	13509	28543	香桥	戴建良	叶卫彪	32681	28048
七峰	苏志军	袁云花	17986	27727					

表39

2014年海虞镇各社区基本情况

名称	党组织书记	主任	辖区内居民人数
王市	张国珍	张国珍	8122
福山	徐建琪	徐建琪	3316
周行	邵华文	邵华文	2190
海福新城	肖学锋	肖学锋	4097

表 40　　**2014 年海虞镇骨干企业基本情况**

企　业　名　称	销售收入(万元)	利税总额(万元)	法人代表
江苏新合作常客隆连锁超市有限公司	182936	1387	包乾申
大金氟化工(中国)有限公司	146460	17716	丰岛直树
常熟三爱富中昊化工新材料有限公司	130195	20847	金　健
常熟华新特殊钢有限公司	93207	184	张文春
阿科玛(常熟)氟化工有限公司	90964	11901	戴仁威
江苏绿安擎峰新材料有限公司	90104	-751	王自成
江苏华大新材料有限公司	74664	2000	尹国平
常熟一统聚氨酯制品有限公司	69803	3587	陶林元
江苏通润装备科技股份有限公司	59741	6018	柳振江
阿科玛大金先端氟化工(常熟)有限公司	44486	-5845	戴仁威
常熟三爱富氟化工有限责任公司	33397	3989	金　健
常熟威怡科技有限公司	33308	3805	陈炳生
江苏华益科技有限公司	33039	9194	金建华
江苏金土木建设集团华顺工程有限公司	31464	1464	刘生华
常熟市通用电器厂有限公司	27718	3707	柳振江

【海虞镇获评“苏州市乡村公路管养及安保工程示范镇”】 1月6日，海虞镇通过苏州市级乡村公路管养及安保工程示范镇验收。近年来，海虞镇结合实际，重视道路建设，抓常态管养，从宣传发动、路况质量、规范管理等方面扎实开展创建工作。2013 年累计投入资金 9000 多万元，先后对邓市中心路、新吴路等多条镇村道路计 16.43 千米对照创建标准进行新建或大中修等工程建设，维修各类破损路面达 6000 多平方米，新增道路路灯 304 个，评定 124 座桥梁并维修改造桥梁 12 座，村级创建道路近百千米，培土 5.30 万立方米，全面提档升级海虞镇农村道路绿化管养，完善农路安保设施等，加快推进海虞镇城乡一体化和经济社会建设。

【汪桥村“美丽村庄示范点”建设接受苏州市验收】 1 月 14 日，苏州市美丽村庄建设办、农委等部门联合组成的考核组到海虞镇汪桥村验收市级美丽村庄示范点。近年来，围绕宜居、宜乐、宜游为一体的美丽村庄为目标，汪桥村全面开展对村口形象、村庄道路、村庄建筑风貌、村庄景观绿化、村庄环境卫生和环卫设施、村庄管线改移等多方面进行整治，村庄面貌有质的提升。考核组实地走访汪桥村薛家宅基、汪家桥两个自然村庄，从“提升村庄风貌、美化环境卫生、完善配套设施、促进产业发展、塑造村庄特色”等五个方面 24 项指标进行逐项考核，并给予充分肯定。汪桥村美丽村庄建设根据宅基分布特点，分为 4 个居住组团分步实施，已先期投入 1700 多万元启动汪家桥宅基和薛家桥宅基居住组团示范点整治建设，其他 3 个居住组团整治建设将分别在 2014 年、2015 年建设完成。

【章保龙入选中国好人榜】 2 月，由中央文明办主办的“我推荐、我评议身边好人”活动揭晓，常熟市人民法院海虞法庭法官章保龙入选中国好人榜，当选敬业奉献好人。章保龙是海虞法庭一名普通法官，他从军九年，1985 年转业后，一直工作在农村法庭，28 年累计办案逾 2100 件，无一错案，从一个法律的“门外汉”成长为办案能手、干警榜样、群众的贴心人。他还连年被评为优秀共产党员、优秀公务员，被苏州中院授予个人三等功 3 次，被江苏高院授予个人二等功 1 次。

【苏州青年书法家协会创作基地落户海虞】 3月20日，苏州青年书法家协会创作基地在海虞镇螺蛳湾休闲文化园揭牌。苏州青年书法家协会成立于2011年底，现有会员86名，其中68人成为中国书法家协会会员。2013年，协会积极组织会员备战各项全国书法展览活动，屡获佳绩，会员钱玉清、寇忠理、王洁、孙俊良等4位创作骨干纷纷获奖，特别是常熟青年书法家寇忠理上年至今入选省部级以上展览25次，其中入选由中国书法家协会主办的展览共15次。

【大金首届樱花节开幕】 3月29日，大金氟化工（中国）有限公司举办的首届大金樱花节开幕。大金樱花园位于常熟新材料产业园大金氟化工公司内，于2013年开始筹建，总占地面积约2万平方米，园内共栽植550余株日本晚樱。本届樱花节主题为"浪漫樱花，和谐大金"。大金公司员工家属、周边社区居民代表等近800人参加活动。

【"同心圆梦志愿惠民"项目签约启动】 4月17日，常熟市烟草专卖局（分公司）、苏州市烟草公司物流中心、海虞镇志愿者分会"同心圆梦·志愿惠民"项目签约启动仪式举行。承诺为海虞镇开展志愿服务活动提供资金支撑。海虞镇志愿者活动现有志愿者8200多人，下设18个大队30多个服务队。每年全镇志愿者都会通过不同形式的途径，向镇慈善基金和助学基金捐款，多年来共扶助贫困学生1000多人次，逐渐形成海虞妈妈助学关爱、扶贫助残、帮困助教、绿保洁、咨询服务、文明交通、文化惠民、爱水护河等常态化服务项目。该活动在群众中传播志愿服务精神，影响和带动广大居民参与志愿服务。

【分子影像研究院投用】 参见第211页〖华益分子影像研究院投用〗。

【举办传承创新"四千四万"精神专题报告会】 4月14日，海虞镇举办传承创新"四千四万"精神专题报告会暨阅读节启动仪式。活动中，镇党委相关领导向机关代表、村（社区）代表、党员代表和青年代表赠送《之江新语》和反映海虞近几十年经济社会发展变化的大型报告文学《天堂明珠》。常熟理工学院行政管理学院院长范炳良教授做《传承创新"四千四万"精神，推动海虞四化同步协调发展》专题报告，对"四千四万"健身背景、现状、原因、存在的问题、具体的对策以及如何传承创新"四千四万"精神等方面进行了图文并茂、形象生动的分析。

【"春华秋实"姚新峰中国画小品展开展】 4月中旬，春华秋实——姚新峰中国画小品展在海虞镇新峰美术馆举办。该展览汇集姚新峰90多幅各个时期不同风格的国画作品，涵盖扇面、册页、手卷、斗方等多种表现形式，以及以线描、写意人物画为主的国画小品。

【海虞电子商务产业园开园】 4月26日，常熟海虞电子商务产业园开园。海虞电子商务产业园是继中服（服装城）、高新区、虞山（莫城）之后的又一电子商务产业园，规划面积15000平方米，作为海虞镇新型城镇化新兴产业的配套项目，该产业园还将为扶持和推动电子商务产业健康发展提供一个平台，为大学生、妇女提供适宜的就业岗位，并在园内成立"大学生创业基地"和"妇女创业基地"。B2C食品电商、老A电商学院等30多家企业已签约入驻。

【"节约集约用地江苏行"媒体采访团聚焦海虞】 6月18日，《人民日报》、江苏广播电台、江苏卫视、《新华日报》等10家媒体组成"节约集约用地江苏行"媒体采访团到海虞镇，全面了解海虞在推进

9月26日，"对话海虞——中国山水画名家邀请展"在新峰美术馆开幕

城乡一体化建设中，探索和实践国土资源的优化配置和节约集约利用的成功做法。作为苏州市城乡一体化发展综合配套改革先导区之一，海虞镇稳步推进新型城镇化建设，积极探索和实践国土资源的优化配置和节约集约利用。累计开发重点产业用地利用200多公顷，优先配置安置房建设等民生工程用地总面积达42.53公顷，户均比原宅基地安置方式节约用地0.05公顷。

【“智慧海虞”建设】 12月18日，苏州市“智慧社区”建设专家验收组对海虞镇汪桥、东泾、七峰等村的“智慧社区”建设进行检查验收，对“智慧社区”建设给予充分肯定。2013年4月以来，海虞镇积极实施有线“智慧海虞”建设，大力推进农村信息化进程，逐步实现智慧海虞全覆盖。全镇已完成汪桥、东泾、七峰、里泾、府东、河口、徐桥、望虞等8个村的“智慧社区”建设，涉及有线电视用户7882户，共转换安装高清互动机顶盒用户7118户，安装率达90%。根据计划，海虞镇智慧社区建设分三年实施，需对全镇21500多户数字电视用户进行机顶盒转换升级。镇政府还将“智慧社区”建设纳入行政村工作目标管理责任制考核，在加快智慧社区更新高清互动机顶盒建设“硬件”工程的同时，海虞镇及时跟进智慧社区宣传信息平台的“软件”建设，建成《时尚海虞》一个镇级宣传平台和《智慧汪桥》《智慧东泾》《智慧七峰》等8个村级宣传平台，开设《海虞新闻》《党建消息》《党务政务公开》《市民课堂》等各类信息和其他便民服务栏目，让村民在家里用遥控器就能看到党委政府的相关政策、先进事迹、先进文化等，起到引领风尚、教育群众、服务社会、推动发展的作用。

【“海虞妈妈”助学关爱入选省级优秀项目】 2014年，“海虞妈妈”助学关爱志愿服务行动项目入选2013年度江苏省优秀志愿服务项目与志愿者工作案例，这是全省县级市中唯一入选江苏省精神文明建设优秀志愿者创新项目。“海虞妈妈”助学关爱志愿服务团成立于2012年5月，累计开展集体活动20多次，“爱心母子同游”“果园飘香亲情采摘”“千针送温暖”“体验端午文化之旅”等丰富多彩的活动形式让爱心妈妈与孩子、孩子与孩子、爱心妈妈之间的感情不断融洽。在这个大家庭里，孩子们体会到了“心有人爱，身有人护，难有人帮”的归属感和幸福感。同时，爱心妈妈也慢慢摸索，学着做起孩子们生活的知情人、学习的引路人、品德的教育人和成长的保护人，用温馨的母爱向社会传递着正能量。

【海福新城社区卫生服务站全省示范】 2014年，海虞镇海福新城社区卫生服务站（村卫生室）入选第一批江苏省示范村卫生室名单。海虞镇海福新城社区卫生服务站原名镇中社区卫生服务站，于2012年异地迁建，2013年4月投入使用。新建的卫生室总投资100多万元，建筑面积350平方米，为广大海福新城住户提供便利的医疗服务。

（曹寅骁）

碧溪新区（碧溪街道办事处）

【概况】 碧溪新区（碧溪街道办事处）——中国农村改革开放历史典范之一“碧溪之路”的发祥地，是常熟经济技术开发区、国家一类口岸常熟港所在地。区域面积113.79平方千米，下辖碧溪、浒浦、吴市和东张4个办事处，23个行政村、7个社区居委会，常住人口10.41万人，外来暂住人口5.[illegible]万人。先后获评国家卫生镇、全国环境优美镇、中国毛衫名镇、中国时尚羊绒·羊毛制品名镇、中国化纤名镇、中国苏作红木家具名镇、中国人居环境范例奖、中华诗词之乡、苏州市乡村公路管养及安保工程示范镇、江苏省和谐社区建设示范街道（乡镇），浒东村成为苏州市首批、碧溪新区首个美丽村庄示范点、万福村获江苏省和谐社区建设示范村。

经济发展 地区生产总值62.01亿元，比上年下降3.6[illegible]%；地方财政总收入8.31亿元，比上年增长3.53%；一般预算收入3.17亿元，比上年下降8.89%。工业总产值194.26亿元、工业产品销售收入183.82亿元，比上年分别下降9.22%、8.36%，实现利税总额7.93亿元，完成固定资产投资额14.51亿元。完成锦绣经纬编（桐坝厂区）“退二进三”。“退二还一”完成土地资源整合23.47公顷。完成挂牌商业土地3.33公顷。完成区域集体资产清产核资、农村“三资”清理等工作。碧溪现代设施农业科技示范园区被中国蔬菜协会评为“蔬菜科技集成创新（常熟）示范区”，园区三布局种植蔬菜60多种，出产各类蔬菜8000多吨，实现复种指数300%以上，设施亩均产出超[illegible]元。浒浦休闲观光农业园区浒[illegible]片区200公顷节水灌溉建成[illegible]

用，33.33 公顷特色果林采摘区初具规模。新建农地股份合作社3个，申报省级财政奖补合作社项目1个，新建合作农场2个、家庭农场1个，吉礼葡萄家庭农场获评全市首批省级示范家庭农场。台太兴业（常熟）食品有限公司被中国蔬菜协会评为“（三星级）优秀蔬菜生产商”。

社会事业 城乡一体化示范小区聚和佳苑一期安置入住837户，入住率达91%。38万平方米的聚和佳苑二期主体结构封顶并完成二次结构施工。6万平方米的东张丰乐苑年内竣工交付。61万平方米的碧溪安置房三期工程完成初步设计。全面启动1000千伏特高压输变电线路工程151户农户拆迁工作。碧溪压缩式垃圾中转站、吴市生活垃圾填埋场、浒浦幼儿园竣工投用。新建东张压缩式垃圾中转站。完成吴市集贸市场土建、装饰及市政施工，进入内部调试和验收阶段。浒浦集贸市场框架主体完成建设。实施公共自行车二期工程，建成7条镇村公交线路共16辆班车便民出行。碧溪路、浒浦大桥竣工通车，东吴大桥、平裕路建新塘桥竣工。完成1家省三星级康居村验收和13家省级卫生村复查。调研出台《碧溪新区2014年民宅“解危解急”建设管理暂行办法》《碧溪新区中远期空间置换区域民宅建设管理实施意见》《碧溪新区民宅“解危解急”补充意见》。出版《碧溪之路新征程理论研究》。举办常熟市首届“灵动碧溪杯”上鸥灯邀请赛。碧溪新区获评“中华诗词之乡”。《浒浦·渔业志》编纂工作完成三分之二。浒浦高级中学高考本二上线率75.10%。

人民生活 2014年村级可用财力8463万元，比上年增长909万元，增长率12.03%。农民人均纯收入25709元，比上年增幅10.09%。创建省放心消费示范乡镇。基本养老保险覆盖率达99.19%，养老保险参保率95.19%，合作医疗参保率99.96%，外来人员城保扩面覆盖率85.15%。住房公积金扩面4677人，新增就业岗位3240个。东张、浒浦养老中心竣工投用，新增养老床位408张。东张安息堂竣工投用。拓展入住居民市民卡“一卡通”功能应用。碧溪新区“一户一档”户情档案管理模式在全市得到推广。推进征（使）用土地30%—70%村组的补偿安置工作。调研出台《碧溪新区2014年困难家庭大病补充医疗救助暂行办法》。

社会管理 新增村级监控200个，高清抓拍系统13套。聚和佳苑、聚福苑社区中心警务室建成投用。实施2013—2014年小区污水收水工程，总投资6000多万元，工程惠及聚鑫苑、浦江新村、李袁集居区、万福新村、三湾新村、宝莲苑等14个区域。新增停车场1.20万平方米。新增内河护栏1万多米。整治3条黑臭河道，完成危桥改造、拆坝建桥各12座。发现违章建设228起，涉及面积13283平方米，已处理175起，涉及面积8472平方米，处理率77%。完成市级重大事故隐患挂牌整改项目2个，开展“九小场所”“三合一”涉氨企业和粉尘爆炸危险企业专项整治工作。建立新区、办事处社会救助“一门式”服务窗口。获评“省和谐社区建设示范街道”。

碧溪新区城乡一体化示范小区远眺

表 41 **2014 年碧溪新区(碧溪街道办事处)主要经济社会指标**

项　目	数　量	项　目	数　量	项　目	数　量
生产总值	62.01 亿元	工业利税	7.93 亿元	在校中小学生	129[illegible]人
财政一般预算收入	3.17 亿元	固定资产投入	14.51 亿元	在职教师	8[illegible]人
耕地面积	3373 公顷	其中:工业投资	4.01 亿元	有线电视入户率	98.[illegible]5%
用电总量	198555 万千瓦时	完成技改项目	21 个	数字电视整转率	100.[illegible]0%
农业总产值	5.73 亿元	当年技改投入	3.04 亿元	医院/病床	4 所/19[illegible]张
粮食总产量	4964 吨	新增民营企业注册资本	−4820 万元	社区卫生服务站	2[illegible]所
皮棉总产量	339 吨	完成注册外资	0	农村合作医疗参入率	9[illegible]9.92%
出栏生猪	11980 只	实际利用外资	0	自来水入户率	100.[illegible]%
出栏家禽	82558 只	外贸供货额	126804 万元	农村养老保险覆盖率	99.1[illegible]%
水产品产量	2453 吨	自营出口额	20570 万美元	最低生活保障对象	87[illegible]人
农村合作社	22 个	三产从业人员	12143	年末存款余额	1674949 万元
农机总动力	10315 万千瓦	三产增加值	250174 万元	人均储蓄存款	71139 元
工业企业	1103 家	集市贸易成交额	189505 万元	农民人均纯收入	25709 元
其中:私营工业企业	1023 家	镇村主干道	645.70 千米	农民人均住房	69.39 平方米
工业总产值	194.26 亿元	电话普及率	24 部/百人		
工业销售收入	183.82 亿元	中小学校	8 所		

表 42 **2014 年碧溪新区(碧溪街道办事处)各村基本情况**

名　称	党组织书记	村主任	地区生产总值(万元)	人均纯收入(元)	名　称	党组织书记	村主任	地区生产总值(万元)	人均纯收入(元)
聚福苑	曹继军	曹继军	9613	27257	三湾村	陈丹益	黄国明	15216	25383
溪　南	龚文科	施仲辉	6911	25509	周家桥村	孔维军	陈卫标	6284	25144
溪　东	周子奕	俞荣达	23495	26382	太平桥村	陈建明	陈建明	3126	24194
港　南	殷政军	陈　健	9227	26795	小市村	陈梅君	—	6382	23595
周　泾	顾雪明	戴伟华	10360	25997	万福村	朱　慧	陈宝君	3608	24728
徐　虎	曹向东	王雪明	5371	24448	龙桥村	江俊芳	龚爱东	4933	24088
李　村	朱建华	—	4921	23895	中南村	谢建清	徐惠良	21777	25998
浒　西	王　俊	季峰平	6332	25989	白莲村	秦建飞	赵建良	9738	25656
留　下	张黎东	周利刚	13450	26159	新苑村	徐向阳	蔡明燕	6981	24169
李　袁	崔贻峰	袁新春	26948	27875	横塘村	王建新	顾志杰	5173	24264
浒　东	王建平	薛　峰	6227	25852	新闸村	何永球	陈　健	4166	24896
泗湖村	夏根兴	夏文虎	5106	24746					

表43　**2014年碧溪新区(碧溪街道办事处)各社区基本情况**

名　　称	党组织书记	主　　任	辖区内居民人数	备　　注
碧　　溪	徐浩峰	徐浩峰	1151	
浒浦集镇	奚红英	陈　燕	5786	
吴市市镇	包建良	包建良	683	
东　　张	陆建华	陆建华	720	
浒浦渔业	倪建新	倪建新	1165	
滨　　江	季利峰	季利峰	351	
聚和佳苑	陈梅君	陈　健	3200	动迁安置小区居民在逐步入住

表44　**2014年碧溪新区(碧溪街道办事处)骨干企业基本情况**

企　业　名　称	销售收入(万元)	利税总额(万元)	法人代表
江苏苏南特种装备集团	801852.37	37474.21	马建兴
常熟市恒意化纤有限公司	56037.87	-2857.90	陈建云
常熟市天银机电股份有限公司	39754.78	13699.30	赵晓东
江苏豪威富集团有限公司	30272.64	-371.00	秦惠明
苏州市通润机械铸造有限公司	25643.24	5371.86	张　鹤
江苏常润纤维集团有限公司	25232.19	-516.60	张　健
江苏港城建设工程有限公司(非工业)	23876.78	1823.49	夏建浓
常熟锦绣金纺有限公司	22864.66	-4663.01	季闻宇
江苏金土木建设集团华夏工程有限公司(非工业)	21218.88	1688.70	夏岳良
常熟市常力紧固件有限公司	19800.27	2309.12	包正芳
常熟市国盛针织机械厂	19383.40	1129.43	谭卫国
江苏金土木建设集团华鸿基础工程有限公司(非工业)	19122.95	1721.58	顾佳春
常熟市海立化纤有限公司	17305.55	996.18	钱燕飞
欧米亚钙业(常熟)有限公司	16878.03	-930.43	KWANGHO LEE
常熟隆达混凝土有限公司	15557.25	1389.23	许晓峰

【举办第三届"灵动碧溪"精彩阅读节】 4月2日，第三届"灵动碧溪"精彩阅读节在常熟东吴学校启动，活动从4月开始至12月结束，其间先后开展9个主题活动，即"好诗伴成长"每周一诗赏析电视讲座、"每月一诗"江花诗词创作作品评选、"品书香，悦人生，同心践行中国梦"好书赠阅及读书征文活动、"融入同城·绘就梦想"乡土童谣教学唱成果展示、"小画笔·大梦想"外来青少年绘画启蒙公益讲座、"同心共筑中国梦"演讲赛、"悦读经典·放飞梦想"校园诗歌吟诵赛、中华诗词六进活动和"古今传承·共建家园"中华文化学堂等。

【"碧溪之路"新征程理论研讨举行】 4月16日，碧溪新区邀请常熟理工学院专家团召开传承创新"碧溪之路"讨论会；8月10日和30日，邀请来自上海、浙江、南京、苏州等地的专家学者团分批开展理论研讨活动，实地考察新区经济社会发展情况；10月17日，苏州市社科联、《苏州日报》到新区参加"碧溪之路"创新实践调研活动。与会专家重温"碧溪之路"辉煌，深入挖掘"碧溪之路"新成效，并针对"碧溪之路"新征程建言献策，相关调研成果在《苏州日报》专版《"碧溪之路"30年接通中国梦》刊登。"碧溪之路"新征程被确定为2014

5月10日，全国蔬菜大会期间中国蔬菜协会秘书长柴立平（前中）参观碧溪农业园区

年常熟市社会科学研究课题项目。

【碧溪新区成为中国蔬菜产业大会分会场】 5月8日至11日，中国蔬菜产业大会在常熟市召开。碧溪新区现代设施农业科技示范园区为此次活动分会场之一。5月9日、10日，全国蔬菜生产领域的领导、专家、会员代表、一线劳动者等800多人参观园区连栋大棚生产区、有机质基质无土栽培示范区、果蔬新种展示区、食用菌生产加工区以及育苗大棚区。

【首家企业诗社成立】 7月10日，常熟市首家企业诗社——常熟市国盛针织机械厂锦盛诗社成立。江花诗词协会和碧溪新区文化站为首批20位诗社会员分别就中华优秀诗词赏析及诗词吟诵进行专题辅导。

【常熟市首届上鹞灯邀请赛在碧溪新区举行】 9月6日，由碧溪新区与市体育局联合主办的常熟市首届“灵动碧溪杯”上鹞灯邀请赛在碧溪举行。来自上海市风筝协会（徐汇）队、天津特技风筝俱乐部和南京市运动风筝协会等15支代表队参赛。比赛由天津特技风筝俱乐部、吴市办事处代表队获团体一等奖。

【首家农村劳务合作联社成立】 11月27日，常熟市碧溪新区惠众劳务合作联社通过工商登记。该社是由碧溪新区首家劳务合作联社，由溪西劳务合作社、浒西劳务合作社、万福劳务合作社和梅苑劳务合作社组成，成员出资总额为40万元人民币。联社设理事长1人、副理事长3人。理事长为联社的法定代表人，理事长、副理事长由全体成员委派产生。该社通过吸收农村闲置劳动力，对外提供劳务，承接绿化、道路养护、社区物业管理、农业生产技术服务等。

（邓　雪）

梅　李　镇

【概况】 梅李镇位于常熟市东北部，东靠上海，南濒苏州，西邻无锡，北依长江。区域面积80.84平方千米，辖15个行政村，3个社区居委会，户籍人口8万人，外来人口6万人。先后获得中国人居环境范例奖、国家园林城镇、国家卫生镇、国家级生态镇、中国经编名镇、中国绒类面料生产基地、中国孝爱文化之乡和孝爱文化传承基地等荣誉称号。是江苏省经济发达镇行政管理体制改革试点镇、苏州市城乡一体化发展综合配套改革试点工作先导区、苏州美丽城镇建设点。

经济发展　地区生产总值90.40亿元，完成公共财政预算收入5.40亿元，固定资产投资2[illegible].60亿元，工业开票销售收入29[illegible].10亿元，服务业开票销售收入5[illegible].20亿元。净增内资注册资本7.9[illegible]亿元，到账外资1177万美元。社会消费品零售总额预计20.60亿元。全社会用电量16亿千瓦时。实现工业增加值63.90亿元，规模以上工业产值239.90亿元，高新技术产业产值24亿元，八大新兴产业产值149.90亿元。推进6项市级重点项目和镇10项工业重点项目建设。第一产业增加值实现3.[illegible]0亿元，比上年增长10.90%。全年新增注册家庭农场8户，新建合作农场2家。组建恒丰劳务合作联合社，吉健葡萄农业合作社成功创建国家级示范社。建立梅李镇农村集体资产交易服务中心。推进省“菜篮子”工程生产基地建设，新增设施农业面积40公顷，镇高效设施蔬菜产业园区被评为首批苏州市市级现代农业园区。全年实现服务业增加值22.90亿元。梅李农副产品交易市场一期竣工交用，梅李小商品市场综合改造项目完成搬迁，大润发梅李项目签订框架协议，入驻全市乡镇第一家肯德基。新增浙江泰隆银行支行金融网点，聚沙园晋级国家AAAA级旅游景区，梅林酒家获评全省首家

“中国蔬菜之乡研发基地”称号。盘活整合资源,成立梅李科技创业中心,被认定为全市乡镇首个省级科技企业孵化器。产学研合作取得显著成效,新增高新企业1家,成功申报民营科技企业9家、苏州市工程技术中心1家、高新产品11个。

社会事业 完善城乡布局统筹规划,完成4.60平方千米东部新区控制性规划和1.40平方千米先行启动区控制性详细规划编制,开展综合整治村庄控制性详细规划编制试点工作。与中船集团签订“中船·梅李新型城镇化合作协议”,启动实施东部新镇区项目建设。师德华府完成交付,珍南佳苑一期、兆丰佳苑竣工,聚沙佳苑进入市政配套建设阶段。全年共完成商品房安置200户。完成梅北、韩家浜、天宇三区、梅西路入口4个游园建设。瞿巷村毛巷、圩港村北季巷达到“三星级”康居村标准,瞿巷村成为全市首个江苏省规划建设示范点。新建镇村道路44条29.35千米。对吴梅路等5条农村道路提档升级改造。完成赵家塘桥等18座农村桥梁建设。新建污水管网40千米,完成17个小区生活污水收集工程,惠及居民1200多户。完成胡琴路、天宇南路、学府路等道路绿化工程建设,新增绿化面积23万平方米。投入近1000万元推进农村生活垃圾收运体系建设,10条收运线路运转顺畅,实现了保洁全覆盖、收集全量化和处理无害化。教育事业均衡发展。梅李中学完成初高中分设,梅李高级中学启用并接受省四星级高中现场考察评估,珍门中学实现资源整合。完成赵市中学综合楼校安工程,梅李中学老教育楼改造工程,梅李、赵市、珍门三所小学平改坡工程。环境保护切实加强。水处理污泥专用填埋场建成投用,关停取缔赵市天雨纸制品厂等污染点源11个。完成鼎新印染等5家重点工业企业环境标准化建设。对沙河二期、赵市桂香苑中心河和陆家段河实施河道综合治理。完成疏浚镇村二级河道23条,共19.30千米,土方36.50万立方米。

人民生活 推进收入倍增计划,农村居民年人均纯收入达2.70万元,增长10%。村级财力增长10%以上。实现征地补偿安置全覆盖,2014年新增补偿安置人员1708人。实施高校毕业生实名制管理,推进村、社区就业服务“五级管理”,新增就业岗位3533个,城乡登记失业率控制在1%,辖区内被征地农民就业率达99%。基本养老保险覆盖率、参保率、基金征缴率、老年农民养老保障率分别为96.20%、89.50%、96.50%、99.60%。居民基本医疗保险参保率达99.17%。发放低保、低边、五保救助资金475万元,救助金152万元,优抚金810万元。有序推进梅李人民医院公立医院改革、完成双路电源改造和警务室建设,梅李社区卫生服务中心赵市分中心完成改建,社区卫生服务站全部开通城镇职工医保刷卡服务。成立梅李镇居家养老服务中心和社会组织管理中心。群众精神文化生活丰富。开展第五个孝爱日系列活动,举办首届龙园杯“孝爱梅李”江浙沪评弹名票大赛,成立“孝爱梅李”评弹票友社,成立“孝和”工作室、梅李传统文化阅读基地、梅李道德文化基地,出刊《孝廉在梅李——故事集》《梅李劳模风采录》。成功举办梅李镇第五届体育文化节。

社会管理 理顺“二办七局一中心”运行机制,下设37个职能科室,顺利承接市级下放的第二批经济社会管理权限86项,行政处罚权491项。镇便民服务中心服务功能不断拓展,可办理行政审批许可及便民服务类事项180项,日均办件700件。实现企业注册登记“一站式”,启用行政审批管理系统,建立投资项目联合踏勘机制。镇综合执法局共承接610项行政处罚权,以镇人民政府作为执法主体实施行政处罚334起,行政强制

11月7日,梅李镇举办以“青春风尚播动未来”为主题的机关青年主持人大赛

2起，未发生行政复议和行政诉讼。恒丰街、人民路成功创建“苏州市城市管理示范路”。开展安全生产检查整改专项行动，5个三级政府重大事故隐患挂牌项目全部整改到位，泰光化纤等5家重点企业通过安全标准化考评。在全市率先开发“安监通”掌上监管系统。实施新市民积分管理体制改革，成立新市民关爱中心，新市民积分入学、入医、入市民卡共计2580人次。完成30个项目风险评估，新增17个镇级视频高清抓拍系统和145套村级监控，刑事案件发案率下降14.80%。矛盾纠纷、来信来访、12345便民服务热线、寒山闻钟论坛诉求调处成功率100%。法治建设工作扎实推进。举办第九届“法治文化宣传月”活动，梅李高级中学新建青少年禁毒法治基地，恒丰街在全市率先创建平安法治示范一条街。高标准建立公共法律服务中心，全年共接待群众法律咨询300多人次。各村(社区)实现公共法律服务站全覆盖，形成接访中心、调解中心、法律援助中心、法律服务中心“四合一”的工作模式。

表45

2014年梅李镇主要经济社会指标

项　目	数　量	项　目	数　量	项　目	数　量
生产总值	90.40亿元	工业销售收入	278.80亿元	中小学校	[illegible]所
公共财政预算收入	5.40亿元	工业利税	10.70亿元	在校中小学生	83[illegible]3人
耕地面积	3304公顷	固定资产投入	20.60亿元	在职教师	6[illegible]人
用电总量	159891万千瓦时	其中：工业投资	12.10亿元	医院/病床	3所/2[illegible]张
农业总产值	6.30亿元	完成技改项目	55个	社区卫生服务站	[illegible]个
粮食总产量	2.60万吨	当年技改投入	10.60亿元	农村合作医疗参入率	99.[illegible]7%
皮棉总产量	312吨	新增民营企业注册资本	7.90亿元	自来水入户率	1[illegible]0%
出栏生猪	2.20万头	完成注册外资	41万美元	农村养老保险覆盖率	99.[illegible]%
出栏家禽	11.40万羽	实际利用外资	1177万美元	最低生活保障对象	282户/59[illegible]人
水产品产量	913吨	外贸供货额	—	年末存款余额	89.50[illegible]元
农村合作社	66家	自营出口额	95108万美元	人均储蓄存款	7.30[illegible]元
农机总动力	21056千瓦	三产从业人员	17045人	农民人均纯收入	2710[illegible]元
工业企业	778家	三产增加值	22.90亿元	农民人均住房	—
其中：私营工业企业	706家	集市贸易成交额	89978万元		
工业总产值	283亿元	镇村主干道	449.82千米		

表46

2014年梅李镇各村基本情况

名　称	党组织书　记	村主任	地区生产总值(万元)	人均纯收入(元)	名　称	党组织书　记	村主任	地区生产总值(万元)	人均纯收入(元)
胜　法	温利芬	张俊峰*	15295	28825	海　城	陆志刚	朱建清	16469	26147
塘　桥	龚　旭	吴建青	9310	26620	瞿　巷	邵国平	杨学良	8941	28196
寨　角	高建锋	张忠岳*	16951	26650	师　桥	张建军	赵　俊	13666	27980
梅　南	陈立新	李志欢*	10478	25464	珍　北	孙　健	吴　锋	10875	22617
聚　沙	金宇翔	朱品石	18701	28998	新　丰	朱建康	董志军	8258	23652
天　字	陆建东	秦增发	18242	31966	沈　市	徐志良	李　峰	25468	26805
赵　市	戈学锋	程晓刚	9461	27231	珍　南	袁正红	龚利丰	7111	24866
圩　港	唐晓东	龚国平	14863	27091					

说明：带“*”的为党组织副书记，主持行政工作

表47

2014年梅李镇各社区基本情况

名　　称	党组织书记	主　　任	辖区内居民人数
梅　李	方建文	方建文	6042
赵　市	金建祥	金建祥	1165
珍　门	曹建良	曹建良	1011

表48

2014年梅李镇骨干企业基本情况

企　业　名　称	销售收入(万元)	利税总额(万元)	法人代表
常熟市龙腾特种钢有限公司	1168064	44021	季丙元
泰光化纤(常熟)有限公司	120179	7952	沈载赫
江苏美迪洋皮革皮件有限公司	96165	8411	毛建华
江苏凯诺电缆集团有限公司	85581	5543	王建明
常熟市永新印染有限公司	34229	2973	吕永明
江苏良基集团有限公司	53352	2504	吴雪良
常熟华东汽车有限公司	41575	3945	江建龙
常熟三联集团有限公司	29528	1088	季正元
常熟市群英针织制造有限责任公司	39761	2024	蒋建良
常熟色织有限公司	12585	1639	曾欲健
江苏中诚建材集团有限公司	31453	1511	王卫东
常熟市赵市华达染整有限责任公司	16638	959	陈平华
常熟市昌盛经编织造有限公司	24858	650	朱岳民
常熟市同盛化纤有限公司	30161	552	顾利明
江苏鼎新印染有限公司	9878	832	杨继烈

【获评“苏州市美丽镇村建设示范镇”】 3月，梅李镇美丽镇村建设接受上级考核验收，被苏州市委、市政府授予“苏州市美丽镇村建设示范镇”称号。自梅李镇被列为苏州市美丽城镇建设示范点、天字村被列为苏州市美丽村庄建设示范村后，梅李以建设现代化新型小城市为目标，根据“九整治三规范”的要求，列出街头巷尾、镇郊接合部、老旧小区、“城中村”、危旧住房、低洼积水地段、河道水系、建筑工地和农贸市场9个重点整治区域，规范占道经营、车辆停放、广告店招等项目，切实将“美丽城镇”“美丽村庄”建设与城乡一体化发展有机结合，顺利完成集中整治阶段的各项工作目标任务。

【梅李党代表工作室启用】 4月11日，梅李镇党代表工作室揭牌启用，市党代表徐永达驻室接待基层村民群众，听取有关拆迁安置的所想所求，面对面倾听群众“真”声音。党代表工作室是党代表履行代表职责、联系党员群众的工作平台。梅李镇党政领导和19名市级党代表一起，每月两次到工作室现场接待基层党员群众来访，通过驻室接待、收集意见、交办督办等方式开展工作，切实为群众排忧解难，确保群众话有地方说、事有地方办、困难有人帮、问题有人管，解决好联系服务群众“最后一公里”问题。

【中船九院参与梅李新镇区建设】 4月24日，中船第九设计研究院和梅李镇举行中船·梅李新型城镇化合作协议签约仪式，正式启动东部新镇区项目建设。2013年12月底，经过与中国船舶集团和中船第九设计研究院的积极对接，梅李镇与该院签订了东部新镇区合作框架协议。建设项目包括老城改造和新城建设，规划总面积4.60平方千米，建设内容包括古镇风貌改造、河道整治、景观绿地建设、基础设施建设、生态环境等工程建设领域，其中一期1.40平方千米，包括商业、金融、体育、居住、商务办公、公共绿地等14类用地。

【6位女企业家获评中国扶贫爱心奖】 4月28日，“同行廿五年，从未怕路远”中国扶贫基金会捐赠人大会（上海）暨2014中国公益趋势论坛召开，梅李女企业家张美芬、姚群芳等6人被中国扶贫基金会评为2013年度扶贫爱心奖。梅李镇女企业家先后成立镇女企业家联谊会和女企业家爱心基金会，投身各类公益慈善事业，积极回报社会。

【《梅李镇劳模风采录》出版首发】 4月30日，由梅李镇总工会、常熟市劳模协会梅李分会编纂的《梅李劳模风采录》一书正式出版首发。《梅李镇劳模风采录》共15万字，以图文并茂的形式，收录整理了梅李镇区域内原梅李、赵市、珍门自1983年至2013年30年中评选出来的各级劳模共45名，其中省部级9名，苏州市级26名。

【“孝和”工作室成立】 5月19日，以维护妇女儿童合法权益、促进社会和谐为主旨的梅李镇“孝和”工作室在梅李社区揭牌成立，56名“孝和”工作室志愿者参加活动，并接受相关的法律知识专题培训。工作室成立后，志愿者们利用每周六上午半天时间，义务为前来咨询的百姓群众提供帮助。

【梅李镇小麦测产工作达标A级方】 5月30日，梅李镇3个小麦测产点共0.43公顷“洋麦16号”小麦通过由江苏省、苏州市、常熟市三级农委、作栽站的测产验收，以亩均产量500千克的高产，成为苏州市首家达标的A级方。通过专家测定，梅李镇丰产方测产点亩产预计达到500千克以上，非丰产方测产点亩产预计达到450千克以上，平均水分含量低于14点。

【王惠英入选“中国好人榜”】 5月，在由中央文明办主办的“我推荐、我评议身边好人”网络评选活动中，35年如一日照顾高位截瘫的丈夫，扶养智障女儿的王惠英成功入选。王惠英成为继薛馥华之后，梅李镇第二位入选的“中国好人榜”孝老爱亲典型。

【梅李道德文化公园启用】 6月9日，梅李镇道德文化公园正式启用。该道德文化公园位于集镇区胜法路与将军路交界处，于2013年开始建设，以道德文化与梅李特有的孝爱文化相融合，打造集游园绿化、健身广场、弟子规展台以及传统孝爱文化展示长廊等一系列融入道德元素的设施，集学习、宣传、健康、休闲于一体的开放式主题公园。

【《孝廉在梅李》故事集出版首发】 7月11日，《孝廉在梅李》故事集首发仪式在梅李镇政府举行，各村、社区以及企事业单位等代表们参加活动并接受赠书。《孝廉在梅李》共收集37篇孝廉故事，以图文并茂的形式，进一步探索研究孝廉文化，把发生在福地梅李的孝廉故事以通俗形式进行再创作。

【梅李镇经编联盟标准正式确立】 7月13日，梅李镇梅李商会经编印染分会联盟标准通过评审正式确立，为梅李经编纺织产业的进一步规范、提升、发展提供坚实基础。梅李镇于2010年启动经编产业联盟标准制定工作，就联盟标准框架体系、标准范围、工作计划等事项进行部署落实，在经过调研、起草、会审、报审等一系列工作后，正式推出“梅李经编面料”联盟标准，标准的制定有利于推动梅李镇经编面料产业的转型升级和健康发展。

【梅李科技创新中心成功创建省级科技企业孵化器】 8月18日，梅李镇科技创新中心被江苏省科技厅认定为省级科技企业孵化器，这是常熟市乡镇首家省级企业孵化中心。梅李镇科技创业中心（科技企业孵化器）位于通港路北侧，总建筑面积3万平方米，主要用于引进装备制造、汽车零部件、精密器械、光电信息、新材料等与梅李产业相配套的研发机构和高端人才。科创中心与国内多家高

7月11日，《孝廉在梅李》故事集首发暨孝廉故事赛在梅李镇举行

校院所共建创新平台，并致力于吸引国家千人计划、省双创人才、姑苏人才、常熟市领军型人才项目等高科技项目、高新技术人才和团队。

【首届龙园杯"孝爱梅李"江浙沪评弹名票大奖赛举行】 8月，首届"龙园杯·孝爱梅李"江浙沪评弹名票大奖赛举行。此次大奖赛是常熟市第六届江南文化节活动内容之一，由江苏省曲艺家协会和梅李镇人民政府主办，苏州市曲艺家协会、市文广新局、市文联、梅李镇文联协办，旨在传承和弘扬评弹艺术，广泛传播孝爱文化。大赛总赛事为5天，在梅李龙园书场进行预赛，常熟评弹艺术馆虞山书场举行决赛。大赛共产生金奖5人、银奖5人、铜奖6人。

【梅李获授全省首家蒸菜研发基地】 参见第272页〖全省首家蒸菜研发基地在梅李授牌〗。

【梅李镇第五届体育文化节举行】 4月至10月，梅李镇举行第五届体育文化节。本届体育文化节的主题是"传承、创新、超越"，比赛项目包括田径、棋类、球类、民间体育、家庭才艺等七大类38个比赛项目。活动于4月中旬开赛后2600多名运动员经过近6个月的拼搏，在田径、棋类、球类、民间体育、家庭才艺等比赛项目中共产生团体冠军17个，单项冠军38个。

【获世界卫生组织"健康社区"称号】 12月23日，世界卫生组织(WHO)健康城市合作网络会议暨健康场所命名仪式在上海召开，梅李镇被世界卫生组织(WHO)健康城市合作中心正式授予"健康社区"荣誉称号，成为常熟市率先获此殊荣的乡镇。梅李镇通过有计划、有组织地开展形式多样的健康促进工作，在普及全民健康知识、提高全民健康素养、改善全民健康生活方式、控制慢性病发生方面取得一定成绩，获得世界卫生组织的肯定。

【瞿巷村通过省级村庄规划建设示范村验收】 12月24日，梅李镇瞿巷村省级村庄规划建设示范村工作顺利通过由苏州市财政、住建等部门组成的验收组的考核验收。作为苏州六县市中两个参与省级村庄规划建设示范村创建工作的村庄之一，梅李镇瞿巷村按照城乡发展一体的要求，共计投入2500万元，对全村进行外墙白化、路灯亮化、路面硬化等一系列基础设施建设，并陆续完成河道驳岸整理、污水处理、道路桥梁、停车场地、公共厕所、健身场地等建设。

（王 杨）

辛庄镇

【概况】 辛庄镇东连沙家浜，南接苏州，西邻无锡，是新规划的苏州市两大一类小城镇之一，苏虞张一级公路和锡太一级公路在镇区内交会，227省道、227省道复线贯穿全境。区域面积104.26平方千米，户籍人口75973人，常住人口约10万人，下辖1个办事处、20个村、3个社区居委会和1个农场，是国家卫生镇、国家级生态镇、中国针织服装名镇、江苏省文明乡镇、江苏省创新型乡镇，小城镇建设管理荣获"江苏人居环境范例奖"。2014年，辛庄镇紧紧围绕"勇于创新克难提发展之质，精于改革攻艰谋惠民之福"工作主题，牢固确立以"十二大工程项目"引领全镇经济社会转型升级的发展战略，经济社会保持平稳健康较快发展。

经济发展 全镇实现地区生产总值93.50亿元，增长5.70%；完成公共财政预算收入4.55亿元，增长5.10%。实现工业开票销售收入223亿元，增长23.90%，规模以上工业产值255亿元，形成开票销售超亿元企业19家，超两千万元企业99家的规模企业群体，隆力奇入库税金首次突破2亿元。净增民营经济注册资本13.10亿元，增长52.80%，实现到账外资1020万美元。全年完成工业投资19.60亿元，共有27个超千万元技改项目开工建设，竣工16个。实现高新技术产业产值113.50亿元，八大新兴产业产值130.60亿元。新认定国家火炬计划项目4项、省高新技术企业8家、省民营科技企业12家，省高新技术产品32个、省名牌产品1个，新引进"国家千人计划"专家1人。完成服务业投资12.50亿元，实现开票销售收入26.50亿元。商贸业态显著提升，沁香园、美璟湾开工建设，禾盛商业广场竣工投用并初步形成新的商业综合体。现代农业扎实推进，新增集体规模经营土地面积100公顷，高标准建成荷花荡高效渔业示范园，圆满完成中央财政旱涝保收高标准农田示范项目、卫家塘节水灌溉建设一期工程和种子基地建设，实施省"三新工程"沙塘鳢养殖推广项目、省池塘循环水养殖示范工程项目和农业部首批试点村级水产服务体系建设，建成苏州市首批水产养殖智能化信息平台，获评"江苏省农村信息化应用示范基地"。落实村级财力倍增计划，积极推动村级联合体项目建设，朱家桥米业加工厂全面启动，新组建11个农村合作组织。实现村级总收入1.20亿元，增长10.40%。

社会事业 修编完善城镇总体规划，加强规划衔接，基本完成零星工业用地整治规划和“三优三保”试点工程规划，初步完成南部新城、情缘湖万亩生态湿地旅游公园、张港泾河生态景观工程规划编制，启动保留村庄综合整治试点规划。加快推进三年淘汰落后产能行动和污水收水工程，完成贵泾河、杨园河、黄家坝河三条黑臭河道整治，疏浚河道32条，新建圩堤挡墙生态护岸4.10千米。加快道路基础设施建设，程家巷路、金潭新路、顾泾南路先后开工建设，通过“苏州市农村道路安保工程示范乡镇”验收。实施教育优先战略，大力推进校安工程建设，张桥中心幼儿园、杨园中小学校安工程建设扎实推进，张桥中学一期工程竣工投用，建立“名师工作室”，全年教育总投入超1亿元。辛庄中心卫生院与市第一人民医院建成紧密型医疗服务联合体，辛庄中心卫生院成功创建江苏省示范卫生院，医疗服务水平实现新提升。辛庄思亲苑扩建工程、瑞林收藏艺术馆筹建工作有序推进。持续推进“德善文化”品牌建设，在苏州地区首推“善行义举榜”，开展寻访“最美辛庄人”“崇德向善树家风”“道德讲堂”等系列活动。苏州市辛庄企业家商会、庄稼堰老年和谐基金会、顾泾学子关爱基金会、吕舍爱心基金会等一批爱心慈善团体屡屡捐资，引领德善辛庄新风尚。

人民生活 人民生活水平稳步提升。农民人均纯收入26100元，增长8.50%。全镇年末存款余额达81.68亿元，人均储蓄存款7.02万元，集市贸易成交额达97495万元，农民人均住房面积62平方米。动迁安置稳步推进，阳光丽苑一区交付投用，广福家园即将竣工交付，阳光丽苑二区、恬都花园一区、渔民新村建设工程扎实推进，全年新开工安置小区面积10.40万平方米，封顶10万平方米，累计安置农户495户。社会保障体系日益健全，实现养老保险覆盖率99.60%，社会养老保障率99.80%，合作医疗参保率达99.80%。完成被征(使)用土地补偿安置1630人。完善慈善救济服务，切实提高扶贫帮困水平，全年共发放临时、慈善、低保等各类救助款1000多万元。群众文化生活精彩纷呈，成功举办节庆文艺演出、评弹专场、书法摄影展、全民健身月、送影送戏送书下乡等活动，张桥中心小学等4所学校体育设施免费对外开放，获评“江苏省公共文化服务体系示范区”。《辛庄掌故》出版发行，《辛庄镇志》通过终审。新建“悦阿姨”婚姻家庭服务中心。村庄环境卫生长效管理持续推进，完成张港泾村顾泾南和田堵浜2个“三星级康居乡村”建设项目，潭荡、华欣等10个村全部通过省级卫生村复查。

社会管理 扎实开展“平安辛庄”建设，完善技防网络，新增治安监控点位115个、道路高清抓拍15套，建立基层日常工作巡查机制，社会综合治理有效加强。全镇刑事发案率同比下降13.14%。深入开展社会矛盾滚动式排查，完成9个镇级重大建设项目社会稳定风险评估，办结“12345”便民服务热线、苏州市“寒山闻钟”论坛诉求1855件，成功调解各类纠纷751起。深入推进“法治辛庄”建设，持续开展“六五”普法工作，成立公共法律服务中心，建成6个省级民主法治示范村和顾泾德善法治文化园，依法行政工作获评“常熟市依法行政示范点”。扎实推进“六打六治”打非治违行动，2个市级和3个镇级重大事故隐患挂牌整改项目全部摘牌，卫家塘村新创“常熟市安全生产标准化管理星级示范村”。持续开展食品安全“天安行动”“放心行动”“四打击四规范”等

9月14日，辛庄镇举行“欢乐村村行”文艺巡演

专项整治行动，食品安全监管水平有效提升。积极营造公平诚信的消费环境，获评“苏州市放心消费创建活动先进示范单位”。建立社区工作站，积极探索新建安置小区社会化管理办法。严格依法用地，拆除各类违章建筑1.23万平方米。持续推进“秀美辛庄”战略，新增林木覆盖面积36.07公顷。推进大气污染防治，完成60台燃煤锅炉清洁能源替代工作。加快实施“两湖”流域综合整治，关停排污企业11家，关停畜禽养殖28家，拆除15家，基本完成望虞河流域连片整治3071户分散式污水处理工程。

表49　　**2014年辛庄镇主要经济社会指标**

项　目	数　量	项　目	数　量	项　目	数　量
生产总值	93.54亿元	工业销售收入	282.60亿元	中小学校	6所
公共财政预算收入	4.55亿元	工业利税	19.71亿元	在校中小学生	7863人
耕地面积	3346公顷	固定资产投入	32.08亿元	在职教师	483人
用电总量	72352万千瓦时	其中：工业投资	19.58亿元	医院/病床	2所/193张
农业总产值	6.29亿元	完成技改项目	68个	社区卫生服务站	18个
粮食总产量	2.36万吨	当年技改投入	14.69亿元	农村合作医疗参入率	100%
皮棉总产量	0吨	新增民营企业注册资本	8.23亿元	自来水入户率	100%
出栏生猪	1.89万头	完成注册外资	2069万美元	农村养老保险覆盖率	99.60%
出栏家禽	17.66万羽	实际利用外资	1020万美元	最低生活保障对象	310户/459人
水产品产量	11130吨	外贸供货额	61.91亿元	年末存款余额	81.68亿元
农村合作社	61家	自营出口额	101172万美元	人均储蓄存款	7.02万元
农机总动力	36346千瓦	三产从业人员	12012人	农民人均纯收入	26100元
工业企业	982家	三产增加值	23.16亿元	农民人均住房	62平方米
其中：私营工业企业	935家	集市贸易成交额	97495万元		
工业总产值	300.96亿元	镇村主干道	87.50千米		

表50　　**2014年辛庄镇各村基本情况**

名　称	党组织书　记	村主任	地区生产总值（万元）	人均纯收入（元）	名　称	党组织书　记	村主任	地区生产总值（万元）	人均纯收入（元）
金　荡	张惠中	范文元	7239	26105	桃　园	邹　强	张文兵	7649	27208
潭　荡	黄国书	陈建新*	24463	25822	杨　中	吴志军	时伟民	15888	26612
三　中	陆敏珍	李　刚	30725	26127	朱家桥	毛国明	唐志军	4709	25869
张港泾	潘　琪	李　敏	38146	27034	沈　浜	周忠良	王新刚	17986	25324
常　南	陈建良	顾燕庆	198357	27524	旺倪桥	袁宝明	顾洪英	7984	27354
吕　舍	胡生明	沈建强*	7848	25274	平墅村	张立新	朱建峰	9537	25074
华　欣	沈伟中	吴卫东	6735	23280	东旺村	张卫国	冯金虎	9019	27688
合　泰	陈国英	杨建忠	5907	25734	张家桥	黄小和	杨志忠	11710	24574
双　浜	吴彩琴	曹　良	28371	26327	嘉　菱	陶月明	邹建华	19298	26759
洞港泾	李　亮	宁培庆	271200	26025	卫家塘	马文林	王建东	17071	26442

说明：带“*”的为党组织副书记，主持行政工作

表 51

2014 年辛庄镇各社区基本情况

名　称	党组织书记	主　任	辖区内居民人数
辛　庄	钱卫良	陈建军	2426
杨　园	殷文康	殷文康	4696
张　桥	顾卫新	顾卫新	3519

表 52

2014 年辛庄镇骨干企业基本情况

企　业　名　称	销售收入(万元)	利税总额(万元)	法人代表
常熟阿特斯阳光电力科技有限公司	922639	59987	瞿晓铧
江苏隆力奇集团有限公司	799897	68584	徐晓平
江苏萃隆精密铜管股份有限公司	82942	3530	陆明华
常熟市长发铝业有限公司	51495	1440	蒋剑飞
常熟鲁花食用油有限公司	46213	6067	王力强
苏州福斯特光伏材料有限公司	46136	7446	林建华
江苏省常熟环通集团有限公司	34376	1904	范建平
华凌光电(常熟)有限公司	29907	576	廖育斌
苏州赛历新材料科技有限公司	25473	5024	奚众建
苏州市云鹰纺织品有限公司	25454	811	范　云
常熟市佳美金属制品有限公司	20788	518	戴明华
江苏国泰宝马制衣有限公司	18830	337	陶雪生
苏州乾雄金属材料有限公司	18187	95	赵建清
苏州万盛混凝土有限公司	14636	991	王嘉诚
苏州中联新航混凝土有限公司	13577	568	张京涛

【获评“江苏省和谐社区建设示范乡镇”】 1月,经江苏省民政厅认定,辛庄镇获评“江苏省和谐社区建设示范乡镇”。近年来,辛庄镇重视社区工作,以服务居民为抓手、以文明和谐为目标,积极完善社区基础设施建设,加强“五位一体”综治站、“六位一体”卫生服务站建设,全镇社区服务中心建成率达到100%;探索新型管理服务体系,落实“一委一居一站一办”社区管理模式,鼓励民办非企业单位进入家政服务、居家养老等社区服务领域,开展“一助一”结对帮扶志愿服务活动,打造社区建设、社会组织、社工力量联动的工作新模式;创新社区服务模式,推行“前台一口受理,后台协同办理”,建立社区事务受理站,实行网上工作联动和协同办理;加大对社区民间组织的培育力度,建立琼花艺术团等多个特色团队,成立健身队、门球队等社区文艺团体,举办社区邻里节、社区文艺会演、社区运动会等活动,丰富社区居民精神文化生活,提升社区建设内涵。

【卫家塘节水灌溉工程完成】 4月开始,辛庄镇启动市级规模化节水灌溉增效示范项目卫家塘节水灌溉工程。工程总投资约300万元,灌区面积142.67公顷,灌溉总面积81.33公顷,分为2个灌区,以种植水稻为主,采用钢筋砼管暗渠和钢筋砼板衬砌明渠相结合的节水灌溉模式。工程至5月中旬竣工,有效满足农业灌溉的供水需求,提高水资源利用率,达到省水、省工、节能、节肥、增产增收的综合目标。

【农村生活污水管网改造工程完工】 5月开始,辛庄镇投入7800万元,启动5个村77个自然宅基的农村生活污水管网改造工程。同时,配合“两湖”流域综合整治、三年淘汰落后产能行动等工作,全面推进镇村治污减排。至[illegible]月底,工程建设全面完工,3071户农户受益。

【朱家桥村获评“全国科普惠农兴村先进单位”】 6月,中国科协、财政部公布2014年“全国科普惠农兴村先进单位”名单,朱家桥村成功入选。近年来,朱家桥村坚持现代特色农业发展,积极整合资源,扎实推进科普示范建设,重点抓好一支队伍,建好一批设施,打造一批品牌,先后投资建设图书阅览室、早教基地、影视播放室、科普培训室、水产养殖工作服务站等,为村民提供各类科普服务项目,科技惠农成效显著,先后获常熟市科普示范村、江苏省科普示范村等多项荣誉。

【《辛庄掌故》出版发行】 7月,《辛庄掌故》正式出版发行。是书编纂历时1年,入书稿件186篇,计14万字,主要分为古今人物、往事拾零、名胜古迹、地方特产、地名溯源、风俗民情、趣闻传说、地方特故事等8个部类,集地方性、知识性、思想性和趣味性于一体,对于乡情、地情教育、培育弘扬德善文化和加强全镇精神文明建设具有积极意义。

【分分创业促进中心有限公司挂牌成立】 7月16日,“常熟市辛庄镇分分创业促进中心有限公司”正式揭牌成立。辛庄镇分分创业促进中心有限公司是由辛庄镇资产经营投资公司和美国美南中国专家办会联合会联合打造的孵化基地创业项目,旨在通过这一平台,加速汇聚创新创业人才智慧,更好地服务小微高科技创新企业,使之成为辛庄产业集聚发展的孵化器和加速器。公司成立后将积极推行人才创业项目“整体化解决方案”,广泛参与“美南中国专家常熟行”“海外华人华侨江苏行”和“北美专家行”等人才交流活动,提供从招才引智、技术合作洽谈到项目落户的“保姆式”服务,实现人才工作机制由政府主导向社会参与转变。

【率先发布苏州市首个“善行义举榜”】 7月14日,苏州市首个“善行义举榜”在辛庄镇张港泾村张榜发布,“最美老乡”黄阿雪、“最美企业家”平小发、“最美儿子”平明元等上榜。通过选树身边典型,宣扬助人为乐、诚实守信、敬业奉献和尊老爱幼的道德品质,发布“善行义举榜”,为凡人善举立传,是辛庄镇着力构建“德善辛庄”品牌的一项创新举措。

【华瑞芯藏电影海报展在博物馆举行】 8月20日,《书影飘香——华瑞芯从文、收藏五十周年》暨第十届中国电影资料收藏联谊会在常熟博物馆举行,共展出50幅从1934年到1954年的精品电影海报。华瑞芯自60年代起就长期从事电影海报的收藏,共藏有11000部电影的22300张海报,还编著出版大型画册《华瑞芯电影海报收藏集》(中国电影海报1949—1966艺术影片卷),集中反映1949—1966年“十七年电影”时期的政治、经济、文化背景,填补了国内电影海报资料出版的空白。8月24日,《华瑞芯电影海报收藏集》和反映华瑞芯近50年人生轨迹的纪念文集《书影飘香》在首发。

【隆力奇向鲁甸灾区捐赠】 8月5日,隆力奇爱心基金通过常熟市民政局向鲁甸灾区捐赠价值500万元的急需日化物资,以支援灾区抗震救灾,帮助灾区群众早日恢复正常生产生活秩序。8月3日,云南省昭通市鲁甸县境内发生6.5级地震,隆力奇全体员工时刻关注灾情,与隆力奇云南分公司保持紧密联系,有序组织分公司参与援助工作,以实际行动积极支持抗震救灾。

【陶荡学子爱心基金会正式启动】 10月上旬,陶荡学子关爱基金正式启动。该基金会由辛庄镇常南村原陶荡村小学教师、校长鲍培育创办,旨在助学、助残、助医,以发扬社会爱心、传递人间真情。至年末,该基金会共筹集资金56600元,累计向各类弱势群体发放各类善款38800元,成为辛庄镇又一民间慈善团体。

【黄阿雪当选“江苏好人”】 10月,经江苏省文明办组织评选,张港泾村黄阿雪入选8月“江苏好人榜”。黄阿雪,男,1963年生,辛庄镇张港泾村(原顾泾村)人,苏州工业园区公租房管理中心副主任。他发起建立的辛庄中学80届高中同学关爱基金、顾泾学子关爱基金和吕舍爱心基金,累计筹集善款75万元,并发放帮扶款33万元。5年来他个人累计捐款捐物10多万元。2014年,黄阿雪先后被评为常熟市首位“最美人物”“2014年度苏州市道德模范·精神文明建设十佳新人”。

【组建紧密型医疗联合体】 10月18日,辛庄中心卫生院携手市第一人民医院组建紧密型医疗联合体。这是继2012年11月辛庄中心卫生院加盟“市一院医疗服务集团”后,两院的再次深层次合作。此举将进一步提升辛庄中心卫生院的医疗服务能力和水平,更好地为群众提供全程、连续、有效、快捷的医疗服务,助推全镇医疗服务水平实现新提升。

【“悦阿姨”婚姻家庭服务中心成立】 10月22日,辛庄镇挂牌成立“悦阿姨”婚姻家庭服务中心。

“悦阿姨”婚姻家庭服务中心是以婚姻家庭纠纷调解、婚恋咨询指导、弱势群体关爱为主要职能的民办非企业组织，以家庭为主阵地，主要承担婚姻家庭法律法规宣传，婚姻家庭纠纷调解、咨询、婚恋指导，婚姻介绍等工作，是辛庄镇第一家女性社会组织。

【辛联米业加工中心投用】 11月5日，辛联米业加工中心完成最后调试后正式交付投用。该工程是辛庄镇年第一个正式投用的村级联合体增收项目。辛联米业加工中心是辛庄镇村级经济联合体成立后的首个增收实事项目，建设生产用房600平方米、场地2000平方米，总投资450万元，投产后可年加工大米2000吨，通过加工、销售优质大米增收200万元以上，将带动全镇12家村办农场共同增收。

【辛庄镇被认定为“江苏省农村信息化应用示范基地”】 12月4日，省经信委、省委组织部、省委农工办、省农委、省商务厅公布2014年度江苏省农村信息化应用示范基地名单，经专家审查、现场考察和省相关部门复审，辛庄镇被认定为“江苏省农村信息化应用示范基地”。2014年，辛庄镇高度重视农村信息化建设，设立信息化综合协调机构，建立“五个一”标准的乡镇综合信息服务站和村综合信息服务站，实现镇务公开、财务公开、农技推广、合同管理、“三资”管理等领域的信息化应用。全镇各中小学均建有计算机教室，并利用农村党员干部现代远程教育、文化信息资源共享等平台向村民提供党建、文化、教育等信息服务，进一步推进农村信息化应用的发展。

【“隆力奇(日本)美健创新中心”项目通过验收】 12月9日，江苏隆力奇生物科技股份有限公司承担的省国际科技合作计划项目“隆力奇(日本)美健创新中心”通过专家验收。中心通过创新研发，开发出9款新型洗护发产品，升级11款老产品。项目实施期间，公司申请发明专利2项，发表论文4篇，投入科研经费1049万元，新增产值9434.36万元，新增销售额7487.57万元，新增税768.08万元。

【获评“江苏省科普示范镇”】 12月上旬，辛庄镇获评“江苏省科普示范镇”。2014年，辛庄镇积极做好科普建设，将经常性工作与专题活动相结合、抓意识提高与科学方法引导相结合，科普工作呈现良好发展态势。全镇拥有国家火炬计划重点高新企业4家，省级高新技术企业25家，省创新型企业4家、科技民营企业70多家，省院士工作站2家，省工程技术中心9家，省企业研究生工作站9家，国家重点新产品6件，发明专利拥有量超200件，承担国家、省级科技项目40多项，朱家桥农村科普示范基地被列为“中国科协科普惠农兴村计划——农村科普示范基地”。

【侨务工作站揭牌成立】 12月16日，全市首个镇级侨务工作站在辛庄镇揭牌成立。辛庄镇侨务工作站的成立，旨在依法维护归侨侨眷、海外侨胞、港澳同胞在国内的合法权益，优化对侨胞的服务，吸引海外成功人士到辛庄创新创业。此外，辛庄镇还设立“德善辛庄侨之家”，依托镇文化中心资源，提供文化、娱乐、图书阅览等服务，为辛庄侨界人士联络联谊、开展活动提供场所，进一步发挥凝聚侨心、汇聚侨智，发挥侨力的作用。

【名师工作室揭牌成立】 12月19日，辛庄镇名师工作室揭牌成立，数学、英语等6个镇级名师工作室正式启动运行。名师工作室现有成员83人，由各校推选的市级学科带头人、教学能手和学校骨干教师组成。名师工作室的成立，将进一步发挥名师资源引领辐射作用，加快培养一批高素质专业化教师队伍，为推进全镇教育事业又好又快发展提供强有力的人才支撑。

【推动荷花荡高效渔业示范基地建设】 2014年，辛庄镇推动常熟市荷花荡高效渔业示范区建设。示范区位于辛庄镇吕舍村，东接阳澄湖、南连相城、北通常熟、西依S227复线，是苏州市“百万亩现代农业规模化示范区”的重要组成部分。截至12月，投入资金1056万元，建设完成标准化池塘46.67公顷、整理河道13.33公顷、建设生产道路5000米、土方工程60000立方米、看护房15户、泵站2座、进排水管3500米、标准护栏8000米，电线线路3500米，微孔增氧设施30套。

【推进省池塘循环水养殖示范工程】 2014年，辛庄镇积极推动省池塘循环水养殖示范工程。池塘循环水养殖项目建成面积33.33公顷，其中标准化池塘26.67公顷，湿地池道净化区6.67公顷，12寸泵站2座，进水管1000米，排水板沟渠1450米，挖填土方2万立方米，项目投资金额150万元。截至12月，完成工程总量的95%，拟于2015年1月全面竣工，3月申请验收。

【隆力奇入库税金首次突破2亿元】 2014年,隆力奇集团入库税金首次突破2亿元,助推全镇经济实现新提升。作为辛庄镇龙头企业,隆力奇按照"沟通无限、改善管理、全球布局、稳健发展"方针,靠品质求生存、靠诚信求发展,强调责任、创新、共赢、依法治企,开创了企业稳步提升的良好局面。6月,隆力奇全球研发中心正式投入使用,内设实验区、产品展示区、办公区和报告厅等,担负着全球八大研究机构的技术对接和成果转化工作。8月3日,隆力奇爱心基金向鲁甸灾区捐赠价值500万元人民币的日化物资。9月,携手央视"寻找最美孝心少年"大型公益活动,在全社会弘扬孝道文化。12月,全面进军老年保健产业。

【获评"江苏省公共文化服务体系示范区"】 2014年,辛庄镇获评"江苏省公共文化服务体系示范区"。辛庄镇坚持以"文化引领"为核心,以新阳大道为中心轴,先后建成星海文化中心、星海无线电博物馆、心乐园等公共文化场馆,打造综合性集镇公共文化中心;以张桥办事处、杨园社区原有市民广场为平台,建成张桥、杨园社区文化分站;在全镇20个行政村、3个社区居委会建成23个文化活动中心,综合文化活动室面积达8550平方米,加快推进辛庄镇公共文化服务体系建设。同时积极引导社区业余文化团队挖掘吴文化精髓,精心扶持特色团队。全镇拥有镇级文艺团队4支,村级(社区)文艺团队16支,学校特色文化团队3支,企业团队4支。全年开展文艺专场演出、送影下乡等文化活动,向村(社区)送书2500册以上,送戏20场次、送影276场次以上。

【评弹书场助力文化惠民】 2014年,辛庄镇坚持以"文化引领"为核心,努力搭建文化服务平台。全年以各大佳节为节点,累计开展评弹书场活动50多场次,广邀来自苏州、江阴等地知名评弹艺术家,为全镇广大戏曲爱好者献上戏曲名段,丰富群众业余文化生活,传承辛庄评弹文化,提高评弹文化影响力,推动传统文化发展。作为全镇文化惠民建设工程的重要举措,评弹书场活动进一步传播高雅文化,营造浓郁文化氛围,提升群众生活品质。

【阿特斯阳光电力年收入和出货量创纪录】 2014年,阿特斯公司在太阳能项目销售、太阳能组件出货、收入、净收入及自由现金流方面,达到新水准。总计出货3105兆瓦的光伏组件,超过2.73吉瓦—2.78吉瓦的目标,收入确认2813兆瓦,净收入总计为29.60亿美元,2013年为16.50亿美元,出货量在十大光伏制造排名中跃升至第三位。2014年,阿特斯顺利完成日本和英国收购项目,并成功收购Recurrent,开创销售商业新模式,进一步巩固其在太阳能行业一级全球领导者的地位。 (顾 辰)

古 里 镇

【概况】 古里镇位于常熟市东郊,区域面积96.38平方千米,常住人口6.50万人,下辖2个办事处,17个村(社区)。先后获评国家卫生镇、全国环境优美镇、中国历史文化名镇、中国羽绒服装名镇、中国针织名镇、中国民间文化艺术之乡、中国绿色名镇、国家级生态镇、中国人居环境范例奖、中国针织面料创新基地、中国针织行业转型升级示范镇、全国纺织行业先进党建工作示范单位、国家火炬生物医药特色产业基地、全国首家"中国(古里)朗诵艺术基地"、江苏省文明乡镇、江苏省科普示范镇、省特色景观旅游名镇、江南民俗之乡。

经济发展 全镇共有工业企业883家,其中私营企业860家;全年完成地区生产总值144.20亿元,公共财政预算收入6.70亿元;工业总产值467.20亿元,其中新兴产业产值35.90亿元,高新产值21.40亿元;工业开票销售收入226.50亿元,利税41.10亿元;完成全社会固定资产投资36.50亿元,其中工业投资21.30亿元;实现到账外资1500万美元,净增民营经济注册资本9.60亿元;完成社会消费品零售总额24亿元,外贸进出口总额11.50亿元,其中出口10.60亿元。规模经济支撑作用更加明显,全镇125家规模以上企业实现工业总产值426.30亿元,利税38.50亿元。第三产业发展迅速,2014年实现服务业增加值29.40亿元,服务业开票销售收入49.80亿元,累计入库税金2.50亿元,占全镇财政入库税金总额的15.10%。金土木集团被正式认定为常熟市总部企业,总部大楼建设已正式开工;古建园林集团成功落户古里;物资再生公司被认定为常熟市商贸流通标杆企业。项目建设持续推进,中新合作区建设不断加快,顺利签订四方合作意向书;威派克包装及投资1亿美元的费森尤斯血路管扩产项目正式投产,

改造建设后的古里镇文昌古街区

巨硕机械、莱茵电梯、思瑞电子等重点工业项目已进入规划施工阶段，汇川包装材料成功签约，全程跟踪卓昌隧道设备、勃朗科技等在谈项目。创新驱动深入实施，组织企业与江南大学、常州大学、上海理工大学等高校对接交流，开展产学研活动；古里科创园成功申报省级科技企业孵化器；强盛股份成为常熟市首家“新三板”挂牌企业；江苏金辰等4家企业被认定为省级以上高新技术企业，金鼎机械等9家企业被认定为省民营科技企业；强盛冲压件等7家企业建成省、苏州市级企业研发机构；田娘农业公司建成省博士后创新实践基地，常铝铝业、伟恒模具列入省企业“科技创新岗”；全镇申请专利1100多件，授权专利近600件，全年认定省级高新产品25件。农业基础不断巩固，水稻、小麦种植面积保持0.23万公顷；坞坵现代水稻产业园被认定为苏州市级现代农业园区；省级现代渔业精品园投入运营；畜禽养殖业污染专项治理三年行动计划全面开展，关停173户，整治53户；做好土地管理工作，严格土地执法，积极落实增减挂钩和占补平衡项目，新增农用地、耕地分别达2.23公顷、35.59公顷；全镇水利工程投入达3500多万元，车泾河、支长漤城乡河道综合整治全面完成，疏浚河道15条、13.50千米，加高加固圩堤2.50千米，改建排涝站4座，中央财政旱涝保收高标准农田建设项目顺利竣工。

社会事业 镇村建设有序开展，加快完善城市发展规划和综合整治村庄规划；城乡一体化示范小区建设加快实施，2014年新开工建设面积10.30万平方米，竣工3.90万平方米，铁琴花园一期13、14号楼、红豆小区交付使用，金湖花园一期、紫霞二期、三期、新市小区等建设顺利推进；红豆路、红杨路、淼泉镇南路等道路改造加快实施，复兴路、坞白路、淼北路亮化工程顺利推进；围绕沪通铁路、文学街东延等重点工程，全力做好了清障工作，全年协议搬迁农户207户，企业9户；围绕镇村建设管理，共拆除违章建筑113处、4000平方米；认真做好落架大修工作，共审批229户，开工155户，验收13户。实事工程扎实推进，古里敬老院改建工程顺利竣工，新建镇级老年人日间照料中心，居家养老服务站实现村（社区）全覆盖；淼泉中学一期工程交付使用，二期工程结构封顶；淼泉社区卫生服务中心解危改建方案已经确定；殡葬服务中心、喜庆服务中心建成投用；双港社区养老服务中心、镇科创中心建设顺利启动；智慧社区建设扎实推进，在铁琴社区、康博村的试点取得成效；联泾中心路、琵琶泾桥改造等农村道路提升改造工程全面启动；污水处理工程有序推进，完成[illegible]东工业园区1.50千米污水管网建设，坞坵沈闸等4个村庄351户分散式生活污水处理工程全面竣工，做好了红枫路、银桂路等相关道路污水管网建设的前期准备工作。

人民生活 校安工程深入推进，安琪小学教学楼改扩建工程顺利启动，4所学校向社会开放体育设施；古里中心卫生院与市二院联合医院正式运作，白茆卫生院[illegible]专科通过省级审核；完成1万名老年人健康体检、2.20万人次计生优质服务，落实计生家庭奖励和特扶对象补助政策资金491万元，“单独两孩”新政平稳实施，流动人口均等化服务实现全覆盖；圆满完成征兵任务，全镇30名双合格青年被批准入伍；双拥工作不断加强，共发放优待金和安置费496万元。做好城保扩面工作，全镇基本养老保险覆盖人数29124人，覆盖率达99.40%；超额完成老年农民社会保障指标；新增缴存公积金职工1924人；农村合作医疗参保人数25895人，参入率达99.90%；做好5.90万张社保卡发放工作；开展就业指导6884人次，提供就业岗位6563个，登记失业救济人员[illegible]20人，发放失业救济金338.50万元；发放最低生活保障金和低保边缘救助金450万元；在全市率先成立新市民事务分中心，全面启动新市民积分制管理，办理新市民子女入学372人、入医298人，申领市民卡1535人。集体资产管理有效加强，规范镇级、村级土地租赁，新增面积分别达 3.50 万平方米和 17.20 万平方米，新增村级财力 856 万元；做好 9 宗双证房屋土地的权证过户工作；成功组建坞坵合作农场、淼丰劳务合作联社，筹建湖东、高长等 5 家劳务合作社；琴东、下甲等 10 个村 0.14 万公顷土地流转工作全面完成，105 个种田大户通过竞标取得土地承包经营权；全年投入资金 2818 万元，新增土地置换社保 7634 人。文旅融合探索不断深入，白茆山歌馆配套用房、古街区补绿、亮化工程等旅游配套工程建设有序推进，古里文化产业园成功申报常熟市文化产业示范基地；《古里镇志》完成初稿；成功举办第三届白茆山歌艺术节暨长三角地区吴歌展演、第五届书香古里阅读节、“书香古里·时尚演绎”古镇服装演绎第一秀、《中国梦·江南美》诗歌朗诵会等活动，组织“家在苏州、美丽古里”三进城活动。

社会管理 开展镇村环境大扫除工作，陈塘村陈庄宅基、坞坵村王家宅基成功创建三星级康居乡村，苏家尖、康博、下甲等 5 个村顺利通过省级卫生村复查；加快推进垃圾收运体系建设，新建集中式垃圾收集房 60 多个。积极推进污染减排与污染防治，全镇 12 家印染企业污泥压滤设备完成改造，淼泉集镇区域环境综合整治工程有效推进；加大环境信访调处力度，全年共调处各类环境信访 234 起，立案查处环境违法案 15 件，处罚金额 94 万元，移送公安机关 1 人；节能减排工作顺利推进，江苏金辰等 5 家重点企业通过清洁生产审核，金宏针织、雪山狼等企业 30 台燃煤锅炉淘汰任务全面完成，全年淘汰无证无照小造粒 8 家。扎实推进绿化工作，新增绿化面积 73.33 公顷；安全生产常抓不懈，定期开展全镇性事故隐患排查工作，发出检查意见书和整改通知书 2400 份，完成苏州挂牌的宏康烟花仓库和常熟挂牌的淼泉毛纺园区消防通道整改；认真开展“三合一”“九小场所”火灾隐患整治，组织波司登、铁琴花园等 28 家单位和社区开展消防演练，成功举办第三届消防运动会。不断强化金融生态环境建设，建立落实金融生态环境建设联席会议制度；大力推进社会治安防控体系建设，2014 年全镇共发生刑事案件 468 起，破获 104 起，发案率同比下降 13.20%；康博村创建“全国民主法治示范村”通过苏州市验收；坚决查处无证废旧物资收购等违法行为；整顿豆制品作坊 19 户，取缔地下食品黑作坊 1 户，全年无食品安全事故；矛盾纠纷得到有效调处，矛盾纠纷排查 71 次，受理各类纠纷 1031 起，调处纠纷 1031 起，调处成功率达 100%；妥善化解各类信访矛盾，共接待受理各类来访来信 273 批次，办理便民服务单 1893 件，及时签收率、办理率均为 100%。教育实践活动扎实开展，广泛听取各方意见建议，深入查找“四风”方面突出问题，组织召开专题民主生活会，开展批评与自我批评，以“钉钉子”精神抓问题整改，做到应改尽改；成功举行“走基层看发展·古里篇”新闻行动和政风行风热线“基层行”活动，进一步加强政府与民众的沟通、互动。

表 53　**2014 年古里镇主要经济社会指标**

项　目	数　量	项　目	数　量	项　目	数　量
生产总值	144.20 亿元	工业利税	41.01 亿元	在校中小学生	5707 人
财政一般预算收入	67167 万元	固定资产投入	36.50 亿元	在职教师	715 人
耕地面积	2542 公顷	其中：工业投资	21.30 亿元	有线电视入户率	98.50%
用电总量	150883 万千瓦时	完成技改项目	122 个	数字电视整转率	98.50%
农业总产值	6.77 亿元	当年技改投入	21.20 亿元	医院/病床	3 所/162 张
粮食总产量	3.31 万吨	新增民营企业注册资本	9.60 亿元	社区卫生服务站	17 个
皮棉总产量	0 吨	完成注册外资	4129 万美元	农村合作医疗参入率	99.90%
出栏生猪	44504 头	实际利用外资	1500 万美元	自来水入户率	100%
出栏家禽	11.21 万羽	外贸供货额	67 亿元	农村养老保险覆盖率	99.40%
水产品产量	7688 吨	自营出口额	106348 万美元	最低生活保障对象	227 户/409 人
农村合作社	84 家	三产从业人员	12303 人	年末存款余额	87.747 亿元
农机总动力	29395 千瓦	三产增加值	29.44 亿元	人均储蓄存款	13.25 万元
工业企业	883 家	集市贸易成交额	68121 万元	农民人均纯收入	27558 元
其中：私营工业企业	860 家	镇村主干道	264.60 千米	农民人均住房	65 平方米
工业总产值	467.21 亿元	电话普及率	50 部/百人		
工业销售收入	462.03 亿元	中小学校	6 所		

表 54

2014 年古里镇各村基本情况

名称	党组织书记	村主任	地区生产总值（万元）	人均纯收入（元）	名称	党组织书记	村主任	地区生产总值（万元）	人均纯收入（元）
康博村	高德康	丁亚军	685591	29025	新桥村	沈建华	姚志高	41214	295[illegible]
紫霞村	周建良	李玉英	17636	26427	苏家尖村	薛　鹤	何　强	24986	273[illegible]
芙蓉村	姚建东	马文龙	122707	26568	湖东村	艾生保	吴雪生	73099	287[illegible]
坞坵村	严雪军	朱忠英	12454	26941	高长村	周　俊	潘建刚	12660	266[illegible]
联泾村	陈　进	俞敏东	9199	24894	陈塘村	张晓峰	陶培明	37383	270[illegible]
李市村	周建元	陈建良	9250	24451	吴庄村	周培歧	周雪龙	30018	300[illegible]
琴东村	吴建明	张进峰	25402	27880	下甲村	吴均敏	王卫国	19266	245[illegible]

表 55

2014 年古里镇各社区基本情况

名　称	党组织书记	主　任	辖区内居民人数
紫　芙	林雪刚	王桂良	4896
双　港	张义刚	密春华	5607
淼　泉	邓金民	王瑞新	3398

表 56

2014 年古里镇骨干企业基本情况

企业名称	销售收入(万元)	利税总额(万元)	法人代表
波司登股份有限公司	3026981	430827	高德康
江苏常铝铝业股份有限公司	205182	5044	张　平
江苏金辰针纺织有限公司	57912	4165	殷金华
雄鹰针织品印染(常熟)有限公司	47502	903	黄世雄
江苏强盛功能化学股份有限公司	40624	6543	应志耀
江苏费森尤斯医药用品有限公司	39108	2547	马毓玲
常熟市誉恒针纺有限公司	37162	1834	顾宏伟
常熟华懋纺织有限公司	27383	801	赖敏聪
常熟市双乐彩印包装有限公司	25427	1467	邹明言
江苏长江纸业有限公司	23480	1200	张建江
常熟市鑫源混凝土有限公司	22636	1337	王　宏
江苏康诺医疗器械有限公司	21936	216	沈建东
江苏同禾药业有限公司	21629	6193	邹振荣
常熟派特装饰品有限公司	20317	421	薛颂文
常熟市一帆布业有限公司	17089	137	缪建灿

【古里镇现代服务业发展规划通过评审】 1 月 16 日，古里镇现代服务业发展规划（2013—2020 年）通过由省发展规划研究中心、东南大学和苏州大学等单位专家组成的评审组评审。该规划课题组结合古里镇深厚的文化底蕴、良好的商贸基础、优越的区位环境，发展规划明确现代服务业发展的结构组成、空间布局以及思路、定位、目标和优化服务业发展的政策措施，并提出科学依据和长远规划。

【古里镇入选中国历史文化名镇】 2 月 19 日，古里镇入选第六批中国历史文化名镇(村)名单,成为常熟市第2个国家级历史文化名镇。古里文化底蕴深厚,清代四大藏书楼之一的"铁琴铜剑楼"位于镇中心,修葺一新后向世人开放。被誉为虞山十八景之一的"红豆山庄"因文学巨匠钱谦益和柳如是的传奇姻缘而更负盛名。国家级非物质文化遗产"白茆山歌"至今已有数千年历史,在中国首届农民艺术节中获最高荣誉"金穗奖"。

【康博村通过省人居环境范例奖验收】 2月14日,古里镇康博村先后通过省人居环境范例奖和苏州市美丽村庄示范村考核验收。康博村总面积2.80平方千米,农户427户,人口1687人。近年来,康博村按照城乡一体化建设要求,努力寻求与波司登合作共建的结合点,在积极支持企业发展、服务企业项目建设的同时,扎实推进社会主义新农村建设,通过村企"共谋发展思路、共兴农村经济、共推村庄建设"等形式,实现"以企带村、以村促企、村企共赢、共同发展"的目标,营造村企共建共享的良好氛围,经济社会发展呈现出"民富、村美、风气好"的崭新面貌。该村先后获"中国十佳小康村""中国十佳魅力新农村""国家级生态村""江苏省文明村""江苏省卫生村"和"苏州市十大幸福乡村"等称号。

【"仁风古里"志愿团成立】 3月12日,古里镇"仁风古里"志愿团正式成立,"邻里守望在社区,志愿服务暖民心"志愿者系列服务活动同时启动。"仁风古里"志愿团拥有志愿者300名,将在全镇开展"邻里守望"结对关爱、"社区新风"广场宣传、牵手关爱未成年人、交通文明岗、夕阳红、绿色环保、文化惠民等志愿者系列服务活动。

【古里镇与常州大学深化产学研合作】 3月25日,古里镇组织同禾药业等11家企业负责人赴常州大学开展产学研对接活动,持续深化双方全方位合作关系。双方举行"产学研合作推进会",签署2014年合作协议书,强盛冲压件、飞奥压力容器也分别与常州大学机械工程学院签订项目合作协议书。常州大学在古里成立技术转移服务中心常熟分中心,建立同禾药业省级工程技术研究中心,飞奥压力容器和森源电气科技2家苏州市工程技术研究中心,强盛股份、东方染整等4家企业研究生工作站。

11月15日,"家在苏州·美丽古里"特色民俗文化、特色农副产品、特色文明成果三进城活动在苏州观前街举行

【金土木建设集团总部大楼落户古里】 7月24日,江苏金土木建设集团有限公司总部大楼开始打桩,标志着金土木总部经济正式落户古里。江苏金土木建设集团有限公司是国家住建部核准的房屋建筑施工总承包一级资质企业,年生产(施工)能力60亿元以上,是全市建筑行业的排头标兵、纳税大户。2014年上半年,金土木公司被市政府正式认定为总部经济企业。

【德康博爱基金捐赠灾区千万元物资】 8月4日,德康博爱基金会向鲁甸地震灾区捐赠价值1000万元物资。德康博爱基金会是民政部直属管理的非公募基金会,成立以来积极开展扶贫济困、抚孤助残和赈灾救援等阳光行动,2013年度捐赠总额超过1600万元。

(唐　鹤)

支塘镇

【概况】 支塘镇是常熟的东大门,距国家一类口岸常熟港、太仓港各20千米。镇域面积128.96平方千米,集镇区面积3.70平方千米,下辖3个社区居委会和16个行政村,设任阳、何市2个办事处,总户数20725户,户籍人口70403人,暂住人口30941人。支塘镇历史悠久,人杰地灵,历来是常熟市区划大镇、商贸重镇、文化名镇,曾先后获国家卫生镇、国家环境优美镇、中国非织造布及设备名镇、江苏省环境与经济协调发展示范镇、江苏省文明乡镇、江苏省实施“十二五”妇女儿童发展规划省级示范乡镇等荣誉称号。

经济发展 全年实现地区生产总值75.25亿元，比上年增长7.10%；完成财政总收入7.67亿元，比上年增长6.60%，其中公共财政预算收入3.03亿元，与上年基本持平；完成全社会固定资产投资25.25亿元，实现社会消费品零售总额21.62亿元，比上年增长9.20%。工业经济稳中有升。全年完成工业总产值166.71亿元，比上年增长7.50%，其中规模以上工业产值123.27亿元，比上年增长8.30%；全镇72家超百万企业税收收入达2.66亿元，比上年增长7.45%；全年实现工业开票销售收入141.42亿元，比上年增长25.50%；完成民营经济新增内资5.57亿元，完成到账外资639万美元，实现工业投资13亿元。顺利推进10个重点项目建设，其中，意大利思富洛阀门项目、凯隆铝业一期项目先后投产，科吉机电项目土建完成，东佳电子项目、润通路桥设备项目正式开工，萨玛环保机电项目启动环评。政企服务着力提升。全年完成技改投入7.90亿元，新增国家星火计划1项，省高新技术企业6家，省民营科技型企业10家，申报发明专利230件，新授权发明专利58件，新增省高新技术产品20件。成功引进硕士以上高层次人才20人，签订产学研合作协议15项；成功引入2位海归博士来支塘创业，打造“宜安居”手机软件项目。惠丰润滑油成功挂牌“新三板”，金泉化纤、联邦化工、太阳雪新能源等企业也准备在新三板挂牌。现代农业保质增效。全年实现农业增加值3.48亿元。新增农机具投入619.20万元，完成机插秧面积0.11万公顷，实现稻麦良种覆盖率98%以上。农业特色化发展稳步向前，省级农产品加工集中区后续运营工作顺利开展，以枫塘、项桥为主的省级万亩稻麦高产增效创建项目全面完成，以盛泾、任南为核心的万亩标准化水产养殖区基础设施改造升级，窑镇省级无公害千亩葡萄基地、项桥千亩现代农业示范区等农业基地品牌化效益稳步体现，实现了特色农业和优质项目优势叠加。第三产业健康发展。全镇完成服务业投入12.20亿元，实现服务业增加值27亿元，实现服务业入库税金1.10亿元。华东食品城电子商务平台启动建设，诚信市场建设深入推进；房地产市场平稳发展，金鑫花园、鸿景名苑、润阳家园、支塘生活广场等新开发房地产项目陆续开盘销售，全年房地产销售面积达到6.20万平方米；蒋巷旅游特色鲜明，旅游配套全面完善，全年旅游收入突破1000万元，接待旅客近15万人次。

社会事业 2014年，支塘、任阳、何市3片区集镇控制性详细规划通过论证。开展零星工业布局专项规划调研，启动综合整治区解急解危工作，累计通过会审255户，其中215户已开始落架大修。加快城乡一体化示范小区建设，“东馨佳苑”一期7万平方米完工交付，完成选房202户，安置入住102户；“嘉和苑”土建完工并完成选房；“康馨佳苑”13.30万平方米建筑封顶。戚浦塘拓浚整治工程、北街南入口改造搬迁进入扫尾阶段，1000千伏特高压和沪通铁路沿线近400户民房搬迁都分别在一个月内完成签约交房，进度列全市第一。城市功能品质显著提升，芝溪路北段正式通车，园区盛康路全面完工。农路提档升级顺利推进，任直路即将完工，支新路、新昌路启动建设。村道农桥改造稳步实施，全年硬化村道巷道110千米，改建农村危桥7座。支塘人民医院迁建工程、任阳卫生院改造工程开工建设，医疗硬件全面提升。王淦昌中学、何市中小学一期校舍工程顺利推进，教育硬件不断改善。公交首末站等陆续动工投用，功能配套设施日趋完善。大力推进治安防控体系建设，在全市各乡镇率

10月28日，英国绿草坪学校到王淦昌中学访问

先成立防暴分队，加大监控设施布设，做强做优治安防控网络。深入开展交通畅通工程，改善支塘、何市、任阳3片区停车难、行车难问题。推行集镇绿化社会化管理，有效探索综合执法模式。

人民生活 镇级居家养老服务管理中心、日间照料中心建成，养老体系日趋多元。支塘思亲苑一期正式投用，何市思亲苑工程抓紧实施。支塘人民医院实施公立医院改革，成功创建二级乙等综合医院，服务水平得到提升。完成全镇三千管网及收水小区计划调整，积极推进农村分散式小型污水收集工程，完成河道综合整治3条，镇域河道疏浚21条。抓好畜禽养殖污染整治，关停413户，整治验收3[illegible]6户。全年举办职业技能培训6期，专业招聘会2场，新增就业岗位3185个，高校毕业生初次就业率达到98.10%。积极推进社会保障工程，全镇养老保险覆盖率99.80%，居民基本医疗保险参保率99.70%。全力推进30%以下被征地农户社保置换工作，14599人通过置换纳入社保体系。全镇274户困难家庭列入最低生活保障，122名大病患者纳入低保边缘。积极落实新市民积分管理工作，受理新市民申请3546人次。加快培育文化产业，新文化站建设工程、姚厅张宅修缮工程、盐铁塘风光带微景观改造工程、古砖雕石馆布馆工作取得全面进展，新增苏州市级非物质文化代表性传承人2名，支塘篮、支塘酒酿饼被列入常熟市非物质文化遗产名录。《盼子梦》、《大爱蒋巷》、《稻草人》等文艺节目屡获嘉奖。镇村两级公共文化设施、文体公园、张青莲小学、任阳小学体育资源等向社会开放。成功举办春节民间文艺大巡游、"人杰支塘"国庆专场等活动。

社会管理 深入推进"法治支塘"建设，大力开展"四黑"整治，取缔黑作坊3家，黑诊所6家，处罚黑车辆45辆。安全生产工作常抓不懈，组织开展"六小一无""三合一""九小场所"等专项整治和食品安全"天安行动"，社会治安形势日趋平稳。严控违法乱搭乱建现象，拆除各类违章建筑8400平方米。完成全省首次乡镇级民防综合演练，"平安支塘"建设全面推进。信访工作进一步加强，办结"12345"便民服务热线、"寒山闻钟"论坛、市长信箱等任务单总计1463件。全年刑事案件量同比下降22.11%，处理、调解矛盾纠纷121件，调解成功率98.30%，接待人民群众来访143批1216人次，社会局面平稳可控。

表57 **2014年支塘镇主要经济社会指标**

项目	数量	项目	数量	项目	数量
生产总值	75.25亿元	工业销售收入	160.88亿元	中小学校	6所
财政一般预算收入	3.03亿元	工业利税	10.22亿元	在校中小学生	6213人
耕地面积	5540公顷	固定资产投入	25.25亿元	在职教师	532人
用电总量	66205万千瓦时	其中：工业投资	13.05亿元	医院/病床	3所/170张
农业总产值	7.14亿元	完成技改项目	127个	社区卫生服务站	14个
粮食总产量	5.12万吨	当年技改投入	8亿元	农村合作医疗参入率	99.83%
皮棉总产量	80吨	新增民营企业注册资本	2.68亿元	自来水入户率	100%
出栏生猪	7.93万头	完成注册外资	-290万美元	农村养老保险覆盖率	99.80%
出栏家禽	117.95万羽	实际利用外资	639万美元	最低生活保障对象	263户/546人
水产品产量	5413吨	外贸供货额	3.89亿元	年末存款余额	65.26亿元
农村合作社	66家	自营出口额	19994万美元	人均储蓄存款	9.26万元
农机总动力	34888千瓦	三产从业人员	11336人	农民人均收入	26806元
工业企业	920家	三产增加值	29.24亿元	农民人均住房	78平方米
其中：私营工业企业	890家	集市贸易成交额	630000万元	集市贸易成交额	630000万元
工业总产值	166.71亿元	镇村主干道	450千米	镇村主干道	450千米

表 58

2014 年支塘镇各村基本情况

名称	党组织书记	村主任	地区生产总值（万元）	人均纯收入（元）	名称	党组织书记	村主任	地区生产总值（万元）	人均[illegible]收[illegible]（元[illegible]
阳桥	密建青	顾卫东	15905	28172	徐政	钱卫明	丁建荣	9361	259[illegible]
八字桥	王丽华	陆喜明	77922	26951	丰联	刘德洪	陆坤荣	23939	294[illegible]
窑镇	洪卫	刘军良	21450	27379	任南	黄剑	王建平	47697	275[illegible]
枫塘	葛春庭	高拥军	12973	26370	何东	刘惠家（1月—8月）	叶映朴	6561	257[illegible]
长桥	陈青	苏正华	7148	26371					
支东	李振乾	周永青	7012	26423	项桥	王荣明	马庆峰	5609	258[illegible]
蒋巷	常德盛	蒋玉英	23221	35000	何南	王振明	秦宇峰	26395	264[illegible]
凤泾	顾炳元	王文清	33758	27504	何北	王国峰	支荣昌	28867	2597[illegible]
盛泾	王建刚	陈永梅	9240	25858					

表 59

2014 年支塘镇各社区基本情况

名称	党组织书记	主任	辖区内居民人数
市镇	密建青	黄军英	6500
任阳	邹伟民	邹伟民	4309

表 60

2014 年支塘镇骨干企业基本情况

企业名称	销售收入(万元)	利税总额(万元)	法人代表
江苏常盛集团有限公司	101580.00	10828.00	常德盛
江苏凯隆铝业有限公司	266480.01	3673.00	陈喜龙
常熟市佳诚涂层钢板有限公司	125580.00	-463.00	苏建清
常熟联邦化工股份有限公司	63058.50	6191.00	苏仁球
常熟市飞龙无纺机械有限公司	23906.70	1535.00	韩雪龙
江苏灵丰纺织集团有限公司	23285.90	2238.00	张保岐
江苏迎阳无纺机械有限公司	22902.50	2736.00	范立元
常熟市富尔威纺织品有限公司	22803.80	1112.00	周志峰
江苏环湖宏顺钢结构工程有限公司	21165.42	1758.00	曹福兴
常熟市三佳磁业有限公司	19204.50	2075.00	胡卫国

【农产品加工集中区项目获批】 1月7日，常熟市（支塘）农产品加工集中区项目获批，成为第二批省级农产品加工集中区之一。常熟市（支塘）农产品加工集中区是常熟市2013年度农业十大项目之一，也是江苏常熟现代农业科技园区的重要组成部分。该项目位于支塘现代农业示范区内，占地118.73公顷，设有农产品生产加工、展示交易2个功能区。其中，农产品生产加工区包含饮料加工、炒货加工、木业加工、综合新区4个部分，是集高科技产品生产、加工、储藏、市场批发销售为一[illegible]的农产品加工集中区。

【全市首个乡镇中小企业[illegible]务站挂牌成立】 3月18日，常[illegible]市支塘镇中小企业服务工作站[illegible]式挂牌成立，成为2014年常熟[illegible]经信委在乡镇挂牌的第一个中[illegible]企业服务工作站。支塘镇中小企业服务工作站的成立旨在更好地整合、规范、优化配置社会服务资源，与三级机构开展联合服务和专项服务，进一步推动镇级社会化服务体系的建设，为镇域内中小企业提供政策咨询、创业辅导、信息化推进、银企合作、人才培训、法律援助等全方位服务。

【虹隐楼后人捐赠书物】 4月9日，何市藏书楼——原虹隐楼的后人，中国工程热物理界著名学者、上海理工大学教授、博士生导师徐昂千向支塘镇捐赠其先祖徐兆玮所著的《虹隐楼诗集》《虹隐楼文集》40套、老照片1张、砚台1枚、名片11张、手稿9张以及徐兆玮之子徐树人的手抄装订本1本。

【王淦昌院士后人创业项目落户支塘】 5月23日，"两弹元勋"王淦昌院士孙子、英国伦敦大学玛丽昌后学院博士王世华团队与支塘镇江苏灵丰集团共同投资合作的"宜安居"项目（智能城市房屋交易服务系统）正式签约。"宜安居"项目致力于打造一种全新的透明住房租赁交易平台，以先进的大数据处理、云计算及视频图像处理技术为支撑；以创新的三维看房、竞价抢单、押金监管、社交互动功能为主体；以电子商务、互联网金融、保险赔付、家政服务为保障；最终形成强社群，强服务，高垂直，高精准的C2C行业大闭环，是移动互联网技术在住房租赁领域的全新运用。

【支塘公共法律服务中心挂牌成立】 5月27日，支塘镇公共法律服务中心正式挂牌成立。该中心整合法律咨询、法律援助、法制宣传、职工法律权益保障等各项法律服务职能，并提供法律公正和司法鉴定的联系服务。至年末，已在全镇18个村（社区）设立法律服务联系点，负责群众法律咨询、法律援助的接待、登记、预约工作。

【"东馨佳苑"一期启动交房】 9月20日，支塘镇城乡一体化示范小区东馨佳苑一期启动交房，全镇首批实行商品房安置的106家搬迁安置户顺利拿到新居。东馨佳苑位于支塘镇区东侧，小区占地面积6.67公顷，建筑面积13万平方米，附近配套有幼儿园、小学、农贸市场、购物中心等，设施齐全，交通便利。此次交房的东馨佳苑一期建筑面积6.50万平方米，计划安置244户，二期将于2015年年底交付使用。

【王淦昌入选《中国现代科学家》纪念邮票主题人物】 参见第250页〖《中国现代科学家》第六组纪念邮票在常熟首发〗。

【公共资源交易服务中心成立】 10月28日，支塘镇召开公共资源交易服务中心成立大会，并下发《关于建立支塘镇公共资源交易服务中心的实施意见》和《支塘镇公共资源交易管理办法》，标志着支塘镇公共资源交易工作进一步向透明化、规范化发展。该中心成立由镇长为组长的领导小组，下设综合科、工程建设科、政府采购科和资产资源科，负责对全镇公共资源交易活动指导、协调、管理、监督和服务。交易范围涵盖工程建设、政府采购、资源资产交易及其他全镇范围内公共资源交易项目和活动。

【惠丰润滑成功登陆新三板】 11月5日，支塘镇江苏惠丰润滑材料股份有限公司在新三板成功挂牌。惠丰润滑是集研究、开发、生产、销售于一体的科技企业，至年底已有20多项发明专利和实用新型专利，是支塘镇首家、常熟市第二家成功挂牌新三板的企业。

【支塘镇与太康县开展流动人口计划生育双向协作】 11月10日，河南周口市计生委、太康县计生委到支塘镇，就开展流动人口双向协作进行交流。会上，双方就如何有效监管流动人口进行了意见交流，并达成两点共识：一是探索建立双向管理长效协作机制。实现资源共享、管理互动、信息互通、服务互补，力促流动人口管理两手抓。二是寻求建立联合执法制度。由太康县计生委分期、分批派人至支塘镇进行不定期联合执法，并对违法生育案件进行集中处理。

【蒋巷村获批全国"休闲农庄"称号】 11月，全国休闲标准化技

蒋巷村"休闲农庄"

术委员会正式发文，给予常熟市支塘镇蒋巷村为全国“休闲农庄”称号。蒋巷村是江苏省首家、全国第三家通过国标验收的休闲农庄。该村位于常、昆、太三市交界地带，全村186户，832人，村辖面积3平方千米。包括蒋巷生态园、村史展览馆、江南农家民俗馆、农艺馆、图书馆、青少年科普馆、文化中心广场、农耕实践区域以及度假村、钓鱼台、采摘区、游乐区、动物观赏区、七巧湖栈桥休闲区、学生社会实践基地等休闲区域，2014年全年接待游客超过15万人次。

【支塘镇被认定为江苏省纺织工程学会科技服务站】 12月15日，江苏省纺织工程学会会长谢明、秘书长傅瑞华一行到支塘，授予支塘镇工业园区管委会“江苏省纺织工程学会科技服务站”荣誉牌匾。建立科技服务站是江苏省科协于2013年提出并实施的“提升学会服务科技创新能力计划”中的重要内容，目的是以省级学会专家为依托，通过站点建设，促进一个产业、带动一批企业、服务一方经济，从而形成一套有利于学会专家柔性流动、刚性服务地方特色产业的创新机制。

【殡葬改革有序推进】 12月12日，支塘镇召开殡葬改革工作动员大会。会议就搬迁时间、部门职责、相关注意事项等方面进行动员部署；各村（社区）书记向支塘镇政府递交殡葬改革工作责任状，确保在2015年2月3日前完成坟墓的整体搬迁工作。殡葬改革是支塘镇2014年政府重点工程之一，总投资3000多万元的支塘思亲苑于11月底完工并投入使用。支塘、任阳片区的坟墓提高性搬迁工作于2015年1月20日至2月3日正式启动，并逐步将原有小公墓用地实施复耕垦或绿化，切实保护土地资源和生态环境。至2014年12月底，以八字桥、窑镇、枫塘、长桥、支东村为主，搬迁墓穴1677例，累计搬迁17112例。（王梦婷）

沙家浜镇

【概况】 沙家浜镇位于常熟市东南隅，区域面积65平方千米，人口4万余人，下辖1个办事处、13个行政村（社区），是全国重点镇、全国文明镇、国家卫生镇、中国特色景观旅游名镇、中国休闲服装名镇、中国玻璃模具之乡、中国历史文化名镇、中国绿色名镇，先后获中国人居环境范例奖、联合国人居署迪拜国际改善居住环境最佳范例奖等称号。

经济发展 实现地区生产总值93.20亿元、公共财政预算收入4.63亿元、财政总收入入库税金11.25亿元，比上年分别增长8.60%、21%和32.30%。工业经济稳步发展。全镇实现工业总产值296.10亿元、开票销售收入199.20亿元，比上年增长8.[illegible]%和15.60%；完成全社会固定资产投资22.50亿元，其中工业投资12亿元；实现到账外资1519万美元，净增民营注册资本11.62亿元，分别完成全年目标的151.90%和305.70%。65家规模以上企业工业总产值占全镇总量的85%。新增工业总产值超亿元企业1家。全镇规模企业实现利税14亿元、利润8亿元，分别增长10%和[illegible]；新增纳税超千万元企业2家、纳税超百万元企业12家。启动湿地公园北扩工程、生态园建设和爱国主义教育实景演出项目“印象·沙家浜”，餐饮娱乐、水产交易、休闲度假形成联动发展态势。沙家浜风景区全年接待游客210万人次，实现自营收入1.10亿元，比上年分别增长5%和14.70%，获得江苏服务业品牌称号。全镇实现服务业投资10.60亿元，服务业增加值19.40亿元。产业园科研、生产实现

2月4日，思博瑞科技集团有限公司蓝宝石长晶项目签约落户沙家浜镇

光、物流等功能逐步完善，成功创建江苏省“菜篮子”水产品生产基地。引进澳洲小青龙虾、台湾杂交泥鳅、富贵喜鱼、冷水狗鱼等新品种，雷允上蟾蜍养殖与生物药源提取等新项目，“虾蟹鱼混养”等新技术，全镇水产养殖业亩均产出超万元。做好村级集体“三资”清理工作，完成农村土地承包经营权确权登记颁证试点工作，村级联合置业公司“投资参股”模式运作顺畅，村均可用财力达到453万元，农民人均纯收入连续三年增长10%以上。新兴产业和高新产业产值占比分别达77.60%和78.60%，科技支出占公共财政支出的13.15%，荣膺江苏省科普示范镇、江苏省创新试点乡镇。新申请发明专利240件，培育国家火炬计划重点高新技术企业3家、省级高新技术企业4家，新增省级工程技术研究中心、重点实验室、研究生工作站、外资研发机构、博士后工作站各1家，新增开票销售超3000万元科技企业2家，苏州市质量奖企业1家和苏州名牌2件。玻璃模具产业集群通过省优质产品生产示范区验收，中利科技获苏州市市长质量奖，沙家浜风景区获江苏省科普教育基地称号。高层次人才引育取得新突破，新增全国高端外专项目支持“外专千人计划”、市级科技创新领军人才各1人、苏州市“海鸥计划”、姑苏高技能突出重点人才各2人。

社会事业 加强集镇综合规划，启动新一轮村庄布点规划。进一步完善路网布局，青年路、中德路、南新路西延工程顺利推进，东来路提档升级工程竣工。城乡一体化示范小区建设加快推进，万丰家园一区二期、春来家园·春和坊一期竣工交付，春来家园·春和坊二期完成封顶，南丰苑顺利推进，完成交付商品房604套、农村住宅解危解急186户，集镇建成小区提档升级66户。加快实施唐市古镇保护性修复工程，完善老街危房修缮方案设计，新建繁荣桥。大力发展循环经济，节能环保技术得到推广运用，提标改造和节能减排顺利推进。投资约1650万元的常昆花园新村、溪沿居住区、芦荡村三家、华阳村花园新村生活污水治理工程有序推进。双湖新村等污水改造工程基本完成。龚家湾、南里泾、儒浜河河道综合整治工程，库浜河、范段河水环境整治工程，以及八字桥河、北里泾河道综合整治主体工程全面完成，建成江苏省水美乡镇。实施畜禽养殖污染整治，关停486户，超过全年目标任务。完成新湖村龚家湾三星级康居乡村建设，村庄环境得到持续改善。群众性文体活动蓬勃开展，精神文明建设氛围浓烈。“石湾山歌”“江南船拳”申报省级非物质文化遗产。

人民生活 构建城乡一体的就业创业保障格局，社会保障工作稳步推进。全年新增就业岗位3975个，城镇失业人员实现就业3315人，援助就业困难人员再就业272人，完成转移就业946人。强化工资网格化预警机制，打击恶意欠薪，保障职工权益。社会保险覆盖率、养老保障率、居民基本（农村合作）医疗保险参合率均超99.60%。社会救助九大慈善工程深入实施，建筑面积超1万平方米的南丰公租房基本竣工，残疾人康复中心扩容升级，发放阳光救助资金930万元。教育事业稳步发展，获评“苏州市学习型乡镇（街道）”，民办幼托机构得到规范管理。社区医疗机构网格化全面覆盖，信息化水平不断提升。食品安全“天安行动”深入推进，“四严打四规范”集中整治行动扎实开展。“和阿姨幸福快车”公益项目深入实施，“生育关怀服务到家”品牌活动深入人心。养老体系日趋多元，镇居家养老服务管理中心、日间照料中心即将投用，镇老年大学获评江苏省示范老年学校。

社会管理 “六五”普法全面推进，获得江苏省“六五”普法中期先进集体称号，沙家浜风景区宣教中心建成江苏省法治文化建设示范点。继续深化法制宣传、人民调解、法律援助、社区矫正和安置帮教工作，矛盾纠纷调处率、调解成功率分别达100%和95%。人机联动的治安防控网络不断强化，组建集纠纷调解、扶贫济困、护村护院、法制教育为核心的人防力量，重点区域、路段安装高清抓拍29只、村级监控180只、摄录一体机160台。加快金融案件和劳资纠纷处置速度，积极防控金融风险和化解社会矛盾。信访工作高位平稳、有序可控，信访办结率保持96%以上。社会治安得到强化，全年刑事案发率下降18.67%，群众安全感和满意度达到95%以上，沙家浜派出所获评“双十佳”站所。依托数字城管平台加快社会管理信息化建设，新市民积分管理政策得到全面落实。安全生产、消防工作扎实有效，推进“粉爆企业”“三合一”“九小场所”等专项整治行动，启动沙家浜消防站工程建设，连续两年安全生产“零死亡”。普及震灾知识，提高应急水平，获苏州市防震减灾工作先进单位。

表 61

2014 年沙家浜镇主要经济社会指标

项　　目	数　量	项　　目	数　量	项　　目	数　量
生产总值	93.16 亿元	工业销售收入	278.73 亿元	中小学校	[illegible]所
公共财政预算收入	4.63 亿元	工业利税	15.02 亿元	在校中小学生	32[illegible]人
耕地面积	2291 公顷	固定资产投入	22.50 亿元	在职教师	2[illegible]人
用电总量	79438 万千瓦时	其中：工业投资	11.90 亿元	医院/病床	2 所/1[illegible]张
农业总产值	7.45 亿元	完成技改项目	49 个	社区卫生服务站	[illegible]个
粮食总产量	0.17 万吨	当年技改投入	9.68 亿元	农村合作医疗参入率	100%
皮棉总产量	0 吨	新增民营企业注册资本	31.89 亿元	自来水入户率	100%
出栏生猪	1.45 万头	完成注册外资	万美元	农村养老保险覆盖率	100%
出栏家禽	0.69 万羽	实际利用外资	1519 万美元	最低生活保障对象	153 户/2[illegible]人
水产品产量	9734 吨	外贸供货额	24.87 亿元	年末存款余额	38.89 亿元
农村合作社	20 家	自营出口额	39477 万美元	人均储蓄存款	5.40 万元
农机总动力	9926 千瓦	三产从业人员	14603 人	农民人均纯收入	262[illegible]元
工业企业	512 家	三产增加值	19.40 亿元	农民人均住房	73 平方米
其中：私营工业企业	484 家	集市贸易成交额	73120 万元		
工业总产值	296.11 亿元	镇村主干道	161 千米		

表 62

2014 年沙家浜镇各村基本情况

名　称	党组织书　记	村主任	地区生产总值（万元）	人均纯收入（元）	名　称	党组织书　记	村主任	地区生产总值（万元）	人均纯收入（元）
横　泾	张坤云	吴卫良	61364	28109	华　阳	顾建良	丁阿二	10872	24913
常　昆	平雪云	周纪忠	19007	26300	昆承湖	金荣保	赵惠中	25610	26713
红　石	邓永林	赵志明	17609	26590	苏　南	徐建英	王春雷	9103	25320
昆　南	王福元	王连根	18187	24888	唐　东	顾喜元	王洪贤	9658	25379
芦　荡	陆建元	毛建荣	8354	26440	朗　城	钱　进	王荣兴	9294	25209
唐　北	徐建文	沈建江	19043	28022	新　湖	周建明	李立军	10307	24822
沙　南	顾伟清	苏国明	24505	26887					

表 63

2014 年沙家浜镇各社区基本情况

名　称	党组织书记	主　任	辖区内居民人数
唐　市	徐建英	王春雷	7687
芦　荡	金荣保	赵惠中	3618

表54　**2014年沙家浜镇骨干企业基本情况**

企业名称	销售收入(万元)	利税总额(万元)	法人代表
中利科技集团股份有限公司	789610	68523	王柏兴
中利腾晖光伏科技有限公司	678038	53622	王柏兴
江苏白雪电器股份有限公司	170435	11232	朱勤保
常熟金像电子有限公司	89426	7175	杨长基
华达利家具(常熟)有限公司	57771	1284	潘用达
苏州中来光伏新材股份有限公司	47372	16288	林建伟
扬宣电子(苏州)有限公司	36770	1092	张家豪
通达宏泰科技(苏州)有限公司	29802	3158	王亚榆
常熟市福莱德连接器科技有限公司	30938	2593	许建明
苏州科宝光电科技有限公司	29154	3993	林松权

【全市首个劳模学习工作室在沙家浜成立】 6月21日,"张照阳劳模模范学习工作室"正式在中利科技集团挂牌成立。这是全市首个劳模学习工作室。33岁的张照阳是中利科技集团的一名员工,他从普通操作工逐步成长为技术部主管。他所带领的团队正在申请发明专利六项和实用新型专利六项。正在研制的五类铝导体电力电缆、新型耐火材料将填补国内两项空白。他本人连续多年获得中利科技集团"优秀员工"称号,2011年被评为"沙家浜镇新长征突击手",2014年荣获常熟市劳动模范,成为沙家浜镇来自基层一线且最年轻的劳模。

【沙家浜镇首个村级商会成立】 7月10日,沙家浜镇首个村级商会、全市第三个村级商会——横泾村商会正式成立,并顺利召开第一次会员大会,34个会员依法选举产生首届商会理事会成员。

【首次乡镇五人制足球赛在沙家浜举行】 7月14日,沙家浜镇五人制足球赛开幕,本次比赛是沙家浜镇第19个全民健身月系列活动之一,也成为五人制足球赛在乡镇举办的首例。本次比赛共吸引唐东村、华阳村、沙南村、昆南村等7支队伍,近百位运动员参加。在为期5天的比赛时间里,各参赛队在沙家浜文化体育公园的灯光球场,通过小组赛、淘汰赛,最终决出前三名。

【中来股份成功上市】 参见第100页〖中来股份在深交所上市〗。

【全市乡镇首个康复医学中心在沙家浜揭牌】 10月17日,沙家浜康复医学中心正式揭牌,这是全市乡镇中建成的首个康复医学中心。沙家浜康复医学中心设在唐市中心卫生院,康复病区共设床位25张,设立了PT、OT、ST、物理因子疗法、传统中医疗法等区域。以神经康复、骨与关节康复为主导的康复医学科也逐步开设平衡功能评定、认知功能评定、物理治疗、作业治疗、言语治疗等诸多康复项目。

【沙家浜镇首家民办非企党支部成立】 11月29日,和阿姨幸福家庭服务中心党支部正式成立,这是沙家浜镇成立的首家民办非企党支部。和阿姨幸福家庭服务中心自2013年成立以来,主要开展新时期婚姻家庭观宣传,为广大群众提供婚姻家庭心理咨询、纠纷调解,组织义工开展空巢老人、单亲家庭等弱势群体关爱活动,特别是以何凤英为主的"和阿姨"们成功调处了一批婚姻家庭矛盾纠纷,赢得良好的社会口碑。

【全市首期"农村妇女网上行"在沙家浜开班】 12月4日,全市首期"农村妇女网上行"技能基础培训在沙家浜镇成人教育中心校正式开班,首期共有30名农村妇女参加。"农村妇女网上行"技能基础培训分面授课程和"江苏学习在线"课程,将通过4次集中面授,让学员在掌握网络学习基本技能的基础上,自主学习"江苏学习在线"网络课程。在完成必修课程22门共50分、选修课程40门任选课程满30分、辅修课程任选满20分的规定学分后,学员可获得现代女性网络技能初级证书。

【沙家浜集贸市场竣工投用】 12月28日，沙家浜集贸市场正式竣工投用。沙家浜集贸市场位于原址重新改建，总投资1亿多元，于2013年6月开工建设，占地面积1万多平方米，共建有4栋楼，形成以集贸市场为核心的商业圈。其中集贸市场底楼交易大厅2800平方米，另有600平方米的附属经营用房，设置固定经营店铺、摊位约86个，不固定自产自销摊位50个，容纳经营户136户，经营各类农副产品。（曹伟明）

董浜镇

【概况】 董浜镇位于常熟市东部，区域面积62.50平方千米，常住人口5.40万人，外来人口2万人，下辖14个行政村，2个社区居委会。先后荣获国家卫生镇、全国环境优美镇、国家级生态乡镇、中国民间文化艺术之乡，江苏省安全文明镇、江苏省文明镇等称号。

经济发展 完成地区生产总值39.53亿元；完成工业开票销售收入87.61亿元；全社会固定资产投资12.57亿元，其中工业投资完成9.17亿元；完成财政总收入入库税金4.60亿元；完成公共财政预算收入2.20亿元；服务业开票销售收入5.14亿元；社会消费品零售总额13.03亿元；净增内资注册资本4.37亿元；到账外资1500万美元。全年引进利来汽配、恒鑫橡塑、欧晔机电、弘泰汽配、华邦复合材料、懋博科技6个项目总投资8亿元的优质汽车零部件项目，目前全镇共落户汽车零部件项目13个，总投资14.10亿元。总投资28.18亿元的13个镇级重点项目进展顺利，其中风范绿色建筑、祥鑫汽配、沿泰汽车技术、宇隆混凝土等项目如期竣工试产；骏驰科技、欧美亚精密制造厂房已建成并即将安装设备；金晟管业、欧晔机电、利来汽配等项目推进顺利。全年完成高新技术产值8.77亿元。充分发挥科技镇长团作用，3家单位获得“教授博士柔性进企业”奖励资助。新建南农大（常熟）新农村发展研究院有限公司研究生工作站，立项省三新工程项目1个，签订产学研合作项目13项。2014年全年申报专利700多个，申请专利信息平台1家，新增市科技创新创业领军人才1人，引进、培养高层次人才18人，专业技术类人才11人，新增省民营科技企业9家，省高新产品12个，省级工程技术研究中心1家。全镇0.35万公顷耕地实现节水灌溉全覆盖。南农大（常熟）新农村发展研究院综合示范基地一期建成投用。园区智慧农业一体化管理平台通过国家鉴定，成功申报苏州市“智慧农业”示范基地，圆满完成第二届全国蔬菜产业大会董浜点的会议安排工作。引进农业废弃物及餐厨垃圾综合利用生产液体有机肥项目，园区“曹家桥”牌丝瓜通过江苏省名牌产品复审，观智米厂、里睦蔬菜专业合作社、旗杆果蔬专业合作社等3家单位成功申报无公害农产品认证。节水灌溉协会获评全国农民用水合作示范组织，东盾蔬菜专业合作社被评为国家农民合作社示范社。开展各类培训20多期，培训农户近3000人次，印发各类农技技术资料24期共2.10万多份。农业机械化水平不断推进，夏熟、秋熟再夺丰收。全镇村级平均可用财力达到300万元。扎实做好征（使）用土地补偿安置工作，累计安置18852人。组建新民、永安、东盾、观智、红沙5个劳务合作社，在此基础上组建了镇级劳务合作联社。依托东盾、里睦土地规模流转，联合组建镇级合作农场。进一步规范土地承包经营权流转，全面完成第二轮水稻产业化流转面积的市场化招投标工作。

社会事业 村庄布局规划通过专家评审，整治村庄综合整治规划完成初稿。有序推进民宅解危解急工作，全年审批落架大修127户。稳步推进示范小区建设，三河嘉园三期、越雪佳苑顺利交房，旗杆佳苑、文丰佳苑即将封顶，全年共入住安置农户232户。1000千伏特高压工程、沪通铁路建设拆迁安置工作全面完成，全年共实施搬迁和解危解急各类置换农宅298户，拆除旧房176户。加强土地资源集约利用，完成土地增减挂钩3.30公顷，新增收储土地0.65公顷。道路提档升级进展顺利，星文路改造全面完成，全年改造村级农路16千米，成功创建苏州市农村公路管养及安保示范镇。道路亮化、路灯三遥控改造及路灯节能改造有序进行，新装路灯65套。绿化养护不断推进，董徐大道、智林文化园、民富路延伸段、七一桥复耕地块、徐市水泥厂等绿化全面完成，新增绿化造林面积20公顷。城镇配套功能不断完善，董浜老街商务广场交付使用，华夏苑二期、常安机动车检测站、苏州沿泰汽车技术发动机检测项目等服务业项目进展顺利。制定生态文明建设三年（2013—2015）行动计划，突出抓好大气污染防治，强化工业废气、燃煤锅炉、建筑工地扬尘和机动车等污染源治理。强化水环境综合治理。中小河流治理重点县项目加紧实施，完成城乡河道综合治理4条，危桥改造22座，新建污水管网30千米，镇污水厂二期扩建工程试水运营。启动东盾、陆市、观智、旗杆4个村的农村生活污水微动力处理工程，受益农户350余户。对智林小区实施雨污分流，受益农户158户。实施农村环境综合整治，里睦村张家巷自然村三星级康居乡村通过市级验收，全年督查整治531处脏点。畜禽养殖综合整治三年行动计划顺利推进，治理关停养殖户51家。加强农村生活垃圾集中处理，完成董浜环卫所市场化运作，运输生活垃圾1.27万吨。

人民生活 2014年，全镇农村居民人均纯收入达到26743元，发放各项惠农补贴610多万元。社会保险覆盖率、保障率、征缴率分别达到95.50%、99.98%、96.74%。全年举办大型专场招聘会5次，促进城乡就业困难人员再就业388人，开发公益性岗位43个。镇村医疗保障不断完善，全年参合人数达24358人，参合率99.96%，特困人口参保率达到100%，名列全市前茅。积极开展社会救助，全年对24户五保户、105户低保户、66户低保边缘户发放生活救助金、临时物价补贴163.16万元。对符合慈善基金重病医疗救助条件的对象22人发放慈善助医资金37.77万元。持续推进养老服务体系建设，旗杆村日间照料中心通过省3A级验收，全年发放尊老金177.49万元。征兵、双拥工作持续加强，适龄青年25人应征入伍。残疾人事业持续发展，董浜籍残疾乒乓球、游泳选手3人在全国及亚太地区残疾人比赛中屡获佳绩。认真落实新市民积分入学政策，吸纳起始年级新市民子女215人到公办学校就读，新市民积分入学率100%。积极推进"校安工程"，徐市中心小学迁建工程土建完工。不断深化"绿色教育"，董浜中、小学被评为"江苏省绿色学校"。大力推进基本公共卫生服务均等化，居住人口人均基本公共卫生服务经费标准达到78元。扎实开展健康教育宣传，继续探索健康教育新型模式，陆市村成功创建"苏州市健康村"，永安村卫生室成功创建"江苏省示范卫生室"。开展65岁以上老年人免费体检工作，共有老年人8000多人参加体检建档，体检率83%，全面完成妇女病普查及"两癌"筛查工作。积极开展无偿献血活动，董浜镇获评苏州市"无偿献血先进集体"称号。积极兑现计划生育家庭各项奖励政策，全年发放各类奖励金406.38万元。全面开展计划生育优质服务活动，共为7980名户籍育龄妇女及2732名外来育龄妇女进行健康检查服务。实施"单独两孩"新政，全年共为100对夫妻办理二胎审批。扎实开展文明创建，圆满完成创建全国文明城市镇区迎检工作。积极培育和践行社会主义核心价值观，开展公民道德实践活动，钱敏丹家庭成功入选全国"最美家庭"，钱敏焰当选中国好人榜"孝老爱亲好人"，永安村吴育昆、黄石村徐丽娟当选市级孝亲敬老之星。群众文化体育事业持续发展，《董浜镇志》通过终审，全年送戏、送影、送展、送书下乡280场次，董浜灯谜协会荣获全国最佳谜会。

常熟理工学院学生艺术教育实践基地落户董浜镇

社会管理 安全生产管理常抓不懈，开展企业安全生产标准化创建和职业病防治，深入推进"六打六治"打非治违行动，完成市镇两级重大隐患摘牌整改，关停3家存在严重安全隐患企业。深入开展"天安行动"等食品安全专项整治行动，全面完成豆制品作坊整治及2家幼儿园食堂"五常法"管理工作，提升食品药品安全保障水平。积极开展"法治董浜"建设，设立镇公共法律服务中心，并在各村

(社区)设立便民法律服务站，全年共开展各类法律服务 126 次。深入开展平安建设，强化社会矛盾纠纷排查，全年组织开展矛盾纠纷排查 120 次，调处各类矛盾纠纷 41 起，调结率 100%。全面开展社会稳定风险评估，完成了省天然气管道、董浜镇汽车零部件产业配套园等 6 个项目的风险评估工作。积极开展重点地区突出问题百日整治行动，对校园周边环境开展联合整治，取得了良好的社会效应。配齐配强社会管理队伍，成立董[illegible]交警中队，不断完善立体化社会[illegible]安防控体系。进一步畅通和规[illegible]群众诉求表达、权益保障渠道，[illegible]全信访、维稳制度，及时化解社[illegible]矛盾，维护社会稳定。

表 65

2014 年董浜镇主要经济社会指标

项　　目	数　量	项　　目	数　量	项　　目	数　量
生产总值	39.53 亿元	工业利税	3.87 亿元	在校中小学生	291[illegible] 人
财政一般预算收入	22069 万元	固定资产投入	12.57 亿元	在职教师	27[illegible] 人
耕地面积	3292 公顷	其中：工业投资	9.17 亿元	有线电视入户率	1[illegible]%
用电总量	47421 万千瓦时	完成技改项目	13 个	数字电视整转率	1[illegible]%
农业总产值	5.96 亿元	当年技改投入	1.86 亿元	医院/病床	2 所/8[illegible] 张
粮食总产量	1.02 万吨	新增民营企业注册资本	3.27 亿元	社区卫生服务站	1[illegible] 个
皮棉总产量	62.90 吨	完成注册外资	—	农村合作医疗参入率	99.9[illegible]%
出栏生猪	1.78 万头	实际利用外资	1500 万美元	自来水入户率	10[illegible]%
出栏家禽	6.46 万羽	外贸供货额	6.20 亿元	农村养老保险覆盖率	99.5[illegible]%
水产品产量	1959 吨	自营出口额	9311 万美元	最低生活保障对象	105 户/16[illegible] 人
农村合作社	66 家	三产从业人员	10415 人	年末存款余额	40.46 亿元
农机总动力	23628 千瓦	三产增加值	14.82 亿元	人均储蓄存款	5.83 万元
工业企业	891 家	集市贸易成交额	11880 万元	农民人均纯收入	26743 元
其中：私营工业企业	475 家	镇村主干道	117 千米	农民人均住房	72 平方米
工业总产值	90.50 亿元	电话普及率	28 部/百人		
工业销售收入	88.20 亿元	中小学校	3 所		

表 66

2014 年董浜镇各村基本情况

名　称	党组织书　记	村主任	地区生产总值（万元）	人均纯收入（元）	名　称	党组织书　记	村主任	地区生产总值（万元）	人均纯收入（元）
北　港	石振云	马　悦	11533	27251	旗　杆	皇甫文军	姚贤军	21299	26460
东　盾	李友余	谢　磊	32094	26210	天　星	陈惠中	朱振荣	18784	26937
黄　石	俞锦平	钱文标	6601	26508	永　安	蒋佩东	俞志平	7895	24917
里　睦	包乾申	顾　雁	7373	26614	新　民	何　军	沈　宁	4753	26727
智　林	徐建昌	钱丽亚	11965	26538	杜　桥	唐福兴	皇甫伟	13310	27578
陆　市	沈晓波	沈晓波	9410	26322	观　智	沈雪明	—	7948	27733
杨　塘	吴兆洲	庾卫平	6741	26327	红　沙	王　进	周志军	8284	28503

表 37

2014 年董浜镇各社区基本情况

名　称	党组织书记	主　任	辖区内居民人数
董　浜	陶敏炯	—	1338
徐　市	徐耀文	凌月娟	2693

表 38

2014 年董浜镇骨干企业基本情况

企　业　名　称	销售收入(万元)	利税总额(万元)	法人代表
江苏克罗德科技有限公司	101439	1939	陈黎芳
常熟涤纶有限公司	69496	1863	程建良
创美工艺(常熟)有限公司	49889	2200	近藤寿雄
风范绿色建筑(常熟)有限公司	39963	855	桑琴华
常熟市无缝钢管有限公司	19076	761	陈国强
常熟市顺丰混凝土有限公司	14770	1188	顾文青
奕东电子(常熟)有限公司	13475	1117	张亚明
百事高工艺品(常熟)有限公司	11856	416	加藤伸治
苏州钢特威钢管有限公司	10439	256	吴振环
常熟市友邦散热器有限责任公司	9903	1636	王建忠

【苏州沿泰汽车技术有限公司开工奠基】 2 月 25 日，苏州沿泰汽车技术有限公司开工奠基仪式举行，该公司是上海鲁交测控技术公司在常熟投资的全资子公司，是一家专注于汽车试验设备生产销售及提供汽车测试服务的高科技公司。落户新项目拟注册资金 3360 万元，总投资 10080 万元，一期用地面积 1.67 公顷，建筑面积 8000 平方米，年产值约 19000 万元。

【董浜镇举办第二届“董徐大道”长跑比赛】 4 月 20 日，董浜镇第二届“董徐大道”长跑比赛于上午举行。来自全镇机关、学校和各企事业单位的青年、中年、老年男女选手 480 人分 7 个组参加长跑赛。董浜消防中队的王斌和董浜中学的钱振国分获 5 千米男子青年、中年组第一名。

【董浜中学获“中华灯谜教学示范校”称号】 9 月 25 日，在 2014 中国(常熟)江南文化节首届国际中学生灯谜邀请赛开幕式上，董浜中学被中华灯谜学术委员会授予“中华灯谜教学示范校”称号。董浜中学灯谜教学硕果累累，学校不仅在内地举办的猜谜制谜活动中屡屡获奖，并有 300 多人次的谜作在全国各类刊物上发表。与此同时，《谜花飘香》也以其丰富的内容、新颖的栏目、精美的印刷深受谜界瞩目，4 次荣获“全国十佳谜刊”，被著名谜家蔡芳称为“当代最有特色的校园谜刊”。

【国内首条蛋制品纳米涂膜保鲜包装生产线通过鉴定】 10 月 24 日，国内首条“蛋制品纳米涂膜保鲜包装自动化生产线”在董浜镇通过专家组鉴定验收。生产线年产涂膜保鲜蛋在 1000 万—1500 万枚。作为苏州市科技计划，该项目获得授予国家发明专利 4 项，申请发明专利 5 项，实用新型专利 3 项；同时研发成功的应用纳米粒子靶向抑菌保鲜功能的构建重组新技术，较好地解决传统蛋制品、清洁鸡蛋等包装关键技术问题，蛋产品保质期可延长到 6 个月，降低耗材用量 90%。

【董浜镇举办首届天翼 4G 杯常熟市钓鱼大奖赛】 10 月 26 日，以“崇尚自然，践行环保”为主题的首届天翼 4G 杯常熟市钓鱼大奖赛在董浜镇观智村的小浜生态灌区成功举办。本次比赛由常熟市体育局、江苏省常熟现代农业产业园区主办，常熟市电信局承办。经过角逐，大赛决出一、二、三等奖，来自董浜镇旗杆村的朱晶峰以 6 小时钓鱼 14 千克(10 尾以上)的成绩获得第一名。

【常熟祥鑫汽配有限公司开业】 11 月 8 日，常熟祥鑫汽配有限公司正式开业。常熟祥鑫汽配有限公司是东莞市祥鑫汽车模具制品有限公司在常熟投资的子公司，是一家集产品研发、制造、销售及服务于一体的专业汽车模具及汽车零件制造的科技企业。公司注册资本6080万元，项目总投资2亿元，预计年产值4亿元，年利税3500万元。

【南京农业大学首届基地建设大会在常熟召开】 12月6日，南京农业大学新农村发展研究院首届基地建设大会在常熟市召开。教育部科技司基础处处长郜忠智、江苏省科技厅副巡视员周贡生等出席大会。会上，常熟新农村发展研究院、淮安研究院、宿迁设施园艺研究院的负责人和与会人员分享了基地发展建设过程中的困难问题与经验做法。其间还举办了学校准入的18个综合示范基地、特色产业基地和分布式服务站基地的基地建设大会上授牌仪式。常熟新农村发展研究院与常熟、张家港等地4家涉农企业在基地建设大会上签署合作协议。

【董浜镇节水灌溉协会被评为全国农民用水合作示范组织】 12月11日，国家九部委认定3759家国家农民合作社示范社和254家全国农民用水合作示范组织，董浜镇节水灌溉协会被评为全国农民用水合作示范组织，东盾蔬菜专业合作社被评为国家农民合作社示范社。

（毛　瑜）

尚　湖　镇

【概况】 尚湖镇东靠虞山镇，南接辛庄镇，毗邻无锡、江阴、张家港，区域面积112.50平方千米，下辖2个办事处、1个水产养殖场、23个行政村、3个社区居委会，户籍人口7.92万人，外来人口5.68万人。年内建成苏州市科普示范乡镇。

经济发展 完成地区生产总值85亿元。实现公共财政预算收入3.28亿元，保持稳中有升；实现工业总产值195亿元，比上年增长7.10%。完成全社会固定资产投资14亿元，其中工业投资7.50亿元。限额以上社会消费品零售总额约1.70亿元，比上年增加25.90%；对外贸易进出口总额约6.30亿美元，比上年增长11.40%。传统产业实施技改项目40项，完成技改投入5.77亿元。江苏省超市货架联盟标准试点工作进入评审筹备阶段。实施433.33公顷高标准农田和节水灌溉项目，引进种养殖项目3个，改造提升罗墩现代农业产业园基础设施。“尚湖农场”品牌效益进一步凸显，新增绿色食品2种，王庄西瓜被评为苏州市地产优质果品金奖。农业机械化水平达90%，农作物秸秆综合利用率达95%。实现新兴产业产值40.81亿元，比上年增长20.50%；服务业开票销售收入42.49亿元，比上年增长8.60%，服务业增加值28亿元，比上年增长6.50%。总投资超17亿元的春兴精工、华光宝利二期等6个重点项目顺利推进。成功引进誉特能源、昊卓新材料、聚数精密、百联机械等优质潜力项目。新增市科技创业领军人才1名，引进、培育高层次人才18名，新增省高新技术企业1家，省民营科技企业13家，省工程技术研究中心1家，省研究生工作站1家，省高新技术产品13个，完成发明专利授权62件，新增省名牌产品1个。紫翔花“新型非棉天然纤维纺织应用关键技术及产业链建设”项目，被评为“江苏省科技进步二等奖”。

社会事业 城乡一体化示范小区竣工交付4.20万平方米，新增安置入住142户。投资2350万元，实施常吉路改造工程。老宅天主堂（始胎堂）建成投用。完成民房拆搬迁168户。宝利花园、布香雅居、和美家园等房地产项目主体竣工，并顺利开盘。调整完善总规编制，稳步启动农村住宅解危解急工作，会商会办综合整治区89户。完成南湖荡生态修复工程涉及的房屋搬迁和清塘交池工作。全面启动国家卫生镇复检项目建设，完善基础设施，改善环境，提高集镇

2月13日，“家在苏州、名家进万家”苏州戏剧家走进尚湖镇元宵惠民演出暨2014尚湖镇百姓戏曲大舞台启动

管理水平。农村基础设施建设加快，投资1167万元，新、改建农村道路62条、32千米。5个行政村通过省级卫生村复查。东桥村任巷被评为“苏州市村庄环境管理示范村”。张村村建成省级生态村。福寿村胡巷、河金村南须巷创建三星级康居乡村。新增绿化面积35公顷。开展三环路沿线“九整治三规范一提升”整治工程。全面推进两湖流域水环境综合治理和货架行业专项整治工作，完成首批79家货架企业整治验收，关停12家无证无照、酸洗磷化货架企业。大力推进节能减排，顺利关停2家污染企业，取缔淘汰小造粒、小印花等“六小一无”企业48家。完成土地利用总体规划微调，拆除“小土窑”49座，完成练塘片区“小公墓”和主要散坟搬迁工作，增减挂钩复耕复垦面积11.80公顷，占补平衡新增土地近4.67公顷。扎实推进农村环境治理，开展望虞河沿线6个村的连片整治工程，新建污水处理设施43套，建设污水主支管网15千米。实施河道综合整治3条，疏浚河道43万立方米，改造农桥5座。开展畜禽养殖污染治理，关停108户，整治41户。

人民生活　农村居民人均纯收入达到27620元，发放各类涉农补贴1500多万元。开展技能创业培训700多人次，新增就业岗位3500个，城乡失业人员实现再就业6000人。大中专毕业生和特困家庭劳动力就业率分别达95.20%、100%。村级财力建设稳步推进，全年村级总收入达1.23亿元，同比增长12%，有3个行政村总收入超千万元。村级联合体尚联实业发展有限公司稳步发展，和美家园楼盘成功开盘。全镇23个行政村核增应租赁房屋面积3.81万平方米，核增应租未租土地37.90万平方米，计37.87公顷。新增各类合作组织14家。全面完成30%—70%部分征地组的补偿安置工作，涉及94个组5131人，镇级补偿安置资金6244万元。完成冶塘社区和东桥村失水渔民补偿安置工作，涉及455人，镇级补偿安置资金724万元。基本养老保险覆盖率达99.60%，外来人员社会保险覆盖率达84%，新增住房公积金缴存职工3747人，完成率达225.30%。老年居民100%纳入社会化管理。发放社会保障卡6万张、市民卡4593张。“单独两孩”计生新政顺利实施，兑现各类计划生育奖励金、扶助金500多万元。发放各类困难群体、优抚对象等补助金1300多万元。总投资7500万元、建筑面积1.60万平方米的练塘中学校舍新建工程，已进入内部装修阶段，启动练塘中心小学校舍加固工程。全面提升社区卫生服务功能，完善王庄医院、冶塘卫生院硬件设施，建成投用东桥社区卫生服务站。农村居民基本医疗保险覆盖率、参合率分别达100%、99.90%，医疗补偿35万人次，补偿金额2946万元。百姓戏曲大舞台锡剧票友大赛年度总决赛走入常熟大剧院，常熟市兰花艺术团巡演93场，第四届体育运动会成功举办，全民健身站(点)建设持续推进。

社会管理　全面落实“党政同责、一岗双责”责任制度，积极开展安全生产专项检查，全年出动检查人员1.30万人次，排查各类安全隐患1.60万条，整改率达96%，完成市镇两级挂牌督办整改项目9个。突出“三合一”“九小场所”隐患排查与整治，加强火灾防控，消防工作实现火灾起数和死亡人数双下降。积极推进新市民积分管理工作，全面受理新市民积分入学、入医、入市民卡申请，累计办理人数4916人。开展规范企业用工管理工作，建立租赁企业工资支付档案系统电子信息平台、工资支付红色预警企业定期会商制度。落实处置群体性劳资纠纷应急机制，全年调处劳资纠纷475起，涉及人数1327人，涉及金额2300多万元。完善基层人民调解工作机制，成功调处矛盾纠纷343起，调处成功率达100%。加快推进技防建设，全面完成250只村级监控布点、安装工作。严厉打击各类违法犯罪活动，案件发案率同比下降10.50%。数字化城管全年采集信息1.70万件，结案率达98.70%。开展颜巷村废旧物资综合整治专项行动，取缔无证废旧物资点近100家。

表59　**2014年尚湖镇主要经济社会指标**

项　目	数　量	项　目	数　量	项　目	数　量
生产总值	85亿元	用电总量	65195万千瓦时	皮棉总产量	0吨
公共财政预算收入	3.28亿元	农业总产值	5.91亿元	出栏生猪	3万头
耕地面积	4149公顷	粮食总产量	5.72万吨	出栏家禽	14.42万羽

续表 69

项　　目	数　量	项　　目	数　量	项　　目	数　量
水产品产量	5845 吨	新增民营企业注册资本	2.67 亿元	医院/病床	3 所/1[illegible] 张
农村合作社	59 家	完成注册外资	12.69 万美元	社区卫生服务站	[illegible] 个
农机总动力	48150 千瓦	实际利用外资	0 万美元	农村合作医疗参入率	99.[illegible]1%
工业企业	978 家	外贸供货额	35.46 亿元	自来水入户率	1[illegible]0%
其中：私营工业企业	943 家	自营出口额	56278 万美元	农村养老保险覆盖率	99.[illegible]0%
工业总产值	195 亿元	三产从业人员	14039 人	最低生活保障对象	283 户/4[illegible] 人
工业销售收入	193 亿元	三产增加值	28 亿元	年末存款余额	77.51 [illegible]元
工业利税	15.95 亿元	集市贸易成交额	78900 万元	人均储蓄存款	6.91 [illegible]元
固定资产投入	14.02 亿元	镇村主干道	592 千米	农民人均纯收入	2762[illegible] 元
其中：工业投资	7.5 亿元	中小学校	10 所	农民人均住房	70 平[illegible]米
完成技改项目	40 个	在校中小学生	5151 人		
当年技改投入	5.77 亿元	在职教师	648 人		

表 70

2014 年尚湖镇各村基本情况

名　称	党组织书记	村主任	地区生产总值（万元）	人均纯收入（元）	名　称	党组织书记	村主任	地区生产总值（万元）	人均纯收入（元）
河　金	王卫明	钱　云	24918	27457	新　巷	曹建国	周小江	42683	27885
车路坝	王学忠	夏士江	32540	27500	下　庄	王志军	沈国英	6479	27440
福　寿	倪静洁	宋建东	41638	28222	蒋巷镇	屠雪华	陈　江	23767	28258
东　桥	张　斌	田义军	55536	28246	新　裕	徐敬国	唐　波	22009	27600
张　村	范云元	王振刚	5297	27881	常　兴	高立峰	李国锋	30828	27726
家　鑫	陆伟新	丁　锋	50245	27591	鸳鸯桥	陶文军	张国华	41367	28389
南村坝	钱建国	钱建国	4260	26130	吉　桥	陆雪明	朱向东	41740	27850
山　鑫	周亚军	顾新伟	61876	27329	罗　墩	殷建忠	陆　军	10623	26391
大　河	金国清	顾卫明	24379	27414	练　南	浦明华	孙　仁	24990	28570
平　湖	龚晓强	陆　枫	15344	26370	颜　巷	唐增元	周国民	92744	27553
新　和	林之强	宗海峰	13537	26560	翁家庄	蒋斌雄	秦琴华	131639	28187
新　鑫	邵满保	邵满保	14782	28250	新　鑫	邵满保	邵满保	14782	28250

表71

2014年尚湖镇各社区基本情况

名　称	党组织书记	主　任	辖区内居民人数
王　庄	陈雪明	贡卫东	1693
冶　塘	陶卫标	殷伟刚	1804
练　塘	杨文英	张建平	3362

表72

2014年尚湖镇骨干企业基本情况

企　业　名　称	销售收入(万元)	利税总额(万元)	法人代表
常熟风范电力设备股份有限公司	202818	25720	范建刚
苏州卡迪亚铝业有限公司	91085	1451	周洪江
江苏紫荆花纺织科技股份有限公司	73514	4227	刘国忠
苏州浦石精工科技有限公司	42346	0	周洪江
江苏久盛铝业有限公司	37660	228	陈晞华
苏州摩维天然纤维材料有限公司	32419	388	刘国忠
常熟市亿嘉纺织品有限公司	29419	974	郑久土
常熟环海织造有限公司	28675	632	董跃进
苏州华美达铝业有限公司	22909	0	刘道经
苏州莱茵电梯制造有限公司	22314	1516	张利锋

【首架常熟产无人机交付】 1月9日，江苏翔翼航空科技有限公司研制的首架无人机(WillPower—X1型)经测试飞行、验收合格后交付给首家客户常熟市公安局，用于日常巡逻。该无人机主要搭载图像采集及传输设备，续航时间为2—3小时。

【练塘片区坟墓搬迁启动】 1月21日至28日，尚湖镇对练塘区域内所有坟墓搬迁至新建的练塘安息堂内存放。为进一步深化殡葬改革，大力推进骨灰入室安放工作，尚湖镇投资1500万元新建练塘安息堂，设计存放格位1.60万余穴。经确认亡者格位标签张贴好后需用近9000个格位。

【万亩水稻高产示范片首次达到A级水平】 11月3日，苏州市农委组织各县市专家对尚湖镇省级万亩水稻高产创建示范片进行

9月13日，尚湖镇举办"宝贝向前冲"亲子奥运会

实收测产验收。经过对三个典型田块进行现场收割、称量、记录、核算，结果显示“甬优8号”“甬优1538”等水稻品种的平均亩产均超过700千克，示范片首次达到了A级水平，也标志了尚湖镇水稻高产创建工作迈上了一个新台阶。

【百姓戏曲大舞台成锡剧票友“乐土”】 12月24日下午，历时10个月的第二届百姓戏曲大舞台暨锡剧票友大赛总决赛在常熟大剧院落幕。参加总决赛的12位选手从每月月赛及复活赛的100多位参赛选手选出，来自无锡、镇江、常熟、江阴各地。经过二轮决赛，无锡查桥镇的鲍亚英以一曲《红花曲选段·一峰更比一峰高》获得总决赛金奖。

【卫生服务站“提档升级”】
2014年，尚湖镇实施新一轮卫生服务站“提档升级”工程，对基础设施落后，不符合标准的服务站进行分批改建。其中，投资120万元翻建的东桥村社区卫生服务站于10月底建设完成。该服务站集医疗、预防、保健、康复、健康教育和计划生育技术指导“六位一体”，为辖区群众提供连续性、综合性、低成本、高效率的优质卫生服务。

【尚湖镇千万投资农路建设】
2014年，尚湖镇加快推进农村公路建设，全年共计投入1060万元，新建、改建和扩建55条村级道路，总长度达到29.59千米。从2013年起，尚湖镇便启动实施“农村公路三年行动计划”，预计三年投入3000万元资金，对基础较差、破损严重以及居民反响强烈的村级公路全面进行新建、改建和扩建，确保实现全镇村级道路硬化全覆盖。2014年计划建设的55条村级道路，共惠及20个村(村民小组)。

（王千平）

责任编辑　陈建东

常熟年鉴

CHANGSHU YEARBOOK 2015

人 物
荣 誉

新闻人物

张 恒 1982年11月出生，常熟人，大学学历，中共党员，常熟职业教育中心校机电工程系教师，校数控技术应用专业建设骨干成员，校创建国家改革发展示范校过程中重点建设专业——数控技术应用专业负责人，江苏省技术能手，全国模范教师。他在教学中更新传统的教学方法，采取课堂教学与车间实习相结合的情景式教学法，学生技能在教与学的结合中得到提升。他指导学生参加技能大赛，获省赛一等奖5个、国赛一等奖1个；发表《基于FANUC数控系统的外形轮廓车削循环探究》《FANUC数控系统在高速切削中的应用》《面向数控机床的PLC技术研究与应用》等多篇专业论文；作为数控专业负责人，参与江苏省品牌专业、江苏省技能教育研究基地、江苏省FANUC数控系统应用中心、江苏省高水平示范性实训基地等创建活动，并在国示范重点专业建设中发挥重要作用。他多次参加各级各类比赛，先后获得全国职业院校现代制造及自动化大赛加工中心装调与维修项目全国第一名、江苏省职业院校技能大赛数控铣项目、数控维修项目教师组一等奖，获得江苏省职业院校教学设计大赛一等奖，苏州市机械专业评优课一等奖等；2014年9月，被人社部、教育部联合授予“全国模范教师”称号。

储 江 1972年8月出生，籍贯安徽六安，中共党员。海虞中学数学教师，教育硕士学位，中学高级教师，常熟市数学学科带头人，初三年级组长，全国优秀教师。1994年8月参加工作，曾于2000年至2008年连续任初三毕业班的数学教学和班主任，2009年以后循环教学，并担任班主任。关爱学生和坚持奉献是对他教书育人的敬业精神和高度责任心的最好概括。他把教研作为提升教学效果、服务学生的先导，力争做学习型、研究型教师。作为骨干教师，他勇于承担任务，积极主动参与传帮带活动，指导青年教师备课、上课，经常在市级以上的观摩、研讨、示范活动中开课，充分发挥模范带头作用。他先后获苏州市优秀班主任、常熟市数学学科带头人、常熟市“首批教学六认真优秀教师”、常熟市第五届师德标兵称号。2014年8月被教育部评为全国优秀教师。

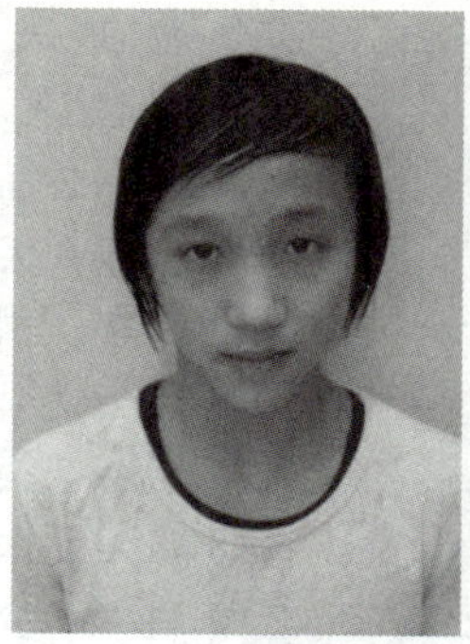

顾 谕 2003年10月生，常熟人。2007年进入常熟市跳水队，2010年进入江苏省体校跳水队，2013年进入江苏体工队跳水队。先后获2010年江苏省跳水锦标赛跳台第三名，2011年江苏省跳水锦标赛一米板第三名，2012年江苏省跳水锦标赛跳台第二名，2013年跳水锦标赛一米板第三名，2011年全国少儿跳水锦标赛一米板第二名，2012年全国少儿跳水锦标赛一米板第三名，2013年全国少儿跳水锦标赛跳台第三名，2014年在全国少儿跳水锦标赛中，完成同龄组中最大难度系数的动作，获女子甲B组一米板冠军。

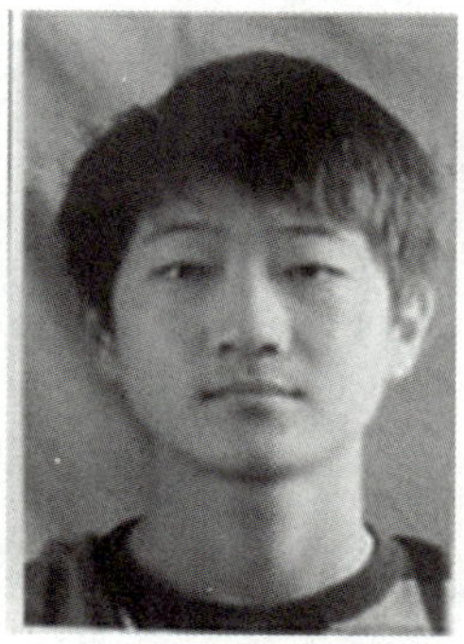

王 浩 1999年3月17日生，籍贯山东兰陵，2011年7月进入常熟市体育运动学校训练，主练项目田径。先后获2012年常熟市中学生田径锦标赛，100米第一名，2012年苏州市中学生田径锦标赛200米第一，2013年江苏省田径锦标赛100第一，2014年江苏省县级市田径锦标赛100米第一，2014年在山东潍坊举行的“全国少年(14—15岁)田径锦标赛”上，以10秒99的成绩获男子100米冠军，成为首个由常熟市业余体校直接培养的全国短跑冠军。

逝世人物

陆 埮 1932年生，江苏常熟人。紫金山天文台研究员，天体

物理学家，第五、六、七届全国人大代表，国际天文学联合会会员，中国科学院院士。

1957年陆埮毕业于北京大学物理系。南京大学天文系教授、博士生导师。2003年调入中国科学院紫金山天文台。长期从事高能天体物理科研和教学，已发表学术论文240余篇，得到国际同行广泛引用和好评。他和学生在伽马射线暴余辉刚发现不久就研究并发现一些伽马射线暴具有星风环境或致密介质环境，有力支持伽马射线暴起源于大质量恒星塌缩的观点；并且克服前人理论模型只适用于极端相对论情形的缺点，提出伽马射线暴余辉动力学演化的统一模型，可描述从早期极端相对论到晚期非相对论阶段的整个演化过程；另外，早在1984年他和学生发现，夸克非轻子弱过程对奇异星的径向振荡有非常强的阻尼效应，表明奇异物质的体黏滞性比普通核物质要高许多个量级，是奇异物质最重要的动力学特征之一；在研究脉冲星辐射时，提出一个很有创意的"代参数"新概念，可以作为脉冲星的一个新的特征量。2014年12月，陆埮逝世。

享受副县（处）级以上政治待遇的离休干部逝世人物简表

姓　名	性　别	出生年月	籍　贯	原工作单位与曾任职务	逝　世　时　间
温五男	男	1923年4月	常熟	市发改委沼气办主任	2014年1月10日
胡　铭	男	1926年4月	常熟	市经信委衡器厂副科长	2014年3月17日
孙林根	男	1929年8月	靖江	市交通运输局航道站书记	2014年4月15日
朱承梁	男	1921年2月	武进	市统战部副部长	2014年5月24日
史荣根	男	1922年4月	武进	市交通运输局虞山船闸所长	2014年5月23日
杨　晴	女	1925年11月	扬州	市财政局副局长	2014年6月26日

先进集体

全国条线及省级表彰的先进集体

受表彰者	荣誉称号	表彰者	表彰时间
常熟市	第二批全国农村集体"三资"管理示范县	农业部	2014年12月
常熟市	全国"六五"普法中期先进县	全国普法办	2014年3月
常熟市	中国休闲城市综合标准化示范市	全国休闲标准化技术委员会	2014年9月
梅李镇	国家园林城镇	住建部	2014年3月
古里镇	中国历史文化名镇	住建部	2014年2月
辛庄镇朱家桥村	全国科普惠农兴村先进单位	中国科协、财政部	2014年6月
常熟图书馆	2014最美基层图书馆	文化部	2014年10月
钱敏丹家庭	全国"最美家庭"	全国妇联	2014年5月
创美工艺（常熟）有限公司	全国"讲理想、比贡献"活动先进集体	中国科协、发改委、科技部、国资委、全国总工会	2014年12月
民盟常熟市委	民盟中央群言杂志社发行工作优秀单位	民盟中央	2014年11月

受表彰者	荣誉称号	表彰者	表彰时间
常熟市红十字会	2014年度中国红十字总会报刊宣传先进集体(二等奖)	中国红十字总会	2014年9月
常熟市	江苏省第十届双拥模范城	省委、省政府、省军区	2014年7月
常熟市	2011—2014年全省社会治安综合治理先进集体	省委、省政府	2014年11月
常熟市	复核确认继续保留的法治县(市、区)创建工作先进单位	省委、省政府	2014年7月
波司登羽绒服装有限公司	2013年江苏省质量奖	省政府	2014年2月
波司登股份有限公司	江苏省优秀民营企业	省委、省政府	2014年5月
常熟开关制造有限公司	江苏省优秀民营企业	省委、省政府	2014年5月
常熟市民政局	拥军优属先进单位	省政府、省军区	2014年4月
常熟市政府征兵办公室	全省征兵工作先进单位	省政府、省军区	2014年12月
《虞山文化流派》常熟政协文史委	江苏省第十三届哲学社会科学优秀成果奖(三等奖)	省政府	2014年10月
高性能光伏发电系统关键元件的研发和产业化(完成单位:常熟开关制造有限公司)	省科学技术三等奖	省政府	2015年1月
高性能电脑横机关键技术研究及产业化(完成单位:常熟理工学院、江苏金龙科技股份有限公司)	省科学技术三等奖	省政府	2015年1月

先进个人

全国条线及省级表彰的先进个人

受表彰者	荣誉称号	表彰者	表彰时间
张亘(市职教中心校)	全国模范教师	教育部、人社部	2014年9月
倢江(海虞中学)	全国优秀教师	教育部	2014年8月
矢国群(外事办)	民进全国组织建设先进个人	民进中央	2014年11月
端木银熙(市农科所)	中国科协"乡村情科技梦"优秀农村基层科技工作者	中国科协	2014年11月
卜鸣昌(市科协)	全国"讲理想、比贡献"活动优秀组织者	中国科协、国家发改委、科技部、国资委、全国总工会	2014年12月
沈惠英(梦兰集团)	全国五一巾帼标兵	全国总工会	2013年4月
马挺(梦兰集团)	2013—2014年度纺织行业统计工作优秀统计工作者	中国纺织工业联合会	2015年1月

受表彰者	荣誉称号	表彰者	表彰时间
周杰(海虞镇)	2013—2014年度纺织行业统计工作优秀统计工作者	中国纺织工业联合会	2015年1月
钱月宝(梦兰集团)	第二届中华慈善突出贡献奖	中华慈善总会	2014年9月
王春华(开关制造有限公司)	江苏省优秀民营企业家	省委、省政府	2014年5月
周忠良(市综治办)	2011—2014年全省社会治安综合治理先进工作者	省委、省政府	2014年11月
钱月宝(梦兰集团)	拥军优属先进个人	省政府、省军区	2014年4月
许霆(常熟理工学院)	江苏省第十三届哲学社会科学优秀成果奖(三等奖)	省政府	2014年10月
顾永安(常熟理工学院)	江苏省第十三届哲学社会科学优秀成果奖(三等奖)	省政府	2014年10月

责任编辑 汤 涵

常熟年鉴

CHANGSHU YEARBOOK 2015

附　录

媒体聚焦

领“秀”江南

——生态文明建设的常熟实践

惠建林

常熟作为沿海经济比较发达地区，人多地少、生态空间有限、环境承载能力薄弱等问题一直较为突出。近年来，常熟牢固树立“绿水青山就是金山银山、绿水青山胜过金山银山”的发展理念，坚持不懈推进生态文明建设，发展绿色经济，践行绿色惠民，着力构建集约高效的生产空间、宜居适度的生活空间、山清水秀的生态空间，先后获得国家生态市、全国生态文明建设试点城市、国家园林城市、中国人居环境奖、国际花园城市等称号。

从“退田还湖”到“生态育市”：一个执政新理念贯穿始终

生态文明建设是一项长期、系统的战略任务，常熟历届市委、市政府在探索实践中，从以实施尚湖“退田还湖”为代表的保护修复自然生态为主，到大力转变发展方式、调整产业结构、促进绿色发展，再到将生态文明建设作为以人为本、执政为民的重要内容贯穿到经济、社会和城市建设等各个方面，不断深化对生态文明建设的认识，突出其战略地位，一以贯之、坚持不懈地加以推进。

牢固确立生态优先理念。尚湖临近常熟城区，水面面积约8平方公里，文革期间湖水被抽干建成农场。但在号称岁岁丰收的常熟，尚湖农场却年年歉收，并影响到周边区域的生态系统和气候变化，紧邻的虞山虫害多发，森林成片死亡。1984年，常熟市委、市政府果断决策“退田还湖”，引长江水灌溉千顷湖床。从尚湖的变迁中，常熟历届市委、市政府深刻领会敬畏自然、珍惜自然、保护自然的道理，从而在加快发展经济的过程中，始终坚持对尚湖、虞山等重要生态资源“保护为主、适度开发”的方针，为传承城市绿色基因、彰显山水城融为一体的城市特色奠定了坚实基础。进入新世纪，常熟明确提出“亲近自然”的理念，把“营造环境”作为党委、政府的重要职责，建立多元化投资机制，累计投入80亿元，实施了尚湖、昆承湖生态修复、虞山“亮山工程”等一系列重大生态工程以及城市生活垃圾焚烧发电厂等环境基础设施建设，加快转变粗放型的经济增长方式。随着科学发展观的深入贯彻落实，常熟不断深化对生态文明建设的认识，将其与提升执政理念、转变发展方式紧密结合起来，深刻把握生态文明建设的“拐点”，进一步明确“决不以牺牲环境为代价去换取一时的经济增长”，确立了“生态育市”的基本方略，加快推动发展方式从劳动密集、外源增长向创新驱动、内涵增长转变，经济结构从传统产业为主向新兴产业、现代服务业为主转变，生态环境从资源依赖、负荷超载向资源节约、环境友好转变，全面建设资源节约型、环境友好型社会。

创新生态文明建设机制。坚持以规划为引领，编制《常熟市生态文明建设规划》，在江苏省率先通过环保部专家论证，实施两轮“生态文明建设三年行动计划”，常熟被列为全国生态文明建设试点城市。改革旧有考核体系，加大对全市各镇、开发区生态指标的考核力度，并将尚湖镇作为生态保育区加大生态保护、现代农业发展等指标的考核权重。探索建立政府引导、市场运作、社会参与的生态文明建设多元化投入机制，设立环境保护专项资金和污染防治资金，2010至2012年市本级财政共安排3.93亿元，用于农村分散式生活污水、村庄环境整治、农村绿化项目的“以奖代补”。同时，建立生态补偿机制，对基本农田保护、生态公益林建设、水源地村和湿地村实施生态补偿。

从纺织服装到整车生产：一条产业新链条快速崛起

近年来，常熟把转变发展方式、调整产业结构作为解决生态问题的“治本之策”，加快推动产业结构由纺织服装等传统产业为主向汽车、高端装备制造等新兴产业为主转变，促进集约发展、绿色增长，实现了产业竞争力和生态竞争力的“双提升”。

*以产业布局调整促进集约发展。*按照“布局集中、产业集聚、发展集约”的要求，大力推动工业向园区集中，新批项目一律进区入园，现有企业根据产业链需求逐步向园区整合，同时通过城区、集镇区工业“退二进三”等措施，彻底改变了原来“村村点火、户户冒烟”的分散布局，形成了以国家级经济技术开发区和省级高新技术开发区为主要载体的产业发展格局，全市工业企业向园区集中比例达到90%以上。依托区位、交通、产业等优势，规划建设港区、服装城、南部生态城三大现代服务业集聚区；利用生态、文化等资源禀赋优势，高起点、组团式开发生态休闲旅游区，初步建成了虞山尚湖、昆承湖、南湖以及沙家浜等120平方公里区域的核心生态圈，全市服务业增加值占GDP比重超过45%。强化农业基础地位，严守耕地保护红线，全市保有农田面积80万亩，占到苏州全区域保护和发展农业“四个百万亩”的1/5；同时积极推动土地流转，并与村庄布局调整有机结合，建成了一批集中连片、基础设施配套的高标准农田，土地规模经营比重达到82%，农业的生产、生活、生态功能得到充分彰显。

*以产业层次提升促进绿色增长。*突出高技术、高效益、低消耗、低排放的产业发展方向，加快壮大主导产业、培育新兴产业、提升传统产业，至2012年，全市新兴产业、高新技术产业产值占规模工业比重分别达到45.30%和34.10%，比2010年提高8.20和6个百分点。重点依托路虎汽车、观致汽车、丰田研发中心、中交盾构机等重大项目，着力构建完整的汽车产业链，推动装备制造产业向大型工程机械、智能制造装备等高端环节攀升，同时按照时尚、创意、品牌化的要求改造提升纺织服装这一传统优势产业，争取到2015年形成汽车、装备制造、纺织服装三大千亿元级产业，整体提升主导产业的集聚度和竞争力，促进经济发展提质增效，为生态环境减压减负。加快发展循环经济，建成80家循环经济试点示范企业、47家绿色企业，约占全市经济总量1/3的常熟经济技术开发区初步形成了高档造纸生态产业链、化工行业生态产业链、静脉产业链等五条生态产业链，被列为国家生态工业示范园区试点。大力开展重点行业提标改造、电力行业脱硫治理，2009年以来累计关停并转化工、印染、造纸等“六小一无”企业895家，在江苏率先实现印染行业废水排放总量IC卡管理，累计削减化学需氧量8195.27吨、二氧化硫12268吨，全面完成节能减排任务。坚持从源头上防治污染，提高环保准入门槛，近年来劝停拒批总投资超过20亿元的重污染项目100多个。大力发展生态农业，有机食品、绿色食品生产面积占全市种养总面积的25%；积极构建农业循环产业链，培育了田娘农场、蒋巷村生态园等一批典型。

从千年古城到南部生态城：一片城市新面貌领“秀”江南

常熟坚持把古城山水城相依相融的“绿色基因”植入城乡一体化过程中，积极探索集约、智能、绿色、低碳的新型城镇化道路，加快构建布局合理、土地集约、功能完善、环境优美的现代城市发展格局。

*构建生态宜居的城市空间。*深入推进城乡一体化发展，加快城乡建设从小城镇、分散式向组团式、一体化转变，初步形成了“一城四片区”的城市总体框架。重点对星罗棋布的1万多个自然村庄进行梳理，在尊重农民意愿的前提下，因地制宜进行整治、归并，形成了现代社区型、集中居住型、整治改造型、生态自然型、古村保护型五种形态，全市农民集中居住率达到60.20%，通过适度集中，进一步优化了城乡空间布局，提高了资源配置效益，并为农村生活污染集中治理、改善农村生态环境创造了良好条件。

*倡导低碳绿色的生活方式。*加快创建低碳社区，在江苏省率先制定出台低碳社区评定和管理暂行办法，并于2013年初首批命名两家“低碳社区”；深入开展城乡大环境综合整治，引导城乡居民强化环境保护意识，形成卫生文明健康的生产生活方式，建成2个国家级生态村、171个省级生态村，22个市级生态文明村，形成了多层次、全方位覆盖城乡的生态文明网络。积极发展绿色交通，全市近70%的公交车辆达到国Ⅲ标准，并投运240辆LNG天然气公交，投用1万辆公共自行车，低碳出行逐渐成为市民的新生活方式。

（摘自2014年《群众》第1期，作者系中共常熟市委书记）

江苏常熟　生态变美　经济更强

王伟健

2013 年底，在江苏省常熟市沙家浜湿地公园里，摄影爱好者陆晓东发现了一群长着细长红腿、羽毛黑白分明的候鸟——有着“长腿娘子”之称的黑翅长脚鹬。这是当地十分罕见的鸟类。“这些鸟类的出现，得益于常熟生态的日益好转。”他说。自 2009 年试点建设以来，沙家浜湿地公园目测记录到的鸟类较以往增加了 20 种。

完成生态修复，建设“绿色三角”

大片池杉“昂首”湖面，成群野鸭、白鹭栖息林间。临亭凭眺，波光粼粼，水清鱼跃。这是常熟境内最大湖泊——昆承湖的迷人景象。这个面积达到 18.40 平方公里的昆承湖，是常熟境内最大的湖泊，但在以前，这是一个接近死亡的湖。

在常熟市环保局局长陈飞的印象里，常熟的几个湖泊都曾处于危机中：尚湖阡陌纵横，昆承湖的环境只能用“总体五类水、局部劣五类”来形容，南湖荡充斥着圩田涝害。

2006 年，常熟启动昆承湖生态修复工程。几年来，通过实施围网取缔、湖底清淤、客水分流、口门控制、污水收集等工程，整治环境污染，取缔围网养殖 5000 多亩。经过多年修复，现在昆承湖水质已基本达到三类水标准。

尚湖和南湖荡等湖泊也修复成功，与昆承湖一起，成为该市湿地生态修复的成功创举。在虞山尚湖旅游度假区党工委书记刘洪的办公室里，记者看到了这个度假区的规划图。刘洪介绍，在发展过程中，度假区这些年的主要精力用在生态修复上，3 年时间完成了一个生态修复区和一条生态景观走廊的建设。

如今，常熟在生态建设上有着更大的雄心。“我们提出了打造以虞山尚湖、昆承湖、沙家浜、南湖生态湿地为核心的 120 平方公里生态圈。”常熟市委书记惠建林说。

120 平方公里对于常熟来说，相当于面积的1/10。从常熟地图上，以虞山尚湖、昆承湖和南湖荡 3 个湖泊引领的生态区域，正好构成了一个“绿色三角”。

加大生态比重，降低 GDP 考核

尚湖镇属于 120 平方公里核心生态圈的上游，为了建设好核心生态圈，从 2010 年开始，常熟市委市政府对尚湖镇的考核中，降低了 GDP 的考核。

尚湖镇党委书记王晓东给记者看了《关于尚湖镇限制开发后实行财政补助和新的目标责任考核办法》。这个以会议纪要形式发布的办法，将尚湖镇确定为生态保护区，实行限制开发，尚湖镇的机关工作目标责任制考核得分达到全市平均水平的 90%，即视同达到全市平均水平，在此基础上按实际得分比例升降。

常熟市确定，从 2010 年开始实施生态文明建设行动计划，GDP 不再成为考核乡镇和干部的唯一主要标杆，单位能耗、污染物排放和村庄整洁、水环境治理、村镇污水处理等生态工程的完成情况，也被列入考核。

“考核是指挥棒。不以 GDP 为中心，体现了市委市政府的转型发展思路。”王晓东说，GDP 考核下降了，但考核压力反而更大了。“这并不意味着不要发展经济，而是要通过对现有产业的转型升级，真正实现绿色发展。尚湖镇 3 年内服务业占比提高了 5 个百分点，现代农业产品面积提高了 10 个百分点。”

GDP 考核下降了，但生态考核增加了。“尚湖镇 COD 的单位排放要比其他镇少一倍，转型升级的力度要比其他地方大。”王晓东说，当地一个大型企业想发展，提出要 200 亩土地，他把尚湖镇走了一圈，发现实在不舍得把大片的土地给这家工业企业。“就这个项目，我们就损失了 4 亿元的投资，但它的能耗可能不符合尚湖镇的要求，所以我们宁愿把土地给那些看起来投资没那么大，但环保符合我们要求的企业。”

不仅是尚湖镇，虞山、沙家浜等区域被纳入 120 平方公里的核心生态圈同样实行新的考核体系。生态文明建设突出的虞山镇、沙家浜镇，在 2013 年的新考核体系中夺得金杯。

常熟市市长王飚说：“以政绩观的改变来推动发展环境的提升，以生态文明的理念来引导发展。近 5

年来，常熟主要经济指标按照每年平均10%左右在增长，但是主要污染物排放以每年5%的速度在下降。”

尊重自然规律，优化产业布局

2012年底，常熟的沙家浜・虞山尚湖旅游度假区被评为5A级风景区，这是常熟生态保护和转型发展的一个阶段性成果。

沙家浜是一个有着迷人风光的湿地公园。冬天的暖阳下，记者坐着小船游荡在沙家浜，芦苇已黄，但水草依然丰茂，不时惊起水鸟。虽然已是寒冬，这个5A级景区依然是游客如织。“旅游已经成为我们转型发展的新引擎。”沙家浜镇党委书记张建强介绍，沙家浜以原有红色教育游为基础，以绿色生态游为重点，推出“新型生态观光农业”项目，如休闲垂钓、仿生养殖等。如今，旅游收入已经占到沙家浜镇的1/4左右。“不是单纯地以工业为中心了，旅游业和现代服务业成为新的发展重点。”张建强说。

常熟对生态的发展也赢得了丰厚的回报。日本丰田汽车公司社长丰田章男在常熟考察之后，毅然决定将丰田全球最大的研发中心放在常熟这个县级市里。目前，总投资6.89亿美元的丰田汽车研发中心（中国）有限公司正式落户。

除了丰田，常熟还引进了捷豹路虎汽车项目、观致汽车项目、苏南重工等高新技术产业项目。2013年，常熟新兴产业、高新技术产业产值占规模工业比重分别达到38.70%和36.10%，比2010年提高13个和8.20个百分点。

现在，常熟已经从一个纺织服装之乡，变成了一个现代工业城市，构建起了完整的汽车产业链，推动装备制造产业向大型工程机械、智能制造装备等高端环节攀升，同时按照时尚、创意、品牌化的要求改造提升纺织服装业，到2015年将形成汽车、装备制造、纺织服装三大千亿级产业。

惠建林说：“我们尊重自然规律，优化产业布局，淘汰落后产能，推行绿色发展，以期在现代化之路上激发更强大的力量，实现产业竞争力和生态竞争力的双提升。”

（摘自2014年1月23日《人民日报》第6版）

文化名城　福地常熟

都说“江南福地，天下常熟”。一个区域可称“福地”，不是凭空叫出来的，而是这一地区所处的地理环境和积淀的人文底蕴所决定的。常熟地处长江三角洲腹地，地势平缓，气候温和，历史上因平畴万顷，年年丰收、岁岁常熟而得名。“文开吴会，道启东南”，作为吴文化的发祥地之一，常熟更因崇文重教、才俊辈出、人文彬盛而称誉九州。

历史绵厚、文脉昌盛、代有名家、流派纷呈，是常熟历史文化的一大特点。怀着对历史的敬重、对文化的推崇，常熟市政协通过对地域传统文化亮点的精心挖掘、梳理，于2013年底向读者推出了两部具有浓郁地方特色的文史精品——《虞山文化流派》《常熟状元》。

披阅《虞山文化流派》，你能看到自春秋“南方夫子”言偃（孔子唯一的南方弟子）“道启东南”以来，以虞山冠名的琴派、诗派、画派、印派、藏书流派等文化奇葩在常熟异彩纷呈，兴于唐盛于明清而代代相传、争奇斗艳，进而形成的“琴川自古多风雅”的现象。

细读《常熟状元》，你能悟到科名鼎盛、奋勉争鸣的状元文化在这里的兴盛并非偶然：源远流长的读书风尚、“江山代有才人出”的人文景象，让常熟成为“学道名邦”而誉满华夏。

“东南开道脉，今古挹文澜”。作为国家历史文化名城，常熟在传统文化底蕴的熏陶浸染下，传承文脉的风尚早已潜移默化而深入人心，勾吴仲雍、“南方夫子”的风采，吴下琴川、虞山尚湖的风雅，先哲贤人、名家才俊的风韵，让常熟文化名城烁古耀今、文运昌盛。

吴下琴川古有名

常熟的历史文化源远流长，距今约5500年的钱底巷遗址昭示着这方沃土上的悠远生息；商末古公亶父之子泰伯、仲雍“让国南来”，建立勾吴的历史记录着常熟吴地文化的深厚渊源；春秋言子“北学孔门”后的“弦歌之治”，奠定了其“文开吴会，道启东南”的伟绩。

古之有名的常熟，仲雍、言子等先哲，昭示着其深远人文；江南吴地的山水城郭，传扬着它的悠悠古韵。在常熟历史文化中绕不开的就是虞山。仲雍及后代周章、言子等先贤卒后皆葬于虞山，而常熟古城又以虞山为中心、以尚湖为环抱，于是虞山、古城、尚湖相映成趣，共同构成了山水城融为一体的城市格局。“昔人肇嘉名，千古称琴川”。古城内七条如弦的溪流，让常熟有了“琴川”的别称，正好暗合了言子“弦歌之治”的内涵。“七溪流水皆通海，十里青山半入城”。常熟古城的独特风韵，在明代诗人沈玄笔下显得美轮美奂，让吴下琴川载誉江南。

常熟是中国的书香门第，风雅之士不胜枚举。自唐至清诞生了8名状元、486名进士、10位宰相，可谓科甲鼎盛、英才辈出。商代的丞相巫咸、“南方夫子”言偃、唐代“草圣”张旭、居“元四家”之首的大画家黄公望、“古音正宗”严天池、明代雕刻名家王叔远、“虞山画派”的开创者王石谷、“虞山诗派”翘楚钱谦益、状元宰相两朝帝师翁同龢……人文荟萃、代有名家成就了常熟在中国文化艺术史上的声誉，让常熟文化之名蜚声古今。

是常熟先人的勤劳智慧，叠加了常熟历史文化的丰厚积淀；是吴地山水的浸润滋养，塑造了常熟历史文化的独特魅力。

引领了江南文化风尚的常熟，在琴、画、诗、书等传统文化艺术领域里产生了一大批名家，他们前后相望，薪火相传，蔚为大观，让世人为之心羡。无论是“振家声还是读书”的文化自觉，还是家族相传、师徒授受，常熟历史文化的浸润已进入一代代人的心境。正是有了这样的文化氛围，常熟文化历史才能绵延至今、生生不息。现在，十里虞山、常熟古城、传统艺术流派等一大批文化遗存得到了有效保护和传承，古琴之乡、藏书之乡、书法之乡的声誉，正在常熟现代文明建设中继续弘扬。

延续文脉拓新境

常熟历史悠久，底蕴丰厚，遗产众多。在文化遗存最为集中的虞山尚湖区域，拥有兴福禅寺、藏海寺、剑门石刻、吴王点将台以及仲雍、言子、黄公望、钱谦益、柳如是、翁同龢等一批先贤名家的墓葬群；古城内的方塔、綵衣堂、脉望馆、燕园、曾园、赵园等文物古迹更是星罗棋布，就连古城本身也基本保持着明清时期的城市格局。这些散落各处的遗址、墓葬、园林庭院、寺庙祠堂、古桥古井等已成为常熟历史的印记、名城的瑰宝。

自古钟灵毓秀、人文蔚起的常熟，经过漫长岁月洗礼传承下来的非物质文化遗产如珍珠般散播于全市各地：有被誉为“古音正宗”的虞山派古琴艺术，有绵延至今仍在彰显文艺昌盛的虞山画派、诗派、印派，有反映江南农耕文化气息的白茆山歌，有颇具地方宗教文化色彩的宝卷诵读和东张道教音乐，还有虞山绿茶制作技艺、兴福寺蕈油面制作技艺、姜太公传说等80余种非物质文化遗产。种类繁多的非物质文化遗产，不仅反映了常熟传统文化的深厚悠久、异彩纷呈、兼收并蓄的特点，更为常熟历史文化名城的地位奠定了坚实基础。

“如果没有了常熟的黄公望、王石谷、蒋廷锡、翁同龢、钱谦益、柳如是、毛晋、脉望馆，以及虞山琴派、印派，与整个苏州由历史所哺育的一代代文士和人民，常熟或苏州还有多少让人一访再访，流连忘返，魂牵梦绕的吸力？”全国人大常委会原副委员长许嘉璐在《虞山文化流派》所作序言中的深深追问，与常熟人的文化心理、文化自觉不谋而合。站在常熟人文昌盛、内涵丰茂和社会文明自觉的平台上，常熟人正在躬行实践，在传承延续中守护自己的文化根脉。

保护好古城历史文化价值，一直是常熟人义不容辞的责任。自1986年常熟被确定为国家历史文化名城以来，常熟各版城市总体规划、名城保护规划、古城详细规划等均对全市的文化遗存开展了梳理、挖掘和保护工作。

目前，常熟已有88个非遗项目列入了常熟、苏州、江苏、国家“四级”保护名录；针对诸如古琴艺术、白茆山歌、评弹、篆刻艺术等非遗重点保护项目，常熟还建立了相应的保护基地，并为传承人建立了专门的工作室；针对散落全市的159处各级文物保护单位，常熟投入巨资进行修复和保护，修葺了言子墓、仲雍墓，兴建了黄公望纪念馆、王石谷纪念馆、铁琴铜剑楼纪念馆等。

珍视、继承和弘扬历史文化传统，是延续城市历史文脉、提升城市品位不可或缺的重要工作，也是城市现代文明进步的重要标志。在建设文化强市的背景下，常熟开展保护和传承吴地历史文化又达到了一个新的高度。2013年，常熟编制了建立虞山文化生态保护实验区的规划，旨在通过对全市文化生态的保护和发展，持续放大常熟历史文化名城的效应，拓展出常熟文脉的新境界。

当然，常熟的文化开拓、文化创新，并非始于今日，它早已深入到了当代常熟人的血脉之中，成了一种充满自信的文化自觉。正是出于延展传统文化的丰富资源、实现文化的可持续发展、构筑文化名城的新优势的现实考虑，常熟为深受地方传统文化熏陶、启迪的当代艺术家言恭达设立了中国政协文史馆言恭达艺术研究院常熟分院，以此用艺术家的翰墨人生续写虞山尚湖的风雅，不断拓展常熟文化的影响；为“生于斯，长于斯”的新锐画家姚新峰建立了以他名字命名的美术馆，让他充满灵气的写意江南，在“民办公助”文化服务模式的激励下，为基层群众开辟出一个亲近艺术、享用文化的苑地；用生态修复的途径唤醒一直沉睡于常熟东南郊的昆承湖，并在提升利用中植入常熟独特的人文元素，使言公堤、状元桥、公望岛成为常熟东部新城建设的新亮点……

从常熟历史文化内核衍生的文化新境，正在成为文化名城、人文常熟的重要组成部分。基于此，为保护和传承常熟独有的文化基因，延续常熟历史文化的生命力，常熟将通过实施虞山文化生态保护实验区规划，加大全市文化生态保护的力度。

为此，常熟确定了原生态保护和活态传承有机结合的思路，以“四级”非遗保护项目为重点，通过构建非遗项目、传承人保护体系和非遗保障体系，进一步优化非物质文化遗产的生态空间和发展环境，充分彰显常熟独具特色的文化价值。

唱响时代之强音

在打造效率常熟、幸福常熟、美丽常熟的今天，常熟依托历史，努力增创强烈的时代气息和优秀的人文传统完美结合的文化特色，唱响文化引领发展、文化支撑发展的时代强音。

“全力推进文化建设，坚持把文化传承与文化创新相结合，发挥文化引领风尚、教育人民、推动发展的作用”。常熟的文化自觉和文化行为在对文化遗存的传承、弘扬中不断活跃和成熟。

文学之乡，彬彬称盛。在与时代的交织中，常熟的文化品牌依然灿烂如霞。美术馆、图书馆、博物馆、评弹馆、古琴艺术馆等融古典与现代韵味于一体的文化设施，使千年文脉在现代文明中继续流淌，与古城众多的故居、园林、纪念设施等文化遗存交相辉映，共同支撑起当今常熟丰富而坚实的文化阵地，成为现代常熟塑造城市文明、滋养人文精神的源头活水。

让文化的张力惠泽大众，用传统文化的土壤培养现代精神文明之花，正突显出这个城市的文化使命和时代特色。江南文化节、沙家浜旅游节、白茆山歌艺术节等节庆活动，让常熟百姓尽享文化大餐；市民课堂、春来戏曲大舞台、文化惠民村村演、百团大展演等群众性文化活动，让常熟百姓的生活更加有滋有味；以市文化馆为龙头、各镇（街道）文化站和各村（社区）文化室为网点的公共文化服务体系，让常熟城乡并举的文化之路越走越宽……名城、名镇、名村正在传统文化的唤醒下崛起。

常熟的山，充满灵气；常熟的水，富有诗意。说起常熟，更绕不过她江南水乡的特质。在波光浩渺的阳澄湖畔，在绿色帐幔的芦苇荡里，一曲军民鱼水情的赞歌在这里唱响——这就是沙家浜。沙家浜因同名京剧而家喻户晓，也让常熟这座国家历史文化名城蜚声中外。

风起芦苇荡，心动沙家浜。一出《沙家浜》唱红了一部戏，叫响了一片地。芦苇荡自然生态、江南水乡田园风光、地方民俗文化、红色旅游文化，共同塑造了沙家浜国家历史文化名镇独有的秀丽。这里苇叶轻飘，宛如水墨；橹声轻语，恬静悠远。斑驳陆离的粉墙，幽深静谧的街巷，吸引着越来越多的游人前来追寻红色足迹。

今日，伴着生态和人文的沙家浜正从芦荡烽火中焕发盎然生机，让水乡民众和着红色的旋律、踏着只争朝夕的节奏逐梦而歌。经过岁月精挑细选的石湾山歌、水乡婚俗、沙家浜龙舟赛，为水乡名镇摘来了“具风情民俗文化旅游目的地”、“中国景观龙舟名镇”的桂冠，为其江南风情锦上添花。

今日之沙家浜，正如这诱人的景色，烂漫升腾，中国爱国主义教育示范基地、中国红色旅游经典景区、国家5A级旅游景区、国家湿地公园……从红色岁月中走出的沙家浜，带着江南水乡气质，走向锦绣繁盛的明天。

淌过历史的长河，江南深秀处，一片让人心驰神往的福地静等你去流连、去体味。

（摘自2014年3月6日《人民政协报》专版）

文件选编

关于进一步加强生态文明建设的实施意见

常发〔2014〕3号

为全面贯彻落实党的十八大、十八届三中全会精神和江苏省委十二届五次全会关于做好生态文明建设部署,以江苏省委省政府最新印发的《关于深入推进生态文明建设工程率先建成全国生态文明建设示范区的意见》为指引,进一步深化我市生态文明建设,建设美丽常熟。市委市政府决定在上一轮《生态文明建设三年(2010—2012)行动计划》的基础上,进一步加强全市生态文明建设的实施力度,现提出如下实施意见:

一、进一步明确新形势下生态文明建设重要意义

(一)必须把生态文明建设放在更加突出地位

按照党的十八大、十八届三中全会精神和省委省政府关于生态文明建设的最新要求,以环保部对我市生态文明建设中期评估为新的起点,在新形势下更加深刻认识加强生态文明建设的极端重要性:对照“五位一本”总体布局,生态文明建设已成为紧迫任务;对照“率先基本实现现代化”目标要求,生态环境仍是突出“短板”;对照人民群众的迫切期盼,生态产品变成紧缺公共产品;对照发达地区发展水平,生态竞争力是明显差距。因此,各部门、板块一定要充分认识新形势下生态文明建设的重要意义,深入推进生态文明建设工程,加大产业结构调整和生态保护修复力度,坚持保护治理并重,优化空间布局,高效利用资源,减少污染排放,科学部署、统筹推进,促进生态产业快速发展、绿色消费深入人心、生态环境质量稳步提升、生态文化特色日益彰显,力争率先建成全国生态文明建设示范市,达到与“率先基本实现现代化”相适应的生态环境目标,把常熟建成经济发达与生态宜居协调融合、城市风貌与田园风光相映生辉、人与自然和谐共生的美好家园。

(二)总体要求

以科学发展观为指导,树立尊重自然、顺应自然、保护自然的生态文明理念,以推进生态文明建设工程为抓手,以转变经济发展方式为核心,以环境治理和生态修复为重点,以全民共建共享为基础,以体制机制创新为保障,加快形成节约资源和保护环境的空间结构、产业结构、生产方式、生活方式,切实把环境污染治理好、把生态环境建设好,努力走向生态文明新时代,为人民群众创造良好生产生活环境,为建设美丽中国做出积极贡献。

(三)工作目标

各部门、各板块要紧密围绕五位一体的总体布局的要求,确立“到2015年全市生态文明建设达到国内领先水平,2017年力争率先建成国家生态文明示范市”这样一个工作目标,通过目标来有序组织生态文明建设的战略推进,主要体现在四个方面:一是生态文明理念显著增强,生态文明制度更加健全,在全社会形成珍爱自然、保护生态的良好风气;二是绿色发展水平显著提升,生态空间得到有效保护,形成节约资源能源和保护生态环境的产业结构、增长方式、消费模式;三是污染排放量显著下降,完成上级下达的年度节能减排任务;四是生态环境质量显著改善,重点流域水质明显好转,大气环境质量得到改善,人民群众对生态环境满意度明显提高。

二、进一步规划新形势下生态文明建设五大体系

(一)富有活力的生态经济体系

在新一轮的生态文明建设过程中,必须把节能减排放在生态文明建设的首要位置,通过节能减排来优化和提升产业结构,引领和推进全市的产业转型和升级,实现产业生态化的拐点,加快打造符合常熟特色的绿色生态经济体系。

一是以节能减排为重要抓手,倒逼企业转型升级,深化产业结构调整,改变以粗放型的工业增长为依托的经济发展道路,大力发展第三产业和节能环保产业,增强产业可持续发展能力,大大降低经济发展对资源和环境的依赖。

二是积极发展循环经济与促进清洁生产，深化绿色发展、循环发展、低碳发展，实施工业园区循环化改造，建设生态工业示范园区，实现资源节约、生态友好的绿色发展模式。

三是积极发展生态农业，重点推进观光农业生态区、无公害蔬菜种植、无公害大米种植区等现代生态农业观光区，初步建成覆盖全市的生态农业体系，从源头上防治农村面源污染。

（二）健康稳定的生态环境体系

良好的生态环境是最公平的公共产品，是最普惠的民生福祉。建立一个健康稳定的生态环境体系是建设美丽常熟的重要基础，据此，应重点建立三大生态环境体系。

一是建立科学合理、符合空间发展格局的重要生态功能区建设体系。以加大国土空间管控力度为重点，划定并严守生态红线，严格保护水源、湿地、水体等自然生态资源，形成生态调节主导优先、生态服务功能互补、生态产品支撑供给的生态安全格局。

二是积极打造120平方公里的城市核心生态圈体系。以“三湖”生态保护和修复为基础，将城市周边120平方公里列入核心生态圈进行规划和保护，使农田、林网、滩涂等各类自然生态系统得到有效保护和修复。

三是以城乡绿化建设和生物多样性保护为重点，建立覆盖全市的绿地生态体系。大力开展植树造林行动，突出抓好沿湖、沿河、沿路绿化建设，加强机关、企事业单位、庭院绿化，提升全市林木覆盖率。

（三）优美宜居的生态人居体系

在美丽常熟的建设过程中，要把蓝天白云、青山碧水作为反映生态文明建设水平直观感受的重要标志，全力构建优美宜居的生态人居体系，重点实施以下三大工程：

一是深入实施“蓝天工程”。建立大气污染联防联控机制，全面推进工业废气污染治理、“禁煤区”建设和机动车尾气监管、建筑扬尘整治，努力控制灰霾污染，有效改善城市空气质量。

二是深入实施“碧水工程”。加快实施望虞河和阳澄湖流域水环境综合整治，重点推进城镇污水处理厂及其配套管网建设，力促常熟的水变得更清。

三是深入实施“宁静工程”。以噪声达标区建设为载体，充分保障了居民的生活环境质量。

（四）科学完善的生态制度体系

推进生态文明建设，需要的是科学完善的生态制度体系，通过完善的生态制度来保障生态文明建设的有序推进。

一是实施最严格的耕地保护制度、节约用地制度和水资源管理制度，进一步完善生态补偿制度，根据不同的类型、不同的地区，以及村落的大小、人口的多少，实现差别化生态补偿，逐步提高生态补偿的标准。

二是积极探索环境经济政策，推进排污权有偿使用和交易，开展高环境风险行业企业环境污染责任保险试点，修订完善生态文明建设奖励办法，加大生态文明奖励力度。

三是建立生态文明建设的考核办法和奖惩机制，将生态文明建设指标体系纳入经济社会发展评价体系，将生态文明建设绩效纳入干部考核体系。

（五）全民参与的生态文化体系

在生态文明建设过程中，要充分发挥我市特有的文化优势，大力弘扬地方特色生态文化，积极探索历史文化名城建设生态文明的新路子。

一是深入开展生态文明细胞工程建设，以生态文明镇、生态文明村、生态文明企业、低碳社区、绿色学校、绿色家庭等创建为载体，不断推动生态文明建设向纵深发展。

二是完善生态文明公众参与机制，以网上生态论坛、社区圆桌会议等多种形式，拓宽广大市民参与生态文明建设的途径。

三是广泛开展生态文明宣传教育和知识普及活动，积极倡导低碳生活和绿色消费方式，提高全社会生态文明意识，形成人人参与生态文明建设的良好氛围。

三、进一步实施推进新形势下生态文明建设十大工程

围绕市委市政府提出的“到2015年全市生态文明建设达到国内领先水平，2017年力争率先建成国家生态文明示范市”这一奋斗目标，在新的生态文明建设五大体系的引领下，实施生态文明建设十大工程，加快推进美丽常熟的建设：

（一）重要生态功能区保护工程

包括南湖荡生态修复工程、昆承湖生态修复工程、沙家浜生态湿地东扩工程等一系列生态功能区建设工程。

（二）低碳城市建设工程

包括开展低碳学校、社区、建筑、交通示范单位建设，碳排放监测体系建设、循环经济发展战略及近期行动计划、公共自行车便民服务项目等一系列低碳城市建设工程。

（三）生态文明镇村建设工程

包括开展美丽乡镇建设工程、生态文明村（社区）创建工程、绿色低碳重点小城镇建设工程等一系列生态文明镇村建设工程。

（四）生态示范工业园区建设工程

包括开发区开展循环化改造，建设生态工业示范园区等一系列生态示范工业园区建设工程。

（五）生态农业示范工程

包括中央财政旱涝保收高标准农田示范重点县建设工程、“四个百万亩”工程（常熟）、规模化节水灌溉项目工程等一系列生态农业示范工程。

（六）生态文化建设工程

包括开展传承历史文化，弘扬城市生态文化建设、生态旅游建设工程、学校开设生态文明课程、生态文明科普宣传活动等一系列生态文化建设工程。

（七）饮用水源地保护区生态建设工程

开展对长江水源地保护区区域范围进行调整、搭建应急指挥系统水源地预警平台、应急水库建成投用等一系列饮用水源地保护区生态建设工程。

（八）节能减排工程

包括重点节能降耗循环经济工程、行业脱硫脱硝工程、城乡生活污水收集主管网延伸工程、工业企业中水回用工程、开展油气回收、黄标车淘汰等一系列节能减排工程。

（九）环境综合整治工程

包括望虞河和阳澄湖流域水环境综合整治工程、城乡河道综合整治、苏州七浦塘拓浚整治工程（常熟段）等一系列环境综合整治工程。

（十）环境管理及生态安全监测预警和应急工程

包括智慧环保工程、灰霾天气监测预警系统建设工程、环境应急工程等一系列环境管理及生态安全监测预警和应急工程。

四、进一步创新新形势下生态文明建设体制

（一）继续完善生态文明建设政策体系

建立和完善具有地方特色的生态文明建设政策体系，以刚性约束促进绿色发展、资源节约、环境保护，把生态文明建设纳入法治化轨道。围绕水、大气、土壤等污染防治和资源的有偿使用、生态补偿、生态修复、绿色消费、生态文明建设信息公开等重点领域，制定专门的政策体系。按照严于国家、省、苏州市的标准的要求，建立健全系统、科学的地方生态环境政策体系。

（二）继续强化经济政策导向

制定和完善促进产业升级、鼓励资源节约、加大环保投入、减少污染排放等方面的相关政策，激励企业和公众节约资源、保护环境。完善促进产业绿色发展、低碳发展的政策措施，实行有利于清洁能源、可再生能源发展使用的优惠政策；健全企业环保信用体系，扩大企业环保信用评级结果适用范围，加大对绿色企业的信用支持力度；制定鼓励社会资金参与生态环保基础设施建设和经营的相关政策，扩大环保基础设施的覆盖面，提高建设水平。

（三）继续严格环保执法监管

严格环保执法监管，深入开展“整治违法排污企业保障群众健康”的环保专项执法行动，对重大违法案件实行挂牌督办，对环境问题突出的企业实行限批。与此同时，建立环保执法联动工作机制、环境联动执法联席会议制度、环境联动执法联络员制度和环境违法案件联动办理机制等工作机制，切实推进环境行政执法与司法的衔接，实现环境行政执法与司法的有效互补，有效增强环境执法合力，及时解决突出环境问题，维护人民群众的环境权益。

五、进一步完善新形势下生态文明建设保障体系

（一）继续健全生态文明建设的长效机制

要及时调整和充实生态文明建设领导小组成员单位，按照统一牵头、分工协作的原则，健全生态文明建设的长效工作机制。要实质性运作领导小组及其办公室，建立健全监督、奖惩、考核和组织保障机制。加强各部门、各板块之间协调配合，要将《国家生态文明建设试点示范区指标（试行）》的相关目标任务分解落实到各责任部门，由牵头部门定期召开工作联席会议；各责任部门定期监测生态文明建设试点示范区指标及相关工程的进展完成情况，分析存在问题，研究解决措施，抓好典型，调动好积极性，通过机制的完善来扎实推进生态文明建设进程。

（二）深入实施生态文明建设的重点工程

根据十八大新要求和发展阶段的新变化，各部门、各板块要积极丰富拓展生态文明建设工程内涵，按照目标上有新定位、工作上有新举措、实践中有新成效的标准，有重点有针对性地实施一批生态文明建设重点工程。同时，强化政府对生态文明建设工程的引导作用，加大投入力度，多渠道筹措建设资金，积极引导社会资金用于美丽常熟的建设。

（三）全面完善生态文明建设的考核体系

市委、市政府要将生态文明建设工作纳入到各部门、各板块的年度考核范围，并作为干部政绩考核的重要内容；同时，建立生态文明建设重大事项督办制度，由领导小组办公室负责具体督办，督办情况定期报市委、市政府。

（四）大力加强生态文明建设的宣传教育

重视和加强干部队伍生态文明的宣传和培训。每年安排一定时间和批次对各级领导干部分期分批进行有针对性的培训，提高增强干部队伍的生态文明意识。宣传部门要充分利用媒体开展广泛的生态文明建设宣传和报道，引导全民参与生态文明建设，积极倡导文明的生产方式、绿色的生活方式和消费模式，形成社会各界共同关注、参与建设生态文明的良好氛围。

关于进一步深化农村改革提升城乡一体化发展水平的实施意见

常发〔2014〕19号

为深入贯彻落实党的十八大、十八届三中全会和中央农村工作会议精神，进一步落实好苏州市委、市政府《关于进一步深化城乡一体化改革的实施意见》，现就进一步深化农村改革，提升城乡一体化发展水平提出如下实施意见：

一、总体要求

深入贯彻落实党的十八大、十八届三中全会和中央农村工作会议精神，紧紧围绕市委、市政府确定的提升城乡一体化发展水平的目标任务，切实增强深化农村改革创新的使命感、责任感，鼓励基层探索创新，尊重群众实践创造，因地制宜，循序渐进，坚决破除体制机制弊端；始终坚持农业基础地位不动摇，立足市情农情，顺应时代要求，注重高产高效与资源生态永续利用的协调兼顾，加强政府支持保护与发挥市场配置资源决定性作用功能互补，全力推进生产技术先进、经营主体适合、经营规模适度、市场竞争力较强、生态环境可持续、符合常熟实际的新型农业现代化和城乡发展一体化。

二、主要目标

2014年，全市要始终把深化农村改革作为突破口和根本动力，加快推进农业现代化、城乡发展一体化，推动农业提质增效，促进农民持续增收和农村全面发展。主要目标是：

（一）农民人均纯收入增长10%以上；村级集体经济收入增长10%以上。

（二）新建高标准农田2.50万亩；新增设施农（渔）业面积7000亩，累计达到15万亩以上。

（三）国家农业科技园区全面运作，各镇（区）现代农业园区形成特色。

（四）新增农村各类专业合作社30家；新增村级合作农场20家；农地股份合作社力争实现全覆盖。

（五）稻麦收割机自给率超80%，水稻商品化集中育秧超1500亩。

（六）城乡一体化示范小区新开工100万平方米，封顶150万平方米，竣工交付100万平方米，安置入住农户3500户。

（七）开工建设粮油交易市场，农药集中配送覆盖率达90%以上。

（八）完善财政支农政策，健全“三农”投入稳定增长机制。

三、主要任务

（一）全力实施农村三大工程

1. 农业现代化工程。优化“四个百万亩”规划，守住耕地保护、开发强度、生态保护“三根红线”。推进常熟国家农业科技园区项目建设，提升常熟现代农业产业园和现代渔业产业园两个省级园区的规划建设和管理服务水平，加快“一镇一特色园区”建设。推进高标准良田和农田水利建设，完成9个万亩水稻高产创建示范片和"常优"系列种子基地建设，水稻商品化集中育秧确保完成1500亩、力争达到2000亩；推进省级"菜篮子"工程基地建设，创建农业部健康养殖示范场和省级现代渔业示范村。探索农业机械经营服务新机制，提升农业机械装备和服务水平，启动1—2个粮食和蔬菜全程机械化示范基地（点）建设。着力推进生态农业建设，创建生态循环农业示范工程，稻麦秸秆还田率达到85%以上，综合利用率达到98%以上，加快实施畜禽养殖综合整治三年行动计划。全面推进农业标准化生产，完善农药集中配送体系，提高集中配送覆盖率，着力构建生产、监管、检测"三位一体"农产品质量控制体系，新增申报认证"三品"数30个，确保农产品抽检合格率达98%以上。加强农产品市场体系建设，依托供销、商贸等销售网络体系，促进本地农产品进入超市和集贸市场，鼓励专业合作社在城镇设立农产品直销门店；组建粮食集团，开工建设粮油交易市场，探索2—3家"粮食银行"建设。扶持和发展新型农业经营主体，全力推进农村各类专业合作组织转型升级，做实"公司＋基地＋家庭农场＋合作社"的家庭农场"升级版"示范点，培育提升50个种养大户为家庭农场，苏州市级家庭农场超过10家，组建村级合作农场20家，鼓励和引导合作组织向专业技术服务领域拓展。大力推进农业公共服务体系建设，加快培育专业化、社会化服务组织，新建和提升为农综合服务社6家；鼓励现代农业园区、农业合作组织开展产前、产中、产后一体化服务；完善镇（区）、村农业公共服务机构，鼓励支持镇级服务机构打破行政区划、按照产业发展需要开展技术服务。

2. 强村富民工程。加强村级财力建设，发展村级集体经济，抓住苏州市实施"三优三保"和建立土地空间置换机制的机遇，继续推进村级存量集体建设用地的清理整合；合理提高租金标准，规范合同管理，着力提高村级存量资源资产产出效益；遵循"主体唯一、业态控制、政府统筹、规划先行、存量优先、规模合理"的原则和"统一规划、统一建设、统一招商、统一经营、统一管理"的要求，以镇（区、管理区）为单位组建联合抱团发展主体，组织实施村集体经济组织"一村二楼宇"建设。深化"村企挂钩"工作，鼓励探索多渠道增加村级财力的有效途径。全面清理农村镇（区）、村集体资源、资产和资金，升级和完善农村集体"三资"和财务管理信息化系统，健全和完善各项管理制度并有效执行，确保农村集体"三资"的安全和有效保值增值。努力提高农民收入水平，在稳定农民工资性收入、逐步提高保障性收入的基础上，着力提高财产性收入，加强承包土地流转管理，切实保障农民承包土地收益；进一步构建完善合理的分配制度，力争实现社区股份合作社分红全覆盖，并逐步提高分红水平；实现劳务合作社（联社）全覆盖，镇村环境卫生保洁、绿化日常养护、集贸市场保洁管理等公益性岗位向劳务合作社（联社）倾斜，提高中老年和就业困难农民的收入水平。

3. 美丽镇村建设工程。组织实施新一轮生态文明三年行动计划，加快生态文明"十大工程"建设，重点推进沙家浜湿地北扩和南湖湿地公园等建设；加快组织实施农村生活污水新三年行动计划；整治城乡水环境，建设生态河道，改善水循环系统；加快推进农村连片整治，年内新增省级生态村3个；完善农村生活垃圾收运体系，加强农村环境的日常管理。确立"小城市"和"片区开发"理念，加快中心集镇建设，提高集镇规划建设管理水平，提升集镇承载和集聚能力；继续推进梅李镇、海虞镇美丽城镇建设。始终坚持"方向坚定不移、政策一以贯之、工作持续不断、统筹整体推进"的总原则，持续推进城乡一体化建设，加快示范小区建设，加强示范小区建设安全质量管理，精心组织安置入住，稳妥推进解危解急，规范示范小区物业管理，努力创新示范小区社会治理体制机制。组织实施苏州市"百村示范千村整治提升"行动计划，依据村庄布局规划，制定村庄整治提升建设导则和实施计划，在规划保留村庄区域逐步推进以基础设施配套、公共服务完善、村级经济发展、农田水利设施提升、社会治理和精神文明建设水平提高为重点的综合整治。

（二）深入推进农村三项改革

1. 实施农村土地承包经营权确权登记颁证。充分发动和依靠农民群众，民主自主协商解决工作中出现的问题和矛盾，采用确权确股不确地等方式，先试点后推开，稳妥组织实施农村土地承包经营权的确权登记颁证工作，赋予农民对承包土地占有、使用、收益、流转及承包经营权抵押、担保权能，探索承包土地的经营权向金融机构抵押融资的有效方式。在落实农村土地集体所有权、稳定农户承包权的基础上，放活土地经营权，建立市场决定流转价格的机制，充分保护承包经营户的收益权，引导和鼓励农户承包土地的经营权向集体经济组织流转，实现农地股份合作社全覆盖，推进土地适度规模经营，到2014年底，全市土地规模经营比例达到87%。

2. 深化村集体经济组织股份制改革。保障农村集体经济组织成员权利,加快资源资产化、资产资本化、资本股份化改革步伐,准确界定集体经济组织成员,合理确定股份,先扩大试点后全面推进,深化以固化社区股份合作社股权为重点的产权制度改革,赋予农民对集体资源资产股份占有、收益、有偿退出以及抵押、担保、继承等权益。完善内部治理结构,规范建账核算,提高经营管理水平;完善收益分配机制,提高股份分红水平。在主城区和城乡一体化建设撤并区,对符合条件的村实施"撤村建居"和"撤组转户",并推行"社经分离"。

3. 建立完善农村要素市场。研究制定农村资源资产交易管理办法,依托各镇(区)公共资源交易分中心平台,在全市全面建立土地承包经营权流转和农村各类资源资产租赁发包、转让的公开交易市场,为今后逐步推进农村集体经营性土地实行与国有土地同等入市、同权同价,农民住房财产权抵押、担保、转让,农户集体资产股权交易等改革夯实基础。

(三) 积极构建农村三大机制

1. 规划引领机制。在完成全市村庄布局规划编制的基础上,全面开始中心集镇控制性详细规划、保留村庄组团式基础设施和公共服务设施规划、保留村庄综合整治控制性(修建性)详细规划、散落工矿企业综合整治规划等规划的编制(修编),形成镇村规划体系。优化"四个百万亩"规划,将落地上图成果与土地利用总体规划、镇村规划体系、基本农田保护规划、农业产业布局规划、万顷良田建设规划等各项规划有机融合。

2. 资源集聚机制。实施"三优三保"行动计划,以优化建设用地空间布局保障发展,以优化农用地结构布局保护耕地,以优化镇村居住用地布局保护权益。依据镇村规划体系,编制各镇(区)土地空间置换规划,在规划的引领下,持续推进土地资源、规划空间集聚集约使用。建立和完善城乡一体化建设配套政策体系,规范示范小区安置入住农户原宅基地退出机制,并及时实现复垦复耕;统一安置入住农户土地承包经营权置换社会保障后的农地经营管理。加快推进"万顷良田"建设工程实施进度。继续推进低端非农产业的关停并转,盘活存量土地资源。

3. 政策保障机制。调整完善生态补偿机制和政策体系,提高生态补偿标准,增强村集体保护生态能力。对村级集体经济组织缴纳的地方税收继续实施财政转移支付政策,按照"全额征收、留成返还、市镇统筹、专款专用、专账核算"原则,对各类强村富民农业农村集体经营主体缴纳的地方税收实行财政转移支付;规范各类主体的财务管理,加强转移支付资金管理。对规划建设的"一村二楼宇"项目优先保证土地指标、规划空间;对经济薄弱村财力建设重点支持,促进全市村级财力全面均衡发展。全面梳理对农业农村的各类扶持、支持政策,健全农村基础设施、公共服务设施、农田水利设施、农业生产经营的财政支持政策体系,完善财政对"三农"投入的稳定增长机制。

四、组织保障

1. 统一思想认识。各镇(区)党(工)委、政府(管委会)和市有关部门要从全局和战略高度,切实把深化农村改革、加快城乡一体化发展摆上更加突出的位置,坚持解放思想、实事求是、与时俱进、开拓创新,注重改革的系统性、整体性、协调性,鼓励大胆探索,敢于突破,充分调动各方面积极性,深化优化各项工作部署,切实做到责任落实、措施落实。

2. 加强组织领导。加强属地党委、政府对农业农村工作的领导,各镇(区)都要明确党(工)委、政府(管委会)分管领导,形成一级抓一级、层层抓落实、责任到岗到人的工作格局。理顺管理体制,各镇(区)经服中心增挂"农村集体资产管理办公室"牌子,加强集体资产管理;加强镇(区)农经和农服队伍建设,配优配强工作力量。加强村级党组织带头人队伍和党员队伍建设,深入开展党的群众路线教育实践活动,推动村级服务型党组织建设。加强农村党风廉政建设,强化对村级党员干部队伍的教育管理和监督。创新村民自治机制,健全各项民主管理制度,探索村民自治的有效实现形式。

3. 强化人才建设。建立和完善党委统一领导,组织人事部门牵头抓总,涉农部门具体负责的农村人才建设工作机制。加大各级财政对农业农村人才培养的投入力度,采用聘请专家、引进人才、招聘涉农高校毕业生、选拔推荐培训、定向培养等多种方式,大力培养农业科研创新人才,重点培养农技推广和农村经管人才,加快培养新农村建设带头人,加速壮大农村实用人才队伍。建立市镇(区)联动的农民科技教育培训体系,组织开展农业专项技术、农业职业技术、农业创业以及农业规模经营户的技术培训,促进新型职业农民素质提升、群体壮大。

关于调整完善生态补偿机制和政策体系的意见

常发〔2014〕21号

2010年,市委、市政府印发了《关于建立生态补偿机制发展农村经济的意见》(常发〔2010〕71号),初步建立了全市生态补偿机制和政策体系,促进了全市生态文明建设。为贯彻落实党的十八届三中全会、省委省政府关于加强生态文明建设和苏州市委、市政府《关于调整完善生态补偿政策的意见》(苏发〔2013〕12号)精神,进一步完善生态补偿机制和政策体系,增强全市保护生态环境的能力,现结合常熟实际,明确如下意见:

一、补偿对象和标准

1. 列入"四个百万亩"规划、土地利用总体规划的水稻田以及其他需要保护的水稻田,并且当年实际种植水稻的,补偿标准为400元/亩·年。

2. 除水稻田以外的其他耕地,补偿标准为100元/亩·年。

3. 市级集中式饮用水水源地保护范围内的行政村(社区),补偿标准为35万元/个·年。

4. 承担重要生态湿地保护职责的行政村(社区),补偿标准按岸线长度和按区域面积、常住人口两项标准分别补偿累加。岸线长度在3500米以上的行政村(社区),补偿标准为15万元/个·年;岸线长度在3500米及以下的行政村(社区),补偿标准为10万元/个·年;岸线已被征收或已由其他相关主体实际控制的不再补偿。同时达到区域面积10000亩和常住人口4000人以上两项标准的行政村(社区),补偿标准为12万元/个·年;达到其中一项标准的行政村(社区),补偿标准为10万元/个·年;二项均未达到的行政村(社区),补偿标准为8万元/个·年。已享受集中式饮用水水源地保护生态补偿的行政村(社区)不重复补偿。

5. 界定为市级及以上生态公益林的,市级部门管养经费全额纳入市财政部门预算;虞山尚湖旅游度假区、沙家浜风景区范围内的生态公益林管养经费分别由虞山尚湖旅游度假区管委会、沙家浜旅游度假区管委会承担。

6. 列入生态保护的工业限制发展镇,补偿标准由市委、市政府另行确定,列入财政体制结算。

二、补偿资金的管理

(一)预算管理

1. 补偿资金预算基数的确定:

(1)由市农委按照当年度水稻实际种植面积,依据"四个百万亩"规划、土地利用总体规划以及常熟实际,确定下一年度水稻种植面积总量。

(2)由市委农工办依据当年度实际农资综合补贴面积和全市耕地保护的需要,确定下一年度其他耕地面积。

(3)由市环保局、住建局依据集中式饮用水供水安全要求确认下一年度水源地保护范围。

(4)由市农委确认下一年度生态湿地保护范围。

(5)由市农委会同住建局(绿委办)、水利局确定市级及以上生态公益林面积。

2. 市财政依据生态补偿对象、标准和上述基数,预算全年度生态补偿资金总额。

(二)用途管理

1. 主要用途。行政村(社区)获得的生态补偿资金主要用于生态环境保护、农田和环境基础设施建设、社会公益事业建设等。

2. 使用管理

(1)生态补偿资金由市财政依据考核结果拨付至各镇(区),由各镇(区)依据对行政村(社区)的考核结果制定拨付至各行政村(社区)的方案,报同级人大审查、备案,并接受监督。

(2)各行政村(社区)使用生态补偿资金时,由村民委员会(居民委员会)提出使用方案,经村民(居民)代表会议审议通过,报属地党委、政府和市委农工办备案。使用方案和使用结果应作为村务公开重要内容向全体村民(居民)公开。

(三)财务管理

生态补偿资金的财务管理按市财政局、市委农工办《关于转发苏州市财政局、苏州市委农工办〈关于规范村级集体生态补偿专项资金会计核算方法的通知〉的通知》（常财农〔2011〕391 号）执行。

三、考核验收

（一）由相关部门在年终组织实施考核，并将考核结果报市财政局。

1. 由各镇（区）提供各行政村（社区）当年度的水稻实际种植面积，由市委农工办依据农村"三资"管理信息系统数据并实地抽查、签署审核意见后送市财政局。

2. 由市环保局、住建局对担负集中式饮用水水源地保护职责的行政村（社区）进行履责情况考核，考核结果送市财政局。所在行政村（社区）履行保护职责不到位的，考核单位应提出缓拨、减拨或停拨生态补偿资金的意见。

3. 由市农委对担负生态湿地保护职责的行政村（社区）进行履责情况考核，考核结果送市财政局。所在行政村（社区）履行保护职责不到位的，考核单位应提出缓拨、减拨或停拨生态补偿资金的意见。

4. 由市委农工办确定农资综合补贴面积，送市财政局。

（二）由市财政局依据上述考核结果制定拨付方案，并负责召集市委农工办、市农委、环保局、住建局（绿委办）等部门讨论形成一致意见，报市委、市政府批准后拨付。

（三）由市财政局会同审计部门对考核结果进行抽查，发现有误的，责令纠正，收回补偿资金，情节严重的报请市纪委（监察局）追究相关部门和责任人的责任。

四、相关政策的完善衔接

1. 与常发[2010]71 号文件的衔接。用于现代农业项目建设的 3200 万元奖补资金，市委、市政府已作了调整完善，按市委办公室、市政府办公室《关于印发〈常熟市加快现代农业发展财政奖补实施意见〉的通知》（常办发[2013]69 号）文件执行，该资金不再作为生态补偿资金；用于村庄环境整治的 1500 万元奖补资金，调整为"美丽乡村"建设"以奖代补"资金，不再列为生态补偿资金；用于村级年度经济补助的 [illegible]000 万元奖补资金，调整为经济薄弱村扶持资金，不再列为生态补偿资金，具体实施办法另行制定。

2. 市委办公室、市政府办公室《关于进一步规范全市农村承包土地流转管理的意见》（常办发[2013]34 号）文件明确的水稻产业化土地流转市财政补助 270 元/亩·年已一并纳入生态补偿的标准之中，各镇（区、街道）财政配套补助的 130 元/亩·年继续执行。

3. 与常发[2010]71 号等相关文件不一致的，以本意见为准。市委农工办、市财政局依据本意见，修改完善《常熟市生态补偿专项资金管理暂行办法》。

本意见自发文之日起执行，时间暂定三年。本意见由市委农工办、市财政局负责解释。

关于进一步加快"小巨人"企业发展的实施意见

常发〔2014〕27 号

为加快培育规模骨干工业企业，进一步推动我市工业经济持续健康发展，为打造常熟工业经济升级版提供政策保障，现就进一步加快"小巨人"企业发展提出如下实施意见。

一、指导思想及主要目标

以全面深化改革为引领，继续确立"工业立市、工业强市"方针，持续加大工业经济扶持力度，优化财政资金扶持导向，重点支持企业以产业为依托、以资本为纽带，通过兼并重组等方式，扩张规模实力，延伸产业链条，加快形成一批符合产业发展方向、具有一定规模总量、拥有自主品牌和核心技术、缴纳地方税收收入超千万元的"小巨人"企业集群。

二、"小巨人"企业应具备以下条件

（一）注册在本市的工业内资企业或内资控股企业。

（二）企业上一年度本市工业开票销售收入 [illegible] 亿元以上，30 亿元以下，且缴纳地方税收收入 1000 万元以上。

（三）企业所处行业符合国家产业发展导向和我市产业发展规划，且在行业内处于领先地位。

（四）企业具有较强的发展后劲，生产经营、管理制度、自主创新等主要综合素质指标在全市处于领先地位，并能履行社会责任、承担社会义务。

三、具体扶持政策措施

（一）加大政策激励力度。

1. 当年实际上缴的净入库税收（增值税、企业所得税、营业税，扣除出口退税，下同）超过上一年度基数部分，本市地方留成部分按照50%比例进行奖励，当年奖励金额最高不超过500万元。

2. 企业当年本市工业开票销售收入首次达到5亿元、10亿元、20亿元、30亿元，分别奖励10万元、20万元、40万元、60万元。

3. "小巨人"企业实施的技术改造，符合设备投资贴息政策条件的，按一年期利息（同期贷款基准利率）给予贴息，最高贴息金额按《工业经济转型发展若干政策意见》执行。

4. 进一步优化"小巨人"企业信贷融资环境，可由经发担保和国发担保提供融资性担保服务（具体细则另行制定）。

5. 鼓励企业兼并重组。"小巨人"企业实施兼并重组，按《关于进一步促进企业兼并重组的政策意见》规定享受相关政策。同时，重点鼓励"小巨人"企业实施同行业或跨行业兼并重组，做大做强规模优势，并加大专项奖励补贴力度。自兼并重组年度起三年内，当年实际上缴的净入库税收，比上年超基数部分本市地方留成部分全额予以奖励，累计奖励总额不超过兼并收购资产总额的50%。

（二）鼓励企业引进和培养人才。

1. 鼓励企业引进市外高级人才。高级人才包括职业经理人、总工程师、市场总监、技术总监等享受副总经理级及以上待遇的，以及对企业快速成长、攻克技术难关、占领产品市场作出突出贡献的高级管理技术人员。

企业新引进的市外高级人才，经市人才管理等部门认定、工作业绩良好的高级人才，按其当年在本地缴纳个人所得税本市地方留成部分的80%给予奖励。符合本市高层次紧缺人才引进政策的，按《常熟市促进支持重点人才培养实施办法的通知》（常发〔2013〕48号）及相关实施细则执行。

2. 实施企业人才素质提升计划。按照分层次、分类型，系统性对企业经管人才、专业科技人才、高技能人才进行培训，在人才培训补贴方面重点向"小巨人"企业倾斜，提高补贴比例（具体由市人才办牵头会同市财政局、经信委、科技局、人社局实施）。

（三）鼓励企业提升创新发展水平。

1. 强化科技创新。鼓励企业加大科技创新力度，优先支持"小巨人"企业建设各级企业技术中心、工程中心、工程实验室、工程技术研究中心、博士后科研工作站、院士工作站、创新实践基地等科技平台，市级产学研合作专项资金优先向"小巨人"企业倾斜。鼓励支持企业开展高新技术企业认定和申报各类专利，加快科研成果产业化步伐。

2. 强化产品创新。鼓励企业参与国家标准和行业标准的制定，支持企业提高品牌、商标的培育、运用、保护和管理能力，从而进一步提高产品附加值。通过知识产权保护、展销展览等形式鼓励推动"小巨人"企业深化产品创新。

（四）进一步加强政府服务。

1. "小巨人"发展计划领导小组负责组织开展"小巨人"企业评审认定活动，加强服务指导，制定落实市领导定点挂钩联系制度，并督促各地各相关部门落实扶持政策。

2. 加大对"小巨人"企业政策倾斜力度，对"小巨人"企业扩张性需求（主要包括土地、用电等要素），实行重点倾斜，一事一议。

3. 市委、市政府每半年召开一次"小巨人"企业座谈会，加强交流沟通，了解企业需求，研究解决"小巨人"企业在发展过程中遇到的问题，落实对口联络工作部门，主动为企业提供个性化服务。由市经信委牵头，负责每月汇总"小巨人"企业的发展情况上报市委、市政府，对于企业运行过程中碰到的困难和问题，及时报领导小组会商协调。

四、其它事项

（一）"小巨人"企业以主要经济指标为依据来认定，经市有关部门审核后列出具体名单，每年根据企业业绩进行动态调整。

（二）凡享受本市各类财政奖励政策的企业，在同一政策年度内执行就高原则，不重复享受。政策措施中涉及的奖励补贴资金根据现行财政体制，由企业所在地和市财政分级负担。

（三）如企业当年度发生重大安全、环保等有较大影响事件的，可取消相应的奖励。

（四）本意见各项扶持政策需与企业税收（指增值税、企业所得税、营业税）地方贡献相挂钩，并实行集中兑付。我市重点扶持的市级以上科技创业领军人才创(领)办企业设立期不满五年的不挂钩，双创科技企业“313工程”入库培育期企业不挂钩。

(五) 未尽事宜，由“小巨人”发展计划领导小组另行商定。

(六) 本意见由市经信委负责解释。

(七) 本意见自2014年1月1日起执行。

关于进一步深化我市国资国企管理体制改革的若干意见

常发〔2014〕29号

为深入贯彻落实党的十八大、十八届三中全会精神，充分发挥经营性国有资产在我市经济和社会事业发展中的作用，进一步推进国有企业市场化经营主体建设，提高国有资产使用效益，提升国资公司市场竞争力，现就进一步深化我市国资管理体制改革、促进国企转型升级提出如下改革意见。

一、明确指导思想、总体目标和基本原则

(一) 指导思想。全面贯彻落实党的十八大和十八届三中全会精神和省委、苏州市委关于全面深化重点领域改革的部署，围绕培育、做大、做强国资国企，突出市场化改革要求，优化国有资本布局，以提高国有经济运行质量、实现国有资产保值增值为目的，以理顺体制、完善机制、健全制度、科学营运、规范监管为重点，深化我市国有资产监督管理体制改革，为我市国资国企在市场竞争中实现又好又快发展提供制度、体制、机制保障。

(二) 主要目标。通过2—3年改革发展，国资国企的管理体制得到进一步理顺；市属国有企业市场化主体建设基本完成；现代企业制度构建基本完善；统筹协调分类监管的国资国企监管体系全面建成；国有资本布局结构进一步优化，国有企业在经济社会发展中的引领能力显著提升；国有企业服务城市发展、服务民生的能力显著提升；经营管理机制进一步优化，国有企业市场竞争力显著提升。

(三) 基本原则。

1. 坚持“三分开”原则。按照政企分开、政府社会公共管理职能与国有资产出资人职能分开、所有权与经营权分开的原则，确立市政府国资监管机构出资人地位，加快推进国有企业市场化经营主体建设，建立健全市镇(区)联动、市级指导、明确职能、各自监管的管理体制，逐步实现规则统一、权责明确、分类分层、规范透明的经营性国资监管全覆盖。

2. 坚持依法监管原则。国资监管机构依法对企业国有资产运行、经营管理实施监督管理，完善制度体系、管控模式和绩效考核机制。突出监管与服务并重，坚持法定事项管住管好，自主事项放开放活，充分发挥市场在资源配置中的决定性作用。

3. 坚持科学发展原则。国资国企改革突出强化企业的市场主体地位为核心，以国有资本布局调整为抓手，促进国资国企在改革中调整提升、在开放中创新发展，实现有质量、有效益、可持续发展。

二、改革发展的主要内容

(一) 改革国资管理体制，优化管理运行机制

1. 进一步完善市国资委职能。明确职责，市国资委全面负责国资国企监督管理，研究制订国资国企发展规划、审定国企年度经营计划、重大投资项目计划以及企业发展中的其他重大事项。完善运行机制，建立例会会商制，定期听取国资国企经营管理重大事项汇报，研究部署重点工作和目标任务。健全组织机构，市国资委下设投资决策委员会、审计监督委员会、薪酬考核委员会等专门委员会，加强对全市国有企业战略定位、发展目标、布局结构、队伍建设、考核分配和风险控制等管理。日常工作由市国资办负责。

2. 进一步明确专职国资监管机构职能。坚持政企分开、政资分开原则，市政府国有资产监督管理办公室作为市政府专职国资监管机构，依法代表本级政府对所出资市直属国资公司履行出资人职责，享有出资人权益，负责归口管理市级国资国企，监督运行和管理。以资本和产权管理为纽带，负责具体推进国资布局结构调整。以公司章程管理为龙头，以信息化管理为手段，建立健全国资监管制度，指导国有企业改

革发展,落实市国资委确定的各项目标任务。政府其他部门依法履行对国有企业的行业指导、市场监管、公共服务等公共管理职能。

3. 加快推进国有企业市场化经营主体建设。坚持市场运行规则,突出培育和优化全市国有企业市场化经营和发展环境,结合政府购买公共服务机制改革,推进实体化运作,提升国资国企市场竞争能力和整体实力,加快建立现代企业制度。加强国有资本经营收益收缴,加大对新兴行业中具有引领作用企业的投入力度,发挥国资在城市资源开发经营、现代服务业和先导性产业中引导能力。探索将市财政支持企业发展的有关专项补贴资金、扶持资金,通过对市属国有企业投资方式,进行企业扶持。

(二) 健全分类监管体系,提高监管效率

4. 完善配套制度建设。用2—3年时间,建立完善以财务监督为重点的国资监管制度,基本确立国资监管制度体系。从法人治理结构、管理机制和财务监督、审计监督、投资管理、基本建设项目管理等方面,制订制度建设规划,健全配套制度,激励国资国企加快发展,从制度源头上堵塞漏洞,防控风险。市直属国资公司及所属全资、控股企业应建立完善各项内部管理制度,报市国资办备案。

5. 明确分级监管职责。实行"规则统一、分级监管"的国有企业监督管理机制。市级国资国企由市国资办统一负责监管,各板块所属国资国企由各板块明确主管部门进行监管。市国资监管机构制订监督管理制度,指导各板块进行监督管理工作。加快推进国有企业与主管部门、事业单位脱钩,用1—2年时间全面实行国资监管机构统一直接管理和监督。对情况特殊暂不具备脱钩条件的市级国有企业,实行委托监管方式,由市国资委与受托部门签订委托监管协议,规范委托双方的权利、义务和责任,落实受托方国有资产保值增值责任,市国资监管部门加强指导。同时进一步深化监管内容,切实加强对母公司下属全资、控股国有子公司的管控,有效防范企业风险。

6. 完善分类考核方式,建立有效激励国资国企科学发展的考核机制,动态调整市直属国资公司年度经营业绩考核内容和办法,对不同企业实行不同分类分项目考核。健全市直属国资公司主要领导人薪酬与长效激励相配套的业绩挂钩、财务审计和信息披露、延期支付和追索扣回等约束机制,创新有效激励方式,推行年薪制。对市国资公司实施全员工资总额管理,逐级分解落实经营管理责任,对条件成熟的企业试行企业年金制,调动员工积极性。加强对市直属国资公司对下属全资、国有控股子公司年度经营业绩考核方案的指导和核定。

(三) 推进国资国企整合重组,提高资产效益

7. 推进存量房地产清理整合。对行政事业单位和国有企业房地产全面清理,根据不同使用现状,提出分类整合归并或处置意见。加强存量房地产管理,提升企业土地房产利用价值。支持企业对具备变更用途和办理权证条件的存量土地房产,集中确权办证。

8. 推进国有企业对外投资清理。分析梳理并规范事业单位和国有企业的对外投资,对经营业务已萎缩、无实质经营内容的企业,实行人员分流,有效资产重新整合归并。对持股比例较小、不符合主业发展的对外投资,或长期无投资收益的参股股权,列出清理时间表,限期退出收回所持股份。

9. 推进企业间合并重组。按照同业合并、突出主业和竞争力原则,进一步优化、重组、整合国有资产,通过股权划转、吸收合并等多种方式,减少企业层级,缩短管理链条,实现优化资源配置,发挥国资放大效应,提升国资影响力。探索国企股权多元化,稳步推进国有企业整体上市或核心业务资产上市工作。

(四) 强化国企市场主体地位,增强创新发展能力

10. 明确企业发展定位。根据城市功能定位和产业发展布局,确定国企发展方向和功能定位,逐步实现差异化管理,培育具有较强整体竞争力和影响力的企业集团。竞争类企业,以市场为导向,以企业经济效益最大化为主要目标,兼顾社会效益,在市场竞争中逐步发展成为拥有自主知识产权和知名品牌、经济效益领先同行业、能够引领产业发展的优势企业。功能类企业,以完成战略任务或重大专项任务为主要目标,兼顾经济效益。公共服务类企业,重点承担关系国计民生、城市基础设施建设、社会事业发展等任务,以确保城市正常运行和稳定、实现社会效益为主要目标,引入社会评价机制。

11. 推动企业运作创新。坚持企业创新主体,鼓励国有企业加大主业投资。坚持投资规模与企业资产负债水平和融资能力相匹配,规范企业投资决策,明确盈利模式,实现投资回报。创新商业模式,实施

品牌战略，培育新品牌，提升老字号品牌价值。引导企业改进项目管理，优化工程设计，降低工程造价，确保工程质量，提升企业发展能力和经营管理水平。探索建立改革创新容错机制，对企业运作创新工作未能实现预期目标，但企业和个人依照法律和有关规定进行决策、实施，且勤勉尽责、未牟取私利，不作负面评价，依法免除相关责任，保护开拓创新积极性。

（五）完善法人治理结构，提升国有企业运营效率。结合常熟实际，加快推进国有企业建立现代企业制度。确立法定代表人在公司治理中的中心地位，健全协调运转、有效制衡的法人治理结构。以规范经营决策、资产保值增值、公平参与竞争、提高企业效率、增强企业活力、承担社会责任为重点，建立企业优胜劣汰、经营者能上能下、人员能进能出、收入能增能减的市场化经营机制。

12. 加强董事会建设。规范市直属国资公司及其所属国有独资企业董事会建设。竞争类企业，积极推进以外部董事占多数的董事会建设，董事长为法定代表人，与总经理分设。功能类和公共服务类企业，原则上董事长为法定代表人，经法定程序，可兼任总经理；所属国有独资企业，可设 1 名执行董事任法定代表人兼任总经理。董事会要突出加强公司战略管理，制订三年发展规划和年度发展计划。规范公司内控制度和议事规则，严格执行"三重一大"事项决策办法，确保重大事项充分论证、科学决策。建立董事会报告制度和董事履职评价制度，支持、督促经理层做好经营管理工作。探索建立独立董事制度。

13. 加强经理队伍建设。按照市场化、职业化、专业化、年轻化要求，以择优、配强为导向，坚持民主、公开原则，结合组织推荐、竞争上岗和市场化选聘，进一步拓宽选人用人渠道，不断改进企业经理队伍选拔任用机制，试点推行职业经理制，建设一支进取心强、风控能力高、市场反应敏捷、团队合作良好的高素质经理队伍。

14. 强化监事会功能。按照省、苏州市国资委要求，建立外派监事会制度。市直属国资公司监事会由市国资委统一委派，由外派监事和内部监事共同组成，监事会主席在外派监事中指定，内部职工监事由职工代表大会等民主选举产生。监事会履行对母公司及延伸全资、控股子公司财务活动及企业负责人经营管理行为的监督，确保国有资产及其权益不受侵犯。国有控股公司监事会成员由各股东方协商产生，监事会主席按公司章程约定方式产生。

（六）加强企业党建工作，构建和谐企业

15. 拓宽企业用人渠道。按照党管干部的原则和《公司法》、《企业国有资产法》赋予出资人的义务，依据产权关系，理顺国有企业领导人员管理权限。加强企业用人计划管理和招收录用管理，推进企业人才建设。大力引进和培养各类企业经营管理和专业技术人才，加大公开选拔和市场化选聘力度，进一步优化人才结构，提升企业综合实力。市委组织部负责市直属国资公司领导班子建设。市国资办负责市直属国资公司中层及所属国有全资、控股子公司领导班子建设，建立完善国有企业之间专业技术人员流动机制。

16. 发挥党组织政治核心作用。充分发挥国有企业党组织在推进企业改革发展中的政治核心和党员领导干部干事创业、廉洁从业的模范表率作用。坚持思想政治工作与企业文化建设相结合，培育体现企业特点、增强企业凝聚力、激发职工创造力的企业文化。坚持反腐倡廉建设与加强企业管控相结合，运用"制度加科技"方法，加强对权力运行的制约和监督，强化对重点领域和关键环节的监控，严格规范国有企业管理人员职务待遇、职务消费和业务消费。

17. 促进企业和谐民主。深化劳动用工和收入分配制度改革，依法建立以合同管理为核心，以岗位管理为基础的市场化用工机制，建立和完善员工退出机制，建立个人收入与劳动力市场价位相衔接，与岗位责任、所做贡献、企业效益密切挂钩的分配机制，注重发挥职工的积极性、主动性、创造性，形成与市场经济相适应的现代企业人力资源管理体系。加强企业工会组织建设，坚持职工代表大会制度，严格执行《劳动合同法》，切实保障职工合法权益，在推进企业改革发展中保持企业大局稳定。

（七）健全监管联动机制。发挥国资、审计、纪检监察、财政等职能部门监管资源优势，建立结合审计监督、财政稽查、纪检监察、中介机构年度财务审计的联合监督机制，强化稽查、监督信息互通共享。

三、切实完善各项保障措施

18. 深化事业单位分类改革。市级国资国企要按照中央、省、苏州市关于清理公职人员在企业兼职（任职）意见精神，结合事业单位分类改革，有序推进公职人员兼职(任职)清理,规范事业单位混岗。

19. 加强国资监管队伍建设。结合全市国资国企改革发展工作要求,进一步加强国资监管部门能力建设,强化国资监管功能,建立完善外派监事会制度。设立财务公司,实行会计委派制。

20. 设立政企分开、政资分开过渡期。推进国有企业与主管部门、事业单位脱钩过渡期设为两年,国资监管机构与行业主管部门要加强沟通协调,明确职责分工,强化指导督查。坚持企业市场主体权利,切实维护企业正常经营活动。

21. 完善责任追究制。严格国有企业资产损失责任追究,建立纪检、组织、监察、审计、国资等部门分工明确、密切协作的责任追究制。对因未履行或未正确履行职责、决策失误、执行不力等造成国有资产损失、流失,或用人失察失误的,扣减或停发薪酬,并依法依规追究责任。对执行国资监管制度不力、屡查屡犯的企业,追究主要负责人和相关人员责任。

22. 加强组织领导。建立健全深化国资国企管理体制改革工作领导小组及办公室,统筹决策国资国企改革发展重大事项,细化落实改革实施方案,建立健全监管制度。各地、各部门要增强大局意识、纪律观念和服务理念,各司其职,密切配合,细化措施,全面落实各项改革工作任务。市属国有企业、涉及国企脱钩任务的部门和单位要进一步解放思想、深化改革、大胆创新,增强改革发展的主体意识,科学制订改革方案,经批准后加快实施。

关于进一步完善和规范村(社区)干部社会保障待遇的意见

常发〔2014〕49号

为加强农村、社区基层组织建设,进一步调动农村(社区)干部的工作积极性、主动性,切实增强基层组织的凝聚力、战斗力,经市委、市政府研究决定,现就进一步完善和规范农村(社区)干部社会保障待遇提出如下意见:

一、调整村(社区)干部社会保险缴费基数

1. 村(社区)党组织书记和村(居)委会主任的社会保险缴费基数,统一调整为本市上年度社会平均工资的130%。

2. 除村党组织书记和村委会主任以外的村定工干部的社会保险缴费基数,统一调整为本市上年度社会平均工资的110%。

3. 除上述人员以外的村(社区)“两委”班子成员的社会保险缴费基数,不低于本市上年度社会平均工资的80%。

二、建立村(社区)书记、主任岗位年金制度

1. 对象范围:未参加或未挂靠参加机关事业单位社会保险、任村(社区)党组织书记或村(居)委会主任职务累计满3周年的现职村(社区)党组织书记和村(居)委会主任。

2. 缴费基数:统一为本市上年度社会平均工资。

3. 缴费比例:按职务和累计任职年限确定。任村(居)委会主任满3周年不满6周年的,缴费比例为10%,满6周年不满9周年的,缴费比例为12%,任职满9周年及以上的,缴费比例为14%。任村(社区)党组织书记满3周年不满6周年的,缴费比例为12%,满6周年不满9周年的,缴费比例为14%,任职满9周年及以上的,缴费比例为16%。

曾先后担任过村(居)委会主任和村(社区)党组织书记的,其任职年限可合并计算,并以现任职务确定缴费比例。

4. 缴费方式:按缴费基数乘以缴费比例确定缴费金额,每半年缴纳一次。担任村(社区)党组织书记累计10周年及以下的,个人、集体各负担50%;超过10周年的,第11年起,个人负担30%,集体负担70%。担任村(居)委会主任累计12周年及以下的,个人、集体各负担50%;超过12周年的,第13年起,个人负担30%、集体负担70%。个人缴费部分从本人基本报酬中扣缴,集体缴费部分从个人基本报酬原发放渠道列支。缴费金额全部记入个人年金账户,个人、集体缴纳金额分别记载。

5. 管理模式:参照企业年金管理模式,由市委组织部牵头，市委农工办、市人社局、市财政局参与，成立岗位年金理事会（日常工作由市委农工办具体负责），与年金账户管理、年金基金托管、年金投资管理机构签订相关管理合同，统一负责村（社区）干部岗位年金管理相关事务。

6. 待遇支付：村（社区）党组织书记、村（居）委会主任到达退休年龄（男满60周岁、女满50周岁）时，经本人申请，将个人年金账户本息一次性支付给本人。

三、施行时间

1. 村（社区）干部社会保险缴费基数从2015年7月1日起调整。

2. 村（社区）党组织书记、村（居）委会主任岗位年金从2015年1月1日起按任职年限对应的缴纳比例开始缴纳，不向前追缴。

四、停止缴纳岗位年金费用具体规定

1. 发生下列情形时，停止缴纳年金费用，清算年金个人账户，个人缴纳部分的本息余额一次性退还本人，集体缴纳部分的本息余额按原缴费渠道退还：

(1) 进入公务员或事业编制和挂靠参加机关事业单位社会保险的；

(2) 获得苏州市“建设社会主义新农村带头人”称号的村党组织书记；

(3) 工作期间，个人不服从组织调动、自行辞职或擅自离开工作岗位的；

(4) 受到撤销党内职务以上党纪处分，或违法犯罪被判刑的；

(5) 村（居）委会主任被依法罢免的；

(6) 法律法规规定的其他情形。

2. 发生下列情形时，停止缴纳年金费用，清算年金个人账户，年金个人账户本息余额（包括个人和集体缴纳部分）一次性支付：

(1) 年金受益人死亡的；

(2) 在换届选举中未能继续当选村（社区）党组织书记、村（居）委会主任且无第四部分第1条第(三)、(4)、(5)项规定情形的；

(3) 因身体原因无法继续担任村（社区）党组织书记、村（居）委会主任的；

(4) 按上级规定终止实施岗位年金制度的；

(5) 法律法规规定的其他情形。

3. 经组织安排调离村（社区）党组织书记、村（居）委会主任岗位，但未改变社会保险缴纳方式的，暂停缴纳年金费用，年金个人账户本息余额（包括个人和集体缴纳部分）可一次性支付，也可继续保留至达到退休年龄时一次性支付。

因正常组织调动导致任职中断后再任村（社区）党组织书记、村（居）委会主任职务的，合并计算前后担任村（社区）党组织书记和村（居）委会主任职务的年限。

五、工作要求

进一步完善和规范村（社区）干部社会保障待遇政策，是市委、市政府践行党的群众路线教育实践活动、关心基层干部群众的重要举措，各有关部门要高度重视，密切配合，做好宣传解释工作，确保此项工作落实到位。市纪检监察、财政、审计等部门应做好岗位年金缴存和给付督查审计工作。

本意见由市委组织部、市委农村工作办公室、市人力资源和社会保障局负责解释。

关于进一步加强城市规划建设管理工作的若干意见

常政发〔2014〕2号

为进一步加强常熟城市规划建设管理，充分发挥规划的引领和调控作用，促进规划建设管理的科学化、规范化、法制化，依据《中华人民共和国城乡规划法》、《江苏省城乡规划条例》等有关规定，结合我市实际，现明确若干工作意见：

一、指导思想

全面贯彻落实科学发展观，以维护城市整体利益和实现人民群众根本利益为准则，不断加强规划建设管理工作，强化城市规划的集中统一领导，坚持高起点规划、高标准实施、高效能管理，为城市建设提供有力的保障。

二、城市规划区的范围

按照《常熟市城市总体规划（2010—2030）》，常熟市城市规划区的范围为市域行政管辖范围，总面积1264平方公里。

三、工作意见

（一）强化规划的指导作用，提高规划编制和管理水平

1. 坚持规划先导，科学编制

城市规划作为城市发展的重要依据，应符合社会经济发展的客观规律和城市长远利益，要以城市总体规划为总纲，专业专项规划为支撑，控制性详规为抓手，城市设计、规划研究等为补充，构建完善的城市规划体系。各类规划编制过程中要充分对接国家、省市层面各类上位规划，并加强同土地利用、产业发展、基础设施、生态保护和城乡一体化规划的融合对接，做到统一规划、统筹协调。要充分考虑规划实施的可操作性，对规划实施效果定期评估，增强规划的前瞻性、有效性和合理性。

控制性详细规划作为项目实施的重要依据和落脚点，各地要高度重视，在完成总体规划编制的基础上结合全市14项专业专项规划，尽快启动修编建设用地范围内控制性详细规划的修编及完善工作，加强对本区域内规划建设行为的管理指导。

2. 严肃规划审批，加强管理

（1）加强城市规划的控制和集中统一管理。在城市规划区内，各项用地和建设必须符合城市规划，并严格履行规划审批程序，包括市政管线、城镇道路、水利防洪等设施建设，市规划局对城市规划区内建设项目实行统一规划管理。常熟经济技术开发区范围内仍按常政办发〔2004〕18号《关于转发江苏省常熟经济开发区、市规划局〈常熟市沿江地区规划管理实施暂行办法〉的通知》中相关要求，由市政府授权常熟经济技术开发区管委会进行规划管理。市域内零星工业项目，各地要结合城市（镇）总体规划、村庄布点规划、产业发展规划进行专题规划，逐步实现向工业区集中，在专题规划未批准之前，暂停新建、改扩建的审批。在城市建设过程中，为进一步提高土地利用水平，明确城市规划区内新建公共建筑（如学校、医院等）容积率原则不得小于1.0；要进一步提升城市公共服务水平，在城市开发过程中应统筹考虑教育、医疗、文体、社区管理、物业管理、公共开放空间等公建配套设施，在土地出让时应同步考虑建设；要进一步优化城市界面，严格控制商住混合式建筑形态，特别是沿城市（集镇）主次干道，原则上不再批准设置直接对外开门的单开间式店铺，商业建筑以内街式、内廊式设置。

（2）加强违法建设管理。建立市、镇、管理区（街道办）、社区（村）四级防违控违网络，通过社区（村）网格化管理与数字化管理相结合的方式，建立防违控违拆违新机制，切实做到第一时间发现、第一时间处置。建立和完善违法建设信息共享数据管理平台，推进部门和属地政府协同治理，依法停止办理与违法建设相关的许可、登记、变更等手续，对于存在违法建设的房产一律不予交易、一律不予工商登记注册，严肃查处公职人员和单位集体违建，切实管好源头。

（二）强化规划的工作理念，提高城市规划认识

各地、各职能部门要不断增强规划意识，建立健全科学规范的规划决策、执行、监督体系，牢固树立和维护规划的严肃性，要长远谋划，系统研究，全面布局，严禁任何单位、任何个人以任何理由干预、擅自更改规划。要严格服从规划管理，共同维护规划的权威性与严肃性，土地出让后应按规划设计条件规定进行设计和建设，原则不得变更，对于确需变更且符合变更条件的项目，应按苏府〔2009〕190号《关于加强经营性建设用地容积率调整和用地性质变更规划管理意见的通知》中相关内容履行变更手续。

（三）强化规划的组织领导，狠抓工作落实

要调整完善城市规划建设管理委员会工作机构，深入推进规划管理制度建设，建立工作例会制，城乡规划建设中的重大事项必须经城市规划管理委员会审议或批准，方可实施。市规划、城管、住建、国土、水利、交通等部门要加强工作的联系和沟通，建立管理和执法的整体协作和联动机制，各司其职、各负其责，形成工作合力，严厉打击规划的违法违规行为。各地、各部门要强化规划管理和执法责任追究制度，对因工作不力、管理和执法不严或因工作失职、渎职造成严重损失或恶劣社会影响的，对相关单位和责任人要实行问责，给予其行政和纪律处分，违反法律的，依法追究其法律责任。

关于实行最严格水资源管理制度的实施意见

常政发〔2014〕12号

常熟地处长江、太湖下游,境内水网密布,河道纵横交错,是典型的江南水乡。随着经济社会快速发展,工业化、城镇化步伐加快,优质水资源短缺、水生态环境改善进展不快等问题依然存在,成为制约经济社会可持续发展的瓶颈。根据《国务院关于实行最严格水资源管理制度的意见》(国发〔2012〕3号)、《省政府关于实行最严格水资源管理制度的实施意见》(苏政发〔2012〕27号)、《市政府关于实行最严格水资源管理制度的实施意见》(苏府〔2012〕279号)和中共常熟市委、常熟市人民政府《关于加快发展水利事业推进水利现代化建设的意见》(常发〔2011〕34号)等的要求,现就我市实行最严格水资源管理制度提出如下实施意见。

一、总体要求

(一)指导思想。深入贯彻落实科学发展观和党的"十八大"精神,以实现水资源可持续利用和维护河湖生态健康为目标,以水资源节约、保护和优化配置为重点,强化需水管理和取用水过程监控,通过健全制度、落实责任、提高能力、强化监管,严格用水总量控制,加强用水效率考核,严格入河湖污染物总量控制,加快推进生态水利和水生态文明建设,深入开展节水型社会建设,促进经济发展方式转变,实现经济社会发展与水资源、水环境承载能力相协调,为我市率先基本实现现代化和生态文明建设提供水资源支撑保障。

(二)基本原则。一是坚持以人为本,着力解决人民群众最关心、最直接、最现实的水资源问题,保障饮水安全、供水安全和水生态安全。二是坚持人水和谐,处理好水资源开发、利用与保护的关系,协调好生活、生产和生态用水。三是坚持政府主导,部门合作,全民参与,分类推进,以点带面,点面结合。四是坚持改革创新,完善水资源管理体制、机制,转变管理方式和方法,推进水资源统一管理。

(三)目标任务。到2015年,全市用水总量控制在上级下达的目标以内;万元工业增加值用水量(不含火电,下同)降低到15立方米以下,农田灌溉水有效利用系数提高到0.65以上;水功能区水质达标率提高到70%以上,饮用水源地水质达标率100%。到2020年,全市用水总量控制在上级下达的目标以内;万元工业增加值用水量降低到13立方米以下,农田灌溉水有效利用系数提高到0.7以上;水功能区水质达标率提高到85%以上,河湖生态明显改善。到2030年,全市用水总量控制在上级下达的目标以内;全市用水效率达到世界先进水平,万元工业增加值用水量降低到11立方米以下,农田灌溉水有效利用系数提高到0.72以上;全市主要污染物入河湖总量控制在水功能区纳污能力范围之内,水功能区水质达标率提高到95%以上。

二、严格落实水资源开发利用控制红线

(四)健全完善水资源规划体系。编制和完善《水资源综合规划》及节水型社会、水资源保护、非常规水源利用等专项规划,形成较为完备的水资源规划体系。水资源综合规划应当与国民经济和社会发展规划以及土地利用总体规划、城市总体规划、环境保护规划相协调,兼顾各地区、各行业的需要,以水资源的可持续利用保障经济社会的可持续发展。

(五)严格水资源论证。严格相关规划和项目建设布局水资源论证,水资源利用与管理应纳入国民经济和社会发展规划;城市总体规划的编制须编列水资源篇章;重大建设项目布局规划,须编制水资源论证报告书。全面执行建设项目水资源论证制度,对未依法开展和完成水资源论证工作的建设项目,审批机关不予批准,建设单位不得擅自开工建设和投产使用,对违反规定的,一律责令停工。新建、改建、扩建的建设项目用水水平应达到国内同行业先进水平。

(六)严格区域取用水总量控制。按照优水优用原则,全市按照用水总量控制指标和年度用水总量控制计划,制定各取水户的年度用水计划,加强计划用水管理与考核，控制自来水等优质水源利用的增长速度。对取用水单位执行计划与定额管理相结合的用水管理制度，超计划或超定额取用水的，实行累进加价收费。加强江苏省和常熟市水资源管理信息系统的建设和运行维护。

（七）严格执行取水许可制度。按照总量控制原则，严格新增取水许可审批。对不符合国家产业政策或者列入国家产业结构调整指导目录中淘汰类的，对单位产品用水不符合行业用水定额标准或者工业用水重复利用率等用水效率指标达不到国家和省规定标准的，对公共供水管网能够满足用水需要却通过自备取水设施取用地下水的，不得批准取水。严格控制产污用水和长江以外区域的直流冷却用水，限制取自长江、退入内河和取用大量清水、排出大量污水的项目。凡具备非常规水源开发利用条件的地区，新增取水项目优先安排非常规水源。

（八）加强地下水管理和保护。严格执行省人大常委会《关于在苏锡常地区限期禁止开采地下水的决定》，禁采区内严禁深层地下水开采。对符合水资源保护要求且对水温、水质有特殊需求，确需取用浅层地下水的，由水行政部门依法规范审批。建设地源热泵系统需取水的，必须进行水资源论证，向水行政主管部门申请办理取水许可。对报废、闲置或者施工未成的地下水取水设施，业主和施工单位应及时向水行政部门报告并按照规定处置。强化地下水保护，防治地下水污染，加强地下水动态监测、地面沉降监测与管理，巩固地下水禁采成果。

（九）严格水资源费征管。严格执行水资源有偿使用制度，规范水资源费征收、使用和管理，及时调整水资源费征收标准。任何单位或个人不得擅自减免、缓征或者停征水资源费，确保应收尽收。水资源费主要用于水资源的节约、保护和管理，不得截留或挪作他用。

三、严格落实用水效率控制红线

（十）深入推进节水型社会建设。把节约用水贯穿于经济社会发展和群众生活生产全过程，建立健全有利于节约用水的体制机制，加强节约用水的统一协调管理。在巩固全国节水型社会建设示范区和全国节水型城市创建成果的基础上，深入推进节水型企业（单位）、社区、机关、学校、宾馆、医院、灌区等载体建设，加大创建工作的指导、检查和考核力度，稳步扩大创建覆盖面，提高创建覆盖率。

（十一）加强计划用水管理和考核。对使用自建设施或月用水量500立方米以上的用水单位执行计划与定额管理相结合的用水管理制度，超计划或者超定额累进加价收费。全面推行居民用水阶梯水价制度。逐步推行用水户分级管理，同行业、同用水环节执行同一标准，严格执行《江苏省工业用水定额》标准。

（十二）加强节水技术改造。加大工业节水技术改造，推广工业园串联用水和企业中水回用、废污水"零排放"等节水技术。加大生活节水工作力度，淘汰公共建筑中不符合节水标准的用水设施设备，大力推广节水器具，着力降低公共供水管网漏损率。鼓励并推行再生水、雨水利用，逐步禁止绿化、景观、环卫等使用自来水。加大农业节水力度，大力发展高效节水灌溉技术，按照生态农业建设要求，推进农田水利基础设施和节水农业示范区建设。综合运用产业政策、财政政策、税收政策、价格杠杆等多种手段，建立节水激励机制，出台鼓励节水的政策。

（十三）加强建设项目节水"三同时"管理。严格执行建设项目节水设施与主体工程同时设计、同时施工、同时投用"三同时"制度，相关部门要对项目规划、审批、设计、施工、验收等各个环节严格把关，从源头控制用水，减少污水排放。年用水量0.6万立方米以上5万立方米以下的，填写节水措施方案登记表；年用水量5万立方米以上的新建、改建、扩建项目，应当在可行性研究或者项目申请、备案申请阶段编制节约用水评估报告书，经水行政主管部门会同有关部门组织评估后，作为办理建设项目规划、审批、设计、施工等手续的依据。节水行政主管部门和节水管理机构按照各自的权限负责节水"三同时"的监督管理和竣工验收。对违反"三同时"制度的，责令停止取用水并限期整改。已建项目未配套建设节水设施的，应逐步整改。

（十四）加强对用水户的监管。建立用水大户、高污染用水户监控制度，强化对用水过程的监控管理，组织开展用水户等级评比，对各等级用水户分别采用不同的管理模式，出台相关激励政策，鼓励用水户提高节水水平。建立定期水平衡测试制度，年用水量50万立方米以上的用水户每3年开展1次，年用水量10万立方米以上50万立方米以下的用水户每5年开展1次，当产品结构或者用水工艺发生变化时，应当重新进行测试，年用水量20万立方米以上的用水单位实行用水审计，用水户用水效率低于控制标准或用水产品、设备和工艺不符合节水要求的，依法核减用水计划指标。

四、严格落实水功能区限制纳污红线

（十五）严格水功能区监督管理。完善水功能区监督管理制度，建立水功能区水质达标评价体系，全面强化水功能区动态监测和科学管理。水行政主管部门提出水功能区限制纳污总量意见，并把限制纳污总量作为水污染防治和污染减排工作的重要依据。同时，根据规定的目标要求制定逐年削减任务，纳入政府年度目标考核。强化水功能区水量、水质及污染物排放的监测。

（十六）强化饮用水源地保护。建立饮用水源地核准和安全评估制度，依照有关规定划定集中式饮用水水源保护区，组织开展尚湖和长江两个集中式饮用水源地达标建设工作，长江应急备用水源地尽快建成投用。以水源地为单元，按照“一地一策”要求，制定突发性事件应急处置预案。建立和完善水源地水量、水质监测体系，定期发布水源地水文情报预报。

（十七）加大入河排污口监管力度。严格入河湖排污口监督管理，建立全市相关部门共享的重点排水户管理信息平台，加强入河排污口退水水质监测，规范入河排污口设置的申请、审批和监督管理。严格新增排污口的设置审批，对排污量超出水功能区限排总量的地区，限制或者禁止审批工业入河湖排污口和建设项目新增取水。

（十八）强化河湖水质提升。以河湖水质达标为目标，切实加强水污染防控，强化工业点源、农业面源和生活污染源控制，加大污染物减排力度。加强水生态系统保护与修复，推进黑臭河道治理和水资源调配项目建设，强化生态脆弱河流和区域水生态修复，加强重要生态保护区、水源涵养区和湿地的保护，改善区域水环境质量，定期开展重要河湖健康评估。

（十九）加强河湖水域、岸线管理。加强河湖水域、岸线管理和保护，禁止非法占用水域，破坏湿地。从严控制河湖水域占用，国土开发、城镇建设、工农业生产应当优先保护河湖水域，确保合理的水面率，促进水生态良性循环。确需使用水域的，按照“等效等量占补平衡”的原则，编制替代方案，报水行政主管部门批准。岸线开发利用应当符合流域和区域防洪以及水功能区管理要求，明确开发利用控制条件和保护措施，按照规定程序报批。

五、保障措施

（二十）加强组织领导和考核。将水资源开发利用、节约和保护的主要指标纳入地方经济社会发展综合评价体系，政府主要领导对本行政区域水资源管理工作负总责。建立健全水资源管理考核制度，加强监督和考核。强化水资源管理队伍建设，基层水利站应切实履行水资源管理职责。加快推进省级水资源管理现代化建设，按照水资源管理现代化指标要求，确保2015年全面实现水资源管理现代化。

（二十一）健全监控体系。充分利用现代科学技术，加强水资源监控系统建设。加强行政边界等重要控制断面、水功能区和地下水水质、水量、水位监测能力建设，监测核定数据作为考核用水总量和水污染防治实施情况的依据。加快水资源管理信息系统建设，加强应急机动监测，全面提高监控、预警和管理能力。

（二十二）加大投入力度。加大对水资源节约、保护和管理工作的支持力度，建立长效、稳定的水资源管理投入机制，保障水资源节约、保护和管理工作所需经费。对水资源管理系统建设、节水技术改造与节水载体建设、饮用水源地及河湖生态系统保护与修复、非常规水源开发利用、水资源管理能力建设等给予重点支持。

（二十三）加强执法监督。健全水资源节约和保护等方面的制度体系和执法机制。建立相关职能部门分工合作、共同参与的长效联动机制，严格水资源执法管理，严肃查处违反水法律法规的各类水事违法行为，维护正常的水资源管理秩序。

（二十四）强化宣传教育。把水资源节约和保护纳入公益性宣传范围，加大宣传力度。开展多层次、多形式的宣传教育，将水资源和节水教育纳入国民素质教育和中小学教育课程体系，增强全社会水忧患意识和水资源节约保护意识，形成节约用水、合理用水的良好风尚。对在水资源节约、保护和管理中取得显著成绩的单位和个人，给予表彰奖励。

常熟市科技贷款贴息和科技保险费补贴办法

常政发〔2014〕32号

第一章　总　　则

第一条　为实施创新驱动战略,进一步引导金融资源支持科技中小企业发展,降低科技企业融资成本,改善科技金融服务环境,特制定本办法。

第二条　在市级科技专项经费和人才经费中专项安排常熟市科技贷款贴息和科技保险费补贴资金,遵循"总量控制"原则实施补贴。企业获得的实际补贴额,根据当年度申报总量和资金安排情况予以确定。

第二章　补贴类别及标准

第三条　科技贷款贴息对2014年起实施苏州市级(含)以上各类科技项目,以及科技型中小企业因开展研发、生产活动而发生的贷款利息进行补贴。

第四条　科技贷款贴息实行总额控制和后补贴制。贴息比例不超过一年期利息(同期贷款基准利率)的50%,同一企业年资助额最高不超过30万元,同一项目累计资助额度最高不超过30万元。企业发生相应贷款并偿付利息之后,凭贷款合同、还款和付息凭证等资料,提出资助申请。

第五条　科技保险费补贴对科技型中小企业购买科技保险的保费给予补贴,重点资助"见保即贷"的贷款保证保险和研发类保险,提高"首次"保险覆盖面。

第六条　科技保险费补贴采取分类补助和总额控制方式。每个企业当年度科技保险费补贴总额最高不超过8万元。企业自主组合投保险种的,须与保险公司签订保险合同、缴足全部保险费并到期后,凭保险合同等资料提出资助申请。

科技保险险种是指由中国保监会、国家科技部批准的科技保险险种。其中:

1. 小额贷款保证保险:保费补贴比例不高于60%;

2. 研发责任保险、关键研发设备保险、营业中断保险、专利保险:保费补贴比例不高于50%;

3. 环境污染责任保险、董事会监事会高级管理人员职业责任保险:保费补贴比例不高于40%;

4. 产品责任保险、产品质量保证保险、高管人员和关键研发人员健康保险及意外伤害保险、企业雇主责任保险:保费补贴比例不高于30%;

5. 财产保险、项目投资损失保险:保费补贴比例不高于20%。

第三章　其　　它

第七条　本办法所称科技型中小企业是指在本市注册、具有独立法人资格的以下各类企业:

1. 各级领军人才企业;

2. 市"双创"科技企业"313"工程入库培育企业;

3. 入选苏州市小微科技培育企业(雏鹰计划);

4. 虽未列入上述三类,但同时满足以下条件的:主要产品具有自主知识产权,年销售收入2000万元以下,职工总数300人以下,具有大专以上学历的科技人员占职工总数比例不低于30%,直接从事研究开发的科技人员占职工总数的比例不低于10%,研发投入比例不低于年销售收入4%。

第八条　受资助对象应财务管理规范、无不良诚信记录,并通过苏州市科技金融服务平台认证。

第九条　合作银行、保险公司须向市科技局、市财政局备案。

第十条　集中受理、审批工作每年2次。企业根据申报通知,向市科技部门提出资助申请。

第十一条　科技贷款贴息和科技保险费补贴资金由市科技局、人才办、财政局共同管理,实施细则另行制定。

第十二条　任何单位不得骗取、截留或挪用该专项资金。对违反规定的,依照相关法律法规规定追究法律责任。

第十三条　本办法各项扶持政策需与企业税收(指增值税、企业所得税、营业税)地方贡献相挂钩,并实行集中兑付。我市重点扶持的市级以上科技创业领军人才创(领)办企业设立期不满五年的不挂钩,“双创”科技企业“313工程”培育期企业不挂钩。

第十四条 本办法由市科技局、人才办、财政局负责解释。

第十五条 本办法自发布之日起施行。

常熟市人才公寓租赁管理办法(试行)

常政发〔2014〕33号

第一条 为大力推进人才强市战略,进一步优化人才创新创业环境,切实加强人才公寓管理,并发挥其保障作用,制定本办法。

第二条 本办法所称人才公寓是指由政府建设用于保障本市新引进的高层次创新创业人才的过渡性住房。遵循统筹安排、统一管理、只租不售的原则。

第三条 市人才工作办公室(以下简称市人才办)代表市人民政府,负责人才公寓的管理和维护。

市人力资源和社会保障局(以下简称市人社局)负责人才公寓入住对象的申请受理、条件认定、租赁审批、收取房屋租金等工作。申请受理、租赁审批、收取房租等具体职能由市人力资源管理和服务中心(以下简称市人管中心)具体负责。

市房产管理处(以下简称市房管处)负责审核人才公寓入住对象在本市的住房情况。

常熟理工学院物业管理中心(以下简称物业管理中心)受市人才办委托,负责人才公寓的日常管理,具体包括签订租赁协议、办理租住手续、实施物业管理、开展日常维修保养等工作。

市城市经营投资有限公司(以下简称市城投公司)负责人才公寓的规模修缮及更新装修工程。

市财政局负责人才公寓的资金管理。

第四条 凡本市新引进的高层次创新创业人才,均可申请租住人才公寓(在常熟已有住房或已享受过安家补贴的除外)。

人才公寓重点保障以下高层次人才租住:

1. 符合市委、市政府《常熟市促进支持重点人才培养实施办法》(常发〔2013〕48号)规定条件的科技创业领军人才、科技创新领军人才、高技能领军人才;

2. 符合市委市政府《常熟市引进高层次紧缺人才暂行办法》(常发〔2008〕68号)规定条件的高层次紧缺人才。

第五条 人才公寓租赁按照以下程序办理:

(一)提交申请。符合第四条规定的人才经所在地政府或管委会凭下列材料向市人社局提出书面申请:

1.《常熟市人才公寓租住申请表》;

2. 获得本市科技创业创新领军人才、高技能领军人才引进资助的证明材料,或经市人才办、市人社局认定为各类高层次紧缺人才所需要的各类证明材料;

3. 个人身份证(护照)复印件、企业法人营业执照复印件,高层次紧缺人才还需提供劳动合同。

(二)轮候分配。市人社局根据人才引进时间、项目落户时间、投资额度、获得资助等次及房源情况等要素,对入住人才公寓申请人进行排序。

(三)登记入住。用人单位或申请人获得批准后,到市人管中心办理人才公寓租赁登记,签订租赁协议,缴付房屋房屋租金(至少预付6个月)。用人单位或申请人凭市人管中心出具的相关证明,到物业管理中心缴纳履约保证金及相关费用后,物业管理中心向租住人发放人才公寓钥匙。

第六条 人才公寓的租金为同类地区、同类住房的平均租金价格的70%左右。具体租金标准由市人才办会同市价格主管部门和财政部门确定,并视情调整。

第七条 租赁人才公寓的,租期一般不超过3年,其中:

(一)科技创业领军人才

1. 按照规定,未享受过人才所在地政府或管委会发放的租房补贴或提供公寓住房的,可免费入住人才公寓,租金由人才所在地政府或管委会支付。

2. 已享受过所在地政府或管委会发放的租房补贴或提供公寓住房,但未满3年的,由所在地政府或管委会确定人才公寓租住的时间,但两者相加的时间,原则上不超过3年,租金由人才所在地政府或管委会支付。已满3年的,经审核同意,可申请续租1—2年,租金由人才本人或所在单位支付。

(二)科技创新领军人才、高技能领军人才、高层次紧缺人才科技创新领军人才、高技能领军人才、高层次紧缺人才的租期参照科技创业领军人才,租金由本人或用人单位支付。

(三)原则上,一个创业创新领军人才项目只能申请一套人才公寓。创业创新领军人才携团队来常的,原则上申请套数不超过2套。

第八条　人才公寓的物业管理和日常维护,由市人才办委托物业管理中心具体实施,物业管理费与日常维护费在市人才开发专项资金中列支。

第九条　人才公寓的租金实行"收支两条线"管理,由市人社局负责收取,存入市财政专户,按政府非税收入管理。

第十条　租住人员须按有关租赁协议及时缴纳水、电、气、有线电视、通信(上网)、押金等费用。

第十一条　在租住期限内,租住人有下列情形之一的,解除租赁协议:

(一)已由单位安排或自行解决住房的;

(二)调离本市或辞职、辞退、自动离职的;

(三)转租、转借或改变住房用途的;

(四)在本市变动工作未重新办理租住手续的;

(五)违反租赁协议的;

(六)需要停止租住的其他情形。

第十二条　市人才办、人社局、财政局、房管处、物业管理中心和市城投公司应当定期对人才公寓的使用情况进行监督检查,协同解决人才公寓租赁中的问题。

第十三条　本办法自印发之日起施行。

常熟市关于扶持普惠性民办幼儿园发展的实施意见(试行)

常政发〔2014〕42号

加快学前教育发展,特别是在大力发展公办幼儿园的同时,探索以政府购买服务的方式扶持普惠性民办幼儿园发展是各级中长期教育规划纲要的要求,是新形势下满足群众接受多样化、个性化的学前教育、形成多元办学竞争机制的要求,是在我市人口结构不断变化、适龄儿童不断增加背景下,加快拓展学前教育优质资源、提供优质学位、保障教育公平的现实需要。现根据上级有关文件精神,对我市扶持普惠性民办幼儿园发展提出如下实施意见:

一、普惠性民办幼儿园发展原则

坚持公办为主的前提下,统筹规划布点城乡公办、普惠性民办相结合的学前教育资源。发展普惠性民办幼儿园,遵循公益、普惠原则和"积极鼓励、正确引导、依法管理"要求,以积极的扶持政策,引进专业团队,吸引社会投资,举办、办好普惠性民办园,形成以公建民营为主的多元普惠性民办园格局,加快扩充优质学前教育资源,满足市民公平享有优质学前教育的需求。

二、普惠性民办幼儿园认定条件和认定对象

(一)认定条件

1. 硬件水平。须达到省优质园标准。

2. 收费和财务管理。按照非营利性质办学,实施政府指导价收费。无入学赞助等门槛设置。严格执行规范的财务管理、财务核算要求,参照执行公办园会计制度。

3. 招生要求。按施教区和相关规定招生,班额符合要求。

4. 人员招录。按省定师生比招录配置持幼教资格证教师和相关教辅人员,缴纳社会保险,建立教师工资保障和逐步提高机制;招聘持有合格资格证的财务人员或委托合格会计记账代理机构开展财务管理。

(二)认定对象

符合全市学前教育资源布局规划要求的新办和已批办民办幼儿园均可申报认定普惠性民办幼儿园。

三、主要扶持政策

(一)园舍扶持

由属地政府按零租金提供园舍或承担相应租赁

费用；新办园由属地政府完成园舍内外基本装饰；办园过程中，园舍的大型维修费用由属地政府承担。

（二）经费扶持

1. 生均经费补助。实行生均教育事业经费补助。根据办学规模和办学投入每生每年补助1500元。上述经费由镇（板块）财政承担。

2. 专项奖补。设立引导激励普惠性民办幼儿园发展财政专项奖补资金。设优质创建奖：加大创优奖励力度，成功创建苏州市优质园一次性奖补10—20万元，成功创建省优质园一次性奖补30—40万元。办学质量奖：在办学质量年度考核评估中获奖的，根据等级给予一定奖励。学前儿童看护点建设奖：按标准建设，通过备案的一次性奖励3—5万元。以上经费由市财政承担。普惠性民办园及经备案的看护点安保设施投入经费，由市、镇（板块）两级财政各补贴三分之一。

3. 其他。普惠性民办幼儿园享受公办园同等税费政策。在园学生与公办园学生同等享受助学金、困难学生减免学费等待遇，经费由同级财政落实。

注：主要扶持政策（一）及（二）中第1点的具体实施标准，办学协议予以明确。

（三）业务支持

1. 队伍建设。普惠性民办幼儿园园长、教师业务水平提升纳入教育行政部门管理工作范畴；职称申报、评先评优、业务竞赛由教育行政部门统一组织开展。

2. 教学帮扶。建立公办和普惠性民办园结对帮扶制度，开展公办教师定期支教、民办园师资定期到公办园跟班学习等活动；实施与公办园同标准教学调研和督导，提高教学水平。

3. 质量评估。制定普惠性民办园办学质量评估标准，组织一年一度的办学质量评估，以评促建，提高普惠性民办园办学水平。

四、普惠性民办幼儿园主要职责

1. 完善管理机制。普惠性民办幼儿园建立健全董事会（理事会）、校行政、监事会，形成决策、执行、监督相对独立又相互制约和相互支持的法人治理结构，建立健全办学章程，按章程自主管理。

2. 规范办学行为。遵循教育规律，依法办学，依法行政，依法执教，全面实施素质教育，全力营造良好的教育环境，保证培养目标、课程设置、招生入学、后勤工作等符合规范并提高实施水平，切实承担园所日常安全管理责任。

3. 加强教师培训。按照生均公用经费的5%和教师工资总额的1.50%建立“学校教师培训专项经费”，经费安排根据上级政策逐步提高，用于教师在职培训，提高教师业务能力水平。

4. 打造办学特色。各普惠性民办幼儿园要创新育人模式，着力提高办学水平，创建优质园，打造办学特色，努力提供多样化、个性化的优质学前教育，提高学前教育满意度，赢得区域群众的广泛认可。

五、保障措施

1. 切实加强组织领导。成立市级层面扶持普惠性民办幼儿园工作领导小组，统一指导全市普惠性民办园建设发展工作，办公室设在市教育局。各镇（板块）将区域内普惠性民办园纳入统一管理。通过加强组织领导，确保各项扶持政策落实到位。同时，建立联席会议制度，解决普惠性民办园发展过程中出现的新问题，根据实际情况修订扶持政策，构建普惠性民办园发展长效机制。

2. 严格财务和资产管理。每年，属地政府会同教育行政部门委托有资质的第三方会计师事务所对普惠性民办园进行财务和资产审计，出具书面审计报告，确保扶持资金按规范使用。未能遵守国家财经纪律的，停止财政扶持；违反法律的，移交司法机关处理。

3. 认真落实部门管理职能。市发改委和规划局会同市教育局、各乡镇（板块）做好全市普惠性民办园资源布局规划；市财政局、乡镇（板块）落实财政扶持政策；市教育局严把普惠性民办园准入关、督查关、评估关，加强普惠性民办园业务指导、切实开展教学帮扶，对照本意见科学制定普惠性民办园办学质量评估标准，严格组织开展一年一度的质量评估；市住建局严格开展房屋安全合格鉴定并出具鉴定结果；市消防大队严格开展消防安全评估并将评估结果报常熟市扶持普惠性民办园工作领导小组、函告市教育局；市物价局科学核定收费标准；市税务局开展有关收费减免工作；市民政局核准章程并按规定进行法人登记；市人社局根据相关法律督促用人单位和职工按时签订劳动合同。

4. 建立进退机制。创设支持举办普惠性民办园的良好社会氛围，吸引热爱教育事业、有教育学历和经验、有创新精神的实业家、教育家举办普惠性民办园，教育行政部门做好申请认定的指导和服务工作。相关部门联合开展普惠性民办园年检工作，年检合格的享受上年度财政经费扶持；年检为不合格的停止上年度财政经费扶持；未能限期整改的，不予年审续办，资产清退，按办学协议处置。

六、审批程序

举办人向所在镇（板块）教育办递交申办材料（材料要求和样本由市工作领导小组办公室提供），经审核同意后报市工作领导小组办公室审核，审核通过的由市工作领导小组办公室组织办学现场验收，通过现场验收的由教育行政部门批准设立，民政部门按规定给予法人登记。

常熟市征地补偿和被征地农民社会保障办法

常政发规字〔2014〕6 号

第一章　总　　则

第一条　为维护被征地农民和农村集体经济组织的合法权益，保障被征地农民的生活和长远生计，规范征地补偿安置工作，根据《中华人民共和国物权法》《中华人民共和国土地管理法》《中华人民共和国社会保险法》《江苏省征地补偿和被征地农民社会保障办法》（省政府第 93 号令）等法律法规，按照《市政府关于印发〈苏州市市区征地补偿和被征地农民社会保障办法〉的通知》（苏府规字〔2014〕5 号），结合本市实际，制定本办法。

第二条　本办法所称征地补偿和被征地农民社会保障，是指国家将农民集体所有的土地征收后，依法给予被征地农民和农村集体经济组织补偿，安排被征地农民的社会保障费用，将被征地农民纳入城乡社会保障体系的行为。

第三条　本市行政区域内的征地补偿和被征地农民社会保障适用本办法。

第四条　被征地农民社会保障应当遵循即征即保、应保尽保、分类施保、逐步提高的原则，与促进就业相结合，注重新老政策衔接，将被征地农民纳入城乡社会保障体系，确保被征地农民原有生活水平不降低，长远生计有保障。

第五条　被征地农民应当从征地前在拥有该土地的农村集体经济组织内享有土地承包经营权、承担农业义务的成员中产生，原土地承包经营权人享有优先权。具体办法另行制定。被征地农民的名单由被征地的农村集体经济组织商定后提出，经乡镇人民政府（街道办事处）审核，并在被征地农村集体经济组织所在地公示后，报市人民政府确定。

第六条　市人民政府统一负责本市行政区域内被征地农民社会保障的组织实施，以及历史遗留被征地农民生活问题的解决，做好征地补偿工作。各有关部门应按照各自职责，共同做好相关工作。

乡镇人民政府（街道办事处）应当配合做好征地补偿和被征地农民社会保障的相关工作。

第七条　市政府农村集体资产管理办公室（市一体化建设办，以下简称市集体资产办）、市国土资源、人力资源和社会保障、财政等部门负责征地补偿和被征地农民社会保障管理工作；市监察、农委、民政、审计、统计等部门按照各自职责，共同做好征地补偿和被征地农民社会保障相关工作。

第八条　征地补偿标准应当根据经济社会发展水平和物价变动、被征地农民社会保障标准等情况确定，并适时调整。

第二章　征 地 补 偿

第九条　征收农民集体所有的土地，应当依法足额支付征地补偿费用，安排被征地农民的社会保障费用。征地补偿费用包括土地补偿费、安置补助费、地上附着物和青苗补偿费。

第十条　农民集体所有的土地按照用途分为农用地、建设用地和未利用地。征收农用地的土地补偿费，按照被征收土地的面积计算。征收建设用地的土地补偿费按照征收农用地土地补偿费计算。征收未利用地的土地补偿费按照征收农用地土地补偿费的 0.50 倍计算。

第十一条　征收农用地应当支付安置补助费。安置补助费按照需要安置的被征地农民人数计算。需要安置的被征地农民人数，按照被征收的农用地面积除以征地前被征地农村集体经济组织人均农用地面积计算。征收建设用地和未利用地的不支付安置补助费。

第十二条 征收土地涉及房屋及其他建筑物、构筑物的，应当依法给予补偿。征收宅基地涉及农民住房的，应当保障被征收人的居住条件。补偿安置按照本市城乡一体化建设相关文件规定执行。征收土地涉及其他建筑物、构筑物的，应当依法给予补偿。能够重新安排其他建设用地的，对其建筑物、构筑物按照重置价格结合成新给予补偿；未能重新安排其他建设用地的，按照市场评估价格给予补偿。

第十三条 征收土地涉及前条规定以外的农田水利、交通运输、电力、通讯基础设施等其他地上附着物，按照等效替代的原则支付迁移费、改建费或者补偿费。青苗补偿费按照一季的产值计算，能够如期收获的不予补偿。对可以移植的苗木、花草以及多年生经济林木等，支付移植费；不能移植的，给予合理补偿或者作价收购。

第十四条 农用地土地补偿费和安置补助费，不得低于省人民政府规定的最低标准。农用地土地补偿费和安置补助费具体标准，由市人民政府确定，并根据经济社会发展水平和物价变动情况适时调整。征地补偿标准调整后，市人民政府批准征地补偿安置方案的，应当按照调整后的征地补偿标准执行。

第十五条 大中型水利、水电工程建设的征地补偿标准，按照本市规定的征地补偿标准执行，国务院或省人民政府规定的标准高于本市的，执行国务院或省人民政府规定的标准。

第十六条 土地补偿费归被征地的农村集体经济组织所有。但应当将不少于70%的农用地土地补偿费按比例支付给16周岁以上被征地农民和划入被征地农民保障资金专户个人分账户，其分配比例由市人民政府确定。安置补助费用于16周岁以下被征地农民的生活补助和16周岁以上被征地农民的社会保障。安置补助费支付给16周岁以下被征地农民生活补助费后有余额的，余额部分转入被征地农民社会保障资金专户统筹账户。地上附着物和青苗补偿费归其所有者所有。

第十七条 征地补偿费用没有足额到位的，被征地农村集体经济组织及其成员有权拒绝交地；征地补偿费用足额到位的，被征地农村集体经济组织及其成员应当按期交地。

第十八条 被征地农村集体经济组织和被征地农民对征地补偿安置方案有争议的，由市人民政府协调；协调不成的，由批准征收土地的人民政府裁决。协调、裁决争议的具体程序按照有关规定执行。

第三章 被征地农民社会保障

第十九条 以征地补偿安置方案批准之日为界限，将被征地农民划分为下列三个年龄段：

（一）16周岁以下（未成年年龄段）；

（二）16周岁以上至60周岁（劳动年龄段）；

（三）60周岁以上（养老年龄段）。

农村集体经济组织提出、乡镇人民政府（街道办事处）审核确定的被征地农民每个年龄段人员比例，应当与被征地前各该年龄段人员比例基本相同。

第二十条 未成年年龄段的被征地农民一次性领取生活补助费，不再作为被征地农民参加城乡社会保险。生活补助费标准由市集体资产办会同国土资源、财政、人力资源和社会保障等部门提出意见报市人民政府确定。

第二十一条 劳动年龄段的被征地农民在用人单位就业的，应当参加职工基本养老保险；从事非全日制工作或者自由职业（灵活就业）的，可以按照灵活就业人员的规定参加企业职工基本养老保险。各级政府及其有关部门应积极鼓励引导被征地农民参加企业职工基本养老保险。

第二十二条 养老年龄段的被征地农民从征地补偿安置方案批准次月起，按月领取养老补助金。养老补助金按照不低于本市上年度农民人均纯收入20%（按月折算）的1.10倍确定，具体标准由市集体资产办会同人力资源和社会保障、民政、国土资源、财政、统计部门提出意见报市人民政府确定。被征地前已经参加城乡居民养老保险的人员，同时享受省人民政府规定的最低标准基础养老金。

第二十三条 被征地农民征地时已按月享受职工养老保险待遇的，社会保险经办机构应将其保障资金专户个人分账户中的资金一次性退还本人。

第二十四条 被征地农民社会保障资金主要包括安置补助费及其增值收益、从土地出让金等土地有偿使用收益中安排的社会保障费用以及土地补偿费按比例支付给16周岁以上被征地农民后的余额。被征地农民社会保障资金不足的，由市、镇（街道）统筹解决。16周岁以上被征地农民社会保障资金的标准，按照不低于本市上年度农民人均纯收入20%（按月折算）的1.10倍乘以240计算。具体标准由市集体资产办会同人力资源和社会保障、民政、国土资源、财政、统计部门提出意见报市人民政府确定。被征地农民社会保障资金按照以支定收、收支平衡、不留缺口的原则筹集，从土地成本核算、土地有偿使用收益中优先安排。

第二十五条 财政部门应当设立被征地农民社会保障资金财政专户（以下简称保障资金专户），管理、核算被征地农民社会保障资金。保障资金专户由个人分账户和统筹账户组成。16周岁以上被征地农民的社会保障资金一次性划入保障资金专户，并建立个人分账户。个人分账户的资金由不低于本市上年度农民人均纯收入20%（按月折算）的1.10倍乘以139计算的资金以及不少于70%的农用地土地补偿费按比例支付给16周岁以上被征地农民后的余额组成。统筹账户的资金由16周岁以上被征地农民不低于本市上年度农民人均纯收入20%（按月折算）的1.10倍乘以101计算的资金以及安置补助费支付给16周岁以下被征地农民生活补助费后的余额等组成。

第二十六条 劳动年龄段的被征地农民符合按月领取养老金待遇时，其在保障资金专户个人分账户中的资金本息余额一次性退还本人。被征地农民死亡的，其在保障资金专户个人分账户中的资金本息余额可以依法继承。

第二十七条 被征地农民家庭人均收入低于本市最低生活保障标准的，可按照规定申请最低生活保障。

第二十八条 被征地农民按照医疗、工伤、生育保险规定缴纳社会保险费用后，享受相关待遇。

第二十九条 市人民政府及其有关部门应当加强对劳动年龄段内的被征地农民的就业培训和指导，创造就业条件，促进被征地农民就业。

第四章 资金管理

第三十条 实行征地补偿资金预存制度。征地报批前，市国土资源部门应当会同财政部门监督征地单位将征地补偿费用、土地有偿使用收益中安排的社会保障费用存入财政部门指定的账户（以下简称预存款账户）。征地报批时，财政部门应当出具征地补偿费用和被征地农民社会保障费用落实的相关凭证。市人民政府批准征地补偿安置方案前，市人力资源和社会保障部门应当对被征地农民社会保障费用落实情况提出审核意见。经国务院批准征地的，市人力资源和社会保障部门应当将被征地农民社会保障费用落实情况报省人力资源和社会保障部门审核。

第三十一条 市国土资源部门应当会同财政部门在征地补偿安置方案批准之日起15个工作日内，从预存款账户中将应支付给农村集体经济组织的土地补偿费足额执行到位，将剩余部分的土地补偿费一次性划入保障资金专户；将青苗补偿费支付给其所有者。地上附着物征收补偿安置按本市有关规定执行。农村集体经济组织应当在被征地农民的名单经市人民政府确定之日起10个工作日内，将相应的农用地土地补偿费分配给16周岁以上被征地农民。

第三十二条 市国土资源部门应当会同财政部门在被征地农民的名单经市人民政府确定之日起10个工作日内，从预存款账户中将16周岁以下被征地农民相应的生活补助费通过农村集体经济组织支付给个人，其余部分被征地农民社会保障资金一次性划入社会保障资金专户。被征地农民社会保障资金到账后10个工作日内，人力资源和社会保障部门应当按照以下方式处理：

（一）将养老年龄段被征地农民的社会保障资金中个人分账户部分记入其在保障资金专户中的个人分账户，用于逐月发放养老补助金。

（二）将劳动年龄段被征地农民的社会保障资金中个人分账户部分记入其在保障资金专户中的个人分账户，用于置换企业职工基本养老保险缴费年限或逐期代缴其参加社会养老保险的个人缴费部分。

第三十三条 被征地农民社会保障资金参照社会保障基金有关规定管理，单独记账、核算，实现保值增值。

第三十四条 依法属于农村集体经济组织的部分土地补偿费，纳入农村集体资产管理，用于农村集体经济组织发展生产和公益性事业以及历史遗留问题的处理，不得挪作他用。

第五章 保障政策衔接

第三十五条 劳动年龄段被征地农民可按自愿原则，在市人民政府确定被征地农民名单之日起3个月内由本人申请，选择纳入企业职工基本养老保险。社会保险经办机构将其社会保障资金个人分账户中的资金（按规定记入个人分账户的土地补偿费除外）

统一置换 7.5 年企业职工基本养老保险实际缴费年限，建立企业职工基本养老保险个人账户，企业职工基本养老保险缴费年限按照向前推记的方式记载，最早至本人 16 周岁。

第三十六条 劳动年龄段被征地农民按第三十五条规定置换的企业职工基本养老保险缴费年限视同为职工医疗保险视同缴费年限。养老年龄段被征地农民经本人申请，按规定补缴职工医疗保险费后，享受职工基本医疗保险待遇。补缴办法、补缴标准另行制订。

第三十七条 劳动年龄段被征地农民到达规定养老年龄时，其城乡养老保险缴费年限不满 15 年的，应当按规定补缴城镇职工养老保险或居民养老保险缴费年限满 15 年后，按月领取相应的养老金，也可以按规定申请终止城乡养老保险关系后，按月领取被征地农民养老补助金。

第三十八条 劳动年龄段被征地农民参保后符合《江苏省企业职工基本养老保险规定》（省政府令第 36 号）规定的，可以办理退休手续，从次月起享受企业退休人员基本养老金待遇。

第三十九条 劳动年龄段被征地农民中女性年满 55 周岁、已享受居民养老待遇的，未选择纳入企业职工基本养老保险，可以按月领取被征地农民养老补助金，也可一次性申领其征地保障资金专户个人分账户资金。

第四十条 对 16 周岁以上被征地农民按照一定筹资标准，一次性从征地成本中提取医疗保险统筹资金，专项用于被征地农民医疗保障。

第六章 法律责任

第四十一条 在征地补偿和被征地农民社会保障工作中，有关人民政府、主管部门及其工作人员、被征地农民集体经济组织有下列行为之一的，由上级人民政府、有关主管部门或者监察机关责令改正，对直接负责的主管人员和其他直接责任人员依法给予行政处分；构成犯罪的，依法追究刑事责任：

（一）不依法履行职责，造成征地补偿费用和被征地农民社会保障费用未能及时足额到位的；

（二）出具征地补偿费用和被征地农民社会保障费用落实的虚假凭证的；

（三）对被征地农民社会保障费用落实情况提供虚假审核意见的；

（四）侵占、截留、挪用征地补偿费用和被征地农民社会保障费用的。

第四十二条 被征地农村集体经济组织弄虚作假，冒领、截留、挪用征地补偿费用的，由有关机关责令改正，对直接负责的主管人员和其他直接责任人员依法给予行政处分；构成犯罪的，依法追究刑事责任。

第七章 附 则

第四十三条 本办法所称“以上”均包含本数。

农用地土地补偿费人均计发基数按全市平均土劳比人均一亩确定。

第四十四条 本办法从 2015 年 1 月 1 日起施行。2013 年 12 月 1 日至本办法施行前批准征地的，按照本办法实施征地补偿和被征地农民社会保障。

从本办法施行之日起，新征收土地不再执行《关于征（使）用土地补偿和被征（使）用土地农民基本生活保障的实施意见》（常政发〔2007〕55 号）。已经参加被征地农民基本生活保障制度的，仍然按照常政发〔2007〕55 号文件继续执行。已享受被征地农民基本生活保障待遇的，不适用本办法。

本办法由市集体资产办牵头，会同市国土资源、财政、人力资源和社会保障等部门负责解释。

常熟市劳动模范评选和管理办法

常政发规字〔2014〕7 号

第一章 总 则

第一条 为规范劳动模范评选、表彰、奖励和管理工作，保障劳动模范的合法权益，根据《中华人民共和国工会法》《江苏省劳动模范评选和管理工作暂行办法》《苏州市劳动模范评选和管理办法》等有关法律、法规、规章，结合本市实际，制定本办法。

第二条　本市行政区域内的下列事项适用本办法：

（一）常熟市劳动模范的评选、表彰、奖励、待遇、服务管理；

（二）全国、省劳动模范（先进工作者）和苏州市劳动模范的评选推荐、待遇落实、服务管理；

（三）按照规定享受常熟市级以上劳动模范待遇人员的待遇落实、服务管理。

第三条　常熟市劳动模范评选领导小组（以下简称市评模领导小组）负责劳动模范的评选工作。市评模领导小组由市人民政府分管领导担任组长，市总工会、市人力资源和社会保障局主要负责人担任副组长。成员由相关单位负责人组成。

市评模领导小组下设办公室（以下简称市评模办公室），办公室设在市总工会，负责劳动模范评选、表彰、管理等具体工作以及市评模领导小组交办的其他事项。

第四条　劳动模范评选、表彰、奖励等费用列入财政预算。

第二章　评选和表彰

第五条　常熟市劳动模范评选表彰每三年进行一次，如遇特殊情况，经市人民政府同意，可以提前或者推迟。

在常熟市劳动模范评选间隔期间，对有特殊贡献或者在特殊时期作出突出贡献的先进人物，市人民政府可以适时表彰。

第六条　劳动模范的评选应当遵循公平、公开、公正和群众公认原则；体现广泛性、先进性和代表性；坚持面向基层，面向一线；坚持标准，严格程序，民主推荐，群众监督；采取自下而上、逐级审查的办法推荐产生。

第七条　常熟市劳动模范的评选对象：在评选届期内，为本市经济建设和各项社会事业发展作出突出贡献的工人、农民、科教人员、企业管理人员、机关、事业单位工作人员及其他社会各阶层人员。外籍人员、港澳台同胞也可以参与评选。

第八条　常熟市劳动模范评选的基本条件：认真贯彻执行党的基本路线和各项方针政策，模范遵守国家法律法规，有优秀的思想品质和职业道德，立足岗位，奋发进取，开拓创新，勇于奉献，在本地区、本行业、本单位中处于领先地位，在群众中享有良好声誉。

劳动模范评选应当体现时代特征，每次评选应当制定具体的评选条件并公布。

第九条　推荐评选劳动模范的程序：

（一）基层单位民主推荐。被推荐人选由所在单位党组织、行政、工会组织集体研究，经职工（代表）大会或者村民代表大会讨论通过，并在本单位张榜公布；

（二）由各区镇、委办局（系统）、直属单位党委负责对基层推荐人选进行审查，择优上报市评模办公室；

（三）市评模办公室对各地、各单位报送人选的基本情况进行初审，上报市评模领导小组；

（四）市评模领导小组讨论确定市劳动模范候选人名单后，在《常熟日报》等媒体上公示。候选人是企业负责人的，须经当地公安、人社、计生、环保、安监、国税、地税、工商、公积金管理中心等部门签署意见。非公有制企业负责人，须通过市委统战部、市工商联的审核。国有企业、国有控股企业和事业单位负责人、公务人员按干部管理权限，须经干部管理部门、纪检（监察）部门等审核同意；

（五）经公示和审核后，如无异议，报市人民政府审定。

第十条　常熟市劳动模范荣誉称号，由常熟市人民政府授予。

常熟市人民政府向常熟市劳动模范颁发劳动模范奖章及劳动模范荣誉证书。

第三章　奖励和待遇

第十一条　劳动模范享受下列奖励和待遇：

（一）一次性奖励：被评为常熟市劳动模范的，由常熟市人民政府给予一次性物质奖励。对获得全国、省劳动模范（先进工作者）和苏州市劳动模范称号的，在表彰机构已予奖励的基础上，常熟市人民政府按国家、省和苏州市奖励金额的50%再次奖励；

（二）春节慰问金：每年春节对常熟市级以上劳动模范发放慰问金。全国、省劳动模范（先进工作者）和苏州市级劳动模范慰问金标准由上级人民政府制定，常熟市劳动模范慰问金标准由常熟市人民政府制定；

（三）工资待遇：劳动模范所在单位应当为其按月足额发放工资和按时足额缴纳各种社会保险费。

常熟市人民政府应对收入低于所在地上一年度社会平均工资的劳动模范实行差额补助，全国劳动模范补助金为差额的 1.50 倍，省级劳动模范补助金为差额的 1.40 倍，苏州市级劳动模范补助金为差额的 1.30 倍，常熟市级劳动模范补助金为差额的 1 倍。所需经费按照现行财政管理体制由市财政承担；

（四）退休待遇：机关、事业单位劳动模范退休时仍保持荣誉称号的，其基本退休费可在原比例的基础上适当提高，最高不超过本人原标准工资。其中：获全国劳动模范称号的可提高 15%；获省劳动模范称号的可提高 10%；获苏州市级劳动模范称号的可提高 5%；获常熟市级劳动模范称号的可提高 4%。企业退休劳动模范和农民劳动模范按常熟市人民政府相关文件享受荣誉津贴；

（五）特殊困难帮扶：市财政每年安排专项资金，用于因遭遇天灾人祸、患重大疾病或丧失劳动能力等导致生活特殊困难的常熟市级劳动模范的补助；

（六）健康检查：在职劳动模范身体检查每年进行一次，体检工作由劳动模范所在单位组织并承担费用；

（七）疗（休）养待遇：各级工会应有计划地组织劳动模范进行短期疗（休）养，疗（休）养费用在劳动模范所在单位福利费中列支；

（八）医疗优待：企业退休劳动模范每年按照相应标准增记医疗保险个人账户，参加居民基本（农村合作）医疗保险的各级劳动模范按规定享受医疗补贴、补偿优待。劳动模范凭证在市属综合性医院享受绿色通道服务；

（九）免费乘车：劳动模范凭证免费乘坐本市范围内的公交车等公共交通工具；

（十）景区优待：劳动模范凭证免费进入本市旅游休闲年卡包含景区（点）；

（十一）居住优待：劳动模范符合本市住房保障条件的，优先帮助办理保障性住房申请事宜；

（十二）就业优待：劳动模范因所在企业破产、改制等原因必须分流的，由企业主管部门负责优先安排合适岗位；

（十三）落户优待：对外来务工者劳动模范本人及其配偶、未婚子女，可以在符合相关政策的情况下优先落户；

（十四）抚恤待遇：劳动模范去世后，其所在单位或管理机构可以发放一次性慰问金；

（十五）劳动模范的学习、培训等，在同等条件下优先安排，学习费用由所在单位支持。劳动模范经单位领导同意外出参加会议或社会活动，工资、奖金、福利等不受影响。获得常熟市级、苏州市级、省级以上劳动模范称号并符合相关条件的，可以分别破格申报高级工、技师、高级技师。

第十二条 劳动模范因工作等原因调出本市行政区域的，从调出次月起不再享受我市给予劳动模范的相关待遇。

第四章 日 常 管 理

第十三条 劳动模范按照分级、属地原则进行管理，在职劳动模范日常管理以所在单位工会为主；退休后进入社会化管理的劳动模范由所在板块、局（系统）和直属单位工会和劳动模范服务组织负责管理

第十四条 新闻、出版、文艺等单位和其他群众团体，应加强对劳动模范先进思想、先进事迹和高尚情操的宣传，形成关心劳模、爱护劳模、尊重劳模、学习劳模、争当劳模的良好社会风尚。

第十五条 各板块、局（系统）和直属单位工会负责做好下列工作：

（一）积极发挥劳模协会分会的组织作用，建立与劳动模范定期联系和走访制度，组织开展各种有益活动，及时听取他们的意见和建议；

（二）加强对劳动模范的培养、教育，为劳动模范创造良好的工作和学习条件，有计划地提高青年劳动模范的文化、技术和管理水平；

（三）注重从劳动模范中发展党员和选拔各类干部，并积极向各级组织推荐；

（四）劳动模范管理部门应当建立劳动模范定期考核的制度，激励劳动模范自强自律；

（五）加强对劳动模范的动态管理，劳动模范遇到工作变动、职务升降、违纪处分、突发困难、遭遇天祸、住院治疗、去世等情况的，所在单位工会应及时逐级上报至市总工会，市总工会应根据上报材料，及时核准并办理相关手续。

第十六条 各板块、委办局（系统）、直属单位要切实维护劳动模范的合法权益，全面落实劳动模范各项待遇。

第五章 撤销荣誉称号

第十七条 劳动模范有下列情况之一的，撤销荣

誉称号：

(一) 伪造先进事迹、剽窃他人成果，骗取荣誉的；

(二) 犯有严重错误受到党纪政纪处分的；

(三) 被依法追究刑事责任的；

(四) 道德品质败坏、腐化堕落，违反社会公俗良序的；

(五) 非法离境的；

(六) 有其他违法、违纪、违反社会公德行为，情节严重或造成恶劣影响的。

第十八条 撤销劳动模范荣誉称号，由所在单位或其上一级劳动模范管理机构出具撤销荣誉称号的书面报告并附相关资料逐级上报，按照评选劳动模范的审批程序，报请授予机关复核批准。荣誉称号撤销后，终止其享受所有待遇。

第六章　附　　则

第十九条 享受劳动模范待遇的范围：

(一) 1994 年底以前，国务院部一级表彰的劳动模范(不包括单项劳动模范)；1994 年以后由人事部会同国务院部一级联合表彰并明确可享受省级劳动模范待遇的人员；

(二) 党中央和省委、苏州市委、常熟市委，国务院和省、苏州市、常熟市人民政府发文明确可以比照享受劳动模范待遇的人员；

(三) 经市人力资源和社会保障局、市评模办公室认定的其他享受劳模待遇的人员；

(四) 荣获英模称号的军队转业干部享受相应劳动模范待遇。

第二十条 本办法自 2015 年 1 月 1 日起施行。

2014 年中共常熟市委主要文件目录

2 月 7 日	常发 1 号	市委、市政府关于表彰 2013 年度“公仆杯”、“新风杯”、“安定杯”竞赛先进单位的决定
1 月 10 日	常发 2 号	市委、市政府关于授予 2013 年第二批常熟市科技创新创业领军人才称号的决定
1 月 24 日	常发 3 号	市委、市政府关于进一步加强生态文明建设的实施意见
1 月 28 日	常发 4 号	关于批转《常熟市人大常委会 2014 年工作要点和工作安排》的通知
1 月 29 日	常发 5 号	关于进一步增强群众意识增添发展动力深化作风效能建设的工作意见
1 月 30 日	常发 6 号	关于批转《政协常熟市委员会 2014 年工作要点》的通知
2 月 18 日	常发 8 号	印发《关于深入开展党的群众路线教育实践活动的实施意见》的通知
2 月 26 日	常发 12 号	市委、市政府关于表彰 2013 年度政法工作先进集体、先进个人的决定
2 月 28 日	常发 14 号	市委、市政府关于开展全市板块经济发展“创先争优”竞赛的实施意见
3 月 11 日	常发 15 号	市委、市政府关于镇机关工作目标考核的意见
3 月 27 日	常发 17 号	市委、市政府关于表彰 2013 年度工业经济、开放型经济、服务业、人才与科技创新工作先进集体和先进个人的决定
3 月 25 日	常发 18 号	市委、市政府关于表彰常熟市 2013 年度生态文明建设工作先进集体和先进个人的决定
3 月 28 日	常发 19 号	市委、市政府关于进一步深化农村改革提升城乡一体化发展水平的实施意见
3 月 28 日	常发 20 号	市委、市政府关于进一步加强村级财力建设发展村级集体经济的意见
3 月 28 日	常发 21 号	市委、市政府关于调整完善生态补偿机制和政策体系的意见
3 月 28 日	常发 22 号	市委、市政府关于表彰 2013 年度常熟市农业农村工作先进集体和先进个人的决定

4月3日	常发23号	关于印发《中共常熟市委常委会2014年工作要点》的通知
4月8日	常发24号	市委、市政府关于下达2014年度打造工业经济升级版责任目标的通知
4月23日	常发25号	市委、市政府关于将常熟市虞山镇列为江苏省扩大经济发达镇行政管理体制改革试点镇的请示
4月25日	常发26号	市委、市政府关于2014年推进工业经济转型发展的若干政策意见
4月25日	常发27号	市委、市政府关于进一步加快"小巨人"企业发展的实施意见
5月5日	常发28号	关于同意市人大常委会党组《关于组织市人大代表评议部门工作的请示》的批复
4月22日	常发29号	市委、市政府关于进一步深化我市国资国企管理体制改革的若干意见
5月30日	常发32号	关于组织开展纪念建党93周年系列活动的通知
5月30日	常发33号	市委、市政府关于进一步促进企业兼并重组的意见
6月26日	常发35号	市委、市政府关于授予2014年第一批常熟市科技创新创业领军人才称号的决定
6月27日	常发36号	关于表彰2012—2013年度全市先进基层党组织、优秀共产党员、优秀党务工作者和"双支持、双争创"先进单位的决定
7月4日	常发37号	关于1978年至2013年9月党内规范性文件的清理决定
6月27日	常发38号	关于落实党风廉政建设党委主体责任、纪委监督责任的实施意见(试行)
7月22日	常发39号	关于印发《中共常熟市委十二届十一次全体(扩大)会议决议》和《市委十二届十一次全体(扩大)会议报告》的通知
8月18日	常发40号	关于批转团市委《关于筹备召开共青团常熟市第十八次代表大会的请示》的通知
9月5日	常发44号	关于印发《市委常委班子教育实施活动整改方案》的通知
10月9日	常发46号	市委、市政府关于授予2014年常熟市科技创新创业领军人才(海外人才创业专项)称号的决定
11月10日	常发47号	关于印发《常熟市调整不适宜担任现职领导干部办法(试行)》的通知
11月17日	常发48号	关于印发《中共常熟市委落实党风廉政建设党委主体责任监督检查和责任追究办法(试行)》的通知
11月24日	常发49号	关于进一步完善和规范村(社区)干部社会保障待遇的意见
12月10日	常发51号	关于创建2016—2020年全国科普示范县(市、区)的请示
12月16日	常发53号	市委、市政府关于授予2014年第二批常熟市科技创新创业领军人才称号的决定
12月16日	常发54号	批转市人大常委会《关于加强镇人大工作的意见》的通知
12月19日	常发55号	关于同意市人大常委会党组《关于召开市十四届人大四次会议的请示》的批复
12月19日	常发56号	关于同意市政协党组《关于召开市政协十三届四次会议的请示》的批复
12月31日	常发57号	关于印发《中共常熟市委十二届十二次全体(扩大)会议决议》和《市委十二届十二次全体(扩大)会议报告》的通知
12月29日	常发58号	关于市委常委分工的通知
12月31日	常发59号	印发《关于健全完善党员领导干部民主生活会和基层党组织组织生活会制度的实施意见》的通知
12月30日	常发60号	市委、市政府关于印发《常熟市人民政府职能转变和机构改革实施意见》的通知

2014 年常熟市人民政府主要文件目录

3月17日　常政发1号　关于表彰2013年度工业企业、十大纳税户、财税城建、人口和计划生育、信访、安全生产等先进集体和先进个人的决定

1月7日　常政发2号　关于进一步加强城市规划建设管理工作的若干意见

1月10日　常政发4号　关于印发《常熟市畜禽养殖业污染治理规划》的通知

1月10日　常政发5号　关于颁布2013年度常熟市科学技术奖的决定

2月9日　常政发8号　关于印发《常熟市各级政府及部门领导成员安全生产工作“一岗双责”暂行规定》的通知

2月18日　常政发10号　关于下达2014年住宅房屋征收搬迁计划任务的通知

2月20日　常政发11号　关于印发《2014年度政府投资项目计划》的通知

2月21日　常政发12号　关于实行最严格水资源管理制度的实施意见

2月26日　常政发14号　关于印发《2014年常熟市依法行政工作要点》的通知

3月4日　常政发15号　关于“双创”科技企业“313”培育工程的实施意见

3月5日　常政发16号　关于分解下达2014年公共财政预算收入目标任务的通知

3月1日　常政发17号　关于印发《常熟市老旧机动车提前淘汰补助办法》的通知

3月7日　常政发18号　关于确认全市镇、街道所辖行政村村民委员会和社区居民委员会的通知

3月7日　常政发19号　关于印发《常熟市政务信息资源共享管理办法(暂行)》的通知

3月11日　常政发20号　关于批转常熟市本级财政性资金定期存款招投标管理暂行办法的通知

3月14日　常政发21号　关于印发《常熟市生态文明建设规划(2012—2020)》的通知

3月15日　常政发22号　批转市发改委关于常熟市2014年价格调控目标责任制实施意见的通知

3月24日　常政发23号　关于印发《常熟市重污染天气应急预案》的通知

3月24日　常政发24号　关于给予市检察院等五家单位记集体三等功的决定

4月3日　常政发25号　关于推进简政放权深化行政审批制度改革的实施意见

4月14日　常政发27号　关于批转《常熟市2014年突出环境问题挂牌督办暨环保专项行动工作方案》的通知

4月14日　常政发28号　关于印发《常熟大气污染防治行动计划(2014—2017年)》的通知

4月14日　常政发29号　关于认定常熟市总部企业的决定

4月14日　常政发30号　关于给予邵军等117名同志记个人三等功的决定

4月17日　常政发31号　关于表彰2011—2013年度常熟市劳动模范的决定

4月23日　常政发32号　关于印发《常熟市科技贷款贴息和科技保险费补贴办法》的通知

4月29日　常政发33号　关于印发《常熟市人才公寓租赁管理办法(试行)》的通知

4月30日　常政发34号　关于建设现代农业综合标准化示范区的实施意见

5月20日　常政发35号　关于向梅李镇下放第二批行政处罚权的通知

5月20日　常政发36号　关于下放梅李镇第二批经济社会管理权限的通知

6月7日　常政发38号　关于对邢桦、王浩两名城管协管员予以表彰奖励的决定

6月25日　常政发39号　关于给予政协文史委员会记集体三等功的决定

6月27日　常政发40号　关于调整部分常熟市非物质文化遗产项目名称和公布市级第五批项目、第四批代表性传承人的通知

6月30日	常政发41号	关于公布常熟市权限内行政审批项目目录的通知
7月2日	常政发42号	关于印发《常熟市关于扶持普惠性民办幼儿园发展的实施意见(试行)》的通知
7月7日	常政发43号	市政府、市人民武装部关于表彰2013年度征兵工作先进单位和先进个人的通报
7月15日	常政发44号	关于调整常熟市安置房建设单位名单的通知
7月30日	常政发47号	关于印发《常熟市人民政府常务会议议事规则》的通知
7月30日	常政发48号	关于印发《常熟市人民政府市长办公会议议事规则》的通知
8月18日	常政发49号	关于印发《常熟市夏季城乡环境大扫除行动实施方案》的通知
8月31日	常政发50号	关于印发《常熟市地震应急预案》的通知
9月4日	常政发51号	关于印发《常熟市中央财政第六批小型农田水利重点县资金整合工作实施方案》的通知
9月9日	常政发52号	关于公布2012—2013年度常熟市自然科学优秀学术论文获奖名单的通知
9月9日	常政发53号	关于印发《常熟市2015年居民基本(农村合作)医疗保险工作意见》的通知
9月11日	常政发55号	关于印发《常熟市居家养老服务体系建设实施办法》的通知
9月24日	常政发56号	关于命名2013年度常熟市重合同守信用企业的决定
11月17日	常政发58号	印发《关于加强土地储备资金预算管理的意见》的通知
12月11日	常政发59号	关于授予林士杰、张文贤2名港澳人士为“常熟市名誉市民”的决定
12月11日	常政发60号	关于授予赛格勒等11名外国籍人士为“常熟市荣誉市民”的决定
12月19日	常政发63号	关于调整完善市镇财政管理体制的通知
12月31日	常政发66号	关于下达2015年住宅房屋征收搬迁计划任务的通知

2014年常熟市国民经济和社会发展统计公报

2014年,全市主动适应经济新常态,坚持“稳中求进、提质增效”工作总基调,认真贯彻落实各项决策部署,全力以赴稳增长、促转型、惠民生,经济运行总体保持平稳,经济增速稳定在合理区间。

一、综合

全年实现地区生产总值2009.36亿元,比上年增长7.50%。其中:第一产业增加值38.40亿元,增长3.10%;第二产业增加值1061.55亿元,增长8.20%;第三产业增加值909.41亿元,增长6.80%。三次产业比例调整为1.91∶52.83∶45.26。按常住人口计算,人均地区生产总值133150元,按当年汇率折算达21676美元。

财政平稳增长。全年实现财政总收入380.89亿元,比上年下降2.60%,其中税收收入244.28亿元,增长10.50%。实现公共财政预算收入147.40亿元,比上年增长6.40%,其中税收收入122.90亿元,增长6.20%,入库税收占公共财政预算收入的83.40%。全年公共财政预算支出138.02亿元,比上年增长7.80%;城乡公共服务支出占财政支出的比重达76.20%。

图1 2010年—2014年地区生产总值及其增长速度

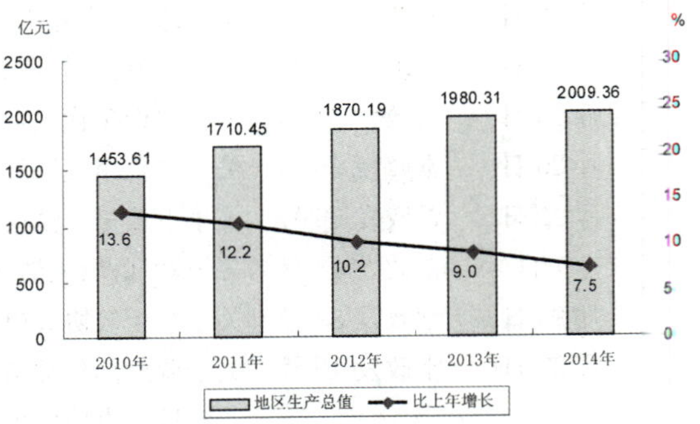

图 2　2010 年—2014 年公共财政预算收入及其增长速度

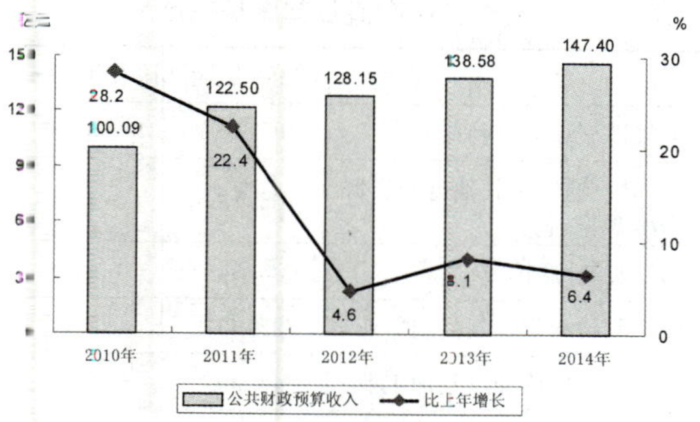

物价温和上涨。全年居民消费价格比上年上涨 2.[illegible]%，八大类消费品价格呈现“六涨二跌”。上涨的是：食品涨 3.10%、衣着涨 4.10%、家庭设备用品及维修服务涨 2.60%、医疗保健和个人用品涨 1.50%、娱乐教育文化用品及服务涨 2.90%、居住涨 2.40%；下跌的是：烟酒跌 0.60%、交通和通信跌 1.40%。

图 3　2014 年城镇居民消费价格指数

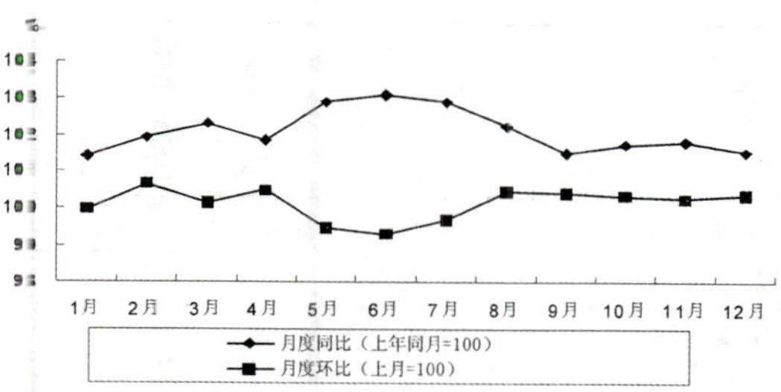

就业保持稳定。全年新增就业岗位 7.49 万个，提供高校毕业生就业岗位 1.40 万个，开发公益性岗位 [illegible]97 个。年末城镇登记失业率 1.91%，常熟籍大中专毕业生就业率 97.80%。

二、农林牧渔业

农业生产减产不减收。全年实现农业总产值 72.[illegible]8 亿元，比上年增长 6.30%。其中，种植业产值 39.[illegible]7 亿元，增长 8%；牧业产值 6.61 亿元，增长 0.[illegible]0%；渔业产值 14.26 亿元，增长 0.20%。全年粮食种植面积 63.52 万亩，比上年增长 0.10%；粮食总产量 31.09 万吨，下降 1.60%；粮食亩产 489.50 千克/亩，下降 1.70%。在主要粮食品种中：稻谷种植面积 31.[illegible]0 万亩，下降 5.20%；产量 19.73 万吨，下降 5.[illegible]0%，亩产 630.40 千克/亩。小麦种植面积 30.38 万亩，增长 6.10%；产量 10.61 万吨，增长 6.20%，亩产 3[illegible]9.30 千克/亩。全年肉类总产量 18264 吨，比上年下降 5.10%。其中，猪肉产量 15833 吨，增长 3.90%；禽肉产量 2067 吨，下降 42.80%。年内生猪出栏 22.62 万头，比上年增长 4%；禽蛋产量 5010 吨，增长 3.50%；牛奶产量 21187 吨，增长 22.40%。水产品产量 37683 吨，比上年增长 0.50%。

图 4　2010 年—2014 年粮食总产量及其增长速度

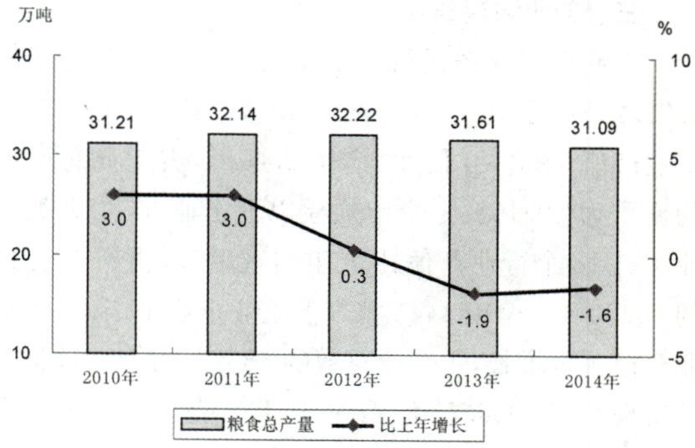

表 1　**2014 年主要农产品产量**

产品名称	计量单位	产　量	比上年增长%
粮食	吨	310940	-1.60
＃夏粮	吨	106721	6.40
＃小麦	吨	106101	6.20
秋粮	吨	204219	-5.40
＃水稻	吨	197322	-5.20
棉花	吨	545	-15.90
油料	吨	5521	-38.20
＃油菜籽	吨	5340	-38.70
蔬菜	吨	846852	2.10
瓜类	吨	20645	11.30
水果	吨	15160	-16.70
茶叶	吨	36	-10.00
生猪出栏	万头	22.62	4.00
家禽出栏	万只	120.62	-42.00
肉类	吨	18264	-5.10
＃猪肉	吨	15833	3.90
禽肉	吨	2067	-42.80
禽蛋	吨	5010	3.50
牛奶	吨	21187	22.40
水产品	吨	37683	0.50

现代农业提档升级。国家农业科技园区实体化运作，万顷良田建设有序推进，成功承办 2014 年中国蔬菜产业大会。全年新建高标准农田 3.50 万亩，高标准农田累计 44.85 万亩；新增高效设施农业面积 7000 亩，高效设施农业面积比重达 17.20%；新增高效设施渔业建设面积 3000 亩，高效设施渔业面积比

重达 30.10%。土地适度规模经营比重超过 90%，农业机械化水平达 90%。新增市级以上农业龙头企业 3 家、各类新型农村合作经济组织 79 家；新增省级审定水稻新品种 2 个；新增无公害农产品、绿色食品、有机农产品 23 个。

三、工业和建筑业

工业生产低缓运行。全年实现全部工业总产值 4581.24 亿元，比上年增长 0.50%。其中，规模以上工业产值 3668.70 亿元，增长 2.40%，占工业总产值的比重为 80.10%。全市规模以上工业 33 个大类行业中有 18 个行业产值比上年实现增长，占行业总数的 54.50%。全市 1441 家规上工业企业中，有 692 企业产值实现增长，占企业总数的 48%。前十大行业合计实现产值 3056.70 亿元，占规上产值的 83.30%，比上年增长 2.80%。其中，汽车制造业实现产值 145.20 亿元，增长 36.10%。按规模分，大型企业产值 1866.48 亿元，比上年增长 4.80%；中型企业产值 718.14 亿元，下降 0.80%；小微企业产值 1084.08 亿元，增长 0.70%。按注册类型分，内资企业产值 2067.05 亿元，比上年增长 0.30%；外资企业产值 1601.64 亿元，增长 5.30%。

图 5 2010 年—2014 年工业总产量及其增长速度

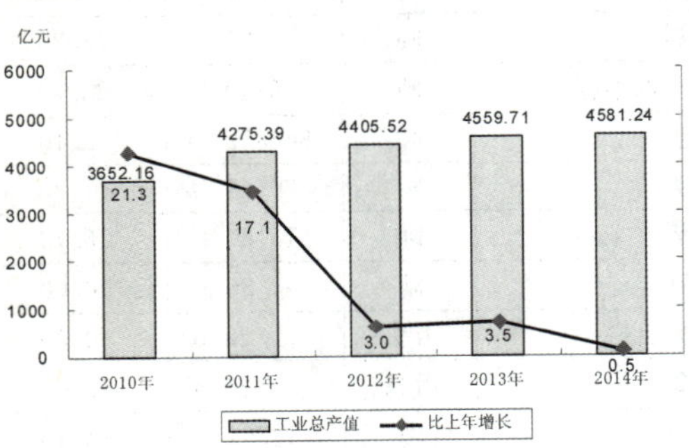

工业转型成效凸显。新兴产业引领增长。全年实现新兴产业产值 1556.11 亿元，比上年增长 9.10%。工业重化趋势加强。全年规模以上工业中，实现重工业产值 2131.68 亿元，比上年增长 5%；轻工业产值 1537.01 亿元，下降 0.90%；重工业产值占比由上年的 56.70%提升为 58.10%。高耗能行业比重下降。全年六大高耗能行业实现产值 988.01 亿元，占规上工业产值的 26.90%，比重较上年下降 0.40 个百分点。其中，黑色金属冶炼和压延加工业产值比上年下降 18.30%。

2014 年规模以上工业

表 2 **主要行业产值及其增长速度**

指　　标	产值(亿元)	比上年增长%
电气机械和器材制造业	495.40	13.50
计算机、通信和其他电子设备制造业	465.18	-4.00
纺织服装、服饰业	433.34	4.50
化学原料和化学制品制造业	392.63	18.40
黑色金属冶炼和压延加工业	348.30	-18.30
纺织业	335.95	-1.50
通用设备制造业	191.08	2.00
汽车制造业	145.20	36.10
金属制品业	143.44	-2.20
电力、热力生产和供应业	106.18	7.30

2014 年规模以上工业

表 3 **企业主要工业产品产量**

产 品 名 称	计量单位	产　量	比上年增长%
纱	万吨	4.33	-30.8[illegible]
布	万米	1556.30	-6.0[illegible]
服装	万件	18193.47	2.2[illegible]
人造板	万立方米	89.44	6.6[illegible]
化学纤维	万吨	22.13	-38.7[illegible]
橡胶轮胎外胎	万条	1503.36	10.5[illegible]
钢材	万吨	519.94	-18.5[illegible]
模具	万套	57.55	9.7[illegible]
电力电缆	万千米	64.84	1.5[illegible]
光缆	万芯千米	512.20	32.7[illegible]
家用冷柜(家用冷冻箱)	万台	129.66	-18.4[illegible]
电子元件	亿只	172.26	-3.6[illegible]

全年规模以上工业企业实现产品销售收入 3642.64 亿元，比上年增长 2.40%；利税总额 24[illegible].11 亿元，下降 2%，其中利润 172.77 亿元，下降 3.50%。

建筑业发展有所回落。全年资质以上建筑业企业(含劳务分包)实现建筑业总产值 183.53 亿元，比上年增长 5.30%；房屋施工面积 1516.22 万平方米，下降 2.20%；新开工面积 550.25 万平方米，下降 28.60%；竣工面积 509.54 万平方米，下降 12.2[illegible]%；工程结算收入 170.56 亿元，增长 10.90%，利润总额 7.41 亿元，增长 21.50%。

四、固定资产投资

固定资产投资出现下降。全年完成固定资产投资650.44亿元,比上年下降9.10%。按三次产业分,第一产业投资0.30亿元,比上年下降46.60%;第二产业投资344.50亿元,下降13.80%;第三产业投资305.64亿元,下降3%。三次产业投资比例为0.05∶52.96∶46.99。在全社会投资中,工业投资完成341.30亿元,比上年下降13.80%,其中工业技改投入192.34亿元,下降18.10%。全年高新技术产业完成投资57.88亿元,下降11.10%;八大新兴产业完成投资202.45亿元,增长0.70%。

图6　2010年—2014年固定资产投资及其增长速度

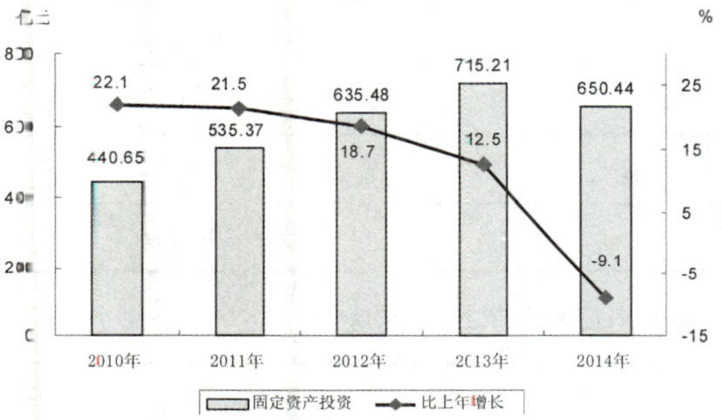

表4　2014年房地产开发和销售主要指标完成情况及其增长速度

指　标	单位	绝对数	比上年增长(%)
投资额	亿元	147.81	10.10
住宅	亿元	123.14	24.50
房屋施工面积	万平方米	916.33	7.50
住宅	万平方米	618.52	7.80
房屋新开工面积	万平方米	274.77	-15.60
住宅	万平方米	205.54	-12.50
房屋竣工面积	万平方米	116.22	-38.30
住宅	万平方米	69.35	-51.20
商品房销售面积	万平方米	144.36	-20.00
住宅	万平方米	129.68	-13.60
商品房销售额	亿元	125.50	-27.80
住宅	亿元	113.09	-23.40

全年二手房成交面积113.02万平方米,比上年下降27%,其中住宅成交面积49.61万平方米,下降48.80%;二手房成交总额50.52亿元,下降33.80%,其中住宅成交额35.43亿元,下降45.9%。

五、国内贸易

消费市场增长平稳。全年实现社会消费品零售总额618.68亿元,比上年增长9.60%。按销售地区分,城镇市场零售额509.40亿元,比上年增长9.60%;农村市场零售额109.28亿元,增长9.60%。按行业分,批发和零售业零售额568.12亿元,比上年增长10.40%;住宿和餐饮业零售额50.56亿元,增长1.70%。

图7　2010年—2014年全社会消费品零售总额及其增长速度

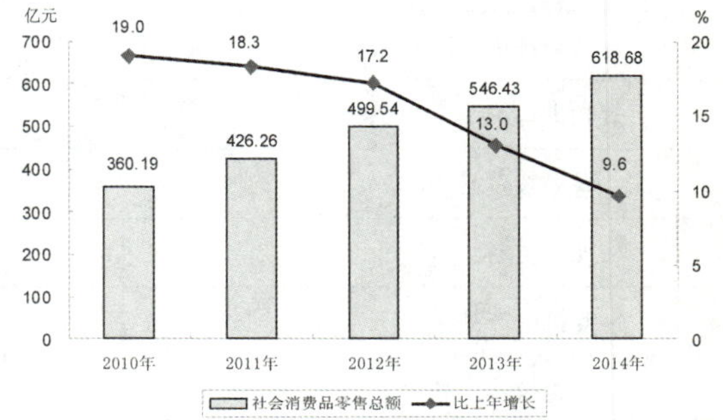

全年实现商品市场成交额1705.54亿元,比上年增长5.70%;其中服装城成交额1250.15亿元,增长8.60%。按市场类型分,综合集贸市场成交额217.65亿元,比上年增长3.60%;专业市场成交额1487.89亿元,增长6%。

六、开放型经济

利用外资步伐放缓。全年新批外商投资项目注册外资8.66亿美元,比上年下降37%;到账外资10.52亿美元,增长2.70%。

进出口保持较快增长。全年实现进出口总额201.80亿美元,比上年增长8.30%。其中,进口76.27亿美元,增长9.20%;出口125.53亿美元,增长7.80%。进出口差额(出口减进口)49.26亿美元,比上年增加2.65亿美元。

图8　2010年—2014年进出口总额及其增长速度

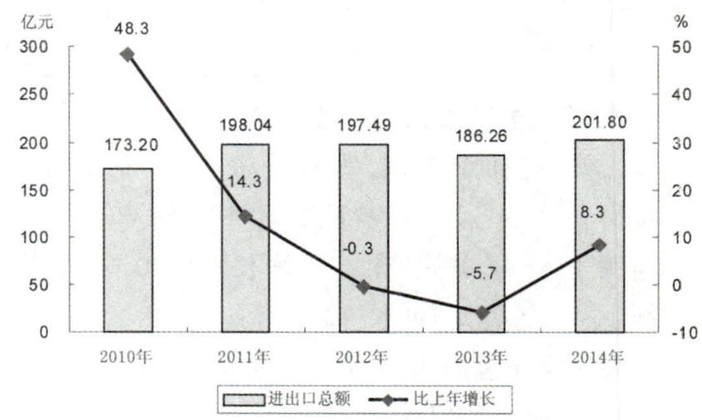

表 5　　**2014 年货物进出口总额及其增长速度**

指　　标	绝对数(亿美元)	比上年增长%
货物进出口总额	201.80	8.30
货物出口额	125.53	7.80
＃一般贸易	72.30	12.70
加工贸易	52.99	1.70
＃机电产品	51.36	-11.40
高新技术产品	23.77	-31.10
货物进口额	76.27	9.20
＃一般贸易	30.05	25.10
加工贸易	29.44	17.00
＃机电产品	31.91	0.80
高新技术产品	20.09	-10.80

表 6　　**2014 年对主要国家和地区货物进出口额及其增长速度**

国家和地区	进出口额(万美元)	比上年增长%	出口额(万美元)	比上年增长%	进口额(万美元)	比上年增长%
美　国	367830	9.10	323047	7.20	44783	24.80
日　本	301979	9.90	171184	5.60	130795	16.10
欧　盟	286146	10.20	187769	4.10	98378	24.10
东　盟	256040	26.30	118370	8.90	137669	46.50
拉丁美洲	156323	7.60	73855	19.80	82468	-1.40
韩　国	102783	-24.60	52078	2.70	50705	-40.80
中国台湾	148619	10.60	25675	20.80	122944	8.70
巴　西	89534	5.20	24997	6.10	64536	4.80
新加坡	102030	87.30	19150	29.30	82880	108.90
泰　国	44037	-18.20	24678	-20.30	19359	-15.40

外经合作稳步拓展。全年新办境外企业(开业数)10 家，累计 127 家，当年投资 1.30 亿美元，比上年增长 9.60%。全年新签境外劳务及承包工程合同额 1.85 亿美元，比上年增长 29.70%；完成营业额 1.45 亿美元，增长 14.40%。

服务业外包加快推进。全年服务外包接包合同额 2.99 亿美元，比上年增长 6.90%；离岸执行额 1.51 亿美元，增长 9.30%。

七、交通、邮电和旅游

交通运输稳步发展。全年旅客运输量达 4[illegible]96 万人次，比上年增长 6.90%；旅客周转量 15.83 亿人公里，增长 6.60%。全年货物运输量达 1600 万吨，比上年增长 6%；货物周转量 27.25 亿吨公里，增长 1.40%。全年常熟港货物吞吐量达 8050 万吨，比上年增长 11.80%。其中，外贸货物吞吐量 1417 万吨，增长 19.10%；集装箱吞吐量 38.04 万标箱，增长 4%。

图 9　2010 年—2014 年港口吞吐量及其增长速度

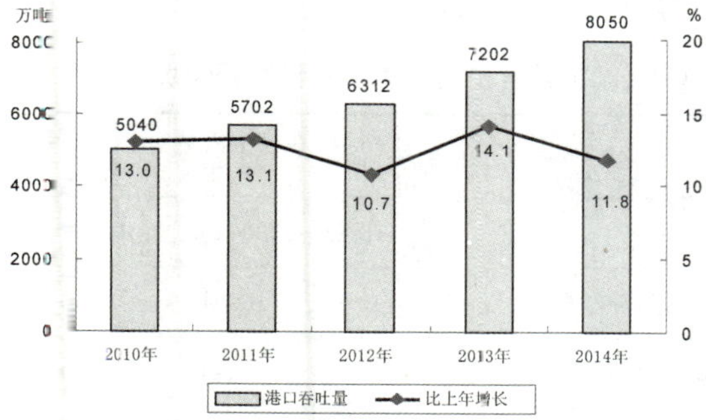

积极推进公交优先战略，完成虞山北路等路段公交快速化改造，建成服装城公交枢纽站，更新候车亭 250 个、公交车 210 辆。着力缓解行车难停车难，完成闸口桥等 8 个交通瓶颈改造，建成绿波示范路 17 条，新增停车泊位 4200 个。年末民用汽车保有量达 31.34 万辆，比上年增长 13.10%，其中私家车保有量 26.95 万辆，增长 15.10%。

全年实现邮电业务总收入 33.74 亿元，比上年增长 10%。其中，邮政业务总收入 10.48 亿元，增长 44.80%；电信业务收入 23.26 亿元，下降 0.70%。年末固定电话用户 38.14 万户；移动电话用户 207.26 万户。

旅游事业加快发展。全年各类景点接待境内外游客 1843.37 万人次，比上年增长 6.30%。其中，国内游客 1835.83 万人次，增长 6.40%；境外过夜游客 5.64 万人次，下降 25.50%。全年实现旅游收入 260.60 亿元，比上年增长 8.40%。其中，国内旅游收入 255.01 亿元，增长 8.50%；旅游外汇收入 7467 万美元，增长 3.30%。

图 10　2010 年—2014 年旅游总收入及其增长速度

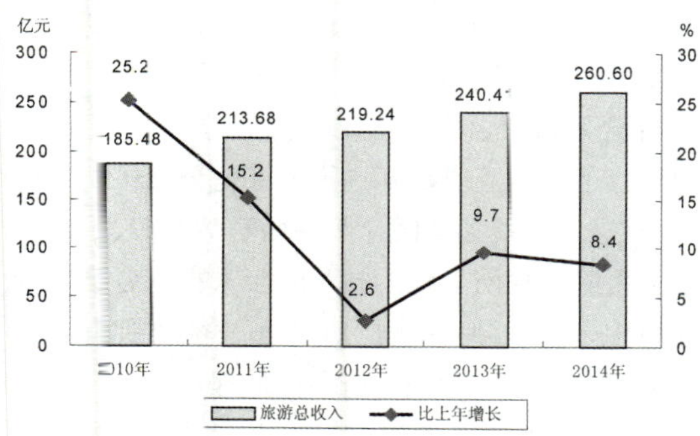

八、金融、证券和保险业

金融运行良好。年末全部金融机构本外币各项存款余额 2384.92 亿元，比年初增加 60.25 亿元，其中人民币存款余额 2265.93 亿元，增加 53.27 亿元。年末全部金融机构本外币各项贷款余额 1937.75 亿元，比年初增加 184.43 亿元，其中人民币贷款余额 1816.30 亿元，增加 155.13 亿元。

2014 年全部金融机构

表 7　**本外币存贷款余额及其增长速度**

项　　目	年末数（亿元）	比年初增长%
各项存款	2384.92	2.60
#单位存款	1281.51	2.50
个人存款	1053.85	2.50
#储蓄存款	1027.65	3.50
#人民币储蓄存款	1021.99	3.50
各项贷款	1937.75	10.50
境内贷款	1937.13	10.50
#短期贷款	1071.16	3.50
#个人贷款	142.56	-12.40
#个人消费贷款	18.17	-19.70
#单位普通贷款	815.43	7.30
中长期贷款	802.72	18.50
#个人贷款	268.92	7.50
#个人消费贷款	234.24	10.30
#单位普通贷款	441.82	18.10
境外贷款	0.62	50.20

证券交易活跃。年末证券交易股票开户总数 33.36 万户，比上年增长 3.60%；全年各证券营业点股票交易额 2206.97 亿元，增长 59%。年末证券机构托管股票市值 162.65 亿元，比上年增长 31.50%。

保险业务继续拓展。全年保险机构保费收入 33.29 亿元，比上年增长 8.70%。其中，寿险业务保费收入 14.86 亿元，增长 3%；健康险和意外伤害险业务保费收入 2.36 亿元，增长 25.60%；财产险业务保费收入 16.07 亿元，增长 12.30%。全年保险业务支出 12.59 亿元，比上年增长 17.80%。

九、科学技术和教育

科技创新深入实施。充分发挥科技镇长团作用，达成产学研合作项目259项，列入省重大科技成果转化项目3项。年末拥有国家级、省级、苏州市级科技公共服务平台分别为1个、3个和9个，拥有国家级、省级科技孵化器分别为3个、4个。新增省级以上工程中心2家，年末拥有6家；新增省级以上企业技术中心8家，年末拥有37家；新增省级以上博士后工作站(创新实践基地及分站)8家，年末拥有38家；新增省级工程技术研究中心8家，年末拥有74家；年末拥有省级企业院士工作站6家；新增省级外资研发机构5家，年末拥有19家；新增省级企业研究生工作站21家，年末拥有85家。大中型工业企业研发机构建有率93%。入选江苏省首批重点企业研发机构21家，数量居全省县级市首位。

年内新增国家火炬重点高新技术企业8家，累计拥有40家；新认定省高新技术企业82家，累计拥有235家；新认定省民营科技企业176家，累计认定886家；形成开票销售超3000万元"双创"科技企业33家。全年申请专利12246件，其中发明专利4175件；授权专利3990件，其中发明专利663件。年末拥有有效发明专利2555件，按常住人口计算万人发明专利拥有量达16.9件。新增中国驰名商标2件、江苏名牌产品6个。新增上市企业1家、新三板挂牌企业4家，国家标准化工作组织1个。

人才战略持续推进。年末全市拥有各类人才25万人，其中高层次人才1.74万人；拥有各类专业技术人员18.96万人，其中高级职称0.97万人，中级职称3.56万人。年内引进和培育国家千人计划人才2人，年末拥有15人；新增省双创计划人才10人，年末拥有40人；新增姑苏计划人才15人，年末拥有54人；新增市级领军型人才项目58个，年末拥有235个。

教育事业迎来新发展。统筹调整教育资源布局，推进均衡发展，实验中学崇文校区、游文小学建成投用，报慈小学一期工程竣工，昆承中学扩建工程启动，新开工校安工程10万平方米。扶持普惠性民办幼儿园发展，实施公办幼儿园独立法人试点，成功创建江苏省学前教育改革发展示范区。市职教中心校获批省联合职技院常熟分院。全市学龄儿童入学率100%，小学毕业生升学率、初中毕业生升学率和高考录取率分别为99.30%、98.30%和98%。年末拥有各类学校108所，在校生数150449人，毕业生数30701人，专任教师10078人。其中，高等学校在校生18061人，专任教师850人。年末拥有幼儿园65所，在园幼儿数31164人。

表8　各类学校在校生及专任教师情况

指　　标	所数(所)	在校生人数(人)	专任教师(人)
合计	108	150449	10078
普通高等学校	1	18061	850
普通中等专业学校	3	8294	93[illegible]
高级中学(含完全中学)	8	11918	121[illegible]
初级中学(含九年一贯制)	36	30169	246[illegible]
小学	59	81268	457[illegible]
特殊教育学校	1	739	[illegible]
附:幼儿园(含民办)	65	31164	127[illegible]

十、文化、卫生和体育

文化发展欣欣向荣。成功举办2014中国(常熟)江南文化节和第五届两岸汉字艺术节。深化"四馆一站"免费开放工作，全面启动城乡市民免费艺术培训。全年各类文化惠民活动演出150场，观众约10万人次。新建农村电影固定放映点7个，累计建成20个，实现农村电影流动放映与固定放映相结合。市图书馆获评"2014全国最美基层图书馆"并位居榜首。全市文化系统拥有文物保护和科学研究机构3个，举办陈列8个、展览21个，参观人次[illegible]3.60万人；艺术表演团体2个，演出3065场次；文化馆1个，文化站10个，社区文化活动室91个，村文化活动室236个；艺术表演场馆2家。年末拥有公共图书馆1个、图书分馆21个，总藏量235.55万册，其中图书藏量206.38万册。年末数字电视用户36.31万户，广播节目综合人口覆盖率100%，电视节目综合人口覆盖率100%。

医疗卫生事业取得新进展。深化公立医院综合改革，推进3个紧密型医疗服务联合体建设，一级以上公立医院实现网上预约挂号。年末拥有各类医疗卫生机构455个，拥有床位7052张。年末拥有卫生技术人员8278人，其中执业医师(助理)3495人，注册护士3029人；乡村医生360人。

表9　医疗卫生机构基本情况

指　标	个数(个)	床位数(张)	卫生技术人员(个)
合　计	455	7052	8278
医院(含民营医院、护理院)	24	5680	5327
乡镇卫生院	21	1063	1363
社区卫生服务中心	7	309	444
村卫生室	140	—	16
社区卫生服务站	82	—	196
门诊部	27	—	207
诊所(卫生所、卫生室、校医室)	135	—	305
卫生系统机构	18	—	417
其他卫生机构	1	—	3

体育事业蓬勃发展。全年新增全民健身工程(点)149个,累计拥有435个。举办群众性体育活动370次,参加人数达65万人次。新认定二级以上运动员5人、二级以上等级裁判员12人、社会体育指导员300人。获省级以上竞赛金牌62枚、银牌18枚、铜牌25枚。获苏州市级竞赛金牌164枚、银牌78枚、铜牌115枚。常熟选手在韩国仁川残疾人亚运会获得五金佳绩。学校体育设施向公众开放率达到53%。全年销售体育彩票3.70亿元,筹集体彩公益金2113万元。

十一、环境保护和安全生产

生态环境持续改善。着力抓好大气污染防治,推进燃煤锅炉整治,强化机动车污染防治,启动第二阶段黄标车限行,PM2.5年平均浓度下降5%,空气质量优良天数比例75.30%。强化水环境综合治理,深入推进望虞河、阳澄湖流域综合整治,实施城乡河道综合治理37条,完成村庄分散式污水治理工程114个。全面推行河长制管护制度,两个集中式饮用水源地达标建设通过省级验收。加大力度推进节能减排,关停淘汰落后产能企业110家,单位GDP能耗下降和四项主要污染物排放削减量基本完成上级下达任务。"美丽乡村"示范村建设进展顺利,新增"三星级康居乡村"19个。实施农村环境综合整治,启动畜禽养殖综合整治三年行动计划。新增造林绿化面积1.12万亩。

安全生产稳定可控。全年发生各类生产安全事故共790起,死亡125人,其中道路交通事故565起,死亡119人。亿元GDP生产安全事故死亡率为0.06人/亿元。

十二、人口、人民生活和社会保障

人口总量稳定。年末户籍户数32.95万户,户籍人口106.88万人,比上年增加1581人。全年出生9344人,人口出生率8.75‰;死亡8413人,人口死亡率7.88‰;人口自然增长率为0.87‰。出生人口性别比为101.70(男性:女性,女性=100)。年末常住人口150.97万人,比上年增加0.12万人;其中城镇人口为99.69万人,占常住人口的66.03%,比重较上年提高0.91个百分点。

居民持续增收。全年全市全体居民人均可支配收入38315元,比上年增长8.90%;全体居民人均生活消费支出23709元,增长8.40%。其中,城镇居民人均可支配收入46571元,增长8.60%;人均生活消费支出27412元,增长7.70%。农村居民人均可支配收入23767元,增长10.10%;人均生活消费支出17184元,增长10.50%。城乡居民收入比为1.96:1。

图11　2010年—2014年城镇居民人均可支配收入及其增长速度

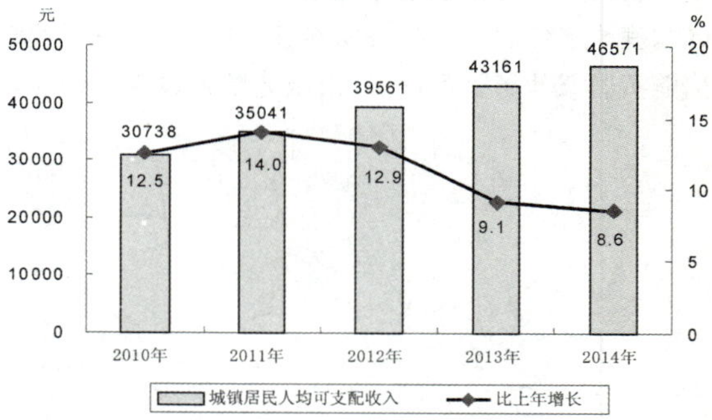

注:2014年前城镇居民人均可支配收入为老口径数据。

图12　2010年—2014年农村居民人均可支配收入及其增长速度

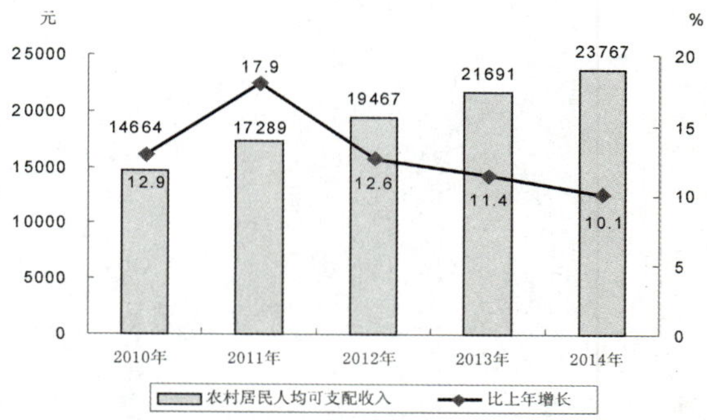

注:2014年前为农民人均纯收入。

社会保障全面提升。全年用于民生支出77.30亿元,比上年增长8.60%,占公共财政预算支出的56%,比重较上年提高0.40个百分点。城乡居民低保标准提高到人均每月700元,城镇职工养老人均待遇提高至每月1774元。企业最低工资标准调整到每月1680元。完善征地补偿和被征地农民保障制度,实现新老政策平稳衔接。发放各类救助资金1.76亿元,获评“七星级慈善城市”。发放社会保障卡90万张。全年农保转城保2.50万人;年末城镇职工基本养老保险参保59.98万人,覆盖率99.60%;城镇职工基本医疗保险参保74.36万人,覆盖率99.60%;失业保险参保44.04万人,覆盖率99.60%;工伤保险参保44.01万人,覆盖率99.60%;生育保险参保40.55万人,覆盖率99.60%。年末新型农村养老保险参保0.54万人,覆盖率99%。年末居民基本(农村合作)医疗保险参保42.32万人,覆盖率99.70%;居民大病补充医疗保险参保40.51万人,占居民基本(农村合作)医疗保险参保人数的95.70%。

年内新开工各类保障性住房4042套,建成2376套。新增住房公积金缴存职工3.90万人,为中低收入家庭改善住房投入保障资金17.40亿元。推行政府购买居家养老服务试点,市敬老院建设项目竣工,新增日间照料中心8家,新增养老机构床位数2241张,累计达11082张。

注:① 地区生产总值、各产业增加值绝对数按现价计算,增长速度按不变价格计算;三次产业统一口径发生调整,“比上年增长”为同口径数据。

② 固定资产投资三次产业统计口径发生调整,“比上年增长”为同口径数据。

③ 旅客、货物运输量周转量测算方法发生调整,“比上年增长”为同口径数据。

④ 邮政业务总收入包含邮政、EMS和规模以上社会快递公司快递业务收入。

⑤ 保险数据来源于保监会。

⑥ 各类学校统计口径包含外来工子弟学校,幼儿园统计口径包含民办幼儿园。

⑦ 城镇职工基本养老保险参保人数为在职缴费人数,城镇职工基本医疗保险参保人数为在职缴费人数和离退休人员参保人数,失业保险、工伤保险、生育保险参保人数为缴费人数,新型农村养老保险参保人数为缴费人数。

⑧ 养老机构床位数统计口径包含居家养老床位数。

(统计局提供)

责任编辑 邹 萍

常熟年鉴

CHANGSHU YEARBOOK 2015

索　引

说明：

(1)本索引采用主题分析索引方法，按主题词汉字拼音字母顺序排列，同音字按声调排列，音调相同按下一字的音序排列。(2)索引主题后括号内的阿拉伯数字是主题内容所在的页码。(3)重复出现的主题，索引中只排列一次，页码中间以“，”分隔，按顺序排列。(4)索引标引词一般采用中心词和简称，一级类目字体加粗标志。

A

B

C

T

Z

常熟市政区图

海虞镇
福山
虞山林场
虞山镇
市政府
招商城
东南街道
尚湖镇
（冶塘）
古里
沙家浜镇
（唐市）
辛庄镇
练塘
杨园
张桥
莫城
碧溪
梅李
周行
董浜
支塘
尚湖风景区
沙家浜风景区
江苏常熟东南经济开发区
常熟高新技术产业开发区
南湖农场
畜禽良种场
昆承湖
阳澄湖
尚湖
顾山镇
东港镇
北漍镇
鹅湖镇
（荡口）
阳澄湖镇
渭塘镇

江苏省常熟经济开发区
新龙腾工业园
江苏省常熟东南经济开发区
昆承工业园北区
昆承湖
招商城
市政府
虞山镇镇政府
兴福管理区
虹桥管理区
方塔管理区
琴湖管理区
(G204)
(S227)
江河公司
潘墩村
胜利新村
大毛桥村
绿地·常熟老街
丁家村
杨家坝
景龙农宅小区
南泾巷
东牌楼
后陈家坝
张家宅
支家宅
陈家坝
九津庄
龙腾新一区
龙腾新二区
红枫小学
锦湖花园
泰慈新村
泰慈园
勤丰新村
东区
中医院
新区医院
供电大楼
许家巷
大虹桥
市千斤顶铸造厂
湖泾
高家堂
陆家段
大陆家巷
朱家巷
徐家巷
徐家角
小徐湾
瞿家浜
双坝
吴家庄
湾里
三家村
石嫩新村
钱巷村
建材市场
钢材市场
下宅段
新桥
落水泾
汽车交易市场
汽配市场
国际汽配城
庄宅基
新厍苑
南湖庵
东升新区
黄家村
王家村
徐家村
青龙新村
花溪新村
花溪里
东郊变
太平桥
广电中波发射台
张家坝
金龙装潢
环湖东
徐泾港
商城小学
国际服装城
长途汽车站
昆承中学
常熟中学
常熟市中学
会展中心
游泳馆
锦荷佳苑
锦绣苑
富春江小区
西白家巷
虞园新村
湘江苑
报慈新村
报慈小学
枫林苑
菱塘北村
中大花苑
明珠佳苑
常福别墅区
海虞苑
衡山花园
香格丽花园
长泰花园
新加坡城花园
润欣花园
九鑫苑
九华山路
城北污水厂
苏常工程检测
世贸·世纪中心

图 例
市政府驻地
镇政府、虞山林场
开发区管委会
在建镇政府
集镇(镇政府派出机构驻地)
虞山林场派出机构
农场、种场
行政村
景点
河流
湖泊、坑塘
航道及其等级
街区
绿地
高速公路
国道
省道
一般公路
村级道
公路收费站
省级界
省辖市界
县（市）界
乡、镇界
等外航道
航道等级 | 水深(米) | 航宽(米)
5 级 | 2.5 | 40
6 级 | 2.5 | 18.22
7 级 | 2.2 | 18
比例尺
图上界线不作实地划界依据
南京星光测绘科技有限公司 制作 ©2008
地图审查：苏S（2007）00057号
南通市
长江
上海市
太仓市
梅李镇
董浜镇
徐市
支塘镇
任阳
双凤镇
周市镇
新港街道
浒浦
碧溪
吴市
东张(张家市)
何市
白茆
海虞
福山
珍门
沈市
杨塘
智林
陆市
周家桥
龙桥
白莲
中南
横塘
新巷
黄石
北港
东盾
里睦
何北
何南
何东
项桥
枫塘
八字桥
阳桥
长桥
支东
杜桥
永安
新民
天星
红沙
窑镇
虹桥
直塘
巨沙
丰联
任南
蒋巷
凤泾
盛泾
徐政
联泾
李市
康晋
紫霞
苏家尖
观智
石牌渔业
维新
凤中
王秀
新闸
东江
万福
酒湖
三湾
太平桥
小市
徐虎
溪东
溪西
溪南
港南
周泾
李村
聚沙
胜法
天宇
梅南
珍北
珍南
寨角
华阳
新湖
白茆小沙
福山港

常熟市城区图

常熟市城区图
江苏省常熟经济开发区
虞山高新技术产业园
虞山国家森林公园
虞山—尚湖国家风景名胜区
尚湖
尚湖游览区
小石洞游览区
剑门风景区
虞山林场
辛峰亭
瞭望塔
维摩山庄
兴福寺
兴福游览区
宝岩生态园
宝岩寺
三峰寺
白龙殿
龙潭
玉蟹泉
小云栖寺
老石洞
小石洞
强灵墩
翁同和墓
黄公望墓
赵王坟
蒋元枢墓
王石谷墓
王铁墓
曾孟朴墓
瞿式耜墓
言子墓
钱谦益墓
柳如是墓
翟景淳墓
古剑阁
拂水
鸣蝉洲
桃花岛
荷香洲公园
山水文化园
串月十七孔桥
望虞台
枫林洲
钓鱼渚公园
高尔夫球场
常熟宝钢度假村
得雨生态园
申晓苑度假村
上海汇众度假村
荷香虞庭
理工学院农场
尚湖高级中学
建设局液化气站
国防园
烧香浜
山居湾
大湖甸
东经堂西
罗汉肚
颐养山庄
大湖甸
曹家湾
尚湖小区
建华新村一区
建华新村二区
元和园
绣塘法庭
蒋家村
李家浜
戴家上
朱巷
奶牛场
秦家上
安定墓区
水路巷
江家圩
里亩泾
严家上
于家浜
平家上
和尚圩
陈巷
粮东
雷巷
西浜
龚巷
王家塘
金家店
何家角
归一苑
凤翔圩
川心溇
大圩里
大西浜
老陈家坝
张家宕
田都里
顾巷
新宅基
欢墩桥
皇后墩
大义
柴行村
石河沿
鸽鱼村
龚家巷
老鹰浜
庙浜
谢家浜
周神浜
花园新村
下圩
阿托度假村
汤家宕
思亲苑
姜家湾
顾家湾
白云新村
联盟
外国语学校
国际饭店（会议中心）
虞山大道
索道
(G204)
(G204复)
(S342)
(S227)
至苏州
至无锡
尚湖小区
二水厂
高知楼
颜家角
大头角
五爱小学
图例
政府所在地
企事业单位
商业街
体育场
环城公路
汽车站
景点
街区、道路
虞山镇派出机构驻地
河流湖泊
村委
村委居委合一
公园绿地
学校、医院
规划道路
加油站、厕所
乡、镇界
农贸市场
宾馆、饭店
停车场
南京星光测绘科技有限公司　制作　©2008
地图审查：JSS（2007）00057号